Rätselhafte Natur

Verblüffendes aus der Tier- und Pflanzenwelt

Rätselhafte Natur

Verblüffendes aus der Tier- und Pflanzenwelt

Reader's Digest

Deutschland · Schweiz · Österreich

Impressum

Autor: Dr. Rainer Köthe
Producing: AFR text edition, Hamburg
Redaktion und Bildredaktion: Dr. Heike Renwrantz
Layout: Doreen Martens

Reader's Digest
Redaktion: Anne Diener-Steinherr (Projektleitung)
Grafik: Gabriele Stammer-Nowack
Bildredaktion: Christina Horut, Sabine Schlumberger
Prepress: Frank Bodenheimer

Chefredakteurin Ressort Buch: Dr. Renate Mangold
Art Director: Susanne Hauser

Produktion
arvato print management: Thomas Kurz

Druckvorstufe
GroupFMG Print

Druck und Binden
Leo Paper Products Ltd., Hongkong

© 2013 Reader's Digest, Deutschland, Schweiz, Österreich
Verlag Das Beste GmbH, Stuttgart, Zürich, Wien

Das Werk einschließlich aller seiner Teile ist urheberrechtlich geschützt. Jede Verwendung außerhalb der engen Grenzen des Urheberrechtsgesetzes ist ohne Zustimmung des Verlags unzulässig und strafbar. Das gilt insbesondere für Vervielfältigungen, Übersetzungen, Mikroverfilmungen und die Verarbeitung in elektronischen Systemen.

GR 1148/G

Printed in China
ISBN 978-3-89915-733-8

Besuchen Sie uns im Internet
www.readersdigest.de | www.readersdigest.ch | www.readersdigest.at

Liebe Leserin, lieber Leser

Wussten Sie, dass eine indomalaiische Kraken-Art zahlreiche andere Meerestiere in Form und Farbe nachahmen kann? Dass Schwalben und viele andere europäische Zugvögel eigentlich in Afrika beheimatet sind und nur zum Brüten zu uns kommen? Dass eine bestimmte Zuckmückenart ihre Flügel über tausend Mal pro Sekunde auf- und abschlägt? Dass Buckelwale ihren Weg zielgenau und schnurgerade über Hunderte von Kilometern durchs Meer finden? Oder dass in der Nordsee ein fleischfressender Wurm lebt, der länger als ein Blauwal wird?

Unsere Erde ist voller Wunder, voller faszinierender Lebewesen. Manche Arten brillieren mit ihrer Farbigkeit oder ihrer ungewöhnlichen Körperform. Andere imponieren eher durch ihre ungewöhnlichen Tricks zum Überleben, die außerordentlichen Leistungen ihrer Sinnesorgane oder auch durch ihre Supergifte.

Längst nicht alle Wunder der Natur sind bereits enträtselt. Aber moderne Forschungsmethoden und Untersuchungsgeräte vergrößern unser Wissen über die Welt der Tiere und Pflanzen in zuvor ungeahntem Tempo. Zahlreiche dieser neuen und oft verblüffenden Erkenntnisse aus den letzten Jahren sind in dieses Buch eingeflossen. Sie legen Zeugnis ab vom Einfallsreichtum der wunderbaren und rätselhaften Natur.

Dr. Rainer Köthe, Autor

Inhalt

8 Es geht auch ohne Worte

- 10 Im Reich der Supersinne
- 18 Mehr sehen, feiner hören, besser riechen
- 26 Chemische Nachrichten
- 28 GENAUER UNTERSUCHT Duftsignale über Kilometer: Pheromone
- 34 Sing mir was, erzähl mir was
- 40 Botschaften per Lichtzeichen
- 44 Tierisch intelligent
- 46 GENAUER UNTERSUCHT Memory für Mini-Hirne

52 Erfinderische Baumeister

- 54 Hoch- und Tiefbau im Tierreich
- 58 GENAUER UNTERSUCHT Den Winter überstehen
- 64 Von luftig bis massiv: Nester
- 72 GENAUER UNTERSUCHT Hausbesetzer und Nachmieter
- 74 Feuchtes Ambiente bevorzugt
- 78 Einfallsreiche Vorratshaltung
- 84 Vorsicht, Falle!
- 92 GENAUER UNTERSUCHT Pflanzen – langlebig und stabil

94 Die Magie der Farben und Formen

- 96 Farbschauspiele für Freund und Feind
- 102 GENAUER UNTERSUCHT Farbspiele auf Nanoflächen
- 104 Öfter mal was Neues: Farbwechsel
- 110 Glatt oder rau, glitschig oder haarig
- 118 GENAUER UNTERSUCHT Alles perlt ab: Der Lotus-Effekt
- 120 Organe mit Top-Leistung
- 126 Körperanhänge: Nützlich oder hinderlich?

136 Der Kampf ums Überleben

- 138 Meister der Tarnung
- 146 Verteidigungstricks
- 150 GENAUER UNTERSUCHT Der rettende Sprung
- 156 Rühr mich nicht an!
- 162 GENAUER UNTERSUCHT Die Macht der Beutetiere
- 164 Kostbarer Inhalt, gut geschützt
- 172 Angriff mit allen Mitteln
- 178 Mit List und Tücke auf Beutefang
- 186 Giftmischer

196 Auf zu neuen Ufern

- 198 Fliegend um den halben Erdball
- 200 GENAUER UNTERSUCHT Das Wunder des Fliegens
- 206 Die Kunst, den richtigen Weg zu finden
- 212 Die Suche nach Nahrung
- 218 Per Anhalter reisen
- 220 GENAUER UNTERSUCHT Einwanderer, Rückkehrer und Neubürger
- 222 In lebensfeindlichen Regionen
- 226 GENAUER UNTERSUCHT In eisiger Kälte

232 Mutter, Vater, Kindersegen

- 234 Wähle mich, ich bin der Beste
- 244 Mit Tricks zum Ziel kommen
- 250 GENAUER UNTERSUCHT Jungfernzeugung
- 252 Auf ewig dein?
- 258 GENAUER UNTERSUCHT Vermehrungsstrategien
- 260 Fest verwurzelt die eigene Art verbreiten
- 268 Eltern im Einsatz

278 Gemeinsam – auf Gedeih und Verderb

- 280 Wir gründen einen Staat
- 284 Das Bad in der Menge
- 290 Leben auf Kosten anderer
- 298 GENAUER UNTERSUCHT Fremdgesteuert in den Tod
- 302 Du schützt mich, ich ernähre dich
- 306 Harmonische Nachbarschaft
- 308 GENAUER UNTERSUCHT Ein Bund für die Zukunft

- 312 Register
- 320 Bildnachweis

Es geht auch ohne Worte

Viele Tiere und Pflanzen leben in einer für uns kaum vorstellbaren Welt. Dank unterschiedlichster Sinne empfangen sie Informationen, die uns verborgen bleiben oder die wir nur mit hoch entwickelter Technik aufspüren können. Und sie verständigen sich mit ihren Artgenossen – und ihren Feinden – auf verblüffende Weise, wie Forscher erstaunt feststellen.

ES GEHT AUCH OHNE WORTE

Im Reich der Supersinne

Manche Tier- und Pflanzenarten nutzen chemische, manche elektrische und andere Signale, um sich in ihrer Umwelt zurechtzufinden und mit anderen Lebewesen zu kommunizieren. Für das Senden und Empfangen der oft überlebenswichtigen Botschaften haben sie erstaunliche Organe entwickelt.

Antreten in Richtung Magnetpol

Bisweilen geben Satellitenaufnahmen höchst überraschende Einblicke in das Leben auf der Erde. So zeigte sich bei der Durchmusterung Tausender solcher Bilder, dass die Tiere in **Herden** bevorzugt in Nord-Süd-Richtung stehen, und zwar weltweit. Natürlich können aktuelle Wetterbedingungen dieses Bild zeitweise verwischen: Bei scharfem Gegenwind drehen die Tiere den Kopf, in kühlen Morgenstunden bieten sie ihre Breitseite der Sonne dar und bei starker Hitze wenden sie sich von der Sonne ab. Doch wenn solche äußeren Einflüsse auszuschließen sind, stehen sie in Nord-Süd-Ausrichtung.

Dieses Verhalten zeigen verschiedene Arten auf unterschiedlichen Erdteilen, auch unsere **Rehe** und **Rinder.** Nun bewiesen Beobachtungen an Herden im hohen Norden, dass die Tiere in Richtung Magnetpol stehen, nicht in Richtung zum geografischen Nordpol. Offenbar nutzen sie den Magnetsinn, den man bei vielen Tierarten nachgewiesen hat. Warum sie dies allerdings tun, welchen Vorteil sie davon haben, ist noch ungeklärt. Denkbar wäre, dass sie mit dem Magnetsinn ihren Orientierungssinn „eichen", der bei den Wanderungen durch weite Graslandschaften unverzichtbar ist.

Rentierherden – wie auch unsere heimischen Rehe und Rinder – stehen bevorzugt in Nord-Süd-Richtung.

Im charakteristischen „Fuchssprung" erbeutet der geschickte Jäger sein Opfer, z. B. eine Maus, ohne es zu sehen. Bei der Orientierung hilft ihm offenbar das Magnetfeld der Erde.

Optimierte Mausjagd

Rotfüchse jagen Mäuse auf ungewöhnliche Art: Sie peilen sie an, indem sie auf das Rascheln lauschen, und springen dann mit einem eleganten Hechtsprung von oben her auf ihre Beute – ohne sie zuvor gesehen zu haben. Man sollte denken, dass dies aus jeder Richtung gleich gut funktioniert. Doch erstaunlicherweise führen Sprünge in Nordnordost-Richtung, wie Untersuchungen zeigten, etwa fünfmal so häufig zum Beutefang wie Sprünge in anderen Richtungen. Offenbar orientieren sich die Füchse dabei am Erdmagnetfeld – und nutzen es auf eine noch unbekannte Art sehr erfolgreich. Wind und Wetterbedingungen sowie Sonnenstand spielen beim Jagderfolg keine Rolle.

Möglicherweise hilft der Magnetsinn dem Fuchs auch, nicht nur die Richtung, sondern auch die exakte Entfernung zu seiner Beute festzustellen. Es könnte sein, dass sein Gehirn Signale des Magnetsinns direkt mit Informationen anderer Sinne zu einem Gesamtbild verknüpft. Dank dieser Gesamtschau kann der Fuchs dann seinen Sprung auf den kleinen Zielpunkt „Maus" präzise steuern.

GUTE FRAGE!

Woher weiß eine Pflanze, wo oben und unten ist?

Ein Keimling muss seine Wurzeln ins Erdreich schicken, den Spross aber zum Sonnenlicht. Doch was geschieht, wenn ein Tier ihn umgeworfen hat und eine Korrektur erforderlich ist?

Das verantwortliche Sinnesorgan ist der Schwerkraft-Spürsinn, der in der Wurzelspitze sitzt. Dieses Organ besteht aus Stärkekörnchen, die in einer Zelle fixiert sind. Wird nun die Wurzelspitze auf die Seite gelegt, kommen die Körnchen aufgrund der Schwerkraft in Kontakt mit der Zellwand. Dort wirken sie auf Moleküle ein, die das Zellwachstum an genau dieser Stelle blockieren. Die Folge: Der Wurzelstrang krümmt sich in diese Richtung, also nach unten. Ähnliche Vorgänge steuern das Sprosswachstum nach oben.

Ein Bakterium mit Magnetpeilung

Für bestimmte Bakterienarten, z. B. **Magnetococcus sp.,** im sauerstoffarmen, trüben Schlamm von Gewässern ist es lebenswichtig, dass sie „oben" und „unten" zuverlässig unterscheiden können. Das ist für die winzigen Lebewesen nicht so einfach, denn in diesem Größenbereich wirken sich Schwerkraft und Auftrieb so gut wie gar nicht aus. So fallen die leichten Bakterien im dichten Schlammwasser nicht einfach herab; vielmehr schweben sie, und jede zufällige Bewegung der Fluten kann sie tiefer in den Schlamm oder ins freie Wasser hineinwirbeln.

Das aber kann tödlich enden. Denn der beste Lebensraum für die Bakterien ist eine schmale Zone zwischen dem besonders sauerstoffarmen Schlamm und dem mit Sauerstoff angereicherten freien Wasser. Sauerstoff aber brauchen diese Bakterien zum Abbau des Schlamms, von dessen Nährstoffen sie leben. Also müssen sie immer wieder in diese Weidegründe zurückkehren können.

Dabei hilft ihnen eine feine, peitschenartig schlagende Geißel, die sie vorwärts treibt. Nur: Wohin? Sinnvoll sind nur vertikale Bewegungen, also aus dem freien Wasser nach unten oder aus dem Schlamm nach oben. Zu diesem Zweck verfügen solche Bakterien über eine ungewöhnliche Hilfe: einen Magnetkompass. Er nutzt die Tatsache, dass die irdischen Magnetlinien schräg in die Erde hinein führen. Der Kompass besteht aus einer Kette von Kügelchen aus magnetischen Eisenmineralen innerhalb der Zelle, den Magnetosomen. Diese richten sich grundsätzlich entlang den in die Erde hinein führenden Magnetlinien aus, sodass das Bakterium stets von oben nach unten ausgerichtet ist. Nun muss das Magnetbakterium nur noch seine Geißel bewegen, um nach oben oder unten getrieben zu werden. So gelangt es, geleitet von Magnetlinien, zuverlässig zum Ziel: seinem Lebensraum zwischen dichtem Schlamm und freiem Wasser.

Bei Wind und Sturm nicht ins Taumeln kommen

Nächtlich fliegende **Falter** setzen mangels Licht als Orientierungsquelle auf spezielle Sensoren, um ihre Position im Raum bestimmen zu können. Andernfalls würde jeder Windstoß sie aus der Richtung werfen und ihr Gleichgewicht stören. **Tabakschwärmer** (*Manduca sexta*) nutzen dafür ihre biegsamen Fühler, die Antennen. Sie schwingen während des Fluges im gleichen Rhythmus wie die Flügel. Verändert sich nun die Flugrichtung, bleibt diese Schwingungsebene zunächst konstant, ähnlich wie bei einem Pendel. Dadurch wirkt eine Auslenkungskraft auf die Antennen, die von Sensoren im unteren Teil der Fühler erspürt wird; ihre Signale nutzt der Falter zur Richtungskorrektur.

Ähnlich arbeiten die Schwingkölbchen (Halteren) der **Fliegen** und **Mücken,** die hinter den Flügeln angeordnet sind. Sie ähneln Trommelschlegeln, die beim Fliegen rhythmisch auf- und abschwingen und damit ähnlich den Antennen des Tabakschwärmers eine stabile Bewegung ausführen. Bei einer Änderung der Flugrichtung wirken Kräfte auf sie ein, die von Sensoren an der Basis der Halteren registriert werden. Diese nehmen selbst feinste Verformungen der Chitinhaut wahr, und das Insekt kann gegensteuern.

Manche Insekten – hier eine Schnake der Familie Tipulidae – besitzen hinter den Flügeln Schwingkölbchen (Halteren), die es dem Tier ermöglichen, das Gleichgewicht zu halten.

IM REICH DER SUPERSINNE

Sinn für feinste Schwingungen im Wasser

Unter Wasser und bei Nacht sind Augen für Wasserbewohner nur von geringem Wert. Deshalb haben **Fische,** manche **Amphibien** und auch **Krokodile** andere Organe entwickelt, die ihnen bei der Orientierung helfen. Diese Tiere verfügen über hochempfindliche Drucksensoren, die zarteste Bewegungen im Wasser spüren. Der **Krallenfrosch** (Xenopus laevis) etwa kann mit seinen auf Kopfbereich und Körper verteilten Sensoren nicht nur die Anwesenheit, sondern auch die Position, die ungefähre Größe und die Art eines möglichen Beutetiers ermitteln – zum Beispiel von einem zappelnden Insekt im Wasser. Die Sensoren bestehen aus winzigen Haarzellen, die von eintreffenden Wasserschwingungen angeregt werden und dann Signale an das Froschhirn senden. Obwohl dieses Gehirn eher einfach gebaut ist, kann es sich dennoch aus den nahezu gleichzeitig eintreffenden Signalen all der Sensoren blitzschnell ein Bild machen und den Frosch zur Beute leiten – selbst dann, wenn zwei Insekten an verschiedenen Stellen im selben Moment Wellen produzieren.

Bereits länger bekannt sind die hochempfindlichen Drucksinnesorgane der **Fische,** von denen die Tiere weit über tausend haben. Weil diese Sensoren – eine Art Ferntastsinn – bei ihnen vor allem entlang des Körpers angeordnet sind, nennt man den Sinn Seitenlinienorgan. Aber auch am Kopf und um das Maul herum sitzen solche Sensoren. Sie bestehen aus winzigsten Härchen, die entweder direkt auf der Haut oder in kleinen Poren sitzen. Zarteste Wasserwirbel oder Druckschwankungen, etwa von einem schwimmenden oder auch nur die Kiemen bewegenden Wasserbewohner, verbiegen diese Härchen und lösen Nervenimpulse aus. Der **Wels** zum Beispiel, unser größter heimischer Fisch, erkennt mit seinem Seitenlinienorgan die Größe, Art und genaue Position seiner Beute. Hat er sie ausgemacht, schwimmt er zielgerichtet auf sie zu. Hindernisse in Schwimmrichtung wiederum verraten sich durch eine Art Echo, denn sie reflektieren die Druckwellen, die der Fisch selbst ausgelöst hat. Das Seitenlinienorgan hilft auch dabei, Schwarmnachbarn oder sich anschleichende Feinde zu orten – was für einen ausgewachsenen Wels allerdings weniger überlebenswichtig ist, denn er hat nur einen wirklichen Gegner: den Angler.

Die Natur hat solche Organe, die trotz ihrer Sensibilität recht einfach gebaut sind, schon vor vielen Jahrmillionen erfunden. Denn man hat Hinweise darauf in den versteinerten Kieferknochen ausgestorbener Krokodilarten entdeckt – und auch heutige Krokodile sind damit ausgestattet.

Der Krallenfrosch verfügt am ganzen Körper – vor allem aber an den Seiten – über Sensoren, die ihn bei der Unterwasserjagd sicher zu seinem Beutetier leiten.

Tiere, die Erdbeben erspüren

Aus der Antike sind eine Reihe von Berichten überliefert, in denen von auffälligem Verhalten der Tiere vor Erdbeben und Tsunamis die Rede ist. So sollen **Schlangen** vorzeitig aus ihrem Winterschlaf erwachen, **Kröten, Mäuse** und **Ratten** ihre Erdhöhlen verlassen, **Stalltiere** panisch werden und **Elefanten** vor herannahenden Riesenwellen rechtzeitig ins Landesinnere fliehen. Vorstellbar ist durchaus, dass Tiere dank ihrer scharfen Sinne beispielsweise die feinen Bodenerschütterungen oder Infraschallwellen vor einem Erdbeben oder einer herannahenden Flutwelle bemerken und als Alarmsignal deuten. Auch Vulkanausbrüche können Tiere manchmal frühzeitig erspüren. Gase, die aus Bodenspalten emporsteigen, weil sich der Tiefendruck erhöht, treiben insbesondere Höhlenbewohner aus ihren Löchern. Allerdings reagiert die Tierwelt nicht auf jede drohende Naturkatastrophe, denn mitunter werden Warnsignale auch nicht wahrgenommen, und alle Lebewesen sind den Folgen ausgeliefert.

Entfernungsmessung mit den Beinen

Sehen und hören können amerikanische **Sandskorpione** *(Smeringurus mesaensis)* nicht gut. Dennoch findet das knapp acht Zentimeter lange nachtaktive Tier seine Nahrung meist auf Anhieb – und zwar mithilfe hochempfindlicher Vibrationssensoren, die an den Gelenken seiner Fußglieder sitzen. Bewegt sich eine mögliche Beute, etwa eine im Wüstensand grabende Schabe, in einigen dutzend Zentimeter Entfernung, erzeugt sie winzige Erschütterungen des Bodens, die der Skorpion wahrnimmt. Daraufhin streckt er seine Scherarme aus und hebt den Körper vom Sand ab, sodass er nur auf seinen acht Beinen steht. Nun treffen die Erschütterungssignale auf jedes einzelne Bein – aber mit minimalen Zeitunterschieden, je nach Standort der Beute. Diese Signale ermöglichen es dem Skorpion, die Richtung zu bestimmen, in der er die Beute findet. Er läuft ein Stück auf sie zu, verharrt, bis er erneut Erschütterungen spürt, und huscht wieder näher heran. So erreicht er die Schabe innerhalb weniger Sekunden und packt sie.

Diese Fähigkeit überrascht, denn der weiche Sand sollte eigentlich Schwingungen eher dämpfen als weiterleiten. Doch der Skorpion ist in der Lage, Oberflächenwellen und die noch weit rascher laufenden Kompressionswellen zu unterscheiden. Für jeden Wellentyp besitzt er ein Organ an den Füßen. Oberflächenwellen nimmt er mit dem sogenannten Spaltsinnesorgan auf, Kompressionswellen mit Sinneshärchen. Allerdings – trotz dieser Hochleistungssinne klappt die Jagd nicht immer, zudem sind Beutetiere in der Wüste rar. Daher kann der Skorpion auch monatelang ohne Futter auskommen.

Ähnliche Sensoren haben auch **Spinnen.** Hat sich ein Insekt in ihrem Netz verfangen, identifizieren sie es an der Art der Vibrationen. Das zuständige Sinnesorgan besteht aus einer Membran, die in einem Spalt des Außenskeletts der Spinne ausgespannt ist. Verformungen dieser Membran werden mit Nervenenden erspürt: Bereits die Auslenkung um ein zehnmillionstel Millimeter löst einen Nervenimpuls aus.

Sensible Schaben

Küchenschaben *(Blatta sp.)* sind außerordentlich schwer zu fangen. Einer der Gründe dafür ist ihre Fähigkeit, auf schwächste Umweltreize zu reagieren. Die feinen Härchen auf ihren Afterborsten zum Beispiel spüren plötzliche Luftbewegungen, etwa von einem sich nähernden Schuh, und lösen binnen etwa einer zwanzigstel Sekunde den Fluchtreflex aus – genug Zeit, um in einem Versteck zu verschwinden. Immerhin zählt die Schabe mit ihrem Tempo von 150 cm pro Sekunde zu den schnellsten Krabbeltieren überhaupt.

Noch weit empfindlicher sind ihre Erschütterungssensoren. Sie reagieren auf Bodenbewegungen, die so gering sind wie der Durchmesser eines Atoms. So vorsichtig kann man gar nicht auftreten oder eine Tür öffnen, als dass die Schaben es nicht merken würden.

Wussten Sie, dass...
...Grillen einen eingebauten Gehörschutz besitzen?

Grillenmännchen erzeugen das typische Zirpen, mit dem sie ihr Revier kennzeichnen und Weibchen anlocken, durch Reiben ihrer Flügel. Die Lautstärke, die dabei entsteht, ist mit der eines Presslufthammers für das menschliche Ohr zu vergleichen. Dieser Lärm müsste das Gehörorgan der Grillen, das an den Vorderbeinen sitzt, so belasten, dass sie in den Gesangspausen das Zirpen anderer Grillen nicht mehr hören könnten. Doch die Natur hat vorgesorgt: Dieselben Nerven, die das Zirpen steuern, blockieren während der Lauterzeugung die Gehörnerven. So sind diese gegen den Höllenlärm geschützt.

Der Sandskorpion merkt genau, wenn sich ein Beutetier in seiner näheren Umgebung aufhält, und ortet es präzise.

Wenn der Hammerhai durch das Wasser gleitet, kann er selbst unbeweglich im Meeresboden versteckt liegende Beutetiere aufspüren, z. B. Rochen.

Verräterischer Herzschlag

Meerwasser leitet aufgrund seines Salzgehalts elektrische Impulse. Das machen sich manche Fischarten zunutze: Sie besitzen Sensoren für schwächste elektrische Ströme, die zum Beispiel durch Muskelkontraktionen anderer Meeresbewohner erzeugt werden und die Anwesenheit eines Beutetiers verraten können. Ganz besonders ausgefeilt ist der elektrische Sinn bei **Hammerhaien.** Diese bis zu sechs Meter langen Tiere leben meist als Einzelgänger im Küstenbereich warmer Meere.

Sie unterscheiden sich von anderen Haien durch die ungewöhnliche Kopfform, deren Funktion lange Zeit ein Rätsel war. Vermutlich hilft die Verbreiterung beim Schwimmen, vor allem bei raschen Richtungsänderungen während der Jagd auf Beutetiere. Der **Große Hammerhai** (Sphyrna mokarran) beispielsweise stellt vorwiegend den sehr beweglichen Rochen nach – ihnen muss er folgen können. Der Hammer verbessert zudem die Sehfähigkeit, indem der größere Augenabstand ein breiteres Gesichtsfeld ermöglicht. Aber vor allem verbessert der breite Kopf den elektrischen Sinn des Hammerhais.

Die elektrischen Sinnesorgane dieses Fischs, die sogenannten Lorenzinischen Ampullen, bestehen aus feinen dunklen, mit Gel gefüllten Hautporen, die in die Nervenzellen münden. Diese Poren sitzen beim Hammerhai hauptsächlich an der Unterseite des Kopfes. Das ermöglicht ihm, den Meeresboden breitflächig abzusuchen und im Grund eingegrabene Beutetiere wie etwa Plattfische oder Rochen aufzuspüren; selbst vollkommen reglos im Sand liegende Tiere verraten sich durch ihr schlagendes Herz.

Die Empfindlichkeit dieser Lorenzinischen Ampullen ist enorm: Sie würden noch das geringe elektrische Feld einer Taschenlampenbatterie registrieren – wenn deren Pole in mehreren tausend Kilometern Entfernung ins Meerwasser getaucht wären. Möglicherweise können Hammerhaie mit ihrer Hilfe sogar die schwachen vom Erdmagnetfeld erzeugten Ströme erkennen und zur Orientierung nutzen.

Wandern und Schlüpfen nach der inneren Uhr

Zu den Supersinnen vieler Tier- und Pflanzenarten zählt auch ein oft erstaunlich exakt arbeitender Zeitsinn, eine innere Uhr. Viele Pflanzen „messen" die Tageslänge und schließen daraus auf die Jahreszeit, um sich rechtzeitig auf Frühjahr oder Winter vorzubereiten, und **Honigbienen** wissen genau, zu welcher Tageszeit bestimmte Blüten ihren Nektar spenden und vermeiden auf diese Weise vergebliche Besuche. **Rote Weihnachtsinselkrabben** *(Gecarcoidea natalis)*, die auf einigen Inseln im Indischen Ozean vorkommen, richten ihre alljährlichen Fortpflanzungswanderungen zwischen ihrem üblichen Lebensraum in den Wäldern und der Küste nach Jahres- und Mondzyklen aus.

Erstaunlich auch der Zeitsinn der **Helgoländer Wattmücke** *(Clunio marinus)*. Ihre Larven leben in gefluteten Algenpolstern, bis die fertigen Mücken schlüpfen, um sich zu paaren und Eier abzulegen. Ungewöhnlich ist die Zeitwahl: Die Mücken schlüpfen nur bei Nachmittags-Niedrigwasser – und auch nur bei besonders niedrigem Wasserstand – und nur im Sommer. Sie stellen ihre innere Uhr nach dem Licht des Vollmonds und, weil das in den hellen Nächten des Nordens nicht genau genug ist, zusätzlich nach den Schwankungen des Geräuschpegels, der durch Ebbe und Flut verursacht wird.

Auch zahlreiche weitere Meerestiere wie etwa **Korallen**, **Pfeilschwanzkrebse** oder der **Samoa-Palolowurm** *(Palola viridis)* richten ihre Fortpflanzung nach Mondzyklen aus, die ihnen in der Regel die innere Uhr vorgibt. Ein komplexes Geflecht von Nervenzellen ist für eine solche innere Uhr nicht nötig: Sogar Einzeller besitzen sie. So suchen kleine **Planktontierchen,** die in lichtlosen Tiefen des Nordatlantiks leben, regelmäßig unterschiedliche Wasserschichten auf. Diese Auf- und Abbewegungen hängen außer von der Tages- und der Jahreszeit vom Mond ab – obwohl das Mondlicht in diesen Tiefen gar nicht sichtbar und ein etwaiger Einfluss durch die Gezeiten auszuschließen ist. Auch hier steuert eine innere Uhr die Wanderungen. „Eingestellt" wird diese Uhr möglicherweise in der ersten Lebensphase, die viele dieser Kleinstlebewesen nahe der Oberfläche verbringen. Dort könnten sie den Mondrhythmus aufgenommen und in ihrer späteren Tiefsee-Lebensphase beibehalten haben.

Die Weihnachtsinselkrabben sind bei ihrer alljährlichen Wanderung durch nichts aufzuhalten. Oft wandern sie durch Gärten und Häuser oder blockieren Überlandstraßen.

IM REICH DER SUPERSINNE

Schnabeltiere machen sich mithilfe von Elektrosensoren ein Bild von ihrer oft trüben Unterwasser-Umwelt.

Sendern ausgerüstet hatten und ihre Wanderrouten jahrelang mit Satellitenhilfe durch den Ozean verfolgten, erlebten sie eine Überraschung: Die Tiere können eine bestimmte Richtung über Tage und weite Strecken hinweg einhalten, und zwar mit der Genauigkeit von nur etwa einem Winkelgrad Abweichung. Selbst starke Meeresströmungen und Wetterwechsel beeinträchtigten ihre Navigationsleistung nicht. Wie das funktioniert, ist unbekannt. Ein einfacher Magnetsinn dürfte jedenfalls kaum ausreichen, denn auf den langen Strecken ändern sich die Richtungen der Magnetlinien stark. Auch eine „innere Karte" kann mangels Wegmarken auf dem offenen Meer kaum helfen. Und um etwa den Sonnenstand über Wochen hinweg als Hilfe nutzen zu können, müssten unter anderem ihre inneren Uhren extrem genau gehen.

Orientierung unter Wasser

Das **Schnabeltier** (*Ornithorhynchus anatinus*), das nur in Australien lebt, ist das wohl mit Abstand ungewöhnlichste Säugetier. Es besitzt Eigenschaften, die kein anderes Säugetier aufweist: An seinen Hinterbeinen befindet sich ein Giftsporn, es legt dünnschalige Eier wie Reptilien, bebrütet sie aber wie Vögel und säugt die daraus geschlüpften Jungen mit Muttermilch, die aber nicht aus Zitzen sickert, sondern aus umgebildeten Schweißdrüsen in der Haut.

Und als vermutlich einzige Säugerart verfügen Schnabeltiere über hochempfindliche Elektrosensoren. Damit können sie die schwachen elektrischen Signale wahrnehmen, die von den Nerven und Muskeln ihrer Beutetiere erzeugt werden. Die Elektrosensoren tragen entscheidend dazu bei, das Überleben der Schnabeltiere zu sichern, denn mit fest geschlossenen Augen wühlen die Tiere auf der Suche nach Beutetieren im Schlamm, im trüben Wasser oder unter Steinen, wo sie selbst mit offenen Augen nichts sehen würden. So orten sie die Beute eben elektrisch.

Da diese Elektroortung allerdings relativ ungenau ist, verfügen die Schnabeltiere zusätzlich über Drucksensoren an ihrem breiten Schnabel. Diese Sensoren reagieren auf Wasserschwingungen, die von Bewegungen der Beute ausgelöst werden. Das Gehirn verarbeitet die Signale der elektrischen und der mechanischen Sensoren und fügt sie zu einem genauen Bild der Umgebung zusammen. Erst jetzt wird ein zielgenaues Zubeißen möglich.

Weit rätselhafter als die Fähigkeiten der Schnabeltiere sind die Orientierungsleistungen des **Buckelwals** (*Megaptera novaeangliae*). Als nämlich Forscher einige Wale mit

Wo bitte geht's zum nächsten Waldbrand?

Der **Schwarze Kiefernprachtkäfer** (*Melanophila acuminata*) liebt frisch abgebrannte Waldflächen, denn seine Larven ernähren sich von verkohltem Holz. Weil der Wald aber nur selten brennt, muss das Weibchen Waldbrände aus großer Entfernung wahrnehmen können – man schätzt, dass es brennende Bäume aus Dutzenden von Kilometern registriert.

Zu diesem Zweck besitzt der Käfer ein hochempfindliches Organ für Infrarotstrahlung (Wärmestrahlung). An den Hüftgruben seiner Mittelbeine befinden sich in feinen Härchen winzige mit Wasser gefüllte Behälter. Fällt Infrarotstrahlung darauf, erwärmt sich das Wasser und dehnt sich aus. Zwar nur um einen winzigen Betrag, aber doch genug, um die Kugel zu verformen und dadurch einen Druckschwankungssensor auszulösen, wie Insekten ihn zum Hören nutzen. Der Käfer nimmt das sofort wahr: Seine Sensoren reagieren fünfmal schneller als technische Infrarotspürgeräte.

Wussten Sie, dass...
...Klapperschlangen tausendstel Wärmegrade wahrnehmen?

Anders als der Mensch besitzen Klapperschlangen ein Organ für schwache Infrarotstrahlen. Es besteht aus Grübchen zwischen Augen und Nase, die mit einer Membran verschlossen und mit Nervenzellen bestückt sind. Die paarweise Anordnung erlaubt eine räumliche Orientierung. Damit können die Tiere Temperaturunterschiede bis zu drei tausendstel Grad erkennen und Beutetiere aufspüren, selbst im Dunkeln.

ES GEHT AUCH OHNE WORTE

Mehr sehen, feiner hören, besser riechen

Zahlreiche Tiere besitzen ähnliche Sinne wie wir – sie können sehen, hören und riechen. Doch bei einigen Arten sind diese Sinne weit empfindlicher als unsere oder umfassen Wahrnehmungsbereiche, die jenseits der Fähigkeiten unserer Augen, Ohren oder Riechzellen liegen. Je nachdem ist ihre Welt von mehr Licht, Duft oder Klang erfüllt.

Restlichtverstärker im Bienenauge

Manche Tieraugen, etwa von **Katzen** oder **Füchsen** und sogar manchen **Reptilien**, **Vögeln** und **Fischen**, leuchten in der Nacht hell auf, wenn Licht hineinfällt. Ursache ist eine spiegelnde Schicht im Augenhintergrund, das Tapetum lucidum. Es schickt eingedrungene Lichtstrahlen noch einmal durch die lichtempfindliche Netzhaut, sodass mehr Lichtteilchen die Chance bekommen, eine Sehzelle zu treffen. Das verbessert die Sehfähigkeit des Tieres in der Dunkelheit, kann allerdings die Bildschärfe beeinträchtigen. Außerdem besteht die Gefahr, dass das aus dem Auge dringende gespiegelte Licht das Tier verrät.

Eine unauffälligere Methode, die Sehfähigkeit im Dunkeln zu verbessern, wendet die mittelamerikanische **Biene Megalopta** an, die im Schutz der Dunkelheit auf Nektarsuche geht. Ihre Augen sind zwar 30-mal lichtempfindlicher als die von tagaktiven Bienen, die sich mithilfe des Sonnenlichts orientieren; doch das reicht für nächtliche Streifzüge noch nicht aus, weshalb Megalopta mithilfe von speziellen Gehirnzellen die eintreffenden Nervensignale der Sehzellen nochmals verstärkt. So kann sich die Biene in der dunklen Tropennacht an Landmarken orientieren und zum Nest zurückfinden.

Riesenaugen zum Lichtsammeln

Die Sehfähigkeit des Menschen lässt bei zunehmender Dunkelheit rapide nach, weil nicht mehr genügend Licht ins Auge fällt. Anders bei vielen Nachttieren. Sie haben in den Augen besondere Vorrichtungen, mit denen sie auch bei schlechten Lichtverhältnissen noch gut sehen können – immerhin ist das Licht in einer bewölkten, mondlosen Nacht 100-millionen Mal schwächer als am Tag.

Am einfachsten lässt sich mit möglichst großen Augen Licht sammeln. Die Augen der **Eule** zum Beispiel fangen weit mehr Lichtstrahlen ein als Menschenaugen. Sie haben eine ausgedehnte Hornhaut, die Pupille kann sich nachts enorm weiten, und die großen, zusätzlich gewölbten Linsen lassen besonders viel Licht eindringen. Und schließlich ist die Netzhaut gespickt mit lichtempfindlichen Stäbchen,

Die Augen von Bienen nehmen einen großen Teil des Kopfes ein. Die mittelamerikanische Biene Megalopta hat sogar einen eingebauten Restlichtverstärker, der es ihr ermöglicht, sich im Dunkeln zurechtzufinden.

MEHR SEHEN, FEINER HÖREN, BESSER RIECHEN

Verglichen mit der Körpergröße hat der Koboldmaki zum Lichtsammeln von allen Säugetieren die größten Augen. Jeder seiner Augäpfel ist schwerer als sein Gehirn.

die für das Hell-Dunkel-Sehen optimal geeignet sind. Ein Nachteil der großen Augen ist allerdings, dass sie fest und starr im Schädel sitzen. Dennoch verfügen Eulen über ein sehr großes Gesichtsfeld, weil sie ihren Kopf um bis zu 270 Grad drehen können.

Kaum beweglich sind auch die riesigen runden Augen der **Koboldmakis** *(Tarsius sp.)*, und wie bei den Eulen sind dafür Hals und Kopf sehr flexibel. Die kleinen Primaten sind Baumbewohner von nur etwa neun bis 16 Zentimeter Körpergröße plus einem gut doppelt so langen Schwanz. Sie leben auf einigen Inseln Südostasiens und gehen nachts auf Beutefang. Insekten, Spinnen und mitunter kleine Wirbeltiere erhaschen sie im Sprung, den sie dank der großen Augen sehr treffsicher ausführen.

Zu den absolut größten Augen zählen die Sehorgane der Kalmare. Sie sind ähnlich aufgebaut wie menschliche Augen oder wie eine Kamera, besitzen also Iris, Linse und Netzhaut. Dieser vergleichbare Aufbau beweist allerdings keine direkte evolutive Verwandtschaft. Das zeigt die unterschiedliche Entwicklung: Das Auge der Wirbeltiere (und damit auch des Menschen) hat sich aus einer Ausstülpung des Gehirns gebildet, während das Kalmar-Auge aus einer Einstülpung der Haut entsteht. Die Ähnlichkeit hängt mit der Funktion zusammen: Linsenaugen müssen nun einmal ähnlich aussehen, um gute Bilder zu liefern.

Der **Riesenkalmar** *(Architeuthis)* besitzt Augen mit dem gewaltigen Durchmesser von rund 40 Zentimetern. Die braucht er, um bei der Jagd in rund einem Kilometer Meerestiefe die letzten Reste der eindringenden Sonnenstrahlen aufzufangen. Noch über einen Kilometer tiefer hält sich der **Koloss-Kalmar** *(Mesonychoteuthis hamiltoni)* auf, der einschließlich Fangarme bis 14 Meter lang ist. Dort unten gibt es zwar kein Sonnenlicht mehr, doch ganz dunkel ist es nicht, denn etwa 90 Prozent der in diesen Tiefen heimischen Lebewesen erzeugen ein Glimmen (Biolumineszenz). Um auch noch den schwächsten Schimmer seiner potenziellen Beutetiere aufzufangen, hat der Koloss-Kalmar die größten Augen der Tierwelt. Mit über 60 Zentimeter Durchmesser sind sie größer als ein Medizinball.

Klare Sicht nach oben und unten

Das **Vierauge** *(Anableps sp.)*, ein in Mittel- und Südamerika beheimateter, etwa 30 cm langer Fisch, ist an einen ungewöhnlichen Lebensraum bestens angepasst: die Wasseroberfläche. Hier kann er relativ konkurrenzlos Insekten erbeuten, die ins Wasser gefallen sind. Allerdings drohen auch Gefahren: durch Vögel von oben und durch Raubfische von unten. Beide Bereiche muss der Fisch ständig gleichzeitig beobachten, und das ist mit einem normalen Augenpaar praktisch nicht machbar, denn Luft und Wasser unterscheiden sich in der Stärke der Lichtbrechung. Das ist ja bekanntlich der Grund, warum Taucher eine Taucherbrille brauchen, um unter Wasser scharf zu sehen: Sie verhindert den direkten Kontakt von Wasser und Hornhaut. Fische aber können keine Taucherbrille aufsetzen. Beim Vierauge hat die Natur nun einen bei Wirbeltieren einmaligen Trick verwirklicht: Der Fisch hat zweigeteilte Augen. Jedes Auge ist durch ein Hautband waagerecht in zwei Hälften geteilt, und jede Hälfte besitzt eine eigene Pupille. Die obere Hälfte jedes Auges ist optimal für das Sehen in der Luft ausgerüstet, die untere für die Sicht im Wasser. Die Natur hat hier also eine Erfindung des Menschen vorweggenommen: die Bifokalbrille.

Fangschreckenkrebse sehen nicht nur herrlich bunt aus – sie erkennen auch erheblich mehr Farben und Farbnuancen als der Mensch.

Mal mehr, mal weniger, mal ganz andere Farben sehen

Im Tierreich ist der Farbsehsinn, gemessen an der Zahl der für verschiedene Farben empfindlichen Sehpigmente, höchst unterschiedlich verteilt. Wir Menschen besitzen, wie auch andere Primaten, drei Sehpigmente, von denen jedes überwiegend für eine der drei Farben Rot, Grün und Blau empfindlich ist – das sind, was den Farbsehsinn angeht, unsere „Grundfarben". Allerdings kann das Hirn aus den Signalen eines einzigen Sehpigments noch nicht die Farbe bestimmen; es könnte also, um ein Beispiel zu nehmen, nicht zwischen schwachem Rot und starkem Blau unterscheiden. Das funktioniert erst durch Vergleich der Signalintensitäten aller drei Sehpigmente. Die Folge: Je mehr Sehpigmente vorhanden sind, desto größer die Zahl der erkennbaren Farbnuancen. Unsere drei Sehpigmente bescheren uns eine Welt aus mindestens 10 000 Farben. Damit sind wir relativ gut dran: Viele Säugetiere können weniger Farben erkennen. **Hund, Katze** und **Rind** zum Beispiel sind rotblind, **Pferde** hingegen blaublind, und viele **Insektenarten** können kein Grün sehen, dafür aber sind ihre Facettenaugen empfindlich für ultraviolettes Licht (UV). Für **Fledermäuse** ist UV sogar die einzige „Farbe". Beuteltiere, niedere Wirbeltiere, **Vögel** und **Fische** sind bessere Farbenseher: Sie haben vier Sehpigmente, und zusätzlich das für UV-Licht.

Spitzenreiter im Farbensehen aber sind die **Fangschreckenkrebse** (Stomatopoda sp.), die in der farbenfrohen Welt der tropischen Korallenriffe zu Hause sind. Sie besitzen mindestens acht Sehpigmente (manche sogar zwölf), können also eine unglaubliche Vielfalt an Farbschattierungen unterscheiden und so zum Beispiel Tarnungen ihrer Fressfeinde bestens durchschauen. Auch im Ultraviolettbereich ist ihre Sehfähigkeit enorm. Und als ob das nicht reichte, können sie jedes ihrer Stielaugen um 360 Grad drehen, ohne sonst ein Glied rühren zu müssen.

MEHR SEHEN, FEINER HÖREN, BESSER RIECHEN

SPITZENLEISTUNG
Eine Feder, die das Sehen ersetzen kann

Bestimmte Erfindungen macht die Natur mehrfach. So können Katzen mit ihren feinen Schnurrhaaren in völliger Dunkelheit jedes Hindernis spüren, noch bevor sie es berühren. Ganz ähnliche Fähigkeiten hat man kürzlich bei Bartalken entdeckt. Das sind kleine Seevögel, die nur auf einigen nordpazifischen Inseln leben. Sie jagen vor allem in der Nacht und bauen ihre Nester in dunklen Bruthöhlen, die nur durch schmale Gänge zu erreichen sind. Am Kopf besitzen die Alken eine dunkle Feder, die über den Schnabel nach vorn hinausreicht. Diese Feder dient vor allem zur Orientierung in der Dunkelheit: War sie festgeklebt, stießen die Vögel weit häufiger gegen Hindernisse als mit freier Feder.

Das beste Männchen leuchtet hell im UV-Licht

Weil wir kein ultraviolettes Licht wahrnehmen können, entgeht uns manches in der Natur, was andere Arten sehen. So nutzen viele Vogelarten diesen Farbkanal für Partnerfindung und Balz. Die **Blaumeisen** (*Cyanistes caeruleus*) zum Beispiel müssten eigentlich UV-Meisen heißen. Zwar sehen bei ihnen Männchen und Weibchen für unsere Augen nahezu gleich aus, doch Vogelaugen zeigen ein ganz anderes Bild: Die Federn der Männchen leuchten weit stärker im UV-Licht als die der Weibchen. Artgenossen erkennen daher auf den ersten Blick, wen sie vor sich haben.

Es ist sicherlich kein Zufall, dass die Vogelaugen genau für den UV-Bereich besonders empfindlich sind, den die Federn ausstrahlen. Denn so können die Weibchen eine wichtige Frage klären: Wer von den Bewerbern ist körperlich am fittesten und daher am besten als zukünftiger Vater geeignet? Das UV-Licht gibt Auskunft darüber: Fittere Männchen leuchten heller – und haben entsprechend größeren Erfolg bei den Weibchen. Übrigens sehen die Vögel nicht nur reines UV-Licht, sondern auch für uns völlig unbekannte Mischfarben mit den anderen Farbtönen des Spektrums.

Die Kommunikation per UV hat man in den letzten Jahren bei zahlreichen Vogelarten entdeckt, nämlich als Wissenschaftler erstmals auf die Idee kamen, nach solchen ultraviolett leuchtenden Gefiederteilen zu fahnden. Zu diesem Zweck durchleuchteten sie mit einer entsprechenden Ausrüstung die Vogelsammlungen von Museen – und die Ausbeute lohnte sich: Bei mehr als der Hälfte der weit über tausend untersuchten Vögel fanden sich UV-Merkmale. Allerdings nicht bei allen: **Rabenkrähen** (*Corvus corone*) etwa sind tatsächlich vollkommen pechschwarz, während der für unsere Augen schwarze männliche **Seidenlaubenvogel** (*Ptilonorhynchus violaceus*) eine lebhafte Zeichnung aufweist.

Vor allem Papageien strahlen im ultravioletten Licht, sogar der **Schwarzlori** (*Chalcopsitta atra*) mit seinem für unsere Augen einheitlich dunklen Federkleid. Und auch in diesem Fall gibt die UV-Strahlung Auskunft über den Gesundheitszustand des Vogels. Nisten nämlich Parasiten im Gefieder eines Schwarzloris, sehen die Federn im UV-Licht matter aus. Vögel mit stärkerem Immunsystem hingegen können mit den Parasiten fertig werden; diese Tiere glänzen heller – und präsentieren sich damit als die Exemplare mit dem überlebenstüchtigeren Erbgut.

Diese Blaumeisen sehen ganz gleich aus – oder? Für ein Meisenweibchen jedenfalls nicht: Es wählt das schönste Männchen nach seinem Erscheinungsbild im UV-Licht aus.

ES GEHT AUCH OHNE WORTE

Die Blüte des Gewöhnlichen Sonnenhuts (Rudbeckia fulgida) ist für uns einfarbig gelb. Nicht so für Insekten, die die Blüten im UV-Licht zweifarbig sehen. Die kreisförmige Anordnung der Farben führt die Bestäuber zur Nektarquelle.

Lockende Signale mit UV-Licht

Blüten besuchende Insekten können Dinge sehen, die uns entgehen. So manche Blüte, die uns einheitlich gefärbt erscheint, bietet Bienen einen ganz anderen Anblick, denn die Nektarsammlerinnen nehmen ultraviolettes Licht wahr. Die Blüte des **Scharbockskrauts** (Ranunculus ficaria) zum Beispiel sieht für unsere Augen einheitlich gelb aus. Im UV-Licht hingegen zeigt die Blüte ein kräftig leuchtendes Zentrum, umgeben von schwächer leuchtenden Blütenblättern. Die Farbgebung weist dem besuchenden Insekt also den Weg zum Nektar.

Auch **Veilchen** (Viola sp.), **Taubnesseln** (Lamium sp.), der nordamerikanische **Sonnenhut** (Echinacea sp.), die **Trollblume** (Trollius europaeus) und der **Hahnenfuß** (Ranunculus sp.) unterstützen die Bestäuber mit einer „Landebahnmarkierung". Blüten der **Mittleren Teichrose** Nuphar × spenneriana zeigen im ultravioletten Licht konzentrische Kreise – sogar mehrere – aus leuchtenden und nicht-leuchtenden Bereichen. Bei der **Wunderblume** (Mirabilis jalapa) leuchtet der Blütenstaub im UV-Licht. Und die zumal in der Dämmerung für unsere Augen unscheinbar blaue **Nesselblättrige Glockenblume** (Campanula trachelium) strahlt im ultravioletten Bereich hell auf – ganz besonders im UV-reichen Abendlicht.

Aber nicht nur unsere heimischen Blüten haben das UV-Licht als Lockhilfe entdeckt. In tropischen Gebieten gibt es mehrere speziell UV-starke Blüten, die damit in der Abenddämmerung Fledermäuse anlocken, da auch diese Blütenbestäuber ultraviolettes Licht wahrnehmen.

Besser hören bei Lebensgefahr

Nachtfalter haben einfach gebaute Hörorgane. Daher traute man ihnen nicht zu, die Ultraschallsignale ihrer Feinde, der **Fledermäuse,** zu hören. Zumindest nicht beim direkten Anflug, wenn die Fledermäuse ihre Frequenzen noch einmal in die Höhe schrauben – möglicherweise, um besser aufgelöste Schallechos zu bekommen. Doch zumindest die **Hausmutter** (Noctua pronuba), ein europäischer Eulenfalter, kann selbst diese hohen Ultraschalltöne wahrnehmen. Versuche mit künstlichen Fledermaustönen zeigten nämlich, dass der Falter sein am Hinterleib gelegenes Trommelfell rasch so verändern kann, dass es ein anderes Schwingungsverhalten zeigt und nun auch auf höchste Frequenzen reagiert. So kann die Hausmutter rechtzeitig fliehen.

Ausgelöst wird diese Reaktion von besonders lauten Fledermausschreien aus nächster Nähe; entferntere Fledermäuse lassen den Falter kalt. Einmal ausgelöst, behält er das veränderte Schwingungsverhalten des Trommelfells einige Minuten lang bei – vermutlich zur Sicherheit, falls die Fledermaus erneut angreift.

SPITZENLEISTUNG

Fliegengehirn mit Computerfähigkeiten

Wunder der Natur verbergen sich oft in alltäglichen Dingen. So sind Augen und Gehirn einer Stubenfliege (Musca domestica) Höchstleistungsorgane. Sie können mehr als 100 Einzelbilder pro Sekunde aufnehmen (der Mensch nur 25, bei schlechtem Licht noch weniger). Und das kaum stecknadelkopfgroße, einfach gebaute Gehirn verarbeitet diese Fülle an Bildeindrücken, zusammen mit Signalen von anderen Sensoren, blitzschnell. So ermittelt es die Positionen von möglichen Feinden und etwaigen Leckerbissen und setzt diese in extrem rasche Flugmanöver um. Wie das Mini-Hirn diese Superleistung vollbringt, ist noch ein Rätsel.

Die Mausohrfledermaus *Myotis lucifugus* auf der Jagd. Zu ihrer per Ultraschall georteten Hauptbeute gehören Insekten, beispielsweise Nachtfalter.

Ultraschall-Schreihälse

Auch mit Schall kann man sich ein Bild von der Welt machen. Dass Fledermäuse sich im Dunkeln orientieren, indem sie Ultraschallrufe ausstoßen, die für den Menschen unhörbar sind, und mit ihren spitzen Ohren deren Echo auffangen, ist bekannt – wenn auch erst seit 1937, als man den Tieren mit den Mitteln moderner Elektronik ihre Geheimnisse entlockte.

Doch man kann sich kaum vorstellen, wie laut manche Fledermausrufe sind. Bei der in Mittelamerika lebenden **Kleinen Hasenmaulfledermaus** *(Noctilio albiventris)* maß man eine Lautstärke von 137 dB, vergleichbar einem in nächster Nähe startenden Düsenflugzeug. Ein Rockkonzert bringt es nur auf gut 120 Dezibel, was für den Menschen auch schon an der Schmerzschwelle liegt. Der Grund für den Lärm: Die unterschiedlichen Fledermausarten müssen verschiedene Frequenzbereiche nutzen, um sich nicht gegenseitig zu verwirren. Die Luft dämpft aber höhere Frequenzen weit stärker als niedrigere; deshalb stellte sich bei den Messungen heraus, dass die lauteste Fledermausart keineswegs die größte Reichweite ihrer Echoortung hatte. Vielmehr konnte eine deutlich leisere **Glattnasen-Freischwanz-Fledermaus** *(Emballonuridae)* viel weiter „schauen" – dank ihrer niederfrequenteren Schreie.

Qualitätstest per Ultraschall

Für eine Fledermaus ist es wichtig zu wissen, ob die mühsam verfolgte Beute die Jagd überhaupt lohnt, ob das Insekt also groß genug ist im Vergleich zur Energie zehrenden Anstrengung. Dafür haben zumindest die **Großen Hufeisennasen** *(Rhinolophus ferrumequinum)* einen erstaunlichen Trick entwickelt. Normalerweise stoßen sie ihre Ultraschall-Echoortungsschreie über einen größeren Frequenzbereich aus, vermutlich um ein besseres Schallbild zu bekommen. Wollen sie aber Informationen über die Größe des gejagten Insekts haben, senden sie Ultraschall mit nur einer Frequenz aus. Die sich bewegenden Flügel der Beute verändern das Echo dann entsprechend dem Rhythmus des Flügelschlags. Und das wiederum ist für die Fledermäuse ein Anhaltspunkt: Je langsamer der Flügelschlag, desto größer ist im Allgemeinen das Insekt. Das ermöglicht es der Fledermaus, ökonomisch zu jagen: Wenn in der Umgebung mehrere große Beutetiere sind, geben sie sich mit kleineren gar nicht erst ab.

ES GEHT AUCH OHNE WORTE

nötig, wenn die Vögel in ihre bis zu einen Kilometer langen stockdunklen Wohnhöhlen zurückkehren. Dort können sie sich nur akustisch orientieren. Doch während Fledermäuse ein lautes Ultraschallgeschrei veranstalten, genügen den Fettschwalmen relativ leise, extrem kurze Klicktöne mit einer Frequenz von nur 7000 Hertz, die auch ein Mensch problemlos hören kann. Diese Klicklaute werden von den Felswänden reflektiert, und offenbar ist das Gehirn der Fettschwalme in der Lage, aus den Echos ein so genaues Bild der Umgebung zu formen, dass die Vögel trotz hohen Flugtempos nicht gegen die Wand oder die Decke der Höhle sausen. Und sind sie erst einmal gelandet, helfen ihnen feine Federn am Kopf weiter, die ähnlich wie die Schnurrhaare von Katzen Luftbewegungen und Hindernisse anzeigen.

„Telefonieren" per Infraschall

Neben dem Ultraschall mit Frequenzen über unserem Hörbereich gibt es auch den Infraschall mit extrem niedrigen Frequenzen – und auch dieser Bereich wird im Tierreich genutzt. Von **Elefanten** etwa weiß man seit einigen Jahren, dass sie sich per Infraschall mit entfernten Artgenossen verständigen. Sie erzeugen die Töne mit ihrer Kehle und lenken sie in den Untergrund, indem sie den Rüssel auf den Boden pressen. Dabei entstehen Lautstärken wie ein naher Gewitterdonner, aber im Infraschallbereich. Durch die Luft würden sich diese Signale neun Kilometer weit fortpflanzen, doch durch den Boden werden viel größere Distanzen erreicht. Denn die niederfrequenten Schwingungen erzeugen im Erdboden sogenannte Rayleigh-Wellen, die mit Erdbebenwellen verwandt sind und sich entlang der Erdoberfläche ausbreiten. Die Empfänger der Signale – die Elefanten in der Ferne – nehmen die Schwingungen mit ihrer sensiblen Rüsselspitze und speziellen Drucksensoren an den Fußsohlen auf. Bisweilen heben sie dabei einen Fuß schräg an, sodass nur noch die „Zehen" den Boden berühren; so sind sie sogar in der Lage, die Richtung zu ermitteln, aus der das Signal kommt.

Elefanten können auch unterscheiden, ob fremde oder vertraute Tiere die Signale aussenden. So halten sie bei ihren Wanderungen Kontakt und warnen einander vor Feinden – und vielleicht glauben sie solchen Warnungen nur, wenn sie von Artgenossen kommen, die sie gut kennen.

Auch **Blauwale** nutzen Infraschall und führen damit sogar „Ferngespräche": Sie können sich über Hunderte von Kilometern verständigen, weil sich die niederfrequenten Schallwellen im Wasser besonders gut ausbreiten.

Der Fettschwalm findet seinen Weg mithilfe des Echos, das seine Klicklaute zurückwerfen. So segelt er auch durch finstere Höhlen, ohne irgendwo anzustoßen.

An Höhlenwänden sicher entlang rauschen

Fledermäuse sind nicht die einzigen Flieger, die sich mittels Schallechos orientieren – auch eine Vogelart hat diese Fähigkeit entwickelt: der etwa 40 cm große **Fettschwalm** (Steatornis caripensis) aus Südamerika, der weltweit einzige nachtaktive Vogel, der Früchte frisst. Nachts fliegen die Fettschwalme Dutzende von Kilometern auf der Suche nach Früchten durch die Dunkelheit. Dabei hilft ihnen nicht nur ihr Geruchssinn: Zur optischen Orientierung besitzen sie auch einen ungewöhnlich empfindlichen Sehsinn. Über eine Million Zäpfchen pro Quadratmillimeter liegen in ihrer Netzhaut dicht gedrängt beieinander – ein Rekord unter allen Wirbeltieraugen.

Allerdings liefern die Augen keine allzu gut aufgelösten Bilder, weshalb andere Sinne, vor allem das Gehör, Unterstützung leisten müssen. Das ist vor allem bei Tagesanbruch

Riechen unter Wasser

Der **Sternmull** (*Condylura cristata*) ist ein recht ungewöhnlich aussehendes Tier. Dieser nordamerikanische Maulwurf trägt dort, wo man bei anderen Tieren Augen und Maul sieht, einen Stern aus fleischigen Tentakeln, denen er seinen anderen Namen, Sternnasenmaulwurf, verdankt. Die Vorderfüße des Tiers enden in fünf scharfen Krallen, mit denen es sich durch den Boden gräbt.

Im Unterschied zu unseren heimischen Maulwürfen verbringen Sternmulle einen Teil ihres Lebens im Wasser – und haben dafür eine ungewöhnliche Fähigkeit entwickelt: Sie können unter Wasser riechen und so Beutetiere aufspüren, etwa Insekten oder Würmer. Dazu bedienen sie sich eines Tricks: Sie stoßen bis zu zehnmal pro Sekunde Luftblasen aus und atmen sie durch die Nasenlöcher sofort wieder ein. Die blubbernden Blasen enthalten Duftstoffmoleküle, die im Wasser gelöst waren, und führen sie an die Riechzonen. Den gleichen Trick beherrschen, wie kürzlich Forschungen zeigten, auch **Wasserspitzmäuse** (*Sorex palustris*). Es ist gut möglich, dass noch weitere kleine Wassertiere mit solchen Methoden Beutetiere orten können.

Die Art des Schnüffelns ist übrigens im Prinzip die gleiche wie bei zahlreichen Ratten- und Mäusearten: Diese Nager ziehen nicht, wie der Mensch, beim Schnüffeln längere Zeit Luft ein, sondern stoßen ebenfalls kurze Luftstöße aus, um dann sofort wieder Luft einzusaugen – nur tun sie das eben in der Luft und nicht im Wasser.

Sehen kann der Sternmull übrigens nicht, aber seine je elf sternförmig um jedes Nasenloch angeordneten Taster sind hochempfindlich. Sie spüren nicht nur Gerüche, sondern auch Bewegungen und vermutlich sogar elektrische Signale von Muskelkontraktionen der Beutetiere. Und sie arbeiten unglaublich schnell. Ein Sternmull kann bis zu 13 mögliche Opfer pro Sekunde identifizieren und hält daher einen Rekord als schnellster Fresser im Tierreich. Und das ist auch nötig, denn in seinem Lebensraum gibt es zwar viele, aber meist sehr kleine Beutetiere. Da muss man schnell sein, um satt zu werden. In einem Zeitraum von weniger als einer Viertelsekunde ist der Sternmull in der Lage, eine Beute zu orten, sie als essbar zu erkennen und zu verschlingen.

Der Sternmull hält sich viel im Wasser auf. Er kann nicht sehen, aber seine Beute im Wasser riechen – mithilfe von Luftblasen, in denen sich Duftstoffmoleküle befinden.

Chemische Nachrichten

Gerüche spielen auch in der Wahrnehmungswelt des Menschen eine Rolle – z. B. bei der Partnerwahl, wie Psychologen wissen –, doch sind sie nicht überlebenswichtig. Pflanzen und Tiere hingegen bedienen sich vielfältigster Duftbotschaften an Freund und Feind, um den eigenen Fortbestand oder den der gesamten Art zu sichern.

Die Titanenwurz blüht höchstens alle paar Jahre, aber dafür bringt sie auch eine nahezu drei Meter große Blüte hervor. Ihr erbärmlicher, an verwesendes Fleisch erinnernder Gestank lockt Aaskäfer als Bestäuber an.

Grüne Parfümeure

Rosen, Veilchen, Lavendel – der Duft dieser Pflanzen ist legendär. Blütendüfte verzaubern uns seit Jahrtausenden, zumal wenn sie als Essenzen zu Parfümmischungen komponiert werden. Allerdings gibt es auch Blüten, deren Geruch unsere Nase als ausgesprochen unangenehm wahrnimmt: So stinkt die größte Blüte der Welt, die drei Meter hohe **Titanenwurz** *(Amorphophallus titanum)*, für uns ganz erbärmlich nach Aas oder Kot.

Doch schließlich sind auch nicht wir Menschen die Adressaten der Blütendüfte. Zielgruppe sind vielmehr bestimmte Tiere – meist **Fliegen, Bienen, Wespen, Hummeln, Falter** oder **Käfer,** in manchen Fällen auch **Fledermäuse.** Sie sollen eine für den Fortbestand der Pflanzenart höchst wichtige Aufgabe erfüllen, nämlich den Transport männlichen Blütenstaubs zur weiblichen Narbe. Dafür werden die Tiere meist durch süßen Nektar und nahrhaften Pollen belohnt. Doch zunächst muss der Bestäuber erst einmal die Blüte finden, und dabei helfen neben der Farbe auch die Düfte. Duftende Blüten erzeugen in der Regel ein spezielles Bukett aus mehreren Duftstoffen – zwar nur in winzigen Mengen, doch diese sind ausreichend, weil Insekten an ihren Fühlern sehr empfindliche Geruchssensoren besitzen. Man könnte den Duft einer einzelnen Rosenblüte in einer Halle von der Größe eines Fußballplatzes verteilen – eine Biene würde ihn immer noch wahrnehmen. Und dank ihrer paarweise angeordneten Fühler kann sie sogar räumlich riechen und gezielt eine Geruchsquelle anpeilen und finden.

Wie intensiv die chemische Kommunikation Insekten und Blütenpflanzen verbindet, wurde erst in den letzten Jahren klar. Viele Pflanzendüfte ähneln nämlich Sexuallockstoffen von Insekten. Kein Wunder: Insekten sind – evolutionsgeschichtlich gesehen – weitaus älter als Blütenpflanzen, und je besser eine Blütenpflanze die Lockstoffe von Insekten imitiert, um so größeren Erfolg hat sie bei den Bestäubungshelfern. So erklärt sich auch der Gestank mancher Blüten: Sie haben es auf Fliegen oder Aaskäfer als Bestäuber abgesehen und geben daher Stoffe ab, die für diese Tiere das Signal für Nahrungsquellen oder ideale Eiablageplätze bedeuten.

Zahlreiche **Orchideenblüten** sind besondere Geruchskünstler. Da viele unter ihnen gar keinen Nektar bieten, müssen sie besonders überzeugende, unwiderstehliche Düfte verströmen. Manche erzeugen Sexuallockstoffe, auf die männliche Insekten fliegen, andere Aasgeruch für die Weibchen. Auf jeden Fall führen sie die besuchenden Insekten an der Nase herum.

Scheuern, um zu überleben

Wenn **Grizzlybären** *(Ursus arctos horribilis)* ihren Rücken an Bäumen scheuern, könnte man meinen, es jucke ihnen das Fell. Doch warum scheuern sich dann nur die Männchen? Genauere Beobachtungen zeigen, dass dahinter eine ganz besondere Form der Kommunikation mit Artgenossen steckt. Männliche Bären leben normalerweise als Einzelgänger und wandern auf der Suche nach Nahrung – und nach Weibchen – durch die Täler. Bisweilen treffen sie dabei auf andere männliche Bären, und dann kommt es meist zum Kampf. Doch wenn die Tiere einander bereits kennen, ist die Aggressivität bei solchen Bärenkämpfen deutlich geringer als bei einander fremden Männchen. Deshalb dient das Scheuern mit großer Wahrscheinlichkeit dem Setzen chemischer Signale. So können sich Artgenossen mithilfe des Dufts miteinander vertraut machen, noch bevor sie sich jemals begegnet sind.

Für diese Erklärung spricht auch, dass sich bisweilen sehr junge Bären an einem Baum reiben, an dem sich kurz zuvor ein erwachsener Bär gescheuert hat. Vermutlich wollen sie auf diese Weise den Duft eines erwachsenen Bären annehmen, um so dem möglichen Tod zu entgehen; Bären neigen nämlich dazu, die von einem anderen Vater stammenden Jungtiere eines Weibchens zu töten, mit dem sie sich paaren möchten, damit es rascher wieder trächtig wird. Denn so lange die enge Bindung einer Bärin an ihre Jungen besteht, ist sie nicht paarungsbereit.

Ein Grizzly reibt seinen Rücken an einem Baumstamm, um Duftmarken zu setzen. Von dieser Bärenart weiß man, dass es sich dabei nicht um die klassische Form der Reviermarkierung handelt

GENAUER UNTERSUCHT

Duftsignale über Kilometer: Pheromone

Wenn Flusskrebsweibchen paarungsbereit sind, geben sie mit ihrem Urin eine Substanz ins Wasser, die Flusskrebsmännchen in einen regelrechten Liebesrausch stürzt. Sie eilen herbei, sind damit aber noch längst nicht am Ziel ihres Wunsches, sich mit genau diesem Weibchen fortzupflanzen. Erst müssen sie sich im Kampf beweisen, und nur der Stärkste kommt zum Zug. Auslöser der Raserei sind spezielle Botenstoffe, über die nicht nur Wassertiere, sondern auch zahlreiche landlebende Wesen, besonders Insekten, verfügen.

Fühler eines Falters mit zahlreichen Sensorhärchen. Diese Härchen dienen der Wahrnehmung von Pheromonen und der Ortung ihrer Quelle.

Hintergrundbild: Der männliche Große Kohlweißling sondert mit wedelartigen Zellen (Androconia) auf den Vorderflügeln Duftstoffe ab, die Weibchen anlocken.

Ein Molekül erkennen

Substanzen, die so wirken, nennt man Pheromone – ein Kunstwort, zusammengesetzt aus altgriechisch „pherein" (übermitteln) und „Hormon". Denn auch Pheromone sind Botenstoffe, nur bleiben sie nicht im Körper, sondern sind quasi im Außeneinsatz. Meist reichen geringste Mengen eines Pheromons, damit es seine Funktion erfüllen kann. Von Bombykol, dem Sexuallockstoff des **Seidenspinnerweibchens** *(Bombyx mori)*, ist im Körper jedes Tieres nur eine winzige Menge vorhanden – man bräuchte 33 Millionen Weibchen, um auch nur ein Gramm dieses Stoffes zu gewinnen. Aber jeder der mit über 17 000 Härchen besetzten gefächerten Fühler der Männchen ist äußerst sensibel für gerade diesen Stoff: Ein Männchen vermag schon einzelne Moleküle zu erkennen und kann auf diese Weise ein kilometerweit entferntes Weibchen auffinden, indem es in die Richtung fliegt, in der sich der Duft verstärkt. Allerdings macht sich ein Männchen erst bei Konzentrationen von einigen dutzend Molekülen pro Kubikzentimeter Luft auf den Weg, vermutlich, damit die Flugstrecke nicht zu lang wird.

In der Regel bestehen Pheromone aus Mischungen ganz bestimmter Stoffe in genau festgelegter Zusammensetzung, je nach Zweck, denn sie können eine Fülle unterschiedlicher Aufgaben übernehmen. Viele Schwarmfische beispielsweise sondern bei Verletzungen Alarmpheromone ab, um Artgenossen zu warnen.

Das Verhalten steuern

Bei **Mäusen** hat man herausgefunden, dass Pheromone im Urin das sexuelle Verhalten steuern. So verlängert sich in einer reinen Weibchengruppe der Zyklus, während die Anwesenheit eines Männchens ihn verkürzt. Und bringt man ein kürzlich befruchtetes Weibchen mit einem fremden Männchen zusammen, nistet sich das Ei oft nicht in der Gebärmutter ein.

Bei vielen Tierarten erkennen Mütter ihre Jungen am spezifischen Geruch. Auch Rudel-, Horden- oder Stockgenossen erkennen einander über Duftstoffe. Zahlreiche Säuger markieren ihre Reviere mittels Duftstoffen in Urin, Schweiß oder aus speziellen Drüsen. Die Artgenossen nehmen diese Duftstoffe meist über das vomeronasale Organ auf, das nicht mit der Nase verbunden sein muss. Mitunter kann man Pferde, Moschusochsen, Katzen,

CHEMISCHE NACHRICHTEN

Mit riesigen Fühlern macht sich der männliche Pfauenspinner, ein Schmetterling, auf die Suche nach dem Duft von paarungsbereiten Weibchen.

Hunde oder Kamele beobachten, die ihre Oberlippe hochziehen, die Zunge ausstrecken und langsam Luft einsaugen. Bei diesem „Flehmen" führen sie Pheromone zu ihrem vomeronasalen Organ.

Eine besonders wichtige Rolle spielen Pheromone im Insektenreich. So geben Borkenkäfer, die sich in die Rinde eines Baumes eingebohrt haben, Versammlungspheromone ab, die andere Borkenkäfer zur gemeinsamen Arbeit herbeirufen. Bei den staatenbildenden Insekten spielen Pheromone sogar die Hauptrolle in der Verständigung; bei Bienen und Ameisen beispielsweise steuern sie die Aktivitäten im Stock. Ameisen sind geradezu wandelnde Duftstoff-Werfer: Einige Ameisenarten scheiden Stoffe aus, die bei Blattläusen die Flügelentwicklung hemmen – das hat für die Ameisen den Vorteil, dass ihnen die Zuckerlieferanten nicht davonfliegen.

Meist sind Pheromone artspezifisch; manche Tierarten unterscheiden sich sogar fast nur durch ihre Pheromone. Mehr noch: Bei einigen Falter-Arten hat man sogar lokale Pheromon-„Dialekte" entdeckt.

Wenn Riechen rettet

Eine gute Nase kann ein Tier vor dem Tod bewahren – das gilt zumindest für **Karibik-Langusten** (Panulirus argus). Diese Tiere leben in Gruppen von einigen dutzend Tieren in Höhlen am Meeresgrund, doch ein bestimmtes tödliches Virus, das Jungtiere befällt und in der Regel durch Körperkontakt übertragen wird, kann diese Gemeinschaft empfindlich stören. Versuche belegten, dass gesunde Langusten die infizierten Tiere meiden und nicht in derselben Höhle leben möchten. Und zwar auch dann, wenn die infizierten Langusten noch keinerlei Krankheitssymptome zeigten. Vermutlich können die Tiere mit ihren hochempfindlichen Geruchsorganen chemische Stoffe wahrnehmen, die von erkrankten Tieren ausgeschieden werden. Und sie setzen alles daran, um einer Ansteckung zu entgehen.

Für kranke Langusten hingegen spielte es keine Rolle, ob ihr Höhlenpartner gesund oder krank war. Um es menschlich zu sagen: Ihr Schicksal war ohnehin besiegelt.

Familiensinn

Pflanzen konkurrieren miteinander um Nährstoffe und Wasser. Und wenn man schon teilen muss, dann doch bitte mit Verwandten, denn Hauptziel ist die Weitergabe der eigenen Gene – und davon besitzen Verwandte mehr als Fremde. Wer Verwandte unterstützt, hilft also auch den eigenen Genen. So erkennen etwa **Ackerschmalwand** (Arabidopsis thaliana) und **Meersenf** (Cakile edentula) Pflanzen, mit denen sie eng verwandt sind, weil sie aus Samen oder Ablegern derselben Mutterpflanze stammen. Das geschieht vermutlich mittels chemischer Stoffe, die von den Wurzeln abgegeben werden.

Und so halten sich die Pflanzen bei der Wurzelbildung zurück, wenn Verwandte in der Nähe stehen, und machen ihnen Nährstoffe nur streitig wenn nötig. Auf fremde Artgenossen dagegen wird keine Rücksicht genommen; hier bildet die Pflanze so viel Wurzelwerk wie möglich: Es tobt ein stiller unterirdischer Kampf um Ressourcen.

Die Sorge um die Verwandschaft erstreckt sich bei der Ackerschmalwand auch auf die Nachkommen. Diese Pflanzen besiedeln vor allem karge Standorte. Eine Möglichkeit, dort zu überleben, ist die rasche Variation des Erbguts, damit sich die Nachkommen noch besser anpassen können. Gestresste Ackerschmalwandpflanzen geben diesen „Tipp" sogar an ihre Nachkommen weiter: Deren Mutationsrate ist noch in der vierten Generation erhöht, selbst wenn längst keine Stressreize mehr bestehen.

ES GEHT AUCH OHNE WORTE

Alarmstaffel der Pflanzen

Es klingt erstaunlich, aber auch Pflanzen können einander vor drohenden Gefahren warnen. Freilich läuft diese Kommunikation nicht akustisch ab wie bei Tieren, sondern auf chemischem Weg, meist durch gasförmige Duftstoffe. Nach und nach enthüllen Experimente immer verblüffendere Zusammenhänge. So merkt eine **Tabakpflanze** (*Nicotiana sp.*), ob beispielsweise ein Hagelkorn ihr Blatt verletzt oder ob Raupen daran knabbern. Vermutlich ist es der Raupenspeichel, der dann – und nur dann – ein raffiniertes Abwehrprogramm auslöst. Binnen weniger Minuten werden Alarmstoffe gebildet, die sich innerhalb der Pflanze und auch nach außen durch die Luft ausbreiten und benachbarte Pflanzen warnen. Das nutzt allen, denn wenn sich die Raupen in der Umgebung zu sehr vermehren, steigt die Gefahr für alle Pflanzen. Deshalb reagieren die Nachbarpflanzen nicht nur mit Giftstoffen gegen die Schädlinge, sondern produzieren ebenfalls Warnsignale, um den Alarm weiter zu verbreiten.

Auch intern ergreift die Tabakpflanze Abwehrmaßnahmen: Binnen einiger Stunden bildet sie mehr Nikotin, einen Stoff, der für die meisten Fraßschädlinge giftig ist. Anders reagiert sie, wenn sie feststellt – vermutlich anhand des Speichels –, dass der Angreifer die nikotinresistente Raupe des **Tabakschwärmers** (*Manduca sexta*) ist. Dann erzeugt sie stattdessen verdauungsstörende Eiweißstoffe. Und sie ruft Hilfe herbei: Spezielle Duftstoffe wirken anziehend auf Schlupfwespen, die wiederum die Raupen attackieren, indem sie ihre Eier in deren Körper legen.

Ähnliche Fähigkeiten besitzt auch die **Akazie.** Sobald eine **Giraffe** die Blätter eines Akazienbaums frisst, produziert die Pflanze ein Gift, welches sie für die Giraffen ungenießbar macht, sowie einen Duftstoff, der von den Akazien in der näheren Umgebung wahrgenommen wird. Dann produzieren auch diese Pflanzen den Giftstoff, sodass sich die Giraffen andere Fresspflanzen suchen müssen. Allerdings hängt die Übertragung der chemischen Signale von Akazie zu Akazie von der Windrichtung ab, sodass nicht alle das Signal erhalten. Hinzu kommt, dass sich die Giraffen den Pflanzen schlauerweise entgegen der Windrichtung nähern. Dennoch ist der Erfolg der Akazien ausreichend, um ihren Bestand in der Region zu sichern.

Giraffen gelingt es nie, ganze Akazienhaine leerzufressen und damit dem Untergang zu weihen. Das liegt daran, dass die Pflanzen eine Methode entwickelt haben, einander vor den gefräßigen Langhälsen zu warnen.

Schnuppernde Keimlinge

Der **Teufelszwirn** *(Cuscuta pentagona)* ist eine in Nordamerika häufig vorkommende parasitische Rankpflanze. Anders als grüne Pflanzen verzichtet sie weitgehend auf die Photosynthese, also die Energiegewinnung aus Sonnenlicht, und bildet daher auch keine Blätter aus. Stattdessen windet sie sich als dünner bleicher Faden an einer anderen Pflanze empor und saugt aus ihr Nährstoffe und Wasser. Dabei bevorzugt sie Nutzpflanzen wie Tomate, Luzerne und Kartoffel und gilt daher als schwerer Landwirtschaftsschädling. In wärmeren Regionen ist der Teufelszwirn bei den Bauern entsprechend gefürchtet: Nicht selten zerstört er einen großen Teil der Ernte, bisweilen sogar 100 Prozent.

Ein aus dem Boden wachsender Teufelszwirn-Keimling muss sehr rasch eine passende Wirtspflanze finden, um sich zu ernähren, denn der Same birgt nur wenig Nährstoff, und der Keimling würde binnen weniger Tage verdorren. Deshalb geschieht Folgendes: Kaum schaut der fadenförmige Spross aus dem Erdreich heraus, führt seine Spitze kreisende Suchbewegungen aus. Stößt er dabei auf eine Pflanze, windet er sich um sie herum, hält sich fest und beginnt, sie anzubohren und auszusaugen.

Bei seiner Suche ist der Keimling allerdings nicht allein auf den Zufall angewiesen, denn er besitzt noch eine weitere Hilfe: Er kann eine passende Wirtspflanze „riechen". Offenbar geben viele Pflanzen bestimmte chemische Stoffe an die Luft ab, und einige davon nutzt der Keimling als Suchhilfe. Tests zeigten, dass der Spross dabei sogar zwischen besser und schlechter geeigneten Wirtspflanzen unterscheiden kann. Tomatenpflanzen zum Beispiel verströmen wohl einen guten Geruch für die Sensoren des Teufelszwirns, denn sie werden sofort angenommen: Der Keimling wächst selbst aus über vier Zentimetern Entfernung direkt auf sie zu. Zwar akzeptiert er auch Weizenpflanzen, doch hat er die Wahl, bevorzugt er klar die Tomaten.

Der parasitierende Teufelszwirn wächst aktiv auf eine Wirtspflanze zu, die er mithilfe von kreisenden Bewegungen und Riechzellen entdeckt hat.

Zum Glück kann die Gentechnik jetzt Abhilfe schaffen. Forscher haben in das Erbgut von Tabak- und Tomatenpflanzen ein Gen eingepflanzt, das ihnen die Bildung eines Abwehrproteins erlaubt. Dieses Protein sorgt dafür, dass sich der Teufelszwirn nicht mehr in die Pflanze einbohren kann. Das Gen stammt übrigens aus dem Teufelszwirn selbst: Es verhindert dort, dass er sich selbst verdaut.

GUTE FRAGE!

Können Vögel riechen?

Lange Zeit herrschte die Meinung vor, dass Neuweltgeier die einzigen Vögel seien, die einen gut ausgeprägten Geruchssinn besitzen. Doch kürzlich zeigten Untersuchungen, dass zahlreiche Vogelarten mindestens so gut riechen können wie etwa Menschen und ihren Geruchssinn zur Partnererkennung, Orientierung und Nahrungssuche nutzen. Der neuseeländische Streifenkiwi *(Apteryx australis)* etwa, der als einzige Vogelart die Nasenlöcher an der Schnabelspitze hat, schnüffelt bei seinen nächtlichen Ausflügen nach Kleintieren und Fallobst. Und bei Hühnern und mehreren anderen Vögeln entdeckten Forscher eine Gruppe von Genen, die für die Ausbildung von Geruchsrezeptoren zuständig sind.

Bei Duft Gefahr!

In der Natur gibt es keine endgültigen Siege. Auf eine List folgt eine Abwehrmaßnahme, die wiederum durch eine neue List ausgeschaltet wird. So haben **Maispflanzen** *(Zea mais)* Duftstoffe entwickelt, mit denen sie bei einem Raupenbefall Schlupfwespen anlocken. Diese Schlupfwespen greifen die Raupen an und vernichten sie, allerdings nicht sofort. Sie legen ihre Eier nämlich in den Raupenkörper. Die sich entwickelnden Wespenlarven fressen die Raupe dann von innen her auf.

Aber die Raupen reagieren auch ihrerseits auf die Duftstoffe der Maispflanzen. Da die den Maispflanzen helfenden Schlupfwespen tagaktiv sind, produzieren die Pflanzen tagsüber mehr Duftstoffe als nachts. Das aber führt dazu, dass die Raupen ihr Verhalten ändern, wenn sie diese Duftstoffe wahrnehmen. Normalerweise fressen sie Tag und Nacht ziemlich gleichmäßig, doch in dieser Situation wählen sie zur Futteraufnahme bevorzugt die weniger gefährlichen Nachtstunden und verstecken sich tagsüber.

Die eingeschmolzene Riesen-Amöbe

Trotz ihres Namens sind **Schleimpilze** (Eumycetozoa) weder Pilze noch Pflanzen oder Tiere, sondern einzellige Lebewesen, und dennoch kann bei manchen Arten jedes Individuum eine mehrere Quadratmeter große Fläche überdecken. Diese Wesen leben normalerweise in Form von Amöben, also winzigen schleimartigen Zellen. Sie kriechen umher und fressen Bakterien oder andere organische Stoffe, die sie aufgrund von deren Stoffausscheidungen „riechen". Wenn aber Nahrungsmangel herrscht, geschieht etwas Erstaunliches: Einzelne Amöben sondern einen Stoff ab, der cAMP genannt wird. Jede Schleimpilzzelle, die cAMP wahrnimmt, setzt ihrerseits eine kleine Menge dieses Stoffes frei, und wie ein Alarmruf pflanzt sich das Signal durch die ganze Kolonie von Amöben fort.

Gleichzeitig wirkt cAMP als Lockstoff. Schon wenige Minuten nach Empfang dieser chemischen Botschaft beginnt jede Amöbe, in Richtung auf die größte Konzentration von cAMP zuzukriechen. Schließlich verschmelzen alle zu einer Art Riesenamöbe – von der Art **Physarum polycephalum** wurde an der Universität Bonn ein Exemplar von fünfeinhalb Quadratmeter Fläche gezüchtet, die größte Zelle der Welt. Eine solche Riesenzelle zeigt manche Eigenschaften eines selbstständigen Lebewesens: Sie ist in der Lage, als schleimige Masse eigenständig zu kriechen, und bildet Sporen, aus denen unter günstigen Bedingungen eine neue Generation Schleimpilze entstehen kann.

GUTE FRAGE!

Warum laufen Ameisen auf „Straßen"?

Beim Einsammeln von Nahrung vollbringen Ameisen logistische Meisterleistungen. Erfolgreich heimkehrende Arbeiterinnen markieren ihren Rückweg mit Pheromonen, um den Artgenossen die Suche nach der Futterquelle zu erleichtern. Das ist der Grund, warum man Ameisen meist in Kolonnen auf „Ameisenstraßen" laufen sieht. Auf diese Weise werden zeit- und energieverschlingende Suchwege vermieden. Kürzlich hat man sogar geruchliche „Stopp-Schilder" entdeckt, mit denen Arbeiterinnen Wegstrecken, die nicht lohnend sind, gezielt sperren.

Steinböckchen verfügen über ein hoch entwickeltes System an Duftdrüsen, die ihnen zur Orientierung und zur Kommunikation mit Artgenossen dienen.

Gerüche für alle Zwecke

Zu den am reichhaltigsten mit Duftdrüsen ausgestatteten Säugetieren zählt das **Steinböckchen** *(Raphicerus campestris)*. Diese Zwergantilopenart lebt in den süd- und ostafrikanischen Savannen und wird etwa 50 Zentimeter groß. Jedes Tier besitzt mehrere Duftdrüsenpaare, die unter den Ohren, an den Augen, den Vorderfüßen, den Knien und an den Afterklauen der Hinterbeine sitzen. Männchen verfügen zudem über büschelige Drüsen nahe den Hodensäcken.

Diese Drüsen produzieren verschiedene Duftstoffe, die ganz unterschiedliche Nachrichten übermitteln. Die Sekrete der Beindrüsen markieren wahrscheinlich die Wanderwege, damit sich die kleinen Tiere im hohen Gras der Savanne nicht verirren. Mithilfe der Gesichtsdrüsen wird vermutlich das Revier markiert: Das Männchen beißt einen Grashalm auf halber Höhe ab und drückt das Gesicht auf den Halmstumpf, wobei eine klebrige dunkle Masse aus der Drüse austritt. Die weiteren Duftstoffe fungieren als „Visitenkarten" für ein Einzeltier, signalisieren Alarm bei Gefahr oder kommen bei der Paarung zum Einsatz.

Den Feind mit einem Duftpotpourri verwirren

Längst nicht alle Geheimnisse der Natur sind enträtselt, und besonders die Forschung an chemischer Kommunikation dürfte dank immer besserer Messgeräte noch viele aufregende Ergebnisse bringen. So hat man herausgefunden, dass sich die ausschließlich auf Madagaskar vorkommenden **Kattas** (*Lemur catta*) – die einzige Lemurenart – mit einem wahren Cocktail an Körpergerüchen schmücken. Dementsprechend ist der Geruchssinn der geselligen kleinen Tiere besonders gut ausgebildet. Duftdrüsen sitzen nicht nur an den Genitalien, sondern auch an Händen, Schultern, Brust und Kopf. Sie erzeugen jeweils unterschiedliche Duftstoffe. Besonders erstaunlich ist aber, wie sich diese Düfte unterscheiden: Die Drüsen an der rechten Körperseite produzieren andere Stoffe als die der linken. Und es handelt sich nicht nur um leichte Variationen: Die Duftstoffcocktails beider Seiten eines Individuums sind so unterschiedlich wie die von zwei verschiedenen Tieren. Bei keiner anderen Tierart hat man so etwas beobachtet.

Möglicherweise erlaubt dieses Phänomen den nachtaktiven Affen eine ausgefeilte chemische Kommunikation in der Dunkelheit. Oder die Tiere können durch Variation der chemischen Zusammensetzung ihrer Duftstoffcocktails bestimmte Signale an Artgenossen senden. Vielleicht nutzen sie die Düfte auch bei der Partnersuche. Doch da Kattas ihre Reviere mit Duftmarken kennzeichnen, könnte auch ein raffiniertes Täuschungsmanöver dahinterstecken: Wenn jedes Tier sozusagen zwei Gerüche hinterlässt, scheint die Gruppe doppelt so groß zu sein wie in Wirklichkeit.

Unterschiedliche Duftdrüsen an jeder Körperhälfte der Kattas geben Rätsel auf – vielleicht sollen die Duftstoffcocktails Feinden eine größere Gruppe vortäuschen.

Sing mir was, erzähl mir was

Die Verständigung mithilfe akustischer Signale ist besonders einfach und daher im Tierreich weit verbreitet. Nicht nur durch die Luft werden Töne übermittelt: Selbst die Welt unter Wasser ist längst nicht so schweigend wie lange angenommen.

Der Trick mit den Blättern

Je größer ein Tier, desto tiefer ist meist seine Stimmlage. Diese auf akustischen Naturgesetzen beruhende Tatsache ist offenbar auch manchen **Orang-Utans** (Pongo sp.) bewusst, und sie nutzen sie gezielt aus. Wenn diese „Waldmenschen" – so die wörtliche Übersetzung ihres Namens – eine Gefahr entdecken, zum Beispiel einen Leoparden, eine Schlange oder auch einen Menschen, stoßen sie einen besonderen Warnruf aus. Er soll dem möglichen Angreifer signalisieren, dass er entdeckt wurde und sich in Acht nehmen muss, und gleichzeitig die Artgenossen auf die Gefahr aufmerksam machen. Manche Orang-Utans haben aber einen Kniff entdeckt, wie sie diesen Warnruf noch wirksamer gestalten können: Sie streifen rasch einige Blätter von einem Zweig ab und halten sie sich beim Rufen vor den Mund. Dadurch klingt ihr Ruf deutlich tiefer – als ob ihn ein größeres Tier ausstößt. Das könnte sicher manche Angreifer abschrecken.

Dieses Verhalten zeigt, dass die Tiere ihre Schreie bewusst einsetzen. Zuvor waren viele Forscher der Auffassung, die Schreie der Affen seien nur ein Reflex, etwa wie wir bei plötzlichem Schmerz ohne nachzudenken „Au" schreien. Und es ist ein weiterer Beweis, dass Menschenaffen zu einer differenzierten Kommunikation fähig sind und uns damit weit näher stehen als früher angenommen. Allerdings beherrschen nicht alle Orang-Utans den Trick mit den Blättern. Offenbar haben einige Tiere ihn irgendwann einmal „erfunden", und andere Affen in der Gruppe machen ihn nun nach. Er wurde also zu einer Art kultureller Errungenschaft dieser – aber nicht aller – Orang-Utans.

Bassisten im Dschungel

Die wohl tiefsten Laute im gesamten Reich der Vögel geben die Kasuare von sich, zum Beispiel der **Helmkasuar** (Casuarius casuarius). Diese flugunfähigen Vögel, nach dem Strauß die zweitschwerste lebende Vogelart, durchstreifen als nachtaktive scheue Einzelgänger das dichte Unterholz der Wälder auf Neuguinea und im australischen Queensland. Die von ihnen erzeugten niederfrequenten Töne sind sehr laut – und dennoch kann das menschliche Ohr sie kaum wahrnehmen, weil die Frequenzen weitgehend unterhalb unseres Hörbereichs liegen. Man spürt die Laute aber: Sie verursachen ein seltsames, unangenehmes und beunruhigendes Gefühl.

Mit den tiefen Tönen, die besonders gut das Dickicht durchdringen, locken die männlichen Helmkasuare während der Paarungszeit Weibchen an. Das Weibchen legt seine Eier ins Nest und wandert weiter, während Brut und Aufzucht der Jungen dem Männchen obliegen.

Der bis 1,7 Meter große Helmkasuar singt nicht, er brummt in den tiefsten Frequenzen der Vogelwelt.

Gesang im Sturzflug

Es ist immer wieder überraschend, was Männchen anstellen, um Weibchen von ihren Qualitäten zu überzeugen. Der in Kalifornien heimische **Annakolibri** *(Calypte anna)* versucht das, wie viele andere Arten auch, auf akustischem Weg. Ungewöhnlich ist allerdings die dafür gewählte Methode: Er singt im Sturzflug.

Der Annakolibri gilt als das schnellste Wirbeltier der Erde, bezogen auf die Zahl der zurückgelegten Körperlängen pro Sekunde. Mit seiner Länge von gerade zehn Zentimetern erreicht das nur etwa vier Gramm leichte Federbällchen im Sturzflug immerhin eine Geschwindigkeit von etwa 385 Körperlängen pro Sekunde, also ungefähr 38,5 Meter pro Sekunde – das entspricht knapp 140 Stundenkilometern. Er lässt sich dabei mit angelegten Flügeln nach unten fallen und zieht kurz vor dem Aufprall wieder steil hoch. Dabei wirkt kurzzeitig eine Kraft auf seinen Körper, die der zehnfachen Erdbeschleunigung entspricht. Das halten nur fitte Männchen aus.

Das Tempo hat seinen guten Grund. Denn im tiefsten Punkt dieses Balzflugs, also bei der höchsten Geschwindigkeit, spreizt der Vogel seine Schwanzfedern. Der scharfe Luftstrom, der nun über die Federn streicht, versetzt diese in Schwingungen. Wer als Kind einmal ein dünnes Grasblatt vor den Mund hielt und durch intensives Blasen auf dessen Schmalseite einen Heulton erzeugte, kennt dieses Prinzip. Zwar zirpt der Vogel jeweils nur knapp eine zehntel Sekunde lang – kürzer als ein Blinzeln. Aber offenbar lohnt sich der Aufwand, denn das Zirpen klingt ähnlich wie der übliche Gesang der Annakolibris, nur viel lauter. Und außerdem vollführen die Tiere die Hochgeschwindigkeits-Balzflüge immer wieder – bis sie am Ziel sind.

Für die Vogelforscher ist diese Art der Tonerzeugung bei Vögeln neu – bisher hatte man gedacht, die Tiere singen einfach beim Fliegen. Möglicherweise stellt sich aber bei zukünftigen Untersuchungen heraus, dass auch andere Arten dieses Prinzip nutzen.

Annakolibris können mit den Schwanzfedern Laute erzeugen. Dieses „Schwanzgezwitscher" wird bei der Balz eingesetzt, um Weibchen zu beeindrucken.

SPITZENLEISTUNG

Superschnelle Stimmkopfmuskeln

Die Leistung von Singvögeln bei ihrem Gesang ist wahrhaft bewundernswert. Immerhin müssen sie die arteigenen, oft sehr komplexen Gesänge erst einmal erlernen, und auch das stundenlange Jubilieren geht sicher nicht ohne Mühe ab. Ihr Stimmkopf ist – zumindest der von Staren und Zebrafinken, aber das gilt vermutlich auch für andere Arten – geradezu ein Hochleistungsorgan. Ein Stimmkopfmuskel braucht nur etwa drei tausendstel Sekunde, um sich zusammenzuziehen und wieder zu entspannen. Dank dieser Geschwindigkeit können die Vögel rund 250-mal pro Sekunde die Lautstärke oder Frequenz ihrer Stimme verändern – und so ihre vielgestaltigen Lieder erzeugen.

ES GEHT AUCH OHNE WORTE

GUTE FRAGE!

Ist die Bienentanzsprache international?

Honigbienen können bekanntlich ihren Stockgenossinnen Art, Entfernung und Lage einer Futterquelle mitteilen, indem sie auf den Waben bestimmte Tanzfiguren vorführen. Diesen Schwänzeltanz benutzen zwar alle Honigbienen weltweit, aber die „Sprache" ist nicht überall gleich, vor allem nicht in der Darstellung der Entfernung. Doch Versuche mit der Östlichen Honigbiene *(Apis cerana)* aus Ostasien und der Westlichen Honigbiene *(Apis mellifera)* aus Europa zeigten, dass es für Westliche Honigbienen schon nach kurzer Zeit kein Problem war, eine von einer östlichen Sammlerin vorgetanzte Information zu verstehen und die Nahrungsquelle zu finden.

Akustische Wohntipps

Vogelpaare haben nicht viel Zeit, einen Platz für ihr Nest zu finden, und wegen ihres kurzen Lebens können sie auch wenig Erfahrungen sammeln. Zudem besetzen meist die stärksten Männchen die besten Plätze. Doch **Blaurückenwaldsänger** *(Dendroica caerulescens)*, die im Osten Nordamerikas leben, haben eine Methode entwickelt, die auch schwächeren und jüngeren Männchen hilft, ihre Suchdauer zu verkürzen und den Erfolg zu steigern: Sie nisten dort, wo andere Artgenossen bereits gebrütet haben.

Normalerweise singen Vögel nur während der Revierverteidigung und der Balz, danach haben sie mit der Aufzucht der Jungen genug zu tun. Doch wenn die Jungen geschlüpft sind, beginnen viele Arten erneut zu singen, um den Jungvögeln die arteigenen Strophen beizubringen. Je mehr Junge im Nest sind, desto häufiger singen sie. Ebenfalls auf den Gesang lauschen schwächere und weniger erfahrene Blaurückensängermännchen. Für sie besagt er: Hier hat ein Artgenosse erfolgreich Junge aufgezogen, also ist die Gegend zum Nisten gut geeignet – und wählen in der nächsten Brutsaison einen Nistplatz in der Nähe.

Gegen den Stadtlärm ansingen

Unsere gefiederten Freunde sind auf den Gesang angewiesen, um ihre Reviere abzustecken, Weibchen zu finden und einander vor Feinden zu warnen. Eine Stadt aber ist weit lauter als das flache Land. Vögel könnten eine so laute Umgebung meiden, doch das tun sie in der Regel nicht, denn die Stadt bietet ihnen viele Vorteile – von der höheren Temperatur bis zur bequemen Nahrungsbeschaffung in Gärten und Parks. Deshalb haben viele Vogelarten längst die Städte für sich erobert und kommen zumindest in deren etwas ruhigeren Zonen prächtig zurecht.

Bei einigen Vogelarten kennt man das Erfolgsgeheimnis: Sie passen ihren Gesang an die Umgebung an. Im Vergleich zu ihren ländlichen Artgenossen singen zum Beispiel verstädterte **Kohlmeisen** *(Parus major)* und **Nachtigallen** *(Luscinia megarhynchos)* erheblich lauter. Die Meisen vermeiden zudem tiefe Töne, weil diese leicht im Umgebungsgeräusch untergehen, und bevorzugen höhere Frequenzen. Außerdem singen sie kürzere Strophen und erhöhen ihr Singtempo – offenbar eine Anpassung an die Unruhe der städtischen Geräusche. Das urbane Leben wirkt auch kulturell belebend: Die Stadt-Meisen singen seltener ihre arttypischen Gesänge, sondern probieren öfter mal neue Gesangsfolgen aus, bisweilen unter Einbeziehung von Strophen verwandter Vogelarten wie etwa der **Blaumeise** *(Cyanistes caeruleus)*.

Ob eine Art in der Stadt Erfolg hat, hängt offenbar tatsächlich weitgehend davon ab, ob sie ihren Gesang an die neue Umgebung anpassen kann. Das gelingt nicht allen, denn nicht alle sind so innovativ wie die Kohlmeisen und die Nachtigallen.

Summen und Klicken im Duett

Verliebte Menschenpaare gehen gern Ton in Ton – mit gleichfarbiger Kleidung. **Stechmücken** der Art *Toxorhynchites brevipalpis* mögen das auch, nur bevorzugen sie den gleichen Summton. Diese Art, die vor allem im tropischen Afrika vorkommt, zählt zu den größten Stechmückenarten, denn sie erreicht Flügelspannweiten von deutlich mehr als zwei Zentimetern. Erfreulicherweise saugt sie kein Blut, sondern lebt von Nektar. Treffen sich ein Männchen und ein Weibchen dieser Art, fliegen sie nebeneinander her und hören – vermutlich mithilfe ihrer Fühler – auf das Fluggeräusch des Partners. Schon nach kurzer Zeit passen die Mücken ihr Fluggeräusch aneinander an: Sie summen im Duett mit exakt gleicher Tonhöhe.

Krokodile schlüpfen gleichzeitig, weil das eine größere Sicherheit vor Fressfeinden bietet. Das schaffen sie, indem sie sich mit Lauten von Ei zu Ei verständigen.

Anders läuft die Begegnung zwischen zwei Männchen oder zwei Weibchen ab: Dann summen sie nur einige Sekunden lang gleich, danach verändern sie ihre Flügelgeräusche abrupt und summen nun in ganz unterschiedlichen Tonlagen. Offenbar dient die stimmliche Kommunikation dazu, Artgenossen sicher als solche zu identifizieren und zudem das jeweils andere Geschlecht – vielleicht auch dessen körperlichen Zustand – zu erkennen.

Botschaften aus dem Ei

Schon vor dem Schlüpfen aus ihrem Ei kommunizieren Küken von **Hühnern** (Gallus gallus domesticus) und **Wachteln** (Coturnix coturnix) mit Artgenossen, sogar mit anderen noch nicht aus dem Ei gekrochenen Küken. Hühnerküken können ab dem 12. Bruttag der insgesamt 21-tägigen Brutdauer hören und Laute von der Glucke aufnehmen. Und mehrere Stunden vor dem Schlüpfen gibt das Küken im Ei eigene Pieplaute von sich. Bei Wachteln verständigen sich die Küken sogar von Ei zu Ei über den Zeitpunkt des Schlüpfens. Anders als Hühnerküken schlüpfen Wachtelküken nämlich möglichst gleichzeitig. Sie stoßen etwa zwei Tage vor dem Schlüpfen besondere Klicklaute aus, die von Wachtelküken in den Nachbareiern gehört werden. Dieses Klicken wirkt ansteckend und beschleunigt bzw. hemmt die Entwicklung der Küken in den Eiern. Für die Wachteln ist diese zeitliche Abstimmung lebenswichtig, denn sie verlassen binnen fünf Stunden nach dem Schlüpfen das Nest – und dann müssen alle Küken fit genug sein, um der Mutter zu folgen.

Auch die Jungen von **Krokodilen** verständigen sich von Ei zu Ei. Wie die meisten Reptilien legen Krokodile Eier, und zwar je nach Art in Grubennester oder in Hügelnester aus Pflanzenmaterial, das beim Gären Brutwärme erzeugt. Kurz bevor die Jungen schlüpfen, „sprechen" sie sich über den Schlüpftermin ab, und zwar, wie Forscher mithilfe von Mikrofonen herausfanden, mit „Umph"-Lauten. Sie können damit sogar ihre Mutter zum Schutz oder als Helferin beim Ausgraben aus dem Nest herbeirufen.

Lieder für die Liebste

Dass Vögel singen, insbesondere im Zusammenhang mit der Balz, ist bekannt. Dass dies auch **Mäusemännchen** tun, haben Forscher erst kürzlich entdeckt. Kein Wunder: Die Solisten singen im für uns unhörbaren Ultraschallbereich, den man nur mit speziellen Geräten aufnehmen und analysieren kann. Sie tun dies allerdings nur, wenn sie auf ein paarungsbereites Weibchen treffen oder wenigstens den Duft ihres Urins in die Nase bekommen.

Bei genauerer Untersuchung stellte sich dann heraus, dass es keineswegs nur ein monotones Piepen ist, das die erregten Männchen von sich geben: Man konnte tatsächlich richtige Lieder erkennen. Der Gesang ist deutlich strukturiert in „Silben", ähnlich wie Sprache. Allein in einem untersuchten Gesang von dreieinhalb Minuten (210 Sekunden) Dauer entdeckten die Forscher 750 solcher Silben. Die Mäuse variieren ihre Tonhöhe nach bestimmten Mustern, „singen" also richtige Melodien. Und sie wiederholen bestimmte Motive in wechselnden Zusammenstellungen immer wieder. In Reichtum und Vielfalt reichten diese Mäuseständchen durchaus an die Darbietungen vieler Singvögel heran. Unklar ist noch, warum die Männchen singen. Vermutlich verschafft ihnen dieser Gesang – oder ein besonders hohes Können darin – Vorteile bei den Weibchen. Wozu sonst dieser Aufwand?

Verliebte Mäusemännchen bringen einem angebeteten Weibchen ganze Arien dar – die Ultraschalllieder sind allerdings für Menschen unhörbar.

„Tschack" bei höchster Gefahr

Eine funktionierende Kommunikation mit Artgenossen kann lebenswichtig sein. Das zeigt die hochentwickelte Lautsprache der **Richardson-Ziesel** (*Urocitellus richardsonii*). Diese Erdhörnchen kommen in Kanada und im Norden der USA vor, wo sie in großen Kolonien zusammenleben und teilweise als Schädlinge verfolgt werden. Schon längere Zeit war bekannt, dass die Tiere bei Gefahr hörbare Warnlaute abgeben. Genauere Untersuchungen zeigten aber, dass sie ein erstaunlich ausgefeiltes Kommunikationssystem besitzen. Sie benutzen dabei für Alarmrufe vor allem den Ultraschallbereich, zum Übermitteln detaillierter Information über die Gefahr jedoch den für uns hörbaren Teil ihres Frequenzrepertoires.

Im Wesentlichen bestehen diese Laute aus diversen Zwitscher-, Zirp- und Pfeiftönen sowie einem kurzen, trockenen Laut, der etwa wie „Tschack" klingt. Pfeiftöne zeigen offenbar Gefahren an, die sich auf dem Boden nähern, zum Beispiel sich anschleichende Raubtiere oder Menschen. Die hohen Zirplaute hingegen warnen vor den noch gefährlicheren Feinden in der Luft, etwa Greifvögeln. Die „Tschacks" scheinen die Wichtigkeit von Alarminformationen zu betonen: Sind sie an die anderen Laute angehängt, zeigen sie höchste Gefahr an.

Unter Wasser ist es laut

Aus menschlicher Sicht muten die Laute, die **Pazifische Heringe** (*Clupea pallasii*) von sich geben, und die Art, wie sie es tun, besonders bizarr an. Die Fische drücken nämlich Luft aus ihrer Schwimmblase in den Darm und erzeugen mittels dieser „Blähungen" komplizierte Folgen rhythmisch blubbernder und wimmernder Geräusche, begleitet von aufsteigenden Luftblasen aus dem Darmausgang. Das Frequenzspektrum reicht dabei über immerhin drei Oktaven, und eine Tonfolge dauert mehrere Sekunden. Die Forscher, die diese Lautäußerungen mit Unterwassermikrofonen aufnahmen, hielten sie ursprünglich für normale Darmgeräusche. Es zeigte sich aber, dass die Töne der Verständigung dienen, möglicherweise innerhalb eines Schwarms bei Dunkelheit. Entziffern konnte man die Botschaften aus dem Darm allerdings noch nicht.

Aber nicht nur Heringe machen seltsame Geräusche, auch viele andere Fischarten sind keineswegs stumm. Unter Wasser ist es mitunter sogar ziemlich laut. Knurrhahn, Grunzer, Krächzer und Trommlerfisch verdanken dem Lärmen ihre Namen, und Austernfische tuten wie ein Nebelhorn. **Clownfische** klappern laut mit den Zähnen und erzeugen Klick- und Knacklaute in Sequenzen aus bis zu acht Klangimpulsen. Diese Laute spielen vor allem bei Revierstreitigkeiten und bei der Balz eine große Rolle.

Der durch den Film „Findet Nemo" überaus beliebt gewordene Samtanemonenfisch (*Premnas biaculeatus*) kann, wie alle Clownfische, laut mit den Zähnen klappern.

Über ähnliche Methoden der Verständigung verfügt eine ebenfalls im Meer lebende Säugetiergruppe: die **Wale**. Viele Walarten nutzen spezielle Laute, um in den Weiten der Ozeane mit Artgenossen Kontakt aufzunehmen. Schwertwale pfeifen, Buckelwale produzieren komplexe Gesänge, und Pottwale erzeugen Klickgeräusche – mit voller Lautstärke: Sie bringen die lautesten Echoortungssignale in der gesamten Tierwelt hervor. Doch nutzen sie das Klicken auch, um Bindungen zu anderen Pottwalen aufzubauen. Hört ein Tier das Klicken eines Artgenossen, passt es sein eigenes Klicken an dessen Rhythmus an. So entstehen bereits nach wenigen Sekunden Duette mit synchronen Klicklauten.

Wussten Sie, dass...
...sich manche Saugkarpfen per Augenrollen verständigen?

Der im Colorado in Nordamerika lebende Saugkarpfen Xyrauchen texanus hat eine besondere Methode der Kommunikation entwickelt: Augenrollen. Um Rivalen abzuschrecken, rollen Männchen ihre Augäpfel hin und her. Dabei reflektiert das Weiße im Auge das ins Wasser dringende Sonnenlicht und erzeugt einen Lichtblitz. Dieser ist auch im trüben Colorado gut sichtbar, weil das Weiß insbesondere den UV-Lichtanteil widerspiegelt, den Saugkarpfenaugen sehr gut wahrnehmen können. Weibliche Saugkarpfen reagieren auf das Drohblitzen nicht – sie sind ja auch nicht gemeint.

Botschaften per Lichtzeichen

Es gibt kaum einen Kommunikationskanal, den die Natur nicht nutzt, soweit er für Lebewesen technisch erreichbar ist. Das durch biochemische Reaktionen oder in Dienst genommene Leuchtbakterien erzeugte Eigenlicht bietet zahlreiche Möglichkeiten zum Beutefang und zur Partnersuche.

Verhängnisvolle Signale vom Glühwürmchen

Zu den eindrucksvollsten Lichtspielen in der belebten Natur gehören die der **Leuchtkäfer,** zu denen auch unsere **Glühwürmchen** zählen. Das Licht bildet sich bei der chemischen Reaktion zweier Stoffe unter einer durchsichtigen Chitinhaut am Hinterleib. Einige tropische Arten, die in Mittel- und Südamerika vorkommen, leuchten so hell, dass man in ihrem Licht Zeitung lesen kann.

Vielerorts leben mehrere Arten von Leuchtkäfern im gleichen Lebensraum nebeneinander. Damit Artgenossen einander dennoch an ihrem Leuchten erkennen, haben sie jeweils arttypische Blinkrhythmen entwickelt. Die Männchen fliegen in geringer Höhe über den Boden und schicken ihre Lichtsignale an die Weibchen aus. Diese sitzen vor ihrer Erdhöhle und schalten ihren „Scheinwerfer" erst ein, wenn ein passendes Männchen sie angeblinkt hat. Dann entspinnt sich ein wechselseitiges Blinken in ganz bestimmten Zeitabständen. Männchen und Weibchen tauschen sozusagen Passwörter aus, um einander zu versichern, dass sie auch wirklich die Richtigen sind. Erst wenn dieses Ritual vollzogen ist, landet das Männchen.

Die Vorsicht ist aber auch nötig. Denn die Weibchen sind Fleischfresser. Und die Weibchen einiger Arten, etwa *Photuris versicolor,* beherrschen „Fremdsprachen": Manche können die Blinksignale der Weibchen von fünf verschiedenen Arten nachahmen. Wenn sich ein Leuchtkäfer einer solchen fremden Art im Anflug befindet, senden sie das entsprechende Passwort aus, und landet das Männchen dann, ist sein Schicksal besiegelt. Fremde Leuchtkäfermännchen stellen einen großen Teil der Nahrung dieser Weibchen dar. Um die Verluste auszugleichen, gibt es etwa 50-mal so viele Männchen wie Weibchen jeder Art.

Ein Leuchtkäferschwarm hat einen Baum für sich erkoren. Jede Art hat ihre eigene Blinksprache – doch es gibt auch raffinierte Täuschungsmanöver.

BOTSCHAFTEN PER LICHTZEICHEN

Winzige Pilzmückenlarven lassen ihre 30 bis 40 Zentimeter langen Fangfäden von der Decke der Waitomo-Grotte herabhängen und leuchten sie an, um Insekten anzulocken.

Strahlende Fallstricke

In der Waitomo-Grotte auf der neuseeländischen Nordinsel ist ein außergewöhnliches Lichtphänomen zu bestaunen. Man kann mit dem Boot in die Grotte hineinfahren, wie es alljährlich Tausende von Touristen tun, und nach wenigen Minuten ist man von tiefer Nacht umfangen. Doch wenn sich die Augen ans Dunkel gewöhnt haben, taucht an der Decke der Höhle ein Sternenhimmel aus Abertausenden bläulich-grüner Leuchtpunkte auf. Das Licht stammt von den winzigen Larven der **Pilzmücke** *Arachnocampa luminosa,* die in der windlosen Höhle ihre Fangfäden von der Decke herabhängen lassen.

Jede Larve liegt in einem Gespinstnetz aus Spinnfäden und leuchtet mit dem Hinterleib ihre 30 bis 40 Zentimer langen Fangfäden an. An diesen Fäden – bis zu 70 pro Larvennest – hängen klebrige Sekrettröpfchen, die das Licht in alle Richtungen streuen und Insekten anlocken. Denn Insekten orientieren sich in der Dunkelheit am fernen Mond, zu dem sie sich immer in einem bestimmten Winkel halten. Ist aber kein Mond zu sehen, wie in der Höhle, halten sie jedes Licht für den Mond, auch wenn es so nah ist, dass sie dagegen fliegen und kleben bleiben.

Eisenbahnwurm mit Ampel

Auch die Larven zahlreicher Leuchtkäferarten senden Licht aus. Hier geht es allerdings nicht um Paarung, sondern um Abschreckung durch eine Art Warnlampe. Denn diese Larven schützen sich zwar meist durch übel schmeckende und giftige Stoffe, doch welchen Nutzen hat die Larve davon, wenn der Fressfeind erst nach dem Mahl dessen Wirkung spürt? Also warnt sie schon vorher mit Licht, sodass der Angreifer spätestens beim zweiten Treffen mit der gleichen Art die Sache bleiben lässt. In Ostasien gibt es zum Beispiel **Käferlarven** der Arten *Luciola sp.,* die im Süßwasser leben und ein helles blaues Licht ausstrahlen.

Ganz besonders eindrucksvoll aber leuchtet der **Eisenbahnwurm** *(Phrixothrix tiemanni),* der trotz seines Namens eine Käferlarve ist (wie es sich bei unserem Glühwürmchen ja auch um einen Leuchtkäfer handelt) und in Mittel- und Südamerika vorkommt. Tagsüber verstecken sich die bis zu sechs Zentimeter langen Larven, erst nachts gehen sie auf die Jagd nach kleinen Insekten und Tausendfüßern. Mit ihren Giftklauen erbeuten sie sogar Tiere, die größer sind als sie selbst. Normalerweise leuchten die Larven nicht. Erst wenn sie ein Tier angreifen, schalten sie als Drohgebärde ihr Licht ein; sie leuchten aber auch, wenn sie selbst in Gefahr geraten sind – als Warnsignal. Dann erstrahlen am Vorderende (nur bei den Weibchen) zwei orangerote Lichter und an jeder Seite eine Reihe von elf grün blinkenden Punkten, die sie einzeln schalten können. Mit dieser Reihenbeleuchtung erinnern sie an einen durch die Nacht fahrenden Eisenbahnzug – daher der Name. Auch die erwachsenen Käfer können leuchten, und auch bei ihnen hat nur das Weibchen den orangeroten Kopf.

SPITZENLEISTUNG

Synchronleuchten

Südostasiatische Leuchtkäferarten sammeln sich mitunter abends zu Tausenden auf einem Baum und überziehen die Äste wie mit einer unregelmäßig blitzenden Leuchtpaste. Nach und nach wird das Blinken dann immer gleichmäßiger, und bald strahlen all die Leuchtkäfer exakt gleichzeitig. Der gesamte Baum blinkt dann wie eine Weihnachtslichterkette. Die Lichtreklame der männlichen Leuchtkäfer ist weithin sichtbar, sodass heranfliegende Weibchen dank dieser Heiratsannonce den Versammlungsort ihrer männlichen Artgenossen gar nicht verfehlen können.

ES GEHT AUCH OHNE WORTE

Die Wunderlampe, ein fingerlanger Kalmar, besitzt 22 Leuchtorgane, die zu zehn unterschiedlichen Bautypen gehören – eine aufwendige Ausrüstung.

Schreck in der Dunkelheit

Viele Meeresbewohner versprechen sich von aufblitzenden Lichtsignalen eine abschreckende Wirkung. So tragen **Laternenfische** am Schwanz Leuchtorgane, die sie bei Gefahr aufblitzen lassen. Sie dienen vermutlich außerdem der Arterkennung, denn jede der rund 150 Laternenfischarten zeigt ein anderes Leuchtmuster.

Ähnlich wie Eidechsen, die ihren Schwanz opfern, werfen manche **Tiefseequallen** bei Gefahr leuchtende Tentakel ab, um Fressfeinde zu verwirren. Aus demselben Grund stößt der **Vampirtintenfisch** (Vampyroteuthis infernalis) eine Wolke aus lichten Partikeln aus; auch die **Rote Riesengarnele** (Gnathophausia ingens) spritzt Angreifern eine grelle Flüssigkeit entgegen. Der **Borstenwurm** Swima bombiviridis, der im Pazifik in Wassertiefen zwischen 2000 und 3000 Metern lebt, gibt bei Bedrohung kleine Körperanhänge ab, die im Wasser kurze Zeit hellgrün aufblitzen. Und der schwarze Tiefseefisch **Sagamicthys abei**, ebenfalls ein Pazifikbewohner, besitzt neben Leuchtorganen am Bauch auch zwei nach hinten gerichtete Röhren, aus denen er einem Verfolger hellen Schleim entgegenschießen kann.

Sag es mit Licht

In der dunklen Tiefsee erregt jede Lichtquelle Aufmerksamkeit. Anders ist es im Zwischenbereich in einigen hundert Metern Tiefe, in den noch schwaches Sonnenlicht dringt. Wer hier schwimmt, erscheint von unten her als dunkle Silhouette – und ist dadurch leicht erkennbar. Viele Arten der **Laternenfische** (Myctophidae) haben daher ihren Bauch mit Dutzenden punktförmiger Leuchtorgane gespickt. Schwimmen sie im Dämmerlicht, passen sie deren Leuchtkraft so geschickt an, dass ihr Körperumriss verschwimmt und sie kaum als Fisch erkennbar sind. Auf ähnliche Weise schützen sich die nur etwa sechs Zentimeter langen **Silberbeilfische** (Argyropelecus aculeatus), die dank ihrer rund hundert am Bauch verteilten Leuchtpunkte im Dämmerlicht praktisch verschwinden.

Der vor der japanischen Küste lebende **Leuchtkalmar** (Watasenia scintillans) ist nur fingerlang, trägt aber an den Fangarmen und am ganzen Körper zahlreiche helle Leuchtpunkte. Vermutlich setzt er sie zum Beutefang, aber auch zur Tarnung ein. Doch die anerkannt vielseitigsten Lichtkünstler der Tiefsee sind die **Wunderlampen** (Lycoteuthis sp.), nur etwa acht Zentimeter kleine Kalmare, die in Tiefen bis 3000 Meter leben. Jedes dieser Tiere besitzt 22 über den ganzen Körper verteilte Leuchtorgane. Sie gehören zu zehn unterschiedlichen Bautypen und können Licht in vier unterschiedlichen Farben abstrahlen. Das Lichtspektakel dient auch bei den Wunderlampen zur Tarnung: Schaltet der Kalmar die Beleuchtung ein, verschwimmen seine charakteristischen Konturen.

Der Leuchtkalmar stellt sich in der dunklen See als Wolke aus Leuchtpunkten dar. Dieser Trick macht ihn zwar nicht unsichtbar – aber Beutefische und Feinde erkennen ihn nicht.

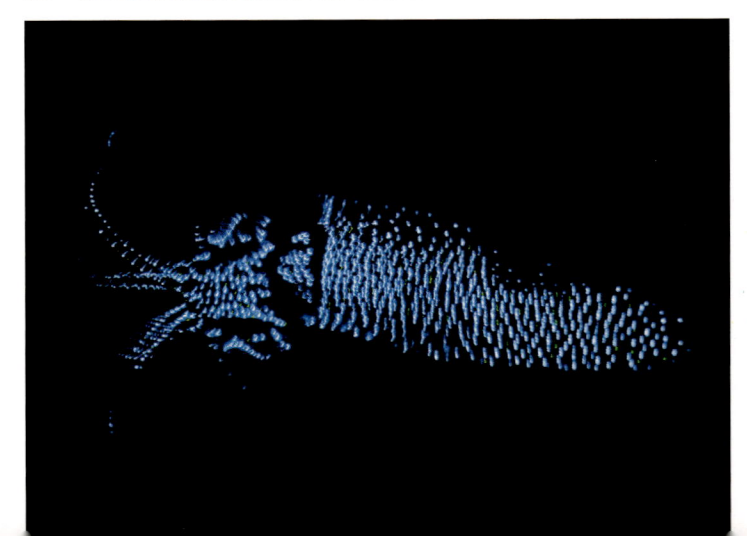

Lockende Blitze

In der Tiefsee herrscht immerwährende Nacht. So haben fast alle dort lebenden Geschöpfe ihre eigenen Lichtquellen entwickelt. Sie nutzen sie zur Abschreckung, um einen Partner zu finden oder Beute anzulocken. Das ist nicht so einfach, denn Pflanzen, die als Futter dienen könnten, gedeihen in der lichtlosen Tiefsee nicht. Nahezu alles Leben ist auf die kargen Reste von toten Lebewesen angewiesen, die aus der lichtdurchfluteten oberen Wasserschicht herabrieseln. Entsprechend dünn sind die tiefen Zonen besiedelt, und ihre Bewohner müssen sich anstrengen, um überhaupt gelegentlich etwas zu fressen zu bekommen.

Tiefseeanglerfische zum Beispiel hängen sich leuchtende Laternen vor das Maul. In den Laternen leben Millionen von Leuchtbakterien, die ein grünliches Glimmen ausstrahlen. Auf viele Tiere übt dieses Schimmern eine unwiderstehliche Anziehungskraft aus, denn in der Tiefsee geben viele schmackhafte Lebewesen – Planktontierchen, Würmer, Bakterien – Licht von sich. In diesem Fall aber wartet statt einer Mahlzeit der Tod: Die hungrige Beute schwimmt dem reglos schwebenden Tiefseeangler direkt vor das mit spitzen Zähnen gespickte Maul.

Während der Anglerfisch energiesparend auf Beute lauert, muss der **Blitzlichtfisch** *(Photoblepharon palpebratus)* aktiv nach seiner Mahlzeit suchen. Er lebt in den flacheren Bereichen des Indischen und Pazifischen Ozeans. Dort ist es tagsüber hell, aber auch gefährlich. Daher geht dieser Fisch nur in tiefster Nacht auf die Jagd. Damit er etwas sehen kann, hat er unter jedem Auge ein Leuchtorgan. Auch hier stammt das Licht von Millionen von Leuchtbakterien. Ihr Licht lockt zahlreiche Beutetiere an. Da es so stark ist, birgt es natürlich auch die Gefahr, dass der Blitzlichtfisch selbst zur Beute wird. Weil er bei Gefahr seine Leuchtbakterien nicht rasch genug abdunkeln kann, lässt er sozusagen die Jalousien herab: Er schiebt eine lichtundurchlässige Haut vor seine Leuchten und flieht im Schutz der Dunkelheit.

Blitzlichtfische haben ihre Lichtorgane unter den Augen. Sie können das Meer zum Leuchten bringen, wenn sie im Schwarm auftreten (Hintergrundbild).

ES GEHT AUCH OHNE WORTE

Tierisch intelligent

Bei immer mehr Tieren entdecken die Forscher, dass sie zu erstaunlichen Intelligenzleistungen fähig sind. Sie gebrauchen Werkzeug, können durch Beobachten lernen, vorausschauend handeln, in gewisser Weise verallgemeinern – und die gewonnenen Einsichten an ihre Artgenossen oder Nachkommen weitergeben.

Eine kulturelle Leistung: Mit Werkzeug umgehen

Lange Zeit galt der Werkzeuggebrauch als menschliche Domäne; gelegentliche Beobachtungen an Tieren, die mit Stöcken und Steinen hantierten, wurden als zufällig abgetan. Inzwischen gibt es eine Fülle von Arten, bei denen der Gebrauch und manchmal auch das Herstellen spezieller Werkzeuge in freier Wildbahn oder im Labor dokumentiert wurde, und diese Liste wird ständig länger.

Am besten in dieser Disziplin sind natürlich unsere nächsten Verwandten, die Menschenaffen. Bei **Gorillas** hat man beobachtet, dass Weibchen Äste zum Ausloten der Gewässertiefe und als Gehhilfe nutzen. **Schimpansen** stellen im Labor Kisten übereinander oder verlängern Stöcke, um an eine hoch über ihren Köpfen hängende Banane zu kommen. Im Freiland angeln sie mit Stöcken Ameisen aus hohlen Ästen oder graben in der Nähe von Tümpeln nach frischem Grundwasser. Im Senegal beobachtete man Schimpansenweibchen, die Stöcke mit ihren Schneidezähnen gezielt zuspitzten und sie dann als Speere nutzten, um Kleintiere in Höhlen zu erlegen. Auf diese Weise ergatterten sich die Weibchen unabhängig von den Männchen ihr tägliches Futter.

Schon länger weiß man, dass Schimpansen mit Stöcken Termiten angeln. Aber in Zentralafrika stecken sie die Stöcke nicht nur in die Termitenbauten hinein – sie fransen die Enden der Stöcke auch mit Zähnen und Händen zu einer Art Pinsel aus. Das Ausfransen erhöht die Termitenausbeute auf das 18-fache. In manchen Regionen knacken die Tiere harte Nüsse mit Felsen als Amboss und Holzstü-

Gorilla beim Laubangeln mithilfe eines gebogenen Asts. Er abstrahiert also von Erfahrungen mit ähnlichen Situationen.

cken oder Steinen als Hammer. Wie Funde alter „Werkstätten" zeigten, taten sie dies schon vor Tausenden von Jahren. Allerdings kennen längst nicht alle Schimpansen den Trick, nur Angehörige mehrerer Gruppen. Da diese Gruppen weit voneinander entfernt leben, nimmt man an, dass sie die Technik zufällig und unabhängig voneinander entdeckt haben – oder dieses Können war einst weit verbreitet und wurde von den meisten Gruppen, die es nicht an ihre Nachkommen weitergaben, wieder vergessen. Ähnliche Kulturverluste hat man bei Schimpansen auch im Hinblick auf weitere Techniken festgestellt.

Auch andere Tiergruppen verblüffen mit Werkzeugen. Die **Rückenstreifen-Kapuzineraffen** (*Cebus libidinosus*) in Zentralbrasilien können ebenfalls Nüsse mit Steinen öffnen. Zuvor testen sie durch Beklopfen, welche Nüsse die reifsten sind, nagen die Fruchthülle ab und lassen sie eini-

TIERISCH INTELLIGENT

Gezieltes Handeln mit Werkzeug: Schimpanse mit „Hammer" und „Amboss" zum Knacken harter Nüsse.

Ein Seeotter hat sich einen Stein auf die Brust gelegt, hält mit den Flossen eine Muschel fest und schlägt sie kaputt.

ge Tage in der Sonne trocknen. Dann tragen sie die harten Nüsse über eine weite Strecke bis zu einer Stelle, wo große Felsen unter Bäumen liegen – die Felsen dienen als Amboss, die Bäume als Fluchtweg, sollte das Klopfen Räuber anlocken. Die Schlagsteine wiederum holen sie von noch einer anderen Stelle.

Große Tümmler (*Tursiops truncatus*) an der westaustralischen Küste lösen Schwämme vom Meeresgrund und stülpen sie als weichen Schutz über ihre Schnauze, wenn sie im Meeresgrund wühlen, um nach Futter zu suchen. **Schmutzgeier** (*Neophron percnopterus*) zerschmettern Straußeneier, indem sie Steine dagegen schleudern. Und **Seeotter** (*Enhydra lutris*) knacken die Schalen von Muscheln mit Steinen, die sie zu diesem Zweck vom Meeresgrund heraufholen. Sie legen sich im Wasser auf den Rücken, platzieren die Steine auf ihrem Bauch und schlagen die Muscheln dagegen.

Wenn der Schnabel nicht reicht

Es wäre seltsam, wenn gerade die intelligenten Vögel kein Werkzeug benutzten. Tatsächlich weiß man, dass die zu den Darwinfinken gehörenden und auf den Galapagos-Inseln lebenden **Spechtfinken** (*Camarhynchus pallidus*) mithilfe von Kaktusstacheln oder spitzen Stöckchen, die sie manchmal zuvor mit ihrem Schnabel herrichten, Insekten aus Löchern im Holz stochern. Und **Krähen** (*Corvus sp.*) wurden oft in der Natur bei der geschickten Nutzung von Stöckchen oder ähnlichen Teilen als Werkzeuge gesehen. Sie nehmen sogar bewährtes Werkzeug im Schnabel zum nächsten Futterplatz mit. Und weil die Tiere einander genau beobachten, ahmen andere Krähen dieses Verhalten auch bald nach.

In der freien Natur sind Krähen nur schwer ständig zu beobachten. Forscher behelfen sich mit winzigen auf den Tieren befestigten Kameras oder mit Laborversuchen – und fördern Erstaunliches zutage. So können **Neukaledonien-Krähen** (*Corvus moneduloides*) nicht nur spitze Werkzeuge basteln, sondern sind auch in der Lage, ohne Vorbild und jegliches Training Drähte zu Haken zu biegen, um damit Futter aus einem Röhrchen zu angeln. Mit Krallen und Schnabel ist das gar nicht so leicht. Und weitere Versuche mit veränderten Anordnungen bewiesen, dass die Vögel sogar Tricks mit verstecktem Futter durchschauen können.

Wussten Sie, dass...
...es nicht nur unter Menschen Linkshänder gibt?

Bei einigen Schimpansen in Tansania wurde beobachtet, dass sie – im Gegensatz zur Mehrheit ihrer Artgenossen – zum Angeln von Termiten mit Stöckchen eindeutig die linke Hand benutzten. Möglicherweise taten sie es, weil sie die Aufgabe besser mit links bewältigen konnten: Sie waren Linkshänder. Auch bei Papageien gibt es einige Arten, die zum Greifen etwa von Früchten grundsätzlich die linke Kralle wählen. Zumindest bei den Gelbhaubenkakadus (*Cacatua galerita*) ist dies erlernt, denn die Jungen nutzen noch beide Krallen; erst die Erwachsenen sind Linkshänder.

GENAUER UNTERSUCHT

Memory für Mini-Hirne

Manche Tiere verfügen über ein erstaunliches Gedächtnis. Einige Arten nutzen es bei der Futtersuche, um sich ergiebige Stellen oder den Ort, wo die Futtervorräte für den Winter versteckt sind, zu merken. Und natürlich ist es auch bei Kontakten mit Artgenossen wichtig, sich die Individuen merken zu können. Und dennoch verblüffen manche Tiere mit Leistungen, die weit über solche Anforderungen hinausgehen.

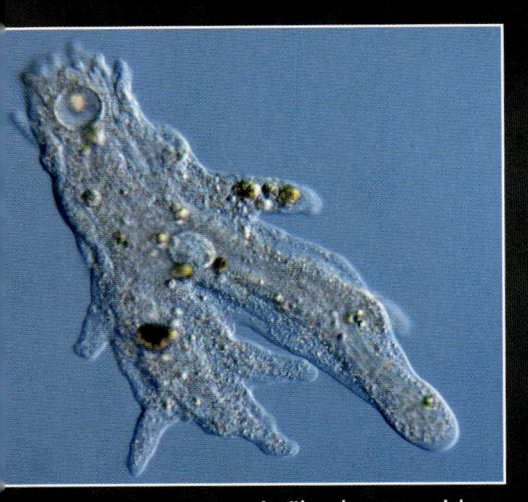

Amöben bewegen sich bei der Futtersuche nie im Kreis, weil auf einen Rechtsschwenk fast immer ein Linksschwenk folgt. Sie erinnern sich also an die letzte Richtungsänderung.

Hintergrundbild: Der Eichelhäher erinnert sich im Winter auch an Futterverstecke, die nun unter Schnee begraben liegen.

Bisweilen vollbringen Tierarten, die uns ganz vertraut sind, aufsehenerregende Leistungen. **Eichelhäher** (Garrulus glandarius) zum Beispiel legen in der warmen Jahreszeit an vielen Stellen Nahrungsmitteldepots für den Winter an. Dazu sammelt der Vogel – bisweilen kilometerweit von seinem Revier entfernt – Eicheln oder Bucheckern. In seinem Schlund kann er immer acht bis zehn auf einmal transportieren, um sie dann in seinem Revier zu vergraben. Im Winter sucht er die Verstecke auf und ernährt sich von den Vorräten. Im Gegensatz zu vielen anderen Tieren, die nur einen Teil ihrer Wintervorräte wiederfinden, finden die Vögel den größten Teil der Verstecke wieder, wie Versuche ergaben – selbst nach Monaten und unter einer Schneedecke. Sie orientieren sich dabei an Landmarken, deren Lage und Aussehen sie genau im Gedächtnis behalten haben – und das mit ihrem winzigen Vogelhirn.

Vögel mit Bildgedächtnis

Dass Vögel ein bemerkenswert gutes Bildgedächtnis besitzen, beweisen auch Versuche mit dressierten **Felsentauben** (Columba livia). Den Tieren wurden diverse Bilder gezeigt, wobei jeweils rechts oder links vom Bild eine Markierung aufleuchtete. Wenn ihnen dasselbe Bild erneut gezeigt wurde, mussten sie durch Picken mit dem Schnabel die zum Bild gehörende rechte oder linke Markierung auswählen. Im Lauf der Versuche speicherten die Tauben bis zu 1200 verschiedene Bilder und betätigten in zwei Dritteln der Versuche die richtige Markierung. Die gleichen Versuche wurden mit **Pavianen** (Papio papio) ausgeführt. Ihr Gedächtnis erwies sich als noch besser: Sie merkten sich bis zu 6000 Bilder und erkannten vier Fünftel wieder.

Affen-Algebra

Offensichtlich ist die Fähigkeit, sich riesige Mengen an Informationen zu merken, bei vielen Wirbeltieren verbreitet. In Versuchen schlugen sich **Schimpansen** beim Einprägen von Zahlenreihen sogar besser als Menschen. Zunächst mussten die Affen lernen, die Ziffern 1 bis 9 zu erkennen und in die richtige Reihenfolge zu bringen. Dann erschienen diese Ziffern kurzzeitig in einem Raster auf einem Bildschirm und verschwanden wieder hinter weißen Feldern. Die Tiere mussten nun die weißen Felder, hinter denen sich die Zahlen verbargen, nacheinander in der erlernten Reihenfolge von 1 bis 9 antippen. Diese Aufgabe lösten sie erstaunlich gut. Vor allem blieben ihre Leistungen konstant, auch wenn die Zahlen nur sehr kurze Zeit gezeigt wurden, während die menschlichen Versuchspersonen zunehmend Fehler machten. Das spricht auch hier für ein gutes Bildgedächtnis – die Affen „fotografieren" die Zahlen offenbar, und zwar rascher als Menschen. Vermutlich brauchen diese Tiere ein gutes Gedächtnis, um nur gelegentlich auftauchende Beutetiere oder Feinde sofort wiederzuerkennen und wichtige Orte in ihrem Lebensraum wiederzufinden.

TIERISCH INTELLIGENT

Beim Tabakschwärmer kann sich die Larve Dinge merken, die später auch der Falter noch weiß.

Besonders erstaunlich ist aber, dass man ein Gedächtnis schon bei **Amöben** nachgewiesen hat. Diese Einzeller bewegen sich bei der Futtersuche im Zickzack-Kurs durch ihren Lebensraum. Es zeigte sich nun, dass diese Bewegungen nicht zufällig sind: Auf einen Rechtsschwenk folgt mit weit höherer Wahrscheinlichkeit ein Linksschwenk als eine erneute Rechtsdrehung. Zwar kann die Amöbe nur jeweils die letzte Bewegungsrichtung speichern, aber sie vermeidet so, sich im Kreis zu bewegen.

Ebenso überraschend ist, dass sich erwachsene **Tabakschwärmer** *(Manduca sexta)* an ihr früheres Leben als Raupe erinnern. Denn bei der Verwandlung zum Falter wird im Puppenstadium praktisch der ganze Körper ab- und wieder neu aufgebaut. Als man aber kurz vor der Verpuppung stehende Raupen auf Vermeidung bestimmter Gerüche trainierte, mieden auch die daraus entstandenen Falter diese Gerüche. Offenbar überstehen bestimmte Nervenverbindungen oder Erinnerungsmoleküle den Umbau und sind noch im Falter vorhanden.

Vorausschauendes Handeln

Sich die Zukunft vorstellen, vorausschauend planen und handeln – das wurde, wo man es im Tierreich antraf, stets dem Instinkt zugeschrieben. Doch zumindest manche Säugetiere und Vögel handeln durchaus vorausdenkend. Um dies an **Orang-Utans** und **Bonobos** *(Pan paniscus)* zu prüfen, dachte man sich folgende Versuchsanordnung aus: Die Tiere sollten mit einem Werkzeug Trauben aus einem Gefäß herausangeln. Allerdings mussten sie das geeignete Werkzeug Stunden vor dem Versuch aus einer großen Anzahl wählen und bereitlegen. Diese Aufgabe lösten sie problemlos und wendeten das Werkzeug auch korrekt an.

Ähnliche Fähigkeiten zeigte ein **Schimpanse** im Zoo eines Freizeitparks nahe der schwedischen Stadt Gävle auch ohne eine Versuchsanordnung mit anschließender Belohnung. Dem 30 Jahre alten Affen gingen offenbar bisweilen die ihn täglich anstarrenden Zuschauer auf die Nerven. Gemächlich fischte er sich daher morgens vor Öffnung des Parks einen Haufen Steine aus dem Teich und stapelte sie auf Vorrat – als Wurfgeschosse. Er brach sich sogar flache Steine aus den Felsen, um sie später als Wurfscheiben zu nutzen. Aber er gebrauchte sein Arsenal erst, wenn sich größere Zuschauermengen angesammelt hatten und offenbar die Wut in ihm groß genug geworden war. Niemand hatte ihm das Steinewerfen zuvor gezeigt, und er setzte die Steine auch nur gegen Zuschauer ein – und wenn außerhalb der Saison kein Publikum zu erwarten war, unterließ er das Steinesammeln.

Noch mehr als bei Menschenaffen überrascht planvolles Handeln bei Vögeln. Dennoch sind die in Nordamerika lebenden **Buschhäher** *(Aphelocoma californica)*, die Nahrungsvorräte anzulegen pflegen, dazu in der Lage. In Laborversuchen wurden diese Rabenvögel für zwei Stunden in den mittleren Teil von großen dreigeteilten Käfigen gesperrt und mit gemahlenen Pinienkernen gefüttert, die man natürlich nicht horten kann. Danach durften die Vögel in allen drei Käfigteilen herumfliegen. Am folgenden Morgen wurden sie in einen Käfig-Seitenteil gesperrt und ebenfalls mit Pinienpulver gefüttert. Danach war wieder Herumfliegen angesagt. Am dritten Morgen sperrte man sie in den anderen Seitenteil – doch da bekamen sie zwei Stunden lang überhaupt nichts zu fressen, durften aber danach wieder herumfliegen. Nach sechs Tagen – drei mit Frühstück, drei mit Hungern – erhielten sie im mittleren Teil ganze Pinienkerne. Diese lassen sich gut verstecken. Und was taten die Häher, als sie wieder herumfliegen durften? Sie deponierten die Kerne in dem Käfigteil, in dem sie voraussichtlich wieder würden hungern müssen.

Hörnchens Weitblick

Nicht jedes Jahr ist im Wald ein früchtereiches Jahr; die Bäume legen zwischendurch mehrjährige Zeiten geringer Samenproduktion ein. Das hängt nicht unbedingt vom Klima ab, sondern ist ein wirksamer Trick gegen Samen fressende Tiere, die sich andernfalls zu sehr vermehren und zu viel des kostbaren Samens verputzen würden. Die meisten Tierarten bekommen daher erst nach einem samenreichen Jahr mehr Nachwuchs als üblich – wobei im nächsten samenarmen Jahr viele Nachkommen verhungern. Doch das europäische **Eichhörnchen** *(Sciurus vulgaris)* und sein nordamerikanischer Verwandter, das **Gemeine Rothörnchen** *(Tamiasciurus hudsonicus)*, haben offenbar eine Methode entdeckt, die samenreichen Jahre vorauszuahnen. Das zeigen jahrelange statistische Untersuchungen der Samenproduktion und der Zahl der Jungen beider Arten. Die europäischen E[...]hörnchen gebaren bereits im Früh-

Rothörnchen scheinen samenreiche Jahre vorauszuahnen, denn bereits vor einer solchen guten Zeit bringen sie mehr Junge zur Welt als in durchschnittlichen Jahren.

jahr mehr Junge als in mageren Jahren, obwohl erst der folgende Herbst reiche Samenproduktion erbrachte. Ihre amerikanischen Vettern waren ihnen sogar noch eine Nasenlänge voraus: Sie warfen in solchen Jahren schon im Frühjahr überdurchschnittlich viele Junge und brachten wenige Monate später dann einen zweiten Wurf zur Welt. Erstaunlich auch deshalb, weil die Tiere normalerweise noch den ersten Wurf säugen und daher nicht empfängnisbereit sind, wenn die Paarung für den zweiten Wurf anstünde. Offenbar können sie diese Barriere irgendwie umgehen. Wie sie das tun, ist bisher allerdings ebenso wenig bekannt wie die Zeichen, an denen sie die zukünftige Samenmenge der Bäume erkennen

TIERISCH INTELLIGENT

Delfine erkennen im Spiegel Veränderungen an ihrem Aussehen. Sie verstehen also, dass sie sich selbst dort sehen.

Bin das ich – im Spiegel?

Das Prinzip des Spiegels ist vergleichsweise kompliziert. Daher ist es nicht verwunderlich, dass Wellensittiche und selbst Katzen, Hunde und die meisten anderen bisher untersuchten Tierarten im Spiegelbild einen Artgenossen erkennen, nicht aber sich selbst, auch nicht nach einiger Zeit. Umso erstaunlicher ist es, dass einige Tierarten doch dazu in der Lage sind. So erkennen sich etwa Menschenaffen wie **Schimpansen** und **Orang-Utans, Rhesusaffen** (Macaca mulatta) und auch **Delfine** im Spiegel. Man testet das üblicherweise, indem man ohne ihr Wissen ihr Aussehen verändert. Zum Beispiel malt man ihnen heimlich einen Farbfleck auf die Stirn und prüft, ob ihnen ihr verändertes Abbild auffällt, ob sie sich zum Beispiel an die Stirn greifen. Tiere, die diesen Test bestehen, müssen also ein Ich-Bewusstsein besitzen.

Als man **Asiatischen Elefanten** einen Spiegel ins Gehege stellte, untersuchten die Tiere seine Vorder- und Rückseite und zeigten gegenüber ihrem Spiegelbild nicht das übliche Verhalten wie gegenüber Artgenossen. Auch konnten die Forscher immer wieder beobachten, wie Elefanten vor dem Spiegel standen und ihren eigenen Körper untersuchten – nicht zuletzt aufgemalte weiße Kreuze. Sie hatten also verstanden, dass die Kreuze nicht ein anderes Tier (im Spiegel) schmückten, sondern sie selbst.

Hausschweine stehen den Elefanten an Spiegel-Intelligenz nicht nach. Anfangs sahen sie bei den Versuchen ihre Spiegelbilder als Artgenossen an, doch binnen weniger Stunden hatten sie begriffen, dass sie selbst und ihre eigene Umgebung dort zu sehen waren. Denn sie lösten verblüffend schnell noch eine weitere Aufgabe: Innerhalb weniger Sekunden fanden sie einen verborgenen Futternapf, den sie nur im Spiegel hatten erkennen können.

Sogar **Elstern** (Pica pica) bestehen den Spiegeltest. Bisher hatte man angenommen, dass die Selbsterkennung im Neokortex stattfinde, einem bei Menschen und Menschenaffen besonders großen Teil des Großhirns, der Vögeln fehlt. Doch als man ihnen einen gelben Fleck auf die Brust malte und ihnen einen Spiegel vorhielt, machten sie sich an die Fleckentfernung. Offenbar ist also Selbsterkennung auch Vögeln mit ihrem anders gebauten Gehirn gegeben.

Rechnende Tiere

Man kennt heute einige Tierarten mit Rechenfähigkeiten. Viele können zwischen Mehr und Weniger differenzieren und laufen auf die größere Futtermenge zu, doch **Elefanten** sind darüber hinaus in der Lage, das Ergebnis von Additionen zu bewerten. Das wurde mit zwei Eimern und Äpfeln getestet: Gab man vor den Augen des Tiers in den ersten Eimer drei Äpfel und in den zweiten nur einen, danach in den ersten Eimer weitere vier und in den zweiten weitere fünf, wählten die Elefanten bei den weitaus meisten Versuchen den volleren Eimer aus: den ersten. Vermutlich brauchen sie derartige Rechenfähigkeiten, um kontrollieren zu können, ob ihre Herde noch komplett ist.

Ähnliche Fähigkeiten zeigten **Rhesusaffen** vor Computerbildschirmen. Sie konnten dort im Wettbewerb mit Studenten unter zwei Boxen mit Punkten diejenige wählen, deren Inhalt der Summe zweier anderer Boxen auf dem Bildschirm entsprach, und schlugen sich kaum schlechter als die Studenten.

Die Intelligenzler im schwarzen Federkleid

Viele alte Sagen rühmen die Schlauheit der **Rabenvögel**. Der germanische Gott Wotan trug stets zwei Kolkraben auf der Schulter, die ihm Nachrichten aus der Welt zutrugen, und dem antiken Gott Apoll waren diese Tiere sogar heilig. Der griechische Dichter Äsop schrieb vor 2600 Jahren eine Fabel über eine Krähe, die Steine in einen Wasserkrug warf, bis der Wasserspiegel so hoch angestiegen war, dass sie trinken konnte. Gut möglich, dass der Dichter im wirklichen Leben Ähnliches beobachtet hatte. Tatsächlich warfen **Saatkrähen** (Corvus frugilegus) in Tests so viele Steinchen in ein mit Wasser gefülltes enges Röhrchen, bis sie einen auf dem Wasser schwimmenden Futterbrocken erreichen konnten.

Offenbar verstehen Saatkrähen sogar etwas von physikalischen Gesetzen. In einem Test führte man ihnen Bilder von Spielobjekten vor, die sie kannten. Doch mit den Spielobjekten auf den Bildern war etwas Merkwürdiges geschehen: Entweder schienen sie in der Luft zu schweben, oder sie ragten unrealistisch weit über eine Kante hinaus. Als die Vögel dies sahen, reagierten sie deutlich verwirrt.

Zahlreiche weitere Beobachtungen belegen die erstaunliche Intelligenz von Rabenvögeln. So konnten sie ohne viel Training ganz geschickt mit Steinen ein Gerüst zum Einsturz bringen, um an Futter zu gelangen. **Raben** (Corvus corax) wurden beobachtet, wie sie vorüberfahrende Autos zum Knacken von Früchten und Nüssen nutzten, indem sie das Futter auf die Straße legten und dann die Grünphase der Ampel abwarteten, um die Straße zu betreten und sich die geschälte Beute zu holen. Binnen kurzem machten zahlreiche Raben der Umgebung dieses extrem effektive Verhalten nach. Das bedeutete: Raben können von den Erfahrungen ihrer Artgenossen lernen.

Wussten Sie, dass ...
... auch Ratten in Bildern träumen?

Bildgebende Verfahren, welche die Arbeit des Gehirns zeigen, bringen oft erstaunliche Erkenntnisse. So wusste man schon länger, dass auch Ratten träumen, aber nun ließen Forscher Ratten durch ein Labyrinth laufen und beobachteten, welche Hirnbereiche an verschiedenen Stellen des Labyrinths aktiv waren, und achteten besonders auf das Sehzentrum. Danach ließ man die Ratte schlafen und beobachtete ihr Gehirn weiterhin. Es zeigte sich, dass dieselben Zellen in gleicher Reihenfolge Aktivität zeigten wie bei der wachen, durchs Labyrinth laufenden Ratte. Dass im Schlaf auch das Sehzentrum beteiligt war, werteten die Forscher als Zeichen, dass die Ratte im Traum Bilder sah.

GUTE FRAGE!

Trauern auch Tiere um tote Verwandte?

Tiere wissen nicht, dass sie dereinst sterben müssen. Viele Arten aber trauern durchaus um den Verlust von Verwandten oder Freunden. So hat man schon mehrfach Elefanten bei verstorbenen Artgenossen eine Art Totenwache halten sehen; sie kamen sogar nach langen Märschen zum toten Tier zurück. Schimpansengruppen bleiben nach dem Tod eines Artgenossen oft tagelang still und stumm. Beobachtet wurde auch, dass eine Schimpansin ein Nest neben ihrer gerade gestorbenen Mutter baute und die Nacht dort verbrachte – auch dies könnte man als Totenwache auffassen.

Hummeln als Logistik-Genies

Was Speditionen heute unter Einsatz von Computern leisten, können **Hummeln** (Bombus sp.) schon lange mithilfe ihres winzigen Hirns: mehrere Ziele nacheinander anlaufen und dabei die insgesamt kürzeste Route berechnen. Als man Hummeln vier Kunstblumen anbot, hatten sie rasch die kürzeste Sammelstrecke heraus. Aber auch mit einer größeren Anzahl von Blumen kamen sie klar: Anfangs flogen sie noch ihre ursprüngliche, nun nicht mehr optimale Route, doch nach kurzer Zeit hatten sie eine neue, kürzere Tour unter Einschluss aller Blüten entwickelt.

Volle Kontrolle

Spätestens seit Krake Paul Weltruhm erlangte, nimmt niemand mehr an, dass **Kraken** (Octopoda) mit ihren acht Fangarmen nur herumfuchteln, zu gezielten Bewegungen aber nicht fähig sind. Genaueres zeigten kürzlich durchgeführte Versuche, bei denen die Tiere ein Futterstück aus einem Verbund kompliziert geformter Plexiglasröhren angeln sollten, die außerhalb ihres Beckens standen. Nur ein einzelner Arm konnte in die enge Röhre mit dem Futter hineinlangen. Um es zu ergattern, mussten die Tiere also diesen Arm dirigieren sowie optisch kontrollieren, ob er die richtige Röhre erreichte. Die Kraken hatten damit keine Probleme: Sie verfolgten die Bewegung ihres Arms mit ihren großen Augen und steuerten ihn gezielt zum Futter.

Kraken: Durch Zuschauen schlau werden

Während der Fußballweltmeisterschaft 2010 wurde der Krake Paul berühmt, weil er acht Mal Wettkampfergebnisse korrekt voraussah. Befragt wurde das „Tentakel-Orakel" mithilfe zweier Futterschalen, die jeweils mit den Flaggen der konkurrierenden Nationen versehen waren. Ob dabei alles mit rechten Dingen zugegangen ist, wird durchaus bezweifelt. Unzweifelhaft aber sind **Kraken** (Octopoda) bemerkenswert intelligente Tiere – sie zeigen Fähigkeiten, die man zuvor nur höheren Wirbeltieren zugebilligt hätte.

So konnte in der Zoologischen Station von Neapel ein Krake zuschauen, wie ein Artgenosse im Nachbaraquarium beigebracht bekam, dass sein Futter stets hinter einem roten Ball verborgen war. Als er dann an die Reihe kam, wusste er es ohne Training: Er hatte es durch Zusehen gelernt. In anderen Versuchen konnten sie Gläser aufschrauben, um an Leckerbissen zu kommen, oder ihren Weg durch ein Labyrinth finden. Manche Kraken wurden auch dabei beobachtet, wie sie ihre Wohnhöhle gezielt mit Wasserstrahlen aus ihrer Düse reinigten, andere spielten mit leeren schwimmenden Flaschen. Und die Krakenart *Amphioctopus marginatus*, die im Westpazifik lebt und etwa acht Zentimeter im Durchmesser groß wird, baut sich sogar eine Schutzhütte aus Kokosnussschalen. Das Tier schleppt sie an die gewünschte Stelle, stapelt die zwei Hälften ineinander, stülpt seine 15 Zentimeter langen Fangarme darüber, stemmt sich dann hoch und läuft, die Schalen unter dem Körper eingeklemmt, auf allen achten davon. Naht Gefahr, schlüpft der Krake blitzschnell in eine Schalenhälfte und zieht die andere als Schutzdach über sich. Kraken sind damit die einzigen Weichtiere, die ein Werkzeug einsammeln, um es erst später zu gebrauchen.

Bisweilen wird die Kraken-Intelligenz aber auch lästig. In einem kalifornischen Aquarium hat ein Krakenweibchen vor einigen Jahren des Nachts ein Ventil an ihrem Becken auseinander geschraubt und einen Schlauch verlegt, sodass 700 Liter Wasser ausliefen – anschließend soll sie interessiert die Putzarbeiten beäugt haben.

Ein Krake *Amphioctopus marginatus* hat sich eine etwa zehn Zentimeter große Muschelschale als Wohnbehältnis ausgesucht. Bei Gefahr dreht er die Schale um und verkriecht sich darunter.

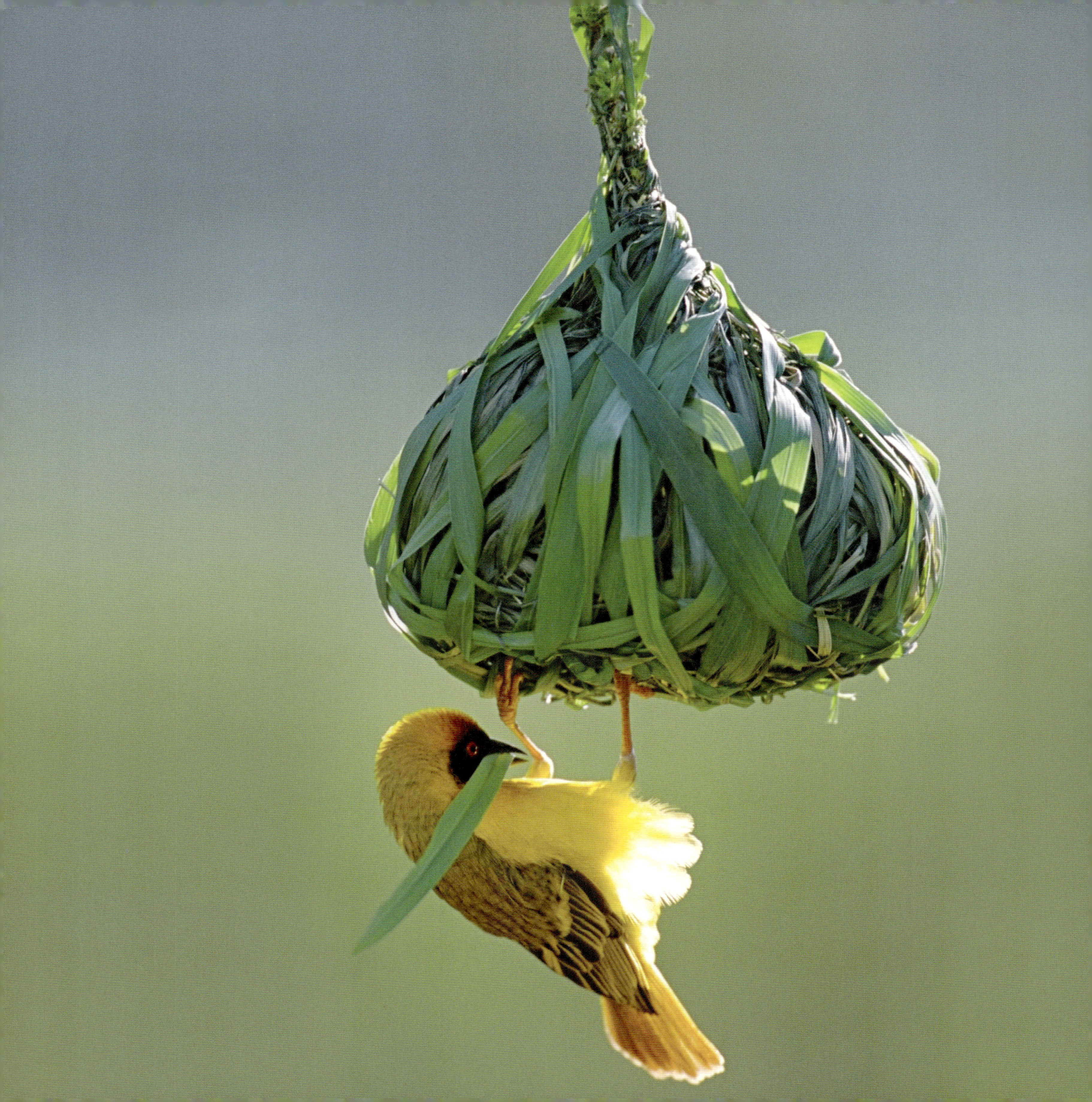

Erfinderische Baumeister

Kaum zu glauben, wie ausgeklügelt und effektiv die Architekten der Natur zu Werke gehen. Ob Hochbauten von Insekten, komfortable Nester eifriger Vögel, Tiefbauten grabender Tiere oder extrem robuste Pflanzenteile: Stets sind die Konstruktionen optimal auf die Bedürfnisse ihrer Erbauer ausgerichtet.

ERFINDERISCHE BAUMEISTER

Hoch- und Tiefbau im Tierreich

Sie haben nie Architektur studiert, aber dennoch sind viele Tiere vollendete Baumeister. Sie nutzen unterschiedlichste Baumaterialien für erstaunliche, mit ungewöhnlichen Extras ausgestattete Bauten als Schutz für sich und ihren Nachwuchs. Und einige Tiere beschaffen sich sogar ihre Nahrung mittels genial konstruierter Fallen.

Fünf Monate in der Schneehöhle

Eisbären *(Ursus maritimus)* leben bekanntlich in recht unwirtlichem Klima. Die Sommer sind kurz und kühl, die Polarwinter lang und hart, weil sich die Sonne monatelang nicht blicken lässt. Doch die Tiere sind von klein auf an dieses Leben gewöhnt, denn sie kommen in einer Eishöhle zur Welt und verbringen ihre ersten Monate umgeben von einer dicken Schneeschicht. Erst nach rund fünf Monaten sehen sie erstmals das Tageslicht.

Eisbären halten keinen Winterschlaf. Daher fressen sie sich vor Einbruch des Winters ordentlich Speck an, bis sie ungefähr das Doppelte ihres normalen Gewichts haben. Ihre Hauptnahrung sind Robben, denen sie vor allem an Wasserlöchern im Eis auflauern. Ein Eisbär kann dank seiner guten Nase eine Robbe sogar noch durch meterdickes Eis erschnüffeln.

Wenn die Winterstürme zu heftig blasen, lassen sich die Männchen für einige Tage in einer Schneewehe einschneien. Die Eisbärin hingegen gräbt sich im Oktober mit ihren kräftigen Vorderpfoten eine geräumige Höhlung in eine große Schneewehe. In aller Regel suchen sich die Bärinnen einen guten Platz auf dem Festland dafür aus. Eine Eisbärenhöhle besteht aus einer großen, mitunter aus mehreren Kammern. Ein mehrere Meter langer enger Tunnel und im Innern ein zusätzlicher Wall aus Schnee halten Wind und Kälte so weit wie möglich draußen.

Zwei Eisbärenjunge begrüßen vor der Schneehöhle, die ihre Mutter für sie gegraben hat, die strahlend helle Frühlingssonne (Manitoba, Kanada).

Die Höhle ist bald meterhoch eingeschneit und bietet nun einen sicheren Platz. Hier bringt die Eisbärin ihre meist zwei Jungen zur Welt. Diese sind anfangs blind und taub und kaum ein Kilogramm schwer. Um sie warm zu halten, drückt die Mutter sie in ihr Brustfell. Dank der fetten Muttermilch wachsen sie schnell.

Für die jungen Eisbären ist die dunkle Höhle ihre Kinderstube. Hier machen sie ihre ersten Gehversuche, spielen miteinander und mit ihrer Mutter. Aber erst nach vier bis fünf Monaten sehen sie erstmals das Tageslicht, wenn die Mutter im Frühjahr den Höhleneingang aufbricht. Den ganzen Sommer über beschützt sie ihre Jungen vor hungrigen Fleischfressern, inklusive männlicher Eisbären. Und mindestens noch einen weiteren Winter verbringen die Jungbären zusammen mit ihrer Mutter in einer Schneehöhle.

HOCH- UND TIEFBAU IM TIERREICH

sie hastig heraus und laufen sofort einige Dutzend Meter vom Höhleneingang weg. Und in kurzen Abständen legen sie sich neue Höhlen an – Weibchen mit sehr kleinen Jungen sogar jede Woche.

Bei der Jagd – das Erdferkel ist nur nachts unterwegs – verlässt sich das Tier auf seinen exzellenten Geruchssinn in der schweineähnlichen Schnauze und auf seine großen Ohren, die feinste Schallschwingungen auffangen. Leibspeise sind Ameisen und Termiten; auf der Suche nach dieser Beute legt das Erdferkel mitunter in einer Nacht Dutzende Kilometer zurück. Termitennester sind zwar betonhart, aber das Erdferkel ist optimal ausgerüstet: Es setzt sich vor dem Bau auf seine Hinterpfoten und auf den stützenden Schwanz, reißt den Bau mit seinen massiven Krallen an den Vorderpfoten auf und holt die Insekten mit seiner langen, beweglichen, etwas klebrigen Zunge heraus. Dann zerkaut es sie mit seinen wurzellosen, röhrchenförmigen Zähnen, die lebenslang nachwachsen und ganz anders aufgebaut sind als bei allen anderen Säugetieren. Kein Wunder, dass das Erdferkel eine Sonderstellung einnimmt: Es ist mit keinem anderen Säugetier näher verwandt und gilt als „lebendes Fossil". Tiere, die man vielleicht als seine Verwandten bezeichnen könnte, sind schon vor Jahrmillionen ausgestorben.

Das in Afrika südlich der Sahara verbreitete Erdferkel wird etwa anderthalb Meter lang und ist bei etwa 60 Kilogramm Körpergewicht so groß wie ein Schäferhund. Der enorm tüchtige Höhlenbauer ist nicht mit dem Ameisenbären verwandt, obwohl er ihm ähnelt.

Graben im Akkord

Es ist plump, fast haarlos und ziemlich fett – und daher für Räuber eine begehrte Beute: das in Afrika südlich der Sahara häufige **Erdferkel** (Orycteropus afer). Also muss sich das Tier gut schützen. Den Tag verschläft es in seiner selbst gegrabenen Erdhöhle, deren Gang mehrere Meter lang ist und so auch vor hungrigen Hyänen schützt. Und wenn das Tier gerade keine Höhle in der Nähe weiß, gräbt es sich eine neue: Erdferkel gelten als schnellste Höhlenschaufler. Mit ihren kräftigen, krallenbewehrten Vorderpfoten können sie in weichem Boden weit schneller graben als zwei Männer mit Spaten.

Die Erdhöhle schützt das Tier vor der Hitze des Tages und dient dem Weibchen zudem als Kinderstube. Damit die Jungen unbehelligt bleiben, sichern die Tiere vor dem Verlassen des Baues gründlich. Ist die Luft rein, springen

ERFINDERISCHE BAUMEISTER

Großstädte unter der Erde

Kleine Tiere müssen sich vor Räubern aller Art in Acht nehmen. Was aber tun, wenn es wie in der nordamerikanischen Prärie weder Baum noch Strauch und auch sonst keinen Sichtschutz gibt? Der **Schwarzschwanz-Präriehund** *(Cynomys ludovicianus)* hat seine eigene Lösung gefunden, indem er ganze Städte in den Boden buddelt. Den Namen verdankt dieser kaninchengroße Nager den bellenden Lauten, die er bei Gefahr ausstößt. Die geselligen Tiere leben in Gruppen aus einem Männchen, mehreren Weibchen und zahlreichen Jungen. Meist schließen sich viele Gruppen zusammen, sodass sich riesige Kolonien bilden. Es soll in den USA eine Präriehundestadt von rund 100 Millionen Individuen auf einem Gebiet von der Fläche Bayerns geben.

Und so gehen die Tiere vor: Sie graben sich mit ihren kräftigen Vorderpfoten in den weichen Boden. Der Eingang ist in der Regel eine Fallröhre von knapp vier Meter Länge, die senkrecht hinab führt. Unten verzweigen sich die Baue in Seitengänge. Hier legen die Tiere zum Schlafen Heunester an, und hier werfen die Weibchen ihre Jungen; mehrmals im Jahr sind es etwa acht in jedem Wurf.

Rund um den Eingang bietet ein Erdwall Schutz vor Überschwemmungen. Hier sitzen immer einige Tiere auf den Hinterpfoten und halten Wache. Erspähen sie einen Feind, lassen sie ihr Bellen hören, und sofort sausen alle Tiere in ihre Löcher. Etwa einen Meter unter dem Eingang besitzt jede Röhre eine seitliche Ausbuchtung. Hat ein Kojote oder ein Luchs einen Präriehund in seinen Bau gescheucht, hockt sich dieser in die Höhlung und schimpft nach oben.

Bemerkenswert ist die Lüftung der Baue: Sie nutzt höchst geschickt eine physikalische Gegebenheit. Jeder Bau hat nämlich zwei Öffnungen – eine mit Ringwall, eine dagegen flach. Wenn nun der Wind über den Ringwall streicht – gleich aus welcher Richtung –, entsteht ein Sog. Dieser zieht weitere Luft aus dem Bau empor, und durch die andere, nicht mit Ringwall versehene Öffnung strömt frische Luft hinein. Dank dieser Zwangsventilierung bleiben die Heupolster in den Wohnhöhlen trocken und gemütlich und schimmeln nicht.

Ein Präriehund bewacht den Ausgang seines Höhlensystems, in dem oft Tausende seiner Artgenossen leben.

Wussten Sie, dass …
…die Regenwürmer im Garten tonnenweise Erde bewegen?

Regenwürmer sind als bester Freund des Gärtners bekannt, denn sie verbessern die Bodenstruktur enorm. Auf der Suche nach Nahrung wühlen sie horizontale Gänge durch den Humus, und zum Schutz gegen Kälte oder Trockenheit legen sie senkrechte Schächte an. Durch lockere Erde schieben sie sich, indem sie ihr Vorderende anschwellen lassen, sodass es die Erde beiseite drängt; durch härteren Boden fressen sie sich hindurch. Ihr Kot dient teils als Gangauskleidung, teils wird er oberirdisch abgelagert. Auf einem Hektar (100 mal 100 Meter) Boden passieren pro Jahr 40 bis 80 Tonnen Erde die Körper der dort lebenden Regenwürmer.

Ein Nacktmull in seinem Bau. Dieses zur Familie der Sandgräber (Bathyergidae) zählende Tier ist optimal an sein unterirdisches Leben angepasst.

Im Reich der unterirdischen Königin

Die größten unterirdischen Kolonien bilden die **Nacktmulle** *(Heterocephalus glaber)*, die in den heißen Trockensavannen Ostafrikas leben. Mit ihrer nackten, faltigen rosa Haut sehen sie aus wie Ratten ohne Fell. Mindestens 70 bis 80 dieser handgroßen Nagetiere, bisweilen bis 300, bewohnen einen gemeinsamen Bau und sind zudem eng miteinander verwandt.

Das Graben im betonharten Boden ist ein schwieriges Unterfangen, auch wenn die Tiere dabei ihre großen Nagezähne und ihre mächtige Kaumuskulatur einsetzen. Diese Kaumuskulatur allein stellt ein Viertel des Körpergewichts dar. Mit der Wühltätigkeit erweitert der Nacktmull den Bau, vor allem aber sucht er unterirdische Wurzelknollen als Nahrung für die Kolonie.

Das Gangsystem eines Nacktmull-Baus erstreckt sich weit unter der Erdoberfläche. Die oberen Teile sind vergleichsweise warm von der auf den Boden strahlenden Sonne, aber weiter unten ist es angenehm kühl. Beim Erweitern des Baus arbeiten die Tiere geschickt zusammen. Jeweils das vorderste gräbt die Erde ab und schaufelt sie mit den Pfoten nach hinten. Dort übernimmt ein weiteres Tier den Aushub, gibt ihn wieder ein Stück weiter, und so setzt sich die Kette in dem Gang bis zur Erdoberfläche fort, wo die lose Erde hinausgeschleudert wird. Eine gräbt allerdings nicht: die Königin, die sich mit bis zu drei Männchen paart und mit ihrem verlängerten Hinterleib 60 Junge pro Jahr werfen kann, die sie auch säugt. Sie wird ihrerseits von einigen anderen Nacktmullen umsorgt.

Der Körper der Tiere ist dem unterirdischen Leben optimal angepasst. Weil die Luft in den engen, langen Gängen bisweilen schlecht wird, können sie den Sauerstoff sehr effektiv nutzen und kommen zudem mit wenig aus. Trinken müssen sie nicht. Das Wasser in der Nahrung reicht ihnen, denn ihre Nieren können sehr konzentrierten Urin produzieren. In ihrem Blinddarm leben Bakterien, die ihnen helfen, die sonst unverdaulichen Nahrungsbestandteile zu nutzen, ähnlich wie bei Termiten. Obwohl Nacktmulle gleichwarm sind wie alle Säugetiere, können sie ihre Körpertemperatur in einem weiten Bereich von etwa 12 °C bis 32 °C an die Umgebung anpassen. Sie spüren Verletzungen der Haut, doch fehlt ihnen das Schmerzempfinden. Und sie werden für Nagetiere erstaunlich alt, bis zu 28 Jahre. Einer der Gründe dafür: Sie bekommen, anders als der Mensch und erst recht viele Nager, keinen Krebs. Wie jüngste Forschungsergebnisse zeigten, besitzen sie gleich mehrere Schutzmechanismen gegen unkontrollierte Zellvermehrung – und dass macht sie auch für die medizinische Forschung überaus interessant.

GENAUER UNTERSUCHT

Den Winter überstehen

Der Winter ist für Tiere eine harte Zeit. Nicht nur wegen der Kälte, sondern fast mehr noch wegen des Mangels an Nahrung und bisweilen auch an Trinkwasser. Manche Vögel und sogar einige Falter nehmen es auf sich, weite Wege in wärmere Zonen zu fliegen. Aber den meisten Tieren ist diese Möglichkeit versperrt – sie mussten andere Strategien entwickeln.

Eine Gruppe von Monarchfaltern im Winterschlaf (Hintergrundbild)

Der in Nordamerika vorkommende Waldfrosch, auch Eisfrosch genannt, übersteht den Winter in vollkommener Kältestarre.

Insekten im Winter

Am einfachsten haben es die wechselwarmen Tiere: Ihr Körper ist darauf eingerichtet, seine Temperatur an die Umgebungstemperatur anzupassen. Insekten zum Beispiel überwintern meist als Ei oder Larve. Je nach Art beziehen sie im Herbst geeignete Zufluchtsorte im Boden, in hohlen Stängeln, unter der Rinde von Bäumen oder auch in der Laubschicht. Bei den Faltern überwintern die Raupen- oder Puppenstadien im Boden und in anderen Verstecken. Einige Edelfalter wie **Tagpfauenauge** *(Inachys io)* und **Kleiner Fuchs** *(Aglais urticae)* allerdings suchen sich einen geschützten Ruheplatz, mitunter auf dem Dachboden, und warten dort erstarrt auf den Frühling, bis er sie mit Wärme weckt. Sie paaren sich dann rasch, und schon bald erscheint die erste Faltergeneration des Jahres. Auch Marienkäfer, etwa unser **Siebenpunkt-Marienkäfer** *(Coccinella septempunctata)* und einige Fliegenarten überstehen den Winter in Verstecken, etwa in der Borke von Bäumen. Dabei bereitet sich ihr Körper mit „Frostschutzmitteln" wie Traubenzucker, Glyzerin oder speziellen Frostschutz-Eiweißen auf die Kälte vor. Doch sinkt das Thermometer zu tief, erfrieren sie. **Honigbienen** *(Apis mellifera)* wiederum halten sich im Stock gegenseitig warm, während etwa die Arbeiterinnen von **Hummeln** *(Bombus)* und **Wespen** *(Vespula sp.)* erfrieren – nur befruchtete Königinnen überstehen den Winter.

Stoffwechsel fast auf Null

Frösche, Kröten und andere heimische Amphibien, Reptilien wie Schlangen und Eidechsen, aber auch Schnecken fallen im Winter in Kältestarre. Sie suchen unter Laub, in Erdhöhlen oder am Grund von Teichen Schutz, leeren ihren Verdauungstrakt, fahren ihren Stoffwechsel fast auf Null herunter und überstehen so selbst tiefe Temperaturen. Sie haben aber keine Möglichkeit, auf extrem tiefe Kältegrade zu reagieren: In solchen Situationen erfrieren sie.

Bei den meisten Säugetieren und Vögeln ist die Körpertemperatur nicht so variabel. Deshalb stellen sich manche Herdentiere wie etwa **Moschusochsen** *(Ovibos moschatos)* und **Rentiere** *(Rangifer tarandus)* bei schlechter Witterung eng aneinander und wärmen sich gegenseitig. Kleinsäuger wie Mäuse ziehen sich meist zu Dutzenden in Verstecke zurück

HOCH- UND TIEFBAU IM TIERREICH

Gefleckte Weinbergschnecken *(Helix aspersa)*, die sich reichlich Energie angefressen haben, überdauern den Winter in solchen Mauernischen.

und spenden einander dort Wärme. **Das Alpenschneehuhn** *(Lagopus muta)* dagegen lässt sich bei Kälteeinbrüchen einschneien und ist dann in seiner Schneehöhle zumindest einige Nachtstunden lang gegen scharfen Frost geschützt.

Tiere, die im Winter nicht genug zu fressen finden, begeben sich in Winterruhe. **Braunbären** *(Ursus arctos)*, **Biber** *(Castor sp.)*, **Eichhörnchen** *(Sciurus vulgaris)*, **Feldhamster** *(Cricetus cricetus)* und **Dachse** *(Meles meles)* halten zwar ihre Körpertemperatur hoch, reduzieren aber massiv ihren Energieverbrauch und ihren Herzschlag. Braunbären leben allein von ihren Fettvorräten. Ein Hormon verhindert in dieser Zeit den Muskelabbau – ein Mensch würde in so langer Ruhezeit fast neun Zehntel seiner Muskelmasse einbüßen.

Eine optimale Anpassung an die Kälte stellt auch der Winterschlaf dar, wie ihn **Igel** *(Erinaceus europaeus)*, **Murmeltier** *(Marmotta sp.)*, **Siebenschläfer** *(Glis glis)* oder europäische Fledermäuse halten. Sie suchen sich im Herbst Verstecke und polstern sie meist auch aus. Dann spielt sich ein Wunder ab, dessen Geheimnisse noch längst nicht alle enträtselt sind: Der Organismus senkt die Körpertemperatur bis auf wenige Grade über Null ab. Zudem vermindert er Atmung, Herzschlag und Stoffwechsel auf ein Minimum. Murmeltiere reduzieren sogar die Größe einiger Organe; zudem atmen sie mitunter eine ganze Stunde lang gar nicht.

Mühsamer Höhlenbau

Eine Bruthöhle in einem Steilufer bietet Vögeln einen besseren Schutz gegen Wetter und Feinde als ein Nest im Baum. Allerdings kostet der Bau einer Erdhöhle viel Mühe, wenn man nur einige Gramm wiegt und nur Schnabel und Krallen als Werkzeuge besitzt. So baut etwa der bunte **Bienenfresser** *(Merops apiaster)*, der u. a. im Kaiserstuhlgebiet vorkommt, in Steilufern bis zu 2,7 Meter lange Erdhöhlen. Doch bevor es so weit ist, muss ein Platz gefunden werden: Weich genug zum Graben muss er sein, aber auch Stabilität bieten, damit er bei Regen nicht zusammenfällt. Buschwerk, an dem sich Fressfeinde empor hangeln könnten, ist ebenso zu meiden wie ein zu geringer Abstand zur Wasseroberfläche – wegen der Überschwemmungsgefahr.

Etwas leichter haben es die **Magellanpinguine** *(Spheniscus magellanicus)*, die im Süden Südamerikas und auf den Falklandinseln heimisch sind. Das Männchen sucht zunächst lehmigen Boden, meist unter einem Grasbüschel, das mit seinen Wurzeln die Erde stabilisiert. Dort gräbt es mit seinen Füßen eine Bruthöhle. Meist begnügt es sich mit einem Meter Höhlenlänge, man hat aber auch fünf Meter lange Höhlen entdeckt. Findet das Tier keinen geeigneten Boden, muss eine flache Kuhle ausreichen – aber dann überleben eben auch weniger Junge als in Höhlen.

Wenn es der Boden erlaubt, gräbt der im Süden Südamerikas und auf den Falklandinseln heimische Magellanpinguin eine Erdhöhle für seine Brut.

Mehr Sicherheit in der Tiefe des Steilhangs

Sie wiegen nur etwa 40 Gramm, und dennoch schaffen es unsere heimischen **Eisvögel** *(Alcedo atthis)*, eine bis zu einem Meter lange Röhre in einen Steilhang zu graben. Zunächst fliegt das Männchen mehrfach gegen eine Stelle und hackt dabei mit dem Schnabel in das Bodenmaterial, um es zu lockern. Funktioniert das, wiederholt es diese Anflüge mehrfach, und schließlich hilft ihm das Weibchen dabei. Sobald ein kleines Loch entstanden ist, landen die Vögel auf dem Rand des Lochs und nehmen nun auch ihre Krallen zu Hilfe, um weiteres Material zu lockern und hinaus zu werfen. Das Tier, das gerade nicht gräbt, hält Wache. Es kann durchaus geschehen, dass sich die ganze Mühe als vergeblich herausstellt, wenn nämlich die Röhre auf eine große Wurzel oder einen Stein trifft. Falls möglich, wird das Hindernis umgangen; geht das nicht, wird andernorts eine neue Röhre begonnen. Gelingt alles, ist der Bau nach zwei bis drei Wochen vollendet. Die (ovale) Röhre ist dann mindestens 40 Zentimeter lang, leicht ansteigend und endet in einer etwas größeren Bruthöhle. Bisweilen nutzt ein Paar auch eine alte Bruthöhle – nach gründlicher Säuberung.

Uferschwalben *(Riparia riparia)* hingegen legen stets eine neue Röhre an, und hier ist allein das Männchen für

Der Bau einer Brutröhre ist für den Eisvogel eine Kräfte zehrende Angelegenheit. Nach fünf Minuten Graben ist „Schichtwechsel" und Ruhe dringend erforderlich.

GUTE FRAGE!

Wie entsorgen Höhlentiere während des Winters ihre Hinterlassenschaften?

Tiere, die Winterschlaf halten, sammeln den Kot im Darm, und eine ihrer ersten Handlungen nach dem Aufwachen im Frühjahr besteht darin, ihn auszuscheiden.

Viele Tiere aber halten nur Winterruhe und wachen zwischendurch mehrfach auf. Feldhamster *(Cricetus cricetus)* zum Beispiel fressen in dieser Phase von ihren Vorräten und „müssen dann müssen"; dafür legen sie innerhalb ihres Baus eine besondere Höhle an. Ähnlich machen es die Alpen-Murmeltiere *(Marmota marmota)*, zumal sie neun Monate lang ihren Bau verschließen und angesichts des unwirtlichen Wetters nicht ins Freie gehen: Sie graben mehrere blind endende Kotröhren.

den Bau verantwortlich. Allerdings kommt das Weibchen regelmäßig vorbei und begutachtet die Baufortschritte. Nicht selten beginnt das Männchen auch mehrere Röhren gleichzeitig. Dann wählt das Weibchen eine davon aus, und diese wird fertig gestellt und bezogen. Uferschwalben sind übrigens Akkordarbeiter – nach knapp einer Woche ist die Brutröhre fertig.

Uferschwalben verwenden wie alle in selbst gebauten Höhlen brütenden Vögel viel Sorgfalt auf die Wahl eines geeigneten Standorts. Er muss nahe am Wasser liegen, hoch genug, damit Fressfeinde die Höhle nicht erreichen können, und der Steilhang muss stabil sein, damit er nicht einstürzt. Dennoch kann sich nach einigen Wochen herausstellen, dass die ganze Mühe vergeblich war. Heftige sommerliche Platzregen, die gegen die Wand schlagen, können den Boden aufweichen und den Höhleneingang verschütten. Störungen durch den Menschen sind nicht selten, und mitunter schaffen es Füchse, die ja selbst gute Höhlenbauer sind, Uferschwalbennester auszugraben und zu plündern. Und schließlich ziehen die Brutplätze auch andere Fressfeinde an, etwa Baumfalken, die Uferschwalben im Stoßflug erbeuten können – dann kann vielleicht nur noch ein Elternteil die Jungen füttern.

Vollklimatisierte Massenunterkunft

Bekannt sind **Termiten** (Isoptera) für ihre gewaltigen Bauten, die sieben Meter hoch ragen und 28 Meter im Umfang messen können. Bezogen auf die Körpergröße eines dieser Insekten entspricht das etwa 190 Stockwerken in der Menschenwelt. Der Mensch hat erst im Jahr 2010 mit dem 830 Meter hohen Wolkenkratzer Burj Chalifa in Dubai (189 Stockwerke) Vergleichbares geschaffen, obwohl ihm Stahl und Beton zur Verfügung stehen, während Termiten Schlamm und Kot verwenden, die mit Speichel angerührt werden. Noch erstaunlicher als die Höhe der Termitenbauten ist ihr Innenleben. Im Bau findet sich eine Fülle von Gängen und Kammern, denen unterschiedliche Aufgaben zugewiesen sind. Im Zentrum ist die Königin in einem großen Raum sicher untergebracht. Außerdem gibt es Kammern für die Eier und die jungen Larven, Räume für die älteren Larven, Pilzgärten, die die Ernährung sichern, Speicherräume und Plätze für Abfall. Über dem eigentlichen Nest erhebt sich ein großer leerer Raum, der Dom.

Die Gänge, die alle Kammern verbinden, erfüllen einen weiteren Zweck: Sie sind Teil einer ausgeklügelten Klimaanlage, deren Raffinesse in Erstaunen versetzt. Termitenhügel entstehen immer über einer feuchten Stelle, auch in Wüsten, wo die Tiere Brunnen bis zu feuchten Erdschichten graben, die mehrere Dutzend Meter tief liegen können. Im Innern des Baus erwärmen nachts Tausende von tätigen Insekten die Luft. Diese Luft steigt auf, sammelt sich im Dom, kühlt sich dort ab und streicht nun durch ein System von Lüftungsschächten entlang der Außenwand nach unten. Diese Schächte sind die Lunge des Baus, denn das poröse Wandmaterial ermöglicht den Gasaustausch mit der Außenluft: Sauerstoff dringt ein, Kohlendioxid wird abgegeben. Die frische Luft strömt in den Untergrund des Baus, nimmt dort Feuchtigkeit auf und gelangt durch die Verbindungsgänge in den Wohnbereich. Tagsüber läuft der Luftstrom anders herum.

Mit dieser Anlage gelingt es den Tieren, trotz der stark schwankenden Außenbedingungen, wie sie in den Tropen herrschen, Temperatur und Luftfeuchtigkeit im Bau weitestgehend konstant zu halten. Das ist auch nötig, denn die Termitenbrut und die Pilzzucht stellen hohe Ansprüche an Temperatur und Luftfeuchtigkeit.

Ein Termitenbau stellt eine gewaltige Gemeinschaftsleistung dar. Er verfügt über eine ausgeklügelte Innenausstattung und ein besonderes Lüftungssystem.

Unter eines Baumes Rinde

Wenn Kinderstuben möglichst sicher sein sollen, ist es hilfreich, sich stabile Behausungen auszusuchen, die möglichst auch noch Futter bieten und zusätzlich Tarnung gewährleisten. Aus der Sicht von **Borkenkäfern** *(Scolytinae)* eignen sich Bäume geradezu ideal für diesen Zweck.

Diese Käfer sind je nach Art nur einige Millimeter lang und unauffällig braun gefärbt. Aber sie besitzen kräftige Fresswerkzeuge – und sehr empfindliche Geruchssensoren in ihren Fühlern, mit denen sie die Ausdünstungen geschwächter oder kranker Bäume der von ihnen bevorzugten Art aus großer Entfernung riechen können. Männchen fliegen dorthin, fressen ein Loch durch die Rinde und legen darunter eine kleine Kammer an. Mittels Duftstoffen lockt jedes Männchen ein Weibchen an, und dann erfolgt in dieser „Rammelkammer" die Paarung. Die weitere Nagearbeit übernimmt nun das Weibchen. Es frisst von der Rammelkammer aus einen oder mehrere sogenannte Muttergänge und platziert dort seine Eier. Die ausschlüpfenden Larven ernähren sich vom Saft des angefressenen Holzes und nagen nun ihrerseits Gänge, die meist senkrecht vom Muttergang abzweigen. Ein solcher Larvengang ist zuerst schmal, doch mit fortschreitendem Wachstum der Larve wird er breiter. Am Ende des Ganges frisst sich die Larve eine keulenförmige Puppenwiege und verpuppt sich dort.

Jede Art hinterlässt typische Gangmuster, die man nach Ablösen der Rinde sieht und an denen man die Borkenkäferarten unterscheiden kann – etwa den **Buchdrucker** *(Ips typographus)*, den **Kupferstecher** *(Pityogenes chalcographus)*, den **Großen Waldgärtner** *(Tomicus piniperda)* oder den **Großen Ulmensplintkäfer** *(Scolytus scolytus)*.

Weil sich selbst kranke Bäume noch gut durch Harzabsonderung gegen die Käfer wehren können, locken die ersten Ansiedler auf einem Baum per Versammlungspheromone Tausende weiterer Artgenossen herbei, was die Abwehrkräfte des Baums enorm schwächt. Daher richten diese Tiere in Forsten gewaltige Schäden an.

Der Große achtzähnige Buchdrucker hat eine Fichte mit seinem typischen Fraßmuster versehen.

HOCH- UND TIEFBAU IM TIERREICH

Das Nest der Roten Waldameise sieht an keinem Tag aus wie an einem anderen – wenn man es genau beobachtet.

Mobiles Bauen – gesundes Bauen

Ein Bau der **Roten Waldameise** *(Formica rufa)* sieht von außen vergleichsweise simpel aus – ein Haufen von Nadeln. In Wirklichkeit aber ist er ein komplexes Gebilde aus Gängen, Kammern und Löchern, das mehrere Meter tief in den Boden hinein reicht. Und er ist das Ergebnis einer ungewöhnlichen intensiven Bautätigkeit. Die kleinen Sechsbeiner sind ständig mit ihrer Behausung beschäftigt und transportieren dabei oft Materialien, die vielfach schwerer sind als sie selbst. An heißen Tagen vergrößern sie die Öffnungen, damit sich das Innere nicht zu sehr aufheizt. Wird es kühler, verschließen sie die Löcher rasch wieder, um die Wärme „im Haus" zu halten. Die Kuppelform sammelt zudem mehr Wärme, als es eine flache Oberfläche täte. Wenn das nicht reicht, lassen sich bisweilen Hunderte von Arbeiterinnen in der Sonne durchwärmen und laufen dann als lebende Heizkörper rasch in den Bau.

Bei einer Beschädigung des Baus, etwa durch einen Specht, rücken sofort Reparaturkolonnen an, die ihn wieder instand setzen. Außerdem wird das gesamte Baumaterial ständig umgeschichtet. Um das zu überprüfen, haben Forscher farbigen Lack auf die Oberfläche gesprüht und festgestellt, dass der Fleck nicht nur binnen weniger Tage verschwunden war, sondern dass sich die farbigen Teilchen auch bereits mehrere Zentimeter tief im Bau befanden. Nach und nach sinken sie immer tiefer – bis sie einige Wochen später wieder an der Oberfläche erscheinen. Das bedeutet: Der Bau wird ständig umgeschichtet. Auf diese Weise gelangt alles Material zeitweise an die Oberfläche, trocknet durch und wird von der Sonne desinfiziert. Wie wichtig das ist, sieht man an verlassenen Hügeln: Sie verpilzen und vermodern schon nach kurzer Zeit.

SPITZENLEISTUNG

Platz ist selbst in dünnen Blättern

Die Larven der Miniermotte haben ideale Schutzräume entdeckt: Blätter. Sie nagen Gänge innerhalb der Blattstruktur, wo natürlich der Raum sehr begrenzt ist, wenn man zwischen Ober- und Unterseite des Blattes passen muss. Die Vorteile: Es sind keine Abwehrmaßnahmen nötig. Das Blatt schützt vor Fressfeinden und Konkurrenz, und zudem stellt es Nahrung, Flüssigkeit und ein ausgeglichenes Mikroklima zur Verfügung. Manche Miniermotten-Arten sorgen durch Kappen der Blattadern dafür, dass das Blatt abstirbt, sich zusammenrollt und so ein ideales Versteck für die Verpuppung und die Entwicklung zum erwachsenen Insekt bietet.

Von luftig bis massiv: Nester

Viele Arten strengen sich sehr an, um ihrem Nachwuchs für die erste Zeit eine sichere Bleibe zu geben. Es entstehen erstaunliche Konstruktionen, die es mit menschlichen Ingenieursleistungen aufnehmen können. Dabei haben die Tiere die oft hoch spezialisierten Techniken zum Nestbau nie gelernt – sie haben diese Fertigkeiten geerbt.

Aus Schaum geboren

Zahllose Tierarten bauen für ihren Nachwuchs Nester, und in aller Regel bedienen sie sich dazu jeweils vorhandener Materialien. Doch es gibt auch einige Tiere aus ganz unterschiedlichen Gruppen, die ihre Nester buchstäblich aus Luft bauen – oder genauer: aus Schaum.

So findet man im Mai und Juni an Grashalmen den sogenannten Kuckucksspeichel der **Wiesenschaumzikade** (*Philaenus spumarius*). Der Schaum bildet eine tarnende und vor Austrocknung schützende Hülle für die Larve der Zikade – allerdings muss sich die Larve dieses Nest selbst schaffen, indem sie ein Gemisch aus Wasser und Stoffen aus ihren Exkrementen mit Luft aufbläst.

Einer ähnlichen Technik bedient sich die **Europäische Gottesanbeterin** (*Mantis religiosa*). Sie bildet Eipakete mit je 100 bis 300 Eiern in einer rasch aushärtenden Schaumpackung. Der Schaum stellt einen vorzüglichen Schutz gegen Temperaturschwankungen dar und ist sehr leicht. Aber auch größere Tierarten nutzen Schaum als Nest. Beim **Grauen Baumfrosch** (*Chiromantis xerampelina*) sondert das Weibchen ein spezielles Sekret aus dem Hinterleib ab und schlägt es gemeinsam mit dem Männchen mit den Hinterbeinen zu stabilem Schaum. Das Schaumnest hängen die Tiere an Zweige über dem Wasser. Dort hinein legt das Weibchen seine Eier. Einige Tage bewacht es das Nest und feuchtet es regelmäßig an, damit es nicht austrocknet. Schließlich fallen die sich entwickelnden Kaulquappen vom Zweig direkt in ihr Element, das Wasser, hinein.

Der Trick mit dem Sauerstoff

Der **Paradiesfisch** (*Macropodus opercularis*) aus Ostasien bewohnt recht trübe, sauerstoffarme Gewässer. Dank eines besonderen Organs, des über den Kiemenbögen liegenden Labyrinths, kann er Luft aufnehmen und daher auch dort überleben, wo andere Fische Probleme haben. Das gilt aber nicht für seine Nachkommen: Sie besitzen nur Kiemen; ihr Labyrinthorgan bildet sich erst später. Daher baut das Männchen ein Nest aus Luftbläschen, die es mit einem speziellen Schleim umhüllt. Das Nest treibt nun ähnlich einer Luftmatratze auf der Wasseroberfläche, wo genügend Luft zur Verfügung steht. Unter diese Bläschenmasse legt das Weibchen seine Eier, und weil diese leichter als Wasser sind, steigen sie zum Nest empor. Das Männchen nimmt sie dann mit seinem Maul auf und setzt sie ins schwimmende Nest hinein. Fällt einmal ein Ei heraus, rettet das Männchen es und spuckt es ins Nest zurück.

Die Jungfische schlüpfen nach zwei Tagen und werden vom Männchen beschützt. Anfangs sind sie nur ungefähr stecknadelkopfgroß. Erst wenn sie etwa drei Wochen später auf sieben Millimeter Länge herangewachsen sind, verlassen sie das Nest und versorgen sich von nun an selbst.

Eine Gottesanbeterin mit dem Schaumnest, in das sie ihre Eier hineinlegt. Der aushärtende Schaum bietet für die Eier einen hervorragenden Schutz.

VON LUFTIG BIS MASSIV: NESTER

Jede Nacht ein neues Lager

Gorillas *(Gorilla gorilla)* ziehen langsam durch ihr Gebiet, denn als Vegetarier müssen sie täglich rund 18 Kilogramm Grünzeug verspeisen. Dabei legen sie einige hundert Meter pro Tag zurück. Abends begeben sie sich wie alle großen Menschenaffen in selbst gemachten Nestern zur Ruhe. Merkwürdigerweise fertigen sie jede Nacht ein neues Nest an, auch wenn das gestrige zufällig nur wenige Meter entfernt sein sollte.

Die schweren Gorillamännchen legen ihr Nest meist auf dem Boden an, Weibchen und Junge dagegen schlafen lieber in Bäumen. Manchmal baut sich ein Tier sogar ein Nest für ein Nachmittagsnickerchen. Jedes hat sein eigenes Nest, Kinder allerdings schlafen bei der Mutter.

Nur fünf Minuten braucht ein Gorilla für den Bau des Nests. Für ein Bodennest schichten die Affen zuerst große Zweige aufeinander und verhaken sie miteinander. Darauf legen sie dünnere Zweige, die sie zu einem Ringwall biegen. Das Nestinnere wird mit einer weichen Blätterschicht bedeckt. Baumnester entstehen in Astgabeln und müssen recht stabil gebaut sein, um einen Gorilla zu tragen.

So schwer und gewaltig der Gorilla auch ist – sein Nest besteht aus lockerem Blattwerk, das allerdings auf eine Konstruktion aus Ästen und Zweigen geschichtet wird.

GUTE FRAGE!

Gibt es Nester, die über Generationen genutzt werden?

Die australasischen Großfußhühner formen aus Steinen, Erde, Holz und Blättern einen Hügel, in den das Weibchen über mehrere Monate hinweg seine Eier legt. Die Pflanzenteile zersetzen sich langsam, und die dabei entstehende Wärme erbrütet zusammen mit der Sonnenwärme die Eier. Weil die Vögel über Jahre und über mehrere Generationen immer dieselben Bruthügel nutzen und sie ständig erweitern, entstehen zum Teil riesige Gebilde. Bei einem Hügel des Reinwardthuhns *(Megapodius reinwardt)* hat man zwölf Meter Durchmesser und über fünf Meter Höhe gemessen – das ergibt ein Gewicht von über 500 Tonnen.

Ein Nest, das nicht untergeht

Mitunter sieht man in Teichen Haufen von Gestrüpp und Blättern schwimmen, die sich bei näherem Hinsehen als schwimmende Vogelnester entpuppen. Mitleid mit den Vögeln, denen ein Sturm vielleicht die Kinderstube ins Wasser geblasen hat, ist allerdings nicht nötig: Die Tiere haben ihre Nester absichtlich ins Wasser gebaut. Und sie hatten Gründe dafür, denn Vögel müssen auch Feinde fürchten, die über Land kommen, und ein im Teich treibendes Nest bietet zumindest vor diesen Räubern Schutz.

Seeschwalben (*Sternidae*), etwa die bei uns heimische **Trauerseeschwalbe** (*Chilodonias niger*), bauen stets solche Schwimmnester. Da die Nester zuverlässig an der Oberfläche bleiben, können die Vögel Teiche bis zu einem Meter Wassertiefe nutzen. Abgerissene Schilfhalme oder Schwimmblätter dienen als Schwimmhilfe, und feststehende Wasserpflanzen werden als Verankerung genutzt.

Blatthühnchen (*Jacanidae*) sind besonders auffällig wegen ihrer großen Zehen, die es den leichten Vögeln ermöglichen, auf den Schwimmblättern von Wasserpflanzen zu laufen. Kein Wunder, dass sie ein schwimmendes Nest bevorzugen. Es zu bauen ist Sache des Männchens. Zunächst sammelt es Zweige und schichtet sie aufeinander. Sie halten das Nest über Wasser. Auf dieser Unterlage baut das Männchen dann das eigentliche Nest aus Blättern und Stängeln. In der Regel fertigt es sogar mehrere an, und das Weibchen sucht sich eines aus, auf dem das Paar dann kopuliert. Für die Brut und die Aufzucht der Jungen ist dann auch wieder das Männchen verantwortlich. Zudem muss es das Nest während der Brut ständig nachbessern, denn Blatthühnchen zählen nicht zu den tüchtigsten Baumeistern, und nicht selten versinkt das Nest. Dann ziehen Männchen und Brut in ein Nachbarnest um, wobei der Transport der Eier natürlich ein Problem darstellt. Befindet sich die neue Bleibe unmittelbar neben der alten, rollt das Männchen die Eier hinüber. Geht das nicht, klemmt es ein Ei zwischen Schnabel und Kinn und bringt so nach und nach das gesamte Gelege hinüber. Zum Glück sind die Eier wasserfest; ein gelegentliches Tauchbad schadet ihnen nicht. Viel schlimmer trifft die Blatthühnchen die Nestzerstörung durch Regenfluten, Revierkämpfe oder durchs Wasser watende große Tiere – solche Ereignisse bedeuten meist den Tod der Jungen.

Nicht jedes Nest im Wasser schwimmt tatsächlich. Bisweilen liegt es auf einem nicht sichtbaren Haufen von Pflanzenteilen, der bis zum Grund reicht. Das **Rüsselblässhuhn** (*Fulica cornuta*) hingegen, das an vegetationsarmen Andenseen lebt, schichtet Steine auf dem Grund auf, bis der Haufen fast an den Wasserspiegel reicht, und baut darauf sein Nest – zwar nicht schwimmend, aber vor wasserscheuen Räubern geschützt.

Ein Blässhuhn bewacht sein Nest. Das Nest schwimmt nicht ganz frei – es ist auf vermoderten Materialschichten angelegt, die sich auf dem Gewässergrund befinden.

VON LUFTIG BIS MASSIV: NESTER

Die nur etwa sechs Zentimeter lange Zwergmaus (ohne Schwanz gemessen) baut ihr Nest in sicherer Höhe über dem Erdboden.

Kinderstube am schwankenden Halm

Zwergmäuse zählen zu den kleinsten Nagetieren überhaupt. Die nur etwa sechs Gramm schwere, sehr lebhafte **Zwergmaus** *(Micromys minutus)* kann ihr Nest an einer Stelle bauen, die so leicht kein anderes Kleintier erreichen kann: in halber Höhe an Gras-, Schilf- oder Getreidehalmen. Es ist ein putziger Anblick, die kleinen Mäuse geschickt mithilfe ihres Greifschwanzes an Getreidehalmen herumturnen zu sehen und zu beobachten, wie sie mit ihren kleinen Pfötchen Getreidekörner aus den Ähren herausholen und sie mit beiden Pfoten festhaltend verzehren. Ein Getreidefeld muss ihnen geradezu als Paradies erscheinen, denn normalerweise sind die Samen von Wildkräutern ihre Hauptnahrung.

Zum Nestbau nagt das Weibchen etwa in halber Höhe einen grünen Halm an und hängt sich daran, sodass er knickt. Es zieht dann weitere grüne Halme heran, zerfranst deren oberes Ende und verflicht sie miteinander zu einer festen Plattform. Dabei achtet es darauf, die Wasseradern nicht zu beschädigen, damit die Pflanzenteile frisch bleiben – so fällt das Nest nachher im allgemeinen Grün nicht auf. Auf dieser Grundlage errichtet die Maus dann eine Nestkuppel und baut sie innen und außen immer weiter aus. Reicht das greifbare Material nicht, holt sie sich weiteres aus der Umgebung. Binnen einiger Tage entsteht so eine stabile Kugel von etwa 8 bis 13 Zentimetern Durchmesser mit seitlichem Einschlupfloch. Das Innere polstert die Maus mit weichem Material aus, sodass ihre meist sechs Jungen zwei Wochen lang eine schöne Kinderstube haben. Das Männchen wird gleich nach der Paarung hinausgejagt.

Für jeden Wurf baut das Zwergmausweibchen ein neues Kugelnest. Sind die Mäuse nicht gerade mit der Jungenaufzucht beschäftigt, knüpfen sie sich Schlafnester in ähnlicher, aber einfacherer Konstruktion.

Wussten Sie, dass...
...Krabben für ihre Angebetete Bauwerke errichten?

Am Ufer des Roten Meers kann man auf tassenförmige Sandhügel stoßen, von denen ein Pfad zu einem etwa 40 Zentimeter entfernten Loch führt: dem Eingang zur Wohnhöhle einer Reiterkrabbe (Ocypode saratan). Von dort aus führt ein Gang in einer weiten Spirale in den Sandboden. Hier haust der Erbauer des Sandkegels. Wird das Bauwerk durch Wind oder Menschen zerstört, baut der Besitzer es rasch wieder auf, indem er Sandklumpen heranträgt. Denn der Bau erfüllt eine wichtige Funktion: Er zeigt einem Weibchen den Weg zum Männchen, das in seiner Spiralhöhle wartet.

ERFINDERISCHE BAUMEISTER

Der Seidenlaubenvogel schleppt alles heran, was blau ist, um das Weibchen zu beeindrucken, das hinten in der Laube interessiert schaut, was das Männchen so zu bieten hat.

Nester in allen Farben

Fortpflanzung ist ein mühsames Geschäft, auch für Männchen. Denn sie müssen erst ein Weibchen von ihren Qualitäten überzeugen. Die in Australien und Neuguinea heimischen Laubenvögel tun das durch Bau aufwendiger Liebeslauben. Die eigentliche Kinderstube baut dann aber das Weibchen – allein, ohne männliche Hilfe.

Der etwa 30 Zentimeter lange **Seidenlaubenvogel** *(Ptilonorhynchus violaceus)* fällt nicht nur durch seine tiefblauen Augen auf, sondern auch durch seine Vorliebe für die Farben Blau und Gelb. Zur Balz bedeckt das Männchen den Boden nach vorheriger Säuberung mit Grashalmen. Dann errichtet es aus Zweigen, die es in den Boden steckt, einen etwa 40 Zentimeter hohen Laubengang in Nord-Süd-Richtung. Vor dem Südeingang breitet das Männchen seine blauen, blauvioletten oder gelben, über Wochen gesammelten Schätze aus: Blüten, Federn, Beeren, blaues Glas, Knöpfe, Papierfetzen und Plastikteile. Das Innere des Laubengangs wird zusätzlich angemalt, etwa mit dem Saft blauer Beeren oder mit einer Mischung aus Holzkohle und Speichel, die das Tier mit einem quer im Schnabel gehaltenen Stück faseriger Rinde aufträgt. Bei der Balz im Morgengrauen präsentiert das Männchen sich und vor allem sein Bauwerk und seine Schätze, die es einzeln aufnimmt – möglichst so, dass sie im Sonnenlicht schön leuchten. Es tut allerdings dabei so, als sei das Weibchen gar nicht da. Ist das Weibchen schließlich geneigt, kommt es in der Laube zur Paarung. Das war es dann auch für das Männchen: Um Brut und Jungenaufzucht kümmert es sich nicht.

Andere Laubenvogelarten bevorzugen andere Farben und Bauten, aber all diese werden übertroffen von den Konstruktionen der Gärtnerlaubenvögel. Der **Goldlaubengärtner** *(Amblyornis macgregoriae)* zum Beispiel umgibt Baumschösslinge mit einer verwickelten Konstruktion aus Reisig, Flechten und anderen Pflanzenteilen, die über zwei Meter hoch sein kann und an einen großen aufgeputzten Maibaum erinnert. Den Raum dazwischen schmückt das Männchen mit leuchtend hellen Blüten.

Wie poetisch – nach menschlichen Maßstäben – Vögel sein können, beweist auch der **Gestreifte Gärtnervogel** *(Amblyornis subalaris)*. Er umgibt ein Baumstämmchen mit einer dicken Schicht aus Moos und bunten Blüten und baut um diese Schmucksäule herum einen überdachten Rundweg. Dieser besitzt eine weite Öffnung, die in eine Art Garten führt, den das Männchen mit Blumen bestreut und durch einen blütengeschmückten Zaun von der Umgebung abgrenzt. Kein Wunder, dass Forscher diese Konstruktionen am Anfang für Spielhütten der Eingeborenenkinder hielten.

Wussten Sie, dass...
...es Vögel gibt, die ein Nest mit falschem Eingang bauen?

Die Kap-Beutelmeise (Anthoscopus minutus) hat einen außergewöhnlichen Trick entwickelt, um ihr Nest vor Räubern zu schützen. Es besteht aus einer großen bauchigen Kugel mit unübersehbarem seitlichem Eingang. Doch dieser Einlass dient nur der Irreführung: Der Raum dahinter ist leer. Der eigentliche Zugang nämlich ist eine unauffällige Öffnung unter dem falschen Eingang, die sich nach jeder Passage wieder schließt. Sie führt in die tatsächliche Nisthöhle, die unterhalb der falschen Höhle versteckt ist.

Weberameisen nähen Blattteile mit Spinnfäden zusammen, um für ihre Nachkommen passende Hüllen zu basteln.

Maßgeschneidert in Gemeinschaftsarbeit

Die Pflanzen der Erde erzeugen jährlich einige Milliarden Tonnen Blätter. Es wäre seltsam, wenn nicht einige Tierarten diese Ressource für ihren Nestbau nutzen würde.

Bewundernswert geschickt gehen **Weberameisen** *(Oecophylla sp.)* mit Blättern um. Sie bauen ihre Nester im Laub von Bäumen oder Sträuchern und nutzen dabei mit Spinnfäden zusammengenähte Blätter als Baumaterial. Freilich haben Ameisenarbeiterinnen keine Spinndrüsen – wohl aber ihre Puppen. Die Arbeiterinnen ziehen also zunächst geeignete Blätter zusammen und halten sie, wenn es sein muss stundenlang, mit ihren Kiefern fest. Ist der Abstand zu groß, hängen sich mehrere Tiere aneinander. Dann kommen andere Arbeiterinnen mit Larven herbei. Sie betrillern die Larven mit ihren Fühlern, sodass diese ihren Spinnapparat in Betrieb setzen. Dann führen sie die Larven von einem Blattrand zum anderen und heften die Spinnfäden dort fest. Schließlich verbindet eine stabile Naht die Blätter. Ein Nest für den Nachwuchs ist fertig.

In ähnlicher Weise näht sich der südostasiatische **Schneidervogel** *(Orthotomus sutorius)* ein Tütennest: Er faltet große Blätter und sticht Löcher in die übereinander gelegten Blattränder. Durch die Löcher zieht er Halme oder Pflanzenfasern und dreht dann die freien Enden der Fasern zu Kugeln (er knotet sie nicht zusammen, wie viele meinen). Diese Tüte polstert der Schneidervogel zum Nest aus. Eine perfekte Arbeit – für lediglich drei Eier pro Gelege.

Auch einige **Blattschneiderbienen** *(Megachile sp.)* nutzen Blätter zum Nestbau. Das Weibchen schneidet eine Scheibe aus einem Blatt und trägt sie zum werdenden Nest, etwa in einem hohlen Stängel. Dort rollt es die Scheibe zu einer kleinen Kammer auf, füllt Pollen und ein Ei hinein und verschließt diese Zelle mit weiteren Blattabschnitten. Meist werden zahlreiche solcher Nestchen in Reihen angelegt. Binnen Tagen entwickeln sich darin die Larven, spinnen sich ein und überwintern in dem kleinen Schutzraum.

ERFINDERISCHE BAUMEISTER

Weben und flechten

Vogeleier sind zerbrechlich und Jungvögel äußerst verletzliche Wesen. Es lohnt sich daher für ein Vogelelternpaar, viel Sorgfalt auf den Bau des Nests zu verwenden. Dieses muss nicht nur stabil sein, um das Gewicht von Eltern- und Jungvögeln zu tragen – es soll auch Sicherheit vor Feinden und schlechtem Wetter bieten.

Kleine offene Nester können unauffällig in dichtem Gebüsch versteckt werden, schützen aber nur begrenzt gegen Nesträuber. Deshalb versehen **Elstern** (Pica pica) ihre Nester mit einer Art Dach aus Zweigen als Schutz gegen Angreifer von oben. Ein fester Boden aus kleinen, verfilzten Zweigen trägt den Inhalt. Weit aufwendiger konstruiert sind die Nester einiger Arten wärmerer Länder. Berühmt für ihre Bautechnik sind etwa die afrikanischen **Webervögel** (Ploceidae). Hier ist das Männchen allein für den Nestbau zuständig. Es nutzt lange Grashalme und verknotet, verflicht und verdreht diese zu einer Schnur, die es in Art einer Schaukel an einem Ast aufhängt. Nach und nach verbreitert das Männchen die Schnur, erst zu einem Ring aus Gras, dann schließlich zu einer Nestkugel mit Eingang. Herangetragene und in den Bau einwebte Spinnenfäden sorgen dafür, dass das Nest die Jungvögel sicher trägt.

Beim **Siedelweber** (Philetairus socius) geht es noch anspruchsvoller zu: Hier bauen mehrere Männchen miteinander ein Gemeinschaftsnest von mehreren Metern Breite und Höhe, das einigen hundert Paaren Platz bietet.

Solche Nistkolonien des im südlichen Afrika vorkommenden Siedelwebers können aus Dutzenden von Einzelnestern zusammengesetzt sein.

Huhn mit Thermofühler

Man kann nur bewundern, welches Maß an Arbeitsleistung manche Tiere in ihren Nachwuchs stecken. Das australische **Thermometerhuhn** (Leipoa ocellata) zum Beispiel baut gewaltige Haufen aus Sand und Pflanzenmaterial, um die Eier darin ausbrüten zu lassen. Schon lange vor der Brutzeit gräbt das haushuhngroße Männchen – meist allein – ein etwa einen Meter tiefes und drei Meter breites Loch in den Boden und füllt in monatelanger Arbeit Pflanzenteile und eine Deckschicht aus Sand hinein – so viel, bis der Hügel einen halben Meter über Erdniveau emporragt. Das feuchte Laub darin gärt nun und heizt den Hügel auf. Der Hahn überprüft die Temperatur täglich mit einem empfindlichen Temperaturfühler in seinem Schnabel, wobei er, wie Versuche zeigten, auf ein Grad Celsius genau messen kann. Erst wenn 34 Grad Celsius erreicht sind, legt das Weibchen seine Eier hinein, und der Hahn deckt diese sorgfältig zu.

Für ihn hört die Arbeit nun weitere sechs Monate lang nicht auf, denn täglich muss er mehrfach die Temperatur prüfen und diese mittels diverser Maßnahmen konstant halten. So öffnet er z. B. Löcher, um Hitze aus dem Bau abzuleiten, oder er schützt den Haufen mit zusätzlichem Material gegen Sonnenwärme oder nächtliche Kühle. Währenddessen legt die Henne mehrere Wochen lang durchschnittlich 15 Eier pro Woche nach. Jeweils zwei Monate nach dem Legen schlüpfen die Küken, buddeln sich binnen Stunden ins Freie und laufen, von den Eltern völlig unbeachtet, davon.

Bauen wie die Indios

Adobe, also mit Stroh und anderen Zusatzstoffen vermischter Lehm, ist ein vorzügliches Baumaterial. Das wissen nicht nur viele Naturvölker, sondern schon viel länger der **Rosttöpfer** *(Furnarius rufus)*, der in Südamerika lebt. Die eher unscheinbare braune Vogelart ist dort recht beliebt, weil die Paare stundenlang wunderschön im Duett singen. Haben sich Männchen und Weibchen einmal gefunden, bleiben sie ihr Leben lang zusammen. Vielleicht, weil gemeinsame Arbeit verbindet: Die Vögel bauen jedes Jahr ein voluminöses Nest für ihren Nachwuchs und beginnen damit schon gegen Ende des Winters, lange vor der Brutzeit. Als Untergrund nutzen sie meist Äste oder Pfähle. Flug um Flug holen die Tiere nun Lehmbrocken oder Pflanzenteile und mauern daraus ein rundliches Gebilde, das einem römischen Backofen ähnelt. Jedes Tier muss dazu über 1500 Schnabelportionen Baumaterial besorgen. Nach kurzer Zeit trocknet der Lehm und ist dann extrem hart und zumindest einigermaßen regenfest.

Das vier bis fünf Kilogramm schwere Nest besitzt eine Vor- und eine Brutkammer. Die Wände sind dick, und zusammen mit der Kugelform sorgt dies für ein gesundes Innenklima. Eine dicke Lehmwand isoliert, und die Oberfläche ist dank der Kugelform vergleichsweise klein. So vermindert sich die Gefahr, dass sich das Nest bei praller Sonne so aufheizt, dass die Jungvögel tödlichen Temperaturen ausgesetzt sind.

Ist die Lehmkugel endlich fertig, wird sie innen mit Heu und Federn weich gepolstert. Dann legt das Weibchen drei bis fünf weiße Eier hinein. Die Jungvögel schlüpfen nach 20 Tagen Brut und werden dann noch etwa zwei Monate lang von den Eltern gefüttert.

Stabiler geht es kaum: Der Töpfervogel und sein Weibchen haben gemeinsam ein Lehmnest gebaut. Das Baumaterial isoliert gut gegen Hitze und schützt vor Regen.

Das eingemauerte Weibchen

Nashornvögel (Bucerotidae), eine in Afrika und Asien vorkommende Familie mit einem Hornhöcker auf dem Schnabel, haben eine außergewöhnliche Methode entwickelt, das brütende Weibchen und später auch die Brut vor Nesträubern zu schützen, besonders vor Baumschlangen: Das Nest wird zugemauert.

Nach der Paarung bezieht das Weibchen die ausgewählte Bruthöhle in einem Baum und mauert sich selbst regelrecht ein. Das Männchen trägt Lehm und Pflanzenteile herbei, die mit Kot vermischt einen stabilen Baustoff ergeben. Bei einigen Arten hilft das Männchen auch bei den eigentlichen Maurerarbeiten. In der Vorderfront bleibt ein kleines Loch frei, gerade so groß, dass das Weibchen seinen Schnabel hindurch stecken kann. In dieser Höhle verbringt das Weibchen nun einige Wochen, legt Eier, brütet, mausert und füttert die Jungen. Währenddessen versorgt das Männchen seine Familie mit Nahrung, die es durch das kleine Loch steckt. Das Weibchen nutzt das Loch darüber hinaus, um seinen Kot zu entsorgen.

Bei manchen insektenfressenden Arten schafft das Männchen es nicht, genügend Futter für das Weibchen und alle Jungvögel zu erbeuten. Dann hackt sich das Weibchen frei – was wegen des festen Baustoffs manchmal nicht ganz einfach ist –, verlässt die Baumhöhle und hilft bei der Nahrungssuche, während sich die Jungvögel von innen her wieder einmauern, bis sie flügge sind.

GENAUER UNTERSUCHT

Hausbesetzer und Nachmieter

Auch im Tierreich herrscht oftmals Wohnungsnot. Da kommt es sehr zupass, wenn man den verlassenen Bau, die Höhle oder das Nest eines anderen Tiers beziehen kann, das dieses aufgegeben hat oder umständehalber verlassen musste. In aller Regel spart sich der Nachmieter damit viel Mühe und Arbeit.

Der Kleiber zieht gern in ein Spechtnest ein, doch zuvor muss er den Bau seinen Bedürfnissen anpassen und den Eingang kleiner mauern.

Der britische Naturforscher Charles Darwin hat die vielen Abhängigkeiten zwischen den Lebewesen mit einer verblüffenden Aussage illustriert: Die Zahl der befruchteten Stiefmütterchen in England hänge mit der Zahl der alleinstehenden Frauen zusammen. Denn solche Frauen hielten häufig Katzen, die wiederum die Mäusezahl regulieren. In verlassenen Mäusehöhlen aber bauen Hummeln gerne ihre Nester, und die wiederum seien die wichtigsten Bestäuber von Stiefmütterchen.

Tatsächlich sind zahlreiche Tierarten auf die baulichen Leistungen anderer Tiere angewiesen oder nutzen sie zumindest gern für sich und ihre Nachkommen, zum Beispiel eben bei der Suche nach einer Unterkunft. **Erdhummeln** *(Bombus terrestris)* mieten sich, wie gesagt, mit Vorliebe in den Löchern von Mäusen und Maulwürfen ein. **Baumhummeln** *(Bombus hypnorum)* hingegen bevorzugen höhere Wohnlagen, etwa Spechthöhlen.

Der Specht als wichtigster Baumeister

Überhaupt: Was täte die Tierwelt ohne Spechte? Der amerikanische **Elfenkauz** *(Micrathene whitneyi)*, eine der weltweit kleinsten Eulenarten, nistet fast nur in Höhlen, die zuvor der **Gilaspecht** *(Melanerpes uropygialis)* in die **Saguaro-Kakteen** *(Carnegiea gigantea)* der Sonorawüste gehämmert hat. Auch unser heimischer **Schwarzspecht** *(Dryocopus martius)* mit seiner geräumigen Höhle oder der etwas kleinere **Buntspecht** *(Dendrocopus major)* haben keine Probleme, Nachmieter zu finden. Der **Sperlingskauz** *(Glaucidium passerinum)* etwa, die kleinste bei uns heimische Eule, ist zum Nestbau meist auf Spechthöhlen angewiesen. **Hohltauben** *(Columba oenas)*, **Dohlen** *(Corvus monedula)*, **Meisen** *(Paridae)* und **Kleiber** *(Sitta europaea)* brüten dort gleichfalls gern. Dem Kleiber allerdings ist der Eingang zu groß; er mauert ihn so weit zu, dass er gerade noch hindurchschlüpfen kann.

VON LUFTIG BIS MASSIV: NESTER

Ein Elfenkauz schaut aus einer Nisthöhle hervor, die ein Gilaspecht zuvor in einem riesigen Saguaro-Kaktus gebaut hat.

Auch Säuger lieben die Etagenwohnung im Baumstamm. **Baummarder** (Martes martes) nutzen Spechthöhlen tagsüber als Ruheplätze; nachts gehen sie auf Jagd. Ähnlich machen es Fledermausarten wie der **Große Abendsegler** (Nyctalus noctula) und das **Braune Langohr** (Plecotus auritus): Sie halten sich tagsüber und im Winter in verlassenen Spechthöhlen auf.

Was für unsere Tierwelt die Spechte sind, leistet in Afrika das **Erdferkel** (Orycteropus afer). Die Tiere graben sich häufig neue Höhlen, und die verlassenen Altbauten sind dann willkommene Wohnstätten. Manche Arten sind geradezu darauf angewiesen, etwa **Hyänen** (Hyaenidae), **Streifenschakale** (Canis adustus), **Schleichkatzen** (Viverridae) und vor allem **Warzenschweine** (Phacochoerus africanus). Zudem stellen die Erdferkelhöhlen eine oft lebensrettende Zuflucht bei Buschbränden dar.

Manche Arten sind in der Lage, außerordentlich stabile und dauerhafte Unterkünfte zu bauen. Das Lehmnest des **Rosttöpfers** (Furnarius rufus) beispielsweise hält gute drei Jahre. Das kommt dem **Brasil-Sperlingskauz** (Glaucidium brasilianum) zugute: Falls er keine Baumhöhle findet, bezieht er einen aufgegebenen Lehmbau.

Eheleben im Kobel

Für Menschen war es jahrtausendelang ganz normal, dass Kinder in der Wohnung der Eltern geboren wurden. Im Tierreich hingegen dient das Nest sehr oft ausschließlich dem Brutgeschäft; es wird nur dafür gebaut und danach wieder verlassen. Anders bei **Eichhörnchen** (Sciurus vulgaris): Sie bekommen ihre Jungen in der von einem Paar gemeinsam bewohnten Behausung, dem Kobel.

Meist bauen die Eichhörnchen den Kobel in einer Astgabel oder zwischen dicken Ästen. Dazu beißen und reißen sie Zweige ab und verkeilen sie zu einem kugelähnlichen Gebilde. Mit Pflanzenteilen, Gras, Moos und Federn wird der Kobel dann ausgepolstert und einigermaßen wasserdicht gemacht. Außen hat der Kobel bis zu 50 Zentimeter Durchmesser, innen gut 20 Zentimeter. Der Haupteingang weist nach unten, doch es gibt noch einen Notausgang zum Baumstamm hin.

Mit dem Bauen sind die Tiere etwa vier Tage beschäftigt; allerdings entstehen in dieser Zeit neben dem Hauptkobel noch weitere Reservewohnungen in der Nachbarschaft, sogenannte Schattenkobel. Die Eichhörnchen nutzen diese als Ausweichquartiere, z. B. wenn Parasiten den Hauptkobel unbewohnbar gemacht haben. Nach der Begattung wohnt das Paar gemeinsam im Kobel, doch sobald die Jungen auf der Welt sind, verjagt das Weibchen das Männchen. Oft bleiben Weibchen und Junge dann noch monatelang zusammen. Droht Gefahr, trägt die Mutter ihre Jungen im Maul in einen Ausweichkobel.

SPITZENLEISTUNG

Tonnenschwer hoch über der Erde

Große Vögel bauen große Nester. Den Rekord in der Sparte Baumnester hält der US-amerikanische Wappenvogel, der **Weißkopfseeadler** (Haliaeetus leucocephalus). Die etwa 90 Zentimeter großen Vögel wählen für ihren Horst meist Astgabeln oder Felsnadeln. Dort bauen sie aus Ästen, Zweigen, Gräsern und Federn ein stabiles, geräumiges Nest, in dem ein bis drei Jungvögel aufwachsen. Jahr für Jahr wird das Nest für die neue Brut vergrößert. Das bisher größte war sechs Meter hoch, hatte einen Durchmesser von fast drei Metern und wog mehr als zweieinhalb Tonnen.

ERFINDERISCHE BAUMEISTER

Feuchtes Ambiente bevorzugt

Wasser ist ein recht ausgeglichener Lebensraum ohne große Witterungseinflüsse, aber auch dort gibt es für manche seiner Bewohner Gründe, sich und ihren Nachwuchs durch geeignete Vorkehrungen vor allerlei Unbilden zu schützen. Selbst Landtiere haben entdeckt, dass ein Unterschlupf am oder im Wasser seine Vorzüge haben kann.

Meister des Dammbaus

Die Welt der **Biber** *(Castor sp.)* ist das Wasser. Die Nagetiere nutzen es vor allem, um ihre Burg zu sichern, in der sie ihre Jungen aufziehen, Futtervorräte für den Winter frisch halten und die kalte Jahreszeit in Winterruhe verbringen. Der Eingang zur Biberburg liegt unter dem Wasserspiegel. Diesen Zugang gräbt der Biber vom Wasser her schräg aufwärts in eine Uferböschung und erweitert ihn oberhalb des Wasserspiegels zu einer Kammer. Deren Dach wird mit Zweigen eingedeckt und zusätzlich mit Lehm

FEUCHTES AMBIENTE BEVORZUGT

abgedichtet. Schließlich ist das Dach so massiv, dass kein Fressfeind hindurch kann – eine sichere Kinderstube für die Kleinen und behagliche Winterwohnung für die Alten.

Damit diese Sicherheit gewährleistet ist, staut der Biber das in der Regel flache Gewässer, an dem sein Bau steht, auf, sodass das Wasser tief und der Wasserstand möglichst gleichmäßig ist. Gebaut wird aus Sicherheitsgründen nur nachts – mit bewundernswerter Ingenieurskunst. Zunächst fällt der Biber kleine und große Bäume mit seinen scharfen Zähnen. Das Astwerk und die Stämme nutzt er nicht nur zum Dammbau – sie liefern ihm gleichzeitig Laub, das ihm als Nahrung dient. Das Bäumefällen muss er nicht lernen, die Technik dafür hat er geerbt, und Erfahrung verfeinert sie. Über tausend Späne muss der Biber aus einem größeren Baum nagen, bis der fällt, und jeder Span braucht mehrere Bisse. Kräftige Kiefermuskeln und harte, selbstschärfende Zähne helfen ihm bei dieser beträchtlichen Aufgabe. Bisweilen bleibt die Krone an anderen Bäumen hängen, dann war das Fällen vergeblich. Doch erfahrene Biber fällen einen Baum meist so, dass er in Richtung Wasser stürzt.

Die Form der Dämme passen die Biber dem Wasserdruck an. Bei schnelleren Gewässern bauen sie bogenförmige Dämme, die dem Wasserdruck besser standhalten. Höchst geschickt nutzen die Tiere natürliche Hindernisse im Strom als Stützen. Wenn sie nichts Geeignetes vorfinden, rammen sie Knüppel in den Gewässergrund. Den eigentlichen Damm bilden horizontale Stämme und Äste, die die Tiere auf dem Wasserweg heranschaffen. Schließlich dichten sie den Damm mit Steinen und Schlamm ab. Er ist so stabil, dass darauf Ross und Reiter einen Fluss überqueren können. Das häufig teichartig aufgestaute Gewässer bietet einen weiteren Vorteil: Wasserpflanzen gedeihen hier – eine willkommene Bibernahrung.

Manche Bibersiedlungen bestehen seit Jahrhunderten, und große Dämme wie dieses gewaltige Bauwerk im Grand Teton National Park im US-Staat Wyoming können das Werk vieler Bibergenerationen sein.

SPITZENLEISTUNG

Aus dem Weltraum zu sehen

Den weltweit längsten Damm haben Kanadische Biber *(Castor canadensis)* errichtet. Er liegt in der Provinz Alberta und soll sogar aus dem Weltraum sichtbar sein. Entdeckt hat ihn ein kanadischer Umweltschützer mithilfe von Google-Satellitenbildern. Der Damm ist über vier Meter hoch, rund sieben Meter dick und volle 850 Meter lang – er könnte den Rhein an seiner breitesten Stelle überspannen!

ERFINDERISCHE BAUMEISTER

Harte Arbeit für weiche Muscheln

Muscheln zählen zu den Weichtieren. Hart sind nur die Schalen, die ihren zarten Körper schützen. Dennoch können sich Bohrmuscheln in Holz und sogar Felsgestein einbohren und damit Wohnröhren schaffen – eine außergewöhnliche Leistung. Allerdings macht sie das ziemlich unbeliebt, denn sie durchlöchern nicht nur Steine und alte Baumstämme, sondern auch Buhnen, Brückenpfeiler, Pfosten von Molen und andere Bauten im Wasser.

Man darf sich Bohrmuscheln nicht so klein wie die bekannten Miesmuscheln vorstellen. Der **Norwegische Schiffsbohrwurm** (Teredo norvegica) zum Beispiel – trotz seines Namens ist er eine Muschel – kann rund einen Meter lang werden. Er nutzt wie alle Bohrmuscheln die stark verkleinerten Schalen als Bohrwerkzeuge. Diese Schalen besitzen Tausende von feinen Rippen und Zähnchen, die das Holz abraspeln, wenn die Muschel ihren kräftigen Schließmuskel bewegt. Pro Minute geschieht das rund zehn Mal. Die Bohrspäne nimmt das Tier auf und verdaut sie, und langsam arbeitet es sich dabei drehend vorwärts.

Auch der **Schiffsbohrwurm** (Teredo navalis) zählt zu den Bohrmuscheln. Schon seine Larven fangen mit dem Raspeln im Holz an. Sie graben zunächst kleine Löcher schräg ins Holz und fressen dann in Faserrichtung weiter, wobei der Durchmesser der Röhren mit zunehmendem Wachstum der Muscheln zunimmt. Man sieht einem befallenen Holzstück nicht gleich an, dass es völlig durchlöchert ist. Ein einziges Weibchen kann pro Jahr 10 bis 20 Millionen Eier hervorbringen – das gibt einen Eindruck von der ungeheuren Zerstörungskraft. Holzschiffe waren stets gefährdet: In früheren Zeiten gingen mehr Segelschiffe durch den Schiffsbohrwurm verloren als durch Stürme oder Kriege. Und heute müssen in manchen Gebieten im Wasser gelegene hölzerne Befestigungen jährlich erneuert werden.

Erst vor einigen Jahren verschlang der Neubau zerstörter Buhnen an der deutschen Ostseeküste Millionensummen. Nachdem die Bohrwürmer jahrzehntelang selten gewesen waren, hatten sie sich plötzlich kräftig vermehrt und im unbehandelten Kiefernholz der Strömungsschutzbauten ein gewaltiges Zerstörungswerk angerichtet.

Wussten Sie, dass ...

...Bohrmuscheln Vulkanismus beweisen können?

Seedatteln (Lithophaga) ätzen mit Säuren Löcher in Kalkgestein, die sie als Nester nutzen. Berühmt sind die Säulen der römischen Markthalle im heutigen Pozzuoli am Golf von Neapel (früher hielt man sie für Reste eines Serapistempels). Sie weisen ab 3,6 Meter Höhe ein breites Band von Bohrmuschellöchern auf. Die Löcher beweisen, dass die Säulen einst längere Zeit im Wasser standen – und sind damit ein Beweis für die steten Hebungen und Senkungen des Untergrunds in diesem vulkanisch geprägten Gebiet.

Im Meeresboden wohnen

Anstatt ihr Leben im Wasser schwimmend zu verbringen, graben manche Fische Wohnröhren in den Meeresboden. Mehrere Fischarten tun dies, unter anderem die mit den Barschen verwandten Kieferfische, die deshalb auch Brunnenbauer genannt werden. Sie leben in den flachen Bereichen warmer Meere, vor allem im Pazifik. Manche dieser nur handlangen Fische graben sich bis zu einen Meter tiefe Wohnröhren in den Meeresgrund.

Will zum Beispiel der **Goldstirnkieferfisch** (Opistognathus aurifrons) häuslich werden, nimmt er mit seinem mächtigen Maul Steinchen und Sand vom Meeresgrund auf und trägt sie zur Seite. Nach und nach wird das Loch tiefer. Am unteren Ende erweitert der Fisch die Röhre seitwärts zu mehreren Wohnkammern, oben stabilisiert er die Wände des Eingangs mit Steinchen und Muschelschalen. Zum Schluss glättet er die Umgebung. Mit dieser Bautätigkeit ist der Fisch sieben bis acht Stunden beschäftigt.

Tagsüber lauert der Fisch nun im Eingangsbereich auf vorbeischwimmende Beute. Seine sichere Burg verlässt

Der Goldstirnkieferfisch baut sich eine Wohnanlage unter dem Grund. Dafür muss er kräftig schaufeln, denn seine Wohnröhre ist bis zu einem Meter tief.

er nur für Sekunden, um die Beute zu schnappen, oder wenn er sein Revier gegen einen Rivalen verteidigen muss. Am Abend verschließt er die Röhre mit einem Stein und zieht sich, Schwanz voran, in die Tiefe zurück. Wenn sich ein Männchen paaren will, lockt es ein Weibchen aus einer Nachbarröhre in seine Wohnung.

Eine Luftblase als Wohnhöhle

Alle Spinnen leben an Land. Alle? Nein: Die von Europa bis Fernost in klaren Tümpeln lebende **Wasserspinne** (*Argyroneta aquatica*) hält sich stets im Wasser auf. Zwar ist sie nicht vollständig an das Wasserleben angepasst – sie muss nämlich Luft atmen –, aber für dieses Manko hat sie eine geniale Lösung gefunden. Sie baut sich ein Zuhause, das sie optimal mit Sauerstoff versorgt: eine Luftblase.

Dazu spinnt sie zwischen Wasserpflanzen ein dichtes, glockenförmiges Netz, das unten offen bleibt. Ist es fertig, zieht sie zwischen Netz und Wasseroberfläche einen Faden. Dieser Faden leitet sie, wenn sie nun eifrig zwischen Oberfläche und Netz hin und her schwimmt, um das Netz mit Luft zu füllen. Die Luft transportiert sie in Form von Bläschen zwischen den Haaren an ihrem Hinterleib. Unter dem Netz angekommen, streift sie die Bläschen ab und füllt das Netz so nach und nach mit Luft, bis es einem zwei Zentimeter großen Luftballon ähnelt, in dem sie von nun an atmet und auf der Lauer liegt. Kommt ein Beutetier in die Nähe, turnt sie aus ihrer Luftblase, tötet das Opfer mit ihrem Giftbiss und schleppt es zum Verzehr in die Kammer. Dort muss sie übrigens monatelang die Luft nicht erneuern, denn das physikalische Gesetz der Diffusion bewirkt, dass von dem im Wasser gelösten Sauerstoff stets etwas in die Luftkugel eindringt.

Die Wasserspinne schafft sich unter Wasser eine Luftblase als Behausung. Dort atmet sie und lauert auf Beute.

Mini-Tümpel für den Nachwuchs

Froschlaich und Kaulquappen sind ein begehrtes Futter für zahlreiche Teichlebewesen. Die meisten Froscharten haben sich daran durch reichliche Ei-Produktion angepasst. Der **Kolbenfinger** (*Hyla faber*), ein brasilianischer Frosch von zehn Zentimeter Größe, hat noch eine andere Lösung gefunden: Er baut Mini-Becken für den Nachwuchs. In einer flachen, ufernahen Teichzone schichtet er mit seinen breiten Fingern Ringwälle von zehn Zentimeter Höhe auf, die Tümpel von 30 Zentimetern Durchmesser einfrieden. Weil das meist viele Männchen gleichzeitig tun, entsteht am Ufer eine Kette von Mini-Tümpeln. Jetzt fehlen noch die passenden Weibchen, und die Frösche machen deshalb lautstark für sich Reklame. Nach Einbruch der Dunkelheit herrscht an den Froschgewässern ohrenbetäubender Lärm: Es klingt, als ob Dutzende von Stahlstangen aneinander geschlagen werden. Hat sich ein Paar gefunden, laicht das Weibchen in die Tümpel ab.

In der relativen Sicherheit des Mini-Teichs entwickelt sich der Laich, und die Kaulquappen bleiben dort, bis sie sich in Frösche verwandelt haben. Allerdings hat diese Lösung auch Nachteile: Nahrung ist in den Tümpelchen rar, und es besteht die Gefahr, dass ein steigender Wasserspiegel den Nachwuchs ins freie Wasser spült oder der Teich bei ausbleibendem Regen austrocknet.

Der Kolbenfinger-Frosch hat ideale Schaufelhände. Damit baut er Ringwälle für kleine Tümpel.

ERFINDERISCHE BAUMEISTER

Einfallsreiche Vorratshaltung

Wie überall wechseln sich in der Natur gute und schlechte Zeiten ab. Wohl dem, der beizeiten für nahrungsarme Perioden vorsorgt. Wobei natürlich das Problem der Lagerung zu lösen ist. Und wie schützt man die mühsam gesammelten Schätze vor Räubern?

Speisekammer mit Regenwürmern

Maulwürfe *(Talpa europaea)* sind fleißige Tiere. Sie ernähren sich nur von tierischer Nahrung, vor allem Regenwürmern, Engerlingen und anderen Bodenlebewesen. Um an sie zu kommen, wühlen die nur etwa 100 Gramm leichten Tiere ihre Gänge durch den Boden – mit einem Tempo von bis zu sieben Meter pro Stunde. Und durch fertige Gänge flitzen sie sogar fast mit der Geschwindigkeit eines oberirdischen Fußgängers. Müssen sie fliehen oder haben sie eine Beute entdeckt, können sie so pro Minute über 60 Meter zurücklegen. Das alles kostet natürlich viel Energie, zumal ein so kleines Tier in der kühlen Erde auch vergleichsweise viel Wärme durch die Haut verliert. Deshalb vertilgt so ein Maulwurf über 20 Kilogramm Würmer und Insekten pro Jahr. Doch schon ein einziger Tag ohne Nahrung bringt ihn in Lebensgefahr. Deshalb legt er Futtervorräte an.

Das aber ist bei Fleisch bekanntlich ein Problem, weil es rasch verdirbt. Maulwürfe haben dafür eine verblüffende Lösung gefunden. Sie legen große Vorratskammern an, in denen sie lebende Regenwürmer halten. Damit diese nicht auskneifen, beißt ihnen der Maulwurf ins Vorderende des Körpers, wo das Nervenzentrum sitzt, das unter anderem für die Steuerung der Fortbewegung zuständig ist. Dieser Biss lähmt den Wurm, und er kann nicht wegkriechen. Aber er bleibt am Leben und frisch.

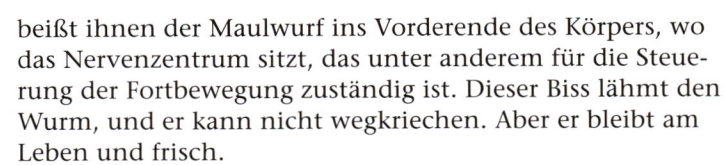

Man hat in solchen Vorratskammern von Maulwürfen schon über tausend Regenwürmer entdeckt. Nicht alle werden gefressen: Manche können sich regenerieren, weil ihnen lebenswichtige Organe im Vorderteil erhalten geblieben sind, und davonkriechen.

Der sprichwörtliche Hamster

Tiere, die Winterschlaf halten, brauchen keine Futtervorräte – sie fressen sich im Herbst Reserven an und leben von den Fettvorräten in ihrem Körper. Viele Arten aber halten gar keinen echten Winterschlaf, sondern wachen mehrfach im Lauf der Monate auf. Und weil es dann draußen nichts zu holen gibt, legen sie sich für diese Wachperioden Nahrungsmittelvorräte an.

Zu diesen Tieren gehört auch der **Hamster** *(Cricetus cricetus)*. Hamster halten keinen echten Winterschlaf und brauchen daher Vorräte für den Winter. Sie lieben Getreidefelder, denn einst mussten die Steppentiere mühsam die kleinen Samen von Wildgräsern einsammeln. Immerhin lagern sie bis zu 15 Kilogramm Samen in ihren Vorratskammern ein. Vor allem die Weibchen sammeln fleißig; die Männchen begnügen sich mit einem Drittel der Vorräte.

GUTE FRAGE!

Wachsen aus einem Regenwurm durch Teilen zwei neue?

Dieses Märchen scheint immer noch verbreitet zu sein, und so manches dieser nützlichen Tiere mag dadurch übereifrigen Gartenfreunden zum Opfer fallen. In Wirklichkeit stirbt zumindest der hintere Teil immer ab; der vordere Teil kann unter Umständen überleben, weil sich in ihm die lebenswichtigen Organe befinden. Will man Regenwürmer im Garten vermehren, sollte man die Erde nicht zu intensiv umgraben und für genügend Nahrung (abgestorbene Pflanzenmasse) auf dem Boden sorgen.

Die Nahrung vor fremdem Zugriff sichern

Ein Tier muss nicht einmal einen Bau oder eine Höhle bewohnen, um Vorratshaltung zu betreiben. Zahlreiche Säugetiere haben andere Lösungen gefunden, um das Futter zumindest über einige Tage zu verteilen, wenn sie gerade einen Nahrungsüberschuss haben.

Leoparden (*Panthera pardus*) zum Beispiel schleppen gerissene Beutetiere mit ihren kräftigen Krallen und Muskeln bis zu zehn Meter hoch in Baumwipfel. Sie schaffen das selbst bei Antilopen, die schwerer sind als sie selbst. Zwar müssen sie sich danach erst einmal ausruhen, aber die Anstrengung lohnt sich: Dort oben können sie – ohne von Hyänen und anderen Konkurrenten belästigt zu werden – mehrere Tage in aller Ruhe von der Beute zehren.

Pumas (*Puma concolor*) hingegen bringen Fleischüberschuss meist in ein Versteck und scharren Pflanzenteile darüber. Alle paar Tage bedienen sich die Wildkatzen von ihrem Vorrat und verstecken die Reste erneut. **Wölfe** (*Canis lupus*) vergraben ihre Beute lieber gleich richtig. Ein Wolfsrudel ist durchaus in der Lage, ein großes Beutetier zu reißen, das für mehrere Tage Fleisch für das ganze Rudel liefert. Nur dürfen sie es nicht liegen lassen; deshalb vergraben sie die Reste möglichst unauffällig, um sie am nächsten Tag wieder auszugraben. Unsere Haushunde haben dieses Verhalten geerbt – sie verscharren bekanntlich gern Knochen, die sie nicht gleich fressen können.

Ebenfalls unter der Erde verstecken **Bären** (*Ursus sp.*), **Kojoten** (*Canis latrans*) und viele andere Säuger ihr mühsam erkämpftes Fleisch. Meist nutzen sie die Vorräte für sich selbst; **Schakale** allerdings vergraben nur dann Vorräte, wenn sie Jungtiere haben, weil dann ihr Nahrungsbedarf höher ist und die Beschaffungsprobleme größer sind.

Wenn amerikanische **Rotfüchse** (*Vulpes vulpes*) auf eine Seevogelkolonie stoßen, ist das für sie wie ein Ausflug ins Schlaraffenland, denn hier gibt es Eier satt. Also tragen sie weit mehr Eier weg, als sie sofort verzehren können, und verstecken den Überschuss im Boden – für jedes Ei ein eigenes Loch. Der **Polarfuchs** (*Alopex lagopus*) lagert seine Vorräte sogar für einige Monate ein, um während der Winterzeit zu überleben. Er hat den Vorteil, dass die kühlen Temperaturen in seiner Heimat das Fleisch konservieren.

Ein Leopard hat einen erlegten Schakal auf einen Baum geschleppt. Dort verdirbt die Beute nicht so schnell und ist außerdem vor der unten wartenden Hyäne sicher.

ERFINDERISCHE BAUMEISTER

Aufbewahrung außer Haus

Den eigenen Bau mit Vorräten aufzustocken ist natürlich praktisch, weil man nicht hinaus muss, wenn der Hunger plagt. Aber nicht in jedem Fall ist das auch sinnvoll. Bisweilen ist der Bau zu klein, manche Vorräte halten sich nicht und verderben, und außerdem können die angehäuften Futterreserven unerwünschte Interessenten anlocken. Da handelt man mitunter klüger, wenn man sein Futter außerhalb des Baus versteckt – und zwar am besten an mehreren Stellen, sodass der Verlust einiger Lagerplätze nicht gleich eine Hungerkatastrophe auslöst.

Eine Art Zwischenlösung stellt die Strategie der **Riesenkängururatte** (*Dipodomys ingens*) dar, die nur in Zentralkalifornien lebt. Sie vergräbt an vielen Stellen Samenvorräte, lässt sie dort trocknen und holt sie dann in ihren Bau, um sie einzulagern. Der **Eichelspecht** (*Melanerpes formicivorus*) hat eine besonders originelle Lösung gefunden: Er hämmert zahllose Löcher in tote Baumstämme und klemmt dann in jedes eine einzelne Eichel.

Eichhörnchen (*Sciurus vulgaris*) und viele Arten von **Erdhörnchen** (*Xerinae*) graben zahlreiche Verstecke, in denen sie immer nur kleine Mengen speichern. Sie achten darauf, dass niemand sie dabei sieht, und tarnen den Ort hinterher sorgfältig, etwa mit Blättern oder Steinen. Erstaunlicherweise finden sie noch nach Monaten die meisten dieser Verstecke wieder, selbst wenn Schnee die Landschaft verändert hat.

Das amerikanische **Rothörnchen** (*Tamiasciurus hudsonicus*) geht besonders umsichtig vor: Es passt die Art seiner Vorratshaltung an das jeweilige Nahrungsmittel an. Pilze zum Beispiel trocknet das Tier sorgfältig auf Ästen und bringt sie anschließend in sein Vorratsversteck in einem hohlen Baumstamm. Getrocknete Pilze halten sich monatelang. Grüne Kiefernzapfen hingegen vergräbt das Rothörnchen im Erdboden, wo sie über lange Zeit schön frisch bleiben.

> ### Wussten Sie, dass ...
> ### ... manche Ameisenarten Getreidespeicher anlegen?
>
> Es waren die Getreideameisen (*Messor sp.*), die einst König Salomo seinen Untertanen als Vorbild für Fleiß empfahl, denn eine einzige Kolonie Getreideameisen kann pro Tag rund 20 000 Körner in ihren Bau bringen. Die Ameisennester reichen bis in rund drei Meter Tiefe und haben mehrere Meter Durchmesser. Das Getreide, aus denen die Sechsbeiner durch Kauen Futter für sich und ihre Brut zubereiten („Ameisenbrot"), wird in Tausenden von Vorratskammern innerhalb des Baus gelagert, von denen jede bis zu einigen Kilogramm Samen fasst. Kein Wunder, dass binnen Tagen ein Großteil der Getreideernte einer Region verschwinden kann.

Findet der Eichelspecht keinen geeigneten Baumstamm zum Einlagern seiner Wintervorräte, tut es auch ein Telegrafenmast.

Süßes für schlechte Zeiten

Unsere **Honigbienen** *(Apis mellifera)* müssen Unmengen an Nahrungsüberschüssen für den Winter einsammeln. Dafür saugen sie Nektar oder andere süße Säfte durch ihren Rüssel in ihre Honigblase, reichern die Flüssigkeit mit speziellen Zusatzstoffen an und dicken sie stark ein. Dadurch können Bakterien, Hefen oder Pilze nicht darin gedeihen. Schließlich füllen sie den Honig in Wachszellen und verschließen jede mit einem Wachsdeckel. Der Mensch macht sich diese eingesammelten Wintervorräte zunutze und gibt den Bienen dafür schnödes Zuckerwasser.

Um Vorräte bei Normaltemperatur sicher einzulagern, braucht man extrem gut schließende Gefäße – wie jede Hausfrau weiß, der schon einmal Eingemachtes schlecht wurde. Bienen können aus ihrem Wachs dichte Behälter formen, Ameisen nicht. Deshalb haben bestimmte Ameisenarten – vor allem solche, die in trocken-heißen Gebieten leben – eine andere Methode entwickelt: Sie nutzen eine bestimmte Kaste von Nestgenossinnen als Honigspeicher. Deshalb nennt man diese Arten zusammengefasst **Honigtopfameisen.** Die als lebender Speicher fungierenden Ameisen hängen sich im Bau an die Decke von speziellen Kammern und werden von anderen Arbeiterinnen mit süßem Saft gefüttert, den die Tiere aus verschiedenen Quellen eintragen. Die hängenden Ameisen bewahren diesen Saft im Gaster, dem Hinterleib, auf, wodurch dieser enorm anschwillt. Jede Ameise kann ein halbes Gramm speichern und damit in Notzeiten 100 Nestmitglieder zwei Wochen lang ernähren. Sind die Vorräte aufgebraucht, bewegen sich die Speicher-Ameisen wieder normal. In manchen Nestern hat man über tausend Honigtöpfe gefunden.

In Australien ist bei den Ureinwohnern besonders die Art *Camponotus inflatus* als süße Nahrung beliebt. Um sie zu gewinnen, müssen die Aborigines-Frauen allerdings tief graben, denn die Kammern liegen rund einen Meter tief im Boden. Die Ameisen sind etwa so groß wie Weintrauben; sie werden zerbissen und der Honig ausgesaugt.

Algenfutter unterm Sand

Die Gezeitenzone der Meeresküste ist die Heimat eines seltsamen Käfers, nämlich des **Prächtigen Salzkäfers** *(Bledius spectabilis)*, der unter anderem am Mittelmeer, an der europäischen Atlantikküste und an der Nordsee vorkommt. Der nur knapp sechs Millimeter große Käfer ist schwarz, besitzt aber kurze rote Flügeldecken. Darunter verstecken sich feingeäderte Flügel, mit denen der Käfer sehr gut

Honigtopfameisen speichern süßen, honigartigen Saft in ihrem Körper. Damit können sie in Notzeiten ihre Nestgenossinnen eine Zeitlang ernähren.

fliegen kann. Kieferzangen und Vorderbeine sind auffallend kräftig, denn mit ihnen gräbt er seinen Bau – im Watt. Dabei stört er sich nicht daran, dass sein Bauplatz mehrmals täglich überflutet wird. Denn den Gezeitenwechsel nutzt der Käfer zu seinem Vorteil: An sonnigen Tagen eifrig auf dem Watt hin und her laufend, weidet er den feinen grünen Algenbelag ab, den er bei Ebbe auf dem Boden vorfindet.

Bei Flut zieht sich der Käfer in seinen Bau zurück. Der besteht aus einer immerhin 10 Zentimeter tiefen Wohnröhre von höchst geschickter Konstruktion: Sie führt zuerst senkrecht in den Boden, knickt dann ab und weitet sich im unteren Teil zu einer Höhle. Das ist nicht nur eine großartige Bauleistung für das kleine Tier – die ganze Konstruktion ist bemerkenswert, denn dank des Knicks bleibt hier bei Überflutung eine Luftblase erhalten, die dem Tier das Überleben ermöglicht. Außerdem lagert der Käfer in dem Bau seinen Nahrungsvorrat in Form von Algen. Hier kann er sich bei Schlechtwetter bedienen.

Und auch für seine Nachkommen sorgt er. Der Prächtige Salzkäfer bietet nämlich ein schönes Beispiel elterlicher Brutfürsorge im Insektenreich. Das Weibchen gräbt für jedes Ei eine Seitenkammer im Bau und platziert es darin an einem Sekretstiel, um Feuchtigkeits- und Pilzschäden vorzubeugen. Es bleibt dann auch weiterhin im Bau und schützt die Larven, bis diese sich ihre eigenen Kammern graben können. Gesammelte Algenvorräte dienen den Larven als erstes Futter.

Blattschneiderameisen züchten in ihrem Bau Pilze (die weißen watteähnlichen Gebilde) als Nahrung für sich selbst und ihre Nachkommen.

ausgetüftelte Klimaanlage aus diversen Röhren sorgt dafür, dass der Bau belüftet wird und das vom Pilz und den Ameisen abgeschiedene Kohlendioxid nicht die Luft im Bau vergiftet. Allerdings sind nicht nur die Ameisen von den Pilzen, sondern auch die Pilze von den Ameisen abhängig: Ohne die ständige Pflege und bestimmte Bakterien, die die Ameisen eintragen, würden andere Pilze den Ameisenpilz überwuchern.

Doch nicht alle pilzzüchtenden Ameisenarten sind auf Blätter als Substrat spezialisiert. Es gibt auch Ameisen, die ihre Pilze auf Holz oder Kot wachsen lassen.

Starthilfe ins Leben

Eine ganze Reihe von Tieren legt Vorratskammern nicht für sich selbst an, sondern zum Nutzen der Nachkommen. So haben diese es in den ersten Lebenstagen und -wochen, wenn sie am hilflosesten und am stärksten gefährdet sind, nicht nötig, sich um Nahrung zu kümmern.

Besondere Mühe geben sich die **Totengräber,** Käfer der Gattung *Nicrophorus*. Zunächst werden sie aus großer Entfernung vom Geruch eines toten Tiers angelockt, etwa einer Maus, und alle eingetroffenen Käfer kämpfen miteinander um den Kadaver, Männchen gegen Männchen, Weibchen gegen Weibchen. Schließlich räumen die Unterlegenen das Feld, und das siegreiche Käferpärchen beginnt, die Erde unter dem Kadaver wegzuscharren, bis er in einer bis zu 60 Zentimeter tiefen Höhle liegt, der Krypta – eine bemerkenswerte Grabeleistung für die beiden nur etwa zwei Zentimeter langen Käfer.

Nun legt das Weibchen kleine Gänge neben der Krypta an und platziert darin seine Eier. Anschließend jagt es das Männchen hinaus und bleibt allein mit dem Aas in der Krypta zurück. Dann durchtränkt das Weibchen das Aas mit Verdauungssäften, die das Eiweiß zersetzen. Schlüpfen die Larven, werden sie anfangs von der Mutter mit dem Fleischbrei gefüttert; später saugen sie ihn selbst aus. Erst nach Monaten graben sie sich als Käfer ins Freie.

Kaum weniger Hingabe an den Nachwuchs beweisen die Mistkäfer. Der kleine **Mondhornkäfer** (*Copros lunaris*) etwa gräbt zunächst eine mehrere Zentimeter tiefe Höhle in den Boden, trägt dann Dungteilchen hinein und legt seine Eier dazu. Wenn die Larven geschlüpft sind, ernähren

Pilzfarmen für Millionen

Die südamerikanischen **Blattschneiderameisen** haben die Landwirtschaft lange vor dem Menschen erfunden. In den weiten Grasländern Argentiniens findet man die bis zu fünf Meter hohen Baue von Ameisen der Gattung *Atta sp.*, die ein Volumen von 600 Kubikmeter umfassen und sieben Millionen Einzeltiere beherbergen können. Von dort ziehen zwei Arten von Arbeiterinnen ins Umland – normale und solche mit besonders großem Kopf und kräftigen Kiefern. Damit schneiden sie Grashalme ab, während die normalen Arbeiterinnen die Stücke ins Nest transportieren – rund 500 Kilogramm Gras pro Jahr. Das Gras wird von den Tieren zu immer kleineren Stücken zerkaut, bis sie zu Kugeln formbar sind.

Und jetzt beginnt die eigentliche Landwirtschaft. Die Kugeln werden mit einem speziellen Pilz geimpft und in unterirdischen Pilzgärten gehegt und gepflegt. Die Ameisen brauchen diesen Pilz als Nahrung: Weil sie im Verlauf der Evolution bestimmte Enzyme verloren haben, können sie sich von nichts anderem mehr ernähren. Ein einziger Bau kann über 300 Pilzkammern enthalten. Eine genial sie sich von dem gärenden Dung. Auch hier bleibt das Weibchen bis zum Schlüpfen der Jungen da.

Berühmt sind die Pillendreher, die in wärmeren Regionen leben. Die Männchen formen den Kot von Pflanzenfressern zu einer Kugel und rollen diese zu einer geeigneten Senke, wo das Weibchen seine Eier auf die Kugel legt. Die geschlüpften Larven ernähren sich dann von dem Dung. Eine Art dieser Mistkäfer hat es trotz der anrüchigen Lebensweise zu hohem Ansehen gebracht. Im alten Ägypten wurde der **Heilige Pillendreher** (Scarabaeus sacer) als göttliches Symbol verehrt. Seine Gewohnheit, Dung zu großen Kugeln zu rollen, brachte ihn in Zusammenhang mit dem Sonnengott Re, der die Sonne über das Himmelszelt bewegt. Daher fertigte man im alten Ägypten – manchmal sehr kostbare – Käferamulette, die man beispielsweise Verstorbenen unter den Mumienbinden auf das Herz legte.

Der Heilige Pillendreher oder Skarabäus rollt eine gewaltige Dungkugel rückwärts zu einer geeigneten Stelle, an der das Weibchen seine Eier darauflegen kann.

Frischfleisch für eine lange Zeit

Weibchen des **Bienenwolfs** (Philanthus triangulum), einer Grabwespe, stürzen sich auf Honigbienen, lähmen sie mit einem Stich und tragen sie in ihren Bau, wo die lebenden Tiere als Larvennahrung dienen. Andere Arten haben sich auf Raupen spezialisiert. Und besonders erstaunlich sind die Leistungen der **Holzwespen-Schlupfwespe** (Rhyssa persuasoria), die man in europäischen Nadelwäldern findet. Das mit Fühlern und Legestachel rund acht Zentimeter lange Insekt spürt die Larven von Holzwespen tief im Holz auf. Hat es eine entdeckt, reckt es seinen Hinterleib gegen die Fundstelle, bohrt mit seinem außergewöhnlich langen Legestachel ein Loch bis zur Höhlung der Larve und legt ein Ei in den Larvenkörper. Dort entwickelt sich nun die junge Rhyssa-Larve. Sie frisst zunächst nur Fettkörper und andere nicht lebenswichtige Teile der Larve, damit diese so lange wie möglich am Leben bleibt. Dann überwintert sie im Holz und bohrt sich im folgenden Frühjahr ins Freie.

Wussten Sie, dass…
…hierzulande ein Pilze züchtender Käfer lebt?

Man nennt ihn den Ungleichen Holzbohrer (Xyleborus dispar), weil sich Männchen und Weibchen stark im Aussehen unterscheiden: Die Männchen sind rund und klein, die Weibchen größer und länglich. Die Käfer fressen Gänge in das Splintholz von Bäumen, setzen ihre Eier hinein, und das Weibchen bringt in einem besonderen Organ Sporen eines Kleinpilzes mit, dessen Pilzfäden bald die Innenseiten der Gänge mit einer schwarzen Schicht überziehen. Diese Pilzfäden stellen die Nahrung der Larven dar. Damit der Pilz gut wächst, reguliert das Weibchen die Luftfeuchtigkeit in den Kammern, und zwar so lange, bis sich die Larven zu Käfern entwickelt haben.

ERFINDERISCHE BAUMEISTER

Vorsicht, Falle!

Das Tierreich kennt Zweckbauten zum Nahrungserwerb. In der Regel sind es Fallen, meist von höchst sinnreicher Konstruktion. Spinnen haben es darin zur Perfektion gebracht, und sogar einige Pflanzen haben ausgeklügelte Fallen entwickelt.

Lauerjäger in der Fallgrube

Während ein aktiver Jäger leicht selbst zur Beute wird, hat ein Fallensteller einen großen Vorteil: Er kann an einem sicheren Platz auf Beute lauern. Voraussetzung ist allerdings, dass es genügend potenzielle Opfer gibt, sonst dauert das Warten zu lange. Der **Ameisenlöwe** hat für dieses Problem optimale Lösungen gefunden.

Als Ameisenlöwen bezeichnet man die Larven der Ameisenjungfern (Myrmeleontidae). Diese geflügelten Insekten kommen auf mehreren Kontinenten vor, wobei in Mitteleuropa vor allem die **Gemeine Ameisenjungfer** *(Myrmeleon formicarius)* vertreten ist. Die Tiere zählen keineswegs zu den Ameisen; sie heißen so, weil Ameisen ihre wichtigsten Beutetiere sind.

Das erwachsene Tier, die Ameisenjungfer, ist ein zartes, aber räuberisch lebendes Insekt mit durchsichtigen Flügeln. Es legt seine Eier an geeigneten Stellen in feinem Sand ab. Die geschlüpften Larven, die Ameisenlöwen, haben einen plumpen graubraunen, mit Borsten übersäten Körper und mächtige Kieferzangen, die fast länger als der Kopf selbst sind. An der Stätte ihres Schlüpfens bauen sie sich als Erstes Trichter. Dazu laufen sie zunächst rückwärts im Kreis und dann spiralförmig nach innen und werfen dabei mit den kräftigen Kieferzangen Sand zur Seite, sodass eine flache Vertiefung entsteht. Dann setzt sich das Tier in die Mitte und wirft

Die räuberische Ameisenjungfer – hier ein Exemplar aus Arizona – ähnelt den Libellen, während ihre Larven, die Ameisenlöwen, wie Käfer aussehen.

schwungvoll alles Material nach außen, sodass sich binnen einer halben Stunde ein immer tieferer Trichter von rund zehn Zentimeter Durchmesser und etwa fünf Zentimeter Tiefe bildet. Die Kräfte, die in dem nur ungefähr 15 Millimeter langen Körper des Ameisenlöwen stecken, sind bemerkenswert: Er kann Gegenstände von bis zum Zehnfachen seines eigenen Körpergewichts auswerfen. Schließlich hockt sich die Larve gut verborgen an den Grund des Trichters und lauert auf Beute. Taucht ein größeres Insekt auf, vergräbt sie sich tiefer im Sand; allerdings kann sie wegen ihrer vorwärts gerichteten Borstenhaare ohnehin von keinem Feind herausgezogen werden. Eine Ameise aber, die in den Trichter gerät, ist verloren. Die Trichterwände sind so steil, wie es das Baumaterial jeweils zulässt, und kein Tier kann wieder hinaufklettern; zudem wirft der Ameisenlöwe Sandkörner nach ihm. Das ist übrigens keine aktive oder gar überlegte Handlung – vielmehr lösen die auf den Kopf der Larve rieselnden Sandkörner einen Schleuderreflex aus.

Unten warten mächtige Kieferzangen, ausgestattet mit zwei Röhren: einer Spritzröhre und einer Saugröhre. Die Zangen ergreifen die Beute, und sie wird mit einem Giftstich gelähmt, dem sie nach kurzer Zeit erliegt. Dann injiziert der Ameisenlöwe dem toten Opfer Verdauungsenzyme, die das Körperinnere des Insekts zersetzen, und saugt den Brei auf. Die leere Hülle wirft er aus dem Trichter hinaus. Exkremente fallen nicht an – der Darmausgang der Larve ist verschlossen, die wenigen Stoffwechselendprodukte entsorgt sie beim Häuten.

Spinnen mit Fernmeldesystem

Die bekanntesten Fallensteller im Tierreich sind die Spinnen mit ihren erstaunlich komplexen Netzen. Wie sie sich in der Evolution vermutlich entwickelt haben, zeigt zum Beispiel die **Fischernetzspinne** (Segestria florentina), die etwa zwei Zentimeter groß wird und für ihren schmerzhaften Biss bekannt ist. Man findet sie in wärmeren Gebieten Mittel- und Südeuropas. Die Tiere bauen sich Schutzröhren, die mit Spinnseide ausgekleidet sind. Von deren Eingang aus verlaufen mehrere Signalfäden zu erhöhten Punkten der Umgebung. Stolpert ein Beutetier, etwa ein Insekt, über einen der Fäden, schießt die Spinne blitzschnell aus ihrer Wohnröhre hervor und auf ihre Beute zu. Dank der Signalfäden kennt sie bereits die Richtung, in der sie die Beute findet, und kann sie rasch überwältigen. Hier dürfte die Urform der Spinnennetze zu suchen sein: Signalfäden vor dem Eingang zu einer Wohnröhre.

Eine Weiterentwicklung der Netzbaukunst zeigen die **Trichterspinnen**, etwa die **Gemeine Labyrinthspinne** (Agelena labyrinthica), die zur europäischen Spinne des Jahres 2011 gewählt wurde. Hier sind die Fangfäden verwoben zu einem weiten, horizontal in Bodennähe ausgespannten Netz von bisweilen mehreren Dezimetern Durchmesser. Darüber erstreckt sich ein lockeres Gebilde aus zahlreichen Stolperfäden. Das Bodennetz läuft aus in einen nach hinten offenen Trichter. Er bietet der Spinne Schutz und notfalls eine Fluchtmöglichkeit. Gerät nun ein krabbelndes oder in Bodennähe fliegendes Insekt auf das Trichternetz, saust die Spinne binnen 160 Millisekunden aus ihrer Höhle hervor, setzt den Giftbiss an, wartet im Trichter, bis die Beute gelähmt ist, und trägt sie zum Verzehr in ihren Schlupfwinkel.

In ihrem gewobenen Trichter wartet die Labyrinthspinne darauf, dass ein Beutetier auf das ausgespannte Bodennetz vor dem Eingang gerät.

GUTE FRAGE!

Wie dünn sind Spinnenfäden?

Aus etwa zehn Zentimetern Abstand können wir noch Objekte erkennen, die etwa 25 Mikrometer groß sind – ein Mikrometer entspricht einem tausendstel Millimeter. Fäden im Netz etwa der Kreuzspinne (Araneus sp.) aber sind nur 0,15 Mikrometer dick – wir müssten sie 160fach vergrößern, um sie sehen zu können. Deshalb sind die feinen Fäden für uns unsichtbar, erst recht natürlich für die Beutetiere. Wir sehen sie nur, wenn sie Licht reflektieren oder streuen oder wenn feinste Tautropfen ihre Linien nachzeichnen.

ERFINDERISCHE BAUMEISTER

Der Tod lauert im Zentrum

Einen großen Luftraum sperren die Netze der Radnetzspinnen, zu denen etwa die **Gartenkreuzspinne** (*Araneus diadematus*) und die auffällig gefärbte **Wespenspinne** (*Argiope bruennichi*) zählen. Dabei sind die grobmaschigen Radnetze recht sparsam im Materialverbrauch und für fliegende Insekten praktisch unsichtbar. Voraussetzung dafür ist die außergewöhnliche Festigkeit der Spinnseide. Die Fäden sind elastisch und dennoch unglaublich stabil: Ein Spinnenfaden, 70mal dünner als ein Menschenhaar, ist fünfmal so zugfest wie ein Stahldraht von gleicher Dicke. Und man kann ihn auf die dreifache Länge ausziehen, bevor er reißt. Weder Regen noch Bakterien oder Pilze können ihm etwas anhaben – die Spinne selbst aber vermag ihn wiederzuverwerten.

Erzeugt wird der Spinnfaden von den Spinndrüsen am Hinterleib. Dort enden meist sechs Spinnwarzen mit bis zu 50 000 Einzelröhrchen, die Fäden mit der jeweils gewünschten Eigenschaft erzeugen – etwa Kokonfäden, extrem reißfeste Haltefäden, besonders elastische Fäden für die Netzachsen, feinste Seide zum Umwickeln der Beute oder Klebefäden zum Festhalten der Beutetiere im Netz.

Der Bau eines Radnetzes ist eine bemerkenswerte Leistung für ein so kleines Tier. Diese Kenntnis ist allerdings angeboren – die Spinnen müssen weder lernen noch üben. Zunächst zieht die Spinne einen horizontalen Haltefaden zwischen stabilen Aufhängepunkten und ergänzt ihn dann mit einem senkrechten Faden zu einem Y-förmigen Gebilde. Von der Mitte des Y aus zieht sie nun Speichenfäden nach außen. Und schließlich zieht sie von außen nach innen eine Spirale aus einem Klebefaden. Für sich selbst baut sie meist einen Schlupfwinkel am Nestrand. Signalfäden melden ihr jedes Zittern des Netzes.

Manche Arten, wie etwa die Gartenkreuzspinne, setzen sich kopfüber ins Netzzentrum. Wird das Netz tagsüber beschädigt, macht das wenig: Die Spinne frisst es nachts auf und webt ein neues.

Die Radnetze können erstaunliche Ausmaße erreichen. Die in Afrika und Madagaskar lebende ***Nephila komaci*** ist die größte radnetzbauende Spinne, die man kennt; die Weibchen laufen bei einer Größe von vier Zentimetern auf bis zu zwölf Zentimeter langen Beinen. Ihr Netz kann mehr als einen Meter Durchmesser erreichen. Eine australische Verwandte fängt mit ihrem Netz sogar kleine Vögel.

Außer den Spinnen, die ihre Netze im Freien aufspannen, gibt es inzwischen auch einige Arten, die sich in unseren Häusern wohlfühlen. Unter den Netze bauenden Spinnen ist wohl die **Große Zitterspinne** (*Pholcus phalangioides*) am weitesten verbreitet. Das knapp einen Zentimeter große grauweiße Tier webt seine dünnen, unregelmäßigen Netze vor allem in Kellern. Die Netze bestehen aus elastischer, gekräuselter Spinnwolle, in der sich ein Beutetier leicht verfangen kann. Die Spinne, die mit dem Bauch nach oben im Netz sitzt, spürt die Schwingungen, die von einem gefangenen Beutetier ausgehen, saust hin und wickelt es mithilfe ihrer Hinterbeine blitzschnell ein. So fängt sie viele im Haus unerwünschte Insekten weg.

Die afrikanische Spinnenart Nephila komaci, die erst im Jahr 2009 entdeckt wurde, ist die größte bekannte Spinne. Ihre Beine können zwölf Zentimeter lang werden.

Wussten Sie, dass...

...es Spinnen gibt, die ihr Netz über das Beutetier werfen?

Die tropische Kescherspinne (Deinopidae) hält ihr Netz zwischen den Vorderbeinen. Bemerkt sie eine Beute, dehnt sie das Netz auf dreifache Größe aus und wirft sich selbst mit aufgespanntem Netz über das Beutetier. Auch unsere heimische Dreiecksspinne (Hyptiotes paradoxus) nutzt ihr Netz als Kescher. Es sieht aus wie ein Radnetz, aber mit nur drei Segmenten. Auf der breiten Seite ist es mit zwei Fäden verankert, während die Spitze in einem einzelnen Faden ausläuft, den die nur vier Millimeter große Spinne festhält. Fängt sich ein Insekt im Netz, verlängert die Spinne ihren Faden blitzschnell, sodass das Netz über der Beute zusammenschlägt.

Fischen mit der Netzreuse

Fangnetze gibt es nicht nur im Reich der Spinnen. Dass solche Fallen auch unter Wasser funktionieren, beweisen die Larven mancher Köcherfliegen-Gattungen. **Köcherfliegenlarven** leben vor allem in sauerstoffreichen, rasch fließenden Bächen und Flüssen, und zwar am Gewässergrund. Diese Larven besitzen Spinndrüsen, die sich nicht wie bei Spinnen am Hinterleib, sondern am Kopf befinden und einen stabilen, auch unter Wasser klebrigen Faden absondern. Einige Gattungen bauen damit getarnte Wohnröhren, die sogenannten Köcher, in denen sie gut geschützt sind. Andere haben die Fähigkeit entwickelt, aus ihren Spinnfäden regelrechte Fangnetze zu weben. Je nach Stärke der Gewässerströmung und Art der Beute haben die Netze unterschiedliche Formen und Größen.

So fertigen etwa die Köcherfliegenlarven der **Wasserseelchen** *(Hydropsyche sp.)* meist Netze an, die quer zur Strömungsrichtung aufgespannt sind. Diese aus regelmäßigen Maschen gewebten Gebilde halten dem Wasserdruck besonders gut stand – vor allem deshalb, weil sich die Tiere an ihre jeweilige Umgebung anpassen können: Je höher die Fließgeschwindigkeit, desto weitmaschiger das Netz. Wegen des höheren Wasserdurchsatzes ist der Fangertrag dennoch ausreichend. Außerdem errichten manche Larven aus Steinchen, Pflanzenteilen und Spinnfäden zusätzliche, mit Haltefäden stabilisierte Vorbauten, die trichterförmig vor dem Netz stehen und heranstrudelnde Beute ins Netz treiben. Von Zeit zu Zeit weidet die Larve das Netz ab, wobei sie daran Schlamm- und Pflanzenteilchen, die sich darin angesammelt haben, gut getarnt ist.

Zu welchen Leistungen Wasserseelchen fähig sind, zeigen die Netze einiger südamerikanischer *Hydropsyche*-Arten, die nahrungsarme Bäche im Amazonasgebiet bewohnen. In dem klaren Wasser leben nur winzigste Planktontiere. Die Larve baut daher unglaublich feinmaschige Netze – ein nur etwa 15 Millimeter großes Netz kann über 2 Millionen gleichmäßig gewebte Maschen enthalten. Erstaunlich, dass die Larve eine derartige Präzisionsarbeit mit ihren vergleichsweise großen Spinndrüsen leistet.

Übrigens ist der Name „Wasserseelchen", der sich eingebürgert hat, eine Fehlübersetzung des griechischen Hydropsyche, was eigentlich „Wassermotte" bedeutet – und so schlicht sehen die erwachsenen geflügelten Tiere auch aus.

Eine Wasserseelchen-Larve sitzt in ihrem Netz, dessen regelmäßige Maschen 0,07 mal 0,1 Millimeter groß sind. Das hier abgebildete Tierchen stammt aus dem Rhein.

Tödliche Kelche

An manchen Standorten, etwa Mooren, herrscht erhebliche Nährstoffarmut. Besonders Stickstoff, dessen Verbindungen unter anderem zur Eiweißherstellung unverzichtbar sind, ist dort rar. Einige Pflanzen haben aber Tricks entwickelt, sich Stickstoffquellen zu erschließen – in Form von Insekten, bisweilen auch größerer Tiere, die sie in Fallen fangen. All diese Fallen sind durch Umbildung grüner Blätter entstanden, und wir können den darin dokumentierten Erfindungsreichtum nur bewundern.

Die wohl einfachste Methode haben die **Sumpfkrüge** *(Heliamphora)* entwickelt. Bei ihnen sind einige Blätter tütenartig aufgerollt, sodass sich in ihnen Wasser sammelt. Duftender Nektar und spezielle Färbungen des Blattrandes locken Insekten an, und wenn diese im Wasser gelandet sind, verhindern die glatten Wände und nach unten gerichtete Härchen, dass sie aus dem Innenraum wieder hinausfliegen. Die Insekten ertrinken, zersetzen sich, und die Pflanze nimmt die Nährstoffe aus dem Wasser auf.

Einen Schritt weiter ist die Fangtechnik der **Kannenpflanzen** *(Nepenthes sp.)*, von denen in tropischen Wäldern mehr als 60 Arten existieren. Auch sie besitzen zu Fallen umgebildete Blätter von bis zu 50 Zentimeter Größe, die mit Farben, Mustern und Duftstoffen Tiere anlocken. Ihre mit einer Wachsschicht überzogene Innenwand ist völlig glatt – kein Insekt kann daran wieder emporsteigen. Zudem sondern rund 6000 Drüsen pro Quadratzentimeter an der Innenfläche Ameisensäure und hochwirksame Verdauungsenzyme ab, welche die Opfer binnen weniger Tage vollständig zersetzen.

Die Kelche von Kannenpflanzen können bis 50 Zentimeter lang werden. Kein gefangenes Insekt kann dieser Falle entkommen.

Komplizierte Konstruktionen

Der Fangapparat der im Nordwesten der USA vorkommenden **Kobralilie** *(Darlingtonia californica)* ist besonders aufwendig gebaut. Die 80 bis 100 Zentimeter langen Fangschläuche der Pflanze stehen meist senkrecht, um Fluginsekten anzulocken. Die Pflanze kann sie aber auch auf den Boden legen, um Bodeninsekten zu fangen. Oben tragen diese Fangschläuche eine Haube, und direkt darunter eine sogenannte Schlangenzunge – das ist ein rot gefärbtes Blattstück, das zahlreiche Nektardrüsen trägt, um Insekten anzulocken. Unmittelbar unter der Schlangenzunge befindet sich eine ebenfalls mit Nektardrüsen besetzte Öffnung, die die Insekten veranlasst, den Fangschlauch zu betreten. Nun befinden sie sich am unteren Ende der Haube. In der Haube befinden sich zahlreiche „Fenster" – Stellen, die frei von Blattgrün sind. Auf diese durchscheinenden Stellen streben die Gefangenen zu, weil sie sie für Öffnungen ins Freie halten. Bei diesen Fluchtversuchen stürzen sie in die Tiefe des Fangschlauchs.

Selbst verdauen kann die Kobralilie ihre Beute nicht. Das besorgen Bakterien, die unten im Fangschlauch in Flüssigkeit leben; die Pflanze nimmt die Nährstoffe dann durch die Schlauchwand auf.

Andere Pflanzenarten können zwar Insekten fangen, nutzen aber diese Methode, an Nährstoffe zu kommen, nur zeitweise oder als eine Möglichkeit unter anderen. Das **Hakenblatt** *(Triphyophyllum peltatum)* etwa, das in westafrikanischen Regenwäldern wächst, ist eine Liane, die bis 70 Meter hoch rankt. Doch nur in frühester Jugend, wenn sie erst etwa 40 Zentimeter groß ist und zudem auf nährstoffarmem Boden wächst, erbeutet sie auch Tiere. Dann bildet sie einige Wochen lang Fangblätter aus, die mit recht voluminösen klebrigen Fangtentakeln besetzt sind und auch größere Tiere wie Käfer, Grillen und Hundertfüßer fangen können.

Gefährliche Leimruten

Manche Fleisch fressenden Pflanzen fangen Insekten nach Art unserer Fliegenstreifen mit klebrigem Sekret. Zu ihnen zählen z. B. die **Sonnentaugewächse** *(Drosera sp.)*, von denen es rund 200 Arten gibt. Um die Insekten anzulocken, haben viele Sonnentauarten ihre Blätter mit Haaren ausgestattet, die bestimmte Lichtmuster, teils im ultravioletten Bereich, erzeugen und Blüten imitieren. Fällt ein Insekt darauf herein, ist es verloren, denn nun treten sogenannte Schnelltentakel in Aktion, die sich ebenfalls auf den Blättern befinden. Sie ergreifen das Beutetier binnen Bruchteilen einer Sekunde und drücken es gegen das Blatt.

Als ob das nicht genug wäre, wird das gefangene Tier nun zum Opfer der klebrigen Fangtentakel, die mit unzähligen farblosen Leimtröpfchen besetzt sind und der Pflanze das charakteristische Aussehen verleihen. Die Fangtentakel halten die Beute mit ihrem Klebstoff endgültig fest. Zudem verstopft das klebrige Sekret die Atemöffnungen des Insekts, sodass es schließlich erstickt. Danach sondern die Blätter Verdauungsenzyme ab, die die Beute zersetzen, und spezielle Drüsen an der Blattoberfläche der Sonnentaupflanze saugen die darin enthaltenen Nährstoffe auf.

Sonnentaugewächse stellen für Insekten eine tödliche Gefahr dar. Für den, der an ihren Leimtropfen klebt, gibt es kein Entrinnen: Er wird erstickt und verdaut.

ERFINDERISCHE BAUMEISTER

Rasend schneller Sog

Der **Wasserschlauch** *(Utricularia sp.)* besitzt keine Wurzeln, aber die braucht diese in über 200 Arten weltweit verbreitete Pflanze auch nicht, denn sie schwebt frei im Wasser. Dafür besitzt sie zahlreiche, einige Millimeter große sackähnliche Fangbläschen, mit denen sie Wasserflöhe, Fadenwürmer und Rädertiere, bisweilen sogar Stechmückenlarven oder Kaulquappen fängt. Jedes Fangbläschen hat einen Klappdeckel, der normalerweise verschlossen ist, und ein Härchen. Im Sack herrscht Unterdruck, weil die Pflanze das Wasser hinausgepumpt hat.

Berührt ein kleines Tier das Härchen, läuft die schnellste aus dem Pflanzenreich bekannte Reaktion ab: Der Deckel schwingt binnen einer zweitausendstel Sekunde nach innen. Durch die extrem schnelle Öffnung der Falle und den Unterdruck im Bläschen wird ein Wasserstrom eingesogen, der mit über 150 Zentimetern pro Sekunde ins Innere schießt und alles mitreißt. Das Beutetier hat keine Chance und wird nun im Innern verdaut.

Der Wasserschlauch ist eine im Wasser schwebende Pflanze, die ihre Beute in die zahlreichen Fangbläschen saugt.

Bei Berührung klappt die Falle zu

Geradezu unheimlich ist der raffinierte Fangmechanismus der **Venusfliegenfalle** *(Dionaea muscipula)*. Ihre Fangblätter bestehen aus zwei Hälften mit Borsten an den Rändern. Das Blattinnere ist rötlich gefärbt, mit Lockmarkierungen im UV-Bereich versehen und trägt feine Haare. Das sind die Sinnesorgane der Pflanze: Berührt ein Insekt oder eine Spinne die Haare, klappen binnen einer zehntel Sekunde die Blatthälften zusammen. Die Borsten verhindern die Flucht größerer Tiere, während kleinere, die als Beute uninteressant sind, entfliehen können. Zudem tastet die Pflanze mit Sensoren die Beute ab und entscheidet, ob sich die Verdauung lohnt. Nur dann schließen sich die Fangblätter wasserdicht. Drüsensekrete überschwemmen das Blattinnere und lösen das Insekt auf.

Die Venusfliegenfalle kann zählen und besitzt sogar eine Art innerer Uhr. Eine einzelne Haarberührung löst die Falle nicht aus. Erst wenn ein Insekt dasselbe oder ein anderes Haar binnen 40 Sekunden ein zweites Mal berührt, klappt die Falle zu. Das (elektrische) Signal läuft dabei mit 20 Zentimeter pro Sekunde durch die Reizleitungen. Der Sinn dieser Einrichtung: Sie dient als Schutz gegen falschen Alarm, etwa durch ein herabfallendes Blatt.

Gefangen unter Wasser

Das gleiche Fangprinzip wie die Venusfliegenfalle nutzt deren Verwandte, die **Wasserfalle** *(Aldrovanda vesiculosa)*. Sie wächst in klaren Gewässern und kommt auf allen Erdteilen außer Amerika vor. Dennoch existiert sie in nur einer Art, und offenbar gehört sie einer sehr alten Gattung an: Ihre Vorfahren gab es schon zur Zeit der Dinosaurier. Ihr Fallenmechanismus besteht aus zwei Fangblättern, die allerdings weit kleiner sind als die der Venusfliegenfalle. Auch diese Fangblätter besitzen am Rand Borsten und im Innern Tasthärchen. Die Beutetiere sind kleine Wasserlebewesen, etwa Wasserflöhe oder Insektenlarven. Obwohl Wasser alle Bewegungen bremst, schließen sich die Fangblätter bei Berührung binnen einer fünfzigstel Sekunde. Dann wird die Beute durch Enzyme zersetzt.

Zur Bestäubung in Haft genommen

Nicht alle Pflanzen fangen Insekten, um sie zu verzehren – manche tun das nur, um sie besonders effektiv als Blütenstaub-Transporteure zu nutzen. Der heimische **Gefleckte Aronstab** (*Arum maculatum*), der sich in feuchten Laubwäldern wohlfühlt, hat diese Technik perfektioniert. Der Blütenstand besteht aus einem Hüllblatt, das einen bräunlichen Kolben umgibt. Der untere Teil der Blüte erweitert sich zu einem Kessel, der die eigentliche Falle darstellt. Der Kolben sondert urinartig riechende Lockstoffe ab. Damit die Stoffe gut verdunsten, besitzt der Kolben zahlreiche stoffwechselaktive Zellen, die Wärme produzieren und ihn so aufheizen, dass seine Temperatur 15 Grad Celsius über der Umgebungstemperatur liegt.

Der Uringeruch lockt Schmetterlingsmücken der Gattung *Psychoda* magisch an. Landen sie aber, um in der Blüte Eier abzulegen, rutschen sie auf der glatten Fläche der Blattinnenseite oder des Kolbens in den Kessel hinunter. Ein Reusenmechanismus aus feinen Haaren an der engsten Stelle der Blüte lässt die Tiere zwar hinein, aber nicht wieder hinaus. Im Kesselinnern liegen die weiblichen Blütenteile, und die Mücken haben nun mehrere Tage lang Zeit, etwaigen mitgebrachten Aronstab-Blütenstaub dort abzuladen. In der Pflanze geht es ihnen ziemlich gut, denn dort herrscht eine angenehme Wärme. Zudem sorgt der Aronstab für Futter in Form von süßem Saft, damit die Insekten die tagelange „Haft" gut überstehen, denn sie werden noch gebraucht. Einige Tage nach Befruchtung der weiblichen Blütenteile bilden sich nämlich im Kessel die männlichen Blütenteile aus und überschütten die Mücken mit Blütenstaub. Danach welkt das Blatt und gibt seinen Gästen die Freiheit wieder – die sie nutzen sollen, um sich von der nächsten Aronstabblüte einfangen zu lassen.

Die Prozedur ist für die Pflanze vergleichsweise kompliziert, hat aber einen großen Vorteil: Sie verhindert die Selbstbestäubung. Das Verfahren ist auch hocheffektiv: Meist sammeln sich über hundert Mücken im Kessel. In einer einzigen in Israel gefundenen Blüte der Aronstab-Art *Arum palaestinum*, die mit ihrem Duft verfaulenden Obstes vor allem **Fruchtfliegen** (*Drosophila sp.*) anzieht, fand man über 450 Insekten.

Der Kolben des Aronstabs lockt mit Uringeruch Schmetterlingsmücken an, die dann in den Kessel rutschen und eventuell mitgebrachten Blütenstaub abladen. Nach einigen Tagen kommen die Gefangenen wieder frei.

GENAUER UNTERSUCHT

Pflanzen – langlebig und stabil

Die größten und ältesten Lebewesen der Erde findet man im Pflanzenreich, denn gerade im Pflanzenbau zeigt sich die Natur als geniale Konstrukteurin. Bei sparsamstem Materialeinsatz verwirklicht sie höchste Festigkeit. Wie sonst könnte ein Grashalm einem Sturm widerstehen oder ein zartes Kräutlein durch eine Asphaltschicht brechen?

Die Blätter der Riesenseerose *Victoria regia* können problemlos ein Kind tragen. Möglich wird das durch ein Stützgerippe auf der Blattunterseite.

Kelp-Algen werden etwa 40 Meter hoch und bilden ganze unterseeische Wälder (Hintergrundbild).

Riesige Gewächse

Wir alle lernen in der Schule, wie sich grüne Pflanzen ernähren: Sie nehmen aus der Luft Kohlendioxid auf, saugen aus dem Boden Wasser mit einigen Mineralstoffen und beziehen ihre Energie aus dem Sonnenlicht. Doch man mache sich einmal klar, was das bedeutet: Alles Grün um uns herum, selbst gewaltige Bäume, sind aus Wasser, Luft und Licht entstanden. Und zwar in unglaublichen Mengen: Rund 150 Milliarden Tonnen Biomasse entstehen Jahr für Jahr neu, und Cellulose, der Hauptpflanzenbaustoff, ist die weitaus häufigste organische Substanz auf der Erde.

Einige Bäume werden unglaublich alt – den Rekord hält eine kalifornische **Langlebige Kiefer** *(Pinus longaeva),* die schon vor knapp 5000 Jahren keimte. Sie ist damit älter als die ägyptischen Pyramiden. Ein Zitterpappelwäldchen im US-Bundesstaat Utah soll sogar ein 80 000 Jahre altes Wurzelwerk besitzen. Auch die größten Lebewesen der Erde finden sich unter den Bäumen. Die kalifornischen **Riesenmammutbäume** *(Sequoiadendron giganteum)* sind sicher die größten und schwersten Lebewesen auf der gesamten Erde. Den Rekord hält ein 2500 Tonnen schwerer Riese – und auch er ist aus einem zweihundertstel Gramm leichten Samen entstanden.

Bisweilen sind auch schon Pflanzenteile riesig. Die **Weinpalme** *(Raphia regalis)* auf Madagaskar besitzt Blätter von 22 Meter Länge, und die in Asien wachsende **Gebangpalme** *(Corypha utan* oder *Corypha macropoda)* entwickelt den mit 14 Meter Länge größten Blütenstand der Erde; er umfasst mehrere Millionen Einzelblüten.

Kaum weniger eindrucksvoll als solche Rekorde ist die Stabilität mancher Pflanzen. Berühmt sind die Schwimmblätter der südamerikanischen **Riesenseerose** *(Victoria regia):* Bei nur etwa zwei Millimeter Dicke kann solch ein zwei Meter großes Blatt einen Menschen tragen. Möglich ist das dank einer genialen Wabenkonstruktion aus zahlreichen Rippen, die die Blattunterseite stabilisieren.

Überraschende Konstruktionsleistungen findet man auch in der Welt der Bäume. Sie können nur deshalb so hoch werden und dennoch trotz ausladender Krone stehen bleiben, weil Holz ein so exzellenter Baustoff ist, der Druck- und Zugfestigkeit vereint. Die Natur hat hier einen Verbundwerkstoff geschaffen, dessen Bestandteile sich ergänzen: Der Holzbaustoff Lignin leistet die Druckfestigkeit, und die eingelagerten langen Cellulosefasern machen das Holz widerstandsfähig gegen Zugkräfte.

Ein Wunderwerk begegnet uns auch im Getreidehalm. Bei wenigen Millimetern Durchmesser wird er rund anderthalb Meter hoch, das entspricht

VORSICHT, FALLE!

Einige der Langlebigen Kiefern (Pinus longaeva) im White Mountains National Park (Kalifornien) sind über 4000 Jahre alt.

einem Verhältnis von 1:500 und übertrifft Menschenwerk bei weitem. Verglichen mit dem Getreidehalm dürfte ein 100 Meter hoher Fabrikschornstein an der Basis gerade so groß wie ein Suppenteller sein. Auch hier sind geniale Bauprinzipien am Werk, etwa die Röhrenform, Verstärkungen innerhalb des Halms und ein vorzügliches Baumaterial.

Gewaltige Kräfte am Werk

Ein gesundes Blatt ist prall und fest – fehlt aber das Wasser, wird die Pflanze welk und schlapp. Auch dem liegt ein Konstruktionsprinzip zugrunde: Die Zellen der Blätter sind durch Wasserdruck aufgeblasen und starr. Das verleiht ihnen die Festigkeit, ähnlich wie bei einem Lastwagenreifen. Und so wie dieser tonnenschwere Gewichte aushält, können auch Pflanzen enormen Druck ertragen. Zwängt sich zum Beispiel ein Spross oder eine Wurzel durch hartes Gestein, pumpt sie Zucker in die Zellen. Dieser wiederum zieht mit gewaltiger Kraft Wasser in die Zellen. Dabei kann ein Druck von über 20 bar entstehen, zehnmal höher als im Pkw-Reifen. Dieser Druck kann ohne Weiteres Felsen sprengen.

Pilze auf Wurmjagd

Pilze sind weder Tiere noch Pflanzen, sondern stellen eine dritte Lebensform dar. In der Regel bestehen sie aus einem Geflecht feinster Fäden, das die Nahrungsstoffe oder den Erdboden durchwebt. Was wir Pilze nennen, sind nur die Sporen produzierenden Fruchtkörper einiger Arten.

Die meisten Pilze spielen eine wichtige Rolle in den Stoffkreisläufen der Natur, weil sie organisches Material abbauen. Einige bodenbewohnende Arten haben sich allerdings auf die Ernährung durch lebende Tiere spezialisiert. Manche erzeugen klebrige Auswüchse, an denen etwa winzige Insekten oder Würmer hängen bleiben. Pilze der Gattung **Arthrobotrys** aber stellen sogar echte Fallen, indem sie aus ihren Fäden feine Schlingen formen. Dann scheiden sie Lockstoffe aus, die vor allem Fadenwürmer (Nematoden) herbeirufen sollen. Diese winzigen Würmer sind außerordentlich häufig – vermutlich sind rund 80 Prozent aller Tiere Fadenwürmer. Bekannt sind etwa 28 000 Arten, aber es gibt wohl mehr als eine Million. Gerät solch ein Wurm in eine Fadenschlinge des Pilzes Arthrobotrys, schwellen die Zellen dieser Schlinge an und verengen den Schlingendurchmesser. Der Wurm wird festgehalten, weitere Fäden dringen in ihn ein und zersetzen ihn.

Unterirdische Fallensteller

Aber auch grüne Pflanzen haben Fadenwürmer als Nahrungsquelle entdeckt, nämlich die **Reusenfallen** (Genlisea). Das sind kleine Tropenpflanzen, die mit dem Wasserschlauch verwandt sind, aber in der Erde wachsen, allerdings ebenfalls wurzellos. Die Reusenfalle bildet nämlich statt Wurzeln unterirdische Blätter, neben ganz normalen oberirdischen. Jedes der unterirdischen Blätter ist lang und schmal wie eine Pflanzenwurzel und hat die Form eines Ypsilons, läuft also in zwei Stiele aus. Die Stiele sind nicht glatt und gerade, sondern korkenzieherartig verdrillt und besitzen zwischen diesen Windungen zahlreiche winzige Kammern mit Schlitzöffnungen.

Die Beutetiere – neben Faden- auch Strudelwürmer und Wimpertierchen – werden durch chemische Lockstoffe angezogen. Sie dringen durch die Schlitzöffnungen ein und können nicht zurück, denn jeder Schlitz ist von feinen Haaren umstanden. Die hintereinander liegenden Kammern funktionieren nun wie Reusenfallen: Die Beutetiere müssen sich in Richtung Hauptstiel bewegen – und dort wartet eine Blase auf sie, deren Drüsen Verdauungssekrete absondern, mit denen die gefangenen Tiere verdaut werden.

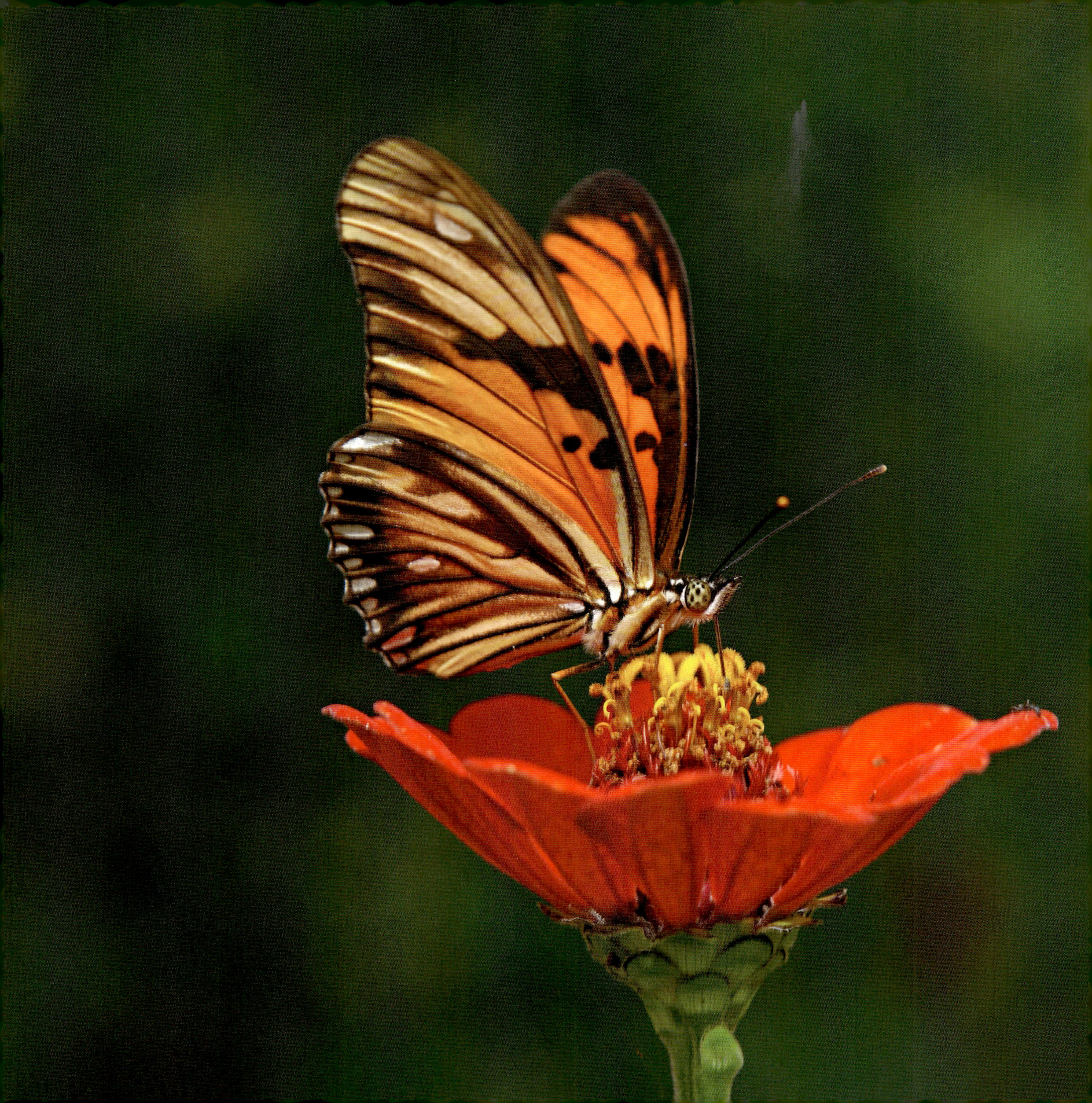

Die Magie der Farben und Formen

Eine unendliche Fülle an Farben und Formen bezeugt den Einfallsreichtum, mit dem die Natur ihre Kreaturen ausgestattet hat. Im Leben von Tieren und Pflanzen haben all diese Erscheinungsformen eine Funktion. Auch wenn wir deren tieferen Sinn in einzelnen Fällen noch nicht verstehen – eines wissen wir: Es geht immer darum, den Fortbestand der eigenen Art zu gewährleisten.

Farbschauspiele für Freund und Feind

Tiere beobachten Artgenossen, aber auch Räuber und Beutetiere sehr genau. Daher nehmen sie allein mit den Augen Botschaften wahr, die ihnen durch Farben und Muster übermittelt werden, etwa wenn ihr Gegenüber sie warnt: „Achtung: Ich bin giftig!" Auch Pflanzen nutzen diese Aufmerksamkeit – Farbsignale machen Blüten zu lockenden Verführerinnen.

Sex-Reklame

Jahrhundertelang galten Blüten als Symbole von Reinheit und Keuschheit. Deshalb schlug dem Berliner Schulrektor Christian Konrad Sprengel Ende des 18. Jahrhunderts Hohn und Verachtung entgegen, als er die wahre Funktion der Blüten entdeckte. Er behauptete zu Recht, dass Blüten die Sexualorgane der Pflanze seien und dass sie Insekten nutze, um sich befruchten zu lassen.

Doch wie heute jedes Schulkind weiß, hatte Sprengel Recht. Blütenstaub muss vom männlichen Teil der Blüte, den Staubbeuteln, zur Narbe, dem weiblichen Teil einer anderen Blüte, transportiert werden. Um dies zu erreichen, locken zahlreiche Pflanzenarten Insekten als Fuhrleute an – und belohnen sie in der Regel mit süßem Nektar. Um sicherzustellen, dass die Insekten die Blüten überhaupt finden, setzen die Pflanzen neben Duftstoffen vor allem eine große Auswahl an Farben ein.

Spezielle Blütenformen stellen dann sicher, dass die Sechsbeiner auch mit Blütenstaub versehen werden.

Die anerkannten Meister der Blütenbildung sind die **Orchideen** (Orchidaceae). Die Größe der Blüten reicht von einigen Millimetern bis zu über 20 Zentimeter, und ihre Pracht an Farben, Mustern und Formen wird von keiner anderen Pflanzenfamilie übertroffen. Wichtigste Ursache dafür ist eine sehr weitgehende Anpassung jeder Art an bestimmte Tierarten als Bestäuber. Ein Beispiel dafür ist **Angraecum sesquipedale** aus Madagaskar, aus deren über 30 Zentimeter langem Nektarsporn nur ein spezieller Nachtfalter mit entsprechend langem Rüssel saugen kann.

Wie wichtig die Blüten für die Pflanzen sind, zeigt das Beispiel der **Edithcolea grandis** aus der Familie der Hundsgiftgewächse, die in den Steppen Ostafrikas wächst. Ihre Triebe schieben sich kriechend über den Boden, sodass die Pflanze nur etwa zehn Zentimeter hoch wird. Doch ihre fünfstrahlige Blüte wird von ihr großartig in Szene gesetzt: Sie erreicht 15 Zentimeter Durchmesser und zeigt auf gelblichem Hintergrund ein purpurnes Muster. Selbst am Boden ist sie nicht zu übersehen.

Sehr komplex muten die Blüten der **Passionsblumen** (*Passiflora sp.*) an, und bei genauerem Hinsehen wird klar, wie sinnvoll sie gebaut sind. Die großen weißen oder bunten Blütenblätter außen umringen das Innere der Blüte, in dem männliche und weibliche Blütenteile zu einer kleinen Säule im Zentrum vereinigt sind. Dazwischen liegt ein mehrfarbiger Strahlenkranz aus Haaren, in dem sich die Nektarbehälter verstecken. Insekten, die sich am Nektar laben wollen, berühren zwangsläufig die Geschlechtsorgane der Blüte.

Im Unterschied zu vielen anderen Vogelarten steht das Edelpapagei-Weibchen (rechts) dem Männchen an farbenfroher Schönheit in nichts nach.

Männchen und Weibchen in unterschiedlichem Gewand

In einer Welt voller Räuber ist es für kleine Tiere keine leichte Aufgabe, in ausgedehnten Lebensräumen Artgenossen zu finden und als Geschlechtspartner zu erkennen. Kräftige Farben helfen dabei, obwohl sie zugleich Feinde anlocken könnten. Meist, aber nicht immer, sind die Männchen leuchtend bunt, die Weibchen unauffälliger und damit weniger gefährdet, denn sie müssen sich um die Brut kümmern. Das Männchen hingegen hat nach der Paarung oft seine Lebensaufgabe erfüllt: Wird es jetzt von einem Räuber erbeutet, spielt das für die Arterhaltung keine Rolle mehr. So ist es bei vielen Vogelarten.

Beim **Dompfaff** *(Pyrrhula pyrrhula)* etwa besitzt nur das Männchen den typischen roten Bauch; das Weibchen ist unscheinbar. Auch beim **Pirol** *(Oriolus oriolus)* ist das Männchen mit seinem gelben, schwarz abgesetzten Gefieder weit farbenprächtiger als das gelblichgrüne Weibchen. Übrigens weist eine intensive Färbung des Männchens das Weibchen auf den gesündesten Bewerber hin.

Bei anderen Vogelarten findet man zwar ebenfalls deutliche Farbunterschiede zwischen den Geschlechtern, aber das Weibchen ist ebenso prachtvoll wie das Männchen. Beim **Edelpapagei** *(Eclectus roratus)* ist das Männchen leuchtend grün mit etwas Rot und Blau sowie gelb-rotem Schnabel, das Weibchen strahlend rot mit Blau und einem schwärzlichen Schnabel. Kein Wunder, dass man über ein Jahrhundert lang die Tiere für Angehörige verschiedener Arten hielt. Ähnlich groß sind die Farbunterschiede bei einigen anderen Tropenvögeln. Die Männchen der nur auf den Fidschi-Inseln heimischen **Taube *Ptilinopus victor*** haben ein leuchtend orangegelbes Gefieder und einen goldoliv gefärbten Kopf; die Weibchen sind dunkelgrün.

Besonders ausgeprägte Farbunterschiede zwischen den Geschlechtern findet man bei den tropischen Vogelfaltern. Beim **Goliath-Vogelfalter** *(Ornithoptera goliath)* zum Beispiel ist das Männchen kräftig grün und gelb gefärbt, das Weibchen hingegen trägt Flügel in verschiedenen Brauntönen. Und bei der **Grünen Huschspinne** *(Micrommata virescens)* besitzt das Männchen einen gelben Hinterleib mit einem roten Streifen, das Weibchen ist grasgrün.

DIE MAGIE DER FARBEN UND FORMEN

GUTE FRAGE!

Waren Dinosaurier farbig?

Es war lange Zeit ein Rätsel, welche Körperfarben Dinosaurier hatten, weil man nur Knochen und Abdrücke von Schuppenhaut gefunden hatte, die keine Rückschlüsse auf Farben zuließen. Erst seit einigen Jahren weiß man, dass zahlreiche Dinosaurier ein Federkleid trugen. Reste solcher Federn, die man in China gefunden hat, zeigen im Elektronenmikroskop Spuren von schwarz-braunen und gelb-roten Pigmenten. Demnach trug der untersuchte Dinosaurier Sinosauropteryx ein rotbraunes Federkleid mit einem weiß und rotbraun gestreiften Schwanz. Vermutlich waren auch andere Dinosaurier-Arten kräftig gefärbt, vielleicht sogar leuchtend – etwa, damit Artgenossen oder Geschlechtspartner einander gut erkennen konnten.

Farbenpracht im Korallenriff

Wer einmal die Gelegenheit zu einem Tauchgang in einem Korallenriff hat, dem wird dieses Erlebnis unvergesslich bleiben. **Korallenfische** prunken nämlich nur so mit einer Farbenpracht, die die erstaunliche Fantasie der Natur bei der Auswahl der Farben, Muster und Formen beweist. Sinn und Zweck der Farbenfülle ist das gegenseitige Erkennen der Angehörigen der eigenen Art. Die Tiere besetzen nämlich ein Revier und verteidigen es erbittert gegen eindringende Artgenossen, während sie Fische anderer Arten unbehelligt lassen. Dazu ist es natürlich nötig, dass sie einen möglichen Eindringling sofort zuverlässig identifizieren – beziehungsweise, dass ein heranschwimmender Fisch sofort erkennen kann, ob ein Revier bereits von einem Artgenossen besetzt ist. Tatsächlich zeigte sich im Artenvergleich, dass die aggressivsten Fische auch die plakativste Färbung aufweisen.

Besonders farbenprächtig sind die Kaiserfische (Pomacanthidae). So trägt der **Pfauen-Kaiserfisch** *(Pygoplites diacanthus)* am ganzen Körper weiße, schwarze und gelbe Streifen und schmückt sich zusätzlich mit violett gestreiften Flossen. Der **Masken-Lyrakaiserfisch** *(Genicanthus personatus)* dagegen ist von einem zartem Hellblau, welches das Orangegelb des Kopfes und der Flossen leuchtend in Szene setzt.

Auffällig ist, dass sich die Färbung der Jungfische bei vielen Arten stark von der Färbung der geschlechtsreifen Fische unterscheidet. Die Jungen werden daher von den älteren Artgenossen nicht als solche erkannt und auch nicht in gefährliche Revierkämpfe verwickelt. Nicht nur die Fische fallen übrigens darauf herein – auch Forscher haben sie oft als unterschiedliche Arten angesehen.

Bunter Herrscher über alle Weibchen

Säugetiere sind nicht besonders farbenprächtig, verglichen etwa mit anderen Wirbeltieren wie Fischen oder Vögeln. Es gibt aber eine Ausnahme: Der in zentralafrikanischen Regenwäldern lebende **Mandrill** *(Mandrillus sphinx)* gilt als buntestes aller Säugetiere. Wenn auch nur im Gesicht: Ober- und Vorderteil der Schnauze sind dank kräftiger Durchblutung rot gefärbt, daneben befinden sich hellblaue gefurchte Nasenflügel – die blaue Farbe wird durch Lichtbrechung in speziellen Hautfasern erzeugt. Und unter dem Maul wächst ein goldgelber Bart. Diese Farbenpracht ziert allerdings nur das herrschende Männchen einer Mandrillgruppe, das einzige, das sich mit den Weibchen paaren darf. Die Färbung hängt vermutlich eng mit dem Sozialverhalten in der Gruppe zusammen. Denn viele Affenarten haben einen von hellblauer Haut umgebenen roten Penis, den sie Rivalen als Droh- und Imponiergebärde zu präsentieren pflegen. Der Mandrill hat diese Farbkombination auch noch im Gesicht und kann sie deshalb ständig zeigen. Mit demselben Effekt.

Rot und Blau: Mit dieser Farbkombination verschreckt das ranghöchste Mandrillmännchen einer Gruppe etwaige Rivalen.

Wunderschön – und gefährlich: Die Engelstrompete birgt ein hochwirksames Gift.

Trügerische Schönheit

Bei Menschen weist ein schönes Äußeres leider nicht immer auf wunderbare innere Werte hin, und auch in der Tier- und Pflanzenwelt wäre ein vergleichbarer Schluss fehl am Platze. Oft ist sogar das Gegenteil richtig. So zählen etwa die berühmten, in Regenwäldern Süd- und Mittelamerikas lebenden **Baumsteigerfrösche** (Dendrobatidae) zu den buntesten und schönsten Tieren überhaupt. Doch die nur wenige Zentimeter großen Frösche tragen extrem wirksame Giftstoffe in ihrer Haut, die einen Menschen durch Muskel- und Atemlähmung töten.

Auch Pflanzen können die herrlichsten Blüten entfalten und dennoch voller Gift stecken. Denn die Blüten sollen bestäubende Insekten anlocken, das Gift aber Fressfeinde abschrecken – beides hat miteinander nichts zu tun. So fällt beispielsweise der bis 1,5 Meter hohe **Eisenhut** (Aconitum napellus) durch seine edlen dunkelblauen Blüten auf. Sie sind auf die Bestäubung durch Hummeln eingerichtet, die tief hineinkriechen. Bei aller Schönheit: Der Eisenhut ist eine der giftigsten heimischen Pflanzen – bereits ein winziges Pflanzenteil, versehentlich in den Mund genommen, erzeugt Vergiftungserscheinungen beim Menschen.

Selbst äußerlich wirkt das Gift: Der Pflanzensaft ruft auf der Haut ein unangenehmes Taubheitsgefühl hervor. Inzwischen hat man den Sorten, die für den Garten bestimmt sind, die Giftproduktion weitgehend abgezüchtet; insofern ist die Gefahr für Gartenbesitzer gebannt.

Besonders schön sind die Kelchblüten der **Engelstrompeten** (Brugmansia sp.), die aus den südamerikanischen Anden stammen. Je nach Art werden sie zwischen 15 und 30 Zentimeter lang und sind weiß, gelb, orange oder rot. Auch hier ist die Schönheit mit Giftigkeit gepaart. Alle Pflanzenteile enthalten eine Mischung mehrerer starker Gifte. In ihren Ursprungsgebieten wurden diese Pflanzen medizinisch als Halluzinogene und zum Teil auch von Schamanen für rituelle Praktiken benutzt.

Eine große Gefahr stellt der **Goldregen** (Laburnum sp.) dar. Wegen seines gelben Blütenregens wird er in zahlreichen Gärten und Parks angepflanzt, doch es kann passieren, dass Kinder die schwarzen Samen, die wie Bohnen aussehen, essen. Glücklicherweise kommt es trotz der hohen Giftigkeit des Strauchs selten zu Todesfällen, weil das Gift zuerst im Magen-Darm-Trakt wirkt und zu Erbrechen und Durchfall führt, wodurch nur wenig Gift in den Blutkreislauf gelangt.

Ein herrliches Gewand – nicht nur zur Hochzeit

Im Grunde reicht es ja, wenn das Männchen während der Paarungszeit seine Schmuckfarben trägt – genauer: Während es das Weibchen umwirbt. In der übrigen Zeit kann es getrost ein unauffälliges Kleid anlegen. Tatsächlich machen es viele Arten so.

Der **Dreistachlige Stichling** (*Gasterosteus aculeatus*), ein handlanger Fisch unserer Gewässer, ist normalerweise unauffällig silbern mit schwarzbrauner Zeichnung. Wenn aber die Laichzeit naht und er um ein Weibchen balzt, färbt sich der Körper völlig um: Die schwarzbraune Zeichnung geht zurück, der Rücken wird nun blauweiß, und der Bauch leuchtet kräftig orangerot.

Besonders farbenprächtig halten unsere Molche Hochzeit. Bei dieser Tiergruppe ist die sogenannte Wassertracht bunter als die Landtracht, weil Balz, Paarung und Laichzeit im Wasser ablaufen, wo man schon etwas dicker auftragen muss, damit das Make-up sichtbar ist. Beim **Teichmolch** (*Lissotriton vulgaris*) schmückt sich das Männchen mit einer orangefarbenen Schwanzunterseite, die große schwarze Punkte aufweist, sowie mit einem hohen gezackten Rückenkamm. Der **Nördliche Kammmolch** (*Triturus cristatus*) entwickelt einen silbrigen „Milchstreifen" entlang dem Schwanz, und den **Bergmolch** (*Ichthyosaura alpestris*) ziert eine gelbe Seitenleiste mit schwarzen Flecken, die über ein blaues Band in den orangefarbenen Bauch übergeht.

Die Reptilien stehen den Amphibien in Sachen Hochzeitskleid kaum nach. Die normalerweise in brauner Tarnfärbung umherkriechende **Steppen- oder Wüstenagame** (*Trapelus sanguinolentus*) zum Beispiel, eine Echse, die in trockenen Gebieten Asiens heimisch ist, zeigt bei Erregung eine dunkelblaue Farbe an Bauch und Seiten und eine blauviolette Kehle. Eine ihrer Verwandten, die in Afrika heimische **Siedleragame** (*Agama agama*), färbt sich allerdings nicht etwa bei der Werbung um ein Weibchen bunt, sondern immer tagsüber, wenn sie sich aufgewärmt hat. Dann wird sie schimmernd blau oder grün, während der Kopf orangefarben leuchtet. Dieses Kleid steht aber nur dem dominierenden Männchen einer Kolonie zu. Alle anderen Mitglieder der Gruppe – Weibchen und rangniedere Männchen – sind graubraun, wie übrigens der Chef selbst nachts auch. Dann hat er es nicht nötig, seine Dominanz so deutlich zu zeigen.

Eine männliche Siedleragame. Die Echse trägt ihre prachtvollen Farben nur tagsüber und zeigt sie allen Angehörigen der Kolonie, wenn sie sich auf einem erhöhten Platz sonnt.

Die Berufskleidung der Putzerfische

Große Fische haben ein großes Problem: Sie werden von allerlei Parasiten und Algen besiedelt, können sich aber nicht kratzen. In dieser Situation ergreifen andere Fische die Chance, die Kleinstlebewesen sowie lose Hautfetzen abzuweiden und sich davon zu ernähren. So hat sich besonders im Indopazifik eine gut funktionierende Zusammenarbeit zwischen sogenannten **Putzerlippfischen** (Labroides sp.) und ihren Kunden herausgebildet. Diese Kunden gehören zu unterschiedlichsten Arten: Selbst Raubfische stehen friedlich Schlange vor den Putzstationen, wo die Putzerfische mit ihren Familien leben und sich alle paar Minuten einen neuen Kunden vornehmen. Sie können sogar gefahrlos in dessen Maul hineinschwimmen.

Eine Gruppe der Putzerfische hat sogar eine spezielle „Marktlücke" entdeckt. Manche Fische nämlich, etwa **Riffbarsche** (Pomacentridae), können nicht zu den Putzstationen kommen, weil sie reviertreu sind – würden sie ihr Revier verlassen, könnte es bei der Rückkehr schon besetzt sein. Auf diese Kunden ist der **Nomaden-Putzerlippfisch** (Diproctacanthus xanthurus) spezialisiert: Er macht Hausbesuche bei den Riffbarschen.

Diese gegenseitige Hilfe funktioniert natürlich nur, solange die Raubfische die Putzerfische nicht als leicht zu erbeutende Nahrung ansehen. Damit die Kunden nicht kurzerhand zuschnappen, besitzen die Putzerfische deshalb – außer einer besonderen Art zu schwimmen – als Erkennungsmerkmal ein typisches Farbmuster. In der Regel ist dies ein dunkler beidseitiger Längsstreifen auf farbigem Grund. Interessanterweise ist dieses Muster erstaunlich einheitlich – selbst die **Grundeln** (Elatinus sp.), die in der Karibik und an der mittelamerikanischen Pazifikküste die Stelle der Putzer innehaben und nur sehr entfernt mit den Putzerlippfischen verwandt sind, zeigen es.

Es gibt sogar Garnelen, die ebenfalls ihre Dienste in diesem einträglichen Sektor anbieten. Obwohl die **Putzergarnelen** ganz unterschiedlichen Gattungen angehören, haben auch sie sich ein eindeutiges Farbkennzeichen zugelegt: Sie tragen strahlend weiße Antennen.

Wie immer in der Natur ruft eine mögliche Nahrungsquelle Mitesser auf den Plan. In der Nähe von Putzstationen lebt daher oft der **Falsche Putzerfisch** (Aspidontus taeniatus), der den echten Putzerfischen täuschend ähnlich sieht und auch ihr Schwimmverhalten perfekt nachahmt. In einem geeigneten Moment aber beißt er den friedlich auf die Putzerdienstleistung wartenden Raubfischen Stückchen aus dem Schwanz oder den Flossen heraus.

Ein Hawaii-Putzerfisch (Labroides phthirophagus) reinigt das Maul einer Gelbschwanz-Meerbarbe (Mulloidichthys vanicolensis). Vor dem Gefressenwerden schützt er sich durch das Streifenmuster, das sein Kunde erkennt.

GUTE FRAGE!

Wozu haben Rehe einen weißen Po?

Rehe (Capreolus capreolus) haben einen auffallend hellen, fast reinweißen Fleck am Hinterteil, einen rudimentären Schwanz, in der Jägersprache „Spiegel" genannt. Normalerweise, wenn die Tiere in Ruhe äsen, ist der Fleck kaum zu sehen. Wenn sie aber von einem Feind erschreckt aufspringen und davonjagen, leuchtet er hell auf und dient den anderen Rudelgenossen als Warnsignal: Er zeigt ihnen – einem Rücklicht vergleichbar –, wo die flüchtenden Tiere laufen. So verlieren sie sich auch in der Dämmerung nicht aus den Augen, und das Rudel bleibt zusammen. Andernfalls könnten zum Beispiel Jungtiere den Anschluss verlieren und für Raubtiere eine leichte Beute werden.

GENAUER UNTERSUCHT

Farbspiele auf Nanoflächen

Schillernde Falterflügel, hochglänzende Flügeldecken von Käfern und schimmerndes Vogelgefieder bieten dem Auge strahlende Farbeffekte. Für diese faszinierende Farbenpracht sind aber keine Farbstoffe verantwortlich – hier spielt die Natur direkt mit den Lichtwellen und nutzt dazu unglaublich feine Strukturen, die nur im Elektronenmikroskop sichtbar gemacht werden können.

Eine Wanderung am sonnenüberfluteten Rand eines Regenwaldes auf Trinidad beschert nicht selten ein aufwühlendes Erlebnis: Plötzlich leuchtet ein blauer Funke auf, blitzt und blinkt und entpuppt sich als Schmetterling von 15 bis 20 Zentimeter Flügelspannweite. Er strahlt wie ein Edelstein: Der **Blaue Morphofalter** (Morpho peleides) zeigt das wohl intensivste Hellblau im gesamten Tierreich.

Wie er es erzeugt, konnte erst vor einigen Jahren enträtselt werden. Farbpigmente sind dabei nämlich nicht im Spiel. Hier werden vielmehr optische Gesetze wirksam, die auch die Regenbogenfarben einer ins Sonnenlicht gehaltenen CD, das Irisieren von Seifenblasen oder das Schillern eines Ölfilms auf dem Wasser verursachen.

Wellenlängen des Lichts

In allen Fällen sind für das Farbenspiel Nanostrukturen verantwortlich, die etwa so groß sind wie die Wellenlänge des Lichts – ungefähr 380 bis 780 millionstel Millimeter, je nach Lichtfarbe. Bei der CD sind diese Strukturen die feinen Lochreihen, in denen die Information steckt, bei den Seifenblasen und der Öllache sind es übereinander liegende Flüssigkeitsschichten von Nanodicke.

Weißes Licht besteht aus einer Mischung zahlreicher Farben. Fällt es auf eine CD, so überlagern sich die unterschiedlich langen Wellen der Lichtfarben in einer Weise, dass bestimmte Farben ausgelöscht, andere dagegen hervorgehoben werden. Physiker nennen dieses Phänomen Interferenz. Die so erzeugte Farbe lässt Rückschlüsse auf die Dicke der Schicht oder die Gestalt der Strukturen zu. Rotes Licht weist auf große Strukturen hin, denn rotes Licht hat innerhalb des sichtbaren Lichtbereichs die längsten Wellen. Grüne oder blaue Töne hingegen zeugen von dünneren Schichten oder kleineren Strukturen, denn ihre Wellenlänge ist kürzer.

Der Blaue Morphofalter zeigt im Elektronenmikroskop recht komplexe Strukturen als Ursache für das blaue Leuchten. Seine Flügel sind mit winzigen Schuppen bedeckt, und jedes dieser Schüppchen besitzt regelmäßige Längsrippen, etwa 1800 pro Millimeter. Jede dieser Rippen besteht aus Stapeln von sechs bis zwölf Chitinlamellen, die etwa im Abstand der blauen Lichtwellen stehen.

Interferenzeffekte sind auch für das metallische Glänzen der Kolibris und das farbige Schillern des Pfauengefieders verantwortlich. Besonders eindrucksvoll nutzen die balzenden Männchen des **Lawes-Strahlenparadiesvogels** (Parotia lawesii) solche Farbtricks. Während sich der Vogel auf dem

Der Lawes-Strahlenparadiesvogel kann sein Gefieder in allen Farben schillern lassen.

Hintergrundbild: Das Blau der Morphofalterflügel entsteht durch Lichteffekte.

FARBSCHAUSPIELE FÜR FREUND UND FEIND

Der Morphofalter *(Morpho peleides)*, dessen durch Nanostrukturen erzeugtes Blau in der Tierwelt einmalig ist, kommt in Mittelamerika, auf Trinidad und im nördlichen Südamerika vor.

Waldboden tänzelnd hin und her bewegt, um das Weibchen zu beeindrucken, blinkt sein Gefieder in rasch wechselnden Farben zwischen Orange, Gelb, Blau und Schwarz – weit leuchtender als bei anderen Vögeln oder bei Faltern.

Beim Lawes-Strahlenparadiesvogel nämlich sind die Hakenstrahlen, ein Teil der Federn, auf besondere Weise geformt. Normalerweise haben die Hakenstrahlen von Vögeln einen annähernd ovalen Querschnitt; bei diesem Vogel hingegen sind sie wie ein Bumerang gebogen. Diese Strukturen sind mikroskopisch klein, aber ihre Wirkung auf das einfallende Licht ist enorm. Sie wirken wie ein dreiteiliger Spiegel. Der Mittelteil dieses Spiegels reflektiert den orangefarbenen Lichtanteil, die Ränder den blauen Bereich. Verdreht der Vogel die Federn geringfügig, mischen sich die Farben zu Gelb, Grün oder Blau. Und wenn er den „Spiegel" wegdreht, erscheint der Bereich schwarz. Kein Wunder, dass das Weibchen schließlich diesem überirdischen Farbenzauber erliegt.

Der grüne **Neon-Schwalbenschwanz** *(Papilio palinurus)*, ein Schmetterling, verdankt seine Farbe ebenfalls Mikrostrukturen. Seine Flügelschuppen sind mit Grübchen übersät, deren Boden gelb leuchtet, während die Wände blau sind. Erst unser Auge mischt die beiden Farben zu Grün.

Universelle Warnmuster

Viele Gifttiere tragen ein Kleid aus Warnfarben, das Fressfeinden signalisiert: Achtung! Giftig! oder: Achtung! Ungenießbar! Dies sind nun nicht irgendwelche Farben – vielmehr haben sich im Laufe der Evolution im Tierreich ganz bestimmte Warnfarben und -muster herausgebildet, die man bei Tieren völlig unterschiedlicher Gruppen wiederfindet. In der Regel handelt es sich dabei um starke Kontrastfarben. Besonders häufig ist der Gelb-Schwarz-Kontrast, etwa bei dem giftigen **Feuersalamander** *(Salamandra salamandra)*, den giftigen Raupen des **Jakobskrautbären** *(Tyria jacobaeae)* sowie den **Wespen** (Vespinae). Mit dem Kontrast Rot und Schwarz wiederum schützen sich die Jungtiere der **Rotbauchunke** *(Bombina bombina)*.

Dass es solche allgemein bekannten Warnfarben gibt, machen sich viele harmlose Tiere zunutze, indem sie zu ihrem Schutz diese Warnfarben oder -muster imitieren; so können sie von den schlechten Erfahrungen, die ihre Fressfeinde mit den Gifttieren gemacht haben, profitieren.

Wirkungsvoll ist auch der Kontrast Schwarz-Gelb-Rot. Den nutzen die Korallenschlangen, von denen es unterschiedlich giftige Arten gibt. Der Biss der **Korallenotter** *(Micrurus sp.* und *Microides sp.)* ist hochgiftig und bringt ein kleines Beutetier rasch um. Längst nicht so giftig ist die **Trugnatter** *(Erythrolamprus sp.)* und ganz ungiftig schließlich die **Dreiecksnatter** *(Lampropeltis triangulum)*. Der Lerneffekt, der bei den Fressfeinden all dieser schwarz-gelb-roten Schlangen erzielt wird, ist unterschiedlich: Bei den Korallenottern ist er gleich Null, weil kein Tier ihren Biss überlebt; bei den Trugnattern ist er vorhanden, und sowohl sie selbst als auch die Dreiecksnattern profitieren davon.

Den stärksten Warnkontrast, nämlich Schwarz-Weiß, nutzen die Stinktiere, etwa der **Streifenskunk** *(Mephitis mephitis)*. Das hat seinen Grund: Ein Tier, das mit dem Sekret besprüht wurde, wird den Gestank monatelang nicht wieder los.

Die Raupe des Jakobskrautbären, eines Falters, signalisiert ihre Giftigkeit in der universellen Warnsprache Gelb-Schwarz.

DIE MAGIE DER FARBEN UND FORMEN

Öfter mal was Neues: Farbwechsel

Viele Tiere schneereicher Regionen tragen im Sommer Graubraun, im Winter aber Weiß. So fallen sie jeweils am wenigsten auf. Oft dienen wechselnde Farben aber auch als Signal: Manche Tiere zeigen so ihre Stimmungen – und Früchte von Pflanzen ihren Reifegrad.

Im Laubdach leuchten

In kaum einem Kinderbuch über Tiere oder Biologie-Schulbuch fehlt das Chamäleon als Beispiel für die Fähigkeit, aktiv die Farbe zu wechseln. Nicht immer aber steht dabei, dass es in Wirklichkeit nicht „das" Chamäleon gibt, sondern etwa 160 Arten, und auch der Grund für die Farbwechsel ist oft nicht deutlich dargestellt. Nur selten versuchen diese Reptilien nämlich, sich dadurch zu tarnen.

Chamäleons (Chamaeleonidae) tragen in der Haut eine Vielzahl übereinander liegender kleiner Farbzellen. Es gibt drei Typen: oben Zellen für gelbrote Farbtöne, darunter Zellen für braunschwarze Farben sowie ganz unten eine Zellart, die Licht reflektiert. Durch Steuerung der Farbstoffkonzentration in jeder dieser Zellen können einige Chamäleonarten ihre Farbe verändern, und zwar im Bruchteil einer Sekunde. Sind die obersten Zellen farbstoffgefüllt, überwiegen gelbe Farbtöne. Enthalten sie weniger Pigmente, kommt die darunter liegende braune Schicht zum Vorschein. Und die unterste Schicht kann dank Lichtbrechung auch Blautöne erzeugen, wenn die darüber liegenden Zellen wenig Farbstoff enthalten.

Ein wichtiger Grund für den Farbwechsel des Chamäleons ist die Anpassung an die Temperatur. Ist es warm, nehmen die Tiere hellere Farbtöne an, denn dadurch können sie mehr Wärme zurückstrahlen. Nachts dagegen färben sie sich dunkler. Und scheint ihnen die Sonne zu stark auf die Schuppen, aktivieren sie ihre Schwarzbraun-Zellen – die Melanin-Farbstoffe absorbieren UV-Licht.

Ein buntes Feuerwerk von Farben aber zünden manche Chamäleonarten bei sozialen Kontakten, vor allem bei der Balz. Das menschliche Auge kann gar nicht alle Nuancen wahrnehmen, weil sie sich zum Teil im ultravioletten Bereich abspielen. So können die Tiere offenbar durch bestimmte Farbgebung, besonders um die Augen herum, Paarungsbereitschaft anzeigen. Wenn zwei Chamäleonmännchen um ein Weibchen werben, zeigt der überlegene Kandidat diese Tatsache durch einen kurzzeitigen intensiven Farbwechsel an, und sein Gegner signalisiert seine Unterwürfigkeit ebenfalls farblich.

Auch Angst oder Angriffslust zeigen die Tiere durch Farbtöne. Allerdings steuern sie dies wohl nicht willkürlich: Das tun Hormone. Die optische Kommunikation hat für die Chamäleons große Vorteile: Dank ihrer empfindlichen Augen vermögen sie die Signale gut wahrzunehmen – andererseits fallen sie damit Fressfeinden gegenüber weniger auf als mit akustischen Botschaften.

Das auf Madagaskar vorkommende Panther-Chamäleon *(Furcifer pardalis)*, mit etwa 50 Zentimeter Länge eines der größten Chamäleons, ist immer so bunt. Während der Balz nimmt es eine erheblich hellere Färbung an.

Ein Gemeiner Tintenfisch hat sein schwarz-weißes Balzkleid angelegt.

Farbentricks der Tintenfische

Nicht nur an Land gibt es Farbenkünstler, auch die zehnarmigen Tintenfische können virtuos ihre Körperfarben verändern. Der **Gemeine Tintenfisch** (Sepia officinalis) zum Beispiel ist normalerweise am Rücken braun-weiß gestreift. Die Unterseite ist weiß, der Flossensaum hellbraun gefleckt. Diese Färbung wirkt tarnend, denn sie lässt die Körperformen verschwimmen, besonders wenn sich das Tier im Tangdickicht aufhält. Wenn sich das Tier aber nahe dem Meeresgrund bewegt, nimmt es dessen Farbe an und schwächt das Streifenmuster ab. Bei der Balz hingegen schmückt sich das Männchen mit einem möglichst deutlichen Zebramuster aus weißen und schwarzen Streifen; beim Weibchen ist die Färbung ähnlich, aber weit weniger ausgeprägt. Das dient wohl auch zur Unterscheidung, ob das Gegenüber ein Weibchen oder ein anderes Männchen ist, eventuell ein Nebenbuhler. Erschreckt sich das Tier, erscheinen auf dem Rücken zwei große schwarzbraune Flecken. Auch direkte Reizung der Haut und Lichteinfluss verändern die Farben, vor allem blaugrünes Licht.

Die Farben werden wie bei vielen anderen Tieren mit speziellen Farbzellen in der Haut erzeugt. Diese Zellen sind relativ flach und liegen – ähnlich wie beim Chamäleon – in drei Schichten: eine mit rotgelbem Farbstoff, eine mit schwarzbraunem Pigment und die dritte mit reflektierendem Material. Winzige Muskeln am Rand einer Zelle können diese bei Erregung auseinander ziehen, wodurch sie noch flacher wird. Dabei verteilt sich der Farbstoff im Zellinnern, und die Zelle wird farbig, während bei erschlafften Muskeln der Farbstoff nahe am Zellkern konzentriert bleibt und der Rest der Zelle fast farblos ist. Spezielle Nervenzellen führen zu den winzigen Muskeln an den Zellrändern und können rasche Reaktionen erzeugen – bei Erregung laufen dann farbige Wellen über den Tintenfisch-Körper.

Die in Korallenriffen der Südsee häufig vorkommende **Breitarm-Sepia** (Sepia latimanus), die über 50 Zentimeter lang wird und bis zu zehn Kilogramm wiegen kann, nutzt ihr Farbenspiel zwischen Braunrot, Violett und Weiß sogar bei der Jagd: In raffinierter Weise lässt sie die Farbwellen über ihren Körper laufen und fesselt damit offenbar die Aufmerksamkeit ihres Beutetiers.

DIE MAGIE DER FARBEN UND FORMEN

Passend gekleidet zur Jahreszeit

Für Tiere, die sich tarnen müssen, um nicht erbeutet zu werden, ist der Wechsel der Jahreszeiten ein Problem. In der warmen Zeit sind sie mit erdfarbenem Fell oder Gefieder optimal gegen das Entdecktwerden geschützt, weil sie auf dem graubraunen Untergrund kaum auffallen. Über Nacht aber kann Schnee die gesamte Umgebung weiß färben, und dann sind sie so auffällig wie der schwarze Fleck im Zentrum einer Zielscheibe. Tiere, die in Gebieten mit wechselnder Umgebungsfarbe leben und im Winter nach Nahrung suchen müssen, legen sich daher meist ein weißes Kleid als Tarnung zu.

Schneehasen *(Lepus timidus)* zum Beispiel müssen sich immer vor Luchsen und Greifvögeln fürchten. Vor solchen Feinden schützt sie im Sommer ihr graubraunes Haarkleid und in der kalten Jahreszeit das schneeweiße Winterfell. Natürlich ist es nicht möglich, das Fell immer pünktlich zum ersten Schneefall zu wechseln. Deshalb haben Schneehasen eine Art Übergangsfell im Herbst mit braunen und weißen Bereichen. Es ist auch nicht das Wetter selbst, das den Fellwechsel auslöst; vielmehr wird dieser von der inneren Uhr der Tiere gesteuert, die auf die Tageslänge reagiert. Werden im Herbst die Tage kürzer, setzt der Fellwechsel ein, wobei das Winterfell nicht nur weiß ist, sondern auch dichter und wärmender. Darüber hinaus gibt es eine genetische Anpassung an die jeweilige Umgebung, die sicher durch den Feinddruck verursacht wurde: In Regionen mit schneearmen Wintern, etwa auf den Färöer-Inseln und in Südschweden, bleiben die Tiere braun, während die in Nordeuropa lebende Unterart **Nordischer Schneehase** *(Lepus timidus timidus)* das ganze Jahr über weiß ist.

In gleichem Maße müssen sich die Jäger anpassen. Das **Hermelin** *(Mustela erminea)* etwa ist im Sommer braun mit weißem Bauchfell, nur im Winter trägt es ein reinweißes Fell. Und der **Polarfuchs** *(Alopex lagopus)* färbt sich in der kalten Zeit je nach Region reinweiß oder bläulichweiß.

Was den Säugern recht ist, ist den Vögeln billig. Das Männchen des **Alpenschneehuhns** *(Lagopus muta)*, das in den Polarregionen und als Eiszeitrelikt in den Höhenlagen der Alpen vorkommt, wechselt sogar viermal im Jahr das Kleid: Im Winter ist es schneeweiß, nach der Frühjahrsmauser trägt es ein braun-weiß geflecktes Tarngefieder, und nach der Sommermauser sind die weißen Bereiche erst einmal verschwunden. Im Herbst erscheint dann wieder das Reinweiß.

Dieser Polarfuchs befindet sich mitten im Fellwechsel von Braun zu Weiß.

ÖFTER MAL WAS NEUES: FARBWECHSEL

Silberne Haubenlanguren sind als Jungtiere orange. Die Signalfarbe könnte den erwachsenen Tieren helfen, die schutzbedürftigen Jungen stets gut im Blick zu haben.

Warum sind Kinder anders gefärbt als Erwachsene?

Bei manchen Primaten sind die Jungtiere deutlich anders gefärbt als ihre älteren Verwandten. So sind die erwachsenen **Silbernen Haubenlanguren** (Trachypithecus cristatus) aus Südostasien, eine Schlankaffenart, grau, ihre Jungtiere hingegen orange. Erst nach einigen Monaten werden auch sie grau. Die Jungen der in Europa lebenden **Berberaffen** (Macaca sylvanus) haben ein schwarzes Fell, das nach etwa vier Monaten die hellbraune Farbe der Erwachsenen annimmt. Bei den südamerikanischen **Schwarzen Brüllaffen** (Alouatta caraya) werden die Jungen mit hellgelbbraunem Fell geboren, die männlichen Tiere wechseln später ihre Farbe in Schwarz. Grund für die auffälligen Farbunterschiede könnte sein, dass die anderen Gruppenmitglieder die Jungtiere so eher umsorgen und schützen.

Bei den madagassischen **Rotstirnmakis** (Eulemur fulvus rufus) könnte der Farbwechsel aber auch ein spezieller Schutz vor anderen Gruppenmitgliedern sein. Diese Tiere leben in kleinen Verbänden, zu denen bis zu vier Weibchen zählen. Aber zwischen den Weibchen herrscht starke Konkurrenz, denn nur zwei pflanzen sich tatsächlich fort. Daher gibt es oft Streitereien zwischen den Weibchen. Bisweilen verletzen sie sich dabei gegenseitig, und manchmal werden sogar welche aus der Gruppe getrieben.

Für junge Rotstirnmaki-Mädchen könnten Angriffe der anderen Weibchen leicht tödlich enden. Offenbar hat die Natur daher für ihren Schutz gesorgt: Alle Rotstirnmakis werden mit einer Fellzeichnung geboren, die derjenigen der erwachsenen Männchen gleicht. Nur die Männchen nämlich haben die rotbraunen Stirnhaare, nach denen die Art benannt ist; die Weibchen sind dort grau. Die Affenmädchen sehen also aus wie erwachsene Kerle. Erst nach zwei bis vier Monaten, wenn die Tiere größer und stärker sind, wird die Stirn der Mädchen ebenfalls grau.

Farbsignal: Ich bin befruchtet

Wer einen Blütenstand der **Rosskastanie** (Aesculus hippocastanum) genauer betrachtet, wird in den weißen Blüten gelbe und meist auch rote Flecken finden, die sogenannten Saftmale. Gelb sind sie bei frischen Blüten, die auf Bestäubung warten und dafür mit süßem Nektar locken. Haben sie erfolgreich Besuch bekommen und sind bestäubt, drosseln sie die Nektarproduktion und färben das Saftmal um in Rot, das von Bienen als dunkelgrau und damit uninteressant wahrgenommen wird. Für die Bestäuber ist dieser Farbwechsel ausgesprochen praktisch, denn er erspart ihnen vergebliche Besuche an bereits bestäubten Blüten.

Ganz ähnlich, nur unauffälliger signalisiert das **Vergissmeinnicht** (Myosotis sylvatica) erfolgreiche Bienenbesuche. Jungfräuliche Blüten tragen ein gelbes Mal im Zentrum, nach der Bestäubung durch Bienen werden sie weiß.

Wussten Sie, dass...

... es eine Schlange gibt, die leichenblass werden kann?

Während Farbwechsel bei Chamäleons sprichwörtlich sind, waren solche Fähigkeiten bei Schlangen bislang unbekannt. In Borneo aber hat man kürzlich eine Schlange entdeckt, die sich verfärben kann. Die Kapuas-Wassertrugnatter (Enhydris gyii) lebt in den sumpfigen Gebieten um den Kapuas-Fluss auf Borneo und wird einen halben Meter lang. Normalerweise ist sie rötlich-braun und damit gut an die Farbe ihrer Umgebung angepasst. Als ihr Entdecker sie aber kurze Zeit in einem dunklen Eimer aufbewahrte, färbte sie sich reinweiß. Weder versteht man bislang, warum sie dies tut, noch wie sie es bewerkstelligt.

Rotaugenlaubfrösche sind am Rücken tagsüber leuchtend gelbgrün, nachts nehmen sie eine dunkelgrüne Färbung an.

Wie einer Palette entsprungen

Die Farbwechsel-Fähigkeit ist nicht auf Reptilien beschränkt – einige Amphibien können's auch. Der in ganz Europa verbreitete **Moorfrosch** *(Rana arvalis)* ist normalerweise braun. Zur Balzzeit aber färben sich viele Moorfrosch-Männchen himmelblau. Ursache scheinen Vorgänge in den Lymphgefäßen unter der Haut zu sein, die wohl hormongesteuert sind. Auch die **Wechselkröte** *(Bufo viridis)* kann ihr Aussehen zwischen hellerer und dunklerer Grundfarbe variieren; vermutlich um sich an wechselnde Umgebungen anzupassen, also zur Tarnung.

Laubfrösche besitzen in der Haut Mikrostrukturen, die blaue und gelbe Farben und durch Mischung Grün bilden. Wenn sich diese Strukturen verändern, wandelt sich auch die Farbintensität. Der brasilianische **Rotaugenlaubfrosch** *(Agalychnis callidryas)* etwa ist nachts deutlich dunkler als tagsüber. Ein noch fähigerer Farbkünstler ist unser **Laubfrosch** *(Hyla arborea)*. Er kann sein Farbkleid von Gelbgrün über Grau und Braun bis hin zu intensiven dunkleren Grüntönen ändern. Es gibt auch blau-violette Laubfrösche, doch diese Farbe gehört nicht in den Bereich der Farbänderungen: Vermutlich handelt es sich um eine Pigmentstörung.

Bei den Farbwechseln der Laubfrösche spielen Tarnungsbestrebungen oder ein Balzverhalten wohl in der Regel kaum eine Rolle – eher könnte das Farbenspiel Ausdruck seiner Hormonlage sein. Doch wirklich geklärt ist die Ursache für die Farbänderungen nicht.

Auf der südostasiatischen Insel Borneo entdeckten Forscher kürzlich einen Frosch, der mit gleich zwei bemerkenswerten Eigenschaften aufwartet: Der **Mulu-Frosch** *(Rhacophorus penanorum)* kann nicht nur dank seiner Flughäute zwischen den Zehen kurze Gleitflüge von einem Baum zum anderen unternehmen, beispielsweise wenn er vor einer Schlange flieht, sondern er verändert auch seine Farbe: Nachts erscheint er hellgrün wie unser Laubfrosch – wenn auch nicht so leuchtend –, tagsüber färbt er sich braun. Auch die Augenfarbe wechselt: Nachts sind die Augen schwarz-weiß, tagsüber bräunlich.

ÖFTER MAL WAS NEUES: FARBWECHSEL

Nimm mich, ich bin reif!

Werbung für sich zu machen ist im Reich der Tiere und Pflanzen wichtig. Früchte von Büschen und Bäumen zum Beispiel sind Werbegeschenke: Sie möchten, dass Vögel sie fressen und dann den darin enthaltenen Samen möglichst weit vom Mutterbaum entfernt wieder ausscheiden, damit sich die Art verbreitet. Dafür sind die Pflanzen bereit, etwas zu tun: Sie statten die Früchte mit begehrten Nähr- und Geschmacksstoffen aus, und sie stellen sicher, dass die Botschaft ankommt – dass also die reife Frucht im Blattgewirr auffällt, während die unreife möglichst unauffällig bleibt. Das ist der Grund, weshalb unreife Äpfel, Kirschen oder Pflaumen grün sind. Rot oder Schwarz dagegen fällt auf – für das Vogelauge bilden sie den stärksten Kontrast zur Umgebung.

Auch **Primaten** wie Schimpansen oder wir Menschen essen gern reife Früchte. Möglicherweise ist das sogar der Grund dafür, warum wir Rot sehen können – im Unterschied zu fast allen anderen Säugern, die nur Sehpigmente für Grün und Blau besitzen und nicht zwischen reifen und unreifen Pflaumen, Äpfeln oder Kirschen unterscheiden können. **Insekten** sehen ebenfalls kein Rot; die Frucht ist vor ihnen weitgehend geschützt – aus gutem Grund: Sie können den schweren Samen sowieso nicht transportieren.

Wie Forscher kürzlich herausfanden, enthalten auch gelbe und orangefarbene, blaue und weiße Früchte eine Information: Sie geben Auskunft über den Nährstoffgehalt der jeweiligen Frucht. Es zeigte sich bei Vergleichen, dass orangefarbene oder gelbe Früchte vor allem reich an Proteinen sind. Blaue Früchte dagegen versprechen eine große Portion Kohlenhydrate. Und weiße Früchte enthalten eine Mischung aus Proteinen und Kohlenhydraten. Die schlauen **Vögel** können dank dieser Farbcodierung gezielt die für sie beste Nahrung auswählen.

Kaffeekirschen zeigen, wie viele anderen Früchte auch, ihren Reifezustand durch unterschiedliche Färbungen zwischen Grün und Rot an.

Wandlungen im Wasser

Sehr praktisch nutzen **Nasendoktorfische** (Nasinae sp.) ihren Farbwechsel. Sie sind normalerweise grau. Suchen sie aber eine Putzstation auf, um sich durch Putzerfische von Parasiten befreien zu lassen, färben sie sich hellblau – so erkennen die Putzer die Parasiten besser.

Relativ langsam geht der Farbwechsel bei der **Nasen-** oder **Geistermuräne** (Rhinomuraena quaesita) vonstatten. Hier sind Jungtiere schwarz gefärbt, blau sind erwachsene Männchen und gelb die erwachsenen Weibchen. Weil diese Fische im Laufe ihres Lebens eine Geschlechtsumwandlung durchmachen, wandelt sich bei jeder Nasenmuräne die Farbe von Schwarz über Blau zu Gelb.

Wenn Nasendoktorfische eine Putzstation aufsuchen, werden sie hellblau. So sind die Parasiten auf ihrem Schuppenkleid gut zu sehen.

DIE MAGIE DER FARBEN UND FORMEN

Glatt oder rau, glitschig oder haarig

Jedes Tier und jede Pflanze hat über die Körperoberfläche Kontakt mit der Umwelt – die ungemütlich oder gar gefährlich sein kann. Kein Wunder also, dass die Natur ihre Lebewesen mit einer Fülle von Erfindungen schützt und dafür sorgt, dass sie in ihrem Lebensraum bestens zurechtkommen.

Durch den Sand gleiten wie durch Wasser

In der Wüste haben es die Tiere nicht nur mit der Hitze, sondern auch mit lockerem Sand zu tun. Über eine besondere Anpassung an diesen Boden verfügen die **Sandskinke** *(Scincus scincus)*, die sich auf der Flucht, z. B. vor Wüstenwaranen *(Varanus griseus)*, mit rasender Schnelligkeit in den lockeren Sand eingraben und nach einiger Zeit an anderer Stelle wieder zum Vorschein kommen. Auf der Suche nach Nahrung – sie fressen kleine Insekten und Spinnen – legen sie im Sand und auf seiner Oberfläche etwa einen Kilometer täglich zurück. Dazu „schwimmen" sie geradezu in den Dünen wie Fische im Wasser, was ihnen den Beinamen „Sandfisch" eingetragen hat.

Während Flugsand Glas in kürzester Zeit trüben kann, bleibt die Haut der Skinke trotz der scharfkantigen Sandkörnchen dauerhaft glatt und glänzend. Und dabei besteht diese Haut aus Keratin, also dem üblichen Baumaterial für Haare, Nägel, Hörner, Federn und Schuppen. Forscher, die an Skinkhaut Reibungsmessungen mit fließendem Sand vornahmen, stellten fest, dass sich die Reibung als deutlich geringer erwies als auf poliertem Metall oder Glas. Auch die Widerstandsfähigkeit des Schuppenkleides war überraschend: Ein stundenlanges Bombardement mit Sandkörnchen hinterließ keinerlei Spuren, während das Sandstrahlgebläse Metall- und Glasflächen kräftig mattierte.

Dabei stellt das Schuppenkleid keine fugenlose Oberfläche dar, denn die Schuppen müssen gegeneinander beweglich sein. Und im Elektronenmikroskop erweisen sich auch die Schuppen selbst als keineswegs glatt.

Der Sandskink gleitet durch Sand wie ein Fisch durch Wasser. Möglich wird dies durch winzigste Schwellen auf der Hautoberfläche.

GLATT ODER RAU, GLITSCHIG ODER HAARIG

Im Gegenteil: Sie zeigen zahllose messerscharfe Schwellen von etwa einem tausendstel Millimeter Höhe, und diese liegen erstaunlicherweise quer zur Bewegungsrichtung. Von einer solchen Struktur würde man eher eine Bremswirkung erwarten. Zudem besitzt die Oberfläche der auf dem Rücken befindlichen Schwellen ihrerseits winzige, dornartige Höckerchen, sogenannte Nanospikes. Deren Spitze hat nur 40 millionstel Millimeter Durchmesser.

Schwellen hat man auch auf der Haut anderer im Sand lebender Tiere entdeckt, etwa der **Kenianischen Sandboa** *(Gongylophis colubrinus)*. Das belegt: Solche Strukturen sind für das Leben im Sand wichtig. Welche Bedeutung sie haben, fanden Wissenschaftler bei weiteren Untersuchungen heraus: Die Schwellen streifen Tonpartikel ab, die sich sonst von den Sandkörnchen auf die Schuppen übertragen und dort haften würden; von den Schwellen lösen sich angesammelte Partikel dagegen leicht.

Die Nanospikes hingegen sind für die niedrige Reibung der Skinkhaut verantwortlich. Ein – vergleichsweise riesiges – Sandkorn liegt immer nur auf wenigen Spikes auf und kann die Haut des Skinks gar nicht flächig berühren. Deshalb ist die Reibungskraft extrem gering. Ein zweiter Effekt könnte hinzukommen: Die Spitzen fungieren als „Blitzableiter"; sie leiten elektrische Ladungen ab, die sich im Sand bilden. Andernfalls würden elektrostatische Kräfte bewirken, dass der Sand doch am Skink haftet.

Die feinen Zähnchen auf der Haihaut sind parallel zur Strömungsrichtung gerillt. Das vermindert den Widerstand, den das Tier beim Schwimmen erfährt.

Superschwimmer dank Mini-Zähnchen

Haie (Selachii) haben ein schlechtes Image, weil man bisweilen von Hai-Angriffen auf Badende liest. In Wirklichkeit tötet der Mensch viel mehr Haie als umgekehrt. Zudem sind diese Tiere Wunderwerke der Natur und ihrer Lebensweise so gut angepasst, dass sie sich seit Jahrmillionen kaum verändert haben. So können sie wochenlang energiesparend schwimmen und im Spurt mit über 60 Kilometern pro Stunde einer Beute nachjagen. Verantwortlich für solche Leistungen ist neben kräftigen Muskeln und dem stromlinienförmigen Körper ein besonderer Aufbau der Haihaut.

Man sollte meinen, dass eine strömungsgünstige Haut besonders glatt ist, wie man es ursprünglich auch von der Haut des Sandskinks angenommen hat. In Wahrheit fühlt sich Haihaut rau an. Grund dafür sind zahllose feinste Schuppen oder Zähnchen, die beweglich auf Stielen sitzen und den ganzen Körper bedecken. Mit bloßem Auge sind sie kaum sichtbar. Die Zähnchen weisen ein Muster aus Rillen auf, die etwa ein zehntel Millimeter breit sind und parallel zur Strömungsrichtung liegen. Messungen zeigten, dass diese Rillen den Wasserwiderstand deutlich verringern, weil sie die winzigen beim Schwimmen entstehenden Wasserwirbel so ablenken, dass das Wasser der Hauptströmung leichter vorbeigleitet. Doch die Rillen haben, wie Forscher kürzlich herausfanden, noch eine zweite nützliche Funktion: Sie verhindern, dass sich Kleintiere, etwa **Seepocken** (Balanidae), auf der Haihaut ansiedeln.

An den eindrucksvollen Eigenschaften der Haihaut orientieren sich einige Neuheiten der Materialentwicklung. Für Sportschwimmer gibt es Ganzkörper-Schwimmanzüge, deren Oberfläche der Haihaut nachempfunden ist. Olympia-Schwimmer, bei denen es um hundertstel Sekunden geht, konnten damit auf 100 Metern mehr als eine Sekunde einsparen! Heute sind solche Anzüge auf Meisterschaften wegen möglicher Wettbewerbsverzerrungen verboten.

Auch im Schiffbau will man den Rilleneffekt nutzbar machen – er könnte den Einsatz von Giften zur Sauberhaltung von Schiffsrümpfen ersetzen.

Pinguine sind elegante Schwimmer, die im Wasser pfeilschnell vorankommen können, wenn es die Situation erfordert.

In Luft schwimmen

Pinguine (Spheniscidae) sind Vögel, die nicht fliegen können, und an Land bewegen sie sich ziemlich tollpatschig. Nicht jedoch im Wasser: Dort gleiten sie elegant und dank ihres besonders strömungsgünstig geformten Körpers mit bemerkenswerten Geschwindigkeiten dahin. In der Regel schwimmen sie mit fünf bis zehn Kilometer pro Stunde – sie können aber auch erheblich schneller.

Besonders eilig haben sie es natürlich, wenn sie auf der Flucht etwa vor einem **Seeleoparden** (Hydrurga leptonyx) sind. Dann können sie eine Art Turbo-Trick einsetzen: Beim Beschleunigen erzeugen sie einen Schleier aus feinsten Luftbläschen, die aus ihrem dichten Federkleid entweichen. Die winzigen Luftbläschen haben für den Pinguin einen wichtigen Effekt: Sie vermindern, wie Messungen im Labor deutlich zeigten, ganz erheblich die Reibung im Wasser. Wahrscheinlich sind dafür gleich mehrere Teileffekte verantwortlich. So ist das Wasser-Luft-Gemisch aufgrund seiner geringeren Dichte besser beweglich und kann deshalb leichter durchquert werden. Eventuell schlucken oder vermindern die Bläschen auch Wasserwirbel, die für das Tier Energie zehrend sind. Jedenfalls gibt diese Hilfe dem Vogel so viel Zusatztempo, dass er seinem Verfolger oft gerade noch entkommt.

Derselbe Turbo-Trick ermöglicht es dem Pinguin, mit hoher Geschwindigkeit „Anlauf" zu nehmen, um mit einem gewaltigen Satz auf eine Eisscholle zu springen.

Wer sich einschleimt, lebt sicherer

Anemonenfische *(Amphiprion sp.)*, auch Clownfische genannt, haben sich einen ungewöhnlichen Lebensraum erobert: Sie hausen zwischen den Fangarmen von **Seeanemonen** *(Actiniaria)*, die ihnen Schutz vor Feinden bieten. Eigentlich sollte das nicht funktionieren, denn viele Arten dieser Seeanemonen, die zu den Blumentieren zählen, haben ihre Tentakel mit Nesselzellen gespickt. Kommen kleine Tiere damit in Berührung, dringen die Nesselzellen wie Giftpfeile in sie ein. Den Anemonenfischen aber macht das offensichtlich nichts aus; sie wälzen sich geradezu in den Tentakeln.

Immun gegen das Nesselgift sind Anemonenfische aber nicht. Genaue Untersuchungen zeigten, dass sie auf andere Weise geschützt sind. Ihrer Haut fehlen bestimmte Stoffe, die normalerweise das „Abschießen" der Nesselzellen auslösen. Vor allem aber nehmen sie von den Anemonen einen schützenden Schleim auf und verteilen ihn auf ihrem Körper. Der Anemone dient dieser Schleim dazu, sich selbst vor dem Auslösen ihrer Nesselzellen zu schützen, wenn ihre Tentakel sich gegenseitig berühren.

Der Anemonenfisch findet Schutz in Seeanemonen. Deren Verteidigungs-Nesselzellen schaden ihm nicht, vor allem, weil er sich mit dem Schleim der Blumentiere bedeckt.

GUTE FRAGE!

Warum fühlen sich Fische so schleimig an?

Wer Reibung vermindern will, nutzt Öl oder Fett. Eine ähnliche Methode funktioniert auch im Wasser: Schleime aus langkettigen Molekülen setzen schon in geringer Konzentration den Wasserwiderstand stark herab. Tatsächlich fühlen sich viele Fische deshalb so glitschig an, weil ihr Körper mit einer hauchdünnen Schleimschicht überzogen ist. Die Fische stellen diesen Schleim sehr energiesparend her: Er enthält nur minimale Mengen an organischem Material, nämlich etwa ein hundertstel Promille – der Rest ist Wasser.

Wie man die Wand hoch geht

Manchmal möchte man vor Ärger die Wände hochgehen! **Geckos** *(Gecko sp.)* verfügen seit Jahrmillionen über solche Fähigkeiten, die sie zur Nahrungssuche nutzen. In den Tropen dulden viele Hausbesitzer die eidechsenähnlichen Tiere im Haus, weil sie Insekten und Spinnen fressen.

Wie die Echsen es fertigbringen, die Wände hoch- und an der Decke entlangzulaufen, ist ein Rätsel, an dem vor allem Materialforscher interessiert sind und das bis heute noch nicht bis ins Letzte geklärt ist. Normale Klebekraft scheidet aus, denn die Tiere können ihre Füße beim Laufen mühelos wieder lösen. Auch elektrische Anziehungskräfte oder winzige Haken an den Füßen sind auszuschließen, denn die Geckos laufen selbst auf Glasscheiben. Und winzige Saugnäpfe an den Füßen sind auch nicht im Spiel.

Erst das Elektronenmikroskop half, hinter den größten Teil des Geheimnisses der Geckofüße zu kommen. Es zeigte, dass jedes Füßchen von etwa 500 000 feinsten Härchen bedeckt ist. Und jedes Haar trägt an der Spitze einige hundert spatelförmige Fasern, die Spatulae. Spreizt der Gecko diese Spatulae auf dem Untergrund, entwickeln sich dank Adhäsion Haftkräfte, die mehrere Kilogramm tragen können, und er löst seine Füße wieder, indem er die Zehen nacheinander vom Untergrund abrollt, sodass sich nach und nach alle Spatulae vom Untergrund trennen.

Doch wieso nutzen sich die Härchen nicht ab? Vor kurzem entdeckte man die vermutliche Lösung: Die Zehenballen der Geckos sondern Phospholipid-Moleküle ab – fettartige Flüssigkeiten, die die Härchen schützen.

DIE MAGIE DER FARBEN UND FORMEN

Winzige, geometrisch perfekte Kunstwerke der Natur

Sie sind winzig, doch für das irdische Leben extrem wichtig: **Kieselalgen** oder **Diatomeen** (Bacillariophyta) binden etwa so viel Kohlendioxid wie alle Regenwälder zusammen, und sie erzeugen einen Großteil des Sauerstoffs unserer Lufthülle.

Bisher kennt man rund 6000 Arten, aber vermutlich gibt es etwa 100 000 Arten dieser winzigen Algen. Die meisten dieser Einzeller leben in den Ozeanen. Ihr Name leitet sich von dem Material ihres Schutzpanzers her, Siliziumdioxid – dem gleichen harten Stoff, aus dem auch Kiesel bestehen. Die Kieselalgen gewinnen das Siliziumdioxid aus dem Meerwasser. Jede der Hüllen ist ein kleines Kunstwerk, dessen atemberaubende geometrische Feinstruktur und Schönheit erst das Elektronenmikroskop enthüllt.

Jede der Kieselalgenarten hat eine andere Gehäuseform. Manche sind rund, manche oval, dreieckig, sternförmig oder länglich. Doch stets bestehen sie aus zwei Teilen, die wie Deckel und Bodenteil einer Käseschachtel ineinander stecken. Zum Vermehren trennen sich die Gehäuseteile einer Algenzelle auf. Jede der Tochterzellen bekommt eines der alten Gehäuseteile und baut sich das passende Gegenstück dazu selbst auf.

Die Diatomeengehäuse bestehen aus geometrisch angeordneten Löchern, Stegen, Brücken und anderen Strukturen, meist nur einige Nanometer (millionstel Millimeter) groß. Durch diese Öffnungen tritt die Kieselalge mit der Umwelt in Kontakt, nimmt Nahrung auf, gibt Abfallstoffe ab und empfängt Signale. Verständlich, dass Forscher von diesen Wunderwesen der Nanowelt fasziniert sind.

Die Schalen sind, wie Versuche zeigten, extrem fest und halten gewaltigem Druck stand – umgerechnet auf unsere Makrowelt entspricht dieser Druck mehreren hundert Tonnen auf den Quadratmeter. Andererseits besitzen Kieselalgen einen vergleichsweise Material sparenden Aufbau, der bei wenig Einsatz höchste Festigkeit bietet. Und dabei bauen sie neue Gehäuse im Rekordtempo. Bei guten Bedingungen können sie sich dreimal am Tag teilen – das bedeutet: In zehn Tagen entstehen mehr als eine Milliarde neue Diatomeen auf der Erde, jede einzelne mit der gleichen Präzision geschaffen.

Wunderwerke des Mikrokosmos: Die Vielfalt der Kieselalgen, von denen es möglicherweise 100 000 Arten gibt, ist unvorstellbar. Die Abbildung oben zeigt eine Fotomontage aus unterschiedlichen Formen.

Warmes Fell

Säugetiere halten eine hohe konstante Körpertemperatur aufrecht und müssen sich daher gegen Wärmeverluste schützen. Dafür haben sie das Fell entwickelt – feine Fasern aus dem Eiweißstoff Keratin, die in besonderen Hautdrüsen gebildet werden. Nur einige wenige Säuger haben ihre Haare weitgehend zurückgebildet, etwa Nashörner (Rhinocerotidae) und der Nacktmull *(Heterocephalus glaber)*. Selbst Elefanten tragen ein wenn auch unscheinbares Haarkleid.

Die meisten Säugetiere jedoch besitzen ein langhaariges Fell, das fast den gesamten Körper bedeckt. Besonders wichtig ist dieser Wärmeschutz bei Arten, die in kalten Zonen leben. Den Rekord hält deshalb ein Tier, das schon in der Eiszeit durch europäische und asiatische Kältesteppen gezogen ist: der **Moschusochse** *(Ovibos moschatus)*, der heute noch in den nördlichen Polargebieten lebt. Er kann Temperaturen bis minus 70 Grad Celsius ertragen, dank seines zweifachen Fellschutzes: Außer einem warmen Unterfell trägt er ein langes Oberfell aus Deckhaaren, das bis fast zum Boden reicht und gerade im Winter besonders dick und zottelig ist. Hier findet man die wohl längsten Haare im Tierreich: Sie erreichen 80 bis 90 Zentimeter.

Wärmeschutz brauchen auch Wassertiere. Das gilt z. B. für den **Seeotter** *(Enhydra lutis)*. Er besitzt eine große Oberfläche, über die er Wärme verlieren könnte, wenn er in den Wassern des Nordpazifiks auf Nahrungssuche geht. Doch die Natur hat vorgesorgt: Der Seeotter besitzt das dichteste Fell aller Tiere. Mehr als 100 000 Haare, möglicherweise bis 400 000, wachsen auf nur einem Quadratzentimeter seiner Haut. Die meisten Haare gehören zum weichen Unterfell, das viel Luft einschließt und gegen Wärmeverluste isoliert. Darüber liegt das gröbere Deckhaar. So ein Pelz will natürlich gepflegt sein. Daher muss der Seeotter täglich viele Stunden lang sein Fell putzen und mit Luft beladen.

Sehr haarig: Seit der Eiszeit übersteht der Moschusochse unwirtliche Umweltbedingungen dank seines dicken, zweischichtigen Fells.

DIE MAGIE DER FARBEN UND FORMEN

Das Blütenblatt eines Stiefmütterchens ist nicht so glatt, wie es scheint. Es ist voller „Härchen".

Pflanze im Pelz

Pflanzen, die in trockenen Regionen wachsen, haben es nicht leicht: Sie müssen die Wasserverdunstung einschränken, ohne die für die Photosynthese nötige Luftzufuhr zu sehr zu beeinträchtigen. Und sie müssen sich selbst und insbesondere ihren Nährstoff- und Wasservorrat vor Fressfeinden schützen, die in kargen Trockenregionen besonders hungrig und durstig sind. Manche Pflanzenarten lösen beide Probleme gleichzeitig mit einem Trick: Behaarung ihres Körpers.

So bildet etwa die zu den Bromelien zählende **Leuchtende Lanzenrosette** (Aechmea fulgens) auf der Oberhaut ihrer Blätter feine haarige Auswüchse, die abgestorben sind, also kein Wasser verbrauchen. Sie reflektieren Licht und halten dadurch die Blatttemperatur niedrig; zudem sorgen sie, indem sie sich bei Trockenheit dachziegelartig übereinander legen, für einen windstillen Raum über den Spaltöffnungen, die sich ungewöhnlicherweise auf der Blattoberseite befinden. Bei Regen schwellen diese Härchen an und saugen sich voll Wasser. Noch ausgeprägter ist diese Funktion bei der **Hängebromelie** (Tillandsia usneoides). Diese Bromelie zählt zu den sogenannten Aufsitzerpflanzen, die auf anderen Pflanzen wachsen und keinen Kontakt zum Erdboden haben. Zu einem großen Teil ist sie bedeckt mit Saughaaren, die ebenfalls abgestorben und hohl sind. In trockenem Zustand wirken diese Haare als Reflektoren von Wärme und Licht. Wenn aber Regen die Pflanze durchfeuchtet, speichern sie das Wasser, das die Blätter nun direkt aufnehmen können. In diesem Zustand wirkt die zuvor nahezu weiße Pflanze grün, denn die wassergefüllten Saughaare können vom Licht besser durchdrungen werden, sodass mehr Chlorophyll gebildet und eine intensivere Photosynthese möglich wird.

Mit winzigen Erhebungen der Oberhaut, den härchenartigen Papillen, schützt das **Stiefmütterchen** seine für unsere Augen glatt erscheinenden zarten Blütenblätter vor Austrocknung. Die kegelförmigen Auswüchse, die nur das Elektronenmikroskop sichtbar machen kann, sind nämlich mit einem wachsartigen Überzug versehen.

In heißen Trockentälern Mexikos wächst ein Kaktus, das **Greisenhaupt** (Cephalocereus senilis), dessen Säulen bis zu 15 Meter Höhe erreichen und nicht nur mit Dornen bewehrt, sondern auch dicht mit weißen Haaren bekleidet sind. Jede Säule wird gekrönt von einem extrem zotteligen Haarschopf, unter dem der Kaktus die Blütenknospen bildet, aus denen trichterartige, weiß-rosa gefärbte Blüten brechen. Empfindliche Pflanzenteile wie Knospen und Blüten haben eben besonderen Schutz nötig.

Auch Hochgebirgspflanzen müssen sich vor Austrocknung und gleichzeitig vor der in der Höhe besonders starken Sonnenstrahlung schützen. Erstes Mittel der Wahl sind hier ebenfalls Haare. So weisen die Blätter des **Edelweißes** (Leontopodium nivale) vor allem an der Unterseite, wo die Spaltöffnungen sitzen, eine Behaarung auf, die den Wasserverlust weitgehend unterbindet. Die weißen Hochblätter, die wie Blüten aussehen, sind ebenfalls filzig, was auch sie vor Austrocknung bewahrt. Untersuchungen zeigten, dass die Haare der Hochblätter vor allem ultraviolettes Licht reflektieren und genug sichtbares Licht für die Photosynthese durchlassen. Ihr Leuchten soll Insekten anlocken und zur gelblichen Blüte im Zentrum des weißen Sterns führen.

Ein Fell hält die Kälte ab – das nutzen auch viele Pflanzen. So verbirgt sich der **Wollkopf** (Saussurea gossypiphora) in einem glockenförmigen „Pelzmantel" aus zahllosen verfilzten Haaren. Denn an seinem unwirtlichen Standort in den Höhenlagen des Himalaya ist es sehr kalt. An der Spitze hat der Mantel ein sinnreiches kleines Loch für Bestäuberinsekten, die gern in diese Wärmestube kommen.

Dufthaare – Stinkhaare

Eine haarige Oberfläche schützt auch vor hungrigen Mäulern. Tatsächlich ergaben Versuche, dass behaarte Pflanzen von deutlich weniger Fressfeinden attackiert werden. Oft sind besonders die Blattunterseiten behaart, wo sich z. B. Raupen besonders gern aufhalten. Meist sind die Haare nadelscharf und zusätzlich mit Quarz verstärkt, und oft sind sie hohl und geben als Drüsenhaare Sekrete ab. In vielen Fällen sind das Stoffe, die der Mensch als wohlriechend empfindet. So duften etwa die Sekrete von **Pfefferminze** *(Mentha piperita)* oder **Rosmarin** *(Rosmarinus officinalis)* angenehm; Fressfeinden allerdings verderben diese Stoffe den Appetit. Erst recht gilt das für die bitteren Sekrete, die zum Beispiel die **Tabakpflanze** *(Nicotiana sp.)* oder der **Hopfen** *(Humulus lupulus)* absondern.

Noch einen Schritt weiter gehen wilde **Kartoffeln** *(Solanum sp.)* in Peru: Sie produzieren mit ihren Drüsenhaaren eine wasserklare Flüssigkeit, die Blattläuse schlicht und einfach auf ihren Blättern festklebt.

GUTE FRAGE!

Warum sind so viele Insekten behaart?

Unter der Lupe sieht man selbst an vermeintlich glatten Insekten Haare. Diese Haare haben unterschiedliche Funktionen. Die Tiere können damit leiseste Schwingungen aufnehmen, was auch nötig ist, denn ihre feste Außenhülle enthält keine Nerven. Zudem dienen Sinneshaare als Sensoren für Geruch und Geschmack sowie der Orientierung. Am Gewässergrund lebende Grundwanzen haben einen Besatz von Millionen feinster Härchen, die eine Luftschicht an den Körper binden, sodass die Tiere nie auftauchen müssen. Bei Honigbienen halten die Haarborsten an den Hinterbeinen den gesammelten Blütenstaub fest. Haare schützen die Atemöffnungen der Insekten vor Verschmutzung, und Schaben hören sogar mithilfe feinster Haare.

Turbo-Wachstum im kurzen Sommer

Wer jemals versucht hat, mithilfe eines Bestimmungsbuchs Pflanzen zu identifizieren, hat – meist gleich zu Anfang – die Vielfalt an Blattformen kennengelernt, die Botaniker unterscheiden. Da gibt es rundliche, ovale und längliche, und ihr Rand kann zum Beispiel gelappt, gefingert, gefiedert oder gezackt sein. Warum es so viele Blattformen gibt, hat man bisher nur in Ansätzen verstanden. Aber kürzlich zeigte sich, dass nicht nur der Zufall die Form des Blattrands bestimmt.

Schon länger ist bekannt, dass in Zonen mit kühlerem Klima mehr Pflanzen mit gezackten Blatträndern wachsen als in wärmeren Gegenden, zum Beispiel der **Ahorn** *(Acer sp.)* mit seinem Blatt, das die Flagge Kanadas schmückt, oder die **Hainbuche** *(Carpinus betulus)* mit ihren fein gezähnten Blättern. Diese Regel ist so generell gültig, dass man sie sogar nutzt, um aus der Form fossil erhaltener Blätter oder Blattabdrücke auf das damals herrschende Klima zu schließen. Dennoch wusste man nicht genau, warum das so ist.

Als nun amerikanische Biologen zahlreiche Pflanzen mit unterschiedlichen Blatträndern untersuchten, stießen sie auf einen bemerkenswerten Unterschied: Zu Beginn der Vegetationsperiode im Frühjahr war die Stoffwechselaktivität in den gezackten Blättern erheblich höher als in denen mit glattem Rand, und besonders deutlich war dies bei Pflanzen kühlerer Regionen, wo die Vegetationsperiode kurz ist. Der Grund dafür dürfte der Wasserhaushalt sein: Der erheblich längere Rand gezackter Blätter führt dazu, dass mehr Wasser verdunstet. Als Folge davon muss die Wurzel mehr Wasser in die Blätter pumpen und damit mehr Nährstoffe, was die Photosynthese steigert und das Wachstum beschleunigt.

Pflanzen aus wärmeren Zonen haben dieses Tempo aufgrund der höheren und längeren Sonneneinstrahlung nicht nötig – im Gegenteil: Gewächse trockener Zonen müssen vermeiden, zu viel Wasser durch Verdunstung zu verlieren. Ihre Blätter haben deshalb meist glatte Ränder.

GENAUER UNTERSUCHT

Alles perlt ab: Der Lotus-Effekt

Für Buddhisten ist die Lotusblume *(Nelumbo nucifera)* **seit Jahrtausenden ein Symbol der Reinheit, weil ihre Blätter stets perfekt sauber sind. Doch erst in jüngster Zeit hat man das Geheimnis gelüftet, das sich dahinter verbirgt.**

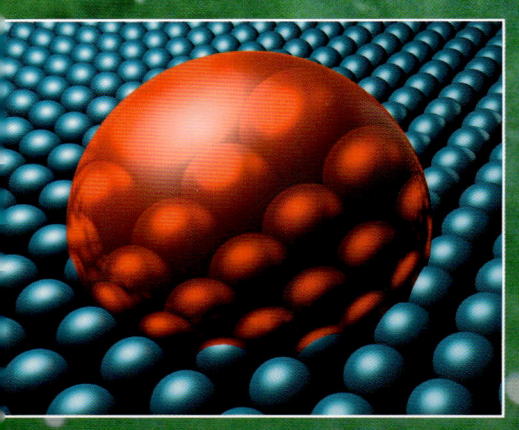

So funktioniert der Lotus-Effekt: Die schematische Darstellung zeigt, wie Kugeln auf Kugeln liegen. Da kann nichts haften.

Hintergrundbild: Wassertropfen gleiten vom Blatt einer Lotuspflanze ab.

Wer einmal Gelegenheit hat, im Teich eines Tropenhauses auf dem Wasser schwimmende Lotusblätter zu sehen, kann mit ihnen einen aufschlussreichen Versuch machen. Er braucht nur einige Wassertropfen auf die Blätter zu spritzen – und wird feststellen, dass die Blätter keineswegs nass werden wie etwa gewöhnliche Pflanzenblätter. Stattdessen läuft das Wasser in großen Tropfen zusammen und sammelt sich an der tiefsten Stelle oder rinnt über den Rand davon. Schmutzpartikel auf dem Blatt nimmt es dabei gleich mit.

Verantwortlich dafür ist der sogenannte Lotus-Effekt. Er ist freilich nicht auf eine einzige Pflanze beschränkt; andere, wie z. B. der **Frauenmantel** *(Alchemilla vulgaris)*, die **Akelei** *(Aquilegia vulgaris)*, das **Schilf** *(Phragmites communis)* und die **Kapuzinerkresse** *(Tropaeolum majus)* zeigen ihn ebenfalls. Und sogar viele Insekten besitzen wasserabweisende, selbstreinigende Oberflächen.

Die Wirkung dieses Effekts ist immer wieder verblüffend. Selbst flüssiger Klebstoff und Honig perlen von den Blättern rückstandslos ab. Vor allem können sich weder Pilzsporen noch Krankheitskeime auf solchen Oberflächen ansiedeln. Doch wie machen die Pflanzen das? Erst mithilfe des Elektronenmikroskops kam der Botaniker und Bioniker Wilhelm Barthlott von der Universität Bonn hinter den Trick der Pflanzen, und anfangs wollten ihm seine Fachkollegen nicht glauben. Denn die Oberfläche der Blätter ist keineswegs, wie man zuvor vermutet hatte, außergewöhnlich glatt, sondern im Gegenteil sehr rau – allerdings im Nanometer-Bereich, also in der Welt der millionstel Millimeter.

Tanzende Tropfen

Eigentlich sollte man meinen, dass raue Oberflächen besonders leicht verschmutzen, weil der Dreck an ihren Rauigkeiten besonders gut haftet. Sehr glatte Flächen sollten hingegen leicht zu putzen sein. In der Alltagswelt stimmt das auch, wie jede Hausfrau bestätigen kann. In der Mikrowelt ist das aber anders. Die Blattoberfläche, das zeigten die elektronenmikroskopischen Aufnahmen, weist eine Vielzahl winziger Zellpapillen auf, die zusätzlich mit kleinen wasserabweisenden Wachskristallen überzogen sind. Die Wachskriställchen bilden zusammen mit Luft, die zwischen den Papillen eingeschlossen ist, eine abweisende Oberfläche. Einem Schmutzteil gegenüber verhält sich diese Oberfläche wie eine Murmel, die auf einer Bürste liegt: Sie schwebt oder tanzt darauf, denn es gibt nur sehr wenige, winzig kleine Berührungspunkte. So kann nichts haften bleiben.

Auch ein Wassertropfen benetzt das Blatt nicht. Denn Wasser neigt wegen der wechselseitigen starken Anziehungskraft seiner Moleküle dazu, Formen

GLATT ODER RAU, GLITSCHIG ODER HAARIG

mit möglichst kleiner Oberfläche zu bilden, und das sind Kugeln (Tropfen). Und sind die darin wirkenden Anziehungskräfte stärker als die an der Blattoberfläche, laufen die Tropfen nicht auseinander, benetzen das Blatt also nicht. Und wenn sie herunterrollen, nehmen sie Schmutzpartikel auf ihrem Weg gleich mit: Das Blatt ist selbstreinigend, wie alle Oberflächen, auf denen der Lotus-Effekt wirkt.

Heute sind zahlreiche Produkte auf dem Markt, die den Lotus-Effekt nutzen, etwa selbstreinigende Keramik-Waschbecken, Fassadenanstriche sowie Dachziegel, auf denen weder Moose noch Flechten haften. Es gibt Sprays zur Beschichtung von Wintergartendächern, die das Glas per Lotus-Effekt vor Verschmutzung bewahren sollen, und Autofahrer können ihre Windschutzscheibe mit entsprechenden Mitteln so behandeln, dass Wassertropfen wie Sandkörnchen einfach abprallen und selbst Insekten kaum noch haften.

Wasserscheue Wasserpflanze

Wie der Name vermuten lässt, ist der **Schwimmfarn** *(Salvinia molesta)* eine Wasserpflanze. Die bis zu vier Zentimeter langen ovalen Blätter treiben auf stehenden oder gemächlich fließenden Gewässern in den mittel- und südamerikanischen Tropen dahin, während die Wurzeln frei im Wasser schwimmen. Ihre enorme Wuchskraft hat diese Pflanze zum Umweltproblem gemacht: Binnen kürzester Zeit deckt sie die gesamte Wasserfläche zu.

Taucht man nun ein Blatt des Schwimmfarns ins Wasser und zieht es wieder heraus, ist es trocken. Wie kann das sein? Der hier wirkende Trocken-Trick des Schwimmfarns liegt im Mikrobereich. Die Oberfläche ist von zahllosen winzigsten Haaren bedeckt, deren Spitzen wie beim Schneebesen auseinander gehen. Anders als die restliche Oberfläche sind diese Spitzen wasseranziehend. Das hat den Effekt, dass die Haarspitzen die umgebenden Wassermoleküle an sich binden. Taucht ein Blatt ins Wasser, halten die Haare die Wasserschicht zwischen ihren Spitzen fest und hindern so jede noch so kleine Luftblase, die sich zwischen den Haaren befindet, am Entweichen. Die Luft bleibt, wo sie ist, und verhütet, dass die Pflanzenoberfläche mit dem Wasser in Kontakt kommt. Das Blatt wird nicht nass.

Dieser sogenannte Salvinia-Effekt (nach *Salvinia molesta*) ist auch für die Technik interessant: Man hofft, dass zukünftig Schiffe dank einer mit dieser Methode erzeugten Mini-Luftschicht am Rumpf reibungsfreier und damit Treibstoff sparend durchs Wasser gleiten können.

Der trockene Schwimmfarn: Feinste Härchen verhindern den Kontakt zwischen Wasser und Blatt.

DIE MAGIE DER FARBEN UND FORMEN

Organe mit Top-Leistung

Manche Tierarten verfügen über außergewöhnliche Organe, die sich ursprünglich aus ganz normalen Zellen entwickelt haben. Allerdings brauchten sie dazu auch Jahrmillionen, um die Funktionstüchtigkeit, die wir heute bewundern, zu erreichen und ihre Aufgabe, die Überlebenschancen ihres „Besitzers" zu erhöhen, immer perfekter zu erfüllen.

Vorsicht, Hochspannung!

Nerven und Gehirn von Tier und Mensch funktionieren zum Teil mit elektrischen Impulsen. Diese Impulse allerdings sind schwach im Vergleich zu den elektrischen Spannungen, die manche Fische aufbauen können, vor allem der in Südamerika heimische **Zitteraal** (Electrophorus electricus), die afrikanischen **Zitterwelse**, z. B. Malapterurus electricus, sowie die **Zitterrochen** (Torpedo sp.), die als einzige dieser Gruppe im Salzwasser leben. Zwar können zahlreiche andere Fische ebenfalls Stromstöße zur Orientierung und zur Beutefindung abgeben, aber diese Stromstöße sind schwach. Bei diesen drei Elektro- oder Zitterfischen hingegen sind die Spannungen so hoch, dass sie andere Tiere betäuben oder töten können. Dabei nutzen sie die gute elektrische Leitfähigkeit des Wassers.

Es ist höchst erstaunlich, welch hohe elektrische Spannungspulse die Fische produzieren können. Der Zitteraal erreicht bis zu 800 Volt, das ist fast viermal so viel wie die Steckdosenspannung. Zitterwelse bringen es auf 350 Volt, die großen Arten von Zitterrochen immerhin noch auf 230 Volt – das genügt im salzigen und damit besonders leitfähigen Meerwasser. Dafür können die Zitterrochen aber Stromstärken bis 50 Ampere einsetzen – eine Haushaltssicherung löst in der Regel ab 16 Ampere aus.

Wie erzeugen die Fische so gewaltige Spannungen? Im Prinzip genau wie etwa Nerven- oder Muskelzellen auch. Die Fische besitzen Millionen von sogenannten Elektrozyten, das sind auf Stromerzeugung spezialisierte ehemalige Muskel- oder Hautzellen. Jede dieser Zellen kann durch Verschieben von elektrisch geladenen Teilchen (Ionen) an ihrer Membran eine kleine elektrische Spannung von etwa einem siebtel Volt erzeugen. Da im Fisch jeweils Tausende dieser Elektrozyten hintereinander geschaltet sind, kann sich die Spannung addieren. Zudem sind jeweils mehrere solcher Anordnungen, die Elektroplaxe genannt werden, parallel verbunden; so erhöht sich die lieferbare Stromstärke wiederum enorm. Insgesamt nimmt diese leistungsfähige Stromquelle einen großen Teil des Fischkörpers ein. Erspäht der Fisch ein Beutetier oder einen Feind, kann er über Nervenimpulse Spannungsstöße auslösen, und zwar durch die gleichzeitige Erregung vieler Elektrozyten. Dann entsteht im Bruchteil einer Sekunde die hohe Gesamtspannung und entlädt sich ins Wasser.

Der Zitterwels (Malapterurus electricus), der bis 1,2 Meter lang wird, kann 350 Volt erzeugen und damit vielen Tieren und auch Menschen gefährlich werden.

Reptil mit Wanderlunge

Viele Fische erzeugen ihren Auftrieb unter anderem mit der Schwimmblase, die sie nach Wunsch und Notwendigkeit vergrößern oder verkleinern können. Anderen Wasserbewohnern fehlt ein solches Organ, doch manche haben einen Ersatz gefunden, etwa **Schildkröten** (Testudines), **Seekühe** (Sirenia) und **Alligatoren**: Mithilfe von Muskeln können sie die Position ihrer Atmungsorgane verlagern. Genauer untersucht hat man diese Fähigkeit am **Mississippi-Alligator** (Alligator mississippiensis).

Die Mississippi-Alligatoren, die durchschnittlich vier Meter lang werden, leben in verschiedenen Flüssen im Süden und Südosten der USA. Sie ernähren sich von kleineren und größeren Tieren, etwa Fischen, Vögeln und Säugetieren, und sie können auch Menschen gefährlich werden. Im Wasser sind diese Reptilien weit schneller als an Land, denn sie verfügen über ein leistungsfähiges Antriebsorgan: einen kräftigen Schwanz, der etwa die halbe Körperlänge ausmacht. Damit können die Tiere enorm an Tempo gewinnen.

Doch in der Nähe eines Beutetiers sind heftige Schwanzbewegungen hinderlich, denn sie verursachen Geräusche im Wasser, die das anvisierte Opfer warnen könnten. Deshalb gleiten Mississippi-Alligatoren mit wenigen sachten Schwanzbewegungen lautlos und unbemerkt in die Tiefe, indem sie ihre Lungen in Richtung Schwanz verlagern. Für diese Verlagerung innerhalb des Körpers spannen die Reptilien in erster Linie ihre Zwerchfellmuskulatur an, die die Verdauungsorgane umhüllt. Um andererseits möglichst nahe – und ebenfalls lautlos – beim Opfer wieder aufzutauchen, werden die Lungen nach vorn geschoben.

Doch damit nicht genug: Durch eine abwechselnde Verlagerung der rechten und der linken Lungenteile können die Reptilien ihren Körper sogar um die Längsachse rotieren lassen und so zum Beispiel um Unterwasserhindernisse elegant herum kurven.

Der Mississippi-Alligator, der durchschnittlich vier Meter lang wird, ist ein gefährlicher Unterwasserjäger – dank seiner Fähigkeit, die Lungen im Körper zu verlagern.

DIE MAGIE DER FARBEN UND FORMEN

Speerwerfer im Mikrokosmos

So einfach **Quallen** (Medusae) und andere Nesseltiere auch gebaut sind – sie haben das Rückstoßprinzip bereits 500 Millionen Jahre vor dem Raketen bauenden Menschen entdeckt, und sie haben eine besondere Art des Beutefangs entwickelt und perfektioniert: Die Jagd mit Tentakeln, die dicht mit Nesselzellen bestückt sind.

Nesselzellen sitzen zu Tausenden an Nesselfäden, die vom Quallenkörper herabhängen. Jede Zelle enthält in einem mit giftiger Flüssigkeit gefüllten Hohlraum den Nesselschlauch, sorgsam aufgewickelt. Bei vielen Arten trägt dieser Nesselschlauch außerdem eine scharfe Spitze mit Widerhaken. An der Außenseite der Zelle steht ein feines Sinneshärchen hervor. Wird es berührt, explodiert die Zelle geradezu, und Spitze voran schießt der Nesselschlauch heraus. Wie eine Harpune bohrt sich die Spitze in die Hülle des Opfers und schlägt eine Wunde, in die nun der Nesselschlauch eindringt und das Gift verspritzt. Zudem hält der Schlauch das Opfer fest. Schließlich zieht die Qualle ihre Beute mit Klebefäden zum Mund.

Die Kraft, mit der der Nesselschlauch ausgestoßen wird, ist unvorstellbar: Er wird mit über fünfmillionenfacher Erdbeschleunigung hinausgejagt. Die winzige Harpune erreicht in den wenigen millionstel Sekunden der Entladung ein Tempo von fast 20 Metern pro Sekunde. Nach neuesten Theorien liefert ein chemisch-elektrischer Prozess die nötige Explosionsenergie und sorgt für die hohe Geschwindigkeit.

SPITZENLEISTUNG

Abschussrampe für Exkremente

Forscher wollen alles wissen. So entdeckte einer von ihnen, wie Adelie-Pinguine *(Pygoscelis adeliae)* es bewerkstelligen, ihre Nester frei von Kot zu halten. Zunächst fand er „Strahlen" dieses Stoffes rund um das Nest, und geduldige Beobachtungen zeigten dann, wie diese Spuren entstehen: Die untersuchten Pinguine halten ihr Hinterteil aus dem Nest heraus und schießen die weißliche Masse kraftvoll weg – bis zu 40 Zentimeter weit. Sorgfältige Berechnungen ergaben dann, dass der Darm der Tiere dabei einen Druck aufbaut, der dem eines Autoreifens entspricht.

In den anmutig durchs Wasser schwebenden Nesselfäden der Leuchtqualle lauert der Tod für kleine Wasserlebewesen.

ORGANE MIT TOP-LEISTUNG

Zähne hart wie Stahl

Wer wieder einmal auf dem Zahnarztstuhl sitzt, um seine Zähne behandeln zu lassen, wird es kaum glauben: Zahnschmelz ist das härteste Material im menschlichen Körper; archäologische Funde zeigen, dass Zahnschmelz selbst Knochen überdauert. Erstaunlich gut ausgestaltet hat die Natur auch die Fresswerkzeuge anderer Lebewesen. So sind die Zähne von Nagetieren z. B. selbstschärfend. Sie bestehen – wie die Zähne aller Säugetiere – im Wesentlichen aus zwei unterschiedlich harten Stoffen, doch bei Nagetieren liegt das weichere Dentin an der Innenseite und der härtere Zahnschmelz an der Vorderseite. Bei Gebrauch nutzt sich das weichere Dentin rascher ab als der härtere Zahnschmelz, sodass an der Grenze zwischen beiden Stoffen immer eine scharfe Zahnschmelzschneide stehen bleibt. Da die Zähne ein Leben lang wachsen, sind sie immer gleich gut brauchbar. **Ratten** (Rattus sp.) können damit fast jedes Material durchnagen, und **Biber** (Castor sp.) fällen mit ihren mächtigen Schneidezähnen in nur einer Nacht Bäume von 40 Zentimetern Durchmesser.

Eine Zunge zum Steineraspeln

Den Rekord an Zahnschmelzhärte aber hält bisher ausgerechnet ein Weichtier; die im Golf von Mexiko und im Nordatlantik lebende Käferschnecke **Chaetopleura apiculata.** Obwohl Käferschnecken keine Schnecken sind, sondern eine eigene Klasse der Weichtiere darstellen, tragen sie wie die Schnecken ihre Zähne auf der Zunge. Dabei handelt es sich um eine Raspelzunge, eine sogenannte Radula, die von vorn bis hinten mit bis zu 60 Reihen feinster Zähnchen besetzt ist; von hinten her werden diese ständig erneuert.

Die Zungenzähnchen selbst sind ähnlich wie Säugerzähne aus einem weicheren und einem harten Material aufgebaut und wohl auch selbstschärfend. Als Hartstoff verwenden diese Tiere Magnetit, eine schwarze Eisen-Sauerstoff-Verbindung. Die Zähne sind daher dunkel, nicht weiß. Der Magnetit ist durchsetzt mit feinsten Strängen aus Proteinen, und vermutlich sind noch weitere Substanzen dort eingelagert. Dieser Verbundwerkstoff sorgt für eine Rekordhärte, die auch Steine bewältigt. Zwar ernährt sich die Käferschnecke von Algen und Kleinlebewesen im Wasser, wofür sie ihre superharten Zähnchen eigentlich nicht braucht, aber mit ihnen kann sie sich auch Nahrung erschließen, die in Nischen verborgen ist und sich nur durch Aufraspeln erreichen lässt.

Fliegen mit Supermuskeln

So klein Insekten meist sind – in ihnen steckt eine Fülle erstaunlicher technischer Errungenschaften der Evolution. So schlagen die Flügel einer Stubenfliege etwa 330-mal pro Sekunde auf und ab, und die winzige **Gnitze** (Forcipomyia sp.), eine Mücke, bewegt ihre Flügel sogar mit rekordverdächtigen 1046 Schlägen pro Sekunde auf und ab. Sie verdoppelt sogar das Schlagtempo, wenn sie einen Teil der Flügelflächen eingebüßt hat.

Wie erreichen Insekten diese Schlaggeschwindigkeit? Muskeln können sich dafür nicht annähernd rasch genug zusammenziehen und entspannen, und nicht einmal Nerven leiten Impulse schnell genug weiter. Der Trick der Natur: Bei Insekten mit derartig rasantem Flügelschlag greifen die Flugmuskeln nicht direkt an den Flügeln an, wie etwa bei Vögeln, Libellen oder Faltern. Stattdessen ist der ganze Brustraum als schwingfähiges Gebilde gestaltet, das von den Muskeln in seinem Innenraum zum Vibrieren gebracht wird. Dabei müssen sie sich jeweils nur um winzige Beträge verkürzen. Denn die Flügel sitzen an einem System von einarmigen Hebeln, die die Vibrationsbewegungen auf die Flügel übertragen. Zusätzliche Muskeln verstellen den Anstellwinkel der Flügel, jeweils rechts und links getrennt, sodass das Insekt auch Kurven fliegen und die Fluggeschwindigkeit verändern kann.

Insektenflugmuskeln verbrauchen extrem viel Energie. Ihre Zellen sind dicht vollgepackt mit Mitochondrien, den Kraftwerken der Zellen. Dennoch können beispielsweise manche Fliegen Strecken von mehreren Kilometern pro Tag zurücklegen (mit kleinen Pausen). Natürlich entsteht bei der Muskelarbeit auch Wärme. Um sie abzuführen, besitzen die Fliegen ein Flüssigkeitskühlsystem mit Verdampfungskühler, ähnlich wie ein Auto. Die erhitzte Körperflüssigkeit wird in den Kopf geleitet und dort mit etwas herausgewürgtem Wasser gekühlt, das an der Außenluft verdunstet.

> **Wussten Sie, dass...**
> ...Vogelspinnen auf Fensterscheiben laufen können?
>
> Vogelspinnen (Theraphosidae) sind handtellergroß, doch das hindert sie nicht, an einer senkrechten Glaswand zu sitzen. Nun fand man heraus, wieso: Mehrere Arten, etwa die Goldknievogelspinne (Brachypelma auratum), tragen auch an den Füßen Spinndrüsen, die gut haftende Seidenfäden produzieren. Die Spinndrüsen sind über alle acht Füße verteilt, aber winzig klein und wurden vermutlich deshalb bisher übersehen. Entwicklungsgeschichtlich sind die Spinndrüsen wohl sehr alt: Ihr Verteilungsmuster ähnelt dem am Hinterleib einer fossilen Spinne, die schon vor 386 Millionen Jahren lebte.

DIE MAGIE DER FARBEN UND FORMEN

Der Teichrohrsänger kann mit sich selbst zweistimmig singen.

Zwei Stimmen aus einer Kehle

So paradox es klingt: Manche **Singvögel** können gleichzeitig mit zwei Stimmen singen und mit sich selbst ein Duett bilden. Möglich macht dies ein besonderes Singorgan, der Stimmkopf (Syrinx), und nicht wie beim Menschen der Kehlkopf, der die Stimmbänder enthält. Auch Vögel besitzen an gleicher Stelle einen Kehlkopf, aber ohne Stimmbänder; er wird nur gebraucht, damit Nahrung und Luft jeweils in die richtige Röhre geleitet werden. Im Unterschied zum Menschen liegt das Singorgan der Vögel am unteren Ende der Luftröhre, wo die beiden von den Lungenflügeln kommenden Äste, die Bronchien, münden. Die Syrinx besteht aus elastischen Knochenringen und Membranen, die im Luftstrom ins Schwingen geraten und Töne erzeugen. Mehrere Muskeln verändern die Spannung der einzelnen Membranen und erlauben so, die Tonhöhe zu variieren und die Töne zu modulieren. Luftsäcke an der Syrinx wirken als Resonanzkörper und steigern die Lautstärke. Das ganze System arbeitet so effektiv, dass Vögel vergleichsweise wenig Luft zum Singen brauchen.

Nun sitzen Syrinxmembranen aber nicht nur an der Luftröhre, sondern auch an jeder der beiden Bronchien, und nicht wenige Singvogelarten können diese Membranen unabhängig voneinander steuern – mit der Folge, dass sie zweistimmig singen, zum Beispiel sehr rasche Melodien aus hohen und tiefen Tönen. Der **Buchfink** *(Fringilla coelebs)*, der **Teichrohrsänger** *(Acrocephalus scirpaceus)* und die in Nordamerika heimische **Rotrücken-Spottdrossel** *(Toxostoma rufum)* reichern ihren Gesang auf diese Weise musikalisch an.

Hoch im Himmel atmen können

Die körperlichen Leistungen mancher Vögel sind wahrhaft erstaunlich. Stundenlang können sie unermüdlich in über 5000 Meter Höhe fliegen, trotz der dünnen Luft und obwohl Fliegen eine ausgesprochen kräftezehrende Fortbewegungsart ist. Fast jeder Mensch hat in solcher Höhe erhebliche Atemprobleme. Und dabei ist die Vogellunge, bezogen auf die Körpergröße, nur etwa halb so groß wie unsere.

Doch sie ist viel sinnvoller gebaut und daher besonders leistungsfähig. Unsere Lunge gleicht einem Sack, in den durch eine Öffnung Luft eingesogen und dann teilweise wieder ausgepresst wird. Dabei tauscht jeder Atemzug nur etwa ein Fünftel des Luftvolumens aus. Die Vogellunge hingegen ist ein Durchgangssystem. Sie besteht aus zahlreichen feinsten Röhrchen, die für den Gasaustausch zuständig sind und eine vergleichsweise größere Fläche aufweisen als bei Säugern. Ebenso wichtig aber sind die zahlreichen

SPITZENLEISTUNG

Käfer mit Schraubgelenk

Um Skelettteile beweglich miteinander zu verbinden, hat die Natur unterschiedliche Gelenke erfunden, z. B. das Kugel- und das Scharniergelenk. Einen einzigartigen Typ haben Forscher vom Naturkundemuseum Karlsruhe kürzlich an einem Käfer entdeckt. Der auf Neuguinea heimische Rüsselkäfer *Eupholus alternans* und einige seiner Verwandten besitzen ein Schraubgelenk, das das Bein mit der Hüfte verbindet. Das erste Beinglied trägt eine Art Schraube mit Windungen, die in einem mutterähnlichen Gegenstück in der Hüfte steckt. Der Vorteil: Die Käfer können ihre Beine um mehr als 90 Winkelgrade drehen und sich daher sehr frei bewegen.

ORGANE MIT TOP-LEISTUNG

Luftsäcke, die alle Freiräume des Vogelkörpers ausfüllen. Bei den meisten Vogelarten sind es sechs Paare von Luftsäcken.

Atmet der Vogel ein, strömt die Luft zunächst in Luftsäcke, die hinter der Lunge liegen, und von dort durch die Lunge in vordere Luftsäcke. Beim Ausatmen werden diese vorderen Luftsäcke durch die Luftröhre entleert. Beim nächsten Atemzug strömt wieder Luft in die hinteren Luftsäcke und verdrängt deren Luftfüllung erst in die Lunge, dann in die vorderen Luftsäcke. So strömt die Luft immer in einer Richtung durch die Lunge. Das bewirkt, dass das Blut optimal mit Sauerstoff angereichert wird.

Dank der Luftsäcke kann der Vogel dreimal so viel Luft pro Atemzug aufnehmen wie ein vergleichbares Säugetier. Und – ebenso wichtig: Die Luftsäcke helfen bei der Abfuhr der Wärme aus den Flugmuskeln. Immerhin setzt ein fliegender Vogel etwa zehnmal soviel Energie um wie ein sitzender. Besonders bei großen Flughöhen übertrifft dieses Atmungssystem das aller Säugetiere. Vom **Sperbergeier** *(Gyps rueppellii)*, einem Aasfresser, der über die mittelafrikanische Savanne streift, weiß man seit 1973, dass er bis über 11 000 Meter aufsteigen kann. In jenem Jahr stieß nämlich ein Flugzeug mit einem Sperbergeier zusammen – in 11 274 Meter Höhe. Dort würde jeder Säuger ersticken.

Die Lunge eines Sperbergeiers ist ein Hochleistungsorgan. Der Vogel kann in 11 000 Meter Höhe noch atmen, was keinem Menschen möglich wäre.

Warum Giraffen nicht in Ohnmacht fallen

Der lange Hals bietet **Giraffen** *(Giraffa camelopardalis)* zwar Vorteile – die Tiere können in Baumkronen fressen und Feinde frühzeitig entdecken –, aber er erfordert auch außerordentliche technische Lösungen. Das beginnt schon mit den Muskeln der Speiseröhre, die besonders kräftig sein müssen, um den Nahrungsbrei immer wieder aus dem Magen hoch empor zum Kopf zu befördern, denn Giraffen sind Wiederkäuer.

Größer noch sind die Probleme des Blutkreislaufs. Damit Blut den rund sechs Meter hohen Kopf noch mit ausreichendem Druck erreicht, ist eine gehörige Pumparbeit nötig. Aus diesem Grund ist der Blutdruck der Giraffe rund dreimal höher als unserer und erfordert starkwandige Gefäße. Kein Wunder, dass das Herz einer mittelgroßen Giraffe zwölf Kilogramm auf die Waage bringt, denn es muss 60 Liter pro Minute durch den Blutkreislauf pumpen. Ein menschliches Herz wiegt 300 Gramm bei einer Pumpleistung von knapp fünf Litern pro Minute.

Nun sind aber die Druckverhältnisse im Giraffenblut nicht konstant. Wenn die Giraffe ihren Hals nach unten beugt, um zu trinken, und sich danach wieder aufrichtet, ändert sich die Höhe des Kopfes um jeweils mehrere Meter. Ohne Gegenmaßnahmen würden beim Trinken die Hirngefäße platzen, während nach dem Aufrichten der Blutdruck abfallen und das Tier zumindest ohnmächtig würde. Damit das nicht geschieht, besitzt die Giraffe ein besonderes Organ unterhalb des Hirns, ein sogenanntes Wundernetz. Es besteht aus zahlreichen verzweigten Arterien, deren Wände sich bei hohem Druck weiten können, sodass sich der Druck vermindert. Bei niedrigem Druck ziehen sie sich entsprechend zusammen. Gemeinsam mit speziellen Muskeln an den Halsarterien und Ventilklappen an den Venen sorgt dieses Wundernetz dafür, dass das empfindliche Hirn immer gleichmäßig versorgt wird.

Wussten Sie, dass…

…Bäume im Sommer morgens dicker sind als abends?

Auch Bäume besitzen Hochleistungsorgane, darunter die Wasserleitungsbahnen, die das Wasser von den Wurzeln zu den Blättern transportieren. Sie liegen gleich unter der Borke. Im Sommer strömen täglich Dutzende Liter Wasser in die Krone. Der Baum braucht das Wasser nicht nur für die Stoffbildung in den Blättern: Einen weit größeren Anteil verdunstet er über das Laub. Der so entstehende Unterdruck zieht das Wasser in den Leitungsbahnen empor. An warmen Tagen nun verdunstet mehr Wasser, sodass verstärkt gesaugt werden muss. Dadurch verengen sich die Leitungsbahnen, und der Baum wird dünner. Nachts füllen sich die Vorräte wieder auf, und der Baum schwillt an.

DIE MAGIE DER FARBEN UND FORMEN

Körperanhänge: Nützlich oder hinderlich?

In der Regel weiß man bei Körperteilen sofort, wozu sie dienen, weil sie so ungefähr einem allgemeinen Bauplan folgen. Nicht so bei manchen Tieren und Pflanzen, die ausgesprochen seltsame Anhängsel aufweisen. Einige besitzen eine ungewöhnliche, oft bizarre Form oder Größe, bei anderen hat sich der Zweck den Wissenschaftlern erst nach eingehenden Forschungen erschlossen.

Zikaden mit Schild und Geweih

Zu welcher Formenvielfalt die Natur fähig ist, zeigen die **Buckelzikaden** oder **Buckelzirpen** (Membracidae). Das ist eine Familie tropischer Zikaden, von denen man etwa 3000 Arten kennt und weitere 7000 vermutet. Das Besondere an den Buckelzikaden ist, dass ihr Halsschild, das Pronotum, geradezu abenteuerliche Formen annehmen kann. Manche Arten, z. B. der Gattung **Stictopelta**, stülpen einen mächtigen Schild über ihren Körper, der wie ein Wassertropfen glänzt oder in Muster und Färbung dem jeweiligen Untergrund ähnelt. Andere Buckelzikadenarten, die **Dornzikaden**, sind berühmt und im Insektenreich einzigartig, weil die Fortsätze ihrer Halsschilde frappierend einem am Stängel sitzenden Pflanzendorn ähneln. Am stärksten ist diese Ähnlichkeit bei den amerikanischen Dornzikaden **Umbonia sp.** mit einem besonders spitzen Dorn. Die Angehörigen der Gattung **Cladonota** tragen ein gewaltiges hufeisenförmiges Gebilde mit sich herum, und die Art **Umbelligerus peruviensis** trägt ein „Geweih" auf dem Rücken und erinnert an einen Hubschrauber.

Bei manchen Formen glaubt man kaum, dass diese Tiere überhaupt noch flugfähig sind, und vermutlich behindert ihr Aufsatz sie tatsächlich beim Fliegen. So wächst bei der Gattung **Bocydium** ein Stiel aus der Brust, der mehrere dunkle, dicht behaarte Kugeln trägt. Das ganze Tier erinnert an ein AWACS-Flugzeug, und wahrscheinlich fungieren die Haare wirklich als Sensoren. **Anchistrotus** dagegen trägt ein schneckenhausähnliches, grell gefärbtes Gebilde, das er notfalls ablösen kann – dann bleibt nur dieser Teil im Maul eines Angreifers zurück.

Hinter dem Halsschild der Buckelzikaden verbirgt sich, wie Wissenschaftler kürzlich herausfanden, eine besondere Geschichte. Das Pronotum ist nämlich nicht, wie man lange dachte, einfach ein seltsam geformter Teil der Chitinhülle, sondern ein erstaunlich komplex gebautes Organ: ein Relikt aus der Frühzeit, als die ersten fliegenden Insekten drei Flügelpaare hatten. Die sechsflügeligen Insektenarten sind aber längst ausgestorben zugunsten von Arten, die auf das vordere, offenbar nicht so erfolgreiche Flügelpaar verzichteten. Dessen Bauanleitung aber blieb im Erbgut der Buckelzikaden – und offenbar nur bei diesen – aktiv und wurde im Laufe der Entwicklung „umgeschrieben" zu den vielfältigen Formen, die wir heute bestaunen.

Die Buckelzikade *Umbelligerus peruviensis* ähnelt einem Hubschrauber – mit dem Unterschied, dass der „Propeller" beim Fliegen bestimmt etwas hinderlich ist.

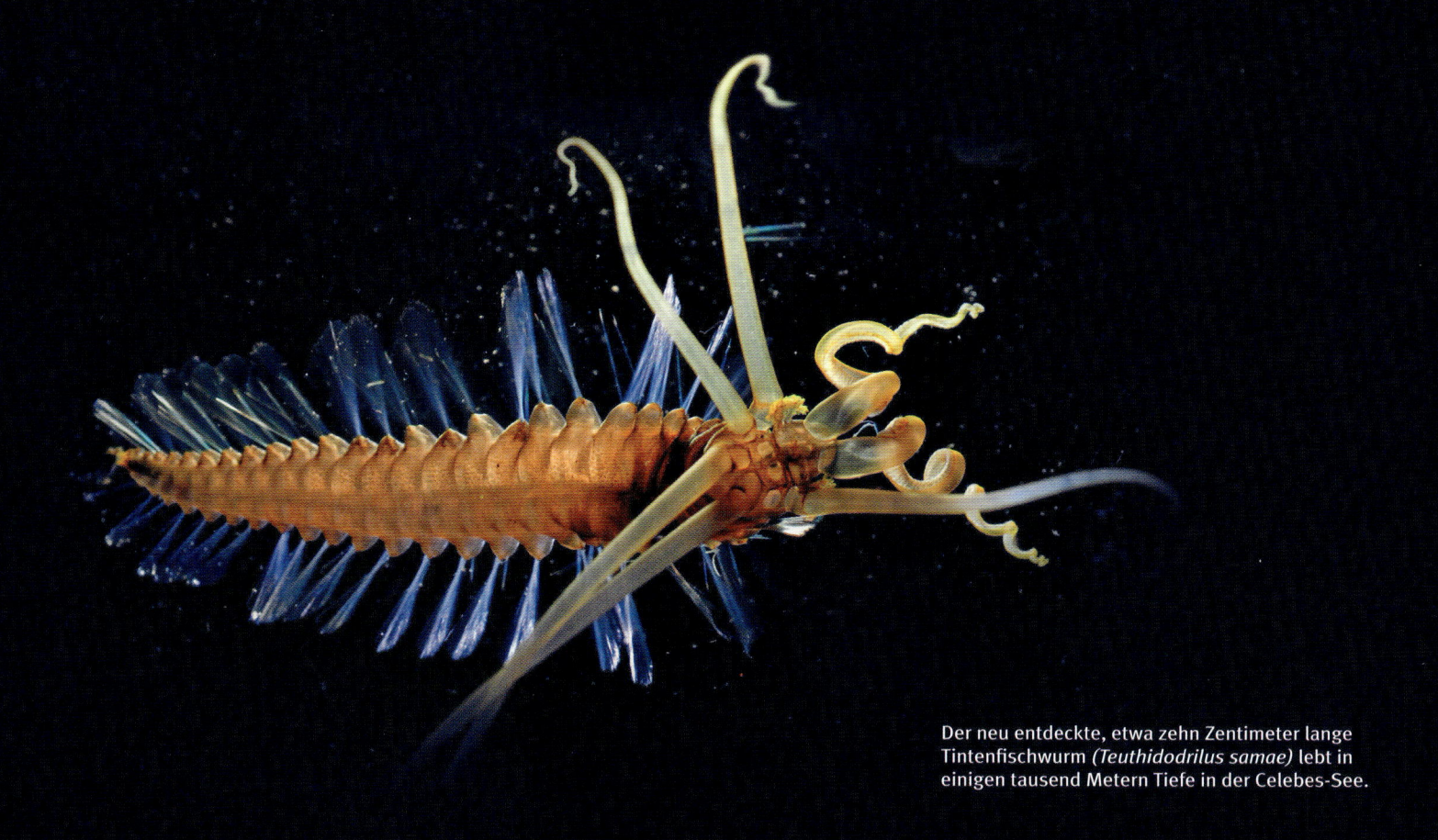

Der neu entdeckte, etwa zehn Zentimeter lange Tintenfischwurm *(Teuthidodrilus samae)* lebt in einigen tausend Metern Tiefe in der Celebes-See.

Wurm mit Tintenfisch-Tentakeln

Seit Forscher mit unbemannten Geräten die Tiefsee erkunden, mutet uns die Vorstellung früherer Jahre immer seltsamer an, diese Tiefen seien nahezu bar jeden Lebens. Allerdings war die Erforschung jener Lebenswelten nicht einfach: Die Tiere dort sind oft klein und besonders empfindlich. Brachte man sie, wie es früher meist geschah, in Netzen an die Oberfläche, starben sie unterwegs, vor allem weil die Körper durch die enormen Druckunterschiede zerstört wurden, denen sie auf dem Weg nach oben nicht standhalten konnten. Da man aber heute die Lebewesen mittels ferngesteuerter oder sogar automatisch arbeitender, druckresistenter und mit Kameras ausgerüsteter U-Boote direkt in ihrem Lebensraum besuchen kann, kommen immer ungewöhnlichere Wesen vor die Linse, und es wurde eine Fülle neuer Arten entdeckt.

So lief zehn Jahre lang, von 2000 bis 2010, der „Census of Marine Life", eine Art Volkszählung zur Erfassung sämtlicher mariner Ökosysteme, an der sich 2700 Wissenschaftler aus über 80 Ländern beteiligten. Es wurden 250 000 Arten identifiziert, von denen über 6000 zuvor unbekannt gewesen waren. Man schätzt, dass dreimal so viele in den Meeren leben, von denen man den größten Teil niemals kennen wird. Viele dieser Lebewesen sind ungewöhnlich, manche sogar ausgesprochen skurril. So entdeckte man beispielsweise eine Garnele, die seit 50 Millionen Jahren ausgestorben sein sollte, einen Riesen-Tintenfisch sowie in einem Liter einer bestimmten Gewässerprobe 38 000 verschiedene Bakterienarten.

Eines der erstaunlichsten neu entdeckten Lebewesen dürfte ein Wurm sein, der aus gutem Grund den Namen **Tintenfischwurm** *(Teuthidodrilus samae)* erhielt und in der Celebes-See zwischen Indonesien und den Philippinen lebt. Beobachtet wurde er mit einem der erwähnten ferngesteuerten Tauchgeräte in 2700 Meter Tiefe. Vermutlich zählt der etwa zehn Zentimeter lange Wurm zu den Ringelwürmern, ist also entfernt verwandt mit dem Regenwurm. Bemerkenswert ist seine Körperform: Aus seinem Kopf wachsen zwei Fühler sowie zehn dünne, bewegliche Tentakel. All diese teils korkenzieherartig gewundenen Fortsätze sind mindestens so lang wie der restliche Körper. Ergänzt werden diese Fortsätze durch sechs Paare frei stehender Sensoren, mit denen der Wurm Geruchsstoffe im Wasser wahrnimmt. Am Körper selbst sitzen auch Fortsätze, nämlich Hunderte Mini-Ärmchen, in zwei Reihen angeordnet, mit denen der Wurm aufrecht durchs Wasser rudert. Meist hält er sich 100 bis 200 Meter über dem Meeresboden auf und frisst vermutlich herabrieselnde Abfälle, den sogenannten Meeresschnee, sowie Mikrolebewesen.

Ausgreifende Pflanzen

Pflanzen müssen nicht unbedingt den komplizierten Weg über Blütenstaub und Samen beschreiten, um sich zu vermehren – sie können es auch einfacher haben. Wer das am Wegesrand wachsende **Gänsefingerkraut** *(Potentilla anserina)* genauer anschaut, entdeckt zwischen grünen Blättern und den gelben Blüten meist auch einige rote Fäden, die sich über den Boden erstrecken. Das sind Ausläufer, die die Pflanze treibt. Sie können bis zu 80 Zentimeter lang werden. Treffen sie auf günstigen Untergrund, bilden sie Wurzeln, und es entsteht eine neue Pflanze.

Ähnliche oberirdische Ausläufer schicken zum Beispiel die **Erdbeere** *(Fragaria sp.)* und die als Zimmerpflanze beliebte **Grünlilie** *(Chlorophytum comosum)* aus. Und der **Kriechende Günsel** *(Ajuga reptans)* verdankt diesen Ausläufern sogar seinen Namen. Es gibt aber auch Arten, die ihre Ausläufer unterirdisch wachsen lassen. Dazu zählen vor allem zahlreiche Gräser sowie das **Maiglöckchen** *(Convallaria majalis)*.

Auf beeindruckenden „Stelzen" stehen die **Mangroven** – Gehölze, die Luftwurzeln bilden, mit denen sich die Pflanzen im feuchten Untergrund verankern und so dem Wechsel von Ebbe und Flut trotzen. Die Gezeiten bieten jedoch für Samen eher schlechte Bedingungen – sie würden rasch weggespült. Deshalb verbreiten sich Mangroven der Familie Rhizophoraceae „lebendgebärend": Ihre Früchte keimen, noch während sie am Baum hängen, und bilden Jungpflanzen mit einer langen spitzen Wurzel. Fällt eine solche Jungpflanze vom Mutterbaum, stößt die Wurzel wie ein Speer tief in den Schlamm. Rasch ausgebildete Seitenwurzeln helfen dann, das junge Gewächs zu verankern. Fällt es dagegen ins Wasser, treibt es mit großer Wahrscheinlichkeit ins Meer hinaus. Monatelang kann es umher schwimmen, bis es dann vielleicht an eine Stelle an der Küste angeschwemmt wird, wo es sich ansiedeln und einen neuen Mangrovenwald begründen kann.

Die älteren Mangrovenbäume haben ihr Leben lang mit den Gezeiten zu kämpfen. Zweimal am Tag fällt ihr Lebensraum trocken, und das Wasser trägt oft auch einen Teil des Schlamms davon. Deshalb bilden Mangroven Stützwurzeln aus, die sich seitlich im noch vorhandenen Schlamm verankern und den Baum vor dem Umfallen bewahren.

Zweimal am Tag kommt aber auch die Flut und bedeckt alle Wurzeln mit Salzwasser. In dieser Situation kann der überflutete Schlamm nicht den Sauerstoff liefern, den die Wurzeln für ihre Funktion brauchen. Deshalb bilden die Pflanzen zusätzlich Atemwurzeln, die wie Schnorchel senkrecht aus dem Schlamm wachsen.

Ein Mangrovenwald bei Ebbe in der Gezeitenzone eines Flusses. Mangroven brauchen Stützwurzeln, um sich im Schlamm sicher zu verankern.

SPITZENLEISTUNG

Das beinreichste Krabbeltier

Der Volksmund neigt zu Übertreibungen. So hat der Tausendfüßer keine 1000 Füße, aber immerhin läuft die in Kalifornien gefundene Art *Illacme plenipes* auf etwa 750 Beinen durch die Welt und hält damit den Rekord in der Natur.

Tausendfüßer stellen mit über 13 000 Arten eine ansehnliche Tiergruppe dar. Dank ihrer vielen Beine bewegen sie sich zwar langsam, aber kraftvoll. Die kleinsten Tausendfüßer sind nur etwa einen Millimeter lang, der größte, der in Ostafrika vorkommende *Archispirostreptus gigas*, bringt es dafür auf fast 40 Zentimeter Körperlänge. Doch das ist noch gar nichts gegen den rund zwei Meter langen Arthropleura, ein gewaltiges Raubtier. Es ist allerdings seit über 300 Millionen Jahren ausgestorben.

Beim Kampf zweier Rothirsche um die Weibchen spielt das Geweih eine entscheidende Rolle. Wer stärker drücken und schieben kann, gewinnt. Nur sehr selten verhaken sich die Kämpfer ineinander, oder ein Geweihende bricht ab.

Mit prächtigem Kopfschmuck durch die Welt

Zahlreiche Säugetiere, insbesondere Pflanzenfresser, haben sich mit Hörnern, Geweihen oder Stoßzähnen ausgerüstet. Bei deren Gestaltung zeigt sich die Natur wieder einmal ausgesprochen fantasiereich. Die Skala reicht vom 2-Meter-Einhorn des **Narwals** (Monodon monoceros) über die spiralig verdrehten Hörner der **Elenantilope** (Taurotragus oryx) und die kurzen Nasenaufsätze der **Nashörner** (Rhinocerotidae) bis zu dem gebogenen Kopfschmuck des **Europäischen Mufflons** (Ovis orientalis musimon). Am eindrucksvollsten aber ist das Geweih der **Hirsche** (Cervidae).

Biologen unterscheiden sorgfältig zwischen Hörnern und Geweihen. Hörner bestehen aus der gleichen Substanz wie Haare und Nägel, nämlich dem Eiweiß Keratin. Sie wachsen ein Leben lang weiter, und bei den meisten Hornträgern sind beide Geschlechter damit ausgerüstet, wenn auch oft in unterschiedlicher Größe. Ein Geweih hingegen tragen bis auf wenige Ausnahmen nur die Männchen. Es besteht aus Knochensubstanz, die unter einer Hautschicht, dem Bast, wächst. Es wird jährlich abgeworfen und, meist größer, wieder neu gebildet. Hörner und Geweihe spielen eine große Rolle, wenn es um die Fortpflanzung geht – und die ist nun mal das Wichtigste in der Evolution.

Der Kopfschmuck dient als Waffe bei Revierkonflikten oder Paarungskämpfen. Hier geht es zur Sache, doch nur selten kommt es zu schweren Verletzungen oder gar Todesfällen. Bei Tieren, die in Rudeln oder Herden leben, dient das eindrucksvolle Gehörn eines Männchens vor allem dazu, die Weibchen zu beeindrucken. Geweihe haben ganz ähnliche Funktionen. Allerdings kommt es zwischen geweihtragenden Männchen oft gar nicht zum Kampf: Man präsentiert einander den Kopfschmuck, und das Imponiergehabe bewirkt oft schon, dass der Unterlegene abzieht.

Warum leistet sich die Natur eine solche Verschwendung – Geweihe, deren Bildung Energie und Mineralstoffe verbraucht und die dann bald abgeworfen werden? Neben der Funktion im Zuge der Fortpflanzung mögen Geweihe zumindest in bestimmten Lebensräumen andere Aufgaben gehabt haben. So besitzen Hirsche in kälteren Regionen oft größere Geweihe als ihre Verwandten in wärmeren Gefilden. Die Schaufeln der **Elche** (Alces alces) können zwei Meter Spannweite erreichen, und der in der Eiszeit lebende Riesenhirsch **Megaloceros** brachte es sogar auf ein Geweih von 3,60 Metern. Vielleicht nutzten die Tiere ihre Geweihschaufeln, um Schneemassen von der Bodenvegetation zu fegen. Für diese schwere Arbeit waren die kräftigsten Männchen am besten geeignet, und von ihnen hing der Ernährungszustand des ganzen Rudels ab.

Stachelige Angelegenheiten

Die Natur hat sich zahlreiche physikalische Grundprinzipien zunutze gemacht. So sind zum Beispiel ein Nagel oder eine Nadel eine Art Kraftverstärker: Mit relativ geringer Kraft kann man einen hohen Druck ausüben, weil sich die Kraftwirkung auf die winzige Fläche der Spitze konzentriert. Schon die leichte Berührung einer spitzen Nadel genügt, damit sie in die Haut eindringt und einen fühlbaren Schmerz verursacht. Und genau das machen sich viele Tiere zunutze und schützen sich mit spitzen Stacheln oder Nadeln gegen Angreifer.

Bekanntestes Beispiel ist der **Igel** *(Erinaceus europaeus)*. Er hat einen Teil seiner Haare in feste, spitze Stacheln umgewandelt und sich damit eine wirksame Verteidigungswaffe geschaffen. Er trägt seine bis zu 7500 Stacheln auf dem Rücken. Bei einem Angriff kann er sich zudem dank kräftiger Muskeln zu einer stachelstarrenden Kugel zusammenrollen und so lange verharren. Dann ist er praktisch unangreifbar für jeden Fressfeind.

Die längsten Stacheln aller Säugetiere besitzen die Stachelschweine, die trotz ihres Namens zu den Nagetieren zählen. Beim **Westafrikanischen Stachelschwein** *(Hystrix cristata)* können einzelne dieser Stacheln 40 Zentimeter lang und sieben Millimeter dick sein; sie wirken dann auf unvorsichtige Angreifer wie Spieße. Dass die Tiere allerdings ihre Stacheln gezielt abschießen, wie manchmal angenommen wurde, ist heute widerlegt; die Stacheln dienen nur der Verteidigung. Zudem warnen die Tiere etwaige Angreifer: Sie besitzen am Schwanz zahlreiche hohle Stacheln. Kommt ihnen ein anderes Tier zu nahe, schütteln sie den Schwanz und erzeugen ein rasselndes Warngeräusch.

Während Säuger ihre Stacheln aus umgebildeten Haaren geformt haben, entstanden sie bei Reptilien aus den Schuppen. Am außergewöhnlichsten ist dies beim **Dornteufel** *(Moloch horridus)* geschehen, dessen ganzer Körper einschließlich Beinen und Schwanz mit Dornen bedeckt ist. Die Echse lebt in Trockengebieten Westaustraliens und ernährt sich von einer bestimmten Ameisenart. Ihre Dornen dienen teils zur Verteidigung, teils helfen sie bei der Tarnung, da das Tier wie ein trockener Ast aussieht.

Auch unter Wasser sind Stacheln nützliche Verteidigungswerkzeuge – das weiß jeder, der schon einmal auf einen **Seeigel** (Echinoidea) getreten ist. Die spitzen Stacheln bohren sich tief in die Haut, brechen eventuell sogar ab und rufen schmerzhafte Entzündungen hervor. Das Tier nutzt die durch kleine Muskeln beweglichen Stacheln außerdem als Fortbewegungsmittel. Vor allem aber schützen sie es vor zahlreichen Fressfeinden. Allerdings nicht vor allen: Silbermöwen packen bisweilen Seeigel mit ihrem Schnabel und lassen sie aus großer Höhe fallen, sodass die Schalen bersten und die Stacheln abbrechen.

Die mit Widerhaken besetzten Stacheln des Westafrikanischen Stachelschweins dienen nicht nur der Verteidigung – das Tier kann Angreifer auch warnen, indem es mit den hinteren Stacheln ein rasselndes Geräusch erzeugt.

KÖRPERANHÄNGE: NÜTZLICH ODER HINDERLICH?

Der tanzende Schwanz des Geckos

Wenn es um Leben und Tod geht, muss man auch mal Opfer in Kauf nehmen. Dieses Prinzip hat die Natur schon vor langer Zeit verwirklicht. So können etwa Eidechsen wie die **Zauneidechse** *(Lacerta agilis)* bei Gefahr ihren Schwanz abwerfen. Noch einige Minuten bewegt er sich zuckend und lenkt so den Verfolger ab. Die Eidechse selbst macht sich inzwischen aus dem Staub. Große Schmerzen und Blutverlust hat sie wohl nicht. Denn der Schwanz fällt an einer „Sollbruchstelle" ab, und die Blutgefäße schließen sich rasch – andernfalls wäre die Flucht gefährdet. Binnen einiger Monate wächst der Schwanz sogar wieder nach, weil er für die rasche Fortbewegung gebraucht wird. Allerdings ohne Wirbel und nicht mehr in alter Schönheit.

Der **Leopardgecko** *(Eublepharis macularius)*, der trockene Regionen Asiens bewohnt, hat die Ablenkungswirkung auf den Verfolger noch perfektioniert. Auch diese etwa 30 Zentimeter langen Echsen werfen bei Gefahr ihren Schwanz ab. Der aber zuckt dann nicht einfach wie bei der Zauneidechse, sondern führt komplexe Bewegungen aus: Er schwingt hin und her, ruckelt und führt bis zu drei Zentimeter hohe Sprünge und Salti aus. Eine halbe Stunde dauert dieser „Tanz". Den Forschern ist noch nicht klar, wieso der Schwanz diese Fähigkeit besitzt, denn in ihm verläuft nur ein einfacher Nervenstrang.

Wenn der Leopardgecko bei Bedrohung seinen Schwanz abgeworfen hat, tanzt dieser bis zu einer halben Stunde umher, um den Feind abzulenken. Viel Zeit für das Tier, das Weite zu suchen.

Gehalten von tausend Fäden

Muscheln, die an Felsen in der Brandungszone leben, sind starken Kräften ausgesetzt: Ständig zerren die Wogen an ihnen. Viele Arten – etwa die **Miesmuscheln** *(Mytilus sp.)* – haben daher eine ungewöhnliche Art entwickelt, sich fest an Felsen zu heften: Sie besitzen eine Drüse, die ein klebriges, an fast jeder Oberfläche haftendes Sekret absondert, das Byssus-Sekret. Es klebt sogar an Glas und Teflon. Im Kontakt mit Meerwasser aber erstarrt es zu hauchdünnen, extrem festen Fäden, der Byssus-Seide. Damit verankert sich die Muschel am felsigen Untergrund.

Im Altertum war die Byssus-Seide der bis zu 90 Zentimeter großen **Steckmuschel** *(Pinna nobilis)* ein begehrter Rohstoff, denn ihre goldglänzenden, extrem zugfesten Byssus-Fäden sind dünner als Naturseide und wurden zu kostbaren Gewändern verarbeitet. Allerdings kann man sie weder bemalen noch färben, weil die Fasern keine Farbe annehmen. Außerdem brauchte man über 4000 Tiere, um ein Kilogramm Byssus-Seide zu gewinnen. Zu den berühmtesten Byssus-Stoffen zählt der „Schleier von Manopello", der seit 1638 in dem Abruzzen-Städtchen in Mittelitalien aufbewahrt wird und das Abbild Jesu zeigen soll. Heute ist die Steckmuschel sehr selten.

Extrem haftfähige Flüssigkeiten und reißfeste Fasern sind natürlich auch für die Technik interessant. Erst kürzlich kam man hinter ein Geheimnis des Byssus-Sekrets: Es besteht aus Proteinen, die durch eingelagerte Eisenatome aus dem Meerwasser miteinander vernetzt werden – ähnlich wie Rohkautschuk-Moleküle durch Brücken aus Schwefelatomen zu festem Gummi verbunden werden.

GUTE FRAGE!

Wozu hat der Stichling Stacheln?

Zahlreiche Fischarten schützen sich mit Stacheln. Selbst der nur etwa sieben Zentimeter lange Dreistachlige Stichling *(Gasterosteus aculeatus)* kann mit seinen Rückenstacheln einen fühlbaren Schmerz zufügen, wenn man ihn unvorsichtig anfasst. Kommt ihm ein Feind zu nahe, klappt er die Stacheln hoch, sodass diese im Maul des Gegners stecken bleiben und er die Beute rasch wieder ausspuckt.

Auf ähnliche Weise schützen sich Igelfische (Diodontidae). Ihr Körper ist mit kräftigen Stacheln besetzt, die meist der Haut anliegen. Bei einem Angriff blasen sich die Fische durch Einsaugen von Wasser zu einer Stachelkugel auf, an die sich nur die größten Fische heranwagen.

Auf großem Fuße unterwegs

In den warmen Regionen der Erde sind viele Gewässer von den Schwimmblättern der Wasserpflanzen bedeckt, die in der Wärme üppig wuchern. Eine derart schwankende grüne Oberfläche ist ein interessanter Lebensraum, der freilich spezielle Anpassungen für Landbewohner erfordert, denn die Tragkraft der Blätter ist begrenzt. **Blatthühnchen** (Jacanidae), die sich von Insekten und anderen Kleintieren ernähren, die auf den Blättern gelandet sind oder an deren Unterseiten sitzen, haben die Herausforderung gemeistert: Sie können auf dem Blatteppich behände hin und her laufen.

Die Blatthühnchen haben dazu eine außergewöhnliche Anpassung entwickelt: Ihre Zehen sind überlang – die längsten in der gesamten Vogelwelt. Selbst bei einem nur etwa 25 Zentimeter großen Blatthühnchen überspannt jeder Fuß eine Fläche von rund 300 Quadratzentimetern. Bei manchen Arten, etwa beim **Australischen Blatthühnchen** (Irediparra gallinacea), sind die Zehen fast so lang wie der gesamte Vogel von Schnabel- bis Schwanzspitze. Dadurch verteilt sich die Last optimal auf dem Untergrund – kein Wunder, dass die Tiere damit bequem auf dem schwimmenden Blatteppich spazieren können. Und obendrein sind sie ziemlich sicher vor Landraubtieren: Jeder Verfolger würde von den schwankenden Blättern abkippen und einfach wegsacken.

Das Australische Blatthühnchen läuft mit seinen riesigen Füßen über Seerosenblätter, ohne einzusinken. Es kann aber auch schwimmen und tauchen.

KÖRPERANHÄNGE: NÜTZLICH ODER HINDERLICH?

Der Schnabel des Riesentukans ist viel leichter, als er aussieht, sonst könnte der Vogel ihn nicht tragen.

Schnabel als Wärmeableiter

Tropische Vögel haben bisweilen das Problem, wie sie überschüssige Körperwärme abführen können. Schwitzen fällt wegen des Gefieders aus, und auch Wasser steht nicht überall zur Verfügung. Der in Südamerika beheimatete **Riesentukan** (Ramphastos toco) hat dafür eine eher ungewöhnliche Lösung gefunden: Er nutzt seinen bunten Schnabel zur Regulierung der Körpertemperatur.

Schon seit Jahrhunderten haben sich Biologen gewundert, warum dieser Vogel einen derart überdimensionalen Schnabel trägt. Wäre der Schnabel ähnlich massiv gebaut wie bei anderen Vögeln, würde der Tukan vermutlich vorn überkippen. Doch hier hat die Natur ein Leichtbauprinzip verwirklicht: Der Schnabel besteht aus einem schaumartigen, aber stabilen Geflecht aus Knochenfasern und Membranen, eingehüllt in eine dünne Hornschicht. Obwohl der Schnabel allein ein Drittel der Körperlänge des Vogels ausmacht, trägt er nur ein Zwanzigstel zum Gewicht bei. Dennoch ist er so fest, dass sich der Vogel damit verteidigen und Früchte aufreißen kann.

Der Schnabel ist sehr gut durchblutet. Und der Tukan kann diesen Blutfluss durch den Schnabel aktiv steuern. In der Hitze oder wenn er beim Fliegen zu viel Körperwärme produziert, steigert er den Blutfluss und damit die Wärmeabgabe über den Schnabel. In kühler Umgebung drosselt er den Blutfluss. Messungen mit Wärmebildkameras zeigten, dass der Vogel bis zu viermal so viel Wärme über den Schnabel abgibt wie über den restlichen Körper, diese Rate aber auch auf ein Viertel senken kann – immerhin eine Spanne von 1 zu 16, das ist mehr, als man bisher bei irgend einem Wirbeltier beobachtet hat. Und wenn es ihm nachts zu kalt wird, steckt er den Schnabel ins Gefieder.

Supernase mit Klimaanlage

Antilopen sind gemeinhin zierliche, schlanke und für unser Schönheitsempfinden gut aussehende Tiere. Die **Saiga-Antilope** (Saiga tartarica) allerdings fällt in dieser Hinsicht aus dem Rahmen: Sie besitzt an ihrem schlanken, etwa schafgroßen Körper einen relativ großen Kopf mit einer gewaltigen, rüsselartigen Nase. Doch gerade diese Besonderheit erlaubt es den Tieren, in der oft recht unwirtlichen Landschaft der asiatischen Steppen zu überleben.

Im Winter fegen die kalten Stürme über die Ebenen und lassen die Temperaturen bis weit unter den Gefrierpunkt fallen. Dann wird die Atemluft in der gut durchbluteten Nase vorgewärmt, bevor sie ins Körperinnere strömt. Im Sommer dagegen steigt das Thermometer auf über 40 Grad Celsius. Jetzt kühlt die Nase das Blut und schützt damit das Gehirn vor Überhitzung. Dafür ist ihr Inneres mit zahlreichen Schleimdrüsen besetzt, die die Luft anfeuchten und etwas kühlen. In dieser Zeit ist die Steppe ausgedörrt, und die ziehenden Herden wirbeln viel Staub auf. Auch hier hilft die Allzwecknase: Ihre Öffnungen tragen einen dichten Haarbesatz, der einen Großteil des Staubs ausfiltert.

Die Saiga-Antilope kommt dank ihrer merkwürdigen Nase gut mit dem Klima in den asiatischen Steppen zurecht. Die Nase wärmt oder kühlt – je nach Bedarf.

Kühles Blut bewahren

Wenn in Afrika die Temperaturen tagsüber auf über 30 Grad Celsius ansteigen, ist es für ein Säugetier nicht einfach, die Körpertemperatur auf den üblichen 37 Grad Celsius zu halten. Besonders schwierig ist es für den **Afrikanischen Elefanten** (*Loxodonta africana*).

Das hat mehrere Gründe. Die Elefanten haben sich im Lauf der Evolution zu immer massigeren Tieren entwickelt. Ein Elefantenbulle wiegt bis zu 7500 Kilogramm, die Weibchen immerhin noch knapp 3000 Kilogramm. Diese Größe hat den Vorteil, dass ausgewachsene Tiere keine natürlichen Feinde haben. Aber sie bringt auch Nachteile mit sich. Die Muskeln, die diese Masse tragen und bewegen müssen, erzeugen ein großes Maß an Wärme. Und wenn der Elefant auf Futtersuche durchs Gelände streift und die afrikanische Sonne die Luft flirren lässt, steigt dieser Wert in der Regel noch an.

Elefanten haben große Mühe, diese Wärme etwa über die Körperoberfläche abzuführen. Ein geometrisches Gesetz ist für sie besonders nachteilig: Mit ansteigender Körpergröße nimmt das Volumen des Körpers rascher zu als die Oberfläche. Im Vergleich zu einer Maus oder auch einer Antilope hat ein Elefant also eine relativ kleine Oberfläche pro Kilogramm Körpergewicht. Damit die Haut wenigstens optimal Wärme abführt, besitzen Elefanten kein Fell – sie zählen zu den wenigen fast haarlosen Landsäugetieren.

Auch Schwitzen ist kein gangbarer Weg für Elefanten, denn sie besitzen keine Schweißdrüsen. Ihre frühen Vorfahren waren Wassertiere – die heutigen nächsten Verwandten sind die Seekühe. Sie brauchten keine Schweißdrüsen, sondern kühlten sich mit Wasser.

Aber Elefanten haben einen anderen Weg gefunden, um ihren Wärmeüberschuss loszuwerden: die riesigen Ohren. Sie sind besonders gut durchblutet – rund 14 Liter Blut fließen pro Minute durch das Adergeflecht und geben über die große Oberfläche Wärme an die Luft ab. Doch in der größten Hitze reicht nicht einmal diese Klimaanlage. Elefanten suchen daher gern Schattenplätze auf und besuchen mindestens einmal täglich eine Wasserstelle. Und notfalls können sie sogar Flüssigkeit aus ihrem Mund über die Ohren sprühen, um die Verdunstungskälte zu nutzen.

Der Afrikanische Elefant reguliert seine Körpertemperatur über die großen Ohren. Sie sind gut durchblutet und strahlen überschüssige Hitze ab.

KÖRPERANHÄNGE: NÜTZLICH ODER HINDERLICH?

Wozu haben fast alle Tiere Schwänze?

Der Schwanz ist der hintere Teil der Wirbelsäule, die sich in meist immer kleineren Wirbeln fortsetzt. Je nach Tierart hat er ganz unterschiedliche Funktionen. Manche Affenarten etwa nutzen ihren Greifschwanz als fünfte Hand. Kängurus stabilisieren damit ihre Sprünge und verwenden ihren kräftigen Schwanz auch als Stütze beim Sitzen. Tiere, die sich rasch bewegen, brauchen ihn als eine Art Balancierstange. Der amerikanische **Große Rennkuckuck** (Geococcyx californianus) zum Beispiel kann nur mithilfe seines langen Steuerschwanzes blitzschnell die Richtung wechseln. Das gleiche gilt für Raubkatzen, die ihre Haken schlagenden Beutetiere verfolgen. **Biber** (Castor sp.) brauchen den Schwanz als Steuerruder unter Wasser und speichern darin zudem Fettvorräte. **Eichhörnchen** (Sciurus vulgaris) decken sich nachts mit ihrem buschigen Schwanz zu, und viele Grasfresser verscheuchen mit den Strähnen Fliegen. Männliche **Flusspferde** (Hippopotamus amphibius) schließlich schleudern mit ihrem Schwanz Kot umher, um ihre Dominanz im Revier zu unterstreichen.

Auf all diese Funktionen konnten unsere eigenen fernen Vorfahren verzichten. Und weil die Natur in der Regel sparsam ist, bildete sich der Schwanz im Lauf der Evolution zurück. Die zuständigen Gene wurden abgeschaltet.

Links- oder rechtsherum, das ist die Frage

Pflanzen streben dem Sonnenlicht zu, doch in manchen Lebensräumen ist das ein langer Weg. Um dieses Problem zu lösen, haben viele Pflanzen aus ganz unterschiedlichen Familien dieselbe Strategie entwickelt: Sie ziehen sich an vorhandenen Gegenständen empor. Sofern das andere Pflanzen sind, werden diese meist nicht geschädigt – Kletterpflanzen sind nicht unbedingt Parasiten.

Beim Emporranken brauchen die Pflanzen nur dünne Sprosse aufzubauen, die sich normalerweise nicht selbst tragen können. Allerdings müssen sie dafür die entsprechenden Haltevorrichtungen entwickeln. Die einfachsten sind Dornen oder Stacheln. Sie sorgen dafür, dass der Trieb nicht bei jedem Windstoß wieder vom Untergrund abrutscht. Zudem kann die Pflanze sowohl Stacheln als auch Dornen leicht erzeugen: Stacheln sind einfache Auswüchse, die an jeder Stelle gebildet werden können, Dornen sind umgebildete Blätter.

Festhaken ist aber nicht die einzige Möglichkeit: Triebe können sich auch um die Kletterhilfe herum winden. Der wachsende Spross führt dabei suchende Kreisbewegungen aus, tastet also seine Umgebung ab. Stößt er auf ein geeignetes Objekt, schlingt er sich spiralförmig darum. Meist drehen sich diese Pflanzen dabei, von oben gesehen, gegen den Uhrzeigersinn. Viel seltener als solche „Linkswinder" sind „Rechtswinder", die sich im Uhrzeigersinn drehen. Diese Richtung ist in der Regel genetisch vorgegeben.

Ebenfalls im Erbgut festgelegt und daher artspezifisch ist auch die Drehgeschwindigkeit – die Ranken des **Weins** (Vitis vinifera) brauchen nur eine Stunde für eine Drehung, die **Zaunwinde** (Convolvulus sepium) dreht ihre Ranke in zwei Stunden einmal im Kreis, und der **Jasmin** (Jasminum pauciflorum) lässt sich für eine Runde sieben Stunden Zeit.

Erst wenn der Spross Halt gefunden hat, wird er verstärkt und verdickt; mitunter verholzt er auch, um sicheren Halt zu gewährleisten. Außerdem bildet die Pflanze an ihm weitere Blätter aus. Der **Hopfen** (Humulus lupulus) nutzt neben dem Schlingen auch das Steigeisenprinzip: Die Triebe besitzen viele mikroskopisch kleine Häkchen, die für eine gute Verankerung sorgen. Noch besser an das Klettern angepasste Pflanzen, die Selbstklimmer, bilden Haftorgane aus. Statt sich um die Kletterhilfe zu schlingen, sondern die Ranken ein Sekret ab, mit dem sie sich festkleben. Die Klebkraft ist enorm, wie jeder weiß, der schon einmal eine **Jungfernrebe** (Parthenocissus quinquefolia) von einer Hauswand entfernen musste.

Mithilfe spiralförmiger Triebe klettert die Bittermelone oder Koloquinte (Citrullus colocynthis) in die Höhe, wenn sich ein Halt bietet.

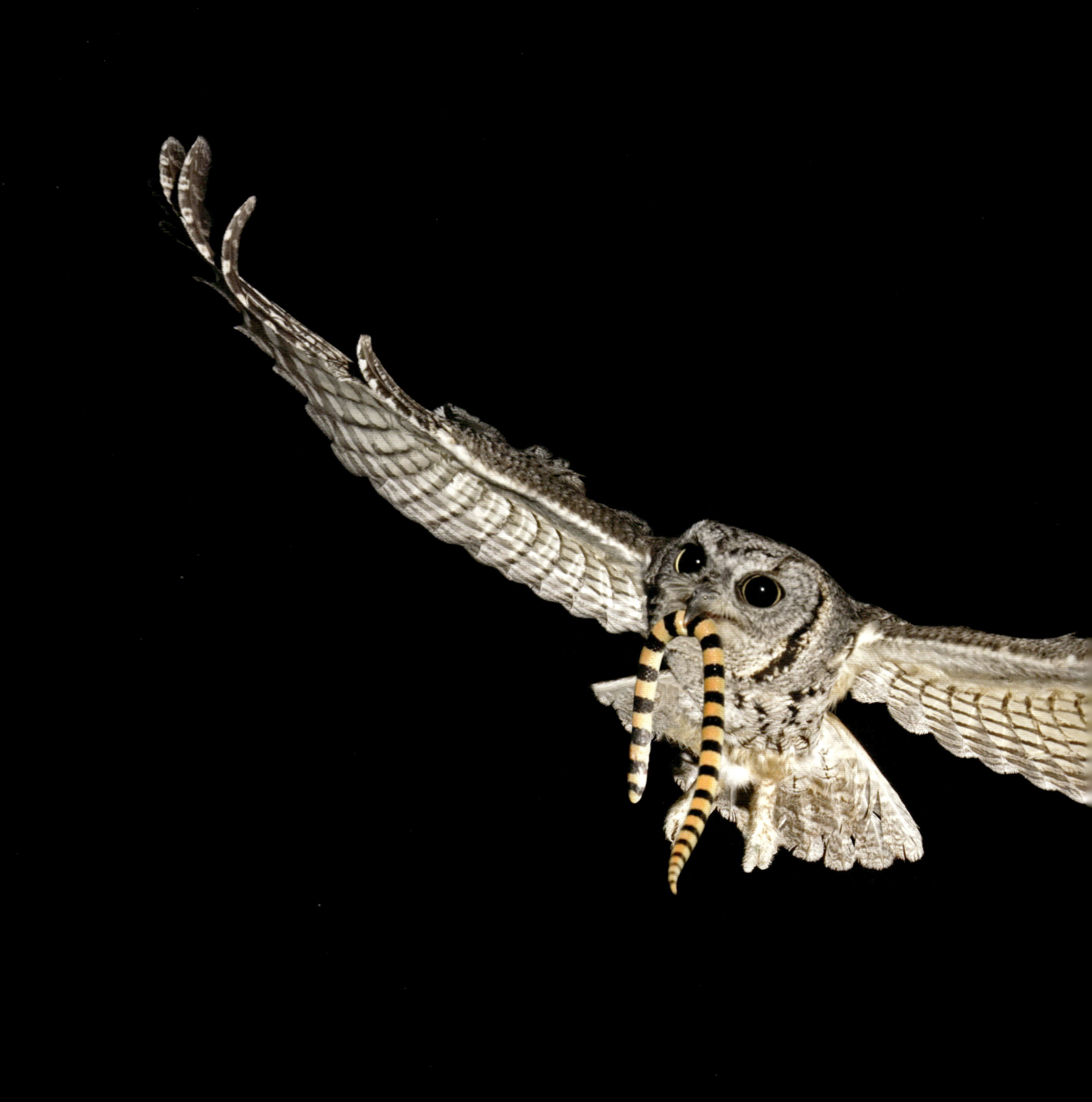

Der Kampf ums Überleben

Die Natur ist kein Paradies. Überall drohen Fressfeinde, und besonders der Nachwuchs ist hoch gefährdet. In diesem seit Jahrmillionen tobenden Kampf ums Dasein haben Tiere und Pflanzen eine Fülle raffinierter Verteidigungs- und Angriffstricks entwickelt, von der perfekten Tarnung bis hin zu todbringenden Giften.

DER KAMPF UMS ÜBERLEBEN

Meister der Tarnung

Nahezu jedes Lebewesen in der Natur ist ständig vom Tod bedroht, denn jederzeit kann ein stärkeres es fressen. Deshalb mussten Tiere, die nicht über gute Verteidigungs- oder Fluchtmöglichkeiten verfügten, eine Vielzahl wirksamer Tarnmechanismen entwickeln – wer dazu nicht in der Lage war, wurde im Lauf der Evolution zum Aussterben verurteilt.

Nur nicht auffallen!

Um von Feinden nicht bemerkt zu werden, kann sich ein Tier dem Untergrund anzupassen suchen. Das gelingt nicht immer, denn in vielen Lebensräumen wechseln Farbe und Musterung des Untergrunds alle paar Meter, sodass schon ein kleiner Ortswechsel die Tarnwirkung zunichte machen kann. Nur wenige Tiere, beispielsweise **Schollen** (Pleuronectidae) und **Tintenfische** (Coleoidea), können sich durch raschen Farbwechsel verschiedenen Bodenverhältnissen anpassen.

Besonders gefährdet sind Tiere im Sonnenschein, denn dann werfen sie einen verräterischen dunklen Schatten. Größere Tiere ducken sich daher bei Gefahr dicht an den Boden. Manche Insekten haben es besser, weil die Natur sie mit einem flachen Körper ausgestattet hat. Bestimmte Schmetterlinge, wie etwa der **Grüne Zipfelfalter** (Callophrys rubi), können sich flach auf ein Blatt legen und so Schattenwurf vermeiden. Andere Falterarten klappen ihre Flügel zusammen und hocken sich so hin, dass ihre Längsachse zur Sonne zeigt und der Körperschatten daher besonders klein wird.

Über eine weitere Tarnmethode verfügen beispielsweise die im Mittelwasser lebenden **Fische**: die Konterschattierung. Fische haben nämlich nicht zufällig einen dunklen Rücken und einen hellen Bauch. Für einen Räuber, der sich von oben nähert, ist der dunkle Rücken des potenziellen Opfers vor dem Hintergrund der Wassertiefe schlecht sichtbar; für einen Feind hingegen, dessen Angriff von unten droht, hebt sich der helle Bauch des gefährdeten Beutefisches kaum von der Wasseroberfläche ab, durch die das Tageslicht dringt. Das gleiche Prinzip nutzen natürlich auch die jagenden Wassertiere selbst, etwa Raubfische, Pinguine und Haie.

Geschickt an ihren Lebensraum angepasst sind auch die Jungtiere der **Tapire** (Tapirus sp.) durch eine Fellzeichnung aus hellen und dunklen Flecken. Fällt das Sonnenlicht durch das Blätterdach des Waldes, entsteht auf dem Boden ein gesprenkeltes Muster – genau wie das Fell des kleinen Tapirs, der auf diese Weise mit der Umgebung verschmilzt.

Ein junger Tapir gleicht sich dem Erdboden an, auf dem die Tropensonne durch das lichte Blätterdach des Regenwaldes ein geflecktes Muster erzeugt.

Wandelnde Blätter, trockenes Moos

So gefährlich es auch ist, sich ungeschützt im Freien zu bewegen – es hilft nichts: Tiere müssen nun mal fressen. Aber es gibt Tricks, wie man dabei möglichst wenig auffällt. Wenn ein Tier sich so tarnt, dass es einem für Fressfeinde uninteressanten Gegenstand der Umgebung gleicht, nennt man das Mimese. Am besten eignen sich zur Nachahmung Pflanzenteile, denn ein Räuber ist in der Regel auf Fleisch aus und vergreift sich eher nicht an Pflanzlichem, zumal wenn es dürr und alt aussieht. Nahezu zur Perfektion gebracht haben diese Strategie die **Wandelnden Blätter** (Phylliinae), die zu den Gespenstschrecken zählen. Diese in Südostasien heimischen Insekten ernähren sich von Blättern verschiedener tropischer Pflanzen. Zwar fressen sie nur nachts, aber sie müssen auch den Tag überstehen und haben daher Körpergestalten entwickelt, mit denen sie Blätter nachahmen. Die größte Art, das **Große Wandelnde Blatt** *(Phyllium giganteum)*, kann bis zu zwölf Zentimeter lang werden und sieht aus wie ein etwas verschrumpeltes grünes Blatt mit braunen Flecken sowie Fraßspuren.

Das Wandelnd… *celebicum* träg… Recht: Von ein… es nicht zu un… Kopf befindet …

An einem bemoosten Stück Holz hängt eine Stabschrecke, die aussieht wie ein Fetzen Moos.

Auch ihr Verhalten haben die Wandelnden Blätter an… gepasst: Meist sitzen sie völlig reglos. Scheint aber Gefah… im Verzug zu sein, schaukeln sie langsam hin und her u… ähneln dann einem sanft vom Wind bewegten Blatt. Die Tarnung funktioniert so gut, dass bisweilen andere pflan… zenfressende Insekten versuchen, an dem vermeintliche… Blatt zu knabbern.

Viele andere Insekten beherrschen solche Tricks. Bei Nachtfaltern ist die braune Farbe trockener Blätter sogar die Regel, denn sie wollen – ebenso wie die Gespenstsch… cken – den hellen Tag überleben. So sieht unsere heimische **Kupferglucke** *(Gastropacha quercifolia)* aus wie ein trockenes Eichenblatt, wenn sie ruhig sitzt. Sogar der auf… fällige, in Südostasien und Australien heimische Falter ***Kallima inachus*** schafft eine solche Mimese. An der Oberseite sind seine Flügel leuchtend blau und gelb, zusammengeklappt aber stellen sie perfekt ein trockenes Bl… dar – komplett mit Stiel, scheinbaren Fraßlöchern und Pilzflecken. Und damit die Tarnung noch echter wirkt, wählt sich der Falter stets einen toten Ast als Ruheplatz.

DER KAMPF UMS ÜBERLEBEN

Alles unecht: Zweige, Dornen und Vogelkot

Alle möglichen Pflanzenteile eignen sich zur Nachahmung, beispielsweise Äste oder Blüten. Die Raupen der **Spanner** (Geometridae), einer Schmetterlingsfamilie, sind wie alle Raupen aufs höchste gefährdet. Zu ihrem Schutz haben sie eine grüne oder braune Färbung entwickelt, und sie wissen sie einzusetzen: In Ruhestellung oder bei Gefahr klammern sie sich mit den Hinterbeinen an einem Ast fest und strecken ihren Vorderteil in die Luft, sodass sie einem kleinen grünen oder abgestorbenen Seitenzweig täuschend ähnlich sehen. Auf die Dauer sicher eine anstrengende Übung – daher halten sich einige Arten an einem selbst gesponnenen Seidenfaden fest, den sie an einem Ast über sich befestigt haben.

Auch spitze Dornen laden kein Tier zum Fressen ein. Für **Buckelzikaden** (Membracidae), die ihr Leben lang Saft saugend an Stängeln sitzen, sind daher Körperformen, die Dornen simulieren, eine ideale Tarnung. Zu besonderer Meisterschaft hat es dabei die amerikanische **Dornzikade** *(Umbonia sp.)* gebracht, die man ohne weiteres für einen echten Dorn halten könnte, vor allem, wenn mehrere Tiere in einer Reihe sitzen.

Ein recht sicheres Mittel der Tarnung ist, sich offen zu zeigen – aber als Objekt, das andere Tiere nicht gern untersuchen. Ein solches Objekt ist Vogelkot, wie er oft als weiße, aufgespritzte Flecken auf Blättern zu sehen ist. Tatsächlich verbergen sich mehrere Arten von Raupen auf genau diese Weise. So sitzen etwa die Raupen der **Erlen-Rindeneule** *(Acronicta alni)*, eines Nachtfalters, einzeln auf Blättern und krümmen sich dabei nach hinten, sodass nur die letzten drei, weißlich gefärbten Segmente ihres Körpers frei liegen. So ähnelt jede Raupe einem Häufchen Vogelkot.

Zu Gast bei Bienen und Ameisen

Es gibt auch Fälle, in denen Tiere andere Tiere täuschen, um nicht aufzufallen. Beispielsweise leben in Bienenstöcken der in Ostasien heimischen **Östlichen Honigbiene** *(Apis cerana)* seit Jahrmillionen **Varroa-Milben** *(Varroa destructor)*. Sie haben sich in Geruch und Verhalten den Bienen so gut angepasst, dass sie im dunklen Stock nicht auffallen und geduldet werden. Sie saugen zwar die Körperflüssigkeit der Drohnenbrut, aber der angerichtete Schaden ist für den Stock tragbar – Milbe und Biene haben sich aneinander gewöhnt. Das gilt allerdings nicht für unsere **Westliche Honigbiene** *(Apis mellifera)*, für die die Varroa relativ neu ist: Seit sie hier eingeschleppt wurde, richtet sie katastrophale Schäden unter den Bienenvölkern an.

Noch häufiger sind fremde Gäste in Ameisenstöcken. Diese „Ameisengäste" stammen aus ganz unterschiedlichen Tiergruppen und tarnen sich über spezielle Duftsignale als Ameisen. Teils sind sie harmlos, teils richten sie leichte Schäden an, aber alle haben gemeinsam, dass sie sich dank ihrer Tarnung einen guten Lebensraum erschlossen haben und sowohl den Schutz der Ameisen als auch deren Nahrungsvorräte genießen können.

Gleich Dornen an einem Zweig reihen sich diese amerikanischen Dornzikaden *(Umbonia sp.)* aneinander. Der Dorn ist ein Fortsatz ihres Halsschildes, des Pronotums.

MEISTER DER TARNUNG

Die zu den Mittagsblumengewächsen gehörenden Lebenden Steine tarnen sich so geschickt, dass sie auf dem kiesbedeckten Wüstenboden nicht als Pflanzen erkennbar sind.

Pflanzen, die zu sein scheinen, was sie nicht sind

In der Regel sind Pflanzen so auffällig, dass sie für Fressfeinde leicht zu finden sind, und fliehen können sie auch nicht. Sie müssen sich also anders wehren. Viele tun das durch Dornen, Gift oder Pheromone, mit denen sie Tiere anlocken, die ihrerseits die Fressfeinde vernichten. Doch in wenigen Fällen greifen Pflanzen tatsächlich zum Mittel der Tarnung. So passt sich eine Reihe von Arten aus der Familie der **Mittagsblumengewächse** (Aizoaceae) als **Lebende Steine** unscheinbar der Umgebung an, in der sie wachsen. Das ist auch nötig, denn diese Pflanzen wachsen direkt am Boden in afrikanischen Wüsten, wo der in ihnen gespeicherte Wasservorrat viele durstige Liebhaber fände. Dank der guten Tarnung als Steine aber werden sie meist übersehen.

Eine ganz andere Art des Schutzes haben sich die **Taubnesseln** (Lamium sp.) gewählt. Diese Pflanzen zählen zu den Lippenblütengewächsen. Bekannt sind etwa die Weiße Taubnessel (Lamium album), die purpurrot blühende Gefleckte Taubnessel (Lamium maculatum) und die gelb blühende Goldnessel (Lamium galeobdolon). All diese Pflanzen ähneln den **Brennnesseln** (Urtica sp.) in Blattform und Wuchs so frappierend, dass sie den Namen „Nesseln" erhalten haben. Sie sind aber mit den Brennnesseln keineswegs verwandt und besitzen auch keine Brennhaare. Doch die Ähnlichkeit hat ihren Sinn: Tiere, die mit Brennnesseln schlechte Erfahrungen gemacht haben, verschonen auch die Taubnesseln.

Ökonomische Tarnungstricks

Viele Tiere haben ganz unterschiedliche Fressfeinde. Wenn sie sich vor deren Zugriff durch Anpassung an den Untergrund schützen wollen, müssen sie die Sinnesschärfe der Räuber berücksichtigen – und sie tun das offenbar auch. Das zeigten genauere Untersuchungen an **Smith's Zwerg-Chamäleon** (Bradypodion taeniabrochum), das in Südafrika zu Hause ist. Dort hat es mindestens zwei gefährliche Feinde: den **Fiskalwürger** (Lanius collaris), einen etwa 20 Zentimeter großen, schwarz-weiß gefiederten Vogel, und die äußerst gefürchtete grüne afrikanische Baumschlange oder **Boomslang** (Dispholidus typus), die ungefähr zwei Meter Länge erreicht. Gefährlicher für das Zwerg-Chamäleon ist erstaunlicherweise der Vogel: Er verfügt über ein deutlich besseres Farbsehvermögen als die Schlange.

Zwar erschrecken sich die Chamäleons bei der Annäherung jedes dieser Feinde sichtbar: Sie werden blasser. Aber bei Bedrohung durch den Vogel passen sie sich ihrer Umgebung weit exakter an, als wenn sie die Schlange erspäht haben. Offenbar ist das Erzeugen der tarnenden Farbänderung für das Chamäleon sehr energieaufwendig. Und weil der Gefährdungsgrad durch die Schlange weniger hoch ist, können sie sich hier Sparsamkeit eher leisten.

Wussten Sie, dass…

…es Gespenstschrecken gibt, die sich unterschiedlich tarnen?

Die Australische Gespenstschrecke (Extatosoma tiaratum) lässt ihre Eier von Feuerameisen (Leptomyrmex sp.) einsammeln und in die Vorratskammern des Ameisenbaus transportieren; offenbar halten die Ameisen die Eier für Pflanzensamen. Wenn die jungen Schrecken geschlüpft sind, sehen sie den Feuerameisen zum Verwechseln ähnlich und verströmen offenbar auch Ameisengeruch. In den folgenden Tagen, in denen sie sich auf Futterpflanzen tummeln, behalten sie das Aussehen der aggressiven Feuerameisen, das sie vor Fressfeinden schützt. Die ausgewachsenen, etwa 14 Zentimeter langen Schrecken dagegen haben eine völlig andere Gestalt: Sie ahmen vertrocknetes Laub nach.

DER KAMPF UMS ÜBERLEBEN

Der mit Giftstacheln bewehrte Pazifische Rotfeuerfisch *(Pterois volitans)* wird von *Wunderpus photogenicus* (rechts) nachgeahmt.

Krake als Kostümdesigner

Einzigartig sind die Fähigkeiten des erst vor einigen Jahren entdeckten **Kraken *Thaumoctopus mimicus*** und des ebenfalls noch nicht lange bekannten ***Wunderpus photogenicus:*** Diese jeweils etwa einen halben Meter langen Kraken können gezielt ganz bestimmte Gifttiere aus ihrer Umgebung imitieren.

Beide Arten leben in flachen Meeresregionen um die indomalaiischen Inseln herum und jagen kleine Meerestiere. *Thaumoctopus mimicus* ist tagaktiv, *Wunderpus photogenicus* vor allem in der Dämmerung unterwegs. Meist tragen die Kraken ein schwarz-weißes Streifenmuster. Droht allerdings Gefahr durch Fressfeinde, können sie sich auf höchst ungewöhnliche Weise tarnen: Sie verändern gezielt und blitzschnell die Farben auf ihrem Körper und ahmen dann Körperform und Verhalten anderer, meist giftiger Tiere erstaunlich exakt nach.

Zum Repertoire dieser Verwandlungskünstler zählen unter anderem Flunder, Seeschlange, Stachelrochen, Rotfeuerfisch und eine Schnecke. Als Flunder etwa formt der Krake mit seinen acht Tentakeln ein flaches, länglich-ovales Gebilde, das einem Plattfisch ähnelt, und schwimmt mit deren typischen Auf- und Abbewegungen davon. In der Rolle als Rotfeuerfisch gibt er sich ein rotweißes Mus- ter und spreizt die Tentakel in alle Richtungen, wie es dieser Giftfisch mit seinen Flossenstrahlen tut. Und als Seeschlange lässt der Krake, in seiner Höhle im Sand verborgen, einen oder zwei schwarzweiß gestreifte Tentakel im Wasser schweben oder auf dem Grund liegen. Auch seine Beute fängt er mithilfe der Tarnung: Er gräbt sich im Sandboden ein und lässt nur Spitzen der Tentakel herausschauen, die dann wie Würmer aussehen

Algenfetzen im Meer

Meister der Tarnkunst sind die Fetzenfische (Solegnathinae), die eng mit den Seepferdchen verwandt sind. Ihr Körper trägt an vielen Stellen unterschiedliche Hautanhänge. Die **Fetzen-Seenadel** *(Haliichthys taeniophorus)* aus nordaustralischen Gewässern hat kurze, hellgrüne Fortsätze und an einigen Stellen Auswüchse, die an krautige Algen erinnern. Der **Große Fetzenfisch** *(Phycodurus eques)* dagegen, der an der australischen Westküste vorkommt und ungefähr 35 Zentimeter groß wird, besitzt blattähnliche Anhängsel. Schwimmt ein Fetzenfisch zwischen Unterwassergewächsen, wedeln die Anhänge wie Pflanzenteile mit der Strömung und lassen den Körperumriss des Fetzenfisches zerfließen – selbst in Aquarien werden sie von Betrachtern übersehen, auch wenn sie nur Zentimeter entfernt sind.

Seepferdchen können abenteuerliche Tarngestalten annehmen. Zu dieser Tiergruppe gehört auch der Große Fetzenfisch, der aussieht wie schwimmendes Algenmaterial.

Unsichtbar werden

Manche Tierarten, z. B. Vögel, verfügen über sehr scharfe Augen, die es ihnen ermöglichen, selbst Beutetiere zu erspähen, die sich so gut an ihre Umgebung angepasst haben, dass sie nahezu unsichtbar sind. Es gibt auch Menschen, die ein Tier in der Landschaft trotz dessen Tarnfärbung sofort erkennen – eine Fähigkeit, die für unsere fernen Vorfahren lebenswichtig war.

Trotzdem ist die Tarnmethode, mit der Umgebung optisch zu verschmelzen, erfolgversprechend. So ahmen zum Beispiel manche Falter, die an Baumstämmen zu sitzen pflegen, Farbe und Struktur der Rinde perfekt nach. Ein **Kiefernschwärmer** *(Sphinx pinastri)* und ein **Rauten-Rindenspanner** *(Peribatodes rhomboidaria)* sind selbst aus der Nähe kaum zu erkennen, weil sie, eng an die Rinde geschmiegt, von dieser kaum noch zu unterscheiden sind. Der Trick funktioniert natürlich nur, wenn sich der Falter „richtig" hinsetzt – und das tut er: Er „weiß", wie er sitzen muss, damit der Musterverlauf seiner Flügel mit dem der Rinde übereinstimmt.

Rohrdommeln *(Botaurus stellaris)* beherrschen ebenfalls die Kunst, ihren Körper optisch verschwinden zu lassen. Diese bis zu 80 Zentimeter großen Vögel sind nachtaktiv. Am Tage verstecken sie sich im Röhricht von Feuchtgebieten. Droht Gefahr, recken sie Kopf und Hals senkrecht nach oben und bleiben unbeweglich so sitzen. In dieser Stellung gleicht das gelbbraune Streifenmuster ihres Gefieders den Schilfhalmen.

Mit ähnlicher Absicht tarnt sich der ebenfalls nachtaktive **Eulenschwalm** *(Podargus strigoides)*, ein Vogel aus Südostasien: Er setzt sich auf einen Aststumpf, streckt den Kopf schräg nach oben und sieht nun, solange er sich nicht bewegt, aus wie ein trockener Ast.

Selbst unter Wasser ist diese Art der Tarnung beliebt. So ähnelt die **Schwarze Samtschnecke** *(Coriocella nigra)* einem Schwamm. Sie zeigt Strukturen auf ihrem Körper, wie sie auf einem Schwamm zu sehen sind, und profitiert davon, dass Schwämme nur wenige Fressfeinde haben.

Wo ist er? Der Rauten-Rindenspanner verschmilzt mit der Rinde des Baumstamms, auf dem er sitzt.

Der aufgetakelte Krebs

Mitunter eignet sich der Körper eines Tieres nicht zur gestaltauflösenden Tarnung, oder die Natur hat das Lebewesen nicht mit entsprechenden Mitteln ausgerüstet. Einige Meerestiere haben für dieses Problem eine einfache Lösung gefunden: Sie nutzen herumliegendes Material zur Tarnung, sozusagen als Maskierung.

Einem Tier hat diese Methode sogar den Namen gegeben: der **Maskenkrabbe** (*Pisa armata*), die im Atlantik und im Mittelmeer zu finden ist. Sie tarnt sich mit Stücken von Schwämmen oder Algenbüscheln. Diese Objekte sind aber keineswegs an ihr festgewachsen, sondern sie pflückt oder schneidet sie gezielt ab und führt sie an ihre Mundöffnung, vielleicht um sie mit klebrigem Sekret zu benetzen oder ihre Konsistenz zu prüfen. Anschließend setzt sie die Stücke mithilfe ihrer besonders beweglichen Scheren an verschiedene Stellen ihres Körpers.

Der Panzer der Maskenkrabbe ist an vielen Stellen mit feinen Hakenborsten besetzt; sie helfen, die Tarnobjekte festzuhalten. Nimmt man der Krabbe die Tarnung weg, oder verliert sie sie, sorgt sie umgehend für Ersatz. Ganz ähnlich verfährt die **Dekorier-Spinnenkrabbe** (*Camposcia retusa*) aus dem Indopazifik, während die **Tuberkel-Spinnenkrabbe** (*Cyclocoeloma tuberculata*) sich Seeanemonen abpflückt und auf ihrem Körper herumträgt.

Die **Wollkrabbe** (*Dromia vulgaris*) mag ebenfalls nicht ohne Tarnung umherlaufen. Sie schneidet sich ein Stück eines Schwamms ab und platziert es mithilfe ihrer hinteren Beine auf dem Rücken. Die Beine halten das Schwammstück dann auch weiterhin fest. Der Schwamm lebt dabei oft weiter und profitiert eventuell sogar von den Ortswechseln, die mit dem Ritt auf der Krabbe verbunden sind. Nur wenn rasche Flucht angesagt ist, lässt die Krabbe ihren Schwamm oft los. Andere Krabbenarten wiederum sind auf Blätter oder Seegras spezialisiert, je nachdem, was in ihrem jeweiligen Lebensraum zur Verfügung steht. In Aquarien nutzen sie sogar Pappstücke oder durchsichtige Plastikfolie als „Tarnung", wenn man sie ihnen zur Verfügung stellt.

Die Dekorier-Spinnenkrabbe erkennt man kaum unter dem Tarnschmuck der vielfältigen Unterwasservegetation.

MEISTER DER TARNUNG

Die harmlose Wespenschwebfliege (links) ahmt die Wespe (rechts) nach. Dieser Mimikry genannte Trick verschafft ihr den Respekt aller Tiere, die schon einmal mit dem Stachel der Wespe Bekanntschaft gemacht haben.

Aussehen wie ein gefährlicher Feind

So manches Tier hat nach schlechten Erfahrungen mit Wespen (Vespula vulgaris) gelernt, die schmerzhaft stechenden Insekten zu meiden. Das machen sich mehrere harmlose Arten zunutze, beispielsweise die **Wespenschwebfliege** (Chrysotoxum cautum): Mit ihrem ebenfalls schwarzgelb gestreiften Körper gaukelt sie ihren Feinden vor, eine echte Wespe zu sein. Diese Methode, ein gefährliches Tier zu imitieren, nennt man Mimikry.

Auch andere zu den Wespen zählende Insekten haben Imitatoren. Der **Hornissen-Glasflügler** (Sesia apiformis), ein Schmetterling, ahmt die gefährlich stechenden Hornissen (Vespa crabro) nach. Und der zu den Nachtfaltern gehörende **Hummelschwärmer** (Hemaris fuciformis) hat sich die Hummeln (Bombus sp.) als Vorbild erkoren.

Versteckte Augen

So nützlich Augen sind, sie können ein Tier auch verraten. Viele Räuber im Tierreich sind darauf spezialisiert, Augen zu erkennen – an der Farbe, an der Form und vor allem am Glanz. Nicht wenige Arten versuchen daher, die Sehorgane bestmöglich zu tarnen, ohne ihre Funktion zu beeinträchtigen. Die einfachste Möglichkeit ist, die Farbe des Augenlids der Tarnfarbe des Körpers anzupassen – dann reicht ein weitgehendes Schließen des Auges bei Gefahr. Das tun zum Beispiel **Chamäleons** (Chamaeleonidae); bei ihnen ist nur die Pupille ständig zu sehen.

Gerade Fische, die ihre Augen nicht schließen können, sind in der Tarnung dieses empfindlichen Sinnesorgans sehr erfindungsreich. Häufig verstecken sie das meist schwarze Auge in einer Vielzahl zufällig über den Körper verteilter Flecken. Diesen Weg haben zum Beispiel der **Pantherfisch** (Cromileptes altivelis) sowie die schwarz-weiß gesprenkelte **Netzmuräne** (Gymnothorax favagineus) gewählt. Viele der prächtig bunt gefärbten Falterfische (Chaetodontidae) der tropischen Meere, z. B. der **Pazifische Baroness-Falterfisch** (Chaetodon baronessa), lassen ihre Augen in breiten dunklen Bändern verschwinden, die je nach Art unterschiedlich über den Körper ziehen.

Flach auf dem Grund

Schollen (Pleuronectes platessa) liegen wie alle Plattfische gern auf dem Meeresgrund, der mal schlammig braun, mal sandig hell ist. Dieser Untergrundfarbe können sich die Schollen dank veränderbarer Farbstoffzellen in der Haut perfekt anpassen. Die Fische sind nämlich in der Lage, binnen Minuten die Größe dieser Farbstoffzellen zu ändern, wodurch der Körper heller oder dunkler wird. Sie können sogar die Musterung des Meeresbodens nachahmen und sich dadurch für Raubfische so unsichtbar wie möglich machen.

Der besseren Tarnung dient auch die Veränderung der Körperform, die Schollen und andere Plattfische, beispielsweise **Flundern** (Platichthys sp.), durchlaufen. Als Jungfische besitzen sie noch die typische Fischform. Aber mit zunehmendem Alter halten sie sich immer häufiger am Meeresgrund auf, und langsam verändert sich ihre Gestalt: Ein Auge wandert zum zweiten auf die zukünftige Oberseite, der Körper flacht sich ab, das Maul sitzt jetzt schief. So schmiegt sich der Plattfisch dem Grund an oder gräbt sich tagsüber dort ein.

Wussten Sie, dass …
…sich Erdhörnchen mit Schlangenduft parfümieren?

In Amerika lebende Ziesel, etwa die Kalifornischen Ziesel (Spermophilus beecheyi) kauen bisweilen auf Stücken der Haut von Klapperschlangen (Crotalus sp.), die die Reptilien bei ihrer Häutung zurückgelassen haben. Anschließend lecken sie sich intensiv das gesamte Fell. Das tun vor allem Weibchen und Junge. Vermutlich hoffen sie, durch diese Geruchstarnung ihren Eigengeruch zu überdecken und angreifende Schlangen zu täuschen. Besucht eine Schlange einen Zieselbau, könnte starker Klapperschlangenduft sie abschrecken, weil er eine Klapperschlangenhöhle vortäuscht.

DER KAMPF UMS ÜBERLEBEN

Verteidigungstricks

Auch Tiere ohne wirksame Waffen sind Angreifern nicht schutzlos ausgeliefert. Im Lauf der Evolution haben Lebewesen eine Fülle von Tricks entwickelt, mit denen sie sich schützen können – von rascher Flucht bis zum Besprühen des Angreifers mit Unrat. Funktionierte eine Verteidigungsmethode nicht, so führte dies zum sofortigen Tod des betreffenden Lebewesens, und nur die jeweils Geschicktesten konnten sich fortpflanzen.

Im Schutz der Langsamkeit

Man könnte neidisch werden: Während fast alle anderen Tiere, der Mensch eingeschlossen, sich abhetzen und um ihr Dasein kämpfen müssen, leisten es sich die **Faultiere** (Folivora), behäbig an einem Ast zu hängen, gemächlich vor sich hin zu kauen und täglich bis zu neun Stunden zu schlafen. Doch erst seit einigen Jahren wissen wir, wie effektiv diese Strategie ist. Die scheinbare Trägheit der Faultiere ist nämlich in Wirklichkeit ein hoher Grad von Anpassung. Sie haben schon vor langer Zeit die Tugend der Langsamkeit entdeckt, tauschten Schnelligkeit gegen Sicherheit und haben damit erstaunlichen Erfolg. Rechnet man das Gewicht aller Säugetiere im Lebensraum von Faultieren zusammen, so stellen die Faultiere ein Viertel davon! Auf einem Quadratkilometer intakten Regenwaldes können etwa 700 Faultiere existieren, aber die gleiche Fläche ernährt zum Beispiel nur 70 Brüllaffen.

An ihren Lebensraum in den Baumkronen der mittel- und südamerikanischen Regenwälder sind die Tiere bemerkenswert gut angepasst. Mit ihren krallenbewehrten Gliedmaßen hängen sie sich einfach an einen Baum und sind auf diese Weise schon vor vielen Feinden geschützt: Ein dünner Ast, der die drei bis neun Kilogramm eines Faultiers aushält, trägt nicht unbedingt auch ein größeres Raubtier. Zudem bewegt sich das Faultier gleichsam in Zeitlupe

Das Faultier macht seinem Namen alle Ehre: Es tut fast nichts. Das hat Vorteile, z. B. kommt es mit einem Zehntel der Kalorien aus, die vergleichbare Säuger benötigen.

durchs Geäst, und sein Fell ist dem Blättermeer der Umgebung farblich angeglichen – dank blaugrüner Mikroalgen, die sich auf den Haaren angesiedelt haben.

Diese Lebensweise können sich die Faultiere leisten, weil die Natur sie zu erstklassigen Energiesparern gemacht hat. Sie brauchen im Durchschnitt nur etwa zehn Prozent der Kalorien, die ein gleich großes Säugetier einer anderen Art benötigt. Wenn sie tagelang an einem Ast hängen, brauchen sie kaum noch Kraft – der Krallengriff hält auch nach dem Tod des Tieres noch einige Stunden lang. Selbst gemächliches Hangeln zum nächsten Baum erfordert nur

VERTEIDIGUNGSTRICKS

ein Minimum an Muskelkraft. Und als Pflanzenfresser muss es seinem Futter nicht hinterherlaufen, die Blätter wachsen ihm geradezu in den Mund. Auch die von Bakterien unterstützte Verdauung geschieht höchst gemächlich: Es kann bis zu einem Monat dauern, bis eine Mahlzeit verdaut ist.

Kein Wunder daher, dass Faultiere im Geäst nur höchst selten Opfer von Angriffen werden. Und für die wenigen Momente, die sie sich am Boden aufhalten, hat die Natur ebenfalls vorgesorgt. Sie können sich nämlich ganz gut wehren, wenn sie am Boden angegriffen werden: Sie legen sich auf den Rücken und packen den Angreifer mit ihren scharfen Krallen. Praktisch nie suchen sie ihr Heil in der Flucht – die wäre bei ihrem Tempo auch sinnlos.

Lieber scheintot als tot

Generell ist die Flucht nicht immer sinnvoll. Ein Tier mit Tarnfärbung ist meist besser dran, wenn es so lange wie möglich regungslos bleibt, in der Hoffnung, dass der Fressfeind es übersieht. **Hasen** (Lepus europaeus) zum Beispiel drücken sich möglichst tief auf den Boden; erst wenn man schon fast auf sie tritt, springen sie plötzlich auf und laufen davon – die Schrecksekunde des Räubers nutzend. **Eichhörnchen** (Sciurus vulgaris) huschen auf die abgewandte Seite eines Baumstamms und verharren dort.

Noch einen Schritt weiter gehen Tiere, die sich im Ernstfall tot stellen. Das erfordert starke Nerven, denn mitunter beschnuppert sie der Fressfeind. Aber viele Räuber übersehen eine regungslos daliegende Beute oder verschmähen das scheinbare Aas. Besonders für kleine Insekten ist dieses Verhalten sinnvoll. **Stabschrecken** (Phasmatodea) zum Beispiel ziehen bei Bedrohung ihre Beine an den Leib, lassen sich fallen und bleiben dann zunächst regungslos auf dem Boden liegen. Für einen Fressfeind sind sie auf dem bewachsenen Boden nahezu unsichtbar. Solange sie sich nicht bewegen, kann selbst ein mit guter Sehfähigkeit ausgestattetes Tier sie kaum von Pflanzenteilen unterscheiden. Gut beobachten kann man diesen Totstellreflex auch an **Marienkäfern.** Erschreckt man sie, ziehen sie die Beine an den Körper und rühren sich nicht mehr. Mitunter sondern sie bei Gefahr auch eine übelriechende gelbliche Flüssigkeit ab. **Chamäleons** legen sich bei einem Angriff oftmals mit geschlossenen Augen und steifen Beinen wie tot auf die Seite.

Schlangen beherrschen das Totstellen ebenfalls. Ringelnattern etwa drehen sich regungslos auf den Rücken, öffnen das Maul weit und lassen die Zunge heraushängen. Als noch bessere Schauspieler gelten die **Antillen-Boas** (Boa constrictor nebulosa). Fühlen sie sich bedroht, rollen sie sich zusammen und scheiden eine nach Aas riechende Flüssigkeit aus, die wohl eine beginnende Verwesung anzeigen soll. Die Augen färben sich trübe rot, und feinste Adern im Mund scheiden Blut aus, das aus dem Maul tropft.

Berühmt ist das Totstellverhalten des amerikanischen **Virginia-Opossums** (Didelphis virginiana). Fruchtet die normale Verteidigung mit Beißen und Knurren nichts, lässt es sich zur Seite fallen und lässt die Zunge aus dem Maul hängen. Es scheint in diesem Zustand offensichtlich auch unempfindlich gegen Schmerz zu sein. Als Forscher dies genauer wissen wollten und Gehirnuntersuchungen anstellten, zeigte sich, dass das Tier durchaus wach ist. Möglicherweise erträgt es den Schmerz – oder der Körper schaltet die Schmerzempfindung vorübergehend ab.

Den Totstellreflex kennen viele Tierarten. Täuschend echt sieht es aus, wenn das Virginia-Opossum mit starrem Blick und offenem Maul daliegt.

Den Killerfliegen keine Chance

Die schwarz-weißen Streifen des **Zebras** *(Equus sp.)* sind kaum als Tarnmuster zu erklären, denn die nächsten Verwandten des Tieres, die Wildpferde, sind vergleichsweise unscheinbar gefärbt. Dennoch schützt das Streifenmuster die Zebras vor einem gefährlichen Feind. Dieser ist aber kein Raubtier, sondern viel kleiner und besonders gefährlich: die **Tsetse-Fliege** *(Glossina sp.)*. Diese Fliege saugt Blut aus den schmerzhaften Wunden, die sie ihren Opfern zufügt. Gefährlich daran ist, dass sie dabei oft Trypanosomen überträgt – und diese Einzeller erzeugen bei Menschen die tödliche Schlafkrankheit, bei Pferden und damit auch Zebras die ebenso gefährliche Nagana-Seuche.

Auffällig ist, dass man Trypanosomen bei Zebras eher selten findet, obwohl sie in Tsetse-verseuchten Gebieten leben und Nutztiere den Erreger durchaus in sich tragen. Deshalb nehmen viele Forscher an, dass die Streifen der Zebras vor allem gegen die Tsetse-Fliege gerichtet sind. Tatsächlich zeigten Versuche, dass die Facettenaugen der Insekten ein bestimmtes Streifenmuster nicht gut erkennen können – das ziemlich genau mit der bei Zebras vorhandenen Streifenbreite übereinstimmt.

Nichts wie weg!

Praktisch alle Tierarten fliehen bei einem Angriff – mit wenigen Ausnahmen, vor allem wenn sie Junge zu verteidigen haben, die bei einer Flucht der Eltern verloren wären. Und oft genug ziehen Tiere selbst eine Flucht ins Ungewisse dem fast sicheren Tod vor. Die **Grüne Erbsenblattlaus** *(Acyrthosiphon pisum)* zum Beispiel ist – wie alle Blattläuse – Pflanzenfressern ausgeliefert, die Pflanzenteile mit allen Lebewesen darauf verschlingen. Doch diesem Schicksal wissen sich die Tiere zu entziehen: Kaum spüren sie auch nur den Atem etwa einer Ziege, lassen sich die meisten gleichzeitig vom Blatt fallen. Eher trotzen sie den Gefahren am Boden und nehmen die Mühe auf sich, erneut eine Pflanze zu erklimmen. Auch die Bewegung des Blattes treibt einige Läuse in die Flucht, ein Schatten dagegen macht keinen Eindruck auf sie.

Viele Tiere laufen, fliegen oder schwimmen bei Gefahr davon. Weit ungewöhnlicher aber bewegt sich die Larve des **Sandlaufkäfers** *(Cicindela dorsalis media)*. Sie lebt auf flachen Sandstränden der nordamerikanischen Atlantikküste, wo meist ein starker Wind weht. Droht Gefahr, rollt sie sich zunächst rückwärts ein, schnellt dann in die Luft, und der Wind trägt sie über den flachen Sandboden davon, bisweilen über 60 Meter weit. Und reicht das nicht, vollführen sie weitere Sprünge. Das Tempo ist nötig: Hauptfeinde dieser Larven sind Schlupfwespen, und das sind gute Flieger.

Eine ähnliche Hüpfmethode nutzt **Oreophrynella**, eine **Krötengattung**, die an den Hängen der venezolanischen Tafelberge, der Tepuis, lebt. Wird sie von einem Vogel oder Skorpion angegriffen, lässt sie sich fallen, zieht die Beine an und rollt hüpfend wie ein Ball davon, bis sie auf ebenem Boden zur Ruhe kommt. Manche Kröten können sich auch blitzschnell an Felsen oder Pflanzenteilen festklammern und so ihre Bewegung stoppen. Geradeaus davonzurasen ist freilich nutzlos, wenn der Verfolger schneller ist. Größere Ausdauer kann hier das Leben retten. So erreichen Antilopen zwar nur 80 Kilometer pro Stunde, während es ein **Gepard** *(Acinonyx jubatus)* auf über 100 Stundenkilometer bringt. Aber der schnelle Spurt erschöpft rasch seine Kräfte: Hat er seine Beute nicht binnen weniger Sekunden erreicht, muss er die Verfolgung aufgeben. Das bedeutet aber auch: Erkennen die Antilopen den Gepard zu spät, ist es um eine von ihnen geschehen.

VERTEIDIGUNGSTRICKS

Der Basilisk kann über Wasser laufen, was ihm einen Platz in zahlreichen Mythen gesichert hat.

Die Jesus-Christus-Echse

Manchen fliehenden Tieren kommt die Physik zu Hilfe. Der **Helmbasilisk** *(Basiliscus basiliscus)* zum Beispiel, der im nördlichen Südamerika lebt, saust über die Wasseroberfläche davon – dies hat ihm den Beinamen „Jesus-Christus-Echse" eingetragen. Aber wie schafft es die Echse, mit etwa zwölf Kilometern pro Stunde übers Wasser zu laufen? Anders als der **Wasserläufer** *(Gerris lacustris)*, eine Wanze, müsste er wegen seiner 200 Gramm Körpergewicht nämlich sofort untergehen, weil ihn die Oberflächenspannung nicht trägt. Erst Hochgeschwindigkeitsaufnahmen haben dieses Rätsel gelöst: Die Echse schlägt ihre Hinterbeine kraftvoll aufs Wasser, sodass sich unter den großen Füßen eine große Blase aus Luft bildet. Bevor dieses Luftpolster wieder zusammenfällt, hat der Basilisk seinen Fuß schon wieder emporgezogen und setzt ihn ein Stück weiter auf. Wollte ein Mensch das Kunststück nachmachen, müsste er mit über hundert Stundenkilometern übers Wasser sausen.

Hilfreiches Hakenschlagen

Bei Fluchten über Land hilft die Physik ebenfalls. In vielen Fällen ist ein Verfolger größer und schwerer als seine Beute, und er braucht mehr Kraft und Zeit für eine Richtungsänderung. Nicht nur **Feldhasen** *(Lepus europaeus)* laufen daher im Zickzack davon – auch der **Rennkuckuck** *(Geococcyx californianus)*, der amerikanische „Road Runner", bringt sich mit blitzschnellen Richtungswechseln aus der Gefahrenzone. Dank seines langen Steuerschwanzes braucht er dabei sein Tempo – er erreicht rund 27 Kilometer pro Stunde – kaum zu verringern.

Dank raschester Richtungsänderungen sind auch **Amerikanische Großschaben** *(Periplaneta americana)* kaum zu fangen. Laborversuche zeigten: Die Schaben haben mehrere Fluchtwege im Repertoire. Welche davon sie nutzen, ist nur zum Teil von der Richtung abhängig, aus der sich die Gefahr nähert. Vielmehr besitzen die Schaben in ihrem Nervensystem eine Art Zufallsgenerator, mit dessen Hilfe sie unter mehreren Fluchtwegen einen auswählen. Der Vorteil: Ihre Fluchtroute ist nicht vorhersehbar. Diese Entscheidungskaskade läuft im Bruchteil einer Sekunde ab.

Wussten Sie, dass…

…Elchkühe sicherheitshalber in Straßennähe gebären?

Als Wissenschaftler trächtige Elchkühe *(Alces alces)* im US-amerikanischen Yellowstone-Nationalpark beobachteten, stellten sie fest, dass die Tiere ihre Kälber immer öfter in der Nähe von Straßen zur Welt brachten. Allerdings nicht überall, sondern nur in Gebieten, in denen sich der Braunbär ausgebreitet hatte. Offenbar entwickelten die Tiere ein Schutzbedürfnis vor diesem Fressfeind. Schon mehrfach wurde beobachtet, dass Tiere aus Sicherheitsgründen die Nähe des Menschen suchen.

GENAUER UNTERSUCHT

Der rettende Sprung

Manchmal, in unangenehmen Situationen, möchte man plötzlich verschwinden. Einige Tierarten können zumindest etwas Ähnliches vollbringen: Bei Gefahr springen sie blitzschnell davon – und oft genug aus dem Blickfeld des Angreifers.

Hintergrundbild: Der Floh kann aus dem Stand über einen halben Meter hoch springen.

Die Impala-Antilope, ein Tier der Savanne, springt bis zu zehn Meter weit.

Flucht in der Savanne

Unter Säugetieren gibt es enorme Sprungleistungen. Viele der in weiten Graslandschaften umherziehenden Wildtiere, etwa Antilopen, müssen stets auf der Hut sein vor Fleischfressern, die sich im hohen Gras anschleichen und plötzlich lospurten. Da hilft nur rasche Flucht. Während Antilopen längere Strecken normalerweise im Trab zurücklegen, entkommen sie den meisten Räubern im Sprunggalopp. Die im Süden Asiens vorkommende **Hirschziegen-Antilope** *(Antilope cervicapra)* zum Beispiel soll über zwei Meter hoch und sechs bis zehn Meter weit springen und ist dabei bis 90 Kilometer pro Stunde schnell. Die schönste Antilope Afrikas, die **Impala-Antilope** *(Aepyceros melampus),* erreicht Sprungweiten bis zu zehn Meter und setzt sogar elegant über meterhohe Hindernisse hinweg. **Springböcke** *(Antidorcas marsupialis)* können aus dem Stand fast vier Meter hoch springen und sind auf der Flucht schon nach zwei Sekunden über 60 Stundenkilometer schnell.

Winzlinge mit gewaltiger Sprungkraft

Doch das eigentliche Reich der großartigen Springer ist die Welt der Insekten. Die winzigen, nur gut einen Millimeter langen **Springschwänze** (Collembola), die als die individuenreichsten Sechsbeiner überhaupt gelten, verdanken Ihre Sprungfähigkeit einem ungewöhnlichen Körperteil: der Sprunggabel. Sie sitzt unter dem Hinterleib des Tieres und ist normalerweise fest eingeklappt. Bei Gefahr kann der Springschwanz sie dank einer kräftigen Sprungmuskulatur herausschlagen und sich damit hochkatapultieren. Mit einem Salto rückwärts fliegt er im Bruchteil einer Sekunde bis zu 35 Zentimeter weit – immerhin rund das 350-fache seiner Körperlänge – und erreicht dabei eine Fluggeschwindigkeit von 50 Kilometern pro Stunde.

Ein Spaziergang durch eine Sommerwiese lässt das Gras lebendig werden: Überall springen **Grashüpfer** (Gomphocerinae) davon. Ihre Hinterbeine sind als Sprungbeine ausgebildet, und starke Muskeln katapultieren die kleinen Insekten dank des Hebelprinzips weit von der Gefahrenquelle weg.

Doch immer noch gelten **Flöhe** (Siphonaptera) als Sprungweltmeister. Die nur zwei Millimeter großen Insekten bringen sich mit weiten Sprüngen in

VERTEIDIGUNGSTRICKS

Sicherheit oder zu einem anderen Wirt, an dem sie Blut saugen können. Die Sprungfähigkeit – aus dem Stand etwa 60 Zentimeter hoch – verdanken diese Insekten ebenfalls ihren Hinterbeinen. Freilich würde ihre Sprungmuskulatur nicht die nötige Kraft liefern. Kraftquelle ist vielmehr ein Wunderstoff: das Resilin, eine Art Supergummi. Dieses Eiweiß speichert im Floh die Energie für den Weitsprung und setzt sie bei Bedarf in Sekundenbruchteilen frei.

Dennoch mussten die Flöhe kürzlich den Rekord im Hochsprung abgeben – an die **Wiesenschaumzikade** (Philaenus spumarius). Heute weiß man: Kein Lebewesen kann im Vergleich zur Körperlänge so hoch springen. Das nur fünf Millimeter lange Insekt erreicht eine Höhe von 70 Zentimetern. Hätte ein Mensch diese Fähigkeit, könnte er mit einem Satz über die Cheopspyramide hüpfen. Erst Hochgeschwindigkeitskameras enthüllten die Sprungtechnik der Zikaden. Zunächst ziehen sie ihre langen Hinterbeine unter den Körper und fixieren sie dort. Dann setzen sie die Sprungenergie, die in einem gewaltigen Muskel gespeichert ist, beim Absprung frei, sodass die sich streckenden Beine das Tier empor schleudern. Mit 400-facher Erdbeschleunigung startet es und erreicht ein Tempo von vier Metern pro Sekunde.

Pflanzen melden Schädlingen: Besetzt!

Ungewöhnlich ist die Art, wie sich manche **Passionsblumen** (Passiflora sp.), die man in tropischen Regenwäldern Mittel- und Südamerikas antrifft, wehren. Ihre Blätter sind häufig Ziel von weiblichen Heliconius-Faltern. Diese bunten Schmetterlinge suchen gezielt nach den vergleichsweise seltenen Passionsblumen und legen auf geeignet erscheinenden Stellen ihre intensiv gelben Eier ab – in der Regel einzeln, damit sich die ausschlüpfenden Raupen am gleichen Blatt keine Fresskonkurrenz machen. Dies wiederum nutzen einige Passionsblumenarten: Sie statten sich mit künstlichen gelben Flecken aus, damit die Weibchen glauben, hier seien schon Eier deponiert. **Passiflora condollei** etwa verteilt gelbe Punkte auf den Unterseiten ihrer Blätter, während **Passiflora auriculata** kugelförmige gelbe „Eier" an der empfindlichen Spitze ihrer Triebe bildet.

Diese Flecken sind ein typisches Beispiel dafür, wie die Evolution arbeitet: Wahrscheinlich haben sich einmal durch eine Erbänderung gelbe Flecken an einzelnen Pflanzen ausgebildet. Aufgrund der Legegewohnheiten der Falter wurden solche Pflanzen weniger von Raupen befallen und konnten daher mehr Nachkommen produzieren – und die hatten ebenfalls gelbe Flecken. Es wurden immer diejenigen Pflanzen von der Evolution bevorzugt, deren Flecken den Eiern am ähnlichsten sahen, und so nahm diese Ähnlichkeit mit der Zeit immer mehr zu.

GUTE FRAGE!

Können Fliegende Fische wirklich fliegen?

Wenn ein Fliegender Fisch vor einem Feind fliehen will, beschleunigt er sein Tempo mithilfe seiner Schwanzflosse und steuert dann aufwärts, bis er die Wasseroberfläche durchbricht und für Fressfeinde verschwindet. In der Luft breitet er seine hoch angesetzten Brustflossen aus und segelt dahin. Dank seiner strömungsgünstigen Form erreicht der Fisch Geschwindigkeiten bis zu 70 Kilometern pro Stunde und kann rund 400 Meter über dem Wasser zurücklegen, und zwar in einigen Metern Höhe. Also ist das Fliegen der „Fliegenden Fische" (Exocoetidae) eher ein Gleiten in der Luft, denn beschleunigen können sie nur im Wasser.

DER KAMPF UMS ÜBERLEBEN

Der Bombardierkäfer setzt bei Bedrohung eine „Sprengstoffwolke" frei, ein stinkendes Chemikaliengemisch. In vier Minuten kann der Käfer 80-mal schießen.

Chemische Gegenwehr

Ein Gegenangriff als Verteidigung gelingt nur selten. Weit einfacher und weniger gefährlich ist es, dem Angreifer etwas entgegen zu schleudern, am besten übel riechende, ätzende oder giftige Stoffe. Zumindest lenkt ihn das für einen Moment ab, der zur Flucht genutzt werden kann.

Das Sekret, das Raupen der **Zuckerrübeneule** (*Spodoptera exigua*), eines Falters, Ameisen ins Gesicht spucken, perlt wegen der darin enthaltenen Seifenstoffe (Tenside) nicht wie Wasser von der Angreiferin ab, sondern durchnässt sie und verklebt Kopf und Fühler. Daraufhin reinigt sich die Angreiferin erst einmal, und in dieser Zeit kann die Raupe fliehen. Und dabei hatte die Ameise noch Glück: Andere Raupenarten reichern ihre Spucke mit Giftstoffen an, die sie aus ihren Futterpflanzen aufgenommen haben.

Einem Räuber gründlich den Appetit verderben kann auch die **Texas-Krötenechse** (*Phrynosoma cornutum*). Dank ihrer Tarnfarbe ist die Echse fast unsichtbar, solange sie vollkommen regungslos sitzenbleibt. Das hilft aber nicht gegen Kojoten oder Füchse, denn die nutzen eher ihre Nase als ihre Augen. Doch dagegen ist die Echse gewappnet. Kommt solch ein Räuber in ihre Nähe, bläst sie sich auf und bringt die feinen Äderchen in ihren Augenhöhlen zum Platzen, sodass dem Angreifer Blut entgegenspritzt und er im günstigsten Fall verschreckt abzieht.

Die bei weitem ausgefeilteste Spritztechnik aber haben die **Bombardierkäfer** (Brachininae) entwickelt. Wenn man einen solchen Käfer hinten berührt, hört man ein leises „Puff" und sieht eine kleine Rauchwolke vom Hinterleib aufsteigen, denn die Bombardierkäfer haben eine einzigartige Waffe entwickelt – sie sind die einzigen Tiere, die im Körper Sprengstoff zusammenmischen. Die dafür nötigen Verbindungen werden von speziellen Drüsen im Hinterleib erzeugt: das leicht zersetzliche Hydrochinon sowie Wasserstoffperoxid, das leicht Sauerstoff abgibt. Diese Chemikalien speichert der Käfer in Sammelblasen. Will er feuern, entlässt er etwas von jedem Stoff in eine „Explosionskammer" mit stabilen Wänden. In diesen Wänden sitzen wiederum kleine Drüsen, die Zündstoffe absondern; durch sie wird die chemische Umsetzung in Gang gesetzt.

Im Bruchteil einer Sekunde reagiert das Gemisch, erhitzt sich auf 100 Grad Celsius und schießt als dampfende, stinkende und ätzende Flüssigkeit durch eine Art Kanonenrohr nach draußen. Der Käfer kann in nur vier Minuten 80-mal schießen. Und er vermag recht gut zu zielen: Er kann seinen Hinterleib in fast jede Richtung drehen und sogar nach vorn feuern. Dank besonderer Reflektoren auf dem Käferrücken lässt sich der Strahl sogar zur Seite lenken. Gegen hungrige Vögel und Angreifer aus der Insektenwelt ist die Waffe sehr wirksam – wer statt eines guten Bissens eine heiße Stinkbombe in den Schnabel bekommt, wird diese Art Käfer fortan meiden.

SPITZENLEISTUNG

Tod durch Termitenschlag

Termiten, die ihr Nest gegen andere Termiten oder Ameisen verteidigen, müssen das in den engen Gängen tun. Die Art *Termes panamaensis* hat dafür eine bemerkenswerte Lösung gefunden. Die Termiten besitzen nämlich vier kräftige Muskelgruppen, die die Zangen am Oberkiefer langsam übereinander ziehen, sodass diese wie ein gedehntes Gummiband Energie speichern. Werden die Zangen plötzlich gelöst, schnellen sie auseinander – zwar nur knapp 1,8 Millimeter weit, aber mit einem Rekordtempo von etwa 70 Metern pro Sekunde, also über 250 Kilometern pro Stunde. Dieser gewaltige Stoß gegen den Kopf wirkt auf den Angreifer fast immer tödlich.

VERTEIDIGUNGSTRICKS

153

Der Vieraugen-Falterfisch täuscht mit einem Scheinauge auf dem Hinterleib Fressfeinde, indem er in die „falsche" Richtung davonschwimmt.

Falsche Augen sehen dich an

Übergroße Augen, auch wenn es nur falsche sind, haben ein großes Abschreckpotenzial. Das machen sich viele Arten zunutze, indem sie Scheinaugen präsentieren, wie etwa unser **Tagpfauenauge** *(Inachis io)*. Meist sitzt der Falter mit zusammengeklappten Flügeln, weil er so kaum auffällt. Bei Bedrohung aber spreizt er die Flügel ruckartig und präsentiert seine Augenzeichnungen. In Versuchen zeigte dieser Trick besonders bei Vögeln Wirkung. Kein Wunder daher, dass auch zahlreiche andere Tierarten, etwa die **Pfauenspinner** (Saturniidae) und die **Blütenmantis** *(Pseudocreobotra wahlbergii),* eine Gottesanbeterin, ihre Flügel mit Augenflecken schmücken. Besonders sorgfältig ahmen die in Mittel- und Südamerika heimischen **Bananenfalter** *(Caligo sp.)* Augen nach. So ziert ein schwarzes, an Eulen erinnerndes Auge mit gelbem Ring den Flügel von *Caligo eurilochus.* Ein zarter weißer Saum im Schwarz imitiert sehr glaubwürdig eine Lichtspiegelung in der dunklen Pupille. Ein Verwandter, der Falter *Caligo memnon,* täuscht mit der Augenzeichnung sogar ein Tier vor, nämlich eine Anolis-Echse *(Anolis sp.).* Solche Echsen zählen zu den wichtigsten Fressfeinden der Falter, sind andererseits aber sehr reviertreu und aggressiv gegen Artgenossen – daher wirkt diese Flügelzeichnung abschreckend auf eine wirkliche Anolis-Echse.

Das echte Auge eines anderen Tieres simuliert auch der **Mirakelfisch** *(Calloplesiops altivelis),* ein Bewohner tropischer Korallenriffe. Er steht gern am Eingang seiner Höhle, und zwar mit dem Hinterende nach außen. Dabei ähnelt er frappierend einer aus ihrer Höhle schauenden giftigen Muräne, wobei der Mirakelfisch das Muränenauge durch einen Augenfleck ersetzt. Das Vortäuschen falscher Augen am Hinterende kann auch einen anderen Zweck haben. Attackiert ein Räuber ein kleineres Tier, zielt er vorzugsweise auf den Kopf, erkennbar an den Augen. Denn an dieser Körperstelle kann ein Angriff den größten Schaden anrichten – um den Rest des Körpers kann er sich danach kümmern. Außerdem fliehen Beutetiere in Vorwärtsrichtung, also kann der Angreifer die Flucht durch Angreifen des Kopfes am wirksamsten verhindern. Sitzen die Augen aber am anderen Körperende, ist das Beutetier im Vorteil.

Diese Methode nutzen vor allem Fische, denn sie können ihre echten Augen nicht schließen. So hat etwa der **Orangebinden-Pinzettfisch** *(Chelmon rostratus)* ein schwarzes Scheinauge auf der Rückenflosse, der **Vieraugen-Falterfisch** *(Chaetodon capistratus)* trägt ein schwarzes, weißgerandetes Scheinauge auf dem Hinterleib, und der **Pfauenaugen-Zwergfeuerfisch** *(Dendrochirus biocellatus)* täuscht sogar ein Augenpaar vor. Andere Fische verbergen ihre echten Augen in Farbstreifen oder dunklen Flecken und ersetzen sie durch große Augenflecken an anderer Stelle. Besonders trickreich ist der **Imperator-Kaiserfisch** *(Pomacanthus imperator)* in der Jugend gefärbt: Er trägt zahlreiche konzentrische Ringe in schwarzer, weißer und blauer Farbe, die den Blick auf ein falsches Auge am Stiel des Schwanzes hinlenken.

Der Augenfleck des Bananenfalters *Caligo memnon* zählt zu den perfektesten Augenimitationen im Tierreich.

Im Schwarm verschwinden

Bei vielen Tierarten sind der Schwarm und die Gruppe echte Verteidigungsgemeinschaften. Die schiere Menge der Individuen macht es einem Fressfeind fast unmöglich, ein Beutetier in der Masse auszumachen, geschweige denn aus ihr herauszulösen. Viele in Korallenriffen lebende **Falterfische** (Chaetodontidae) tragen schwarze Streifen auf hellem Grund und wirken, etwa im Aquarium, keineswegs getarnt. Ganz anders freilich ist es, wenn sie in freier Natur in einem Schwarm schwimmen. Dann kann ein Fressfeind in dem schwarz-weißen Gewusel kaum noch ein einzelnes Tier erkennen – selbst wir haben ja Sehprobleme bei Op-Art-Motiven und ähnlichen Mustern.

Allerdings funktioniert diese von vielen Fischarten angewandte Taktik nur bei Tageslicht. Jäger besitzen, anders als Schwarmfische, meist gute Sinne. Sie nutzen unter anderem ihr empfindliches Seitenlinienorgan und haben so auch in der Dunkelheit kaum Probleme, einen großen Schwarm aufzuspüren und seine Mitglieder zu dezimieren. Daher lösen viele Schwarmfische den Schwarm in der Dämmerung auf und verbergen sich einzeln.

Da können Fressfeinde schon mal nervös werden: Wen sucht man sich in dem Gewimmel von Schmetterlingsfischen als Opfer aus? Der Schwarm bietet, zumindest tagsüber, dem Einzeltier optimalen Schutz.

VERTEIDIGUNGSTRICKS

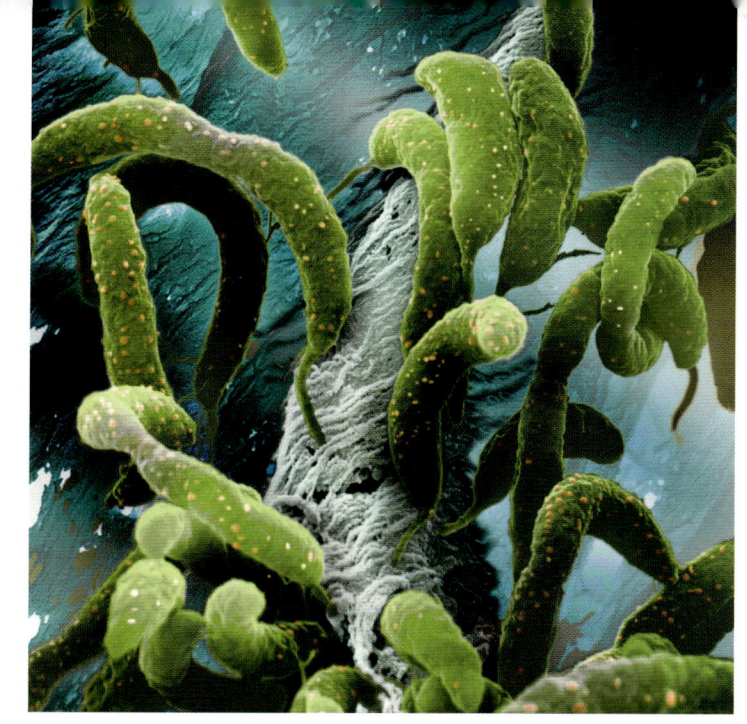

Das Bakterium *Caulobacter crescentus* heftet sich mittels eines Klebstoff erzeugenden Stiels an den Untergrund. Dieser Kleber ist das stärkste bekannte Haftmittel.

Klebt wie der Teufel

Das häufig vorkommende Wasserbakterium **Caulobacter crescentus** erzeugt den weitaus stärksten bisher bekannten Klebstoff. Die Mikrobe lebt u. a. in schnell fließenden Flüssen. Um sich davor zu schützen, bei hoher Fließgeschwindigkeit weggespült zu werden, sitzt jedes Bakterium an einem Stiel, der mittels eines Haftorgans mit dem Untergrund verbunden ist. Und dieses Haftorgan nun produziert den Superkleber. Er besteht aus Stoffen, die mit Zucker und Stärke verwandt sind – die genaue chemische Zusammensetzung muss aber noch enträtselt werden. Eine lohnende Sache: Der Kleber ist so stark, dass damit ein an einer Ein-Euro-Münze festgeklebtes Auto hochgehoben werden könnte, und haftet zudem sogar auf nassen Oberflächen. Er ist biologisch abbaubar, käme also eventuell auch für medizinische Anwendungen in Betracht.

Tod in der Hitzekugel

Hornissen sind Fleischfresser und erbeuten kleinere Insekten. Als besonders aggressiv gilt die **Asiatische Riesenhornisse** (*Vespa mandarinia*), die in Südostasien lebt und 4,5 Zentimeter lang wird. Allein ihr Stachel ist sechs Millimeter lang. Ihr Gift wirkt stark, und sein Geruch lockt zudem weitere Hornissen an. So hat die Hornisse kaum Feinde. Zwar brauchen die Arbeiterinnen für sich selbst kaum Eiweiß, aber sie jagen Tiere als Nahrung für die Brut. Hauptbeute sind Käfer und im Sommer zusätzlich Honigbienen, die dank ihres Nektargehalts besonders nahrhaft sind – den Nektar nutzen die Hornissen als „Flugbenzin". Bisweilen greift eine Gruppe von Hornissen ein ausgespähtes Bienennest an und tötet einen großen Teil der Insassen; die schwachen Bienenstacheln scheitern am dicken Chitinpanzer der Hornissen.

Nur die **Östliche Honigbiene** (*Apis cerana*), die in Asien heimisch ist, hat eine wirksame Gegenwehr entwickelt. Haben Arbeiterinnen der Östlichen Honigbiene die Späherin eines Hornissennests entdeckt, alarmieren sie sofort ihre Nestgenossen durch Zittern des Hinterleibs und Absondern eines speziellen Pheromons. Dann geben sie den Nesteingang frei und locken so die Hornissenspäherin hinein. Drinnen stürzen sich dann mehr als 500 Bienen auf sie und schließen sie in einer Kugel aus Bienenkörpern ein, aus der sie nicht entweichen kann. Nun treiben die Bienen die Temperatur im Innern der Kugel durch Muskelzittern auf über 46 Grad Celsius hoch. Solche Hitzegrade und dazu die durch die Bienenaktivität erhöhte Kohlendioxidkonzentration erträgt die Hornisse nicht: Sie stirbt in der Hitzekugel. Die Bienen dagegen können dank ihres besonderen Stoffwechsels kurzzeitig sogar 50 Grad aushalten. Auch wenn meist einige Bienen sterben, so ist doch der Stock vorerst gerettet.

Gegen die 4,5 Zentimeter große Asiatische Riesenhornisse hat eine Biene allein keine Chance. Doch wenn die Hornisse einen Stock von Östlichen Honigbienen angreift, blüht ihr ein übles Schicksal.

DER KAMPF UMS ÜBERLEBEN

Rühr mich nicht an!

Auch Tiere, die mit Giftzähnen oder Krallen bewaffnet sind, greifen nicht sofort an. Denn jeder Angriff birgt auch ein Risiko: Der Gegner könnte ihnen überlegen sein oder ihnen schwere Verletzungen zufügen. Oft suchen sie daher einen Kampf zu vermeiden, indem sie Aggressionsbereitschaft demonstrieren und ihre Waffen präsentieren – oder den Gegner zumindest erst einmal erschrecken.

Angreifer auspfeifen und wegklicken

Raupen sind vor allem Fressmaschinen. Ihr Lebensinhalt besteht darin, viel zu fressen, damit sie genug Energie gewinnen, um sich in Falter umzuwandeln. Freilich sind fette Raupen auch eine begehrte Beute, vor allem von Vögeln. Doch die Raupen der **Walnuss-Sphinx** (*Amorpha juglandis*) haben eine wirksame Abwehrstrategie entwickelt.

Die fette Raupe des Wilden Seidenspinners, eines großen Nachtfalters, ist keineswegs wehrlos: Mit Klickgeräuschen hält sie sich Vögel vom Leib.

Die Walnuss-Sphinx ist ein rotbrauner Nachtfalter, der in großen Teilen Nordamerikas lebt. Anders als der unauffällige Falter sind die wenige Zentimeter langen, grünen, schwarz und orange gefleckten Raupen ziemlich bunt und entsprechend gefährdet, wenn sie etwa an Blättern des Walnussbaums nagen. Dennoch überleben die Raupen die Angriffe eines Vogels meist unbeschadet, denn wenn sich ein Fressfeind nähert, erzeugen sie ein lautes Pfeifen. Der sehr hohe Ton ist für ein so kleines Tier erstaunlich laut: Mit 82 Dezibel in fünf Zentimetern Entfernung erreicht er fast die Schmerzschwelle des menschlichen Ohrs. Kein Wunder, dass Vögel zurückzucken, wenn sie derart angepfiffen werden – in Versuchen mit **Goldwaldsängern** (*Dendroica petechia*) überlebte jede der Raupen alle Angriffe. Manche der Vögel duckten sich sogar erschreckt weg.

Die Raupen erzeugen die Töne aber nicht, wie man denken könnte, mit ihrem Mäulchen. Stattdessen nutzen sie ihr Atemsystem. Insekten besitzen keine Lunge, sondern ein System von Luftröhren, die den Körper durchziehen und in eine Reihe von Atemöffnungen entlang dem Körper ausmünden. Zum Pfeifen nutzen die Raupen nur das hinterste Paar dieser Öffnungen. Sie pressen Luft, die sie im Körper gespeichert haben, mit aller Kraft hinaus, sodass ein Ton entsteht – auf ähnliche Weise, wie wir mit gespitzten Lippen pfeifen. Und dieser Luftvorrat ist groß: Die Raupen pfeifen bis zu vier Sekunden lang!

Offenbar sind Vögel nicht gewohnt, dass ihre Beutetiere Geräusche von sich geben. Jedenfalls zeigte sich, dass die Raupe des **Wilden Seidenspinners** (*Antheraea polyphemus*) schon mit vergleichsweise leisen Klickgeräuschen hungrige Vögel abschrecken kann. Die Seidenspinner sind nordamerikanische Nachtfalter, die etwa 15 Zentimeter Spannweite erreichen. Ihre grünen, mit roten Punkten gesprenkelten Raupen erzeugen die Klickgeräusche mit feinen Zacken an ihren Mundwerkzeugen, die sie aneinander reiben oder aufeinander schlagen. Vielleicht aber hat es sich unter den Vögeln herumgesprochen, dass diese Laute nur Vorboten sind für Schlimmeres. Wenn sich nämlich ein Fressfeind nicht abschrecken lässt, hat die Seidenspinnerraupe noch eine weitere Waffe: Sie spuckt eine stinkende und bittere dunkelbraune Flüssigkeit. Zwar ist das Erbrochene nicht giftig, aber es riecht und schmeckt offenbar eklig genug.

Die Raupe hat es allerdings auch dringend nötig, sich zu schützen: Mit bis zu zehn Zentimetern Körperlänge ist sie ein fetter Bissen. Kein Wunder angesichts ihres überragenden Appetits: Binnen zwei Monaten frisst sie sage und schreibe das 86 000-fache ihres Körpergewichts, das sie beim Schlüpfen hatte.

Geht die Grüne Schildmantis in Drohposition, wird so mancher Feind abgeschreckt.

Eine echte Drohung

Viele Tierarten, etwa Schlangen, können ein Beutetier nur im Ganzen verschlucken. Für sie ist es daher besonders wichtig, sich schon vor dem Biss über dessen Größe klar zu werden. Ist es zu groß, könnten sie daran ersticken. Das nutzen andere Tiere, indem sie ihren Körper zur Abwehr vorübergehend vergrößern. **Kugel-** und **Igelfische** (Tetraodontidae und Diodontidae) etwa schlucken Wasser und blähen ihren Körper zu einem kugelrunden Ball auf, der bei Igelfischen zudem noch mit Stacheln gespickt ist.

Eine erschreckte **Waldohreule** (Asio otus) oder ein bedrohter **Uhu** (Bubo bubo) plustern sich auf, spreizen ihre Kopf-, Hals- und Schwanzfedern und öffnen fächerartig ihre Flügel. Zudem fauchen sie laut und klappern mit ihrem Schnabel. Die in Australien heimischen **Kragenechsen** (Chlamydosaurus kingii) stellen ihre große, rot, gelb oder weiß gefärbte Halskrause auf und vergrößern damit ihren Kopf scheinbar um ein Vielfaches, wenn sie z. B. von einem Waran oder einem Greifvogel bedroht werden.

Selbst Insekten nutzen solche Abwehrstrategien. Wenn eine Gottesanbeterin wie die in Malaysia heimische, etwa zehn Zentimeter große **Grüne Schildmantis** (Rhombodera basalis) trotz ihrer Tarnfarbe angegriffen wird, spreizt sie ruckartig ihre bunt gefärbten Flügel und Glieder. Dabei reibt sie die Flügel aneinander und erzeugt ein kratzendes Geräusch. Kommt der Feind näher, schlägt sie blitzschnell mit ihren hakenbewehrten Fangarmen zu. Deren Beweglichkeit ist so groß, dass die Gottesanbeterin damit sogar vorüberfliegende Insekten packen kann.

DER KAMPF UMS ÜBERLEBEN

Mit Stacheln und Dornen bewehrt

Pflanzen sind unbeweglich und können daher nicht vor hungrigen Fressfeinden fliehen. Doch viele Arten haben verschiedene Methoden entwickelt, mit denen sie den Substanzverlust durch fressende Tiere zumindest in Grenzen halten und hungrige Mäuler nach Möglichkeit abschrecken können. Besonders Dornen und Stacheln signalisieren deutlich: Bleib mir vom Leib!

Dornen entstehen aus umgebildeten Pflanzenorganen, also etwa aus Blättern oder Sprossen. Gut erkennbar ist der Übergang von Blättern zu Dornen an der **Stechpalme** *(Ilex aquifolium)* – bei ihr sind Blattspitzen zu Dornen umgebildet. Sie sind tief im Gewebe verankert und enthalten auch Leitbündel. Stacheln dagegen werden von der obersten Gewebeschicht gebildet und lassen sich daher relativ leicht entfernen. Rosen zum Beispiel haben Stacheln, während Kakteen meist Dornen tragen.

Ob Stachel oder Dorn – der Hauptzweck ist der gleiche: Er soll hungrigen Mäulern das Zubeißen erschweren. Das funktioniert auch recht gut: Weidetiere und Schnecken, die zu den häufigsten Pflanzenfressern zählen, rühren mit spitzen Gebilden übersäte Pflanzen lieber nicht an. Kein Wunder: Viele sind geradezu gespickt mit Dornen. Die bei uns häufige **Nickende Distel** *(Carduus nutans)* etwa hat nicht nur ihre Blattränder umgebildet, sondern schützt auch ihre Blüten durch spitze Hüllblätter. Zwar gibt es einige Insekten, die trotz dieser Bewehrung an den Pflanzen fressen oder saugen, aber auf einer Kuhweide zum Beispiel bleibt die Distel unbehelligt stehen. Denn in unseren Breiten haben Pflanzenfresser genügend Alternativen.

Anders ist es in Trockengebieten, wo frisches Grün oft rar ist. Dort müssen sich die Pflanzen besser schützen. Die in Südafrika heimische

Wussten Sie, dass…

… selbst Vogelspinnen Angreifer zuerst warnen?

Die Ornament-Vogelspinne (Poecilotheria ornata), die auf Sri Lanka lebt, ist besonders aggressiv. Der Biss des acht Zentimeter großen Tiers führt zu wochenlanger Krankheit. Doch wenn sich ein Angreifer mit der Vogelspinne anlegen will, beißt sie nicht zu, sondern richtet sich zunächst auf ihren Hinterbeinen empor. Das vordere Beinpaar reckt sie dabei nach oben, sodass sie nun viel größer wirkt. Dabei präsentiert sie ihre gelbschwarze Unterseite. Reagiert der Angreifer auf diese Warnung nicht, schlägt sie mit ihren Vorderbeinen auf ihn ein und wartet dann wieder in der Drohstellung, ob er nun aufgibt. Erst wenn er immer noch nicht flieht, beißt sie zu.

Rundum geschützt: Der Kapokbaum trägt Dornen nicht an den Trieben, sondern am Stamm.

Kameldorn-Akazie *(Acacia erioloba)* trägt bis zu acht Zentimeter lange Doppeldornen an ihren Zweigen. Das hindert freilich Kamele, Ziegen und Giraffen nicht daran, diese Pflanzen zu fressen, weil sie eine lederartig harte Haut im Maul und eine lange, bewegliche Zunge haben. Dieses Beispiel zeigt letztlich nur, dass es trotz ausgeklügelter Maßnahmen Tiere gibt, die solche umgehen können. Dennoch erfüllen die Stacheln und Dornen ihren Zweck, denn der größte Teil der Pflanzenfresser wird abgeschreckt.

In sonnenheißen, trockenen Weltgegenden verzichten einige Pflanzen sogar ganz auf Blätter und bilden sie komplett zu Dornen um; so entwickeln etwa manche **Wolfsmilchgewächse** wie etwa *Euphorbia ferox* und *Euphorbia actinoclada* scharfe Spitzen, und Kakteen bilden Dornen. Das hat gute Gründe: Ohne diesen Schutz würde ihr wasserreiches Sprossgewebe rasch in durstigen Mäulern verschwinden. Die meisten Arten, wie etwa der ***Ferocactus pilosus*** aus Mexiko, sind über und über mit Spitzen bedeckt. Noch wehrhafter sind die **Feigenkakteen** *(Opuntia sp.)*: Sie tragen zusätzlich Dornen mit Widerhaken, die sich sehr schmerzhaft in die Haut bohren und kaum wieder zu entfernen sind.

Einen besonders effektiven Schutz gegen Verbiss durch Wildtiere weisen die Jungbäume des aus Südamerika stammenden **Kapokbaums** *(Ceiba pentandra)* auf. Der noch zarte Stamm des Tropengewächses ist mit bis fünf Zentimeter langen, kegelförmigen Stacheln besetzt, die ihm in der Karibik den Spitznamen „monkey-no-climb" (etwa: kein Kletterbaum für Affen) eingetragen haben. Ausgewachsen wird dieser Baum dann rund 75 Meter hoch.

Die Australische Brennnessel sieht unscheinbar aus, dabei ruft ihre Berührung schwerste Schmerzen hervor, die monatelang nicht abklingen. Dagegen sind die Brennhaare unserer heimischen Brennnessel (kleines Bild) geradezu harmlos.

Der brennende Stich

So unangenehm normale Dornen und Stacheln sind – die Schutzwirkung lässt sich noch steigern: durch Gift, wie etwa bei der **Brennnessel** *(Urtica sp.)*. Das Brennhaar der Pflanze stellt ein kleines biologisches Wunder dar: Es ist eine winzige Hohlnadel mit silikatverstärkten Wänden und einer feinen Spitze. Bei Berührung bricht das Brennhaar ab, und die schräge, scharfe Bruchstelle bohrt sich in die Haut. Dabei entlässt sie den in ihr enthaltenen Giftcocktail, von dem schon ein zehnmillionstel Gramm Schmerzen und Entzündungen verursacht.

Doch unsere heimische Brennnessel ist harmlos im Vergleich zur **Australischen Brennnessel** *(Dendrocnide moroides)*, die auch Gympie genannt wird. Dieser etwa einen bis mehrere Meter hohe Strauch, der manchmal auch einen Stamm ausbildet und als Baum wächst, sieht vollkommen unscheinbar aus, wenn man ihn bei einer Waldwanderung an einer lichten Stellen im Urwald entdeckt. Die herzförmigen Blätter sind am Rand fein gezackt und haben einen dünnen, grauglänzenden Überzug aus feinen Härchen. Manchmal trägt der Strauch rotviolette Beeren, deren Form an Himbeeren erinnert.

Wer trotz der Warnung des Waldführers den Strauch berührt, vergisst diesen Waldspaziergang so rasch nicht. Denn die Haare der Australischen Brennnessel bohren sich sofort in die Haut und lassen sich nicht wieder entfernen. Zudem geben sie ein hochwirksames Nervengift ab: Die Haut beginnt zu jucken, zu brennen und schmerzhafte Blasen zu bilden. Die Haare dringen sogar durch die Kleidung, und hat man mit einem Kleidungsstück den Strauch berührt, können die im Gewebe hängengebliebenen Haare auch später noch die Haut verletzen. Die Schmerzen halten in der Regel einige Monate an, in schweren Fällen können sie sogar zum Tod führen. Einheimischen Tieren allerdings machen die Brennhaare trotz des Gifts wenig aus; sie fressen sogar an der Pflanze.

DER KAMPF UMS ÜBERLEBEN

Eine angsteinflößende Drohgebärde! Die Wassermokassinotter ist zwar extrem giftig, beißt aber nur zu, wenn ein Lebewesen in ihr Beuteschema passt.

Achtung, Giftwarnung!

Giftschlangen werden als bösartige, heimtückische Angreifer angesehen, die um jeden Preis töten wollen. Aber das entspricht nicht der Wirklichkeit. So gelten etwa die im Südosten der USA an Binnengewässern lebenden **Wassermokassinottern** *(Agkistrodon piscivorus)* als besonders gefährlich. Diese Giftschlangen werden über 150 Zentimeter lang und ernähren sich von Kleinsäugern und Fischen. Als man jedoch ihr Verhalten genauer untersuchte, zeigte sich, dass die Schlangen bei einer Begegnung mit einem Nicht-Beutetier entweder fliehen oder drohen: Sie richten sich auf, öffnen ihr Maul und führen bisweilen Scheinbisse aus. Zieht sich der vermeintliche Angreifer daraufhin zurück, flüchten sie. Aber selbst als man mit einer künstlichen Hand nach ihnen griff, biss nur ein Drittel der Schlangen tatsächlich zu, oft sogar ohne Gift zu injizieren. Auch dies könnte also als Drohgebärde gemeint sein.

Giftschlangen sind bemüht, ihr wertvolles Gift nur zum Beutefang einzusetzen. Zwar wissen sie, dass dies auch gegen Angreifer möglich ist, aber sie drohen und warnen erst, bevor sie tatsächlich einen Biss setzen – und haben damit oft Erfolg: Der Feind verzieht sich. Selbst ungiftige Schlangen verfügen über deutliche Drohgebärden, die sie größer und gefährlicher erscheinen lassen.

Auch Zischen und Fauchen ist typisch für viele Schlangen. Nicht immer erzeugen sie es mit Lunge und Maul. Besonders Schlangen, die in sehr trockenen Gebieten leben, verzichten auf das Zischen, vermutlich, weil die ausgestoßene Luft zu viel kostbare Feuchtigkeit mitnimmt. Stattdessen erzeugen sie Warngeräusche auf andere Weise. Die **Arizona-Korallenschlange** *(Micruroides euryxanthus)* zum Beispiel, die in der Sonorawüste lebt, jagt geräuschvoll Luft und stinkende Exkremente aus ihrer Kloake. Die in Indien, Arabien und Nordafrika vorkommenden **Sandrasselottern** *(Echis sp.)* ringeln sich bei Bedrohung zusammen und reiben dabei ihre Schuppen aneinander, was ein deutliches Rasseln erzeugt.

Ein besonderes Rasselorgan haben die **Klapperschlangen** *(Crotalus sp.)* und die **Zwergklapperschlangen** *(Sistrurus sp.)* entwickelt. Sie leben nur in trockenen und warmen Regionen Amerikas; die meisten Arten kommen in Mexiko vor. Tagsüber ruhen sie in Verstecken, nur in der Nacht gehen sie auf Jagd nach Kleintieren. Am Schwanz tragen sie mehrere Hornschuppen, die lose ineinander stecken. Jede dieser Hornschuppen stammt von einer Häutung der Schlange, denn anders als der Rest der Haut wird die Haut der Schwanzspitze nicht abgeworfen, sondern verlängert die Rassel. Kommt ein großes Tier, etwa ein Wildpferd, auf die Schlange zu, rollt sie sich rasch zusammen und lässt ihren Schwanz vibrieren, sodass die Hornschuppen aneinander schlagen und ein lautes Klappern erzeugen. Damit vermeidet die Schlange, zertreten zu werden, denn in aller Regel weichen große Tiere diesem Klappern aus. Es gibt sogar mehrere ungiftige Schlangenarten, die das Klappern zu ihrem eigenen Schutz nachahmen. Auch Klapperschlangen beißen, trotz ihres schlechten Rufs, nur im Notfall tatsächlich zu.

Die Gefährlichkeit der Klapperschlangen wird sowieso stark übertrieben: Weniger als 30 von 1000 gebissenen Menschen sterben an ihrem Gift, und zahlreiche tierische Feinde wie etwa Kojoten, Füchse, die ungiftige Kettennatter *(Lampropeltis getula)* und sogar Haushunde können die Schlange töten – trotz ihres Gifts.

RÜHR MICH NICHT AN!

Keine Angst vor Klapperschlangen

Zu bevorzugten Opfern von Klapperschlangen zählen Kleinsäuger, z. B. junge **Kalifornische Ziesel** (*Spermophilus beecheyi*). Sie sind, anders als erwachsene Tiere, nicht gegen das Klapperschlangengift immun. Deshalb müssen Zieseleltern versuchen, ihre Jungen vor nächtlich jagenden Klapperschlangen zu schützen, die ihre zarte Beute mithilfe ihres Grubenorgans orten. Dieses Organ reagiert auf die Wärmestrahlung des Beutetiers.

Zieseleltern haben für die Abwehr solcher nächtlichen Angriffe eine ungewöhnliche Methode entwickelt, wie Wissenschaftler mithilfe von Infrarotkameras feststellten: Sie machen sich größer, als sie sind. Taucht in ihrer Nähe eine Schlange auf, richten sie sich hoch auf, wedeln aufgeregt mit dem buschigen Schwanz und versuchen außerdem, Erdbrocken auf die Schlange zu werfen. So wirken sie größer und aggressiver, und zudem alarmieren sie mit diesem Verhalten andere Ziesel. Sie versuchen auch, durch Reizen der Schlange deren Größe und Temperatur zu ermitteln. Große, ältere Schlangen sind wärmer und klappern tiefer als junge. Diese Information ist wichtig, denn große, ältere Schlangen stoßen schneller und präziser zu als junge, kühlere.

Weitere Untersuchungen mit der Infrarotkamera ergaben, dass die Ziesel gegen Schlangen mit Wärmesinnesorgan – wie Klapperschlangen – einen weiteren Trick einsetzen: Sie heizen ihren Schwanz auf, indem sie ihn stärker durchbluten. Zudem stellen sie die Schwanzhaare auf; dadurch strahlt die Schwanzhaut die Wärme besser ab. Für die Klapperschlange erscheint der Ziesel nun offenbar wie ein wehrhaftes Riesenhörnchen: Sie zieht sich zurück oder rollt sich zusammen.

Ein Kalifornischer Ziesel reckt sich hoch auf, um eine Klapperschlange abzuschrecken.

Wussten Sie, dass ...

...manche Vögel die Geräusche von Schlangen imitieren?

Die Furcht vor Giftschlangen wurzelt so tief in vielen Tieren, dass schlangenartiges Zischen artübergreifend als Warn- und Drohsignal eingesetzt wird. Sogar einige Vogelarten nutzen das als Verteidigungsmaßnahme, z. B. die zu den Prachtfinken zählende afrikanische Band-Amadine (*Amadina fasciata*). Nähert sich ein Tier der in ihrem höhlenartigen Nest brütenden Band-Amadine, flieht der Vogel nicht, sondern bleibt sitzen und gibt zischende Geräusche von sich. Zudem windet er sich und imitiert so eine im halbdunklen Nest lauernde Schlange – in der Regel mit gutem Erfolg.

GENAUER UNTERSUCHT

Die Macht der Beutetiere

Im Reich des Lebens sind viele Arten voneinander abhängig. Eine der wichtigsten dieser Abhängigkeiten ist die Beziehung zwischen Räuber und Beute. Doch wie verhält es sich nun? Bestimmen Mäusebussarde, wie viele Mäuse in einem Gebiet leben, oder ist es umgekehrt?

Stellen wir uns vor, ein Tierfreund möchte **Mäuse** züchten. Er beginnt mit einem Paar und wird schon nach einigen Tagen einen Wurf mit rund sechs Jungen feiern können. Diese paaren sich miteinander, und wenige Wochen später laufen über 30 Tiere umher. In der folgenden Generation sind es etwa 130, und binnen Monaten würde der Mäusefreund mehr als 8000 Individuen sein Eigen nennen.

Gute Mäusejahre

Dieses Beispiel zeigt die ungeheure Fortpflanzungsfähigkeit fast aller kleineren Tierarten. Wieso ist dann die Erde nicht längst unter Mäusen erstickt? Weil ein Lebensraum nur eine gewisse Dichte an Lebewesen und Arten ernähren kann. Wenn bei Arten mit hoher Vermehrungsrate, wie den Mäusen, in einem bestimmten Jahr die Anzahl der Tiere explodiert, so ist dies ein gutes „Mäusejahr" für Mäusejäger wie **Füchse, Iltisse** und **Greifvögel:** Nun können sie mehr Junge als sonst großziehen. Für die Mäuse allerdings sieht die Zukunft düster aus: Ihre Zahl wird durch Nahrungsmangel, Krankheiten und die vielen Räuber sinken.

Das bekommen dann auch die Mäusejäger zu spüren. Sie müssen mehr Zeit und Mühe für die Beutesuche aufwenden und fangen dennoch weniger, sodass ein Teil der Nachkommen und mitunter auch der Alttiere verhungert. Die Schwankungen in der Zahl der Beutetiere spiegeln sich tatsächlich, wie Untersuchungen gezeigt haben, mit einer zeitlichen Verzögerung in der Zahl der Räuber wider.

Ausrotten unmöglich

Ein weiterer Faktor wirkt sich auf die Bestandsdichte der Räuber aus: der Verlust an Energie innerhalb der Nahrungskette. Pflanzenfresser werten höchstens zehn Prozent der in ihrer Nahrung steckenden Energie aus. Werden sie von Räubern gefressen, können diese wiederum nur höchstens zehn Prozent Energie aus deren Fleisch nutzen, und so geht es weiter. Schon nach wenigen weiteren Stufen in der Nahrungskette ist man im Promillebereich. Das bedeutet, dass große Räuber immer nur in vergleichsweise geringer Zahl in einem Lebensraum existieren können. Sie brauchen ein großes Revier, um ausreichend Nahrung zu finden, was wiederum viel Energie zum Aufstöbern von Beute kostet.

Ein Räuber kann deshalb eine Tierart nie ausrotten: Lange bevor deren Bestand in Gefahr gerät, ist er selbst verhungert. Letztlich bestimmen also Feldmäuse, wie viele Mäusebussarde oder Füchse es gibt – und nicht umgekehrt.

Der Pardelluchs fängt große und kleine Tiere – ein wichtiger Evolutionsvorteil.

Damit der Mäusebussard und seine Jungen überleben können, muss es genügend Mäuse geben.

Hintergrundbild: Je mehr Zwergmäuse es in einem bestimmten Jahr gibt, umso besser gedeihen auch die Raubtiere, die von ihnen leben.

Wie wichtig solche Zusammenhänge in der Natur sind, zeigen Vergleiche zwischen theoretischen Berechnungen und den tatsächlichen Verhältnissen in der Natur. Man stellte fest, dass fleischfressende Säuger entweder sehr groß sind, etwa **Löwen,** oder recht klein, etwa **Marder.** Kleinere Räuber können die reichlich vorhandenen und nicht allzu mühsam zu erbeutenden Kleintiere fressen und damit ein Körpergewicht von maximal 15 Kilogramm erreichen und halten. Große Raubtiere dagegen müssen ihren Energiebedarf durch große Beutetiere decken – ein Löwe kann nicht von der Mäusejagd leben. Solche großen Beutetiere aber sind relativ selten, und vor allem erfordert die Jagd hohen Energieeinsatz. Deshalb werden diese Räuber in der Regel nicht schwerer als 1000 Kilogramm: Die Energiemengen, die nötig sind, um ein höheres Gewicht zu erreichen und zu halten, kann kein Säugetier erjagen.

Einige Räuber allerdings haben einen großen Vorteil. Sie können beides. Die auf der Iberischen Halbinsel lebenden **Pardelluchse** (Lynx pardinus) zum Beispiel erlegen Rehe und Wildschweine, fangen aber auch Mäuse. Ihr Körpergewicht liegt bei etwa 15 Kilogramm.

RÜHR MICH NICHT AN!

Nur im Notfall wird geschossen

Wer jemals mit dem Sekret eines **Streifenskunks** (Mephitis mephitis) oder **Fleckenskunks** (Spilogale putorius) in Kontakt kam, wird dieses Erlebnis nicht so rasch vergessen. Der Geruch des gelben, öligen Analdrüsensekrets dieser in Amerika verbreiteten Raubtiere ist derart aufdringlich, dass er Kopfschmerzen und Übelkeit verursacht, und er lässt sich auch durch Waschen nur sehr schwer entfernen. Aus der Kleidung geht der Gestank nicht wieder heraus, und das Fell eines getroffenen Tiers stinkt viele Monate lang. Wer das Stinktiersekret in die Augen bekommt, erblindet vorübergehend. Kein Wunder, dass Raubtiere nach solch einem Erlebnis Skunks möglichst meiden.

Doch selbst eine überraschende abendliche Begegnung mit einem dieser nachtaktiven Tiere führt nicht unbedingt zur olfaktorischen Katastrophe. Nur im Notfall macht der Skunk von seiner Sekretdrüse Gebrauch, denn er braucht einige Tage, um sie wieder zu füllen. Vorher führt er typische, beim Fleckenskunk besonders eindrucksvolle Drohgebärden aus. Bei Auftauchen eines möglichen Feindes hebt er den Schwanz hoch, knurrt, fletscht die Zähne und versucht zu fliehen. Wird er verfolgt, wirft er sein Hinterteil hoch und läuft dann einige Dezimeter sogar mit senkrecht hochgestrecktem Körper auf den Vorderfüßen. Dieser Handstand kann mehrere Sekunden dauern. Doch gibt der Verfolger dann nicht auf, trifft ihn ein Strahl des Stinksekrets aus den Analdrüsen – selbst noch aus sechs Metern Entfernung zielen Skunks recht gut. Und dann kann der arme Getroffene nicht nur mehrere Stunden kaum aus den Augen schauen, sondern wird auch von seiner Nase – und dem Verhalten der Artgenossen – lange an diese „Begegnung der unheimlichen Art" erinnert.

Der Streifenskunk schießt sein stinkendes Sekret nur ab, wenn es unbedingt sein muss. Erst einmal vollführt er Drohgebärden.

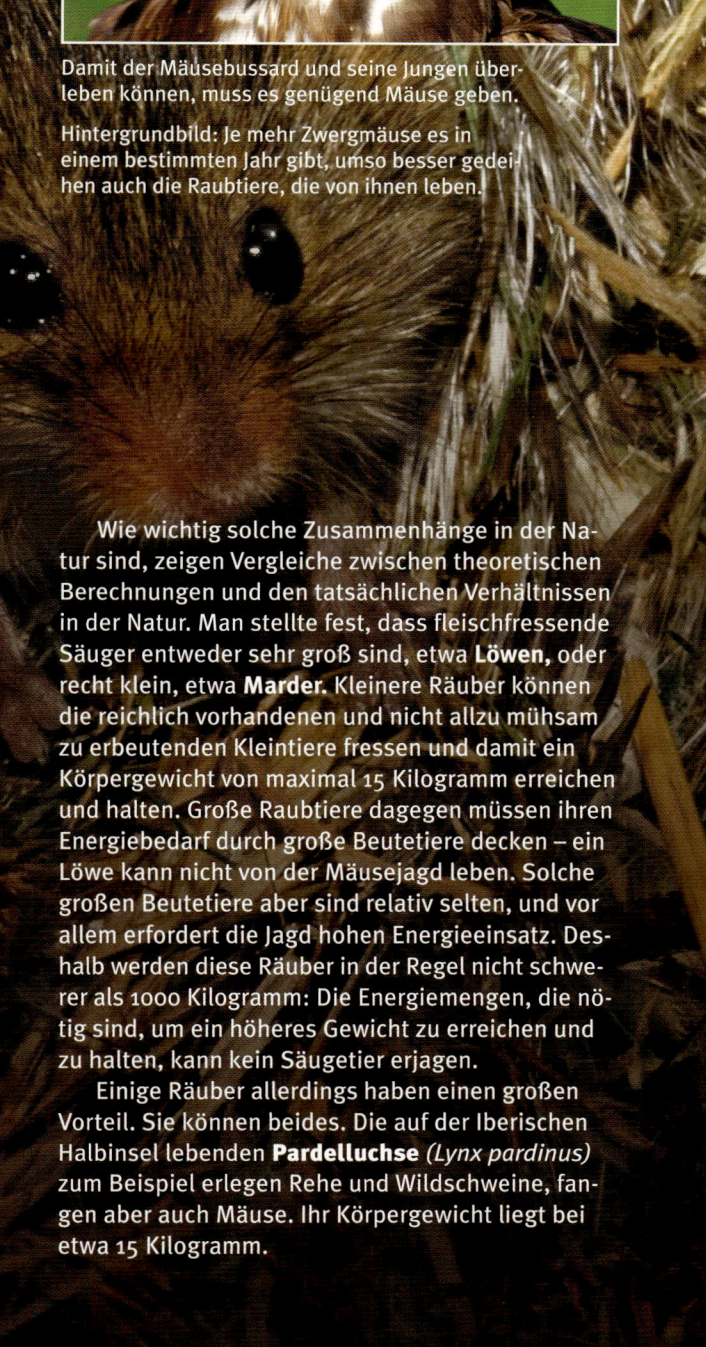

DER KAMPF UMS ÜBERLEBEN

Kostbarer Inhalt, gut geschützt

Das Leben ist gefährlich, und zwar besonders dann, wenn man in einem weichen und empfindlichen Körper steckt, nicht sehr beweglich ist oder keine Verteidigungswaffen besitzt. Doch die Natur hat zahlreiche Formen von Gehäusen entwickelt, um wertvolles Gut zu schützen – und manche sind von atemberaubender Schönheit.

Im Panzer unterwegs

Die zu den Reptilien zählenden **Schildkröten** (Testudines) leben seit über 200 Millionen Jahren gut mit dem Panzer-Prinzip. Immerhin gab es sie schon vor den Dinosauriern, und bisher haben sie ihre großen Vettern um mehr als 65 Millionen Jahre überlebt und inzwischen alle Kontinente außer der Antarktis besiedelt. Die **Lederschildkröte** (Dermochelys coriacea), die mit zweieinhalb Metern Länge größte lebende Art und zugleich die einzige ohne Knochenpanzer, kann sogar 1000 Meter tief tauchen.

Der Panzer ist zweifellos das eindeutigste Körpermerkmal dieser Tiere, und er unterscheidet sie von allen anderen Wirbeltieren. Zwar haben auch Krokodile ihren Körper mit einer dicken Panzerung versehen, aber nur die Schildkröten haben ihr gesamtes Skelett umgebaut. Ihr Rückenpanzer und der damit verbundene Bauchpanzer entstanden, indem Wirbelsäule, Rippen, Schulter- und Beckengürtelknochen miteinander verschmolzen. Der Panzer besteht also aus Knochen und ist starr, anders als etwa der Rücken der Krokodile. Als normaler Knochen wächst er mit der Schildkröte mit, ähnlich wie unsere Knochen. Teile des Panzers allerdings weisen eine schaumartige Struktur mit vielen luftgefüllten Hohlräumen auf; diese Leichtbauweise spart Gewicht. Dennoch ist der Panzer dank der Gewölbeform stabil: Der mehr als einen Meter lange Panzer einer **Galapagos-Riesenschildkröte** (Chelonoidis nigra) kann bei gleichmäßiger Belastung hunderte Kilogramm tragen. Gegen Stöße allerdings ist er empfindlich; stürzende Schildkröten verletzen sich oft schwer.

Über den Knochen liegt eine zähe Hautschicht, je nach Art aus vergleichsweise weichem Material oder aus zu Hornschilden verhärtetem Keratin. Diese Hautschicht ist farbig und bei einigen Arten mit spitzen Höckern versehen.

Der Panzer macht etwa ein Drittel des Gesamtgewichts der Schildkröte aus. Er schützt alle lebenswichtigen Organe, und bei Gefahr kann die Schildkröte Kopf, Schwanz und Beine hineinziehen, sodass zumindest große Schildkröten praktisch unangreifbar sind. Das ist einer der Gründe, weshalb solche Schildkröten sehr alt werden können – mindestens 180 Jahre, nach manchen, allerdings unsicheren Angaben sogar 256 Jahre. Kleinere Arten allerdings sind durchaus gefährdet: Adler können Schildkrötenpanzer knacken, indem sie die Tiere aus großer Höhe fallen lassen.

Galapagos-Riesenschildkröten kommen nur auf den Galapagos-Inseln im Pazifik vor. Bei Gefahr verstecken die Tiere alle weichen Körperteile in ihrem Panzer.

Die geschuppte Kugel

Es gibt auch gepanzerte Säugetiere. Gemeint ist aber nicht das Panzernashorn, das eigentlich nur eine dicke Haut hat, sondern die altertümlich und ungewöhnlich wirkenden, in Südasien und Südafrika heimischen **Schuppentiere** (Manidae), die ihren Körper mit überlappenden, beweglichen Hornschuppen schützen, welche Umbildungen der Haut sind. Die Tiere werden – einschließlich Schwanz – zwischen 60 und 160 cm groß. Bei Bedrohung rollen sie sich ein; der ungeschützte Bauch wird dabei mit dem kräftigen Schwanz bedeckt. Sie können mit dem Schwanz aber auch schlagen und dem Angreifer mit den scharfen Hornplatten empfindliche Wunden beibringen.

Ähnlich schützen sich die in Amerika heimischen **Gürteltiere** (Dasypodidae). Auch bei ihnen werden die zahlreichen Horn- und Knochenplatten von der Haut gebildet. Oft sind sie am Rücken zu starren Schilden verwachsen, während sie am Bauch bewegliche Gürtel bilden; sie gaben den Tieren den Namen. Die Panzerplatten scheinen die Tiere nicht allzu sehr zu behindern: Gürteltiere können schnell laufen und zum Teil sogar schwimmen. Taucht ein Fressfeind auf, rollen sie sich blitzschnell zusammen, pressen sich auf den Boden und strecken dem Angreifer die gepanzerten Teile entgegen. Nur wenige Tiere, etwa Jaguare, können die Panzerung aufbrechen.

Eine uneinnehmbare Festung: Gegen die Verteidigungsstellung eines Schuppentiers kommt kaum ein Angreifer an. So schützen sich auch die Gürteltiere, die aber mit den Schuppentieren nicht verwandt sind.

Die Schalen der Großen Riesenmuschel können über 200 Kilogramm schwer werden.

Schutz im Kalkmantel

Manche Tierarten legen sich eine harte Schale zu, die einen großen Teil möglicher Fressfeinde abhält. Der Aufwand dafür ist beträchtlich. Das Baumaterial muss erbracht, die Hülle aufgebaut werden, und dann muss der Besitzer den schweren Schutz mit sich umherschleppen. Gepanzerte Tiere sind deshalb recht langsam oder bleiben überhaupt zeitlebens an einem Ort.

Große Muscheln bilden ihre Schalen aus Kalk, den sie aus dem Meerwasser aufnehmen. Sie verkitten die Kristalle mit einer organischen Substanz, dem Conchin, was die Schalen besonders bruchfest macht. Dieses Conchin ähnelt chemisch dem Keratin, dem Baustoff der Haare, und dem Dentin der Zähne. Meist erhöhen Rippen die Festigkeit noch. Manche dieser Schalen sind gewaltig: Die **Große Riesenmuschel** (Tridacna gigas) etwa kann 140 Zentimeter lang werden; das Gewicht allein der Schalen beträgt dann über 200 Kilogramm. Dabei sind die Muscheln selbst keine Riesentiere: Ihr Fleisch wiegt „nur" etwa 20 Kilogramm.

Innen sind die Schalenhälften vieler Muschelarten mit Perlmutt ausgekleidet, dessen Hauptbestandteil Kalziumkarbonat ist. Bestimmte organische Stoffe steuern Wachstum und Anordnung der feinen Kalkkristalle und erhöhen damit die Bruchfestigkeit des Werkstoffs, sodass sich Risse nicht so leicht durchs Material fortpflanzen können. Die Natur bedient sich dabei Erfindungen, die vor allem in anderen Tiergruppen Bedeutung haben, nämlich Chitin, dem Material z. B. der Insektenpanzer, und Seiden-Fibroin, das Seidenfäden so fest macht. Das Chitin sorgt für den Glanz des Perlmutts, während der Aufbau in feinen Schichten von der Größe der Lichtwellenlängen die schönen Regenbogenfarben entstehen lässt.

Wie lange die Kalkpanzer solchen Tieren allerdings noch Schutz bieten werden, ist fraglich: Die zunehmende Versauerung der Ozeane durch aus der Luft aufgenommenes Kohlendioxid, das im Wasser zu Kohlensäure wird, löst den Kalk auf.

KOSTBARER INHALT, GUT GESCHÜTZT

Mitgift für die nächste Generation

Im Licht der Evolution betrachtet ist das Wichtigste für ein Lebewesen die Erzeugung von Nachkommen. Pflanzen tun dies u. a. durch die Produktion von Samen, die von einer festen, schützenden Hülle umgeben sind. Dort ruhen die Embryonen, aus denen sich die neuen Pflanzen entwickeln können, und viele Samen enthalten auch Nährstoffvorräte.

Besonders die Steinfrüchte bilden stabile Hüllen für den Embryo: Sie umschließen ihn mit einer verholzten Schale. Manchmal ist diese harte Schicht von essbarem Fruchtfleisch umgeben, etwa bei Kirschen und Oliven. Oder sie bilden Trauben kleiner Früchte, wie bei der Brombeere. In manchen Fällen ist aber auch der Inhalt der Steinfrucht essbar, z. B. bei der Pistazie und der Kokosnuss, der Steinfrucht der **Kokospalme** *(Cocos nucifera)*. Die Nuss ist eigentlich nur der innere Teil der eigentlichen Frucht, die aus faserigem Gewebe, umgeben von einer grünen, lederartigen Hülle, besteht. Die harte, verholzte Schale ist über fünf Millimeter dick und kaum mit einem Hammer zu zertrümmern. Sie hat aber drei weichere Stellen, durch die der Schössling austreibt. Unter der Schale liegen das weiße, nährstoffreiche Fruchtfleisch und das Kokoswasser, der erste Flüssigkeitsvorrat für den Schössling.

Die meisten Pflanzen produzieren zahlreiche Samen, mitunter Abertausende, um Verlusten vorzubeugen – schließlich wird ein Großteil der Samen gefressen oder gerät auf einen Untergrund, in dem er nicht keimen kann. Es gibt allerdings auch Pflanzen, die wenige Samen produzieren. Dafür sind diese dann aber besonders groß und reich ausgestattet mit Nährstoffen für den Start der jungen Pflanze ins Leben. Den größten Samen im ganzen Pflanzenreich bildet die **Seychellen-Palme** *(Lodoicea maldivica)*, die auf den Seychellen im Indischen Ozean heimisch ist. Ihre Früchte, die „Seychellen-Nüsse", werden bis 50 Zentimeter groß und über 20 Kilogramm schwer. Sie brauchen etwa sieben Jahre bis zur Reife und enthalten jeweils zwei bis drei Samen, die praktisch die gesamte Nuss ausfüllen.

Es gibt allerdings auch Samen ohne Nährstoffvorrat: **Orchideen** zum Beispiel produzieren Millionen Samen, was wegen der fehlenden Nährstoffausstattung „billig" zu machen ist. Allein könnten diese Samen nicht keimen – sie sind auf die Hilfe von Pilzen angewiesen. Fehlen diese, etwa in künstlichen Nährböden, sterben die Keime ab.

Die Seychellen-Nuss, eigentlich eine Frucht, enthält die größten Samen im Pflanzenreich. In der gewaltigen Hülle befinden sich nur zwei oder drei Samen.

DER KAMPF UMS ÜBERLEBEN

Schönheiten der Mikrowelt: Radiolarienskelette

Wer die Schönheiten der Natur entdecken will, muss manchmal zum Mikroskop greifen. Bewundernswert sind etwa die Schutzgehäuse der **Radiolarien** (Strahlentierchen). Denn auch im Mikrokosmos muss sich ein Lebewesen vor Fressfeinden in Acht nehmen. Strahlentierchen sind einzellige, nur Bruchteile eines Millimeters kleine Meereslebewesen aus weichem Plasma. Jedes Strahlentierchen schützt sich mit einem Zentralgehäuse, das alle seine Zellorgane umhüllt. Das Gehäuse besteht aus Opal, einem wasserhaltigen Quarz. Um Opal zu bilden und daraus die kugel- oder mützenförmige Hülle zu formen, nehmen die Strahlentierchen Kieselsäure aus dem Meerwasser auf.

An seinem Körper trägt das Strahlentierchen zahlreiche Plasmafäden, die von steifen Proteinfasern gestützt werden. Mit diesen Fäden, die in allen Richtungen aus dem Gehäuse herausschauen, erbeutet es Kleinstorganismen. Zudem helfen die Fäden beim Schweben im Wasser.

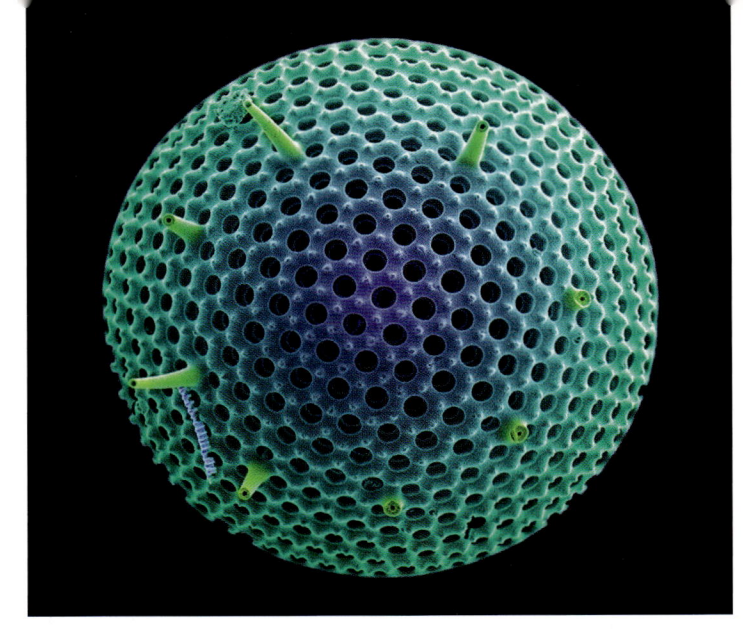

Wunderwerk im Mikrokosmos: ein Radiolarienskelett. In diesem Gehäuse sitzt das einzellige Strahlentierchen und streckt seine Fangarme heraus.

Erbgut – dauerhaft verpackt

Bisweilen fragt man sich, ob es die Natur manchmal nicht doch etwas übertreibt: Pollenkörner von Pflanzen, deren Blütenstaub der Wind verteilt („windblütige" Pflanzen), überstehen im Boden Jahrmillionen. Der Inhalt freilich hält sich nur wenige Tage frisch, und normalerweise reicht das auch, um auf einem weiblichen Blütenteil zu landen und auszukeimen.

Mit bloßem Auge ist ein Pollenkorn nicht zu sehen – erst 100 Millionen wiegen ein Gramm. Eine einzige Blüte des **Klatschmohns** bildet pro Saison 2,6 Millionen Körnchen, ein einziger **Haselstrauch** 600 Millionen. Jedes Pollenkörnchen birgt auf engstem Raum, im DNA-Molekül codiert, die gesamte Bauanweisung für eine Pflanze, allerdings nur die männliche Kopie davon. Landet ein Pollenkorn auf einer weiblichen Blüte der gleichen Art, keimt es aus. Der aus dem Korn wachsende Pollenschlauch transportiert, von chemischen Signalen gelenkt, das männliche Erbmaterial zum weiblichen Erbgut in der Eizelle. Erst nach dieser Vereinigung bildet sich ein Samen, der beide Erbgutkopien enthält und zu einer Pflanze heranwächst.

Auch äußerlich erweisen sich die Pollen als Wunderwerke. Jede Pflanze bildet arttypische Körner: Es gibt dreieckige, runde, ovale, sternförmige, längliche und viele andere Formen. Außerdem sind die Keimöffnungen unterschiedlich gestaltet. Der Fachmann kann durch Vergleiche die zugehörige Pflanze ermitteln.

Der Grund für die erstaunliche Haltbarkeit der Pollenkörner ist der Baustoff Sporopollenin, einer der widerstandsfähigsten Naturstoffe überhaupt. Seine Funktion ist vermutlich der Schutz des Inhalts vor ultravioletten Strahlen. Er ist aber auch gegen Säuren, Laugen, Lösungsmittel und Mikroorganismen unempfindlich und kann daher unter Luftabschluss viele Millionen Jahre überdauern. Man hat aus Braunkohleablagerungen über 60 Millionen Jahre alte, noch erkennbare Pollenkörner herausgelöst. Die Ermittlung von Klima und Vegetation früherer Zeiten anhand von Pollen, die im Schlamm von Mooren und Seen eingelagert sind, hat sich sogar zu einer eigenen Wissenschaft entwickelt, der Palynologie. Nur dank der fossilen Pollenfunde kann man zum Beispiel genau nachzeichnen, wie nach der Eiszeit Kräuter, Büsche und Bäume das kahle Mitteleuropa wieder zurückerobert haben.

In ihren stacheligen Schutzhüllen sind die Sonnenblumenpollen gut auf ihre Aufgabe vorbereitet: sich zu verbreiten.

Fußgänger mit eigenem Haus

Schon vor mehr als 500 Millionen Jahren begannen Weichtiere, sich mit einfachen Kalkstacheln und -platten gegen hungrige Räuber zu schützen. Im Laufe der Jahrmillionen entstanden daraus unter anderem die beiden Schalenhälften der Muscheln und die oft wunderschön ausgestalteten Schneckengehäuse. Manche sind mit Auswüchsen und schwungvollen Ausformungen versehen.

Eine frisch geschlüpfte Schnecke besitzt bereits ein winziges Gehäuse mit anderthalb Windungen. Mit dem Wachstum des Tieres wird das Gehäuse immer größer und stabiler. An Land begrenzt das Gewicht die Größe des Schneckenhauses. Die größte bekannte Landschnecke, die **Echte Achatschnecke** (Achatina achatina), erreicht fast 40 Zentimeter Länge. Im Wasser dagegen spielt das Gewicht des Hauses kaum eine Rolle; daher sind Meeresschnecken oft größer als etwa unsere heimischen Gartenschnecken. Den Rekord hält die **Australische Rüsselschnecke** (Syrinx aruanus), eine Meeresschnecke, deren aufrechtes Gehäuse nahezu einen Meter hoch wird.

Ein Schneckenhaus ist außen mit einer dünnen Haut überzogen, die den Kalk der Schale schützt. Bei manchen Arten trägt diese Haut haarähnliche Auswüchse, die die Schnecke tarnen und Wasserverluste verringern. Darunter liegt die dicke Kalkschicht, die bei manchen Arten innen noch mit Perlmutt überzogen ist. Den Eingang können viele Schneckenarten mit einem Deckel verschließen, der das Tier gegen Feinde und Austrocknung schützt.

Bisweilen schädigen äußere Einflüsse die Schale des Schneckenhauses. Das kann ein Unfall sein, etwa ein Sturz auf harten Grund, oder auch ein Angriff. Für die Schnecke – so sie das Geschehnis überlebt – ist dies keine Katastrophe: Sie kann ihr Haus von innen her reparieren. Die gesamte Haut der Schnecke trägt kalkabscheidende Zellen, die sofort in Aktion treten und die beschädigte Stelle mit neuem Kalkmaterial ausflicken. Weil sich aber die typische äußere Haut mit dem Muster nicht wiederherstellen lässt, da sich die produzierenden Zellen nur am äußeren Rand des Mantels befinden, erkennt man solche Reparaturstellen an der körnigen Außenstruktur.

Schneckenhäuser sind stets gewunden, weil sich von Beginn an der Schneckenkörper mitsamt dem für die Schalenbildung zuständigen Mantel dreht. In welche Richtung – rechts oder links – das Haus gewunden ist, hängt von der Schneckenart ab. Es gibt aber immer wieder einzelne Schnecken, deren Haus erstaunlicherweise in Gegenrichtung zu denen der Artgenossen gewunden ist. Das kann mitunter über Leben und Tod entscheiden. **Boxerkrabben** (Lybia tesselata) zum Beispiel, fanden amerikanische Forscher kürzlich heraus, treffen in der Natur meist auf rechtsgewundene Wasserschnecken und haben gelernt, die Weichtiere mit ihrer rechten, speziell geformten Schere aus ihren Häusern zu ziehen. Bei linksgängigen Exemplaren funktioniert das allerdings nicht, und die Krabben geben nach kurzer Zeit auf.

Wussten Sie, dass ...
...der Panzer von Insekten enorm komplex aufgebaut ist?

Da die harte Außenhülle eines Insekts, das Exoskelett, zahlreiche Aufgaben erfüllen muss, ist sie aus Schichten mit unterschiedlichen Eigenschaften aufgebaut. Die äußere Hülle, die Epicuticula, besteht ihrerseits aus mehreren Lagen, etwa einer dünnen Wachshaut, die das Tier vor dem Austrocknen und vor Mikroorganismen schützt, sowie Zellschichten, die diese Wachshaut stabilisieren. Darunter befindet sich eine besonders harte Schicht, die Exocuticula, die das Insekt vor mechanischen Angriffen bewahrt, und darunter die weichere, aber zähe und dichte Endocuticula. Darunter folgen Zellschichten, die die für die Schutzhülle nötigen Baustoffe produzieren, und schließlich eine Innenauskleidung.

Nicht weniger als 30 Zentimeter lang ist die Große Achatschnecke (Achatina fulica), die ursprünglich in Ostafrika und Madagaskar beheimatet ist, aber durch Verschleppung inzwischen auch in Asien vorkommt.

Erfolgsmodell der Natur

Vor Jahren wurde der Naturforscher John B. S. Haldane gefragt, was er aus dem Studium der Natur über den Schöpfer aller Dinge herausgefunden habe. Trocken gab er zur Antwort: „Er hat eine übermäßige Vorliebe für Käfer!"

Tatsächlich: Jede dritte Tierart auf Erden ist ein Käfer. Es gibt keine Tiergruppe mit mehr Arten. Selbst unter den Insekten, der bei weitem größten Tiergruppe, stellen Käfer fast die Hälfte aller Arten. Sie haben nahezu alle vorstellbaren Lebensräume besiedelt, mit Ausnahme der Ozeane und der polaren Eiswüsten. Und sie nutzen fast jegliche Nahrung: Es gibt Jäger, Aasverwerter, Pflanzenfresser und Allesfresser und dazu zahlreiche Spezialisten – sogar Käfer, die trockenes altes Holz mögen. Unglaublich ist auch die Spanne der Körpergrößen innerhalb der Gruppe. Der längste Käfer misst rund 19 Zentimeter und ist damit 800-mal länger als der kleinste Käfer, der kaum größer ist als der Punkt am Ende dieses Satzes. Und der schwerste Käfer, der etwa apfelgroße afrikanische **Goliathkäfer** *(Eudicella gralli hubini)*, wiegt immerhin 250 000-mal so viel wie der leichteste. Der Goliathkäfer stellt im Kongogebiet eine Gefahr für Autofahrer dar: Wenn er auf eine Windschutzscheibe prallt, durchschlägt er sie wie ein Geschoss.

Warum gibt es gerade Käfer in so gewaltiger Zahl? Ein wichtiger Grund ist zweifellos ihr Körperbau. Käfer sind rundherum mit einer festen Hülle gepanzert; selbst die zarten Flügel und der empfindliche Hinterleib sind geschützt: Sie liegen unter stabilen, oft farbigen oder schön verzierten Flügeldecken, die das Tier nur dann hochklappt, wenn es fliegen will.

Die Rundum-Panzerung schützt den Käfer vor vielen Feinden. So leicht dringen weder ein Bienenstachel noch die Giftklaue einer Spinne hindurch, und selbst viele Vogelschnäbel haben damit Probleme. Aber trotz dieser festen Panzerhülle ist der Käferkörper so leicht, dass er sich in die Luft erheben kann. Zwar sind Käfer im Vergleich etwa zu Bienen oder gar Libellen keine besonders guten Flieger, aber dank ihrer Flügel können sie doch leichter ihr Futter erreichen oder ihren Geschlechtspartner finden, als wenn sie nur zu Fuß unterwegs wären.

Trotz ihrer schwachen Flugkünste weisen manche Käfer ganz erstaunliche Flugleistungen auf. So können **Marienkäfer** *(Coccinellidae)* weite Wanderflüge unternehmen, wobei sie sich vom Wind unterstützen lassen. Auf diese Art suchen sie neue Nahrungsquellen auf oder ziehen in Überwinterungsgebiete. Bisweilen trifft man auf große Schwärme aus Millionen Marienkäfern. Auch die großen **Gelbrandkäfer** *(Dytiscus marginalis)*, die in Süßwassertümpeln leben, brechen nicht selten zu nächtlichen Suchflügen auf, wobei sie sich mithilfe ihrer Augen orientieren und Wasserflächen etwa am Glanz im Mondlicht erkennen.

Der in West- und Zentralafrika lebende Goliathkäfer trägt seinen Namen aus gutem Grund: Er ist etwa so groß wie ein Apfel.

GUTE FRAGE!

Warum sind die Formen von Tiereiern und Pflanzensamen einander so ähnlich?

Eier und Pflanzensamen beinhalten etwas Kostbares: den Ursprung eines neuen Lebewesens. Dafür nutzen sie die rundliche Form, die bei einem bestimmten Volumen die kleinste Oberfläche besitzt. Das bedeutet: Die Hülle ist materialsparend. Da sie den Inhalt schützen muss – vor Mikroorganismen, mechanischer Beschädigung und dem Austrocknen –, muss sie zudem stabil sein, was bei der rundlichen Form ebenfalls bestens gegeben ist. Beliebig hart darf die Außenhülle aber auch nicht sein, denn beispielsweise bei Vogeleiern muss das Küken in der Lage sein, von innen her die Schutzhülle aufzubrechen.

Leben in der Röhre

Nicht wenige Insekten verbringen ihre Jugendphase im Süßwasser und verlassen es erst als erwachsene, geflügelte Tiere, oft eigentlich nur, um einen Geschlechtspartner zu finden. Dazu zählen auch die **Köcherfliegen** (Trichoptera), unauffällig braungraue Fluginsekten mit behaarten Flügeln. Das Leben unter Wasser bietet den Vorteil, dass mit der Strömung Nahrungsteilchen herangetrieben werden – aber dort unten leben auch Räuber, für die eine Insektenlarve eine fette Beute ist. Manche Köcherfliegenlarven schützen sich dagegen durch ein festes Gehäuse, einen Köcher, den sie ständig mit sich tragen und in den sie sich bei Gefahr ganz zurückziehen. Die Larve sondert dafür aus zwei Drüsen am Kopf ein klebriges Gespinst ab, in das sie Fundstückchen aus der Umgebung einfügt. Je nach Art können das kleinere oder größere Steinchen, Tierreste oder Pflanzenteile sein. Das Baumaterial hängt auch vom Lebensraum ab: Bewohner stiller Gewässer, etwa Teiche und Waldseen, bevorzugen leichtere Pflanzenteile, während Larven in fließenden Gewässern eher die schwereren Sandkörnchen nutzen.

Die Larve der in ruhigen Gewässern ganz Europas heimischen **Großen Köcherfliege** (Phryganea grandis) beginnt mit dem Bau der Wohnröhre schon kurz nach dem Schlüpfen. Zunächst heftet sie Baumaterial auf die klebrige Gespinsthülle, die anfangs ihren Körper bedeckt. Längliche Stücke bringt sie immer in Längsrichtung an, sodass allmählich ein „Köcher" entsteht. Nach und nach schneidet sie mit ihren Mundwerkzeugen weitere Streifen aus Wasserpflanzen ab und befestigt sie vorn am Körper; so wird der Köcher immer länger und wächst mit ihr mit.

Zuletzt ist der Köcher rund sieben Zentimeter lang. Jetzt verankert die Larve den Köcher am Gewässergrund oder an Wasserpflanzen und verschließt beide Köcheröffnungen mit Gespinst, aber so, dass noch Wasser hindurchströmen kann, denn die Bewohnerin braucht Sauerstoff. Dann verpuppt sie sich in der Röhre. Kurz vor dem Schlüpfen schneidet die Puppe mit ihren scharfen, gekrümmten Oberkieferwerkzeugen das Gespinst auf, steigt zur Oberfläche, streift am Gewässerrand die Puppenhülle ab und schwingt sich als Fluginsekt in die Luft.

Viele Köcherfliegenlarven bauen sich einen schützendem „Köcher" aus organischem oder anorganischem Material, in dem sie sich auch verpuppen.

DER KAMPF UMS ÜBERLEBEN

Angriff mit allen Mitteln

Seit Jahrmillionen tobt ein Wettrüsten zwischen den Tieren, die auf Fleischnahrung angewiesen sind und sich diese erbeuten müssen, und den Tieren, die nicht zur Beute werden wollen. Im Lauf der Zeit ist daraus eine Fülle teils sehr ungewöhnlicher und hochwirksamer Angriffswaffen und -methoden entstanden.

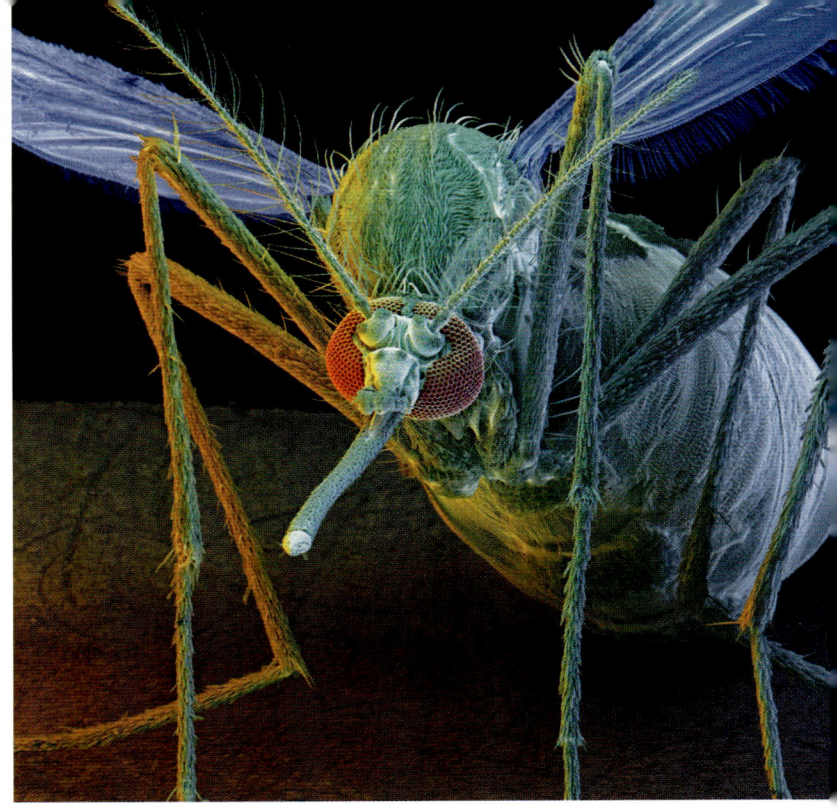

Die Gelbfiebermücke saugt bevorzugt menschliches Blut und hat dafür einen hervorragend funktionierenden Stech- und Saugapparat entwickelt.

Blutdürstige Bande

Viele Tierarten kommen mit pflanzlicher Nahrung nicht aus – sie brauchen die viel energiereichere Fleischnahrung. So erhöht sich die Körpertemperatur von Hummeln und Wespen nach dem Verzehr eiweißhaltigen Futters, und die Insekten fliegen deutlich schneller, sodass sie rascher ihr Revier nach Nahrungsquellen absuchen können.

Besonders leicht verdauliche Eiweißnahrung ist Blut: Es ist flüssig, und ein Tier kann es an vielen Stellen bekommen – wenn es die dazu nötige Körperausrüstung entwickelt hat. In dieser Hinsicht besonders gut ausgestattet ist der in Peru vorkommende und erst kürzlich als Angehöriger einer neuen Gattung erkannte **Blutegel** *Tyrannobdella rex.* Den furchterregenden Namen trägt er zu Recht: T-rex besitzt für einen Blutegel besonders große (bis 0,13 Millimeter) und kräftige Zähne. Und die nutzt er: Anders als andere Blutegel, die sich außen an die Haut heften, sie aufraspeln, das Blut lecken und dann abfallen, frisst er sich bevorzugt durch die Schleimhäute von Mund und Nase des Menschen, saugt Blut und fällt aber nicht ab, sondern wächst – bis zu einer Größe von sieben Zentimetern. Da er zuerst winzig klein ist, macht sich der Befall erst später durch starke Kopfschmerzen bemerkbar. Der Egel muss dann herausoperiert werden.

Dagegen wirken die **Stechmücken** (Culicidae), so lästig sie sind, als Blutsauger geradezu harmlos – wenn da nicht die tödlichen Krankheiten wie Malaria wären, die sie übertragen. Der Stechapparat einer Mücke besteht aus Werkzeugen zum Durchstechen der Haut und einem in einer Hülle geführten Rüssel, in dem Blut nach oben gesaugt wird und gleichzeitig Speichel nach unten fließt, der die Gerinnung des Blutes verhindert. Auch sonst ist die Mücke optimal ausgestattet – gegen Schwierigkeiten, die uns meist gar nicht bewusst sind. So ist die Körpertemperatur einer Stechmücke etwa gleich der Außentemperatur. Saugt das Insekt aber warmes Blut, steigt seine Körpertemperatur binnen Sekunden um über 10 Grad Celsius. Das ist für jeden Organismus ein Problem, denn die Enzyme, die den Stoffwechsel regeln, sind auf ganz bestimmte Wärmegrade angewiesen. Die Mücke löst dieses Problem, wie man kürzlich an der **Gelbfiebermücke** (*Stegomyia aegypti*) entdeckt hat, mithilfe spezieller Hitzeschock-Proteine. Der Aufwand lohnt sich, denn nur dank der Blutnahrung kann die Mücke Eier produzieren – das ist auch der Grund, warum nur weibliche Stechmücken Blut saugen.

Die Vorzüge nährstoffreichen Blutes haben auch ostafrikanische **Springspinnen** der Gattung Evarcha erkannt. Versuche ergaben, dass diese Spinnen am liebsten blutgefüllte Moskitos fangen – sie bevorzugen diese Insekten selbst gegenüber größeren Beutetieren und erst recht gegenüber normalen Insekten.

Heimliche Vogelräuber

Wir Menschen haben von vielen Tieren unserer Umgebung ein festes und auch oft falsches Bild. So halten wir **Eichhörnchen** *(Sciurus vulgaris)* für besonders lieb – doch die Wirklichkeit sieht anders aus. Der Name kommt vom indogermanischen „aig", was „sich schnell bewegen" bedeutet. Das putzige spiralige Turnen an den Bäumen ist kein Spiel, sondern eine Schutzmaßnahme gegen Greifvögel. Und zur Nahrung gehören außer Früchten und Insekten auch Vogeleier und sogar lebende Jungvögel. Als kürzlich der Tierkolumnist einer Tageszeitung diese bekannte Tatsache erwähnte, hagelte es prompt Protestbriefe. Ein Leser stellte sogar eigene Versuche an, bei denen er Eichhörnchen mit Tartar und Hühnereiern lockte und deren Verweigerung als Gegenbeweis ansah. Der Biologie-Leistungskurs eines Gymnasiums schaffte dann Klarheit: Hühnereier seien für Eichhörnchen zu kalt, zu groß und zu dickschalig, und auch Tartar falle nicht ins Beutespektrum, denn das kalte Rindfleisch riecht völlig anders als ein lebendes Vogelküken.

Es ist wirklich so: Eichhörnchen sind schon oft beim Ausrauben von Vogelnestern beobachtet worden. Sie nehmen die dünnschaligen Eier eins nach dem anderen in ihre Pfoten, öffnen sie und schlürfen sie aus. Biologisch ist das Verhalten durchaus sinnvoll: Gerade im Frühjahr, wenn die meisten Vögel brüten und ihre Jungen aufziehen, ist pflanzliche Nahrung für die Eichhörnchen knapp. Außerdem wollen sich die Nager selbst fortpflanzen und brauchen dafür Eiweiß.

Nicht nur Vogeleier, sondern auch Vogelküken fallen dem Hunger der Eichhörnchen zum Opfer; sie werden kurzerhand zerlegt und gefressen. In städtischen Parks sind oft **Amseln** *(Turdus merula)* die Opfer, und bisweilen hört man eine laut schimpfende Amsel, die auf den Raubzug eines Eichhörnchens aufmerksam macht, das gerade über ihre Kinderschar herfällt. Allerdings sind Amseln selbst bekannt als Nesträuber an anderen Vogelarten und sogar bei ihren eigenen Artgenossen.

Fledermäuse als Vogelfeinde

Vögel haben noch weitere Feinde, von denen man erst seit wenigen Jahren weiß. Vermutet hatten einige Forscher schon länger, dass der **Riesenabendsegler** *(Nyctalus lasiopterus)*, eine mit über 40 Zentimetern Flügelspannweite relativ große Fledermausart, in Spanien regelmäßig auf die Jagd nach Zugvögeln geht, denn auffällig oft wurden diese Fledermäuse in Zugvogelschwärmen gesichtet. Doch weil andere Forscher Zweifel anmeldeten, musste eine großangelegte Untersuchung Klarheit schaffen. Sie belegte: Im Herbst, wenn viele junge und noch unerfahrene Kleinvögel wie Rotschwänze, Zilpzalp, Grasmücken und Rotkehlchen in Richtung Afrika fliegen, schlagen die Fledermäuse zu. Ihr Jagdverhalten ist noch unbekannt, aber wahrscheinlich erbeuten sie die Vögel im Flug, wie sie es zu anderen Jahreszeiten mit Insekten tun. Dabei hilft ihnen ihr Echoortungssystem, mit dem sie die in der Dunkelheit fliegenden Vögel anpeilen. Die meisten Vögel können diese Ultraschalltöne nicht wahrnehmen. Hat die Fledermaus dann einen Vogel im Visier, kann sie mit ihren spitzen Zähnen unerwartet und kräftig zubeißen. Es fanden sich recht große Mengen von Knochen und Federn dieser Vogelarten im Fledermauskot.

Ein Grauhörnchen *(Sciurus carolinensis)*, der amerikanische Vertreter der Eichhörnchen, schaut nach, ob im Vogelkasten Jungvögel zu holen sind.

DER KAMPF UMS ÜBERLEBEN

Mit aller Kraft

Krallen oder scharfe Zähne sind nicht alles: Manche Tiere verfügen über Angriffswaffen, deren Wirkungsweise erst in den letzten Jahren enträtselt wurde. Ein gutes Beispiel dafür sind die **Fangschreckenkrebse** (Stomatopoda) und die **Knall-** oder **Pistolenkrebse** (Alpheidae).

Fangschreckenkrebse sind recht ungewöhnliche Lebewesen. Sie werden 10 bis 20 Zentimeter, einige Arten sogar deutlich über 30 Zentimeter groß und leben als Einzelgänger am Grund flacher warmer Meere. Erstaunlich sind die Waffen, mit denen sie Kleinkrebse erbeuten. Manche der Fangschreckenkrebse sind „Speerer": Sie fangen ihre Beute mit einem dornenbesetzten Beinpaar und können es dazu mit etwa zehn Metern pro Sekunde durchs Wasser schnellen lassen. Bei den „Schmetterern" hingegen ist dieses Beinpaar mit mächtigen Keulen ausgestattet. Der Krebs kann dieses Beinpaar in atemraubender Geschwindigkeit durchs Wasser schlagen: Sie schießen mit etwa 100 Metern pro Sekunde nach vorn – das ist bis zu 10-mal schneller als der Hieb eines Boxers. Das Supertempo erzeugt im Wasser kleine Wasserdampfblasen, die im nächsten Moment mit gewaltigem Knall implodieren – mit solcher Wucht, dass Temperaturen von 5000 Grad Celsius entstehen. Es werden Lichtblitze erzeugt und im Bruchteil einer Millisekunde gewaltige Kräfte freigesetzt. Man nennt diesen Effekt Kavitation (von lateinisch *cavitas,* Hohlraum). Die Krebse setzen diese Kräfte ein, um Beutetiere zu betäuben und zu töten und oft sogar, um deren Panzer zu zertrümmern. Sie können die Richtung des Stoßes steuern und greifen gezielt die verwundbarsten Stellen selbst großer Beutetiere an. Es ist sogar schon vorgekommen, dass sie die Glasscheiben von Aquarien sprengten.

Die Kavitation nutzen auch die nur etwa fünf Zentimeter großen Knall- oder Pistolenkrebse zur Jagd. Allerdings erzeugen sie sie etwas anders: Der untere Teil der Schere besitzt eine Höhlung, der obere einen dort genau hineinpassenden Zapfen. Der Krebs kann die Scheren derart rasch zusammenschlagen, dass der Zapfen das Wasser mit etwa 25 Metern pro Sekunde aus der Höhlung in Richtung auf das Beutetier hinauspresst. Der herausschießende Wasserstrahl erzeugt nun die Kavitationsblase, die gleich darauf mit einem superlauten Knall zusammenfällt, der das Beutetier zumindest betäubt. Der Knallkrebs kann sich dank dieser Waffe selbst mit größeren Tieren anlegen: Mitunter hält er einen Fisch mit seiner „normalen" Schere fest und ballert mit der anderen so lange, bis der sich nicht mehr rührt.

Der Knall- oder Pistolenkrebs stößt mit seiner Knallschere (rechts) einen Wasserstrahl aus, der eine Luftblase erzeugt. Diese Luftblase implodiert mit einem ungeheuren Knall.

SPITZENLEISTUNG

Starke Beißerchen

Wer andere Tiere frisst, muss ordentlich zubeißen können. Rekordhalter für das kräftigste Gebiss ist der Weiße Hai (*Carcharodon carcharias*), mit über fünf Metern Länge der größte Raubfisch der Erde. Seine über 50 dreieckigen, am Rand gesägten Zähne wachsen ständig nach. Berechnungen zeigten, dass ein mittelgroßes Tier dank seiner gewaltigen Kiefer und Muskeln eine Beißkraft ausüben kann, als ob ein 500-Kilogramm-Gewicht auf den Zähnen stünde. Größere Exemplare des Weißen Hais können sogar mit bis zu 1800 Kilogramm zubeißen – kein Wunder, dass sie Knochen ihrer Opfer glatt durchtrennen.

Ein Wurm, der länger ist als ein Wal

In der Nordsee lebt ein fleischfressender Wurm, der 30 Meter lang werden kann. Das ist allerdings nicht unbedingt ein Grund, den nächsten Badeurlaub abzusagen. Denn zwar ist der **Schnurwurm** *Lineus longissimus* das vermutlich längste Tier der Erde – er übertrifft sogar den Blauwal an Länge, und angeblich hat man sogar einmal ein 55 Meter langes Exemplar gefunden. Aber er ist nur fünf bis zehn Millimeter dick und knäult sich meist unauffällig zusammen. Beim Anfassen sondert er einen stinkenden und giftigen Schleim ab. Seine Spezialwaffe ist ein kräftiger Rüssel, den er auf beträchtliche Länge ausfahren kann. Dieser Rüssel dient dem Fang von kleinen Wassertieren. Manche Schnurwürmer haben ihren Rüssel sogar mit scharfen Stiletten und Giftdrüsen ausgestattet. Für Badegäste ist der Schnurwurm nicht gefährlich; es wäre ein großer Zufall, wenn man ihn überhaupt einmal zu sehen bekäme: Der Mensch zählt eindeutig nicht zu seinen bevorzugten Beutetieren.

Der Schnurwurm *Lineus longissimus*, der bis zu 30 Meter lang wird, ist ein Fleischfresser, der sich von kleinen wasserlebenden Weichtieren ernährt. Er kommt hauptsächlich in unseren nördlichen Meeren vor, selten in den Tropen.

DER KAMPF UMS ÜBERLEBEN

Erster Akt: Stich ins Hirn

Schaben *(Periplaneta sp.)* zählen für viele Menschen zu den unbeliebtesten Insekten. Ganz anders sehen das **Juwelwespen** *(Ampulex compressa)*. Sie haben eine ungewöhnliche Methode entwickelt, um Schaben zu erbeuten.

Eigentlich ist die Juwelwespe in tropischen Regionen Asiens und Afrikas heimisch, aber inzwischen ist sie auch in anderen Weltgegenden zu finden, wo man sie als biologische Waffe gegen Schaben eingeführt hat. Die weibliche Wespe wird etwa 20 Millimeter lang und hat einen metallisch blaugrün glänzenden Körper, rote Schenkel – und einen Giftstachel, der den kleineren Männchen fehlt.

Denn nur die Weibchen brauchen den Stachel. Trifft eine Wespe auf eine Schabe, sticht sie irgendwo in deren Körper hinein und injiziert etwas Gift, um die viel größere Beute außer Gefecht zu setzen. Dann folgt der Trick: Mit einem zweiten Stich spritzt die Wespe ihren Giftcocktail zielsicher in den Kopf der Schabe. Und zwar genau an die richtige Stelle: Dort sitzt das Gehirn des Insekts, das aus drei winzigen Nervenzellknoten besteht. Erst im Elektronenmikroskop wurde klar, wie der Wespe diese Präzisionsarbeit gelingt: Am Ende ihres Giftstachels trägt sie spezielle Sensoren, die auf die Schabennerven reagieren.

Der Giftcocktail zerstört den Fluchtreflex der Schabe, aber er lähmt sie nicht. Das wäre auch fatal für die Wespe, denn ihr Opfer ist zu schwer zum Tragen. Dank des Giftes aber kann sie die willenlose Schabe an einem Fühler fassen und in ein Versteck führen. Und dort vollzieht sich der letzte Akt: Die Wespe legt in den Schabenkörper ein Ei, aus dem bald darauf eine Wespenlarve schlüpft, die sich von der immer noch lebenden Schabe ernährt.

Die blaugrün schillernde weibliche Juwelwespe ist mit einem Stachel ausgerüstet, der es in sich hat: Sein Gift macht eine Schabe handlungsunfähig.

Der bohrende Finger

Die Vogelwelt hat auf holzfressende Käferlarven, die sich unter der Baumrinde verstecken, mit der Entwicklung des Spechtschnabels reagiert. Doch auf Madagaskar, wo es keine Spechte gibt, nutzt ein Säugetier diese Ressource: das **Fingertier** oder **Aye-Aye** *(Daubentonia madagascariensis)*.

Tagsüber schläft das katzengroße, zu den Lemuren gehörende Tier in seinem Baumnest, erst in der Nacht geht es auf die Jagd, wobei ihm die großen, lichtempfindlichen Augen die Orientierung erleichtern. Es ernährt sich von Früchten, Nüssen, Pilzen und Insekten, wobei es sich auf verborgene Käferlarven spezialisiert hat. Um sie aufzuspüren, hangelt sich das Tier bevorzugt auf waagrecht liegenden Baumstämmen entlang und klopft immer wieder auf das Holz. Mit seinem scharfen Gehör kann es verborgene Hohlräume orten, in denen eine Larve sitzt, und vermutlich nimmt es auch deren Bewegungen wahr. Dann nagt es mit seinen scharfen Schneidezähnen die Rinde auf, bis der Eingang zur Larvenröhre im Holz frei liegt. Und jetzt kommt die Waffe des Fingertiers zum Einsatz, der es seinen Namen verdankt. Der mittlere Finger nämlich ist besonders lang und dünn. Er ragt aus den sowieso schon langen und dünnen Fingern noch ein gutes Stück hervor. An der Spitze sitzt eine kleine Kralle. Diesen Finger schiebt das Fingertier in die Röhre, und es kann damit auch Larven erreichen, die 10 bis 12 Zentimeter tief im Holz sitzen. Mit der Kralle angelt es die Larven heraus und frisst sie.

Das Fingertier, auch Aye-Aye genannt, kommt nur auf Madagaskar vor. Mit seinem kräftigen langen Mittelfinger kann es in Baumstämmen nach Larven bohren.

Eine Würgefeige im Anfangsstadium ihres verhängnisvollen Tuns. In den Endstadien ist von dem umschlungenen Baum nichts mehr zu sehen.

Eine Pflanze, die eine andere in den Tod treibt

Unter Pflanzen tobt bisweilen ein gnadenloser Kampf um Licht und Lebensraum. Sie können sich sogar gegenseitig umbringen. Zu den Bäumen, die andere Bäume töten, zählen die **Würgefeigen** *(Ficus sp.),* die in warmen Weltgegenden wachsen. Die Würgefeige beginnt ihr Werk als relativ harmlose Aufsitzerpflanze auf einem Regenwaldriesen. Den Samen haben vermutlich Vögel oder Affen hinterlassen. Die Pflanze keimt dann aus der Rinde eines Astes und nutzt die faulenden Stoffe auf der Baumrinde.

Mit der Zeit umschlängeln die Luftwurzeln der Würgefeige den Stamm ihres Tragebaumes und werden immer länger. Schließlich erreichen sie den Erdboden. Der Nährstoffschub aus dem Boden führt dazu, dass die Feige weitere Wurzeln nach unten schickt und rascher wächst. Bald umhüllt sie den Stamm dicht mit ihren harten Wurzeln.

Und das hat für den Wirtsbaum fatale Folgen. Sein Stamm nämlich wächst in die Breite – wie man an den Jahresringen sieht – und drückt dabei immer stärker gegen das harte Wurzelgeflecht. Gleich unter seiner Rinde aber verlaufen seine Wasser- und Saftleitungsbahnen, die nun zunehmend abgeschnürt werden. Außerdem raubt die Feige dem Tragebaum mit ihren buschigen Zweigen das Licht und mit ihren Wurzeln einen Großteil der Nährstoffe im Boden. Irgendwann geht der Baum ein und verrottet. Die Würgefeige bleibt nun als hohles, aber stabiles Wurzelgerüst stehen und wächst allein weiter – sogar noch besser, denn der verrottende Baum setzt Nährstoffe frei.

DER KAMPF UMS ÜBERLEBEN

Mit List und Tücke auf Beutefang

Alle Tiere müssen fressen, und wer sich auf Fleischnahrung spezialisiert hat, muss sich mehr anstrengen als Pflanzenfresser. Da helfen nicht nur gute Waffen: Oft nützen List und Tücke noch viel mehr. Deshalb gibt es wenig, was den Erfindungsreichtum der Natur so überzeugend belegt wie die Tricks, die manche Tiere zum Beutefang entwickelt haben.

GUTE FRAGE!

Stimmt es, dass Füchse Vögel fangen, indem sie sich tot stellen?

Im illustrierten Queen-Mary's-Psalter von 1310, einem der berühmtesten Bücher Englands, ist eine von über 400 Alltagsszenen abgebildet: Ein Fuchs stellt sich tot, liegt mit aus dem Maul hängender Zunge und halb geschlossenen Augen da und lockt auf diese Weise Aaskrähen an. Kaum wollen sich die Vögel über das vermeintlich tote Tier hermachen, springt der Fuchs auf und greift sich eine Krähe. Das klingt wie ein Märchen, und daher wollte es jahrhundertelang niemand glauben. Sicher kommt es auch nicht allzu oft vor, zumal nicht in Gegenwart von Menschen. Aber 1961 gelang es einem russischen Filmer, genau dieses Verhalten aufzuzeichnen und damit den Wahrheitsgehalt zu beweisen.

In Lauerstellung

In der Regel stellt man sich Fische schwimmend im offenen Wasser vor. Aber das tun längst nicht alle. Manche liegen sogar im Meeresboden. Der im Mittelmeer häufige **Himmelsgucker** (Uranoscopus scaber) zum Beispiel gräbt sich meistens im Sand ein. Seinen seltsamen Namen verdankt er seinen beiden Augen, die auf kleinen Erhebungen stehen und scheinbar empor blicken – in Wirklichkeit sind sie aber eher seitwärts gerichtet. Man sieht vom eingegrabenen, bis zu 40 Zentimeter langen Fisch fast nichts außer den Augen, einem Teil des Mauls und zwei Stellen, an denen sich der Sand rhythmisch bewegt – die Stellen, an denen sich im Untergrund die Kiemen bewegen. Und vor allem erkennt ein hungrig herbeischwimmender Fisch einen kleinen Wurm, dessen Oberteil aus dem Sand herausragt. Will der Fisch allerdings in diesen Wurm beißen, ist ein großes, mit spitzen Zähnen bewehrtes Maul, das auf ihn zufährt, das Letzte, was er sieht. Denn der „Wurm" war ein Hautfortsatz, fungierend als Köder, mit dem der Himmelsgucker seine Beute anlockt.

Der Himmelsgucker schaut nicht zum Himmel, wie sein Name vermuten lässt; vielmehr hat er dank seiner seitlich stehenden Augen ein weites Gesichtsfeld.

Scharfschütze mit Flossen

Tiere, die uns vergleichsweise primitiv erscheinen, zeigen bisweilen ein ganz ungewöhnliches Verhalten, das bemerkenswerte Gehirnleistungen voraussetzt. Ein gutes Beispiel dafür ist die Jagdmethode des **Schützenfisches** *(Toxotes jaculatrix)*. Diese silbrigen Fische, die große schwarze Flecken auf dem Körper tragen, leben im Süß- und Brackwasser Südostasiens und Ostaustraliens, vor allem in den Mangrovengebieten. Sie werden gut 20 Zentimeter lang. Wie viele andere Fischarten flacher Süßgewässer halten sie sich meist nahe der Oberfläche auf und warten auf Insekten, die ins Wasser gefallen sind. Diese eher knappe Nahrungsquelle reicht dem Schützenfisch aber nicht: Er hilft kräftig nach.

Als einzige bekannte Fischart jagt er Insekten, die oberhalb des Wasserspiegels an Uferpflanzen sitzen. In regelmäßigen Abständen taucht der Fisch kurz auf und schaut umher. Hat er ein Insekt erspäht, stellt er sich fast senkrecht ins Wasser, schiebt das Maul einige Millimeter über die Oberfläche – und feuert einen scharfen Wasserstrahl hinauf. Dazu bedient er sich einer Rinne im Gaumendach, gegen die er die Zunge drückt. Durch dieses „Kanonenrohr" presst er das Wasser, indem er die Kiemen heftig zusammenzieht. Der Strahl kann mehrere Meter hoch reichen und hat solche Kraft, dass er das Insekt von seinem Platz fegt und es einen Moment später ins Wasser fällt. Klappt das nicht gleich, kann der Fisch mehrere Schüsse in schneller Folge abfeuern. Dank der fast senkrechten Schussbahn plumpst das Insekt in der Nähe auf die Wasseroberfläche, und er kann es rasch schnappen.

Junge Schützenfische müssen das Zielen freilich erst lernen. Anfangs reicht ihr Strahl auch nur einige Dezimeter hoch. Erwachsene Tiere hingegen treffen zielsicher noch auf 1,50 Meter Entfernung. Eine besondere Schwierigkeit dabei ist die unterschiedliche Lichtbrechung in Luft und Wasser, denn die Augen des Fisches bleiben beim Schießen unter der Oberfläche. Doch der Schützenfisch ist in der Lage, den Brechungswinkel zwischen Wasser und Luft ziemlich exakt zu berechnen.

Damit sind die Künste des Schützenfisches allerdings noch längst nicht erschöpft. Genaue Untersuchungen mithilfe von Hochgeschwindigkeitskameras zeigten, dass die Fische auch die Größe ihrer Beute in die Kalkulation einbeziehen. Das ist wichtig, weil sich große Beutetiere viel besser festhalten können als kleine. Die Fische bemessen die Wassermenge ihres Strahls so, dass die Beutetiere mit etwa dem Zehnfachen ihrer Haltekraft getroffen werden. Das spart Energie, denn eine große Wassermenge hinaufzuschießen ist anstrengender als eine kleine.

Und eine weitere Rechenleistung ist nötig, um die Beute nun auch ins Maul zu bekommen. Der Fisch beobachtet etwa eine Zehntelsekunde lang die Flugbahn des fallenden Insekts und berechnet daraus blitzschnell den Punkt, wo es ins Wasser fällt. Ohne die Beute weiter im Auge zu behalten, schwimmt er genau zu diesem Punkt. Denn es gilt, dort anzukommen, bevor ein Konkurrent die Beute wegschnappen kann.

Ein Schützenfisch schießt mit einem Wasserstrahl gezielt ein Insekt von einer Pflanze.

DER KAMPF UMS ÜBERLEBEN

Der Zottige Anglerfisch ist ein listiger Jäger, dessen Tarnkleid ihm ein pflanzliches Aussehen verleiht. So nähert er sich seiner ahnungslosen Beute.

Angler mit Zotteln

Die in der Natur oft zu beobachtende, doch nicht weniger verblüffende Möglichkeit, Beutetiere zu überlisten, ist es, wie ein harmloser Gegenstand der Umgebung auszusehen. Diese Strategie verfolgen auch die **Anglerfische** (Antennariidae), die im flachen Wasser tropischer Regionen vorkommen. Anglerfische haben eine so absonderliche Gestalt, dass man sie – je nach Art – für Steine, Algenbüschel, Korallen, Schwämme und eine Art sogar für einen Seeigel hält. Das hat zwei Vorteile: Beutetiere erkennen den Jäger nicht, und auch für Räuber, die es auf ihn abgesehen haben könnten, ist er ziemlich unsichtbar.

Besonders bemerkenswert ist der **Zottige Anglerfisch** (Antennarius hispidus). Er ähnelt einem seltsam fusseligen, zerknautschten Stofftier, denn er ist über und über mit pflanzenähnlichen Hautfortsätzen bedeckt, die seine Körperform vollständig verschwimmen lassen. Zudem hat er viel Geduld und kann stundenlang auf der Lauer liegen, bis ein unvorsichtiger Fisch sich für den Körperteil interessiert, der dieser Fischgruppe den Namen gegeben hat: die Angel. Diese Angel ist eine Umbildung seines vordersten Rückenstachels. Es hängt sogar ein „Wurm" daran. Will ein Fisch in diesen Scheinwurm beißen, saugt der Anglerfisch kräftig Wasser ins Maul – und das Beutetier gleich mit. Der Fisch kann sich aber auch auf dem Meeresboden an eine Beute heranpirschen: Er geht oder läuft dazu auf seinen Brustflossen wie ein Landtier auf Beinen. Allerdings kann er das nur auf kurzen Strecken durchhalten.

Flucht in den Tod

Der Einsatz von modernen Hochgeschwindigkeitskameras bringt zunehmend Verhaltensweisen von Tieren an den Tag, die so rasch ablaufen, dass das menschliche Auge sie nicht wahrnimmt. So wurde kürzlich auch das erstaunliche Jagdverhalten der **Tentakelschlange** (Erpeton tentaculatus) enträtselt. Diese südostasiatische Wasserschlange hat eine Methode entwickelt, den blitzschnell ablaufenden Fluchtreflex von Beutefischen, der den Fisch normalerweise vor Angriffen schützen soll, auszunutzen.

Wenn Fische erschreckt werden, fliehen sie so rasch sie können in die Gegenrichtung, d. h. sie „kehren um". Weil sie sich während des Wendens kurz zu einer C-Form krümmen, nennt man dieses Verhalten C-Start. Es ist ein Reflex, der binnen sechs tausendstel Sekunden abläuft. Die Tentakelschlange nutzt diesen Fluchtreflex nun auf listige Weise aus. Wenn sie hungrig ist, formt sie ihren bis zu 90 Zentimeter langen Körper zu einem „J" und verharrt dann völlig unbeweglich zwischen Wasserpflanzen. Das hat ihr auch den thailändischen Namen *Ngu krad an* eingetragen, was „Brettschlange" bedeutet. Gerät ein Fisch zwischen Kopf und Schwanz der Schlange, bewegt diese ihren Schwanz ein wenig und erzeugt so Wellenbewegungen, die denen eines sich nähernden Raubfisches ähneln. Der Fisch reagiert sofort: Er wendet, schwimmt vom Schwanz der Schlange weg und damit genau auf deren Kopf zu. Bis er seinen Fehler bemerkt, ist es zu spät, denn wenn der Fluchtreflex einmal ausgelöst ist, läuft er automatisch ab, und der Fisch kann seine Fluchtrichtung nicht willkürlich ändern. So flitzt er geradewegs zum Maul der Schlange und damit in den sicheren Tod.

Der ganze Vorgang dauert nur etwa 30 tausendstel Sekunden. Die Schlange reagiert nicht auf die wirkliche Fluchtrichtung des Fisches, sondern dreht schon zuvor automatisch den Kopf dorthin, wo er normalerweise auftauchen wird. Wenn ein Fisch sich – was möglich ist – untypisch verhält, also nicht nach dem C-Reflex, kommt er in der Regel lebend davon.

MIT LIST UND TÜCKE AUF BEUTEFANG

Mit Selbstbeherrschung überleben

Im Lichte der Evolution betrachtet haben Beutetiere weit mehr Grund, Abwehrmechanismen zu entwickeln, als Jäger. Denn für Beutetiere geht es immer um Leben und Tod: Opfer eines erfolgreichen Angriffs haben keine Chance auf Nachkommen. Ein Jäger hingegen geht ein weit geringeres Risiko ein – schlägt ein Angriff fehl, sucht er sich eben ein anderes Beutetier. Und oft genug finden Jäger Methoden, selbst ausgeklügelte Verteidigungsstrategien ihrer Opfer auszuschalten.

Da Frösche zur begehrten Beute vieler Schlangen gehören, haben viele Froscharten unterschiedliche Verteidigungsmechanismen gegen das Gefressenwerden entwickelt. Manche ergreifen dank scharfer Sinne und kräftiger Hinterbeine rechtzeitig die Flucht, manche Arten schützen sich durch Einlagerung von Giften in ihren Körper. Doch auch die Schlangen entwickeln sich weiter und finden Strategien, um selbst solche Giftfrösche fressen zu können. So hat die in Nordaustralien und Neuguinea vorkommende **Todesotter** (Acanthophis praelongus), eine der giftigsten Schlangen der Region, einen Trick gefunden, wie sie giftige Frösche ungefährdet verspeisen kann.

Ungiftige Frösche verzehrt die Schlange gleich nach dem Töten. Bei giftigen Fröschen jedoch wartet sie erst einmal ab, z. B. bei der Art **Limnodynastes convexiusculus.** Diese Frösche sondern zwar bei Bedrohung einen giftigen Schleim ab, doch nach einigen Minuten verliert sich dessen Giftigkeit. Die Schlange scheint das zu wissen oder zu riechen. Beim Frosch **Litoria dahlii,** dessen Gift ebenfalls für die Schlange gefährlich ist, sich aber deutlich langsamer zersetzt, wartet sie geduldig noch länger mit ihrer Mahlzeit: über eine halbe Stunde.

Die Todesotter kann auch giftige Beutetiere verzehren – wenn sie lange genug wartet. Und das tut sie.

Wussten Sie, dass...
...Würfelquallen beim Jagen aus dem Wasser gucken können?

Würfelquallen (Cubozoa) sehen genau, wohin sie schwimmen, denn eines ihrer 24 Augen ist, wie kürzlich entdeckt wurde, sehr ungewöhnlich: Es schaut ständig Richtung Himmel – unabhängig von der Lage der Qualle im Wasser. Dafür sorgt ein Steinchen, ein Statolith, der sich nach der Schwerkraft ausrichtet. Eine spezielle Funktion hat dieses Auge bei der einen Zentimeter großen Würfelqualle Tripedalia cystophora. Wenn sie in einer schmalen Zone vor Mangrovengürteln Jagd auf dort lebende Ruderfußkrebse macht, darf sie nicht zu weit hinaustreiben. Zu diesem Zweck behält das Himmelsauge die Mangroven im Blick. Sobald diese nur noch am Blickfeldrand erkennbar sind, schwimmt sie wieder auf sie zu.

Tödliche Blüten

Blüten sichern vielen Fluginsekten das Überleben, weil sie ihnen Nektar und Pollennahrung liefern. Aber mitunter lauert in ihnen auch der Tod. Nämlich dann, wenn in ihnen eine Gottesanbeterin oder Spinne auf Beute wartet.

Die australische **Krabbenspinne** Thomisus spectabilis beispielsweise setzt eine raffinierte List zum Beutefang ein: Sie lockt auf perfide Art nektarsuchende Insekten an. Für unsere Augen ist diese nur einige Millimeter große Spinne weiß. Sitzt sie aber auf einer weißen Blüte, verleiht sie dieser ein UV-leuchtendes Muster. Viele nektarreiche Blüten besitzen solche Muster, und deshalb wirken sie auf Blütenbesucher fast unwiderstehlich. Doch offenbar sind die Insekten lernfähig, sodass sie Blüten meiden, auf denen Krabbenspinnen sitzen könnten. Aber auch die Krabbenspinnen haben dazugelernt: Es zeigte sich nämlich, dass sie sich bevorzugt auf Blüten eingeschleppter Pflanzen setzen, wo die australischen Insekten sie nicht so leicht erkennen – die Blüten sind zu fremd. Außerdem fangen die australischen Spinnen vor allem aus Europa importierte Honigbienen. Es könnte sein, dass diese Bienen noch keine Gelegenheit hatten, sich der Gefahr durch die Krabbenspinnen anzupassen.

Etwas anders gehen einige Arten von Gottesanbeterinnen vor, etwa die in den Regenwäldern Südostasiens vorkommende Kronenfangschrecke, auch **Orchideenmantis** (Hymenopus coronatus) genannt, die sich erfolgreich als Blüte tarnt, um dann blütenbesuchende Insekten mit ihren kräftigen Fangarmen zu packen – Blüten sind eben ein wirksames Lockmittel. Der bis zu sechs Zentimeter lange Körper der Orchideenmantis ist rosa-weißlich, mit rosafarbenen, violetten und braunen Punkten und Strichen. Zusätzlich lösen Fortsätze an den Beinen die Körperform optisch auf – derart geschickt, dass selbst ein Mensch die Gottesanbeterin nur bei ganz genauem Hinschauen erkennt.

Die Krabbenspinne, eine geschickte Lauerjägerin, sieht im UV-Licht für viele Insekten wie eine nektarreiche Blüte aus.

Die Orchideenmantis ist nicht von der Blüte zu unterscheiden, auf der sie sitzt – eine wirkungsvolle Jagdmethode.

MIT LIST UND TÜCKE AUF BEUTEFANG

Das Verhängnis kommt im Trippelschritt

Wer **Amseln** *(Turdus merula)* auf einer Rasenfläche beobachtet, kann mitunter ein seltsames Verhalten feststellen. Der Vogel klopft mehrfach kurz, aber kräftig mit dem Schnabel auf den Boden und wartet dann mit schräg gehaltenem Kopf. Nach kurzer Zeit sieht man dann, wie er einen Regenwurm aus dem Boden zieht und verspeist.

Erst vor einigen Jahren enthüllten Untersuchungen, wie dieses seit langem bekannte Verhalten zu erklären ist. Es hängt mit der Frage zusammen, warum **Regenwürmer** *(Lumbricidae)* bei Regen aus dem Boden kommen. Die Gefahr, im Boden zu ertrinken oder zu ersticken, ist nämlich nicht groß, weil das Wasser in der Regel rasch versickert und der Wurm zudem über die Körperoberfläche Sauerstoff aus der im Boden eingeschlossenen Luft oder aus dem Wasser aufnimmt. Selbst in sauerstofffreiem Wasser kann ein Regenwurm etwa anderthalb Tage lang überleben. Dennoch setzt er sich den Gefahren an der Oberfläche aus: Dort drohen ausdörrende Sonne und zahlreiche hungrige Mäuler. Zudem ist das Wiedereingraben recht anstrengend und zeitraubend. Es muss also schon einen guten Grund für solche Ausflüge nach oben geben.

Und den gibt es tatsächlich: Der gefährlichste Feind der Regenwürmer, der **Maulwurf** *(Talpidae)*, macht im Boden Jagd auf Regenwürmer. Kommt ein grabender Maulwurf näher, verursacht er ähnliche Vibrationen wie prasselnder

Das Trippeln des Kiebitzes hat den Regenwurm an die Oberfläche gelockt. Dort wartet der sichere Tod. Auch bei Amseln kann man diese Jagdmethode häufig beobachten.

Regen – und jeder Regenwurm flieht, wenn er kann, vor diesem Geräusch an die Oberfläche, wohin der Maulwurf nur sehr ungern folgt.

Die Amseln entwickelten die Methode, durch ihr Klopfen Maulwurfgeräusche zu imitieren und Würmer an die Oberfläche zu locken, einst zufällig. Dieses Verhalten hat sich dann evolutiv ausgebreitet: Wer richtig klopfte, bekam besseres Futter und konnte damit mehr Nachkommen ernähren, die diesen Trick von den Eltern erbten. Andere Vogelarten, etwa **Kiebitze** *(Vanellus vanellus)*, **Heringsmöwen** *(Larus fuscus)* und **Stare** *(Sturnus vulgaris)*, sind ebenfalls auf diese Methode gekommen. Und der Mensch: Im Südosten der USA arbeiten professionelle „Worm Grunter" (Regenwurmgrunzer), die in den Boden gerammte Holzpflöcke mit einem Metallblatt reiben, so Vibrationen erzeugen und die Würmer massenhaft aus dem Boden treiben, um sie an Angler zu verkaufen.

SPITZENLEISTUNG

Falterparfüm der Marke Bienenduft

Der Nachtfalter *Acherontia atropos* dringt gern in die Nester von Honigbienen *(Apis mellifera)* ein, um dort die Vorratszellen der Waben anzustechen und Honig zu saugen. Nun sind Honigbienen bekanntlich recht wehrhaft – und dennoch geschieht dem Falter nichts. Bis vor einigen Jahren glaubte man, er ahme bestimmte Geräusche der Bienen nach, hätte also eine akustische Tarnung. Aber in Wirklichkeit schützt sich der Jäger durch Geruch: Er trägt am ganzen Körper einen Cocktail von Duftstoffen. So riecht er wie die Bienen selbst und wird dank dieser olfaktorischen Tarnkappe nicht als fremd erkannt.

Wenn Wiesel verrückt spielen

In England und Nordamerika gibt es zahlreiche Gaststätten und Hotels mit Namen wie „Waltzing weasel", übersetzt etwa „Das tanzende Hermelin". Was wie ein witziger Einfall klingt, hat einen wahren Kern. Es weist auf eine außergewöhnliche Taktik des **Hermelins** (Mustela erminea) zum Beutemachen hin: das gezielte Einsetzen von spektakulären, scheinbar unvernünftigen und daher unvorhersagbaren Verhaltensweisen.

Hermeline zählen zu den Mardern und sind Fleischfresser. Die etwa 30 Zentimeter langen, schlanken Tiere sind in weiten Teilen der Nordhalbkugel heimisch und in Australien eingeführt worden. Vielfach werden sie gejagt, vor allem wenn sie ihr prächtig weißes Winterfell tragen – den Pelz, der einst Könige schmückte. Sie ernähren sich von kleinen Säugetieren, notfalls auch von Vögeln und Insekten. Sehr gern fressen sie **Wildkaninchen** (Oryctolagus cuniculus), aber die sind in der Regel viel zu flink für sie. Und das wissen die Kaninchen – spätestens nach einigen gescheiterten Fangversuchen beachten sie das Hermelin kaum noch.

Das aber ist schlau und zeigt ein ganz bizarres Verhalten: Es flitzt wild umher, schlägt Salti, vollführt Bocksprünge, rollt sich auf den Rücken, versucht, seinen Schwanz zu fassen und dreht sogar auf den Hinterbeinen stehend Pirouetten. Man könnte meinen, das Hermelin tanze und spiele voller Lebensfreude wie ein ganz junges, ausgelassenes Tier. Oder der Hunger habe es durchdrehen lassen.

Die Kaninchen haben keine Angst und sehen dem grotesken Schauspiel immer fasziniert zu – und merken gar nicht, dass das Hermelin bei seinem wilden Tanz wie zufällig immer mal wieder kurz in ihre Nähe kommt – immer näher, bis es sich plötzlich ein Kaninchen greift, es blitzschnell per Nackenbiss tötet und wegschleift. Und sich fortan wieder völlig normal benimmt.

Wenn ein Hermelin Kaninchen erspäht hat, beginnt es mit spektakulären Aufführungen, die die Kaninchen so faszinieren, dass sie ihre Wachsamkeit vergessen – was sie das Leben kosten kann.

Eine nach menschlichen Maßstäben besonders perfide Jagdmethode wendet der Margay an: Er ahmt die Klagelaute von Äffchen nach, sodass die Affeneltern herbei eilen.

Achtung, Baby in Not

Gefährdete Tiere sind besonders wachsam – die in ferner Vorzeit lebenden Verwandten, die dieses Gesetz vernachlässigten, starben einen frühen Tod und blieben ohne Nachkommen. Deshalb müssen sich Tiere, die lauernd auf Beutejagd ausziehen, vor allem gut tarnen. Nicht immer ist dafür maßgebend, was unsere Augen sehen. Man könnte zum Beispiel meinen, es gäbe kaum eine auffälligere Fellzeichnung als die Streifen des **Tigers** *(Panthera tigris)* oder die Flecken des **Gepards** *(Acinonyx jubatus)*. Aber wenn man diese Tiere in freier Wildbahn beobachtet, sieht man, wie sie mit der Vegetation und dem Untergrund optisch geradezu verschmelzen.

Eine nicht optische, sondern akustische List wendet der **Margay** *(Leopardus wiedii)* bei der Affenjagd an. Diese Kleinkatze, auch als Baumozelot oder Langschwanzkatze bekannt, lebt in den süd- und mittelamerikanischen Regenwäldern und hat es dort vorwiegend auf Säugetiere, unter anderem auf kleine Affenarten, abgesehen. Der Margay ist in der Lage, die Klagelaute von Affenbabys nachzuahmen, um sich dann auf die erschreckt herbei eilenden erwachsenen Affen zu stürzen. Angeblich können auch Pumas und Jaguare solche Laute nachahmen – Katzen sind ja bekanntlich recht stimmgewaltig.

Jagen nach Plan

Wer ein anderes Tier oder gar eine Gruppe wachsamer Tiere überlisten will, muss eine gehörige Portion Intelligenz mitbringen – angeborene, festgelegte Verhaltensweisen funktionieren angesichts stets wechselnder Umstände nicht immer. Daher können Säugetiere mit ihrem großen Gehirn oft recht erstaunliche Jagdtechniken anwenden.

Wölfe *(Canis lupus)* zum Beispiel jagen meist im Rudel. Aber nur in manchen Fällen laufen die Tiere einfach hinter ihrer Beute her und hetzen sie bis zum Tod durch Erschöpfung. Viel häufiger scheinen die Wölfe ihre Jagd vorher geschickt zu organisieren. So postieren sich etwa manche Tiere entlang dem vorher eingeschätzten Fluchtweg einer Herde von Beutetieren, um durch plötzlichen Angriff von der Seite eine Gruppe oder ein einzelnes Tier von der Herde abzutrennen. Ähnlich vorausschauend jagen **Schimpansen** *(Pan troglodytes)* bisweilen Gruppen von **Westafrikanischen Stummelaffen** *(Piliocolobus badius):* Einige Schimpansen pirschen sich unauffällig an und verstecken sich auf den Bäumen rund um die Beutetiergruppe. Plötzlich vollführen andere Schimpansen einen Höllenlärm – und ihre auf den Bäumen lauernden Artgenossen können dann leicht einige der erschreckt und kopflos fliehenden Stummelschwanzaffen erwischen.

DER KAMPF UMS ÜBERLEBEN

Giftmischer

Gift, sagt man, sei die Waffe der Schwachen, und tatsächlich schützt sich so manches Lebewesen damit. Andere erlegen ihre Beutetiere mithilfe von Giftstoffen – doch die potenziellen Opfer dieser Jäger entwickelten wiederum Gegenmittel. Diese Mechanismen führten zu höchst wirksamen Giften. Und auch die Pflanzen stehen nicht zurück.

Die neu entdeckte Schlange *Naja ashei* gilt als giftigste Speikobra überhaupt. Das Gift eines Bisses von ihr – bisweilen beißt sie auch – reicht, um 20 Menschen zu töten.

Jagd mit dem Giftzahn

Viele Menschen haben eine tief sitzende Angst vor Schlangen. Zwar ist nur etwa ein Zehntel aller Schlangenarten giftig, aber einige produzieren höchst wirksame Gifte. Fünf Millionen Menschen werden angeblich pro Jahr gebissen, doch die Zahl der Todesopfer liegt deutlich unter 100 000, nicht zuletzt wegen der Entwicklung wirksamer Gegengifte.

Schlangen erzeugen ihr Gift in Giftdrüsen, die sich aus Speicheldrüsen entwickelt haben. Sie stehen meist mit Giftzähnen in Verbindung, die das Gift in das Opfer injizieren. Das hat für die Schlange zwei Vorteile: Im Blutkreislauf des Opfers wirkt das Gift besonders rasch, und das ist nötig, weil das Beutetier sonst flüchten könnte. Und außerdem wird dabei jeweils nur eine kleine Menge des wertvollen und energieaufwendig hergestellten Gifts gebraucht.

Die Giftzähne besitzen in den meisten Fällen eine Rinne, in der das Gift in die Bisswunde fließt. Das ist möglich aufgrund ungewöhnlicher Fließeigenschaften des Gifts, wie wissenschaftliche Untersuchungen an der **Mangroven-Nachtbaumnatter** *(Boiga dendrophila)* zeigten. Normalerweise ist das Gift zähflüssig und sammelt sich von selbst in der Zahnrinne. Beim Biss aber bilden Rinne und Gewebe des Opfers einen Kanal, durch den das Gift nun gesogen wird – und allein durch diese Bewegung wird es viel dünnflüssiger.

Einige Schlangen, die als Speikobras zusammengefasst werden, können allerdings ihr Gift auch über einige Meter Entfernung zielgerichtet gegen einen Feind spritzen. Als giftigste Speikobra gilt die erst 2007 als eigene Art entdeckte **Naja ashei,** die in Kenia lebt, etwa drei Meter lang wird und gelegentlich auch zubeißt. Zum Schießen pressen die Speikobras ihr Gift durch eine plötzliche Muskelanspannung aus dem Giftzahn und jagen es dann mit einem Luftstoß hinaus. Wenn es in die Augen des Opfers gerät, führt es oft zu Blindheit. Die Zielsicherheit der Kobras ist beeindruckend. Untersuchungen zeigten, dass die Schlange den Kopfbewegungen des Opfers folgt und dabei genau auf dessen Augen zielt, denn auf der Haut hat das Gift keine Wirkung. Direkt vor dem Schuss zielt sie dorthin, wo die Augen des Opfers im nächsten Sekundenbruchteil sein werden, wobei sie ihre Reaktionszeit und die Flugzeit des Strahls berücksichtigt.

Je nach Art der Schlange ist das Gift chemisch unterschiedlich zusammengesetzt. Es kann sogar bei Schlangen gleicher Art unterschiedlich sein, wenn sie in verschiedenen Regionen leben. Das zeigten kürzlich Vergleiche zwischen Schlangengruppen der **Terciopelo-Lanzenotter**

Wussten Sie, dass...
...tote Klapperschlangen noch beißen können?

Was wie Jägerlatein klingt, wurde inzwischen von Forschern bestätigt: Bis etwa eine Stunde nach dem Tod können Klapperschlangen *(Crotalus sp.)* zubeißen, wenn man Objekte vor ihnen umherschwenkt. Auslöser könnten bestimmte Reize sein, und es ist gut möglich, dass die Nervenzellen und die Sinnesorgane noch einige Zeit nach dem Tod reagieren. Ähnliche Beobachtungen machte man auch an der Kreuzotter *(Vipera berus).*

(*Bothrops asper*) in zwei von einem Gebirgszug getrennten Regionen Costa Ricas. Sogar mit dem Alter oder der Größe der Schlange innerhalb einer Art kann die Giftzusammensetzung wechseln, je nach bevorzugten Beutetieren.

Auch die Wirkung der Gifte ist unterschiedlich. Viele lähmen das Nervensystem der Opfer, andere zersetzen Blut und Gewebe. In der Regel handelt es sich um Mischungen von Stoffen mit verschiedenen Wirkungen, was die Giftigkeit insgesamt deutlich verstärkt. Die Wirkung der Bestandteile vieler Gifte ist noch unbekannt – zumal bei den **Grubenottern** (Crotalinae), zu denen die Klapperschlange gehört; sie bilden die komplexesten Giftmischungen.

Doch nicht alle Giftschlangen produzieren ihr Gift selbst. Die **Asiatische Tigernatter** (*Rhabdophis tigrinus*) sammelt in Nackendrüsen das Gift von Erdkröten, ihren Beutetieren. Sie ist gegen das Gift immun und gibt einen Teil des in ihrem Körper eingelagerten Krötengifts sogar an ihre Jungen weiter, als ersten Schutz für den Start ins Leben.

Die grüne Boomslang

Schlangen setzen ihr Gift in der Regel zum Beutefang ein. Wenn ein größerer Gegner auftaucht, fliehen auch Giftschlangen oder verstecken sich. Dennoch kommt es in seltenen Fällen zu Begegnungen mit Menschen; das kann gefährlich werden, etwa wenn eine Schlange in ein Schlafzimmer gerät und sich durch einen unruhigen Schläfer bedroht fühlt, oder wenn sie sich in Kleidungsstücken versteckt, dort verheddert und panisch wird.

Selbst Schlangen mit einem hochwirksamen Gift müssen nicht unbedingt für Menschen besonders gefährlich sein. Die **Boomslang** (*Dispholidus typus*) etwa beißt trotz ihres furchterregenden Rufs Menschen eher selten. Denn das bis zu zwei Meter lange Reptil, das in Tropenwäldern des südlichen Afrikas heimisch ist, lebt normalerweise hoch oben in der Vegetation und jagt dort Kleintiere. Zudem ist es scheu und versteckt sich, wenn Menschen auftauchen. Selbst bei einer direkten Begegnung droht die Boomslang zunächst nur, indem sie ihre bunte Nackenhaut präsentiert. Erst wenn die Gefahr anzuhalten scheint, beißt sie zu. Dann allerdings kann die Schlange trotz ihres sehr kleinen Kopfes die Giftzähne in einen Oberarm schlagen, denn sie kann ihr Maul in einem Winkel von 170 Grad öffnen.

Die gefürchtete Boomslang lebt im Blätterdach des Waldes, und so kommt es selten zu Begegnungen mit Menschen. Außerdem beißt sie nur zu, wenn sie sich bedroht fühlt.

SPITZENLEISTUNG

Das giftigste Gift

Nicht der Mensch hat das wirksamste aller bekannten Gifte erfunden, sondern eine Mikrobe: Botulinumtoxin. Um einen Menschen zu töten, reichen 30 billionstel Gramm pro Kilogramm seines Körpergewichts. Der Eiweißstoff Botulinumtoxin, ein Nervengift, wird von Stäbchenbakterien der Gattung Clostridium produziert. Da diese Bakterien nur in sauerstoffarmer Umgebung existieren können, entwickeln sie sich bisweilen in Konserven und Würsten. Die Erzeugung des Toxins geht meist mit üblen Gerüchen einher – weshalb man aufgeblähte Konservendosen und verdächtig riechende Lebensmittel unbedingt fortwerfen muss.

Der giftige Perlhuhn-Kugelfisch *(Arothron meleagris)* bläst sich bei Bedrohung auf.

Tödliches unter Wasser

Giftwaffen sind vor allem bei Bewohnern tropischer Gewässer verbreitet. Von den zehn giftigsten Tierarten der Erde leben allein sechs im Meer.

Die Würfelqualle mit dem relativ harmlosen Namen **Seewespe** *(Chironex fleckeri)* mixt den stärksten Giftcocktail. Sie kann das Baden an nordaustralischen Küsten zu einem tödlichen Abenteuer machen. Ihr etwa kopfgroßer Körper und ihre mehrere Meter langen, dicht mit Nesselzellen besetzten Tentakel sind im Wasser fast unsichtbar – so unsichtbar, dass das Tier erst 1948 entdeckt wurde; frühere Todesfälle hatte man anderen Quallen zugeschrieben. Das Gift eines einzigen Tiers würde ausreichen, um 60 Menschen zu töten. Selbst eine kurze Berührung der Tentakel ruft unerträgliche Schmerzen hervor, verbunden mit Lähmungen und Atemnot. Ohne Gegenmittel kann der Tod binnen Minuten eintreten.

Kaum weniger giftig sind die **Krustenanemonen** (Zoanthidea), schöne Blumentiere ohne Skelett. Sie enthalten eines der stärksten bekannten Gifte überhaupt, das Palytoxin. Schon ein zehnmillionstel Gramm pro Kilogramm Körpergewicht kann tödlich wirken. Allerdings stellen die Krustenanemonen es nicht selbst her. Die Giftmischer sind einzellige Dinoflagellaten; die Krustenanemonen nehmen es beim Fressen dieser Tiere auf, reichern es an – und nutzen es vermutlich als Waffe gegen Fressfeinde.

In Gezeitentümpeln an den Küsten von Südaustralien und Südostasien stößt man bisweilen auf einen **Blauring-Kraken** *(Hapalochlaena sp.)*, der blaue und schwarze Ringe auf dem braunen Körper trägt. Diese Farbenpracht ist als Warnung gedacht, und wer darauf nicht reagiert, muss es fühlen: Das kaum kinderhandgroße Tier kann kräftig zubeißen. Das Nervengift im Krakenspeichel ruft bereits nach einigen Minuten Atemstörungen und Lähmungen hervor – der Gebissene kann kein Glied rühren, ist aber bei vollem Bewusstsein. Der Krake lässt sein Gift Tetrodotoxin von Bakterien produzieren, die er in seiner Speicheldrüse beherbergt.

Unterschiedlichste Tierarten in mehreren Teilen der Welt enthalten Tetrodotoxin – die Substanz, die auch die wohl berühmtesten Giftfische enthalten: die **Kugelfische** (Tetraodontidae). Einige Arten dieser Gruppe werden in Japan von Feinschmeckern unter der Bezeichnung Fugu gern verzehrt, dürfen aber nur von speziell qualifizierten Köchen zubereitet werden. Denn die Innereien dieser Fische enthalten das Nervengift, von dem schon eine Spur – weniger als ein tausendstel Gramm – in der Mahlzeit nach einigen Stunden zum Tod führt. Vermutlich nehmen die Fische das Gift mit Kleinkrebsen auf, die sie fressen und die es wiederum von giftigen Bakterien haben. Es gelang inzwischen, mithilfe von Spezialnahrung giftfreie Kugelfische für den Verzehr zu züchten, beispielsweise die Art *Takifugu rubripes*.

Krustenanemonen sind anmutige, skelettlose Meeresbewohner. Und sie sind extrem giftig.

GIFTMISCHER

Die Meeresnacktschnecken gehören zu den schönsten – und giftigsten – Lebewesen unter Wasser. Die Tiere haben zahllose Formen und Farben entwickelt.

Meeresnacktschnecken (Nudibranchia) haben keine Panzer oder anderen Verteidigungsorgane. Manche Arten schützen sich daher mit höchst wirksamen Giften und verkünden dies mit bunten Warnfarben, die sie – für Menschen – zu einer wahren Augenweide machen. Begeisterte Schneckenexperten reden sogar von den „Schmetterlingen des Meeres". Selbst hochwirksame Chemiewaffen können sie produzieren. Dazu zählen mit Blausäure verwandte, intensiv giftige und stinkende Verbindungen und sogar ätzende Schwefelsäure.

Geliehenes Gift

Längst nicht alle Schnecken aber bilden ihre Gifte selbst. Einige **Sternschnecken** (Doridina) etwa fressen gern giftige Schwämme. Das Gift macht der Schnecke nichts aus, im Gegenteil: Sie sammelt es und macht es durch chemischen Umbau noch wirksamer.

Andere Nacktschneckenarten borgen sich ganze Waffen: So fressen manche Arten, z. B. die **Blaue Ozeanschnecke** (Glaucus atlanticus) kleine Quallen und die Fangarme größerer Quallen mitsamt den Nesselzellen. Diese Waffen schaden ihr aber keineswegs: Die Schnecke verhindert mit einem Schleim das Auslösen des Nesselzellenabschusses und lagert die Nesselzellen in fingerartigen Fortsätzen ihres Körpers ein. Es gibt sogar Hinweise, dass sie nur die gefährlichsten dieser Zellen auswählt, sodass diese in der Summe gefährlicher sind als an den Quallen selbst.

Die Fortsätze sind besonders bunt: Ein Tier, das hineinbeißt, wird sich das gut merken und die Schnecke in Zukunft verschonen.

Schöne Biester

Tiere, die sich mit eingelagerten Bitter- oder Giftstoffen oder mit Giftbissen oder -stacheln vor dem Gefressenwerden zu schützen versuchen, haben damit nicht immer Glück: Bis der Fressfeind, der sie noch nicht kennt, merkt, dass sie unverdaulich oder gefährlich sind, ist es für das vergiftete Tier zu spät. Die Gifttiere müssen also vorwarnen und ihre Gefährlichkeit deutlich kenntlich machen. Dazu nutzen sie vor allem auffällige Farben und kontrastreiche Farbkombinationen.

Allerdings ist die Zurückhaltung vieler Fressfeinde gegenüber Warnfarben nicht angeboren, sondern wird – durch schlechte Erfahrungen – erlernt. Daher mischen viele giftige Arten, um zukünftige Angriffe zu vermeiden, ihrem Gift Brechmittel bei oder reduzieren die Giftigkeit unter die tödliche Schwelle. Denn wenn ein Fressfeind sofort stirbt, hat er keine Gelegenheit mehr, seinen Nachkommen das Erlernte mitzuteilen.

Viele giftige Tiere haben noch einen zusätzlichen Schutz entwickelt, etwa harte Körperpanzer oder Stacheln, die einem zubeißenden Tier weh tun. So trägt der **Pazifische Rotfeuerfisch** (Pterois volitans) kräftige Rückenstacheln. Wer sich von der rotweißen Warnzeichnung nicht abschrecken lässt, macht Bekanntschaft mit einem Gift, das in der die Stacheln überziehenden Haut steckt. Bei einer Begegnung mit einem größeren Tier ergreift dieser Fisch keineswegs die Flucht, sondern schwimmt auf den Angreifer zu und spreizt dabei seine Stacheln.

Wussten Sie, dass…

…viele Gifte der Natur einer chemischen Gruppe angehören?

Bei den Giften, die von Pflanzen, Tieren und Mikroorganismen hergestellt werden, handelt es sich in sehr vielen Fällen um Stickstoffverbindungen, die zu den Alkaloiden gehören. Es sind mehr als 10 000 solcher Alkaloide bekannt, die allerdings nicht alle hoch giftig sind. Zu den gefährlichsten zählen Cocain aus dem Cocastrauch (Erythroxylum coca), Strychnin aus der Brechnuss (Strychnos nux-vomica), Morphin aus dem Schlafmohn (Papaver somniferum), Bufotenin aus der Haut mancher Kröten (Bufo sp.), Pumiliotoxin aus den Dendrobates-Baumsteigerfröschen sowie Ergotamin aus dem auf Roggen parasitierenden Mutterkornpilz (Claviceps purpurea).

DER KAMPF UMS ÜBERLEBEN

Aus Baumsteigerfrosch wird Pfeilgiftfrosch: *Phyllobates terribilis* ist der gefährlichste der Baumsteigerfrösche, mit deren Gift kolumbianische Indianer ihre Pfeilspitzen einrieben.

Tödliche Hüpfer

Hochgiftige Stoffe stecken auch in einigen der farbenprächtigen **Baumsteigerfrösche**, vor allem der Gattungen Dendrobates und Phyllobates. Die auf Bäumen im südamerikanischen Regenwald lebenden Frösche sind zwar sehr klein – einen bis fünf Zentimeter groß –, gelten aber als die giftigsten Lurche der Welt.

Je nach Froschart sind die Gifte unterschiedlich. In den letzten Jahren hat man über 230 Giftstoffe identifiziert, die sich zum Teil stark unterscheiden. Die Frösche stellen die Gifte nicht selbst her, sondern erhalten sie aus ihren Beutetieren. Das können Ameisen, Käfer, Tausendfüßer oder Milben sein, die die Giftstoffe möglicherweise aus Nahrungspflanzen oder anderen Quellen beziehen. Die Frösche reichern das Gift in ihrer Haut an, teils unverändert, teils chemisch modifiziert, und nutzen es zu ihrem Schutz gegen Fressfeinde. Im Terrarium aufgezogene Baumsteigerfrösche sind daher ungiftig – ihnen fehlt die Giftnahrung.

Wegen ihrer Giftigkeit haben es die Frösche auch nicht nötig, sich zu tarnen – im Gegenteil: Sie warnen mit leuchtenden Farben vor ihrer Giftigkeit und können es sich daher, anders als viele andere Frösche, leisten, tagsüber aktiv zu sein. Sie müssen es sogar, damit man die Warnfarben sieht. So signalisieren sie jedem Fressfeind „Vorsicht Gift!".

Die giftigste Art ist der gelbe **Phyllobates terribilis.** Das Gift in der Haut eines einzigen Frosches, das Nervengift Batrachotoxin, könnte 1000 Menschen umbringen, obwohl es nur zwei tausendstel Gramm sind. Drei der zurzeit über 170 bekannten Arten von Baumsteigerfröschen wurden von kolumbianischen Indianern zur Bereitung von Pfeilgift für ihre Blasrohre genutzt, darunter *Phyllobates terribilis*. Die Indianer brauchten nur die Spitzen ihrer Pfeile über die Haut eines lebenden Frosches zu streichen, um sie in Waffen zu verwandeln, die binnen Minuten töten. Das Gift eines Frosches reichte für etwa 13 Pfeile. Getroffene Tiere sterben an Muskel- und Atemlähmung.

Man denkt, dass derart giftige Tiere jeden Fressfeind abschrecken. Doch auch *Phyllobates terribilis* hat einen mächtigen Gegner: die **Goldbauchnatter** *Leimadophis epinephelus*. Sie ist widerstandsfähig gegen das Batrachotoxin.

Verhängnisvolle Gewächse

Eine große Zahl von Pflanzen produziert Stoffe, die im Körper des Pflanzenfressers eine schädliche Wirkung entfalten, von Verdauungsbeschwerden bis zum Tod. Diese Wirkstoffe dienen den Pflanzen als Schutz gegen das Gefressenwerden. So lassen zum Beispiel weidende Schafe **Wacholderbüsche** (*Juniperus communis*) unberührt. Auch der bis zu zwei Meter hoch wuchernde **Adlerfarn** (*Pteridium aquilinum*), der sich durch scharfe Fasern in seinen Stängeln und einem Spektrum an Giften schützt, wird von keinem Tier unbeschadet gefressen: Er ruft Blutungen, Leber- und Nervenschäden bis zu Krebs im Verdauungstrakt hervor. In einigen Ländern, etwa Japan, wird er als Gemüse gegessen, was dort zu erhöhten Krebsraten führt.

Seltsam, dass manchmal von nahe miteinander verwandten Arten die eine Art hochgiftig, die andere harmlos ist. So birgt etwa der **Gefleckte Schierling** (*Conium maculatum*) ein starkes Gift, während die meisten anderen Doldenblütler, etwa der Wiesenkerbel (*Anthriscus sylvestris*), ungiftig sind. Auch der hochgiftige **Grüne Knollenblätterpilz** (*Amanita phalloides*) steht in der gleichen Gattung wie der wohlschmeckende Kaiserling (*Amanita caesarea*).

Nur wenige Pflanzen warnen Tiere vor dem Verzehr, etwa durch stechende Gerüche, wie der **Gemeine Stech-**

GIFTMISCHER

Der Knollenblätterpilz ist eine Gefahr für unerfahrene Pilzsammler, weil er dem Wiesenchampignon stark ähnelt. Jedes Jahr erkranken Menschen an vergifteten Pilzgerichten.

apfel *(Datura stramonium)*, oder durch bitteren Geschmack. Vielleicht ist der Giftgehalt vieler Pflanzen sogar der Grund, warum wir Geschmackssensoren für „bitter" besitzen.

Eine Pflanzengruppe ist bekannt für besondere Giftigkeit, nämlich die **Nachtschattengewächse** (Solanaceae). Zu ihnen zählen etwa ausgewiesene Giftträger wie die Tollkirsche *(Atropa belladonna)*, die Kartoffel *(Solanum tuberosum)* und die Tomate *(Solanum lycopersicum)*. Manche haben eine bewegte Geschichte, in der Giftmorde eine Rolle spielen, oder man nutzte sie für Hexensalben, Orakel, Liebeszauber oder zur Erzeugung von Rauschzuständen.

Erstaunlicherweise sind selbst unsere Gemüsesorten nicht giftfrei, aber wir haben gelernt, damit umzugehen. **Gartenbohnen** *(Phaseolus vulgaris)* etwa darf man nicht roh verzehren, weil sie das Gift Phasin enthalten – schon fünf rohe Bohnen können ein Kind töten. Durch Kochen aber wird das Gift zerstört.

Überhaupt sind Samen nicht selten mit Gift gegen Fraß gesichert. Besonders berüchtigt ist der Samen des **Wunderbaums** *(Ricinus communis)*, der Rizinussamen. Zwar kann man aus ihm das harmlose Rizinusöl pressen, der Same selbst aber birgt das Rizin, einen Eiweißstoff, von dem schon ein viertel Milligramm tödlich wirkt – das ist eine kaum stecknadelkopfgroße Menge.

Pflanzengifte sind oft auch für die Pflanzen selbst giftig. Sie speichern sie daher in abgeschlossenen Bereichen der Zellen oder in Form ungiftiger chemischer Verbindungen. Wenn allerdings ein Pflanzenfresser zubeißt und die Zellen zerstört, wird das Gift freigesetzt. So enthält etwa der **Maniok** *(Manihot esculenta)* Blausäureverbindungen, die beim Kauen Blausäure entstehen lassen; deshalb muss die Wurzelknolle vor dem Verzehr geraspelt und sorgfältig mit kochendem Wasser ausgewaschen werden.

In der Regel wirken Pflanzengifte nur, wenn man sie isst. Bei manchen Pflanzen aber reicht schon die Berührung. Der in Nordamerika wachsende **Giftsumach** *(Toxicodendron radicans)*, bekannt als „poison ivy", enthält den Stoff Urushiol, der schon bei Berührung der Blätter oder Stängel schwere Hautreaktionen hervorruft: Rötungen, Blasen und starke Schmerzen. Im schlimmsten Fall folgt ein Kreislaufzusammenbruch. Und der aus dem Kaukasus nach Europa eingewanderte **Riesen-Bärenklau** *(Heracleum mantegazzianum)*, auch Herkulesstaude genannt, bildet Stoffe, die in Verbindung mit Sonnenlicht Entzündungen, nässende Wunden, einen Kreislaufschock und Hautveränderungen bewirken.

Pflanzen sind also wahre Giftküchen. Nicht immer aber richtet sich der Angriff bzw. die Verteidigung gegen Tiere – auch zwischen Pflanzen tobt oft ein erbarmungsloser Krieg mit biologischen Waffen. So hemmt die **Schwarze Walnuss** *(Juglans nigra)* das Wachstum von Nachbarpflanzen, **Zuckerrüben** *(Beta vulgaris)* wirken keimverhindernd auf Kornradesamen *(Agrostemma githago)*, und vielleicht sind solche Hemmstoffe sogar dafür verantwortlich, dass Wüstenkakteen nur in großen Abständen voneinander wachsen.

Hochgiftig ist der Samen des schönen Wunderbaums. Das daraus gepresste Rizinusöl dagegen wird als Arzneistoff – als ungefährliches Abführmittel – genutzt.

Giftmäuse

Während Gift bei Reptilien, Insekten und vielen anderen Tiergruppen eine wichtige Rolle spielt, greifen nur ganz wenige Arten von Säugetieren darauf zurück. So besitzen beispielsweise die Männchen des Schnabeltiers *(Ornithorhynchus anatinus)* einen Giftdorn. Doch häufiger sind Tiere mit giftigem Speichel. Dazu zählen einige Spitzmausarten. Die **Amerikanischen Kurzschwanzspitzmäuse** *(Blarina sp.)* besitzen ein starkes Nervengift, mit dem die nur wenige Zentimeter langen Tierchen größere Beutetiere töten. Das kompliziert gebaute Gift ist erstaunlicherweise fast identisch mit dem Gift der Gila-Echsen, einer völlig anderen Tiergruppe.

Der einzige hierzulande lebende giftige Säuger ist die **Eurasische Wasserspitzmaus** *(Neomys fodiens)*. Die quirligen Tierchen wiegen nur etwa 20 Gramm. Sie sind sehr gute Taucher und erbeuten in Gewässern einen großen Teil ihrer Nahrung, etwa Insekten, Schnecken, Kleinkrebse und kleine Fische und Frösche, manchmal auch Kleinsäuger. Unter Wasser sehen sie allerdings schlecht, deshalb spüren sie ihre Beute durch Schnüffeln, Tasten und Gründeln auf. Wegen ihres regen Stoffwechsels müssen sie täglich ihr Eigengewicht an Beute fressen. Ein Biss reicht – das von Giftdrüsen unter der Zunge erzeugte Nervengift erspart der Spitzmaus Kämpfe mit dem Beutetier. Ihr giftiger Speichel ist zwar nur für Tiere bis Mausgröße tödlich, kann allerdings auch größere Fische lähmen, sodass die Wasserspitzmaus sie überwältigen kann.

Wasserspitzmäuse tauchen auf der Suche nach Beute bis zu 50 Zentimeter tief. Ihre Opfer erledigen sie mit einem Giftbiss, bei dem sie ein Nervengift verabreichen.

GIFTMISCHER

Giftige Käfer – auch in Europa

Recht stark wirksam sind die Giftstoffe der sogenannten **Spanischen Fliege** (Lytta vesicatoria), eines ein bis zwei Zentimeter langen, metallisch-grünen Käfers, der zu den Ölkäfern zählt. Bei Bedrohung oder wenn man ihn drückt, bringt er orangerote Tropfen eines Abwehrsekrets hervor, das den Giftstoff Cantharidin enthält. Es kann auf der Menschenhaut schmerzhafte Blasen erzeugen. Dennoch fressen Igel und einige Vogelarten den Käfer ohne Folgen. In früheren Zeiten wurde das Cantharidin bisweilen von Giftmördern und in der Antike sogar zum Vollstrecken von Todesurteilen eingesetzt. Ebenfalls eine bedeutende Rolle spielte es früher in der Medizin und als sexuelles Stimulans – der Einsatz war allerdings wegen der Wirksamkeit des Gifts ein riskantes Unterfangen.

Aber wieder einmal erweist sich die Natur auch in dieser Hinsicht als äußerst vielseitig. Einerseits nutzen die Ölkäfer die Substanz, um ihre Eier damit gegen Fressfeinde, beispielsweise Ameisen, zu schützen. Andererseits werden die Männchen einiger **Blumenkäferarten** (Anthicidae) vom Cantharidin angelockt: Sie fressen gern tote Ölkäfer und speichern deren Gift, weil die Blumenkäferweibchen sich nur mit Blumenkäfermännchen paaren, die einen genügenden Giftvorrat haben: Sie nutzen es ebenfalls für ihre Gelege als Schutz gegen hungrige Mäuler.

Die Spanische Fliege, ein Ölkäfer, erzeugt ein Gift, das der Feindabwehr dient und auch die Eier schützt.

GUTE FRAGE!

Können Elefanten von Insekten gestochen werden?

Dass Elefanten sich vor Mäusen fürchten, weil sie ihnen in den Rüssel kriechen könnten, gehört in den Bereich der Fabel. Aber es gibt noch weit kleinere Tiere, vor denen die Dickhäuter tatsächlich Respekt haben: südostafrikanische Hochlandbienen (Apis mellifera scutellata). Nicht zu Unrecht: Diese Insekten sind hoch aggressiv – sie stechen sogar Elefanten, und Stiche in die Nähe der Augen und in die dünne Haut hinter den Ohren sind für die Dickhäuter eine Qual. Man hat schon Elefantenherden beobachtet, die vor Bienenschwärmen kilometerweit davongerannt sind. Da Elefanten oft ganze Ernten vernichten, will man sie nun mit aufgestellten Bienenstöcken von den Feldern fernhalten.

Tod aus der Bananenkiste

Die wohl gefährlichsten aller Giftspinnen sind die **Brasilianischen Wanderspinnen** (Phoneutria sp.). Sie haben auch den Namen Bananenspinne, weil einzelne Exemplare manchmal mit Bananenlieferungen nach Europa gelangen. Diese bis zu 15 Zentimeter großen, aggressiven Spinnen bauen keine Fangnetze, sondern jagen in der Nacht Insekten und andere Kleintiere. Bei diesen Beutezügen geraten sie oft auch in Häuser. Tagsüber verstecken sie sich, bisweilen in Kleidung oder Schuhen. Stört man sie auf, strecken sie als Drohung zunächst die Vorderbeine und die Giftklauen empor und wiegen den Körper ruckartig hin und her. Sie können aber auch plötzlich zubeißen. Mitunter springen sie sogar den Angreifer an.

Ihr Giftcocktail ist stark, und ohne Gegenmittel kann er tödlich wirken. Nicht umsonst bedeutet der Gattungsname Phoneutria „Mörderin". Das Gift verursacht starke Schmerzen, Atemnot und Nervenlähmungen und ist rund 20-mal stärker als das der ebenfalls gefürchteten Schwarzen Witwe (Latrodectus mactans) aus Nordamerika.

DER KAMPF UMS ÜBERLEBEN

Der Biss der Rotrückenspinne, eines der zahllosen Gifttiere Australiens, kann lebensgefährlich sein, aber es gibt ein wirksames Gegengift.

Der giftigste Erdteil

Australien beherbergt eine auffällige Vielfalt besonders giftiger Tiere. An den Küsten kann man auf Seewespen und andere Giftquallen treffen; Kegelschnecken, Seeschlangen, Giftkorallen und giftige Kraken können dem Badenden zu schaffen machen, und an den Stränden Sydneys werden die giftigen Staatsquallen, die als Portugiesische Galeeren bekannt sind, mitunter in großer Zahl angespült.

Aber auch das Festland hat einiges zu bieten. Elf der giftigsten Schlangen der Erde leben hier. Den Giftrekord hält der **Inland-Taipan** (*Oxyuranus microlepidotus*). Mit dem Gift eines Bisses dieser Schlange könnte man mehr als 100 Menschen töten. Allerdings ist sie scheu und lebt zudem in einer weitgehend unbesiedelten Region. Ihr Vetter, der **Küsten-Taipan** (*Oxyuranus scutellatus*), der über drei Meter lang wird, ist deutlich häufiger und gefährlicher; ohne medizinische Hilfe und Gegengift stirbt nahezu jeder Gebissene. Bei Bedrohung recht angriffslustig ist auch die **Gewöhnliche Braunschlange** (*Pseudonaja textilis*), die über zwei Meter lang wird und für die meisten tödlichen Schlangenbisse in Australien verantwortlich ist.

Etwa 30 Giftspinnenarten gibt es in Australien, aber nur zwei davon können dem Menschen wirklich gefährlich werden. Gefürchtet ist die **Rotrückenspinne** (*Latrodectus hasselti*). Bei dieser Art sind die Weibchen für die meisten gefährlichen Bisse verantwortlich – die Männchen sind harmlos. Die Spinne ist erkennbar an einer leuchtend roten, meist sanduhrförmigen Zeichnung auf dem Hinterleib. Die Tiere sind zwar nicht besonders angriffslustig, und auch der Biss selbst ist kaum zu spüren. Da sie aber ihre Netze auch gern in Außentoiletten bauen und dann unter der Brille lauern, können Benutzer der Toiletten in die Genitalien gebissen werden – immerhin kommen einige tausend Fälle pro Jahr vor. Das Gift erzeugt im Lauf einiger Stunden intensive Bauchschmerzen und Krämpfe und kann bei Lähmung des Atemzentrums auch zum Tod führen. Allerdings gibt es heute ein zuverlässiges Gegengift.

Ausgerechnet im Großraum Sydney ist die **Sydney-Trichternetzspinne** *(Atrax robustus)* häufig. Der Körper der dunklen Spinne ist bis zu 4,5 Zentimeter lang. Sie legt trichterförmige Netze an, gern auch an kühlen, feuchten Stellen im Haus. Besonders Männchen, die zwar kleiner als die Weibchen, aber fünfmal giftiger und ziemlich angriffslustig sind, kommen oft in Häuser hinein. Beim Biss injizieren sie ein Nervengift, das zu sehr starken Schmerzen, Erbrechen, Atemnot und Bewusstlosigkeit bis hin zum Tod führt. Doch seit auch dagegen ein Gegengift entwickelt wurde, sind keine Todesfälle mehr vorgekommen.

Warum gibt es gerade in Australien so viele Gifttiere? Genau weiß man es nicht. Aber es könnte mit dem Nahrungsmangel in weiten Gebieten des Kontinents zusammenhängen. Wer da überleben wollte, musste jedes in Reichweite kommende Beutetier möglichst rasch und ohne große eigene körperliche Anstrengung erlegen und konnte sich nicht viele Fehlversuche leisten. Und dabei ist Gift natürlich eine wirksame Hilfe.

SPITZENLEISTUNG

Schnecke mit Giftharpune

Die schönen Gehäuse von Kegelschnecken (Conidae) werden gern in den Andenkenläden tropischer Küstenorte, auch Australiens, angeboten. So mancher Schnorchler freut sich deshalb, wenn er ein lebendes Exemplar findet – doch er spielt mit seinem Leben, denn die Schnecken verfügen über eine effektive Jagdwaffe: eine kleine Giftharpune. Sie besteht aus einem Rüssel mit einem hohlen Stachel, der mit einer Giftdrüse verbunden ist. Deren Gift Conotoxin tötet ein Beutetier binnen Sekunden, denn die Schnecke kann schließlich einem fliehenden Tier nicht hinterherjagen.

Das Gift einiger Arten ist auch für Menschen tödlich. Da es kein Gegengift gibt, kommt es jedes Jahr zu Todesfällen.

Obwohl bislang keine Vogelart bekannt ist, die Gift selbst erzeugt, ist der Pitohui giftig. Der Vogel frisst Käfer, gegen deren Gift er immun ist, und lagert es in den Federn ein.

Gift im Gefieder

Erst seit recht kurzer Zeit ist bekannt, dass es giftige Vögel gibt. Am bekanntesten ist die Gruppe der **Pitohuis** *(Pitohui sp.)*, die im Regenwald der Insel Neuguinea leben – einst ein Teil Australiens. Die Einheimischen wissen schon lange, dass diese Tiere ungenießbar sind, doch erst 1992 befasste sich ein Wissenschaftler notgedrungen mit dem Thema: Bei einem Fangversuch hackte der Pitohui nach ihm, und als der Forscher die kleine Wunde ableckte, brannte seine Zunge, und seine Mundhöhle fühlte sich pelzig und wie betäubt an. Es zeigte sich, dass Fleisch und Federn des Vogels das Gift Batrachotoxin enthalten, das auch in der Haut des Baumsteigerfrosches *Phyllobates terribilis* vorkommt. Es stammt, wie Untersuchungen ergaben, von Käfern der Familie **Melyridae.** Die Vögel können diese Käfer fressen, denn sie sind gegen das Gift immun. Aber sie lagern das Gift ein und sind dadurch ihrerseits vor Fressfeinden geschützt.

Auffällig ist, dass sich alle Arten von Pitohuis durch kräftige Kontrastfarben auszeichnen. Sie sind vermutlich als Warnung an Fressfeinde vor dem eingelagerten Gift gedacht. Einige nicht giftige Pitohui-Arten ahmen diese auffällige Warntracht nach und profitieren so ihrerseits von der Giftwaffe ihrer Verwandten.

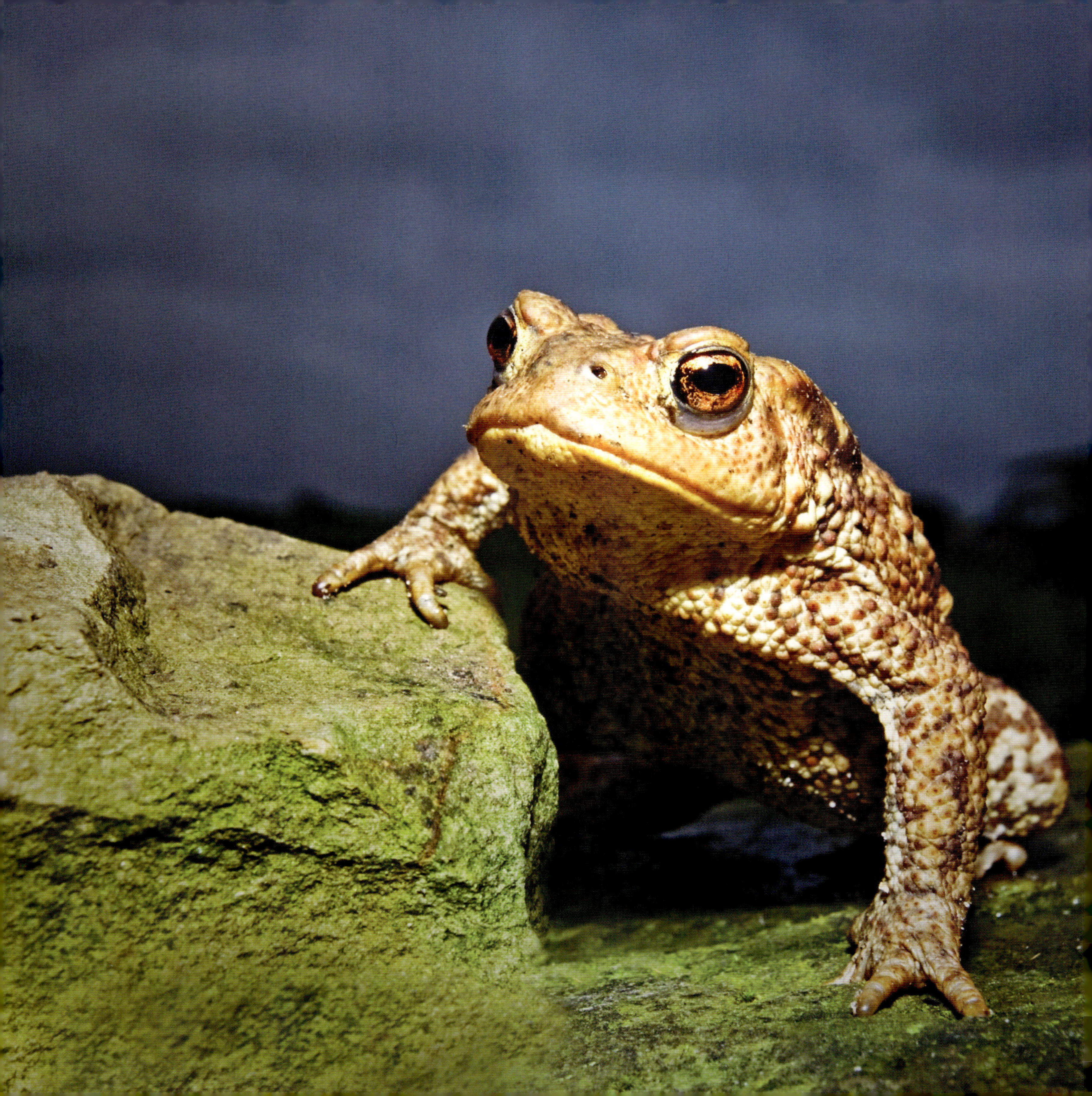

Auf zu neuen Ufern

Viele Tiere müssen regelmäßig auf Reisen gehen, wenn sie beispielsweise dem Winter und Nahrungsmangel entgehen wollen. Um die Ziele in der Ferne erreichen zu können, vollbringen sie wahrhaft atemberaubende Leistungen. Manche Tiere – und Pflanzen – sind in anderer Hinsicht zu neuen Ufern aufgebrochen: Sie haben äußerst unwirtliche Orte erobert und zu ihrem Lebensraum gemacht.

Fliegend um den halben Erdball

Tiere wie Vögel und Schmetterlinge sind etwas ganz Besonderes: Aus eigener Kraft erheben sie sich in die Lüfte und sind in der Lage, große Strecken zurückzulegen. Solche Fernflüge sind aber anstrengend und gefährlich – also keine Vergnügungsreisen, sondern es geht darum, Kälte und Hunger zu entgehen.

Flucht vor dem Winter

Im Winter wird die Nahrung für viele Vögel knapp. Vor allem Insektenfresser haben dann Probleme, satt zu werden, und das zu einer Zeit, in der sie wegen der tiefen Temperaturen eher mehr Futter bräuchten. Deshalb fliehen sie in Gefilde, in denen es genug Nahrung gibt, und sei die Reise noch so weit. Nur eine Vogelart hält so etwas wie Winterschlaf: die in Nordamerika heimische **Winternachtschwalbe** (*Phalaenoptilus nuttallii*). Sie verkriecht sich den Winter über in Höhlen und senkt ihre Körpertemperatur auf etwa 10 Grad Celsius ab (normal sind 42 Grad), sodass der Organismus sehr wenig Energie verbraucht.

Doch viele andere Vogelarten ziehen regelmäßig in weit entfernte Gebiete, um dem Winter zu entkommen. Etwa 50 Milliarden Vögel gehen jedes Jahr auf Wanderschaft. Praktisch in jedem Monat des Jahres ist irgendwo auf unserer Erde Zugzeit, und die Routen überziehen fast alle Gebiete der Nord- und Südhalbkugel. Viele europäische und zentralasiatische Arten überwintern in Afrika, andere „Asiaten" zieht es nach Indien oder auf die Insel Ceylon (Sri Lanka). Vögel des Fernen Ostens überwintern gern in Malaysia und erreichen sogar Australien – selbst Madagaskar ist ihnen nicht zu weit. Und die nordamerikanischen Vögel fliegen meist entlang der Ost- oder Westküste in den Süden oder folgen dem Lauf des Mississippi.

Lange Zeit glaubte man, unsere europäischen Zugvögel seien hier heimisch und würden nur vorübergehend warme Gebiete aufsuchen. Inzwischen haben Forschungen ergeben, dass es umgekehrt ist: Die meisten europäischen Vögel haben nämlich mehr verwandte Arten in tropischen und subtropischen Gebieten. Wenn sie gen Norden fliegen, folgen sie der Tendenz in der Natur, möglichst jede verfügbare Nahrungsressource auszunutzen: Es lockt der Insektenreichtum unserer Sommer, der wegen der relativ kurzen Vegetationsperiode besonders hoch ist und daher eine verlässliche Grundlage für die Aufzucht des Nachwuchses bietet. Außerdem gibt es hier im Norden längst nicht so viel Konkurrenz wie in den Tropen, wo die standorttreuen Vögel einen Großteil des Futterangebots wegfressen und wo die Gefahr durch Nesträuber viel größer ist.

Die meisten Forscher sind sich einig, dass das Zugverhalten aus einem seit langem bei vielen Tierarten verbrei-

Diese Kanadagänse aus dem hohen Norden Nordamerikas überfliegen in energiesparender V-Formation die Großen Seen in Richtung Süden. Manche erreichen sogar Mexiko.

FLIEGEND UM DEN HALBEN ERDBALL

teten Verhalten, dem Teilzug, entstanden ist. Gemeint ist damit, dass von einer Art jeweils einige Tiere an Ort und Stelle bleiben, andere dagegen in verschiedene Richtungen wegziehen – ein altes Prinzip der Artverbreitung. Das jeweilige Verhalten ist im Erbgut festgeschrieben. Selbst wir Menschen kennen ja Zeitgenossen, die dauernd das Fernweh plagt, und andere, die lieber zu Hause bleiben wollen. Bei Vögeln können sogar Tiere aus dem gleichen Nest unterschiedliches Verhalten zeigen.

Je nach den vorherrschenden Klimaverhältnissen überleben entweder mehr Vögel von den standorttreuen oder von den weggezogenen. Die Überlebenden ziehen Nachkommen groß und geben ihr jeweiliges Verhalten ihrem Nachwuchs mit. Vögel sind also sehr flexibel und passen sich den jeweils besten Möglichkeiten an. Von unseren heimischen Arten sind beispielsweise die **Kohlmeise** *(Parus major)* und das **Rotkehlchen** *(Erithacus rubecula)* sogenannte Teilzieher. Die in Wäldern lebenden **Amseln** *(Turdus merula)* ziehen fort, während die Amseln in den Städten, wo es immer etwas zu fressen gibt, an Ort und Stelle bleiben. Der **Haussperling**, der Spatz *(Passer domesticus)*, ist bei uns Standvogel, weil er hier auch im Winter genug Futter findet – in Afghanistan ist er Zugvogel.

Selbst Vögel, die erstmals und ganz allein den langen Weg antreten, kennen Richtung und Entfernung. Dieses Wissen ist ihnen angeboren, auch wenn wir noch nicht wissen, wie das genau gespeichert ist. Viele Arten finden auch an denselben Ort, sogar zum selben Nest zurück.

Der europäische Vogelzug ist wahrscheinlich nach der letzten Eiszeit entstanden. Die in der damals fruchtbaren Sahara lebenden Vögel kamen in den wieder begrünten Norden, wo es zunächst keine standorttreuen Vögel gab. Im Winter zogen sie sich wieder in die Sahara zurück. Als aber die Sahara immer mehr austrocknete, verschoben die Vögel ihre Heimat weiter nach Süden – und mussten dafür immer weitere Strecken in den Norden fliegen. Rund vier Milliarden Vögel tun dies zweimal jährlich.

Niemals hungrig auf die Reise gehen

Vögel fressen sich schon lange vor dem Starttermin möglichst viel Fett an, um für die lange und Kräfte zehrende Reise gerüstet zu sein. Der **Goldregenpfeifer** *(Pluvialis apricaria)* zum Beispiel fliegt von Alaska nach Hawaii quer über den Pazifik 4000 Kilometer weit – ohne die Möglichkeit, unterwegs zu rasten, zu fressen oder auch nur zu trinken. Manche Goldregenpfeifer erreichen sogar Australien oder Neuseeland.

Einige der kleinen Singvögel verdoppeln ihr Gewicht vor dem Start. Sie fressen nicht nur mehr als sonst, sondern bevorzugen zudem besonders energiereiche Nahrung, etwa Nüsse und Früchte. Allerdings bedeuten Fettreserven auch Zusatzgewicht. Das beste Verhältnis zwischen Tragfähigkeit für Fettreserven und dem Verbrauch von Energie für den Flug haben mittelgroße Vögel; deshalb gibt es unter ihnen ausgesprochene Weitzieher.

So legt etwa die **Küstenseeschwalbe** *(Sterna paradisaea)* jedes Jahr zweimal den Weg zwischen ihrem Brutgebiet in Nordeuropa und dem Rand des antarktischen Packeises zurück – das sind rund 30 000 Kilometer pro Jahr. Der Grund für diese lange Reise: Das reiche Nahrungsangebot der polaren Gewässer. Die Vögel können sowohl im Nordsommer als auch im Südsommer (also unserem Nordwinter) fast rund um die Uhr Fische jagen – für sie geht fast acht Monate lang die Sonne nicht unter.

Ein Goldregenpfeifer frisst einen fetten Wattwurm, um sich Energiereserven für seinen langen Flug zuzulegen.

GENAUER UNTERSUCHT

Das Wunder des Fliegens

In der Natur stößt man selbst im Alltäglichen immer wieder auf Wunderbares. Oder wie soll man es sonst nennen, wenn ein 20 Gramm leichtes Federbällchen von Rauchschwalbe von einem mehrere tausend Kilometer langen Flug aus Südafrika zurückkommt? Überhaupt: Wieso können Vögel fliegen und derartige Leistungen vollbringen?

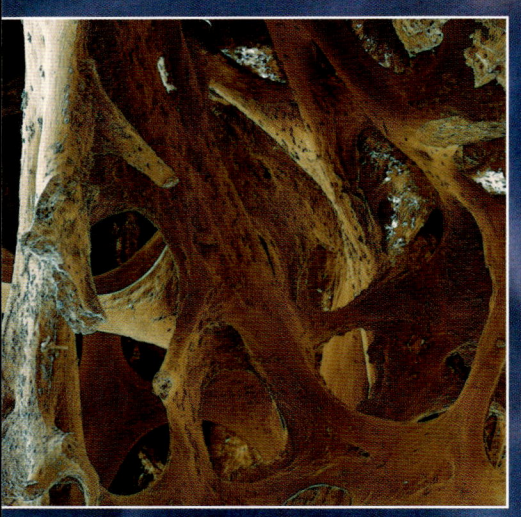

Dank zahlreicher feiner Verstrebungen („Bälkchenstruktur") ist ein Vogelknochen leicht und dennoch sehr stabil.

Hintergrundbild: Gefieder eines Weißkopfseeadlers

Es sieht so einfach aus, wenn etwa **Spatzen** *(Passer domesticus)* mit raschem Flügelschlag aufs Dach fliegen oder **Mäusebussarde** *(Buteo buteo)* scheinbar schwerelos in weiten Kreisen über dem Wald dahinsegeln, und seit Jahrtausenden wünscht sich der Mensch, es ihnen gleichzutun, und zwar ohne jegliches Hilfsmittel. Doch das ist nicht möglich, und die Natur hat Millionen von Jahren gebraucht, um den Körper des Vogels so zu entwickeln, dass er den Luftraum erobern konnte.

Genial konstruiert

Alles im Vogelkörper ist auf die Flugfähigkeit hin optimiert. Die Knochen sind dünnwandig, hohl und entsprechend leicht. Doch das würde nicht reichen: Beim Fliegen zerren, zumal in einem Sturm, erhebliche Kräfte am Skelett. Daher sind die Knochen bei aller Gewichtsersparnis enorm fest: Sie enthalten unzählige feine Verstrebungen, die die Stabilität erhöhen. Das gilt natürlich besonders für die Flügelknochen. Die Wirbelsäule ist aus denselben Gründen der Stabilität steif, dafür sind der Hals und damit der Kopf sehr beweglich.

Eine weitere Spezialanpassung ist die mächtige Flugmuskulatur, die die Flügel bewegt – mitunter stundenlang. Eine **Graugans** *(Anser anser)* zum Beispiel birgt unter ihrem Federkleid 12 000 einzelne Muskeln, von denen jeder eine spezielle Aufgabe hat. Die gewaltigen Sauerstoffmengen, die diese Muskeln bei ihrer anstrengenden Tätigkeit verbrauchen, müssen von der Vogellunge bereitgestellt werden. Diese ist aufgrund ihrer Bauweise weit leistungsfähiger als die Lunge von Säugetieren. Zudem ist sie in der Lage, die überschüssige Körperwärme abzuführen, die die Muskeln produzieren.

Die Körpertemperatur von Vögeln liegt bei 42 Grad Celsius, also höher als bei allen anderen heute lebenden Tieren. Und das Herz schlägt bei kleinen Vögeln um 1000-mal pro Minute (unser Herz schlägt im Durchschnitt 70-mal). Diese Spitzenleistung sorgt für gute Sauerstoff- und Nährstoffversorgung der Flugmuskeln.

Die Geheimnisse des Gefieders

Ohne Federn kein Fliegen! Die Federn haben sich allerdings, wie man heute weiß, keineswegs zu diesem Zweck entwickelt, sondern als Wärmeschutz. Das ist eine Funktion, die sie auch heute noch erfüllen, denn das wärmende Daunengefieder sitzt direkt am Vogelkörper. Zum Fliegen – und als Tarnung sowie Nässe- und Körperschutz – dienen die darüber liegenden Konturfedern. Die Zahl der Federn schwankt je nach Art. Ein Sperling hat etwas mehr als 3000, die zusammen nur zwei Gramm wiegen. Sie bestehen aus dem gleichen Eiweiß – Keratin – wie unsere Fingernägel, aber in der Vogelfeder ist dieser Stoff in feine und feinste Strahlen zerteilt, die vom zentralen hohlen Federkiel ausgehen, sich vielfach verzweigen und miteinander verhakt sind. So verbinden sie Leichtigkeit mit höchster Festigkeit und Elastizität.

FLIEGEND UM DEN HALBEN ERDBALL

In einem Kirchturm probiert ein junger Turmfalke das Flügelschlagen. Das ist die erste Übung, bevor es ans eigentliche Fliegen geht.

Noch längst nicht sind alle Geheimnisse des Gefieders enträtselt. Die Evolution hat es immer weiter verbessert, sodass die Vögel von feinsten Schwingungen und Wirbeln des Luftstroms Gebrauch machen können. Am häufigsten fliegen sie im Ruderflug, also mit raschem, kraftvollem Flügelschlag. Dabei bewegen sie ihre Schwingen nicht nur auf und ab, sondern verdrehen sie immer wieder um bestimmte Winkel, um maximalen Auf- und Vortrieb zu erzeugen. Zudem können sie Teile des Gefieders verstellen, um eine bessere Wendigkeit oder Anpassung an die Windverhältnisse zu erreichen – eine aerodynamische Superleistung.

Das Fliegen kostet viel Energie. Deshalb legen viele Vögel Pausen ein, in denen sie mit ausgebreiteten Schwingen segeln. So kreisen große Greifvögel, warme Aufwinde nutzend, oft stundenlang in der Höhe. **Wanderalbatrosse** (*Diomedea exulans*) können sogar mit ihren Flügelspannweiten von über drei Metern tagelang über den Wellen dahingleiten und jede aufwärts gerichtete Luftströmung nutzen.

Die dritte Art des Fliegens beherrschen vor allem die **Kolibris** (*Trochilidae*): den Schwirrflug. Die Leichtgewichte – der kleinste wiegt 1,6 Gramm – können mit bis zu 50 Flügelschlägen pro Sekunde vor einer Blüte in der Luft stehen, um Nektar zu trinken. Das ist ein faszinierender Anblick und sieht ebenfalls ganz einfach aus – vielleicht gerade weil darin 150 Millionen Jahre Flugentwicklung stecken.

Wann ist die beste Zeit für den Abflug?

Den Starttermin des Vogelflugs gibt die innere Uhr der Vögel vor, die wiederum durch die Tageslänge und zum Teil durch die herrschenden Temperaturen gesteuert wird. Bereits einige Zeit vor dem eigentlichen Abflug werden die Vögel unruhig. Wann sie dann aber tatsächlich losfliegen, hängt vom Wetter ab. Im Herbst warten zum Beispiel viele **Grasmücken** (*Sylvia sp.*), **Wasserläufer** (*Tringa sp.*) und **Pfuhlschnepfen** (*Limosa lapponica*) an der Ostküste Nordamerikas auf den besten Termin für ihre Reise nach Südamerika, und sie starten erst, wenn nach Durchzug einer Kaltfront ein kräftiger Nordwestwind bläst. Dieser führt sie auf einen Südostkurs: Sie fliegen über die Bermuda-Inseln hinweg und weit auf den Atlantik hinaus. Dort erreichen sie die Zone der Passatwinde, die sie schließlich an ihr Ziel bringen: Südamerika. Der Flug führt in weitem Bogen rund 3000 Kilometer über die offene See, ist aber dank der Rückenwinde viel weniger anstrengend, als es etwa die Route über Mittelamerika wäre.

Auch die Tageszeit des Starts ist wichtig. Wegen ihrer Fettreserven sind startende Zugvögel recht schwerfällig und fallen Räubern, vor allem Raubvögeln, leichter als sonst zum Opfer. Daher fliegen viele Arten in der Dämmerung oder sogar nachts.

GUTE FRAGE!

Können Radar und Funk die Flugrouten der Zugvögel stören?

Auf manchen privaten Internetseiten wird behauptet, dass Radar- und Funkwellen die Orientierung von Zugvögeln beeinträchtigen könnten. Doch bisher gibt es dafür keine Beweise. Es ist auch sehr unwahrscheinlich: Seit Jahrzehnten arbeiten in allen Industrieländern starke Funk- und Fernsehsender, aber es wurde trotz intensiver Beobachtung durch die Vogelwarten keine damit zusammenhängende Änderung von Zugrouten verzeichnet. Auch bei Laborversuchen ergaben sich keine messbaren Einflüsse. Zudem nimmt die Feldstärke eines Senders mit der Entfernung rasch ab, weshalb in einem Radio immer Verstärker eingebaut sind, um überhaupt Empfang zu haben.

Was so leicht und elegant aussieht, ist für diese Singschwäne eine außerordentliche Anstrengung, was Kraft und Orientierung angeht.

Die Wahl der Route

Zugvögel nutzen beim Überqueren von Meeren oder Wüsten möglichst optimale Windverhältnisse. Dank ihrer leistungsfähigen Lungen machen ihnen auch große Höhen nichts aus. So hat man über Schottland **Singschwäne** *(Cygnus cygnus)* in Höhen von mehr als 8000 Metern beobachtet. Zwar ist in großen Höhen der Luftdruck niedriger, aber dafür wehen dort stärkere Winde. Zudem vermeiden die Vögel dank der tiefen Temperaturen eine Überhitzung des schwer arbeitenden Körpers. Selbst Singvögel nutzen Höhen von über 6000 Metern; vom Boden aus sind sie praktisch unsichtbar.

Hohe Gebirge machen natürlich besondere Flughöhen nötig. So pendelt die **Streifengans** *(Anser indicus)* zwischen ihrem Brutgebiet auf dem chinesischen Hochplateau und ihrem Winterquartier in Indien und muss dabei den Himalaya überqueren. Bei diesem achtstündigen Nonstop-Flug erreicht sie Flughöhen von über 9000 Metern.

Nicht alle Vögel nutzen die gleiche Route zu einem bestimmten Ziel. Kleine Singvögel aus Europa fliegen auf kürzestem Weg zu ihrem Ziel, überqueren also das Mittelmeer an der Stelle, wo sie darauf treffen. Andere Vogelarten wählen Routen, bei denen sie nicht allzu weit übers Meer fliegen müssen – je nach Startpunkt wählen sie den Weg über Spanien, Italien oder Israel. Für größere Vögel, die ziemlich hoch fliegen und bisweilen den Segelflug nutzen, ist das Mittelmeer erst recht ein Hindernis, weil über dem Wasser die Aufwinde fehlen. **Weißstörche** *(Ciconia ciconia)* aus Westeuropa fliegen daher über die Straße von Gibraltar nach Westafrika. Störche aus Deutschland hingegen kreuzen zunächst den Balkan und die Türkei, folgen dann der syrischen Küste, halten sich an den Nil und verteilen sich schließlich in Ost- und Südafrika. Diese Routen zeigen, dass Zugvögel wissen, wo sie die Richtung ändern müssen. Auch unterscheiden sich Hin- und Rückflugroute oft, wohl aufgrund der mit den Jahreszeiten wechselnden Windverhältnisse.

FLIEGEND UM DEN HALBEN ERDBALL

Die Doppelschnepfe, der schnellste Zugvogel, verlässt Europa im Juli.

Rekordvogel Schnepfe

Fliegen zählt zu den weitaus anstrengendsten Fortbewegungsarten. Ein fliegender Vogel verbraucht bis zu 15-mal mehr Energie, als wenn er sitzt. Umso erstaunlicher sind die Leistungen, die manche dieser so zart und empfindlich wirkenden Federbällchen erbringen.

So können **Pfuhlschnepfen** (*Limosa lapponica*) in kurzer Zeit außerordentlich weite Strecken zurücklegen. Sie fliegen, wie man mit satellitengestützten Sendern herausgefunden hat, von Alaska nach Neuseeland in knapp neun Tagen, ohne unterwegs zu fressen, zu trinken oder zu schlafen. Das sind immerhin rund 11 700 Kilometer. Forscher vermuten, dass die Tiere diese Extremleistung aus Gründen der Sicherheit erbringen: Bei einer Flugroute mit Zwischenstopps müssten sie entlang den Küsten fliegen. Diese Route wäre nicht nur durch die Rastpausen am Boden weit gefährlicher, sondern sie würde wegen der Starts auch viel mehr Kraft kosten. Und außerdem wäre sie einige tausend Kilometer länger. Auf ihrer Reise erreichen die Vögel Geschwindigkeiten von über 50 Kilometern pro Stunde und legen rund 1300 Kilometer am Tag zurück.

Besonders schnell unterwegs sind auch **Doppelschnepfen** (*Gallinago media*). Sie brüten vor allem in Skandinavien und reisen zum Überwintern nach Afrika. Dort beziehen sie Quartiere im Südkongo, in Angola, Sambia, Kenia und Tansania. Ihr bis zu 6800 Kilometer entferntes Ziel erreichen sie dank einem Flugtempo von rund 100 Kilometern pro Stunde selbst ohne Rückenwind in gut drei Tagen. Sie verschmähen sogar attraktive Rastplätze, und erst recht fliegen sie nonstop über die Sahara. Dank dieses Reisetempos gelten sie derzeit als die schnellsten aller Zugvögel.

Wussten Sie, dass...
...auch manche Fledermäuse Fernreisen unternehmen?

Die meisten unserer heimischen Fledermausarten bleiben in ihrem Jagdrevier, obwohl sich manche auch einige Dutzend Kilometer von ihrer Schlafhöhle entfernen. Doch mehrere amerikanische Fledermausarten unternehmen weite Wanderflüge. So hält sich die Östliche Rote Fledermaus (*Lasiurus borealis*) im Sommer in der kanadischen Provinz Manitoba auf, ab August aber fehlt sie dort: Sie hat sich nach Süden abgesetzt. Einzelne Tiere wurden sogar auf den Galapagos-Inseln entdeckt. Die Fledermäuse können also Reisen über Tausende von Kilometern bewältigen.

Langstreckenmeister

Den Rekord unter den Nonstop-Fliegern hält der **Mauersegler** *(Apus apus)*. In der Antike glaubte man, er habe keine Füße, weil er sein ganzes Leben lang nur fliege. Das stimmt zwar nicht, aber seine Beine sind tatsächlich sehr kurz, denn sie werden selten gebraucht: Nur zur Brutzeit haben Mauersegler festen Boden unter den Füßen. Sie brüten in Europa, und danach im August starten sie gen Südafrika. Dabei machen sie keine Rast: Fliegend jagen sie Insekten, und zum Schlafen schrauben sie sich in Höhen bis zu 3500 Metern empor und segeln dort, wohl im Halbschlaf, dahin.

Manche der jungen Vögel kehren zunächst nicht nach Europa zurück, sondern bleiben auch noch während des hiesigen Sommers in ihrem Winterquartier. Erst im folgenden Jahr brechen sie dann erneut in den Norden auf. Das bedeutet, dass sie fast zwei Jahre lang ununterbrochen in der Luft sind und dabei eine geschätzte Flugstrecke von einigen hunderttausend Kilometern zurücklegen – mehr als die Entfernung von der Erde zum Mond. Die längste mithilfe eines angehängten Funksenders je gemessene Distanz legte ein **Dunkler Sturmtaucher** *(Puffinus griseus)* zurück. Er brachte es auf eine Flugstrecke von 65 000 Kilometern und war dabei 200 Tage unterwegs. Auf ihrer Reise über dem Pazifik fliegen diese Tiere einen gewaltigen Rundkurs, der sie von ihrem Brutgebiet im Südpazifik (Neuseeland) über den Westpazifik (Japan) bis hinauf nach Alaska und zurück über den Ostpazifik (Chile) wieder hinüber nach Neuseeland führt. Andere, die in der Region des Südatlantiks (Feuerland) brüten, fliegen den Westatlantik bis hinauf nach Norwegen, über den Ostatlantik zurück und hinüber nach Feuerland.

Natürlich Energie sparend

Wann immer möglich nutzen die Vögel Kräfte schonende Flugtechniken, etwa den Segelflug. Größere Arten fliegen zudem meist in Formation, etwa in der Keilformation der **Graugänse** *(Anser anser)* und der **Kraniche** *(Grus grus)*. Dabei folgt jeder Vogel im Windschatten des vor ihm fliegenden Tiers und spart so Energie. Die besonders anstrengende Position des Leitvogels wird abwechselnd besetzt. So gehen die Tiere wirtschaftlich mit ihren Fettreserven um. Hilfreich ist zwar, dass das Fluggewicht mit dem Fettverbrauch sinkt, also das Fliegen einfacher wird, aber völlig verausgaben dürfen sich die Vögel nicht: Immerhin brauchen sie noch Körperreserven für das Brutgeschäft. Wenn allerdings Schlechtwetter oder Gegenwind den Fettvorrat aufgezehrt hat, können die Vögel notfalls sogar beginnen, das Eiweiß innerer Organe abzubauen, um daraus Energie zu gewinnen – eine riskante Sache. Auf Schiffen sind schon Vögel notgelandet, die völlig am Ende waren.

Dem Stress eines Nonstopfluges setzen sich längst nicht alle Arten aus. Gerade kleine Singvögel, so zeigten Untersuchungen mit Radargeräten erst vor wenigen Jahren, machen beim Überfliegen der Sahara öfter mal Rast, meist am Tag, um die kühleren Nachtstunden zum Fliegen zu nutzen. Noch mehr Zeit lassen sich der **Gelbschnabelkuckuck** *(Coccyzus americanus)*, der **Cassin-Vireo** *(Vireo cassinii)* und einige andere Vogelarten aus dem Nordosten der USA. Sie überwintern in Mittelamerika und legen auf der Reise einen Zwischenstopp in Mexiko ein. Forscher stellten erstaunt fest, dass die Vögel dort, in einer insektenreichen Region, brüteten. Es ist noch umstritten, ob dies eine zweite Brut ist oder ob diese Vögel gar nicht im Norden gebrütet hatten. Beringungen sollen dies klären. Eine zweite Brut wäre in der Zugvogelwelt höchst ungewöhnlich.

Der Dunkle Sturmtaucher, mit rund einem Meter Flügelspannweite ein kraftvoller Flieger, bewältigt Zehntausende von Kilometern am Stück. Oft wählt er den tiefen Segelflug.

FLIEGEND UM DEN HALBEN ERDBALL

Monarchfalter leben im Gebiet der Großen Seen (USA) und wandern im Winter bis nach Mexiko. Ihre Rückkunft wird in manchen Orten der USA begeistert gefeiert.

Auf zarten Flügeln übers Gebirge

Man würde es so zarten Geschöpfen wie Schmetterlingen gar nicht zutrauen: Manche Arten unternehmen Wanderzüge über mehrere tausend Kilometer. Besonders gut erforscht wurden die nordamerikanischen **Monarchfalter** *(Danaus plexippus)*, die den Sommer im Gebiet der Großen Seen verbringen. Etwa zwei Drittel der Tiere ziehen zum Überwintern in den Süden der USA oder nach Mexiko – das sind bis zu 3000 Kilometer. Das restliche Drittel bleibt vermutlich vor Ort und überwintert oder stirbt. Der Monarchfalter ist mittlerweile so berühmt, dass sogar Orte entlang der Flugroute seine Ankunft mit Festen feiern.

Weniger bekannt ist, dass auch einige europäische Falter große Entfernungen zurücklegen. Allerdings ist es gar nicht so einfach herauszufinden, welche Falterarten wirklich wandern, denn man kann Faltern keine Satellitenfunksender anhängen. Man weiß aber, dass die **Distelfalter** *(Vanessa cardui)* besonders eifrige Wanderer sind und daher auch in weiten Gebieten der Erde vorkommen: in Europa, aber auch in Amerika, Nordafrika, Asien und sogar Australien. Wie die meisten Zugvögel sind auch die Distelfalter eigentlich nicht in Mitteleuropa zuhause; vielmehr kommen sie im Mai aus subtropischen Steppen zu uns. Dabei haben es die Distelfalter besonders schwer, denn ihnen stehen die Alpen im Weg. An guten Tagen schaffen sie, mit etwas Rückenwind, mehr als 100 Kilometer und kommen dabei bis in Höhen von über 3000 Meter. Ihre im Sommer geborenen Nachkommen fliegen vor Winterbeginn wieder in die Subtropen zurück. Allerdings sind die Verluste hoch: Oft werden die Tiere von schlechtem Wetter überrascht und verenden. In manchen Jahren findet man vor allem in den Höhenlagen der Alpen zahlreiche erfrorene Falter.

Im Sommer kommen immer mal wieder einzelne Falter aus dem Mittelmeerraum nach Norden. Aber das ist ein Teil der normalen Ausbreitung der Tiere auf der Suche nach Nahrung, und sie erfrieren im Winter, statt zurückzufliegen. Der **Große Weinschwärmer** *(Hippotion celerio)* und der **Oleanderschwärmer** *(Daphnis nerii)* sind sogar eigentlich tropische Schmetterlinge, die in Afrika südlich der Sahara leben. Doch alle paar Jahre kommen einige Exemplare in den Norden, bis hinauf nach Dänemark. Dort überstehen sie freilich den Winter nicht – lediglich in Südeuropa können sie sich zumindest in milden Jahren fortpflanzen.

Mit der zunehmenden Klimaerwärmung könnten manche Schmetterlinge allerdings ihren Lebensraum durchaus dauerhaft nach Norden ausdehnen. So kam in früheren Zeiten der **Admiral** *(Vanessa atalanta)* alljährlich aus dem Mittelmeerraum nach Norden und erreichte dabei sogar Südskandinavien – immerhin eine Strecke von fast 2000 Kilometern. Im Herbst flog dann die inzwischen neu geschlüpfte Faltergeneration wieder zurück in die wärmeren Gefilde. Inzwischen sind viele Populationen des Admirals fest in Mitteleuropa heimisch; sie fliegen im Sommer nach Norden und verbringen einige Monate im Süden Skandinaviens.

Wussten Sie, dass…

…der Eleonorenfalke seine Brutzeit nach den Zugvögeln richtet?

Der *Falco eleonorae* brütet auf den griechischen Ägäis-Inseln und an der Südküste des Mittelmeers. Aber nicht wie andere Vögel im Frühling, sondern im Herbst. Das hat seinen guten Grund: Um diese Zeit passieren die riesigen Zugvogelschwärme aus Europa dieses Gebiet und versprechen reiche Beute, mit der der Greifvogel seinen Nachwuchs optimal ernähren kann. Die Falken lauern tagsüber, in der Dämmerung und in mondhellen Nächten in großer Höhe. Erspähen sie einen Vogelschwarm, stoßen sie herab und greifen sich ein Opfer.

Die Kunst, den richtigen Weg zu finden

Der Weg ist das Ziel? Bei Tieren gilt das eher nicht, denn ihre Wanderungen führen immer zu überlebenswichtigen Zielen. Daher haben Tiere Fertigkeiten entwickelt, ihren Weg selbst über größte Entfernungen hinweg und auch bei Nacht mit hoher Präzision zu finden. Manche nutzen dafür Sinne, von denen wir bis vor einigen Jahren keine Vorstellung hatten.

„Magnetisch" sehen?

Nicht nur die körperlichen Leistungen der Zugvögel sind erstaunlich, sondern auch ihr Orientierungsvermögen. Langstreckenzieher wie etwa **Rauchschwalben** *(Hirundo rustica)* meistern Routen nach Südafrika, selbst wenn sie mehrmals an bestimmten Stellen die Richtung ändern müssen. Noch erstaunlicher ist, dass sie auf dem Rückflug den Nestplatz wiederfinden, wo sie zur Welt kamen. Zwar ist der Flugplan in ihrem Erbgut gespeichert, doch Anpassungen an aktuelle Situationen sind immer nötig, z. B. wenn eine Wetterfront umflogen werden muss.

Bei den Rauchschwalben spielt die Orientierung mithilfe der Magnetlinien eine wichtige Rolle. Offenbar können die Vögel Nordrichtung und Neigung der Magnetlinien erkennen, vielleicht auch Magnetfeldstärken messen. Aber wie funktioniert das? Man kam der Lösung näher, als man im Oberschnabel von Rauchschwalben, wie auch in dem von anderen Arten, Magnetitkristalle fand, die ihnen die Nordrichtung verraten – vielleicht auch mehr, denn diese Kristalle sind mit Nervenenden gekoppelt. Außerdem laufen in ihren Augen biochemische Reaktionen ab, die magnetabhängig sind, denn in den Sehzellen hat man Stoffe entdeckt, die auf die Stärke der Magnetkraft reagieren. Wahrscheinlich ist es kein Zufall, dass diese Stoffe im Auge sitzen. Einiges spricht dafür, dass die Vögel die Magnetlinien „sehen" können, dass sie also auch Richtung und Einfallswinkel der Magnetlinien optisch wahrnehmen, vielleicht als Überlagerung des normalen Bildes der Umgebung.

Noch eine weitere Fähigkeit hat die **Dachsammer** *(Zonotrichia leucophrys)*, die sich in arktischen Regionen aufhält: Sie kann auch die magnetische Missweisung auswerten, also den Winkel zwischen Magnetpol und geografischem Pol. In den Polarregionen wechselt dieser Winkel je nach Standort sehr stark. Versuche zeigten, dass die Vögel ihn durch „Eichen" mithilfe von Sonnenstand und Sternhimmel bestimmen und nutzen können.

Der Magnetsinn allein reicht aber wohl nicht aus, um die Orientierungsleistungen der Vögel zu erklären. Sie besitzen außerdem die Fähigkeit, sich tagsüber am Stand der Sonne und nachts am Sternenhimmel zu orientieren; zudem hilft der Geruchssinn und – zumindest bei erfahrenen Vögeln – auch die Orientierung an Landmarken.

Nach einem Flug von mehreren tausend Kilometern ruhen sich Rauchschwalben in Südafrika auf Stromkabeln aus – eigentlich ein vertrautes Bild, denn genau so sammeln sie sich bei uns vor dem Abflug.

Übers Meer und zurück

Die Weiten der Ozeane sehen für uns überall gleich aus. Seefahrer brauchten jahrhundertelang Hilfsmittel wie Kompass, Uhr und Karte, um sich zurechtzufinden, und auch heute könnten sie ohne GPS nicht auf Kurs bleiben. Doch wenn eine junge **Unechte Karettschildkröte** *(Caretta caretta)* von ihrem Nistplatz im Großen Barriereriff, dem riesigen nordaustralischen Korallenriff, aufbricht, wandert sie zielgerichtet Tausende von Kilometern durch den Pazifik, trotzt Winden und Gegenströmungen und kehrt schließlich genau zu ihrem Ursprung zurück. Ähnliche Leistungen vollbringen die an den Stränden von Florida schlüpfenden Unechten Karettschildkröten: Sie wandern auf weiten Bögen durch den Atlantik, kehren aber ebenfalls Jahre später wieder genau dorthin zurück, wo sie einst geschlüpft sind, um selbst Eier zu legen.

Es gibt inzwischen zahlreiche Hinweise, dass die Schildkröten für ihre Wanderungen das Magnetfeld der Erde als Hilfe nutzen – wie es auch viele andere Tierarten können. Der Magnetsinn der Schildkröten beginnt spätestens nach der Geburt zu arbeiten, möglicherweise bereits im Ei, indem die Tiere das Magnetfeld an ihrem Geburtsort registrieren. Vielleicht kann man es sich so vorstellen, dass sie eine Art Landkarte im Kopf haben, auf der wesentliche Punkte und die zum Ansteuern nötigen Schwimmrichtungen verzeichnet sind, weil sie sich im Laufe der Zeit als günstig erwiesen haben – Schildkröten, die zu ungünstigen Punkten schwammen, hinterließen keine oder weniger Nachkommen. Ähnlich wie unsere Karten von Längen- und Breitengraden überzogen sind, scheint die „Schildkrötenkarte" durch eine Art Netz aus Richtungen und Neigungswinkeln der Magnetlinien strukturiert zu sein. Als Forscher nämlich wandernde Schildkröten künstlichen Magnetfeldern aussetzten und ihnen so vorgaukelten, sie seien an einem anderen Ort, ließen sich die Tiere nicht beirren und steuerten ihr Ziel unverdrossen an.

Karettschildkröten legen im Lauf ihres Lebens große Strecken zurück und kommen mithilfe von „Magnetlinienkarten" wieder an den Ort ihrer Geburt zurück.

AUF ZU NEUEN UFERN

Lachse springen einen Wasserfall im Katmai National Park (Alaska) hinauf, um ihr Laichgebiet zu erreichen. Die dort geschlüpften Jungen werden dann flussabwärts ins Meer wandern, um später wie ihre Eltern die anstrengende Reise flussaufwärts zu unternehmen.

Eingebauter Kompass

Der Magnetsinn ist offenbar eine sehr alte Erfindung der Natur, denn viele Tiere sind damit ausgerüstet. Auch **Langusten** (*Palinurus vulgaris*) finden mit diesem Sinn zu ihrer Höhle zurück. Manche Langusten wandern auf Nahrungssuche bis 150 Kilometer weit. Als Nichtschwimmer müssen sie auf dem Meeresboden bleiben, wo das Wasser durch aufgewirbelten Schlamm oft trüb ist. Deshalb wandern die Tiere oft im Gänsemarsch dahin, jeweils den Kopf am Schwanz des Vorgängers. Solche Ketten können bis zu 60 Individuen umfassen. Tag und Nacht sind die Tiere zielgerichtet unterwegs, und die einzige Möglichkeit, sich im dunklen, trüben Wasser zu orientieren, ist ihr Magnetsinn.

Seit langem bekannt und bewundert ist die Fähigkeit vieler **Lachsarten** (Salmonidae), nach Jahren genau in ihre Geburtsgewässer zurückzufinden. Die **Atlantischen Lachse** (*Salmo salar*) beispielsweise ziehen als Jungtiere aus ihren Flüssen ins Meer – wobei die Umstellung von Süß- auf Salzwasser allein schon eine bemerkenswerte körperliche Leistung darstellt. Aber offenbar sind Meere doch besonders ergiebige Futterplätze, sodass sich die Reise lohnt. Kommt aber die Zeit des Ablaichens, zieht es die Tiere wieder zurück. Sie legen dabei pro Tag über 60 Kilometer zurück und haben offenbar keine Mühe, ihr Geburtsgewässer wiederzufinden, denn sie steuern es zielgenau an. Lange Zeit glaubte man, allein ihr Geruchssinn befähige sie dazu, aber inzwischen stellte man fest, dass auch Lachse einen Magnetsinn besitzen und sich zudem am Sonnenstand orientieren können. Offenbar nehmen sie schon als Jungtiere die „magnetischen" Verhältnisse ihres Heimatflusses wahr, speichern sie und können den Fluss auf diese Art wiederfinden, wobei ihnen auf den letzten Kilometern sicherlich auch ihr guter Geruchssinn hilft.

Die aus Nordamerika stammenden **Regenbogenforellen** (*Oncorhynchus mykiss*) kennt man als ziemlich standorttreu; es gibt aber auch eine wandernde Form, die **Stahlkopfforelle.** Dieser in Nordamerika als „Steelhead" bezeichnete Fisch scheint mit dem Magnetsinn seinen Weg zu finden, denn in der Nasengrube hat er Nervenzellen, die mit Magnetitkriställchen verbunden sind.

Wussten Sie, dass...

...Seehunde offenbar astronomisch begabt sind?

Experimente in Becken, die unter Planetarien aufgebaut waren, haben ergeben, dass Seehunde (*Phoca vitulina*) Sternkonstellationen erkennen. Die Tiere wurden darauf trainiert, einem bestimmten Stern zu folgen. Auch wenn man die Ausrichtung des Sternenhimmels vielfältig veränderte, so wie er sich in verschiedenen Zeiten des Jahres präsentiert, konnten sie diesen Stern wiederfinden und sich danach richten. Das spricht dafür, dass sie auch in freier Natur den Sternenhimmel beobachten und zur nächtlichen Orientierung nutzen – ebenso wie in früheren Zeiten die Seefahrer auf ihren Reisen.

Der Weg dieser Seekuh durch brasilianische Küstengewässer wird mit einem an ihr befestigten Navigationsgerät verfolgt.

Mit GPS durch die Welt

Bei den Zugvögeln waren die Art der Reise und der Aufenthaltsort lange Zeit rätselhaft. Doch dann gaben die Beringungen erste Aufschlüsse. Heute bietet die moderne Technik ganz andere Möglichkeiten: Nicht nur Vögeln, sondern auch anderen wandernden Tieren wie Walen und Seehunden werden elektronische Minigeräte angesetzt. Diese sind so leicht, dass sie die Tiere nicht stören, und dennoch so leistungsfähig, dass sie detaillierte Aufschlüsse über Wanderwege geben können.

Bei der Beobachtung von Meerestieren wie Walen, die unter Wasser weite Strecken zurücklegen, hat man sich lange Zeit mit dem Abhören per Unterwassermikrofon beholfen. Inzwischen gibt es für solche Forschungen „Fahrtenschreiber". Sie verfügen über ein GPS-System, können also mithilfe der Navigationssatelliten jederzeit blitzschnell ihre Position ermitteln. Mit einem kleinen Sender übermitteln sie diese Daten den Wissenschaftlern zur Auswertung. Per Computer lassen sich so Dutzende von Walen über Monate und Jahre verfolgen. Man nutzt dabei die Tatsache, dass diese Säugetiere von Zeit zu Zeit zum Atmen auftauchen müssen, denn Funkwellen durchdringen Wasser nur sehr schlecht. Dank leistungsfähiger Batterien versehen manche dieser Geräte jahrelang ihren Dienst und geben entsprechend wertvolle Einblicke.

Geräte der neuesten Generation können noch mehr: Sie messen in kurzen Abständen Tauchtiefe, Temperatur und die Beschaffenheit des Meerwassers einschließlich der jeweiligen Uhrzeit, speichern diese Daten und übermitteln sie ebenfalls beim Auftauchen des Tiers. So erfährt man nicht nur viele Einzelheiten über die Gewohnheiten der Tiere – die Geräte fungieren gleichzeitig als stille Helfer der Meeresforschung.

Der Nase und den Ohren nach

Hummeln (Bombidae) verfügen über ein bemerkenswertes Orientierungsvermögen, das sie befähigt, noch aus Entfernungen von mehr als zehn Kilometern schnurstracks ins heimatliche Nest zurückzufinden. In größerer Entfernung richten sie sich vermutlich an Landmarken aus, doch einmal in heimatlichen Gefilden angekommen, hilft der Geruchssinn in den Fühlern, den Nesteingang zu lokalisieren. Der Geruchssinn der Hummeln ist sehr gut ausgebildet: Man weiß, dass die Tiere ihren Stockgenossen neue Futterquellen nicht durch Tänze wie die Bienen, sondern durch Duftsignale mitteilen und dass diese die Nektarquelle dann auch finden.

Manche Tiere wiederum finden mithilfe ihres Hörsinns wieder nach Hause. Korallenriffbewohner zum Beispiel gehen schon als Larven auf Reisen in den offenen Ozean. Dazu lassen sie sich von den Meeresströmungen forttragen – mit gutem Grund: Für Jungfische ist das Leben an den Korallenriffen mit ihren vielen Räubern ziemlich riskant. Erst in fortgeschrittenem Alter kommen sie zurück – und finden, wie Untersuchungen an **Döderleins Kardinalbarsch** *(Apogon doederleini)* bewiesen, trotz ihrer eher begrenzten Schwimmkünste zielgenau ihr Heimatriff wieder. Für die Groborientierung helfen ihnen Schallwellen: Die Papageifische (Scarinae), die Korallen abweiden und die Zähne aufeinander schlagen, oder die mit ihren Scheren klappernden Krebse erzeugen eine deutliche Geräuschkulisse. In die Nähe ihres Geburtsortes aber bringt sie dann ihr feiner Geruchssinn. Offenbar nehmen schon die Larven den spezifischen Geruchsmix ihrer Umgebung wahr und erkennen ihn auch nach langer Zeit wieder.

Interessant ist natürlich auch die zuverlässige Heimkehr von **Brieftauben.** Die grobe Richtung bestimmen sie zunächst anhand von Landmarken; zudem haben auch sie einen Magnetsinn und können zusätzlich den Sonnenstand als Navigationshilfe nutzen. Doch um den heimatlichen Schlag zu finden, ist gegen Ende der Reise der Geruchssinn entscheidend. Brieftauben scheinen bei ihren Flügen eine Art Duftmarken-Landkarte anzulegen und können so Regionen nach ihrem Geruch unterscheiden.

Hummeln sammeln Nektar noch in über zehn Kilometer Entfernung vom heimatlichen Nest. Zurückzufinden ist für sie kein Problem.

Man kann sich auch mal irren ...

Wandernde Tiere orientieren sich in aller Regel sehr zuverlässig – doch manchmal treten auch Fehler auf. So stranden bisweilen Wale an Küsten und verenden dort meist. Beobachtungen legen nahe, dass es sich dabei oft um kranke Tiere handelt, deren Sinnesorgane nicht mehr gut funktionieren. Sie geraten dann in den flachen Gewässern auf Grund und kommen aus eigener Kraft nicht wieder frei.

Gelegentlich verirren sich auch Tiere in Randmeere, in Häfen oder Flüsse. So tauchte zum Beispiel im Jahr 2006 ein **Entenwal** *(Hyperoodon ampullatus)* in der Themse auf, und 2009 schwamm überraschend ein Wal im Hafenbecken von New York. In der Ostsee werden gelegentlich **Buckelwale** *(Megaptera novaeangliae)* gesichtet, die vermutlich beim Verfolgen eines Fischschwarms durch den Belt oder den Øresund hineingeschwommen sind, aber nur schwer wieder zurückfinden.

Auch beim Vogelzug geht nicht immer alles glatt. So tauchen bisweilen **Gelbbrauenlaubsänger** *(Phylloscopus inornatus)* in Europa auf. Die Tiere leben in der sibirischen Taiga und überwintern in Südostasien. Aber einige schlagen den falschen Weg ein: Statt nach Südosten fliegen diese Vögel die gleiche Strecke nach Westen. Bei den jetzigen Klimabedingungen ist das ein „Verfliegen" – doch wenn die Winter hier wärmer werden, könnten die Gelbbrauenlaubsänger „mit Absicht" zum Überwintern herkommen.

Der Gelbbrauenlaubsänger findet von seiner sibirischen Heimat aus nicht immer nach Südostasien. Manchmal fliegt er auch in Richtung Westen – nach Europa.

SPITZENLEISTUNG

Schritte zählen, um nach Hause zu finden

Über erstaunliche Fähigkeiten verfügt die in der Sahara heimische Ameisenart *Cataglyphis fortis*. Diese Tiere leben zwar gemeinsam in unterirdischen Nestern, gehen aber allein auf Jagd. Da Beutetiere in der Wüste rar sind, streift die Ameise auf ihren Jagdzügen im Zickzack suchend umher. Die Frage ist dann natürlich: Wie findet sie wieder zum Nest zurück? Wie Versuche zeigten, schafft sie das mit Bravour, und zwar schlägt sie trotz des verschlungenen Beutezugs unverzüglich den kürzesten Rückweg ein. Dafür gibt es nur eine Erklärung: Sie merkt sich jeden ihrer Schritte, mitsamt der Richtung, in die sie ihn getan hat. Will sie heim, errechnet ihr winziges Gehirn daraus die direkte Route zum Nest.

Frühheimkehrer sind im Vorteil

Die Erde wird wärmer, das Klima wandelt sich, und manche Vögel reagieren darauf. Einige, wie etwa der **Hausrotschwanz** *(Phoenicurus ochruros)*, kommen früher aus ihren Winterquartieren zurück, entweder weil sie sich näher gelegene Gebiete zum Überwintern gewählt haben oder weil auch ihre Beutetiere, die Insekten, früher aus ihren Überwinterungsverstecken kommen. Die zuerst eintreffenden Vögel haben noch freie Wahl unter den besten Brutplätzen und daher mehr Nachkommen.

Wie rasch Zugvögel auf veränderte Bedingungen reagieren, hat die **Mönchsgrasmücke** *(Sylvia atricapilla)* bewiesen. Ursprünglich zog sie von Mitteleuropa in den Mittelmeerraum, aber ab 1960 zunehmend nach England. Das taten einzelne Tiere auch vorher, erfroren aber im Winter. Aufgrund der Klimaerwärmung und der reichlichen Vogelfütterung auf der Insel können sie aber inzwischen überleben. Die „Engländer" kommen dank der kürzeren Entfernung zwei Wochen früher als ihre Artgenossen aus dem Süden in den Brutgebieten an – ein großer Vorteil.

Der **Kuckuck** *(Cuculus canorus)* muss sich derzeit noch besser anpassen. Wenn er zum normalen Termin im April wieder bei uns eintrifft, ist es zu spät zum Einschmuggeln seiner Eier, denn **Rotkehlchen** *(Erythacus rubecula)* und Hausrotschwanz sind schon fertig mit ihrer ersten Brut.

Die Suche nach Nahrung

Nicht vielen Tieren wächst die Nahrung praktisch ins Maul hinein – wie der Kuh das Gras. Meist müssen sie mehr oder weniger große Strecken zurücklegen, um satt zu werden: über Land, unter Wasser oder auf dem Luftweg. Doch manchmal schaffen sie es nicht bis zu den Futterquellen, oder es ist, wenn sie ankommen, nicht genug zum Fressen da.

Tausende Hufe lassen die Erde zittern

Wenn in Europa der Winter einkehrt, bricht in Ostafrika die Regenzeit an. Dann werden die endlose Savannenlandschaft der Serengeti und der weite Ngorongoro-Krater grün und bieten unzähligen Vierbeinern Nahrung, die das aus dem mineralreichen Boden schießende Gras abweiden. Rund 1,5 Millionen Tiere – neben Streifengnus vor allem **Thomson-Gazellen** (*Gazella thomsoni*), **Steppenzebras** (*Equus quagga*) und afrikanische **Büffel** (*Syncerus caffer*) – bevölkern in diesen Monaten die tansanische Savanne, außerdem Tausende von Fleischfressern wie Löwen, Geparden, Leoparden, Tüpfelhyänen und Streifenhyänen, die es auf die großen Pflanzenfresser abgesehen haben. Nie bleiben die riesigen Herden lange an einem Ort, denn wenn sie das Gras abgeweidet haben, müssen sie weiterziehen.

Doch die ganz große Wanderung beginnt erst, wenn nach einigen Monaten, etwa im Mai und Juni, der Regen nachlässt, die Serengeti austrocknet und das Gras verdorrt. Dann ziehen die Herden Richtung Norden, zu den Langgras-Gebieten und den etwa 1500 Kilometer entfernten feuchten grünen Weiden des Masai-Mara-Gebiets in Kenia, der Heimat des Hirtenvolkes der Massai. Dort können sie auf reichliches Futter hoffen, was auch für die bald beginnende Brunftzeit wichtig ist. Dieser ostafrikanische Wildtierzug ist der größte der Erde – und ein gewaltiges Naturschauspiel: Der Boden dröhnt von Abertausenden von Hufen, dunkelbraune Rücken und wehende Mähnen wogen, und über allem schwebt eine dichte Staubwolke. Die **Streifengnus** (*Connochaetes taurinus*) – Antilopen, die an ihren kräftigen geschwungenen Hörnern erkennbar sind – haben den größten Anteil an den Tieren, doch sie ziehen nicht allein: Außer ihnen erkennt man noch weitere Antilopenarten sowie Zebras, Gazellen und – ihnen folgend – meist auch Löwen und Hyänen. Über dem Zug kreisen Sperbergeier und Zwerggänsegeier und hoffen mit gutem Grund auf Beute.

Denn die Wanderung ist gefährlich, nicht nur wegen der Raubtiere, die den Herden auf den Fersen sind: Die Tiere müssen mehrere Flüsse durchqueren. Der größte ist der Mara, der einzige Fluss in der Region, der das ganze Jahr über Wasser führt. Hier vereinigen sich die Tiere, die zuvor in einzelnen Reihen durchs Land zogen, zu einer gewaltigen Herde. Die Gnus spüren die Gefahr. Während die vorderen Tiere noch relativ ruhig am Ufer umher streifen, um die beste Übergangsstelle zu finden, wächst der Druck der heranziehenden Herde, und schließlich springt das erste Tier vom Steilufer ins Wasser. Die anderen folgen unverzüglich, rutschen die Böschung herunter, manche überschlagen sich und überrollen ihre Vordermänner – ein Chaos aus Köpfen und Leibern. Dann kämpfen sie sich mühsam schwimmend durch die Strömung und versuchen, ans andere Ufer zu kommen. Erschöpft erreichen sie schließlich flacheres Wasser und schleppen sich an Land, wo sie an manchen Stellen erneut einen Steilhang vor sich haben. Hier ruhen sie sich erstmal aus.

Doch längst nicht alle erreichen ihr Ziel. So manches Tier, das sich die Gliedmaßen gebrochen hat, wird von den schon lauernden Raubtieren erbeutet, andere werden von der Strömung mitgerissen, kämpfen stromabwärts treibend noch einige Zeit um ihr Leben – und versinken schließlich in den gelbbraunen Fluten. An mehreren Uferstellen sammeln sich tote Leiber, die in der Hitze verwesen und Geiern und Krokodilen reiches Futter bieten.

Im November wandern die Herden zurück in die erneut ergrünte Savanne, so wie sie es seit Urzeiten tun. Dort werden die Jungtiere geboren, die dann einige Monate später, wenn der ewige Kreislauf wieder beginnt, mit dem großen Treck nach Norden ziehen.

Streifengnus und Zebras überqueren den Mara-Fluss auf dem Weg zu den Weidegründen der Masai Mara – ein gefährliches und dramatisches Unterfangen.

DIE SUCHE NACH NAHRUNG

Immer unterwegs

So gewaltig die riesigen Tierherden Afrikas auch sind – die unermüdlichsten Wanderer der Erde leben in der Arktis: die **Rentiere** *(Rangifer tarandus),* in Nordamerika Karibus genannt. Sie zählen zu den Hirschen, sind aber die einzige Hirschart, bei der auch die Weibchen ein (wenn auch kleineres) Geweih tragen. Die europäischen und sibirischen Rentiere sind fast alle domestiziert und werden von Hirten begleitet. Die Karibus hingegen leben wild.

Die Wanderstrecken der nordamerikanischen Karibus sind gewaltig. Im Herbst treibt sie der herannahende arktische Winter zur Überwinterung ins Landesinnere, doch noch größere Strecken wandern sie im kurzen arktischen Sommer zu den grünen Graslandschaften weiter im Norden. Immer sind sie auf der Flucht vor den Schwärmen der arktischen Mücken und blutsaugenden Fliegen. Vor Wasser haben die Wanderer keine Angst: Eher schwimmen sie durch einen See, als um ihn herum zu laufen.

Rentiere sind ständig unterwegs: Pro Jahr legen sie bis zu 5000 Kilometer zurück. Damit sind sie die Landtiere mit dem längsten regelmäßigen Wanderzug. Tag und Nacht sind die Herden in Bewegung, immer auf der Suche nach Futter für sich und die Jungtiere. Die Pausen, die sie mit Fressen und Wiederkäuen verbringen, sind immer nur ein bis zwei Stunden lang. Insgesamt verbringen sie die Hälfte ihres 24-Stunden-Tages mit Fressen, die Hälfte mit Wandern. Sie gelten als die leistungsfähigsten Landwanderer, berechnet im Vergleich zum Körpergewicht. Vor allem wenn Schneestürme übers Land fegen, erfordert das Wandern viel Energie, weil die Tiere häufig im Schnee einsinken. Zwar versuchen sie, schneereiche Gebiete zu meiden, aber bei ihren Routen über Gebirgspässe oder zugefrorene Seen ist das nicht immer möglich. Dann laufen sie im Gänsemarsch, wobei das besonders beanspruchte Leittier regelmäßig ausgewechselt wird.

Wussten Sie, dass...

...auch Elefantenherden weite Strecken laufen?

Afrikanische Elefanten (Loxodonta africana) müssen täglich mehr als 100 Kilogramm Grünzeug fressen, und sie brauchen bis zu 300 Liter Wasser. Daher sind sie außer in der Mittagshitze den ganzen Tag auf den Beinen: Sie ziehen von Futterquelle zu Futterquelle, und mindestens einmal täglich zur Wasserstelle. In der Regel legen sie zwölf Kilometer pro Tag zurück. Mitunter wandern sie auch zu einer Salzlecke, um ihren Mineralbedarf zu decken – manchmal Hunderte von Kilometern. Aber auch sonst muss eine Herde immer weiter ziehen: Da sie aus rund zehn Elefantenkühen mitsamt ihren Jungtieren besteht, ist ein Weidegebiet schnell abgefressen.

AUF ZU NEUEN UFERN

Sprung in den Abgrund? So wie dieses Foto nur eine Bildmontage ist, so gehört auch der „Massenselbstmord" von Lemmingen ins Reich der modernen Legenden.

Die Legende vom Freitod der Lemminge

Es wird immer wieder erzählt, dass norwegische **Berglemminge** *(Lemmus lemmus)* in bevölkerungsreichen Jahren Massenselbstmord begehen, indem sie sich zu Hunderten in reißende Flüsse stürzen. Der in den 1950er-Jahren gedrehte Walt-Disney-Film, der dieses Phänomen im Bild zeigt und einen großen Teil zur Verbreitung der Legende beitrug, arbeitet allerdings mit gefälschten Bildern.

Die Lemminge sind Nagetiere, die in den nördlichen Gebieten Skandinaviens leben. Sie ernähren sich von Moosen, Früchten und Rinde und werden gut zehn Zentimeter lang. Im Sommer leben sie in höheren Berglagen, zum Winter ziehen sie sich in die Täler zurück.

Kleine Nagetiere haben viele Fressfeinde und kaum Verteidigungsmöglichkeiten. Sie überleben dank ihrer außerordentlichen Fruchtbarkeit. Immerhin kann jedes Lemmingpaar in einem Sommer bis zu acht Würfe von je vier bis sieben Jungen bekommen. Bereits zwei Wochen alte Weibchen können trächtig werden. Die Zahl der Einzeltiere schwankt stark. Alle paar Jahre wird eine hohe Populationsdichte erreicht; das ist abhängig von Nahrungs- und Wetterbedingungen sowie von der Zahl der Feinde. In solchen Jahren können auf einem Hektar (100 × 100 Meter) über 200 Lemminge existieren – normalerweise lebt dort nur ein einziger. Doch alle 30 bis 40 Jahre erreicht die Zahl der Tiere ein solches Maximum, dass eine gewaltige Auswanderung einsetzt, zumeist im Herbst. Nun ziehen die Tiere in die Täler, immer auf der Suche nach Nahrung. Sie fressen unterwegs alle Pflanzen, dringen sogar in bewohntes Gebiet ein und sind recht angriffslustig. Auf solchen Wanderungen legen sie oft mehrere hundert Kilometer zurück und lassen sich auch von Seen und Flüssen nicht aufhalten, zumal die nachfolgenden Tiere sie weitertreiben. Lemminge können zwar gut schwimmen und versuchen auch, ein gegenüberliegendes Ufer zu erreichen, doch in reißenden Flüssen und kalten Seen kommen viele zu Tode.

Diese Beobachtung bildete wohl den Kern der Legende vom Massenselbstmord. Trotz der Verluste ist die Wanderung sinnvoll: Die Tiere können sich neue Lebensräume erschließen und auf Klimaänderungen reagieren. Die Verluste füllen sie dank ihrer Fruchtbarkeit rasch wieder auf.

Tauchen bis in tiefste Tiefen

Selbst Tiergruppen, die gar keine typischen Wasserlebewesen sind, vollbringen in diesem Element erstaunliche Leistungen. So gehören bekanntlich die **Pinguine** (Spheniscidae) zu den Vögeln, auch wenn sie nicht fliegen können. Doch durchs Wasser segeln sie mit großer Eleganz, und im Tieftauchen sind sie ebenfalls nicht schlecht: **Kaiserpinguine** *(Aptenodytes fosteri)* dringen auf der Suche nach Nahrung bis in 150 Meter Tiefe vor und bleiben dabei rund sechs Minuten unter Wasser.

Diese Tauchleistungen verblassen allerdings im Vergleich zu den Fähigkeiten einiger Walarten, die als Säugetiere und Luftatmer ebenfalls regelmäßig an die Oberfläche kommen müssen. So gelten die **Cuvier-Schnabelwale** *(Ziphius cavirostris)* und die **Blainville-Schnabelwale** *(Mesoplodon densirostris)* als besonders gute Taucher. Man fand mithilfe von Messsonden, die man an den Tieren befestigt hatte, heraus, dass Cuvier-Schnabelwale Tiefen bis 1900 Meter erreichen und bis zu 85 Minuten unter Wasser bleiben können.

Als Meister des Tieftauchens bekannter ist der **Pottwal** *(Physeter catodon)*. Er ist der größte aller Zahnwale – schon ein Neugeborenes wiegt etwa eine Tonne. Die Tiere tauchen normal bis in über 300 Meter Tiefe; doch manche Männchen erreichen auf der Jagd nach Riesenkalmaren und anderen Beutetieren sogar 1000 Meter – mitunter sogar Tiefen bis 3000 Meter. Sie können dabei weit über eine Stunde unter Wasser bleiben und sich mittels Ultraschall orientieren und Beute aufspüren. Nicht selten liefern sie sich dort wohl heftige Kämpfe mit den Riesenkalmaren, den zehnarmigen Giganten der Tiefsee.

Um als Säugetier so tief tauchen zu können, hat der Pottwal einige Anpassungen entwickelt: Vor einem Tauchgang nimmt er so viel Sauerstoff wie möglich auf und speichert ihn gebunden im Blut und in den Muskeln. Das verhindert zum einen die Gefahr der Taucherkrankheit, weil kein Gas im Gewebe gelöst ist. Zum anderen kann der Pottwal direkt vor dem Abtauchen seine Lungen fast ganz leeren und dafür einige tausend Liter Wasser in seine Nasengänge saugen. Dadurch ist sein Körper sozusagen ganz dem Wasser angepasst, sodass der enorme Wasserdruck in 3000 Meter Tiefe ihn nicht zerquetscht. Wird der Sauerstoff nach einiger Zeit knapp, sorgt der Körper dafür, dass auf jeden Fall Herz und Hirn versorgt werden.

Auch zum Auftauchen sind keine aufwendigen Flossenschläge nötig. Ein großer Teil des Pottwalkopfes ist mit einem Öl gefüllt, das leichter als Wasser ist. Nachdem das Tier das Wasser aus der Nase gepresst hat, ist er leichter als Wasser und steigt innerhalb von Minuten zur Oberfläche.

Bei seinen Tieftauchgängen nimmt der Pottwal mehrere tausend Liter Wasser durch die Nasengänge auf. Mit diesem „Ballastwasser" im Körper sinkt er ohne große Anstrengung in die Tiefe.

Die Afrikanische Wüstenheuschrecke *(Schistocerca gregaria)* ist eine der zahlreichen gefürchteten Wanderheuschreckenarten. Wo ihre Schwärme durchziehen, bleibt für Mensch und Tier keine Nahrung übrig.

Die achte der zehn Plagen im biblischen Ägypten

Viele Tiere sind erstaunlich anpassungsfähig und ändern, wenn nötig, ihr Verhalten. Aber es gibt wenige Beispiele, wo sich Verhalten und Aussehen derart dramatisch verändern können wie bei der **Afrikanischen Wüstenheuschrecke** *(Schistocerca gregaria)*. Sie lebt in großen Teilen Afrikas, in Südeuropa und bis nach Indien und zählt, wenn sie in Schwärmen auftritt, zu den „biblischen Plagen". Sie ist allerdings nur die schlimmste unter mehreren Arten:

Auch auf anderen Kontinenten, etwa Amerika und Australien, leben gefährliche Wanderheuschrecken.

Normalerweise sind Wanderheuschrecken Einzelgänger („solitäre" Form), die in Halbwüsten leben. Das Heuschreckenweibchen legt mehrmals pro Jahr ihre etwa 70 reiskorngroßen Eier einige Zentimeter tief in den feuchten Boden, wo sie aufquellen. Nach zwei Wochen schlüpfen die Jungen, die – abgesehen von der Größe – den Eltern ähneln, denn die Heuschrecken machen nicht wie manche anderen Insekten eine Verwandlung durch. Nach mehrfacher Häutung sind die Tiere ausgewachsen und haben jetzt auch Flügel. Sie ernähren sich vom Pflanzenwuchs in ihrer Region, sind grünlich gefärbt und fliegen fast nur nachts und nur kurze Strecken.

Doch in manchen Jahren begünstigen Wetter- und Vegetationsverhältnisse die Vermehrung der Tiere. Ab einer bestimmten Zahl von Jungtieren pro Quadratmeter geschieht etwas Seltsames: Ausgelöst von den gegenseitigen Berührungen und vermutlich gesteuert von chemischen Geruchsstoffen (Pheromonen) wachsen die jungen Heuschrecken nicht zu einzeln lebenden Individuen heran, sondern zu einer geselligen („gregären") Form. Bereits die noch nicht flugfähigen Jungtiere schließen sich zu Gruppen zusammen und marschieren in der Regel in ein und dieselbe Richtung. Die ausgewachsenen, schwarmbildenden Heuschrecken sind nicht grün, sondern gelb und schwarz, und sie haben größere Flügel als die solitäre Form.

Oft sammeln sie sich in ungeheurer Zahl: Einer der größten jemals beobachteten Schwärme bestand aus über 300 Milliarden Einzeltieren, reichte 1500 Meter hoch und bedeckte eine Fläche, die größer war als das Saarland. Die Heuschrecken können dank ihrer kräftigen Muskeln mit einer Geschwindigkeit von etwa 15 Kilometern pro Stunde fliegen – und das viele Stunden oder Tage lang. Pro Tag kommen sie etwa 100 Kilometer weit, im Monat sogar bis zu 3500 Kilometer.

Und all diese Tiere haben Hunger. Wo sie etwas Essbares erspähen, landen sie und fressen es. Eine Heuschrecke nimmt täglich eine Nahrungsmenge auf, die ihrem eigenen Körpergewicht entspricht: rund zwei Gramm. Wenn man das mit den etwa 50 Millionen Tieren pro Quadratkilometer in einem Schwarm multipliziert, kommen erschreckende Mengen zusammen: 100 Tonnen täglich. Da bleibt nichts Grünes mehr übrig. So fressen solche Schwärme binnen Stunden ganze Landstriche kahl. Das kann Hungersnöte für Mensch und Tier zur Folge haben, vor allem in früheren Zeiten, weshalb diese Insekten entsprechend gefürchtet waren. Selbst Europa erlebte im warmen Klima des Mittelalters Hunderte von Heuschreckeneinfällen.

Die größte Wanderbewegung der Erde findet im Wasser statt

Es sind nicht immer nur die großen Tiere, die weite Strecken zurücklegen. Auch die winzigen, im Wasser schwebenden Tierchen aller Art, die man unter dem Begriff **Zooplankton** zusammenfasst, wandern. Aber sie ziehen nicht durch die Ozeane, sondern bewegen sich auf und ab. Manche Arten legen dabei mehrere hundert, bisweilen über 1000 Meter zurück. Und zwar täglich.

Verursacht wird diese vertikale Wanderbewegung durch das Phytoplankton – einzellige Algen, die mithilfe des Sonnenlichts Photosynthese betreiben, weshalb sie sich nahe der Wasseroberfläche aufhalten. Diese Algen wiederum stellen die Nahrungsgrundlage für das Zooplankton dar. Diese Tierchen halten sich tagsüber kaum an der Oberfläche auf, denn in dem gut durchleuchteten Wasser hätten ihre Feinde ein leichtes Spiel – und es gibt eine Fülle von Lebewesen in den Ozeanen, die sich von Zooplankton ernähren, von kleinen Fischen bis zum 30 Meter langen Blauwal *(Balaenoptera musculus)*. Also steigt das Zooplankton nur nachts an die Oberfläche und strebt morgens wieder tieferen, dunkleren Wasserschichten zu.

Bedenkt man, dass die Biomasse dieser Tierchen insgesamt rund vier Milliarden Tonnen ausmacht, ist dies die wohl größte tägliche Wanderbewegung der Erde.

Die 0,2 bis 2 mm großen Ruderfußkrebse (Copepoda) stellen einen bedeutenden Teil des Zooplanktons in den Meeren dar (elektronenmikroskopische Aufnahme).

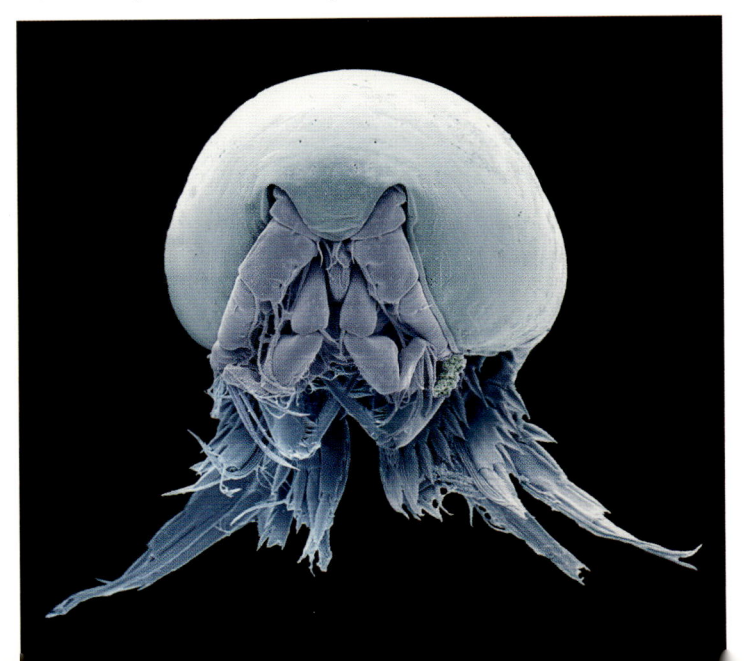

Per Anhalter reisen

Es ist natürlich bequemer, sich mitnehmen zu lassen, statt eine Reise aus eigener Kraft zu bewältigen. So verlassen sich viel kleine Tiere auf größere als Transportmittel, vor allem wenn es durch die Weiten der Ozeane oder durch die Luft gehen soll – Strecken, die sie allein nie bewältigen könnten.

Zuckmückenlarven (kleines Bild) lassen sich von Uferschnepfen mitnehmen, die sich zum großen Zug gesammelt haben.

Transport mit Risiko

Schnecken sind zwar mit ihrem schleimigen Fuß recht beweglich, doch für größere Strecken ist ihre Art der Fortbewegung deutlich zu langsam – im Schneckentempo kommt man eben nicht recht voran. Für dieses Problem hat zumindest die nur 2,5 Millimeter kleine japanische Schneckenart *Tornatellides boeningi* eine erstaunliche Lösung entwickelt. Die Tierchen reisen im Darm von Vögeln, vor allem von **Japan-Brillenvögeln** (*Zosterops japonicus*). Voraussetzung für den Transport ist, dass die Schnecken von den Vögeln gefressen werden. Dann beginnt ein verlustreicher Weg – etwa 85 Prozent der Schnecken überleben die Gefahren nicht: den scharfen Vogelschnabel, die chemischen Angriffe im Drüsenmagen, die Zerkleinerungsprozeduren im Muskelmagen und schließlich die anstrengende Passage durch den Darm. Doch die überlebenden Schnecken erreichen ihr Ziel: Sie fallen mit dem Vogelkot irgendwo nieder, wo sie sonst nicht hingekommen wären.

Der Japan-Brillenvogel ahnt nicht, dass ein Teil seiner Schneckenbeute ihn als Transportmittel benutzt.

Fernreise per Zugvogel

Mücken können gut fliegen – aber über Berg und Meer ist es ihnen doch zu weit für die eigenen zarten Flügel. Außerdem leben sie meist nicht lange genug für weite Reisen.

Einige Mückenarten scheinen deshalb Zugvögel als Transporteure zu nutzen, und zwar in ähnlicher Weise wie die Schnecke *Tornatellides boeningi* den Japan-Brillenvogel. **Zuckmücken** (Chironomidae) etwa sind erstaunlich anpassungsfähige kleine Insekten. Sie kommen in großer Zahl in Lebensräumen vor, die für andere Insektenarten zu ungemütlich sind, etwa auf Ozeanen, in der Antarktis und in Salzseen. Vor allem ihre Larven sind sehr widerstandsfähig. In Fäkalienproben von andalusischen **Uferschnepfen** (*Limosa limosa*) haben Forscher lebende Larven der Zuckmücke *Chironomus salinarius* entdeckt. Diese Mücken leben im Brackwasser von Marschgebieten und zählen dort zur bevorzugten Nahrung vieler Vögel. Offenbar überstehen zumindest einige der Larven den Weg durch Magen und Darm der Vögel – vielleicht weil sie sowieso an harte und wechselnde Umweltbedingungen im Brackwasser gewöhnt sind. Ob sie allerdings auf diese Weise sehr weite Strecken zurücklegen können, ist fraglich, denn allzu viel Zeit wird der Durchgang durchs Verdauungssystem nicht brauchen. Aber vielleicht können sich die Larven auf noch unbekannte Weise auch länger im Darm halten. Das könnte eine Erklärung für das weite Verbreitungsgebiet der Zuckmücke sein.

Parasiten unterwegs

Eine Tiergruppe ist von Haus aus ständig unterwegs: Parasiten, die reisende Tiere befallen und deshalb auch überall dort vertreten sind, wo ihre Wirte hinkommen. So reisen etwa **Milben** (Acari), die an **Libellen** saugen, mit den Fluginsekten umher. Natürlich müssen die Parasiten dafür sorgen, dass sie nicht unterwegs abfallen oder abgestreift werden, wenn sich ihr Wirtstier putzt. In der Regel haben die Milben deshalb Haft- oder Klammerorgane entwickelt.

Bedrohlich ist diese Ausbreitungsmethode für die Bienenvölker der Imker. Denn auch die **Varroa-Milbe** (*Varroa destructor*), die ganze Honigbienenvölker vernichtet, reist von Natur aus nicht mit eigener Kraft. Ist ein Bienenstock stark geschwächt, wird er bisweilen von räuberischen Bienen überfallen, die Milben an ihrem Körper mitbringen. So sorgen die Räuberbienen dafür, dass die Milben auch andernorts Wirte finden. Auf ähnliche Weise reisen Wassermilben mit fliegenden Wasserinsekten.

Die **Gelbe Wiesenameise** (*Lasius flavus*) hat es mit einer besonders frechen Mitreisenden zu tun: der **Milbe Antennophorus grandis.** Sie nutzt aus, dass sich die Ameisen gegenseitig Futter aus dem Kropf spenden: Will eine Ameise Futter von einer Nestgenossin haben, betrillert sie diese mit ihren Fühlern und berührt ihre Mundregion, sodass die Betrillerte reflexhaft einen Futtertropfen hervorwürgt. Die Milbe imitiert nun diese Methode, klammert sich unten an den Kopf ihrer Wirtin oder einer Nestgenossin, streckt ihre langen Vorderbeine weit hinaus, betrillert die Ameise – und wird gefüttert: Reise mit Speisewagen.

Mitunter gibt es selbst bei den Anhaltern noch Untermieter. So hat man beispielsweise Milben beobachtet, die an einem nur wenig größeren Pseudoskorpion saßen, der sich wiederum an einem Käfer festgeheftet hatte.

Hauptsache: Vorankommen

Auch Milben, die nicht parasitär leben, reisen gern mit. Es gibt Arten, die im Dung von Säugetieren leben und geradezu auf Käfer als Transportmittel von Haufen zu Haufen angewiesen sind, denn fliegen können sie nicht, und zum Krabbeln ist es für die unter einen Millimeter kleinen Tierchen zu weit. Da ist es ideal, dass **Dungkäfer** meist mehrere Haufen nacheinander besuchen und zudem eine Witterung für die frischesten haben. Die Milben klammern sich bei startenden Käfern an der Unterseite fest, und wenn das Insekt einen Dunghaufen angesteuert hat, lassen sie sich einfach fallen.

Manche Milben reisen auf den Flügeln von Libellen mit (oben als dunkle Flecken zu erkennen). Unterwegs ernähren sie sich, indem sie an ihrer Wirtin saugen.

Ähnlich geschickt stellen es bestimmte **Ölkäferlarven** (Meloe) an. Sie klettern auf Blüten, um solitäre Bienen abzupassen. Kommt ein Opfer, heften sie sich an das Tier und lassen sich von ihm ins Nest tragen, wo sie dann parasitisch leben. Und **Keulenkäfer** (Claviger), die man in Ameisennestern findet, reisen vermutlich beim Hochzeitsflug der Ameisen mit zum nächsten Nest.

Nicht zuletzt der Mensch hat mit Fernreisen und weltweitem Handel die Ausbreitung von Bakterien, Viren, Einzellern, Würmern und Insekten enorm gefördert. Im oder an seinem Körper sind diese Lebewesen in alle Welt gereist. Weil die kleinen Mitreisenden am Ankunftsort oft keine Feinde hatten, konnten sie sich ungehindert ausbreiten.

Wussten Sie, dass…

…Bakterien und Pilze sogar über Ozeane reisen?

Bakterien und Pilze nutzen als Fluggelegenheit Sandkörnchen aus der Wüste, die mit Luftströmungen enorme Entfernungen zurücklegen können. In Europa ist etwa der gelbrötliche „Blutregen" bekannt: Regen, der Saharastaub mit sich führt. Allerdings blasen die Saharawinde hauptsächlich nach Westen, und so fördert der mineralreiche Saharastaub die Düngung des Amazonas-Regenwalds. Aus der Wüste kommen alljährlich 400 bis 700 Millionen Tonnen Staub, die bis in 5000 Meter Höhe gelangen. Ein Gramm davon kann eine Milliarde Bakterien tragen – neben vielen harmlosen Arten auch einige Bakterien und Pilze, die bei Mensch, Tier oder Pflanze Krankheiten auslösen können.

GENAUER UNTERSUCHT

Einwanderer, Rückkehrer und Neubürger

Der Ausbreitungsdrang von Tieren und Pflanzen verändert seit vielen Jahrmillionen die Artenzusammensetzung fast aller Lebensräume. In den letzten Jahrhunderten allerdings haben die Aktivitäten des Menschen diesen Vorgang massiv beschleunigt – teilweise mit katastrophalen Folgen für die Ökosysteme.

Der aus Nordamerika stammende Waschbär ist in Europa heimisch geworden, nachdem er aus Gehegen entkam oder von Jägern ausgesetzt wurde.

Hintergrundbild: Die Buche, in den Eiszeiten aus Europa verdrängt, ist ein Spätheimkehrer.

Ohne eingewanderte Pflanzen wäre die mitteleuropäische Landschaft ziemlich artenarm. Im Grunde sind sogar alle hier wachsenden Pflanzen und die weitaus meisten Tiere eingewandert. Denn nach dem Rückzug der letzten Eiszeitgletscher war das Land kahl. Erst nach und nach eroberten Bäume und Kräuter, von Süden her kommend, wohin sie abgedrängt worden waren, ihre alten Lebensräume zurück. Zu diesen Heimkehrern gehören z. B. **Eiche** (Quercus), **Linde** (Tilia), **Esche** (Fraxinus) und schließlich die **Buche** (Fagus), die auf Kosten der Eiche zur vorherrschenden Baumart wurde.

Eingriffe des Menschen

Flora und Fauna gewannen dann an Vielfalt durch zuziehende Bauernvölker, die Kulturpflanzen wie die Weizenart **Emmer** (Triticum dicoccum) und Nutztiere mitbrachten. Zur Römerzeit kamen Obstbäume, Wein und Gemüse hinzu, und die großflächigen Waldrodungen des Mittelalters schufen Raum für zahlreiche Tiere und Pflanzen, die aus den Steppen des Ostens nach Westen vordrangen. Dazu gehören Ackerwildkräuter wie **Kornblume** (Centaurea cyanus) und **Klatschmohn** (Papaver rhoeas) sowie Tiere wie **Hausmaus** (Mus musculus), **Feldhase** (Lepus europaeus) und **Reh** (Capreolus capreolus). Und mit ihnen kamen unzählige Insektenarten, wie etwa die Hälfte unserer Tagschmetterlinge.

Zu einem kräftigen Schub kam es im 18. und 19. Jahrhundert, als im Zuge zahlreicher Forschungsreisen Pflanzen aus fernen Ländern importiert wurden. Doch mit den Schiffstransporten kamen auch „blinde Passagiere". In der Regel fügten sie sich in die Umwelt ein – mit Ausnahmen. Gegenwärtig verdrängt die **Chinesische Wollhandkrabbe** (Eriocheir sinensis) einheimische Krabben und Fische wie Schleie und Plötze, und die **Gelbfußtermite** (Reticulitermes flavipes), mit Holzladungen eingeschleppt, schädigt z. B. in Hamburg Gebäude, von denen viele auf Holzpfahlgründungen stehen.

Säugetiere und Vögel dagegen wurden oft absichtlich ausgesetzt, etwa zur Jagd, wie **Mufflon** (Ovis orientalis), **Damhirsch** (Dama dama) und **Fasan** (Phasianus colchicus), oder sie entkamen aus Gehegen, wie der **Waschbär** (Procyon lotor). Schwere Probleme schuf diese Praxis in Australien, wo ein jagdbesessener Farmer 1859 zwei dutzend **Kaninchen** als Kleinwild einführte. Die Tiere vermehrten sich explosionsartig, fraßen den Pflanzenwuchs weg und zerstörten den Boden. Kaninchen waren aber nicht die einzige Plage, die die europäischen Siedler verursachten: Auch weitere eingeführte Arten, in jahrmillionenlangem Kampf gegen Fressfeinde gestählt, waren der Flora und Fauna

PER ANHALTER REISEN

Kornblume und Klatschmohn wanderten nach den Waldrodungen des Mittelalters in Europa ein.

Australiens überlegen. So hat der natürliche Bodenbewuchs in Eukalyptuswäldern, der u. a. aus Orchideen, Gräsern und Lilien besteht, wenig Chancen gegen die Gartenpflanze *Asparagus asparagoides,* die allmählich überallhin vordringt. Und die zur biologischen Schädlingsbekämpfung ins Land geholte **Aga-Kröte** *(Bufo marinus)* vermehrt sich nun ungebremst, da sie wegen ihres Gifts kaum Feinde hat.

In die Neue Welt

Im Herbst 1988 fiel auf der Karibikinsel Barbados ein Schwarm **Wüstenheuschrecken** *(Schistocerca gregaria)* ein. Sie waren so entkräftet, dass sie bald starben. Es zeigte sich, dass diese Tiere eine weite Reise hinter sich hatten: Offenbar waren sie fast acht Tage in der Luft gewesen.

Diese Beobachtung warf Licht auf ein altes Rätsel. *Schistocerca gregaria* ist die einzige Wüstenheuschrecke in Afrika, während es in Amerika zahlreiche Verwandte dieser Art gibt. Deshalb nahm man an, eine dieser Arten hätte den Ozean von West nach Ost passiert und sei zur Urahnin der Afrikanischen Wüstenheuschrecke geworden.

Genetische Vergleiche zeigten nun, dass es anders herum war. Es muss Atlantiküberquerungen wie die von 1988 von Ost nach West gegeben haben, was auch besser zu den vorherrschenden Windrichtungen passt. Offenbar sind einst Wüstenheuschrecken nach Amerika gelangt, haben sich gewaltig ausgebreitet und dabei nach und nach in die verschiedenen Arten aufgespalten.

Immer der Kartoffel nach

Der zehn Millimeter große **Kartoffelkäfer** *(Leptinotarsa decemlineata)* war im 19. und 20. Jahrhundert als einer der schlimmsten Ernteschädlinge gefürchtet. Denn er vergriff sich an der in Nordamerika und Europa wichtigsten Kulturpflanze, der **Kartoffel** *(Solanum tuberosum).* Wie es dazu kam, ist erst seit einigen Jahren bekannt.

Im mexikanischen Hochland wächst das Nachtschattengewächs ***Solanum rostratum,*** der **Stachel-Nachtschatten.** An seinen Blättern nagten ein Käfer mit gelbschwarzen Streifen und seine gelbe Larve. Davon nahm niemand groß Notiz. Als ab 1680 mexikanische Viehhirten begannen, Rinderherden nach Norden zu treiben, kam *Solanum rostratum* mit, denn seine Samen haften am Fell der Rinder. Bald wuchs die Pflanze entlang den Wanderwegen der Bisons, heftete ihre Samen an deren Fell und eroberte sich so die Prärien bis hinauf nach Colorado und Nebraska. Und der Käfer folgte seiner Futterpflanze. 1819 entdeckte ihn ein Forscher und nannte ihn Colorado-Käfer.

Die Kartoffel ihrerseits war bereits im 16. Jahrhundert auf Reisen gegangen. Von ihrer Heimat Peru aus kam sie auf spanischen Schiffen nach Europa und stieg zu einer der wichtigsten europäischen Kulturpflanzen auf. Im Jahr 1719 überquerte sie erneut den Atlantik, diesmal von Ost nach West: Die ersten Saatkartoffeln wurden von Irland nach Nordamerika gebracht. Mit dem Vormarsch der Siedler nach Westen eroberte auch die Kartoffel den Kontinent. Mitte des 19. Jahrhunderts erreichte sie das Gebiet, in dem *Solanum rostratum* vorkommt – und der Colorado-Käfer.

Da die Kartoffel eng mit dem Stachel-Nachtschatten verwandt ist, entdeckte der Käfer sie rasch als Nährpflanze. Damit erschloss er sich eine fast unermessliche Nahrungsquelle. Die Umstellung ging mit einer Mutation einher: Ein Weibchen legte nun statt 20 rund 500 bis 2000 Eier. Die Heerscharen breiteten sich explosionsartig nach Osten aus und nagten die Felder kahl. Gegen Ende des 19. Jahrhunderts wurde der Kartoffelkäfer in Europa gesichtet, trat in den Wirren nach dem Ersten Weltkrieg verstärkt auf und setzte seinen Siegeszug fort. Im Jahr 1938 erreichte er Deutschland, und inzwischen ist er bis an die Pazifikküste gelangt.

Der Kartoffelkäfer folgte seinen Nahrungspflanzen, erst dem Stachel-Nachtschatten, dann der damit verwandten Kartoffel.

AUF ZU NEUEN UFERN

In lebensfeindlichen Regionen

Es gibt praktisch kein Gebiet auf der Erde, das nicht von Lebewesen besiedelt wurde – selbst hoch in der Atmosphäre und kilometertief im Gestein trafen Forscher auf Leben. Und manche Wesen eroberten sich sogar heiße vulkanische Quellen, Salzseen, Erdöl oder Kernkraftwerke als Lebensraum.

Die Welwitschie kommt hervorragend in der Wüste Namib zurecht. Ist kein Wasser verfügbar, stellt sie das Wachstum ein – manchmal über Hunderte von Jahren.

Kein Wasser weit und breit

Wasser bedeutet Leben. Aber obwohl die Erde ein Wasserplanet ist und Ozeane zwei Drittel ihrer Oberfläche bedecken, gibt es doch Regionen, in denen die Sonne tagsüber unbarmherzig vom Himmel brennt und bisweilen jahrelang kein Regen fällt. Aber selbst an solche extremen Bedingungen haben sich einige Lebewesen angepasst. Eine ganz ungewöhnliche Methode zum Wassersparen haben zum Beispiel die **Kropfgazellen** (Gazella subgutturosa) entwickelt, die man in Trockengebieten Asiens findet. Bei extremer Wasserarmut können sie ihr Herz und ihre Leber schrumpfen lassen. Dadurch verlangsamt sich der Stoffwechsel, und entsprechend verringert sich der Sauerstoffverbrauch. Somit müssen die Tiere weniger intensiv atmen, und dadurch wird der Wasserverlust mit der ausgeatmeten Luft deutlich reduziert.

Manche Pflanzen wiederum sparen nicht Wasser, sondern versuchen, durch ungewöhnliche Methoden an das kostbare Nass zu kommen. Die in der südwestafrikanischen Namib-Wüste heimische **Welwitschie** (Welwitschia mirabilis), schickt nicht nur eine mehrere Meter lange Pfahlwurzel in die Tiefe, sondern verfügt zusätzlich über ein flaches Wurzelgeflecht von rund 30 Metern Durchmesser. Diese Flachwurzeln nehmen die Wassermengen des Oberbodens optimal auf, wenn dieser nach einem der seltenen Regenfälle durchfeuchtet ist. Die Welwitschie ist eine sehr urtümliche Pflanze; sie stammt vermutlich aus dem Erdmittelalter und hatte viele Millionen Jahre Zeit, sich ans Wüstenleben anzupassen. Ungewöhnlich wirkt schon ihr Aussehen mit dem kurzen verholzten Stamm und den nur zwei Blättern. Diese zwei Blätter können mehrere Meter lang werden und reißen mehrfach auf, sodass die Pflanze recht üppig begrünt zu sein scheint. Je nach Wasserverfügbarkeit wächst die Welwitschie notfalls sehr langsam – dafür kann sie mehrere tausend Jahre alt werden. Auch die vom Wind verteilten Samen müssen warten, bis die Bedingungen günstig sind: Nur wenn der Boden nach einem Regen einmal gut durchwässert ist, können sie keimen.

Die Namib-Wüste, die als die älteste Wüste der Erde gilt und sich seit 80 Millionen Jahren kaum verändert hat, brachte noch einige weitere bemerkenswert angepasste Arten hervor. Die **Nebeltrinker-Käfer** (Onymacris unguicularis) nutzen die speziellen Verhältnisse in dieser Wüste. Dort ziehen nämlich nachts oft Nebelschwaden vom nahen Atlantik heran, und die Käfer haben gelernt, Feuchtigkeit aus diesen Nebelschwaden zu „melken". Sie machen Kopfstand auf dem Sand und strecken ihr Hinterteil hinaus, und wenn sich das Wasser an ihrem Körper niederschlägt, fließt es durch spezielle Rinnen direkt in den Mund.

Die Kropfgazelle, die in den Trockengebieten Asiens lebt, kann bei extremem Wassermangel ihre inneren Organe schrumpfen lassen.

Rosa Vögel in roter Lake

Am Ostafrikanischen Graben kann man Geologie pur erleben. Denn hier reißt langsam die Erdkruste auf, und ein Teil Afrikas wird im Laufe kommender Jahrmillionen davontreiben. Ursache für das Aufreißen ist ein starker Vulkanismus. Und einige dieser Vulkane fördern die Entstehung stark basischer Gesteine, weshalb das Wasser der Seen in diesem niederschlagsarmen Tropengebiet hohe Konzentrationen an Salzen enthält, vor allem große Mengen an Natriumhydrogencarbonat (Natron). Der Natronsee in Tansania erhielt von der Chemikalie sogar den Namen.

Fische können in dieser Lake nicht leben, wohl aber gibt es im Natronsee gewaltige Mengen an **Salinenkrebsen** *(Artemia salina)*. Die Krebse sind an derart extreme Verhältnisse angepasst und ernähren sich von den rosaroten Bakterien und Mikroalgen, die das Wasser rot färben. Die Salinenkrebse ihrerseits stellen die Nahrungsgrundlage von Millionen **Zwergflamingos** *(Phoeniconaias minor)* dar, denn die Vögel leben im Wesentlichen von den kleinen Tieren, die sie mit ihrem speziell geformten Schnabel aus dem Wasser seihen. Den Salinenkrebsen verdanken sie sogar ihre Farbe: Die Krebse enthalten rote Farbstoffe, die sich im Gefieder der Flamingos ablagern.

Fische können in den roten Wassern des Natronsees nicht leben, aber eine bestimmte Art von Flamingos hat hier ihre bevorzugte Nahrungsquelle gefunden.

Überleben in höllischer Umgebung

Ein Besuch des Yellowstone-Nationalparks im US-Bundesstaat Wyoming ist ein aufregendes Erlebnis: Heißes Wasser schießt hoch empor, Schwefelschlammkrater blubbern träge, und Löcher im Boden sind mit gelben Schwefelkristallen ausgekleidet, aus denen kochend heißer Dampf fegt. Die unwirtlichsten Stellen dieses Vulkangebiets sind die Quellen, deren Siedepunkt durch enormen Druck auf über 100 Grad erhöht ist und die von Schwefelgasen durchsetzt sind. Doch selbst hier gibt es Leben. In dieser Umgebung, die Verhältnissen ähnelt, wie sie auf der jungen Erde geherrscht haben müssen, hat man mikroskopisch kleine Lebewesen gefunden, die weder zu den Bakterien noch zu den höheren Pflanzen oder Tieren zählen, sondern eine eigene Gruppe bilden, die der **Archaeen**. Diese Mikroorganismen haben Merkmale, die vermutlich die sehr frühen Lebewesen auf der Erde ausbildeten, darunter eine erstaunliche Widerstandsfähigkeit gegen „höllische" Umweltbedingungen. Dank hitzebeständiger Eiweißmoleküle und stabilem Erbmaterial halten die Mikroorganismen vermutlich Temperaturen bis zu 150 Grad Celsius aus. Die Archaeen-Art **Thermoplasma acidophilum** widersteht sogar 65 Grad Celsius heißer konzentrierter Säure. Andere Archaeen-Arten überstehen Laugen, konzentrierte Salzlösungen oder sogar Giftstoffe wie Benzol. Und selbst Schwefel hat unter den Archaeen Anhänger: Aus über 3000 Metern Tiefe werden sie von heißen Ölquellen mit nach oben gebracht.

Andererseits vertragen viele dieser Archaeen keinen freien Sauerstoff. Das gilt besonders für die Methanbildner, die etwa in Gülle, Faulschlamm, im Boden von Reisfeldern und nicht zuletzt im Verdauungstrakt von Wiederkäuern, Termiten und auch Menschen vorkommen. Sie bilden z. B. aus Kohlendioxid und Wasserstoff Methan (Sumpfgas). Das nutzt man in Faultürmen von Kläranlagen, um das brennbare Methan als „Biogas" zu produzieren.

Dampf steht über dem heißen Wasser dieser Thermalquelle im Yellowstone-Nationalpark. Den kühleren Rand besiedeln hitzeliebende Kleinlebewesen und färben ihn je nach Art unterschiedlich.

Leben ohne Sonne

Das irdische Leben ist keineswegs auf den oberen Bereich der Erdkruste beschränkt – auch tiefere Gesteinsschichten sind besiedelt. Schon an der Oberfläche sind Gesteine beliebte Lebensräume für Mikroben: Wo immer Energie liefernde chemische Reaktionen möglich sind, darf man mit der Anwesenheit spezieller Mikroorganismen rechnen. Manche, beispielsweise **Acidithiobacillus thiooxidans** und **Acidithiobacillus ferrooxidans,** setzen schwefel- oder eisenhaltige Mineralien mit Luftsauerstoff um. Dabei entstehen starke Säuren, die weitere Teile des Gesteins auflösen. Ähnliche Mikroben zersetzen auch Abfallstoffe in Abwasserröhren – und zerstören Beton.

Selbst in drei Kilometern Tiefe kann man noch auf Leben stoßen. In Südafrika beispielsweise haben Wissenschaftler einen wassergefüllten Hohlraum unter einer aufgelassenen Goldmine angebohrt. Das Basaltgestein, das die Wasserblase umgibt, ist ungefähr 2,7 Milliarden Jahre alt, und der Hohlraum selbst war zumindest seit vielen Jahrmillionen unberührt geblieben. Und doch lebt hier – teils im Wasser, teils an den Höhlenwänden – eine Mikrobenfauna, die vollkommen unabhängig vom Sonnenlicht existiert und nur Mineralien aus dem Gestein und den

IN LEBENSFEINDLICHEN REGIONEN

Ein Protein des Mikroorganismus *Thermoplasma acidophilum* (Modell). Es schützt das Lebewesen vor Schaden durch heiße Quellen, in denen es lebt.

pheles, was bedeutet: „der das Licht nicht liebt". Sein Lebensraum in bis zu 3600 Metern Tiefe, den er mit weiteren, einfacher gebauten Arten teilt, ist dank der Erdwärme stets 48 Grad Celsius warm. Auch Wasser gibt es – das, wie Messungen zeigten, mehrere tausend Jahre alt ist.

Die Vorfahren des Wurms *Halicephalobus mephisto* lebten einst an der Erdoberfläche, aber dann hat es die Art in die Tiefe verschlagen, und sie mussten sich an die dortigen Bedingungen anpassen. An Nahrung mangelt es jedenfalls nicht: Der Mephistowurm frisst die dort unten lebenden Bakterien. In solchen Tiefen, die in diesem Fall ebenfalls durch eine Goldmine erschlossen wurden, existieren also richtige Ökosysteme, ganz unabhängig von den Vorgängen an der Oberfläche. Diese Entdeckung könnte der Theorie, dass es Leben auf anderen Himmelskörpern gibt, weitere Argumente liefern, denn Bedingungen wie in dem 3600 Meter tiefen Lebensraum von *Halicephalobus mephisto* sind woanders im Weltraum ebenfalls denkbar.

Egel in der Höhle

Auch in Höhlen, die nur einige Dutzend Meter unter der Erdoberfläche liegen, gibt es offenbar noch viel zu erforschen, z. B. in der 1986 in Rumänien entdeckten Höhle von Movile. Sie hat seit vermutlich über fünf Millionen Jahren keine Verbindung mehr mit der Oberfläche. Nur eine Wasserader versorgt die sauerstoffarme, aber schwefelreiche Höhle. Hier haben sich Schwefelbakterien angesiedelt, die die Nahrungsgrundlage für die bisher dort entdeckten 46 unterschiedlichen Tierarten bilden, von denen 34 unbekannt waren, weil sie nur hier in dieser Höhle leben.

Die Schwefelbakterien haben sich an die speziellen Bedingungen ohne Sonnenlicht angepasst. Sogar Nahrungsketten bildeten sich aus: Tierchen, die von den Bakterien leben, stellen z. B. die Nahrung dar für den einzigen Höhlen bewohnenden **Egel, *Haemopis caeca*,** der seine Opfer frisst und nicht an ihnen saugt, wie es Egel sonst tun. Der Egel wiederum wird von Kleinkrebsen gefressen.

Wasserstoff nutzt, der durch die natürliche radioaktive Strahlung entsteht. Auch in Hohlräumen des 400 Millionen Jahre alten Basaltgesteins im Rheinischen Schiefergebirge stießen Wissenschaftler auf Strukturen, die sich als Überreste von Kleinlebewesen deuten lassen.

Ein Wurm namens Mephisto

Es sind aber nicht nur Einzeller, die die Erdtiefen bevölkern. Erst vor kurzem wurde ein mehrzelliges Lebewesen tief in der Erde entdeckt: ein nur etwa einen halben Millimeter langer **Fadenwurm.** Er bekam den Namen ***Halicephalobus mephisto*** – nach der Faust-Gestalt Mephisto-

Der einzige höhlenbewohnende Egel, den man kennt, *Haemopis caeca*, wurde vor wenigen Jahren in der Höhle von Movile (Rumänien) entdeckt.

GENAUER UNTERSUCHT

In eisiger Kälte

Die Polargebiete gelten als ausgesprochen lebensfeindlich. Kein Wunder bei Temperaturen bis unter −50 Grad Celsius, heftigen Stürmen und einem Winter, in dem sich die Sonne monatelang nicht über den Horizont erhebt. Dennoch gibt es auch in diesen Gebieten Lebewesen, die sich den extremen Bedingungen angepasst haben.

Wer an Tiere der Polargebiete denkt, bedauert sie vielleicht wegen ihres Lebens in Eis und Schnee. Doch das ist unnötig: Die Tiere dort sind optimal an die unwirtlichen Bedingungen angepasst. Auch jenseits der Polarkreise gibt es genug Nahrung, selbst für Großsäuger wie **Eisbären** (*Ursus maritimus*) – Robben, Vögel und Fische, ja sogar Pflanzen. Der Körper eines Eisbären ist bestens für ein solches Leben ausgestattet. Das Fell ist weiß und gibt die Strahlungswärme der Sonne an die Haut darunter ab; die wiederum ist schwarz, weshalb sie die Wärme gut speichern kann. Wasser läuft vom Fell rasch ab, und die Fußsohlen sind mit einem Haarbesatz vor der Kälte des Eises geschützt. Die Tiere haben einen vorzüglichen Geruchssinn, mit dem sie durch Schneewehen hindurch Robbenhöhlen erschnüffeln, sie laufen weite Strecken und schwimmen und tauchen geschickt.

Ein weit härteres Leben haben **Kaiserpinguine** (*Aptenodytes fosteri*). Sie müssen den tiefen Temperaturen an der Antarktisküste trotzen, aber vor allem den eisigen Winden im Landesinnern. Dort, 200 Kilometer von der Küste entfernt, liegen ihre Brutplätze, und während das Weibchen nach der Eiablage an die Küste zurückkehrt, um sich neue Kraft anzufressen, trägt das Männchen zwei Monate lang das Ei und für kurze Zeit auch das geschlüpfte Jungtier in einer Bauchfalte auf den Füßen. Es muss dabei Temperaturen bis −50 Grad Celsius und Orkanwinde ertragen und verliert ein Drittel seines Körpergewichts – bis das Weibchen kommt und es ablöst.

Schutzmechanismen

Doch die Pinguine haben eine Möglichkeit entwickelt, diesen Minustemperaturen zu widerstehen: in der Gruppe. Wenn es besonders kalt ist, rücken die Tiere einer Kolonie aneinander und bilden einen Kreis. Die Wärmeabstrahlung einer solchen Gruppe ist deutlich geringer als bei Einzeltieren. Im Innern des Kreises werden bis zu 37 Grad Celsius erreicht – die Gruppe bildet also fast einen großen Körper. Damit aber jeder Pinguin in den Genuss von Wärme kommt, ändern die Tiere regelmäßig minimal ihre Plätze. So kommen nach und nach alle Pinguine für einige Zeit in den warmen Mittelbereich.

Das Problem tiefer Temperaturen ist aber weniger die Kälte an sich, sondern es sind die sich bildenden Eiskristalle, zu denen Körperflüssigkeit gefriert. Die Kristallnadeln zerfetzen die Wände der Zellen und zerstören sie. Doch manche Tiere haben Gegenmaßnahmen entwickelt. Der **Sibirische**

Hintergrundbild: Kaiserpinguin in der Antarktis

Eisbärenhaare haben einen zentralen luftgefüllten Hohlraum und wirken daher besonders gut als Wärmeisolator.

IN LEBENSFEINDLICHEN REGIONEN

Pinguine rücken eng zusammen, um sich vor der Kälte zu schützen. Dabei entsteht im Innern des Kreises eine angenehme Wärme.

Salamander *(Salamandrella keyserlingi)*, der den sibirischen Winter im Dauerfrostboden bei −50 Grad Celsius überdauert, schützt sich mit speziellen Stoffen vor dem Erfrieren: Meist sind es Zucker oder Eiweißmoleküle, die den Gefrierpunkt der Körperflüssigkeit absenken: Amphibie mit Frostschutzmittel.

All diese Anpassungen sind nichts gegen die Kälteresistenz mancher **Bakterien.** Viele Arten halten es aus, dass man sie einfriert und nach längerer Zeit wieder auftaut. Allerdings nahmen Forscher bisher an, dass bei allen Bakterien zumindest bei Temperaturen unter −20 Grad Celsius keine Lebensvorgänge mehr stattfinden und eine Starre eintritt.

Dass dies nicht stimmt, zeigten Untersuchungen an dem Bakterium **Colwellia psycherythraea Stamm 34H,** das in der Arktis gefunden wurde. In diesem Einzeller wurden selbst bei −200 Grad Celsius noch biochemische Reaktionen beobachtet. Ursache sind organische Substanzen, die die Bildung von Eiskristallen in der Zelle verhindern, sodass diese nicht zerstört werden kann. Das wirft ein neues Licht auf die Möglichkeit außerirdischen Lebens: Dieses Bakterium könnte zumindest von der Temperatur her durchaus auf dem Saturnmond Titan oder dem Jupitermond Europa überleben.

Blüten in unwirtlichen Höhen

Bunte Blüten erwarten wir eigentlich in einer wohltemperierten Umgebung. Dennoch haben es einige wenige Blütenpflanzen geschafft, selbst extreme Standorte zu besiedeln – zum Beispiel Berggipfel. Erst kürzlich wurde der **Gegenblättrige Steinbrech** *(Saxifraga oppositifolia)* zur höchstgelegenen Blütenpflanze Europas erklärt. Der Botaniker Christian Körner hatte nämlich ein Kissen mit zahlreichen der violetten Blüten an einem Ort gefunden, wo man solche Pflanzen kaum vermutet hätte: knapp unter dem Gipfel des Dom in den Walliser Alpen, des zweithöchsten Schweizer Bergs, und zwar in einer Höhe von 4505 Metern über dem Meeresspiegel. Möglicherweise ist dies auch der weltweit kälteste Standort einer Blütenpflanze, denn dort oben liegen die Durchschnittstemperaturen während der nur zweimonatigen Wachstumsperiode bei drei Grad Celsius, während die Pflanze nachts regelmäßig „einfriert". Das macht ihr aber nichts aus: Das robuste Gewächs verträgt sogar Eintauchen in flüssigen Stickstoff bei −190 Grad Celsius. Samen erzeugt die Pflanze in jener Höhe wohl nicht, doch der Wind trägt immer mal wieder Samen empor, die sich dann in geschützten Felsspalten ansiedeln.

Selbst hoch oben im Himalaya wachsen noch Blütenpflanzen, aber wegen der südlicheren Lage ist es dort etwas wärmer. Man hat noch in 6400 Metern Höhe zwei Pflanzen gefunden, die beide den Titel der höchstgelegenen Blütenpflanze tragen: das Hahnenfußgewächs ***Ranunculus lobatus*** und die zu den Kreuzblütlern zählende, blauviolett blühende ***Desideria himalayensis.***

Strahlend vor Lebenskraft: Der Steinbrech *Saxifraga oppositifolia* wächst noch in über 4000 Metern Höhe.

Die augenlose Spinnenkrabbe lebt an heißen Quellen in vulkanischen Regionen des Meeresgrunds.

Hitzeschlund am Meeresgrund

Durch alle Ozeane erstreckt sich das längste Gebirge der Erde, das 74 000 Kilometer lange System der Mittelozeanischen Rücken. Hier ziehen Tiefenkräfte jeweils zwei Erdplatten auseinander, und aus dem Spalt quillt Magma empor. Erst 1977 entdeckten Forscher mit einem Tiefseetauchboot, dass an vielen Stellen dieser Vulkangebiete auch Wasser, das an anderer Stelle im Meeresboden versickert war, emporsprudelt, aufgeheizt und angereichert mit giftigem Schwefelwasserstoff und Schwermetallerzen. Wegen des hohen Wasserdrucks in über 3000 Metern Tiefe erreichen die Quellen in ihrem Innern über 400 Grad Celsius. Dennoch leben hier Mikroorganismen: Sie nutzen die Schwefelverbindungen zur Energiegewinnung und wandeln dann Kohlendioxid in organische Verbindungen zum Aufbau ihres Körpers um. Mindestens eine dieser Mikrobenarten nutzt sogar das schwache infrarote Licht des heißen Quellwassers zu einer Art Photosynthese.

Diese Quellen sind gleichsam Oasen in der kalten, nährstoffarmen Tiefsee. Hier ist die Nährstoffkonzentration 500-mal höher als woanders, und jede Art kann sich durch die Wahl des Abstands zur Quelle die passende Umgebungstemperatur suchen. Am häufigsten kommen die Röhrenwürmer an jeder Quelle vor. Der **Riesenröhrenwurm** *(Riftia pachyptila)* etwa besteht im Wesentlichen aus einem mit Schwefelbakterien gefüllten Schlauch. Der nur einen Millimeter dünne, aber bis zwei Meter lange Wurm besitzt ein Blutgefäßsystem, das die Bakterien mit Kohlendioxid und anderen Gasen versorgt. Dafür erhält er Nährstoffe. Auf ein Verdauungssystem kann er verzichten.

Zwischen den Würmern stelzen **Spinnenkrabben** (Stenorhynchus) umher, leben Seesterne und Muscheln. Die etwa 30 Zentimeter lange **Riesenvenusmuschel**

(*Calyptogena magnifica*) beherbergt – wie der Riesenröhrenwurm – Schwefelbakterien, die von der Muschel mit Gasen versorgt werden. Dafür produzieren die Bakterien u. a. alle Aminosäuren, die die Muschel braucht. Auch sie könnte ohne diese Helfer in der unwirtlichen Tiefe nicht überleben, denn ihr Verdauungssystem ist längst verkümmert.

Eine Ausnahme bildet der **Pompejiwurm** (*Alvinella pompejana*), der eine Art Mund besitzt, mit dem er Bakterienrasen abweidet, sowie einen Darm. Das etwa zwölf Zentimeter lange graue Tier lebt in Gruppen, die kleine Höhlen mit hauchdünnen Wänden direkt am heißen Quellschlot bewohnen, bei Wassertemperaturen von etwa 80 Grad Celsius. Sein Körper ist mit weißen „Haaren" besetzt: Das sind Bakterienkolonien, die ihn mit zusätzlichen Nährstoffen versorgen.

Lebensfreundliche Radioaktivität

Radioaktivität gilt als bedrohlich für alle Arten von Lebewesen, sogar für Mikroben – immerhin wird die Strahlung genutzt, um Lebensmittel zu entkeimen und medizinische Geräte zu sterilisieren. Doch genau in einer solchen bestrahlten Lebensmittelprobe entdeckte man 1956 ein Bakterium, dem das nichts ausmachte: **Deinococcus radiodurans** hält mehr als tausendmal so starke Strahlung aus wie ein Mensch; selbst bei einer für uns zehnfach tödlichen Strahlung gedeiht das Bakterium. Sein Trick: Es kann sein Erbgut extrem schnell reparieren. Schäden durch energiereiche Teilchen und Strahlung werden notfalls an 500 „Baustellen" gleichzeitig behoben.

Im Grunde ist Licht auch nur eine Strahlung, deren Energie die Grünpflanzen mithilfe des Blattfarbstoffs Chlorophyll auffangen. Die gleiche Rolle könnte der schwarze Farbstoff Melanin für radioaktive Strahlung spielen. Melanin ist in der Natur weit verbreitet, unter anderem dient es als dunkler Hautfarbstoff dazu, uns vor der ultravioletten Strahlung zu schützen. Nun hat man im zerstörten Reaktorblock von Tschernobyl Pilze entdeckt, die dort unbehelligt von der starken Strahlung wachsen und besonders reich an Melanin sind. Versuche zeigten, dass die Pilze, die am meisten Melanin enthalten, am intensivsten Stoffwechsel betreiben und am besten wachsen. Immerhin ist Radioaktivität ein Naturphänomen – offenbar hat die Natur Wege gefunden, sogar diese Strahlung zu nutzen.

Aber auch höhere Lebewesen können erstaunlich widerstandsfähig gegen radioaktive Strahlung sein, **Schaben** (*Blattodea*) zum Beispiel. So hat man nach Atomtests auf Südsee-Inseln dort Schaben entdeckt. Kein Wunder: Sie halten etwa das 15-fache an Strahlung aus wie Menschen. Da Körperzellen besonders strahlungsempfindlich sind, wenn sie sich teilen, haben Schaben einen Vorteil: Ihre Zellen teilen sich im Wesentlichen bei der Häutung, und das findet bei jungen Schaben vielleicht nur einmal pro Woche statt.

Unverwüstlicher Überlebenskünstler

Zwar sind **Bärtierchen** (Tardigrada) mit knapp 0,5 Millimeter Körperlänge winzig klein, aber bei starker Vergrößerung erinnern sie an einen tapsigen Bären – daher der Name. Man kennt inzwischen fast tausend Arten, und sie dürften außer den Mikroben vermutlich die widerstandsfähigsten und am weitesten verbreiteten Lebewesen der Erde sein. Auf allen Kontinenten, auch in der Antarktis, sind sie zu Hause, man findet sie zu Wasser und zu Lande, auf höchsten Berggipfeln und in Ozeanböden tausende Meter unter dem Meeresspiegel.

Ihre Robustheit ist unglaublich: Tagelang können sie ohne Sauerstoff auskommen, starke Schwankungen der Salzkonzentration im Wasser machen ihnen wenig aus, und Dürreperioden überstehen sie, indem sie eintrocknen. In diesem sogenannten Tönnchen-Zustand sind sie fast unzerstörbar: Sie halten Temperaturen zwischen +150 und –272 Grad Celsius aus, können in Alkohol, Ether oder flüssigem Helium aufbewahrt werden, ertragen Vakuum und sogar eine radioaktive Strahlung, die tausendmal so stark ist wie die tödliche Dosis für einen Menschen. Dutzende von Jahren können sie in diesem Schwebezustand zwischen Leben und Tod verbringen. Aber wenn sie wieder feucht werden, kehren sie meist binnen Minuten zum normalen Leben zurück.

Die robusten Bärtierchen, einen halben Millimeter groß, kommen in allen Lebensräumen zurecht.

AUF ZU NEUEN UFERN

Libellenlarven können unter Wasser atmen, und zwar mit ihren drei blattförmigen Fortsätzen am Hinterkörper. Sie holen sich den Sauerstoff direkt aus dem Wasser.

Untergetauchte Insekten

Eigentlich leben Insekten vor allem in der Luft oder auf dem Boden. Trotzdem haben sich viele Arten an das Leben unter Wasser angepasst und dabei raffinierte Tricks erfunden. Das erste Problem ist schon, mit einem vergleichsweise leichten Insektenkörper ins Wasser zu tauchen, ohne wie ein Korken auf der Oberfläche zu schwimmen. Meist geht das nur durch aktives Schwimmen. Der bis zu drei Zentimeter lange **Gelbrandkäfer** (Dytiscus marginalis) lebt fast immer unter Wasser. Doch wenn er sich nicht gerade an einer Wasserpflanze festklammert, muss er ständig mit den Hinterbeinen paddeln. Tut er das nicht, schießt er sofort nach oben – er kann nicht im Wasser schweben wie ein Fisch. Daher jagt er nur nahe der Oberfläche; in größerer Tiefe würde das Jagen zu viel Energie verbrauchen. Diese Lebensweise zwingt den Gelbrandkäfer zu einem Räuberleben, denn nur tierische Nahrung enthält genug Energie.

Das zweite Problem der Insekten ist die Luftversorgung. Der Gelbrandkäfer nimmt seine Atemluft mit in die Tiefe. Er bewahrt sie zwischen dem Hinterleib und den Deckflügeln auf und hat so noch mehr Probleme beim Tauchen. Auch der in kleinen Teichen oft zu findende **Rückenschwimmer** (Notonecta glauca) ist auf Luft angewiesen und hängt deshalb fast die ganze Zeit an der Wasseroberfläche. Zum Tauchen nimmt er Luft zwischen den Haaren an seinem Bauch mit. Dadurch ist der Bauch leichter als der Rücken, und so schwimmt er eben gleich rücklings.

Einige im Wasser lebende Insekten nutzen das Schnorchelprinzip. Der **Wasserskorpion** (Nepa cinerea), ebenfalls ein Insekt, lauert unter der Wasseroberfläche auf kleine Insekten. Er atmet durch ein kurzes Röhrchen am Hinterleib, das in den Luftraum hinaufreicht. In den Flachzonen des Teichbodens leben die Larven der **Schlammfliegen** (Sialidae). Hier enthält das Wasser zwar viele Nährstoffe, doch wenig gelösten Sauerstoff. Aber die Larven haben sich davon unabhängig gemacht und atmen ebenfalls durch Schnorchel, und zwar durch besonders lange. Das Oberteil kann sogar noch teleskopartig ausgefahren werden. Ein Kranz feiner Haare an der Spitze lässt Luft, aber kein Wasser eindringen. Weiter weg von der Oberfläche können es die Larven des **Schilfkäfers** (Donacia semicuprea) aushalten. Sie fressen die Wurzeln von Wasserpflanzen an. Ihren Schnorchel leihen sie sich von den Wasserpflanzen aus, deren Stängel als luftgefüllte Röhren ausgebildet sind. Die Larven bohren diese Lufttrichter an.

Insekten, die ständig unter Wasser bleiben wollen, wie es die Fische können, müssen ganz ohne Luft auskommen und sich den benötigten Sauerstoff direkt aus dem Wasser holen. Dazu haben sie einen Teil ihrer feinen Luftröhren, der sogenannten Tracheen, zu einem kiemenähnlichen Gebilde umgewandelt. Besonders schön kann man solche „Tracheenkiemen" an **Libellenlarven** (Odonata) sehen. Sie sitzen bei Kleinlibellenlarven in Form dreier blattförmiger Anhänge an ihrem Hinterende.

Wussten Sie, dass...

...manche Bakterien erstaunliche Bedingungen aushalten können?

Als japanische Wissenschaftler den Keim Escherichia coli in Ultrazentrifugen Bedingungen aussetzten, die der 400 000-fachen Erd-Schwerkraft entsprachen, überlebten die Mikroorganismen nicht nur – einige teilten sich sogar noch. Zum Vergleich: Astronauten halten für einige Minuten neunfache Schwerkraft aus. Daher macht den Keimen selbst gewaltiger Druck nichts aus: Sie könnten in 160 Kilometern Meerestiefe überleben – die größte irdische Ozeantiefe liegt bei etwa elf Kilometern. Und auch die Zeit kann ihnen wenig anhaben: Man hat Bakterien wieder zum Leben erweckt, die 250 Millionen Jahre in einem Salzkristall eingeschlossen waren.

IN LEBENSFEINDLICHEN REGIONEN

Nach der Katastrophe: Eine Amaryllis erhebt sich nach einem Waldbrand in Australien aus dem kahlen Boden und entfaltet ihre herrlichen rosa Blüten.

Es gibt ein Leben nach dem Feuer

Natürlich ist es für Bäume und Tiere eine Katastrophe, wenn der Wald brennt. Andererseits säubern Brände, etwa durch Blitzschlag, den Wald von nährstoffraubendem Unterholz, tragen in den afrikanischen Grasebenen durch Vernichten der Baumschösslinge zum Erhalt der Landschaft bei, und sie düngen den Boden mit Mineralstoffen. Deshalb keimt nach einem Brand meist rasch neues Grün.

Besonders auffällig ist dies in Australien. Bei den dort heimischen **Grasbäumen** (Xanthorrhoea) verbrennt zwar die Krone rasch, aber der Stamm widersteht dem Feuer. Das beim Brand frei werdende Gas Ethylen bewirkt sogar, dass der Baum einen Blütenstand treibt, denn die Samen haben nur auf dem kahlen Boden eine Chance gegen andere Pflanzen. Auch **Banksien** (Banksia sp.) und zahlreiche andere Arten von „Pyrophyten" (Feuerpflanzen) öffnen ihre Samen nur nach einem Brand. Und die Blütenbuntheit der westaustralischen Landschaft nach Bränden rührt von Samen her, die im Boden ruhten und nun durch Chemikalien aufgeweckt wurden, die das Feuer freisetzte.

Ganz ohne Sauerstoff

Als vor spätestens zwei Milliarden Jahren das Leben auf der Erde keimte, gab es noch keine sauerstoffhaltige Atmosphäre. Die frühen Mikroben waren daran angepasst. Als dann einzelne Arten lernten, die Energie aus dem Sonnenlicht zu nutzen und dabei Sauerstoff freisetzten, verursachte dies ein Massensterben der Arten, die mit dem Sauerstoff nicht zurechtkamen. Nur einigen gelang es, sich mit der Sauerstoffatmung eine neue Energiequelle zu erschließen.

Vermutlich waren aber, nachdem sich die Sauerstoff-Atmosphäre herausgebildet hatte, in den Weiten des Meeresgrunds Zonen ohne freien Sauerstoff verblieben, und offenbar sind hier nicht alle sauerstoffempfindlichen Bewohner ausgestorben. Denn auch heute noch existieren in der Tiefsee Mikroorganismen, die von jenen Urformen abzustammen scheinen. Forscher fanden in einem etwa 3000 Meter tiefen Becken des Mittelmeers, wo es keinen Sauerstoff, dafür aber Schwefelgase und Methan gibt, mehrere Arten knapp einen Millimeter großer Organismen, die als **Korsetttierchen** (Loricifera) bezeichnet werden und die möglicherweise die einzigen Mehrzeller sind, die ihr ganzes Leben in sauerstofffreier Umgebung verbringen. Ihnen fehlen die Zellkraftwerke (Mitochondrien), die üblicherweise in den Zellen die Sauerstoffumsetzung besorgen. Stattdessen verfügen sie über Einrichtungen, die ohne Sauerstoff Energie erzeugen. Inzwischen wurden diese Tierchen auch in anderen Tiefseeregionen entdeckt, und zwar in Tiefen bis über 5000 Meter. Wenn man mehr über sie weiß, erlauben sie uns möglicherweise einen Blick in früheste Perioden irdischen Lebens.

Dieses Korsetttierchen *Rugiloricus sp.* (noch unbeschriebene Art) wurde in 3000 Meter Tiefe nördlich der Antarktis gefunden.

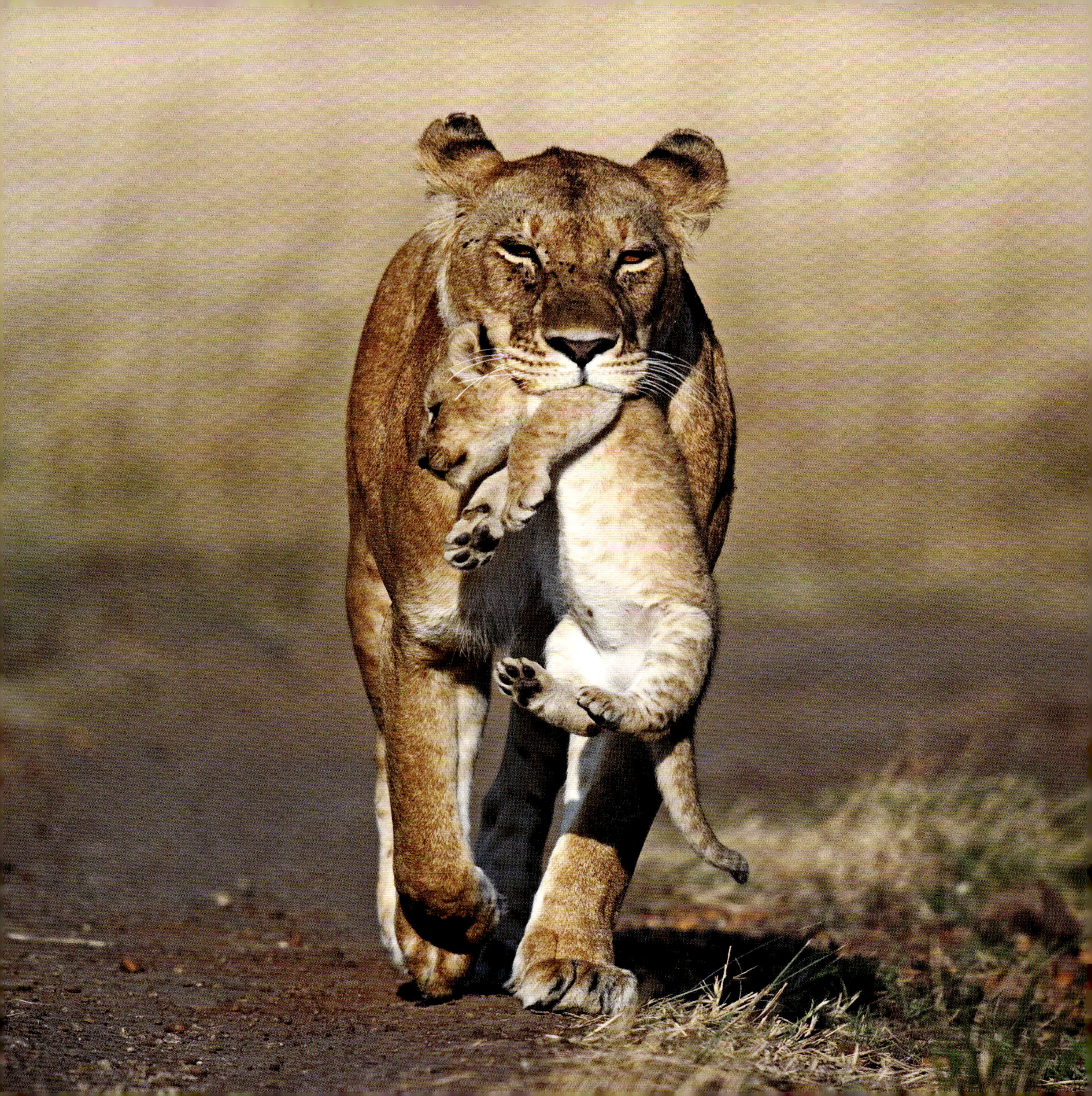

Mutter, Vater, Kindersegen

Die erfolgreiche Aufzucht und Verbreitung von Nachkommen ist die Grundlage der Evolution, und alle Lebewesen, die diese Aufgabe weniger gut bewältigten, sind längst ausgestorben. Doch es ist nicht einfach, den – oder die – richtigen Partner für die Fortpflanzung zu finden und dem Nachwuchs dann trotz aller Gefahren optimale Chancen zu geben.

MUTTER, VATER, KINDERSEGEN

Wähle mich, ich bin der Beste

Fast im gesamten Tierreich wählen sich die Weibchen diejenigen Geschlechtspartner, von denen sie sich die lebenstüchtigsten Nachkommen versprechen. Die Männchen müssen sich also bemühen, die Weibchen von ihren Qualitäten zu überzeugen – sei es im Aussehen, sei es im Verhalten.

Sie muss mich doch bemerken!

Weibchen investieren in der Regel weit größeren Aufwand in die Nachkommenschaft als Männchen. Daher wählen sie ihren Partner besonders sorgfältig aus, um den optimalen Vater ihrer Jungen zu finden. Dazu achten sie meist auf bestimmte äußere Merkmale, die eine gute Gesundheit oder andere wünschenswerte Eigenschaften anzeigen. Je nach Tierart kann das etwa die Gefieder- oder Fellfarbe, die Körperkraft, die Größe oder die Ausdauer bei der Werbung um das Weibchen sein.

Aus diesen Gründen – um Weibchen zu beeindrucken – entwickelte sich die enorm vergrößerte Schere der männlichen **Winkerkrabben** *(Uca sp.)* – die Weibchen haben zwei normale Scheren. Die Winkerkrabben nutzen diese Riesenschere zur Brautwerbung, doch das Bemerkenswerte ist, dass die Krabbenmännchen nicht versuchen, einander auszustechen, sondern dass alle Männchen einer Kolonie ihre Scheren synchron schwenken, um Aufmerksamkeit zu erregen. So locken sie nicht nur Weibchen an, sondern schützen auch die Weibchen in ihrer Nähe vor Angreifern, denn die Schere kann zudem als Waffe eingesetzt werden.

Eindrucksvoll präsentiert sich ebenfalls der sprichwörtliche **Pfau** *(Pavo cristatus)* mit seinem prächtigen Schwanz, dessen Hauptaufgabe es zwar ist, Angreifer zu erschrecken und in die Flucht zu schlagen, stellt darüber hinaus aber ein wichtiges Überzeugungsmerkmal bei der Balz dar: Je schöner das Gefieder, umso gesünder das Männchen. Trappen zeigen ebenfalls, was sie zu bieten haben, wenn es um die Eroberung einer Partnerin geht. Die europäische **Großtrappe** *(Otis tarda)*, mit 20 Kilogramm Gewicht einer der schwersten flugfähigen Vögel der Erde, bläst ihren Kehlsack auf und breitet ihre strahlend weißen Federteile aus.

Wenn nun ein Vogelweibchen ein Männchen wählt, das mit einem oder mehreren herausstechenden Merkmalen glänzt, profitiert es mehrfach. Erstens kann das Männchen es gut beschützen und füttern, zweitens werden Söhne, die die Veranlagung erben, attraktiver für Weibchen, und drittens werden auch die Töchter solche Männchen bevorzugen und eine höhere Zahl von Nachkommen haben. So breitet sich dieses Merkmal in der Population aus.

Welches Merkmal jeweils besonders attraktiv ist, hängt von der Tierart ab. Bei der europäischen **Rauchschwalbe** *(Hirundo rustica)* etwa bevorzugen die Weibchen Männchen

Die männliche Winkerkrabbe winkt mit ihrer gewaltigen Schere, um Weibchen anzulocken. Die Schere dient aber auch als Waffe bei Kämpfen gegen Rivalen.

Am Beispiel des Pfaus sieht man deutlich, dass es – wie bei den meisten Tierarten – das Weibchen ist, das den Partner wählt. Er muss sich mächtig anstrengen und alles zeigen, was er hat, um sie zu beeindrucken.

mit schönen Schwanzfedern. Bei ihren Vettern von der nordamerikanischen Unterart *Hirundo rustica erythrogaster* dagegen stellt die dunkelrote Kehle eines Männchens einen Wettbewerbsvorteil dar. Solche Männchen haben nicht nur mehr Erfolg bei der Balz – sie müssen später auch mit weniger Seitensprüngen ihrer Partnerin rechnen als die weniger prachtvollen Männchen.

Allerdings kann, wie kürzlich Beobachtungen zeigten, die Vorliebe der Weibchen wechseln, und zwar in Abhängigkeit von den Umweltbedingungen. Bei der im US-Bundesstaat Colorado brütenden **Trauerammer** (*Calamospiza melanocorys*) hatten in einem Jahr die Männchen mit sehr großen weißen Flügeln den größten Paarungserfolg, im folgenden Jahr Männchen mit kleinen Flecken im Gefieder. Denkbar ist, dass derartige oder andere körperliche Merkmale den Weibchen Auskunft über die Eigenschaften eines Männchens geben. Die guten Versorger empfehlen sich für nahrungsarme Jahre, während sich besonders kämpferische Männchen in Jahren mit vielen Nestplünderern, beispielsweise Erdhörnchen, am besten als Partner eignen.

MUTTER, VATER, KINDERSEGEN

Kranich-Ballett

Es gibt kaum ein faszinierenderes Schauspiel im Tierreich als den Balztanz mancher Vogelarten. Die ritualisierten Bewegungen der Männchen vor – und nicht selten auch zusammen mit – den Weibchen brauchen den Vergleich etwa mit einem Menuett oder einem Schreittanz wie der Pavane nicht zu scheuen. In der Regel sind das Bewegungen, wie sie in ähnlicher Form auch im Alltag der Tiere zu beobachten sind, etwa beim Füttern von Jungvögeln, beim Nestbau, beim Putzen des Gefieders, beim Imponieren oder Reiten von Scheinangriffen gegenüber anderen Männchen. Im Balztanz sind diese Bewegungen zu einem mehr oder weniger festlegten Programm zusammengefasst und folgen bestimmten Regeln. Deshalb weiß das Weibchen genau, auf welche Einzelheiten es achten muss.

Als Erstes versucht das Männchen, seine mögliche Partnerin von seinen friedlichen Absichten zu überzeugen und sich auch deren Friedfertigkeit zu vergewissern. In der Natur geht es schließlich bei vielen Begegnungen um Leben und Tod. So beginnt der Balztanz zwar bei vielen Arten mit Scheindrohgebärden, aber diese gehen dann immer mehr über in synchrone Tanzbewegungen, bei denen sich die Partner aufeinander einstimmen. Der **Höckerschwan** (*Cygnus olor*) zum Beispiel eilt im Wasser wie beim Revierkampf mit ausgebreiteten Flügeln und vorgerecktem, leicht gesenktem Kopf ruckartig auf das Weibchen zu. Diese Bewegungsabfolge wird dann von beiden Partnern vielfach rasch wiederholt, wobei sie die Schnäbel ins Wasser tauchen. Daraufhin streckt das Männchen seinen Hals quer über den Hals des Weibchens, und schließlich legt sich die Partnerin mit gestrecktem Hals flach ins Wasser und lässt sich begatten. Auch wenn dies eine Sache von nur wenigen Sekunden ist – die Tiere bleiben ihr ganzes Leben lang zusammen.

Kraniche (*Grus grus*) haben das Balzritual zu einem besonders ausgefeilten, faszinierenden Tanz ausgebaut. Unter lautem Trompeten springen die Vögel umeinander her, laufen ein Stück gemeinsam oder gegeneinander, breiten die Flügel aus, rupfen Gräser und werfen sie empor. Es dauert geraume Zeit, bis das Weibchen seine Flügel senkt und durch ein bestimmtes Gurren das Männchen zur Paarung auffordert. Hinterher verkünden die beiden der Welt durch gemeinsames Rufen, dass sie jetzt ein Paar sind.

Kranichpärchen beim Balztanz. Die mehr oder weniger festgelegten Bewegungen dienen dazu, einander die friedliche Paarungsabsicht deutlich zu machen.

WÄHLE MICH, ICH BIN DER BESTE

Das Bahama-Anolis-Männchen, eine kleine Echse aus der Gruppe der Leguanartigen, führt für das umworbene Weibchen ein Balzritual mit abgespreiztem Kehlfächer auf.

Kopfnicken für die Liebe

Da Fortpflanzung im Reich des Lebens so wichtig ist, haben selbst Echsen hierfür spezielle Verhaltensweisen und Körperanhänge entwickelt. So zieren sich etwa die Männchen der **Bahama-Anolis** (Anolis sagrei) mit prächtigen Kehlfächern. Denn während ihre graubraune Körperfarbe zur Tarnung dient, sollen die roten, gelb umrandeten Kehlfächer dieser auf einigen Karibikinseln heimischen Tiere das Weibchen beeindrucken.

Zur Paarungszeit, die etwa von April bis Juni dauert, nähert sich das Männchen mit aufgestelltem Kehlfächer dem auserwählten Weibchen und nickt dabei mit dem Kopf, sodass der Kehlfächer gut zur Geltung kommt. Will das Weibchen nicht, läuft es weg. Ist es aber zur Paarung bereit, antwortet es oft ebenfalls mit Kopfnicken, woraufhin das Männchen zur Tat schreitet.

Wettgesang der Nachtigallen

Das herrliche Lied der **Nachtigall** (Luscinia megarhynchos) ist berühmt unter Vogelfreunden und Musikern. So ließ sich Beethoven in seiner 6. Sinfonie, der „Pastorale", davon inspirieren, und Andersen hat eines seiner schönsten Märchen um die „Chinesische Nachtigall" geschrieben.

Immerhin beherrscht der kleine Vogel bis zu 260 unterschiedliche Strophen, die er nachts und auch tagsüber vorträgt – nachts allerdings hört man ihn besser.

Der Gesang hat keineswegs musikalische Gründe: Es geht den singenden Nachtigallentroubadouren um Weibchen. Und die wiederum hören genau hin, wie gut und wie lange ein Vogelmann singt, denn das gibt Auskunft über seinen Körperzustand. Allerdings achten die Weibchen noch auf ein weiteres Merkmal. Normalerweise nämlich wechseln sich singende Vögel im Gesang ab – man wartet geduldig, bis ein anderer zu Ende gesungen hat. Will nun aber ein Nachtigallenmann seine Überlegenheit über einen Nebenbuhler demonstrieren, singt er immer schon los, bevor der andere seine Gesangsstrophe beendet hat: Er fällt ihm sozusagen ins Wort. Untersuchungen ergaben, dass solche dominanten Männchen tatsächlich eine höhere Zahl an Nachkommen haben.

Evolutionsbiologisch gesehen ist dieses Verhalten sinnvoll. Denn die dominanten Männchen können sich mit den gesündesten und am besten genährten Weibchen paaren, weil diese ihrerseits die tüchtigsten Männchen für sich auswählen.

Die zunächst noch nicht verpaarten Männchen singen derweil kräftig weiter. Sie fügen nun aber in ihre Lieder auffällig oft Elemente ein, die sich wie Pfiffe anhören. Vermutlich erhöhen sie durch die hellen, weithin hörbaren Laute die Reichweite ihres Gesangs und machen auf diese Weise weiter entfernte Weibchen auf sich aufmerksam.

Aber auch die verpaarten Männchen sind keineswegs still, im Gegenteil: Sie singen und pfeifen lauter als zuvor. Vermutlich wollen sie unverpaarte oder auch verpaarte Weibchen aus der Umgebung anlocken und zur Paarung verführen, während das eigene Weibchen auf den Eiern sitzt. Menschliche Moral gibt es bei Tieren eben nicht – allein das Zeugen von Nachkommen zählt.

Wussten Sie, dass…

…manche Weibchen den Partner nach dem Kot auswählen?

Die Männchen der in Nordamerika heimischen Rotrücken-Salamander (Plethodon cinereus) verstecken sich tagsüber einzeln in Löchern, etwa unter Baumwurzeln. Ihren Kot setzen sie vor der Tür ab. Kommt nun ein Weibchen auf der Suche nach einem Partner vorbei, untersucht es den Kot. Der Grund: Die Salamander fressen gern Termiten, aber da diese nicht so einfach zu erbeuten sind, nehmen die Männchen auch mit Würmern, Schnecken und besonders Ameisen Vorlieb. Ameisen stellen aber eine deutlich schlechtere Nahrung dar, und findet das Weibchen viele Ameisenreste im Kot, zieht es weiter. Das hier wohnende Männchen ist kein guter Termitenjäger und deshalb als Vater weniger geeignet.

Rivalenkämpfe und Balzrituale

Die Männchen zahlreicher Tierarten tragen anstrengende und bisweilen gefährliche Rangkämpfe aus, bevor sie sich mit Weibchen paaren können. Die Männchen des **Alpensteinbocks** *(Capra ibex)* tun dies schon vor der Brunftzeit. In einem solchen Kampf richten sie sich zunächst auf den Hinterbeinen auf, um größer und imposanter zu wirken. Dann rennen sie mit aller Kraft aufeinander zu und stoßen ihre Hörner gegeneinander. Bisweilen hakeln sie auch, zerren den Gegner hin und her oder schieben sich Stirn an Stirn umher, bis der Schwächere aufgibt.

In der Brunftzeit haben dann die ranghohen Böcke Zugang zu allen empfängnisbereiten Weibchen. Sie konzentrieren sich auf Balz und Paarung und sparen im Übrigen ihre Kraft, um den Winter zu überleben. Auch die rangniederen Böcke halten sich an die ermittelte Rangfolge und stören die Paarungen der dominanten Tiere nicht.

Manche Vogelarten gestalten den Wettstreit um die Gunst der Weibchen als Gruppentanz, den sie vor den Weibchen aufführen, sodass diese den direkten Vergleich haben. In der Regel findet die Balzveranstaltung auf einer Balzarena, Lek genannt, statt. Diese liegt oft weit entfernt von den Revieren der Männchen – bei den neuseeländischen **Kakapos** *(Strigops habroptilus)* sind es bis zu sieben Kilometer, was erstaunlich ist, denn die Kakapos sind die einzigen flugunfähigen Papageien. Beim Eintreffen kämpfen die Männchen zunächst um die besten Plätze in der Arena, indem sie krächzend mit gespreizten Flügeln aufeinander losgehen. Schließlich hat jeder einen Platz erobert, der meist einige Dutzend Meter vom Nachbarn entfernt ist.

Besonders eindrucksvoll ist die Arenabalz der **Birkhühner** *(Tetrao tetrix)*. Zahlreiche Hähne versammeln sich im Frühjahr auf einem Lek und liefern sich lang andauernde Schaukämpfe, begleitet von Kopfnicken, Präsentieren des Schwanzgefieders und lautem sogenanntem Kullern. Die stärksten Hähne halten sich im Zentrum dieser Balzarena auf, die rangniederen müssen mit Außenpositionen Vorlieb nehmen. Die Weibchen schauen zunächst aus einiger Entfernung zu. Schließlich aber kommen sie näher, und jede sucht sich einen Hahn als Partner aus.

Während Vögel Balzrituale aufführen, wird bei Säugetieren meist um die Dominanz gekämpft. Steinböcke tragen dies bereits im Sommer aus, sodass im Winter geklärt ist, wer sich paaren darf.

WÄHLE MICH, ICH BIN DER BESTE

Der Galapagos-Kormoran überreicht dem umworbenen Weibchen ein attraktives Büschel Seetang – ein praktisches Geschenk, denn es eignet sich auch für den Nestbau.

Liebesgaben und Brautgeschenke

Schöne Federn und kräftige Muskeln des Männchens sind ja nicht schlecht. Bei manchen Tierarten aber möchte das Weibchen lieber ein Geschenk, um sich überzeugen zu lassen. **Turmfalken** *(Falco tinnunculus)* überreichen der Partnerin eine Maus, um zu demonstrieren, dass sie Nahrung für die Brut beschaffen können und wollen. **Weihen** *(Circus sp.)* lassen im Flug ein Geschenk fallen, und das Weibchen schnappt es auf. Die flugunfähigen **Galapagos-Kormorane** *(Phalacrocorax harrisi)* sind zwar gute Fischfänger, doch die Männchen bestechen die Weibchen lieber mit einem Schnabel voll Seetang oder Ähnlichem, damit sie sich zur Paarung bereit finden. Mit dem Seetang wird dann auch gleich nach der Paarung der Nestbau begonnen.

Bei **Laubheuschrecken** (Tettigoniidae) überreicht das Männchen dem Weibchen sogar ein selbstgemachtes Brautgeschenk im Gewicht von einem Drittel seines Körpers: eine Spermatophore. Dieses Päckchen besteht aus Spermien sowie reichlich Proteinen. Tatsächlich frisst das Weibchen gleich nach der Begattung davon, um den eigenen Stoffwechsel anzukurbeln.

Auch unsere näheren Verwandten wissen, dass Liebe durch den Magen geht: Manche **Schimpansenmännchen** *(Pan troglodytes)* geben den Weibchen nach einer Jagd freiwillig etwas von der Beute ab. Mitunter führt dies direkt zur Paarung, bisweilen auch erst später. Statistische Untersuchungen zeigten aber, dass freigebige Männchen im Vergleich zu ihren geizigeren Artgenossen etwa den doppelten Paarungserfolg vorweisen konnten.

Australische **Rollwespen** der Unterfamilie Thynninae wiederum laden ihre – flügellose – Dame ein, mit ihnen auswärts zu speisen. Die Männchen mancher Arten ergreifen ein wartendes Weibchen, paaren sich mit ihm im Flug und tragen es dann von Blüte zu Blüte, damit es seinen Hunger stillen kann. Bei einigen Arten saugt auch nur das Männchen Nektar und füttert seine Partnerin damit. Und noch geschickter machen es Arten, bei denen sich das Männchen schon vorher vollfrisst und die Nahrung dann an das sitzende Weibchen verfüttert – auf diese Weise spart es sich die Mühe, das Weibchen umherzutragen.

Wer dem Würger die Stirn bietet, ist der Richtige

Eine raffinierte Methode, sich für die Weibchen in Szene zu setzen, nutzen die leuchtend blauen Männchen der australischen **Prachtstaffelschwänze** *(Malurus splendens)*. Ein gefährlicher Fressfeind der kleinen Singvögel ist der **Graurücken-Krähenwürger** *(Cracticus torquatus)*, ein Greifvogel, der von einem Ansitz im Gehölz aus Insekten und kleine Vögel jagt und sie dann zum besseren Verzehr auf Dornen aufspießt. Wenn sein Ruf ertönt, droht Gefahr, und normalerweise verstecken sich kleinere Vögel dann und schweigen.

Nicht so die Prachtstaffelschwanz-Männchen: Sie singen gerade dann ihren Werbegesang besonders intensiv, und zwar einen speziellen Gesangstyp, sozusagen das „Lied der Gefahr". Der Grund leuchtet ein: Die Weibchen hören in Alarmstimmung genauer hin als sonst. Und offenbar schätzen sie einen Sänger, der trotz dieser Gefahr zu singen wagt, als sehr mutig ein. Wissenschaftler nennen diese Balzstrategie „Gruselfilmeffekt". In Wirklichkeit ist das Risiko für die Sänger gar nicht so groß: Solange der Greifvogel ruft, jagt er nicht.

Wenn der Prachtstaffelschwanz das „Lied der Gefahr" singt, kommt er bei Weibchen besonders gut an.

MUTTER, VATER, KINDERSEGEN

Der Laubfrosch hat optisch und akustisch Einiges zu bieten. Die Schallblase, eine Ausstülpung des Mundhöhlenbodens, verstärkt seine Rufe überaus wirkungsvoll, was ihn zum lautesten mitteleuropäischen Frosch macht.

Damenwahl am Tümpel

An milden Maiabenden wird es laut am Tümpel. Erst beginnt ein **Laubfrosch** *(Hyla arborea)* mit seinem typischen „äpp ... äpp", und bald fallen seine Artgenossen ein – ein ganzer Froschchor, der die Lautstärke eines schreienden Menschen übertrifft und in der Regel über zwei Kilometer weit zu hören ist. Die meisten Tiere liegen während ihres Konzerts im Abstand von mindestens 50 Zentimetern voneinander mit angewinkelten und weit gespreizten Hinterbeinen nahe am Wasser. Bei jedem Ruf – ein Frosch ruft bis zu sechsmal pro Sekunde – strömt die Luft aus den Lungen über Stimmbänder und dann in die gelbliche Schallblase. Diese bläht sich weit auf, wirkt als Resonanzkörper und erhöht so die Lautstärke.

Sinn des Froschkonzerts ist die Fortpflanzung. Es sind nämlich nur die Froschmännchen, die rufen. Die Weibchen hocken zu dieser Zeit noch in ihren Winterquartieren in Erdlöchern oder unter Laubhaufen und sollen zum Laichgewässer gelockt werden. Kommen sie am Wasser an, haben sie die Wahl. In der Regel wenden sie sich den lauteren und tieferen Stimmen zu, denn diese gehören den größten Männchen, die auch die umfangreichsten Reviere besetzen und somit die beste Qualität des Nachwuchses versprechen. Kommt ein Weibchen zum auserwählten Froschmann, verstummt dieser sofort und klettert auf den Rücken der Holden, wo er sich für mehrere Stunden oder sogar einige Tage festklammert, bis das Weibchen ablaicht und er die austretenden Eier besamen kann.

Auch bei unter Wasser lebenden Arten müssen sich die Männchen anstrengen. Davon können die **Nördlichen Bootsmannsfische** *(Porichthys notatus)* ein Lied singen – oder besser brummen. Diese an der nordamerikanischen Pazifikküste heimischen Fische geben während der Laichzeit ein Brummen von sich, manchmal viele Minuten lang ohne Pause, und das über mehrere Tage. Dabei erreichen sie Motorenlautstärke, und ihr vibrierendes „Mmmmmm" kann sogar Bootswände in Schwingung versetzen. Damit der Fisch nicht von seinem eigenen Lärm taub wird, wird während des Brummens der Hörnerv stillgelegt.

Unter Wasser dringt der Brummton weit. Hören kann ihn aber nur ein Weibchen, das reife Eier in sich trägt – dafür sorgen Hormone. Es wählt dann ein Männchen, das besonders lange und laut brummt, und laicht in seiner Höhle ab. Um die Brut kümmert sich das Männchen; allerdings brummt es noch weiter, bis es noch vier weitere Weibchen in seine Höhle gelockt und zum Ablaichen bewegt hat – die kraftzehrende Brummerei soll sich ja lohnen.

SPITZENLEISTUNG

Krachmacher unter Wasser

Das lauteste Tier im Vergleich zur Körpergröße ist ein nur zwei Millimeter langes Insekt: das Ruderwanzenmännchen *Micronecta scholtzi*. Es erzeugt Töne von etwa 100 Dezibel, das entspricht etwa dem Lärm eines Presslufthammers. Die Geräusche der am Teichgrund sitzenden Wanzen kann man selbst am Ufer hören, obwohl der Schall fast vollständig beim Übergang zur Luft verschluckt wird.

Die Männchen produzieren diese Töne, indem sie eine Kante ihres gerippten Penis über einen schmalen Grat am Hinterleib reiben, ähnlich wie ein Geigenbogen über eine Saite streicht. Der „singende Penis" dient natürlich nur einem Zweck: Weibchen anzulocken.

Singend durch die Meere

Die besten Sänger des Tierreichs haben einen Resonanzkörper von rund 30 Tonnen Gewicht. Die Lieder, die **Buckelwale** *(Megaptera novaeangliae)* produzieren, gelten als die komplexesten Gesänge im ganzen Tierreich und mit 190 Dezibel auch als die lautesten: Sie übertreffen ein startendes Düsenflugzeug um ein Vielfaches.

Die bis zu 15 Meter langen Meeressäuger leben normalerweise in polaren, nahrungsreichen Meeresgebieten. Im Winter aber suchen sie zur Paarung und zur Geburt der Jungen die Tausende von Kilometern entfernten wärmeren Gewässer der Äquatorregionen auf. Hier fressen sie nicht, sondern kümmern sich allein um die Fortpflanzung. Die Männchen singen, um Weibchen anzulocken, und vermutlich auch, um andere Männchen zu beeindrucken, denn zwischen den Männchen herrscht eine ziemlich aggressive Stimmung. Beim Singen stehen die Wale in zehn bis fünfzig Meter Tiefe mit ausgestreckten Brustflossen kopfüber senkrecht im Wasser. Dank der großen Lautstärke und der guten Schallleitung von Wasser dringen die Lieder mehrere tausend Kilometer weit.

Für unsere Ohren klingt der Walgesang wie ein Stöhnen und Brummen. Forscher haben mit Unterwassermikrofonen über 600 unterschiedliche Laute identifiziert und festgestellt, dass der Gesang aus Tonfolgen besteht, die zu Strophen und diese wieder zu rund 20 Minuten dauernden Liedern kombiniert werden. Bei Walen aus demselben Gebiet ähneln sich die Gesänge, sind aber dennoch individuell verschieden. Art und Lautstärke des Gesangs sowie die Tonhöhen geben den Weibchen vermutlich Auskunft über Größe, Stärke und Kraft des Sängers.

Der gleiche Gesang wird tagelang wiederholt, nur langsam, und im Lauf vieler Jahre gibt es Veränderungen. Vor einigen Jahren aber beobachteten Forscher vor Nordostaustralien eine musikalische Revolution. Dort war ein Trupp Buckelwale aus einem weit entfernten Gebiet eingefallen, und offenbar gefiel deren Gesang den hiesigen Weibchen derart gut, dass sich die eingesessenen Männchen umstellen mussten.

Wenn ein Buckelwal singt, dringen seine Lieder, von denen jedes 20 Minuten dauern kann, Tausende von Kilometern weit durch die Ozeane.

Der männliche See-Elefant muss seinen Harem ununterbrochen vor unbeweibten Männchen schützen, die ihm die Position streitig machen wollen. Denn nur ein Haremsbesitzer kann sich überhaupt fortpflanzen.

Die anstrengende Aufgabe, Herrscher im Harem zu sein

Eine Schar von Geschlechtspartnerinnen zu haben – das ist eine besonders wirkungsvolle Methode für ein Männchen, um sein Erbgut an möglichst viele Nachkommen weiterzugeben. Und das geht mit einem Harem am besten. Zwar kommen dadurch viele Männchen gar nicht zur Fortpflanzung, der jeweilige Haremsbesitzer dafür um so öfter.

In der Regel bilden sich Harems dann, wenn es insgesamt nur wenige gute Reviere mit reichen Nahrungsressourcen gibt. Dann kämpfen die Männchen untereinander um die besten Plätze. Und die Weibchen wählen sich Männchen mit guten Revieren und der nötigen Kraft, sie und ihren Nachwuchs zu verteidigen. In der Regel sind Männchen bei Tieren mit Haremsbildung daher auch deutlich größer und stärker als Weibchen – das Ergebnis einer extremen Selektion auf Kampfstärke.

Bei **Südlichen See-Elefanten** (*Mirounga leonina*) zum Beispiel können Bullen mehr als sechs Meter lang und über drei Tonnen schwer werden. Meist streifen sie als Einzelgänger durch die antarktischen Meere, doch wenn die Paarungszeit naht, besetzen die Männchen Reviere. Sie bevorzugen dabei einsame Strände, wo natürliche Hindernisse Räuber vom Festland oder vom Wasser her fernhalten. Um diese raren Stellen entbrennen lange vor Eintreffen der

WÄHLE MICH, ICH BIN DER BESTE

Weibchen erbitterte Kämpfe. Scharfe Zähne, dick gegen Bisse gepolsterte Hälse und die Bereitschaft, notfalls bis zum Tod zu kämpfen, machen die Bullen zu gefährlichen Gegnern. Der Sieger um ein optimales Revier kann dann einen Harem aus Dutzenden von Weibchen um sich scharen, die sich nur von ihm begatten lassen.

Wenn nur wenige Bullen jeweils zahlreiche Weibchen haben, gehen natürlich die meisten anderen Männchen leer aus. Deshalb schließen sich die in den Revierkämpfen Unterlegenen zu Junggesellengruppen zusammen und versuchen immer wieder, eines der Weibchen aus einem Harem zu verführen. Der Haremsbesitzer muss daher dauernd auf der Hut sein und kommt kaum zum Fressen. Deshalb können sich überhaupt nur die kräftigsten Männchen als Besitzer eines Harems behaupten, und wenn ihre Kräfte bei dieser anstrengenden Tätigkeit nachlassen, kann ein anderes Männchen sie von ihrem Platz verdrängen.

Partnersuche mit Elektrizität

Nilhechte, wegen ihrer rüsselartigen Schnauze auch Elefantenfische (Mormyridae) genannt, leben im trüben Wasser afrikanischer Flüsse, etwa im Kongo. Da in den Gewässern mehrere Arten dieser Fische vorkommen, ist es für die Tiere wichtig, Geschlechtspartner der gleichen Art zu finden. Dies gelingt ihnen, wie Forscher kürzlich entdeckten, mithilfe eines elektrischen Organs, das schwache elektrische Ströme durchs Wasser sendet. Diese Stromstöße sind von Art zu Art unterschiedlich und dienen normalerweise zur Orientierung in den trüben Fluten und zum Ausmachen von Beutetieren und Feinden. Doch es zeigte sich nun, dass sie auch die Partnerfindung ermöglichen: Die laichbereiten Weibchen können die Signale identifizieren, und sie reagieren nur auf Signale von männlichen Artgenossen. Diese Fähigkeit ist vermutlich sogar der Grund dafür, dass es im Fluss mehrere Arten gibt – sie verhindert nämlich Verpaarungen mit fremden Nilhecht-Arten.

Ein deutliches Signal

Die kräftig gerötete und geschwollene Hinterpartie von **Pavianen** (*Papio sp.*) ist jedem Zoobesucher vertraut. Die rote Farbe dient als Signal an die Artgenossen. Rangniedere Männchen z. B. zeigen ranghöheren das Hinterteil, um ihre Unterwürfigkeit darzustellen, während es andererseits vorkommt, dass ein dominantes Männchen auf ein anderes aufreitet, um seine Dominanz zu demonstrieren.

Das rote Hinterteil von Pavianen kann bei Männchen Dominanz, bei Weibchen Paarungsbereitschaft anzeigen.

Auch bei Pavian-Äffinnen fungiert das Hinterteil als Signalgeber. Zur Zeit ihrer Fruchtbarkeit ist es nämlich besonders geschwollen: Die leuchtend rote Farbe zeigt den Männchen die Paarungsbereitschaft an. Die Weibchen verhalten sich – nach menschlichen Begriffen – in dieser Zeit geradezu obszön und fordern die Männchen sehr deutlich zum Geschlechtsverkehr auf. Das hat einen guten Grund. Sendet ein Weibchen in der Zeit seiner Paarungsbereitschaft überdeutliche Signale aus, stachelt es die Konkurrenz unter den Männchen an, auf dass sich im Wettstreit der Tüchtigste herausstelle. Dieser wird dem Weibchen zum bestmöglichen Nachwuchs verhelfen.

Zu einem solchen Konkurrenzkampf kann es allerdings nur kommen, wenn das Weibchen in einer Gruppe mit vielen Männchen zusammenlebt.

Wussten Sie, dass...
...Bonobomütter ihren Söhnen zu mehr Sex verhelfen?

Bei Bonobos oder Zwergschimpansen (Pan paniscus) haben die Weibchen – wie es im Tierreich die Regel ist – die Wahl, mit welchen Männchen sie sich einlassen wollen. Die Folge ist eine starke Konkurrenz unter den Männchen. Ein Bonobo-Männchen kann sich dabei auf die Unterstützung durch seine Mutter verlassen, die ohnehin einen lebenslangen Einfluss auf ihren Sohn hat, weil dieser in seiner Geburtsgruppe bleibt. Allein die Anwesenheit der Mutter bei der Werbung hilft dem Sohn. Ist sie dabei, kann auch ein weniger ranghohes Männchen zu einem Paarungserfolg kommen.

MUTTER, VATER, KINDERSEGEN

Mit Tricks zum Ziel kommen

Nicht immer geht es bei Partnerwahl und Fortpflanzung mit rechten Dingen zu – zumindest nach menschlichen Maßstäben. Denn so manches Tier und auch viele Pflanzen haben ungewöhnliche Tricks entwickelt, um das Fortleben ihrer Art zu sichern.

Schön und raffiniert: Orchideen

Es gibt Pflanzen, die sich die Nektarproduktion für Insekten sparen und sich stattdessen auf Täuschung verlegen. Besonders einige **Orchideen-Arten** haben es darin zur Meisterschaft gebracht. So besitzen in Südamerika heimische Orchideen der Gattung **Oncidium** große Blütenstände mit zahlreichen kleinen Einzelblüten. Weht auch nur ein schwacher Wind, zittern diese Blüten und wirken dabei wie durcheinander fliegende Bienen – und das ist der Trick. Die Orchideen teilen ihren Lebensraum nämlich mit bestimmten **Bienenarten** (Centris sp.), deren Männchen aggressiv ein Revier verteidigen. Sie greifen jeden Eindringling an. Auch die Oncidium-Blüten sind als vermeintliche Eindringlinge Opfer solcher Angriffe – und dabei übertragen die Bienenmännchen Pollen von Blüte zu Blüte.

Noch ausgeklügelter setzt der **Rothschild-Frauenschuh** (Paphiopedilum rothschildianum) seine Blüte als Lockmittel ein. Diese besitzt flügelartige Blütenblätter mit behaarten Rändern und schwarzen Punkten, die darauf sitzende Blattläuse vortäuschen. So locken sie Fliegen an, die ihre Eier gern an Blattlauskolonien legen, damit sich ihre Larven von den Blattläusen ernähren können – und auch diese Fliegen werden in den Dienst der Befruchtung gestellt, indem sie den Frauenschuh-Pollen verbreiten.

Ein äußerst wirksames Lockmittel entwickelten die **Ragwurz-Orchideen** (Ophrys sp.). Sie haben ihre Blüten so geformt, dass sie aussehen wie Weibchen einer bestimmten Bienen-, Wespen- oder Hummelart. Wird ein Männchen dadurch zu einer Blüte gelockt, bekommt er bei dem Versuch, das vermeintliche Weibchen zu begat-

Der Rothschild-Frauenschuh täuscht mit Flecken auf seinen Blättern einen Blattlausbefall vor. Das wiederum lockt Fliegen an, an denen die Pollen der Orchidee hängen bleiben.

ten, ein Paket mit Pollen auf den Leib geklebt, die er beim nächsten vergeblichen Paarungsversuch an eine andere Orchideenblüte weitergibt.

Jede Orchideenart ist auf die Imitation einer ganz bestimmten Insektenart spezialisiert und produziert zudem den jeweils richtigen Lockduft. So sieht beispielsweise die Blüte der **Spiegel-Ragwurz** (Ophrys speculum) mit ihrem blauen Zentrum, ihrem gelben Rand und ihrem Haarbesatz exakt wie ein Weibchen der **Dolchwespen** (Campsoscolia ciliata) aus, und die Dolchwespen-Männchen lassen sich

MIT TRICKS ZUM ZIEL KOMMEN

davon täuschen. **Sandbienen-Männchen** *(Andrena flavipes)* fliegen auf die **Gelbe Ragwurz** *(Ophrys lutea),* und die australische **Drachenorchis** *(Drakaea sp.)* bildet an ihrer Blüte eine Lippe, die einer paarungsbereiten weiblichen **Rollwespe** *(Thynnidae)* ähnelt.

„Lebendgebärende" Pflanzen

Eine seltsame und gänzlich ungeschlechtliche Vermehrungsmethode haben die **Brutblätter** (Bryophyllum) entwickelt, die zur Gattung Kalanchoe zählen. Sie stammen fast alle von der Insel Madagaskar. Bei der ***Kalanchoe daigremontiana*** zum Beispiel haben die Blätter zahlreiche Einbuchtungen, in denen sich Brutknospen bilden. Sie ähneln bewurzelten Stecklingen und können nach dem Abfallen zu neuen Pflanzen heranwachsen.

Ähnliche Brutkörper bilden auch andere Pflanzen. Manche dieser Gebilde entstehen in oberen Blattachseln – etwa bei der **Feuerlilie** *(Lilium bulbiferum)* – und sind von Blättern zwiebelschalenartig umschlossen. Andere bilden sich am Blütenstand, wie etwa beim **Knoblauch** *(Allium sp.).* Das **Scharbockskraut** *(Ranunculus ficaria)* bildet sehr selten Samen, vielmehr nutzt es meist ebenfalls Brutknospen zur Vermehrung, die sich in den Achseln der Laubblätter entwickeln. Auffällig ist die stark angeschwollene, nährstoffreiche Wurzel in diesen Brutknospen.

Der **Knöllchen-Knöterich** *(Bistorta vivipara)* dagegen erzeugt unter der Blüte zahlreiche, mit Stärke gefüllte Brutknospen, die zu neuen Pflanzen keimen – direkt am Standort oder, wenn sie vom Wind weggetragen werden, auch einige Meter entfernt.

Die Spermien der männlichen Hausmaus haben Haken, mit denen sie sich aneinander festhalten. Die Gruppenreise hat den Vorteil, dass sie schneller vorankommen.

Gemeinsam sind wir schneller

Bei vielen Tieren paart sich ein Weibchen mit mehreren Männchen. Das ist natürlich für die Männchen eine Herausforderung: Wie bekomme ich meine Spermien vor denen der Konkurrenz zur Eizelle?

Die Männchen vieler Nagetiere – zum Beispiel die der **Hausmaus** *(Mus musculus)* und der **Wanderratte** *(Rattus norvegicus)* – haben offenbar eine wirkungsvolle Methode dafür entwickelt. Schon früher war Forschern an den Spermienköpfen dieser Tiere ein seltsamer Haken aufgefallen, der sonst bei keinem Säugetier festzustellen ist. In Untersuchungen stellte man nun fest, dass sich die Spermien jedes Männchens mithilfe dieser Haken aneinander festklammern und ganze Spermienpulks oder -züge bilden können. Diese Spermiengruppen haben deutliche Vorteile: Sie schwimmen schneller als einzelne Spermien und haben eine höhere Vortriebskraft. Der Wettbewerb bleibt natürlich dennoch bestehen – schließlich bilden auch die Mitbewerber Spermienmannschaften.

Die Forschungen zeigten auch: Je größer die Konkurrenz unter den Männchen war, desto länger und stärker gekrümmt waren die Spermien. Der Grad der Konkurrenz wiederum lässt sich an der Größe der Hoden feststellen, denn wenn viele Männchen miteinander konkurrieren, muss jedes einzelne auch viele Spermien produzieren.

Die Kalanchoe entwickelt an den Blatträndern Brutknospen – eine ausgefallene Art der Vermehrung.

MUTTER, VATER, KINDERSEGEN

Nicht zweimal mit demselben

Bei manchen Insekten sind die Weibchen interessiert, Sperma von verschiedenen Männchen zu bekommen. Denn die Verschiedenartigkeit der Gene erhöht die Qualität des Nachwuchses. Sie verweigern daher Männchen, mit denen sie sich schon gepaart haben, eine zweite Chance. Außerdem bringt ein zweites Männchen eventuell ein weiteres Brautgeschenk mit. Doch wie erkennt das Weibchen, mit welchem Männchen es schon einmal zu tun hatte?

Zumindest die **Kurzflügelgrille** (*Gryllodes sigillatus*), wegen ihrer Vorliebe für Wärme auch als Tropenhausgrille bekannt, hat dafür einen Trick entwickelt: Sie markiert die Männchen mit ihrem eigenen Duft. Das haben kürzlich Wissenschaftler mit einer aufwendigen Methode herausgefunden. Nachdem aus Inzucht-Paarungen im Labor lauter Weibchen hervorgegangen waren, die einen sehr ähnlichen Körpergeruch besaßen, testeten sie die Reaktion einer solchen weiblichen Grille auf Männchen, die sich zuvor mit einer ihrer Schwestern gepaart hatten. Diese Männchen, an denen das Weibchen den eigenen Geruch wahrnahm, lehnte es klar ab, während es bei anderen, denen ein fremder Geruch anhaftete, paarungsbereit war. Zweimal mit demselben Mann: Das kam nicht in Frage.

„Keuschheitsgürtel" gegen Nebenbuhler

Wespenspinnenweibchen (*Argiope bruennichi*) paaren sich, wie auch viele Insekten, gern mit mehreren Männchen. Das ist aber nicht unbedingt im Sinne desjenigen, der als erster zum Zuge kommt. Wenn er will, dass ausschließlich sein eigenes Erbmaterial an den Nachwuchs weitergegeben wird, muss er Maßnahmen ergreifen. Und das tut er. Nach der Paarung, wenn das Männchen aus Angst, vom Weibchen gefressen zu werden, flieht, bricht in der Regel die Spitze des männlichen Geschlechtsorgans ab und verstopft das Innere des weiblichen Geschlechtsapparats. Zwar kann sich das Weibchen nun weiterhin paaren, aber die Spermien des nächsten Partners kommen nicht ans Ziel. Außerdem dauern, wie Wissenschaftler beobachteten, weitere Paarungen nun nur noch halb so lange.

Das männliche Totenkopfäffchen hindert sein Weibchen am Fremdgehen, indem es die Vagina der Partnerin mit einem Pfropf aus verdickter Samenflüssigkeit verschließt.

MIT TRICKS ZUM ZIEL KOMMEN

Solche seltsamen Sexualpraktiken findet man aber nicht nur bei Kleintieren, sondern gleichfalls bei Säugern. So hatten sich Forscher schon länger gewundert, warum **Lemurenmännchen** (Lemuriformes) und auch die Männchen der südamerikanischen **Totenkopfäffchen** (Saimiri sp.) kaum größer sind als Weibchen. Bei anderen Primaten ist der Unterschied nämlich meist deutlich, weil die Männchen kräftig genug sein müssen, um Kämpfe gegen Rivalen zu bestehen. Des Rätsels Lösung wurde erst kürzlich entdeckt. Die Männchen sichern sich durchaus Weibchen, aber nicht durch Kampfeskraft, sondern mit einem Trick: Sie verschließen die Vagina des Weibchens während der Paarung mit einem Pfropf aus verdickter Samenflüssigkeit. Dieser Klumpen verhärtet rasch und hindert Nebenbuhler am Begatten des Weibchens. Nur etwa zwei bis drei Tage muss der Pfropf halten, denn länger sind Lemurenweibchen zumeist ohnehin nicht empfängnisbereit.

Offenbar ist dieser Trick im Tierreich weit verbreitet. Selbst unser heimischer **Maulwurf** (Talpa europaea) wendet ihn an. Die Tiere leben normalerweise allein, und nur zur Paarungszeit traut sich ein Männchen in den Bau eines Weibchens. Prompt gibt es zunächst einen Kampf, aber schließlich siegt doch die Liebe. Und damit nach diesen anstrengenden Vorbereitungen kein Nebenbuhler eine Chance hat, hinterlässt das Männchen in der Scheide außer dem Sperma auch einen harzartigen Pfropfen, der sie mehrere Wochen lang verschließt.

Das Dreizehenmöwenweibchen animiert das Männchen eifrig zur Spermaproduktion, auch wenn der Befruchtungszeitpunkt noch gar nicht gekommen ist.

Immer nur das frischeste!

Die Weibchen der an vielen Meeresküsten der Nordhalbkugel verbreiteten **Dreizehenmöwe** (Rissa tridactyla) leben zwar nur mit einem einzigen Männchen zusammen und sind auch sehr treu – manchmal über Jahre hinweg –, und dennoch stoßen sie mitunter Sperma ihres Partners aus, nämlich dann, wenn zum Paarungszeitpunkt die Befruchtung von Eiern noch nicht möglich ist. Dann spritzen sie das Sperma ungefähr 90 Sekunden nach der Paarung aus ihrer Kloake über den Nestrand.

Das geschieht in den Wochen vor dem Befruchtungszeitpunkt meist mehrfach, denn die Damen erlauben ihrem Partner schon vorher die Paarung – vermutlich, um seine Spermaproduktion anzukurbeln und ihn besser an sich zu binden. Auffällig ist jedenfalls, dass die Weibchen sehr genau darauf achten, dass ihr Partner den Spermaausstoß nicht bemerkt. Erst etwa zwei Wochen, bevor das Weibchen mit dem Eierlegen beginnt, behält es das Sperma in seinem Körper.

Zwitter sein ist praktisch

Landlungenschnecken wie die **Weinbergschnecke** (Helix pomatia) sind Zwitter, tragen also männliche und weibliche Fortpflanzungsorgane im Körper. Allerdings befruchten sie sich keineswegs selbst. Wenn sich zwei Schnecken zur Paarung treffen, stechen sie zunächst zur Stimulation einen schleimigen „Liebespfeil" aus Kalk in den Fuß des Partners. Dann stülpt eine der beiden Schnecken den Penis aus, führt ihn in die Geschlechtsöffnung der anderen und entlässt ein Spermienpaket. Später, wenn die andere Schnecke ebenfalls begattet ist, legen beide Tiere Eier: Die mögliche Zahl der Nachkommen wird durch den Zwitter-Trick glatt verdoppelt.

Wussten Sie, dass...

...es Vogelweibchen gibt, die sich aus einer Samenbank bedienen?

Die Weibchen mancher Tierarten haben erstaunliche Entscheidungsmöglichkeiten bei der Paarung und Fortpflanzung – ganz abgesehen davon, dass meist sie es sind, die den Partner wählen. Manche Vogelweibchen, etwa die in Nordaustralien heimischen, leuchtend bunt gefärbten Gould-Amadinen (Chloebia gouldiae), paaren sich nacheinander mit mehreren Männchen. Sie bewahren dann deren jeweilige Samenspenden getrennt voneinander in ihrem Körper auf und entscheiden hinterher, wessen Samen sie zum Befruchten der Eier verwenden wollen. Nach welchen Kriterien sie dies tun, ist allerdings noch unbekannt.

Die männliche Sandgrundel bewacht das Nest, das sich unter der mit Steinchen beschwerten Muschel befindet.

Rabenväter mit Flossen

Manche Weibchen entscheiden sich bei der Partnerwahl nicht für den tollen Kerl, sondern für den, der sich bereits als fürsorglicher Vater erwiesen hat. Das ist zumindest bei den **Sandgrundeln** *(Pomatoschistus minutus)* so. Das sind kleine, vor allem in den Küstengewässern des Nordatlantiks heimische Fische. Zur Fortpflanzungszeit bauen die Männchen unter leeren Muschelschalen Nester, in die die Weibchen dann ablaichen. Anschließend sorgen die Männchen gut für die Eier: Sie verteidigen sie gegen Fressfeinde, tarnen sie mit Sand und fächeln mit den Brustflossen frisches Wasser heran. Doch das ist nur Schau, um die Weibchen zu beeindrucken. Wenden die sich nämlich ab, kümmern sich die Männchen nicht mehr um den Nachwuchs. Schlimmer: Sie knabbern an den Eiern, bisweilen fressen sie sogar einen Teil. Zwar gehen so Eier verloren, aber offenbar lohnt es sich für die Männchen mehr, das Wohlwollen künftiger Partnerinnen zu gewinnen und dadurch im Endeffekt mehr Nachkommen in die Welt zu setzen.

SPITZENLEISTUNG

Mit Totstellreflex die Kopulation erschleichen

Das Männchen der Listspinne *(Pisaura mirabilis)* verfügt über eine (aus menschlicher Sicht) besonders gemeine Methode, um ein Weibchen zu überrumpeln. Der Trick geht so: Das Männchen nähert sich dem Weibchen mit einem großen Appetithappen in den Kieferklauen. Kommt das Weibchen daraufhin näher, fällt das Männchen einfach um und stellt sich tot. Wenn das Weibchen dann begonnen hat, das Mitbringsel zu fressen, schiebt sich das Männchen unter das Weibchen und begattet es.

Fische, die lügen

Wie kann ein Männchen andere möglichst kampflos ausstechen? Der **Mexikokärpfling** (Poecilia mexicana) wird im Bedarfsfall zu einem erstaunlichen Trickser. Solange die Luft rein ist, wählen diese nur wenige Zentimeter langen Fische stets das größere unter mehreren anwesenden Weibchen. Eine gute Wahl, weil größere Weibchen meist besser genährte Nachkommen zur Welt bringen – die Mexikokärpflinge sind lebendgebärend.

Ganz anderes aber verhält sich das Männchen, wenn ein Konkurrent auftaucht. Dann interessiert es sich plötzlich entweder gar nicht mehr für die Weibchen oder es heuchelt plötzlich eine Vorliebe für kleinere Weibchen. Und weil es bei Fischen wie manchmal auch bei Menschen so ist, dass man sich vor allem für das interessiert, was ein anderer haben will, lenkt es den Konkurrenten auf eine falsche Fährte. Hat der sich schließlich für die kleinere Dame entschieden, nimmt sich der Trickser dann doch das größere Weibchen und erhöht damit seine Fortpflanzungschancen. Bleibt die noch ungeklärte Frage, warum die Konkurrenten darauf hereinfallen – eigentlich müssten die dafür zuständigen Gene längst zu deren Aussterben geführt haben, wenn sie die Nachkommenqualität verringern.

Seepocken sitzen zwar fest, können aber dank ihres langen Penis einen entfernten Geschlechtspartner begatten.

Fernbegattung

Seepocken (Balanidae) gehören zu den Krebsen, haben aber im Lauf der Evolution eine festsitzende Lebensweise entwickelt. Im Schutz eines dicken Kalkpanzers haften sie an Felsen, Muscheln, Walen oder auch Schiffen. Für die Fortpflanzung wirft das ein Problem auf: Wie kommen die Geschlechtspartner zusammen – oder wenigstens die Geschlechtszellen? Zwar sind Seepocken Zwitter, aber dennoch streben sie eine geschlechtliche Vermehrung an und haben das dafür nötige Organ bemerkenswert optimiert: Sie besitzen den im Vergleich zur Körpergröße wohl längsten Penis im Tierreich. Er kann bis zu fünf Zentimeter Länge erreichen – zehnmal so viel wie das Tier selbst. Die Seepocke tastet damit die Umgebung ab, bis sie einen Partner gefunden hat. Dank ziehharmonikaartiger Falten kann sich der Penis auf die Entfernung zum Nachbarn einstellen.

Die Form dieses wertvollen Organs ist abhängig vom jeweiligen Standort. Seepocken in ruhigen Buchten bilden längere und dafür dünnere Penisse aus, ihre in starker Brandung ansässigen Artgenossen dagegen kurze, stabilere. Weil den Tieren jedes Jahr ein Penis wächst, können sie sich sogar an wechselnde Umweltverhältnisse anpassen.

Ein ähnlich eindrucksvolles Sexualorgan entdeckten Forscher kürzlich am **Tiefseetintenfisch Onykia ingens**. Tintenfische haben aufgrund ihrer Körperform ein Problem mit der Paarung. Das hat *Onykia ingens* mit einem Penis gelöst, der im ausgefahrenen Zustand immerhin genauso lang ist wie das Tier selbst – im Durchschnitt ungefähr 65 Zentimeter. Bisher wusste man nur, dass Tintenfischarten, die in flacheren Gewässern leben, über einen modifizierten Arm, einen „Paarungsarm", verfügen, mit dem sie ihre Spermien durch die Haut des Weibchens schießen.

Wussten Sie, dass...
...sich Seeigellarven nach dem Ausschlüpfen selbst klonen?

Larven des Sanddollars (Dendraster excentricus), eines Seeigels mit abgeflachtem Gehäuse, sind aufs Höchste durch Fressfeinde gefährdet. Doch sie verringern das Risiko des Erbgutverlusts auf einzigartige Weise: Sie klonen sich, indem sie sich nach dem Ausschlüpfen teilen oder eine „Knospe" abschnüren. Auslöser dafür ist Fischschleim im Wasser – ein Signal, dass Fressfeinde in der Nähe sind. Die beiden neuen Larven sind genetisch identisch; wird eine gefressen, kann die andere immer noch das Erbgut retten.

GENAUER UNTERSUCHT

Jungfernzeugung

Partnersuche und Paarungsrituale nehmen viel Zeit in Anspruch, die manche Tierarten zur Zeugung von Nachkommen einfach nicht haben. Sie verzichten deshalb zumindest zeitweise auf sexuelle Fortpflanzung – und erreichen so ungeheure Vermehrungsraten.

Hintergrundbild: Das Wasserfloh-Weibchen braucht keinen Geschlechtspartner. Die Eier auf dem Rücken entwickeln sich ohne Befruchtung.

Der in Südostasien verbreitete Jungferngecko heißt so, weil es von diesen Reptilien nur Weibchen gibt.

Bisweilen kommt es in der Natur auf Schnelligkeit an. **Blattläuse** (Aphidoidea) konkurrieren mit anderen Pflanzenfressern und müssen in der Vegetationsperiode viele Nachkommen zur Welt bringen. Ähnlich eilig haben es **Wasserflöh**e *(Daphnia pulex)* in einem kurzlebigen Tümpel oder manche **Eidechsen** (Lacertidae), die nur den kurzen Sommer im Hochgebirge zur Verfügung haben. In solchen Fällen verzichten viele Tierarten auf sexuelle Vermehrung: Die Weibchen bringen ohne Befruchtung Junge hervor – ein Vorgang, der Jungfernzeugung oder Parthenogenese genannt wird.

Wasserflohweibchen zum Beispiel können bis zu 70 sogenannte Jungferneier bilden, aus denen wieder Weibchen schlüpfen, und so binnen zweier Wochen ihre Zahl leicht verhundertfachen. Auch vom unglaublichen Vermehrungstempo der Blattläuse kann jeder Gärtner ein Lied singen.

Männer würden bei diesem Tempo nur stören. Sie legen keine Eier, nehmen also nur Raum und Futter weg. Zudem verschlechtern sie das Betriebsklima: Männchen sind meist aggressiver. Parthenogenetisch entstandene, eng verwandte Weibchen leben jedenfalls friedlicher auf engem Raum zusammen als Tierarten mit Männchen und Weibchen.

Keine Seltenheit

In der Natur ist Parthenogenese gar nicht so selten. Vor allem kleinere Lebewesen wie manche Bärtierchen, Milben, Fadenwürmer, Skorpione, Krebse, Schnecken, Echsen sowie einige Fische und Vögel nutzen diese Methode. Und bei **Honigbienen** *(Apis mellifera)* entstehen Drohnen, also männliche Bienen, aus unbefruchteten Eizellen. Bei Säugetieren dagegen hat man bisher keinen einzigen natürlichen Fall von Jungfernzeugung entdeckt.

Allerdings hat die Parthenogenese einen Nachteil, weshalb sie sich auch nicht allgemein durchgesetzt hat: Alle so entstandenen Tiere sind genetisch gleich. Bei konstanten Umweltbedingungen ist das kein Problem – doch bei Veränderungen, die Anpassungen erfordern, wäre der Fortbestand der Art gefährdet. Deshalb können viele Arten zwischen sexueller und parthenogenetischer Vermehrung wählen. Blattläuse und Wasserflöhe zum Beispiel bilden im Herbst auch Männchen aus. Die Tiere paaren sich, und die Weibchen legen dann hartschalige Dauer-

MIT TRICKS ZUM ZIEL KOMMEN

eier, die den Winter überstehen. So profitieren diese Tiere von den Vorteilen beider Fortpflanzungswege. Manche Arten aber kommen vollständig ohne Männchen aus. Die südamerikanische **Ameise** *Mycocepurus smithii* zum Beispiel hat Männchen ganz abgeschafft. Auch manche Geckos sind rein weiblich, etwa der **Jungferngecko** *(Lepidodactylus lugubris)*. Das kommt den Tieren bei der Verbreitung zugute: Wird ein Einzeltier in eine neue Region verschlagen, kann es allein eine Kolonie gründen.

Im Grunde ist Parthenogenese eine reduzierte Form der geschlechtlichen Fortpflanzung. Normalerweise teilt sich eine Eizelle nicht, solange sie nicht befruchtet ist. Doch die Natur hat Wege gefunden, diese selbst geschaffene Blockade zu überwinden. So muss bei manchen **Guppys** *(Poecilia reticulata)* zwar eine Samenzelle ins Ei eindringen, um die Teilung anzuregen, aber das männliche Erbgut geht dann gleich zugrunde. Beim **Amazonenkärpfling** *(Poecilia formosa)* nutzen die Weibchen zur Eiteilung Sperma einer verwandten Art. Wenn die Fremdspermien die Eihülle erreichen, können sie zwar nicht eindringen, lösen aber die Eientwicklung aus. Die Nachkommen sind dann zwangsläufig weiblich.

Eier machen aggressiv

Weibchen entwickeln mitunter recht eigenartige Tricks, um das jeweils stärkste Männchen zum Vater ihrer Nachkommen zu küren. Das gilt besonders für Weibchen der **Kalmar-Art** *Loligo pealei,* die an den nordamerikanischen Atlantikküsten häufig vorkommt. Im Frühjahr paaren sich die Weibchen dieser Tintenfische mit unterschiedlichen Männchen und setzen mehrfach Eier ab. Dabei bevorzugen sie Partner, die aus Rivalenkämpfen als Sieger hervorgehen. Aber welcher Mechanismus löst diese Rivalenkämpfe aus? Da haben die Weibchen sozusagen ihre Hand im Spiel. Durch chemische Untersuchungen an den Eiern fand man nämlich heraus, dass die Weibchen deren Oberfläche mit einem Eiweiß imprägnieren, das als Pheromon fungiert und bei den Männchen aggressives Verhalten auslöst. Wenn ein Kalmar nun Eier sieht, die von einem Weibchen abgesetzt wurden, schwimmt er so rasch wie möglich auf diese zu, berührt sie – und plötzlich entfaltet das Pheromon seine Wirkung: Das ursprünglich noch friedliche Männchen geht aggressiv auf seine Artgenossen los.

Da das aktivste, fitteste und deshalb zuerst bei den Eiern eintreffende Männchen als erstes die Umwandlung in einen Kämpfer durchmacht, ist es seinen Artgenossen überlegen und nimmt nun einen höheren Platz in der Hierarchie ein. So empfiehlt es sich dem Weibchen als Partner für die nächste Besamung.

Das Männchen der Kalmar-Art *Loligo pealei* wird aggressiv, wenn es Pheromone von Eiern wahrnimmt.

Auf ewig dein?

Die lebenslange Einehe ist zwar in menschlichen Gesellschaften häufig, aber im Tierreich die Ausnahme. Denn je nach den Anforderungen der Umwelt kann eine andere Lebensweise sinnvoller sein, und außerdem haben Männchen und Weibchen oft sehr unterschiedliche Interessen, was die Zeugung und die Pflege der Nachkommenschaft angeht. Das führt zu unterschiedlichen Partnerschaftsmodellen.

Monogamie in allen Spielarten

Ob Tierarten die Einehe (Monogamie) oder andere Formen des Zusammenlebens wählen, ist oft erstaunlich schwierig zu ermitteln. So ziehen die Eltern zwar bei vielen scheinbar monogamen Arten gemeinsam die Jungen auf, gehen aber oft (und meist heimlich) fremd. In den letzten Jahren wiesen aufwendige Freilandbeobachtungen und Gentests dieses Verhalten bei vielen Arten nach, die bis dahin als Muster der Monogamie gegolten hatten. So leben zum Beispiel weder **Elefanten** noch **Gibbons** (Hylobatidae) in Einehe, wie es bisher die Lehrmeinung war, und überhaupt stellte sich die Treue zu einem Partner als ausgesprochen seltenes Phänomen heraus. Zudem gibt es zahlreiche Übergänge. Viel häufiger als die permanente Einehe – gemeinsam leben bis zum Tod – ist zum Beispiel die saisonale Einehe, auch serielle Monogamie genannt. Hier leben die Geschlechtspartner nur so lange zusammen, bis die Nachkommen selbstständig sind, und suchen sich für die nächste Fortpflanzungssaison neue Partner.

Besonders bei Säugetieren ist die permanente Einehe ausgesprochen selten. Eines der wenigen Beispiele sind die **Indris** (Indri indri), die größten der auf Madagaskar lebenden Lemuren. Sie ernähren sich von Blättern und durchstreifen ihre Reviere in kleinen Gruppen, meist ein Elternpaar mit seinem Nachwuchs. Immerhin hat diese eheliche Treue die Tiere bis vor kurzem vor dem Bejagen geschützt: Die Madagassen glaubten, in ihnen lebten die Seelen Verstorbener weiter.

Indri-Paare bleiben lebenslang beieinander und bilden mit ihrem Jungen eine Familie, bis dieses selbstständig ist.

Lange Verlobungszeit

Die sehr langlebigen **Albatrosse** (Diomedeidae) lassen sich mehrere Jahre Zeit zum Kennenlernen, bis sich zwei Partner fest aneinander binden. Oft baut das Männchen sogar schon lange vor der Paarung ein Nest inmitten einer Albatroskolonie und führt mit dem Weibchen seine Balztänze auf. Die Vögel heben dabei gleichzeitig die Köpfe, berühren sich mit den Schnäbeln, äußern quietschende Rufe, berühren das Gefieder des Partners und breiten ihre Flügel aus. Dennoch kann es, selbst wenn das Weibchen eigentlich schon zugestimmt hat, noch ein bis zwei Jahre dauern, bis es sich zum Nest des Männchens führen lässt, dort mit ihm tanzt und schließlich mit ihm brütet. Inzwischen ist das Weibchen etwa zehn Jahre alt.

Diese komplizierte und langwierige wechselseitige Prüfung hat einen guten Grund: Das Weibchen legt nur ein einziges Ei, das rund elf Wochen abwechselnd von beiden

Partnern bebrütet wird; der jeweils andere fliegt währenddessen auf Nahrungssuche umher und entfernt sich dabei einige hundert Kilometer vom Nest – das ist nicht viel für Albatrosse. Ist das geschlüpfte Küken schon etwas größer, wird es von den Eltern für einige Tage oder bis zu zwei Wochen allein gelassen. Mutter und Vater gehen getrennt auf Futtersuche und sind dabei mehrere tausend Kilometer unterwegs. Rund zehn Monate dauert diese anstrengende Zeit, und die Tiere müssen dabei insgesamt über 70 Kilogramm Nahrung herbeischleppen. Erst dann ist das Junge selbstständig. Deshalb legen die Weibchen größerer Albatrosarten nur etwa alle zwei Jahre ein Ei.

Da Männchen und Weibchen oft lange Zeit und viele tausend Kilometer voneinander getrennt sind, müssen sie sich aufeinander verlassen können. Sie paaren sich immer mit demselben Partner, nur wenn einer von beiden stirbt, wählen sie einen neuen.

In Treue fest

Berühmt ist die Treue bei **Schwänen.** Sie suchen sich meist im Alter von etwa zweieinhalb Jahren einen Partner fürs Leben. Das Paar lebt dann mehrere Jahre zusammen und prüft die Ressourcen und Gefahrenquellen des Reviers, bevor es brütet. Denn das Aufziehen der Jungen ist mit besonders viel Mühe verbunden und funktioniert nur dann gut, wenn die Partner sich und ihre Umgebung gut kennen. Entsprechend schwierig ist es etwa für einen **Höckerschwan** *(Cygnus olor)*, nach dem vorzeitigen Tod seines Partners eine neue Bindung einzugehen.

Solche Probleme scheinen auch bei **Dreizehenmöwen** *(Rissa tridactyla)* eine Rolle zu spielen. Hier trennen sich zwar die Partner nach der Brutzeit für viele Monate und gehen getrennt auf Nahrungssuche, aber danach finden sie häufig wieder zusammen. Allerdings fast nie, wenn sie bei ihrer ersten Brut Pech hatten, obwohl dafür oft äußere Umstände verantwortlich sind. Denn leicht fallen Jungvögel aus dem in einer Felswand gebauten Nest. Hat ein Paar aber bereits einmal erfolgreich gebrütet, nimmt es meist auch einen Misserfolg ohne Trennung hin.

Sehr eng ist das Zusammenleben der **Präriewühlmaus-Paare** *(Microtus ochrogaster)*. An sich sind kleine Nager keineswegs monogam veranlagt, im Gegenteil. Bei dieser Art aber ist es anders. Haben sie sich einmal gefunden, will keiner der Partner mehr etwas von anderen Artgenossen wissen. Dafür stecken sie fast ständig zusammen, kuscheln sich aneinander, lecken sich gegenseitig das Fell und erledigen natürlich auch Futtersuche, Nestbau und

Höckerschwäne sind das berühmteste Beispiel für lebenslange Partnerschaft und absolute Treue im Tierreich.

Aufzucht der Nachkommen gemeinsam. Der Sinn des Zusammenhalts: Ein Paar kann den Nachwuchs weit besser gegen Fressfeinde verteidigen als Einzeltiere. Bewirkt wird dieses Verhalten von Oxytocin, einem Hormon, das bei vielen Lebewesen, auch beim Menschen, für emotionale Bindung sorgt. Bei der rund 24 Stunden dauernden ersten Paarung der Präriewühlmäuse wird es ausgeschüttet und ist offenbar so dauerhaft wirksam, dass die Tiere fortan aufeinander fixiert sind.

MUTTER, VATER, KINDERSEGEN

Schimpansenjunge haben unterschiedliche Väter. Das scheint die Männchen einer Gruppe zu veranlassen, alle Kinder vor Übergriffen anderer Weibchen zu schützen.

Mit wechselnden Partnern

Die Einehe ist für Säugetiere ein eher risikoreicher Lebensstil und deshalb auch sehr selten. So sind monogam lebende Antilopen, z. B. das **Kirk-Dikdik** *(Madoqua kirkii)* viel stärker vom Aussterben bedroht als Arten, bei denen wenige Männchen jeweils mehrere Weibchen haben, etwa Büffel. Es zeigte sich sogar, dass neben der geografischen Isolation, die Blutauffrischung und Zuwachs durch Einwanderer verhindert, das Sexualverhalten den zweitgrößten Risikofaktor für das Überleben einer Tierart darstellt. Die Gründe dafür sind noch nicht wirklich geklärt. Vielleicht sind kleine Familiengruppen stärker gefährdet, weil die Jungen schon bei Verlust eines Elternteils schutzlos sind und auch kein anderes Männchen den Platz einnehmen kann, wenn bereits alle an einen Partner gebunden sind. Haremsgruppen hingegen sind stets größer, zudem gibt es in solchen Tiergruppen auch immer Junggesellen, die beim Ausfall eines Männchens einspringen können.

Entgegen allen Erwartungen zeigten Untersuchungen, dass bei manchen Tierarten die Alphamännchen, also die Ranghöchsten, gar nicht besonders viele Nachkommen zeugen. Das liegt vermutlich am anstrengenden Leben der Ranghohen, die ständig ihre Weibchen bewachen, andere Männchen abwehren und die Gruppe beschützen müssen. Da kommen rangniedere Männchen schon mal zum Zuge, und die Weibchen sind oft ihrerseits nicht abgeneigt.

Untreue kann auch Leben schützen. **Schimpansinnen** *(Pan troglodytes)* zum Beispiel paaren sich stets mit mehreren Partnern. Sie stoßen dazu immer wieder Werberufe aus, um möglichst viele Männchen nacheinander zu sich zu locken. Forscher hatten zunächst angenommen, die Weibchen wollten mit diesen Rufen die Männchen zu Rivalenkämpfen anstacheln. Genauere Untersuchungen legen aber eine andere Erklärung nahe. Bei vielen Primaten vergreifen sich nämlich Alttiere an den Jungen. Oft sind Männchen die Übeltäter, die dadurch die Mutter rascher wieder als Sexualpartnerin gewinnen wollen – muss sie nicht stillen, kann sie eher wieder gebären. Doch kürzlich zeigte sich, dass es oft Weibchen sind, die die Kinder anderer Weibchen töten. Wenn sich nun aber ein Weibchen mit mehreren Männchen gepaart hat, kommt jedes davon als Vater infrage, und jeder der möglichen Väter wird daher bestrebt sein, das Jungtier vor angreifenden Weibchen zu schützen. Dieser Schutz kann für das Affenbaby angesichts aggressiver Schimpansinnen überlebenswichtig sein.

SPITZENLEISTUNG

Paarung bis in den Tod

Die exzessivsten Geschlechtsakte im Tierreich vollziehen Breitfuß-Beutelmäuse *(Antechinus agilis)*. Sie paaren sich nur einmal im Jahr – dann aber richtig: Die Männchen versammeln sich in Baumnestern, wo die Weibchen sie besuchen, und dann beginnt ein mehrere Tage dauerndes Gerammel mit wechselnden Partnern. Die Weibchen speichern das Sperma der Männchen in ihren Eileitern. Nicht ohne Grund: Nach der Sexorgie rafft es alle Männchen dahin. Sie sterben an Krankheiten, letztlich aber an einem Zusammenbruch ihres Immunsystems. Nur die Weibchen leben weiter. Dabei kommt ihnen das frühe Hinscheiden der Männchen gelegen: Sie fallen als Nahrungskonkurrenten aus.

Garantie für genetische Vielfalt

Im Gegensatz zu anderen Großkatzenweibchen gehen **Gepardinnen** (Acinonyx jubatus) oft fremd. Das zeigten Untersuchungen am Kot von Jungtieren: Die Hälfte der Tiere stammte von verschiedenen Vätern. Zunächst waren die Forscher erstaunt, denn das Fremdgehen ist für Gepardenweibchen nicht so einfach: Es muss weite Strecken zurücklegen, um ein anderes Männchen zu finden, und setzt sich dabei zahlreichen Gefahren aus. Doch der Vorteil überwiegt: Dank der Seitensprünge kann die Gepardin Junge mit größerer genetischer Vielfalt zur Welt bringen und damit deren Überlebenschancen erhöhen.

Einen mindestens ebenso guten Grund für die Paarung mit mehreren unterschiedlichen Partnern haben amerikanische **Schaufelfußkröten** (Scaphiopodidae). Sie leben an Tümpeln in eher trockenen Gebieten. Solche Tümpel entstehen sporadisch nach größeren Regenfällen, trocknen aber nach einigen Wochen wieder aus. Zwar können sich die erwachsenen Kröten für längere Zeit eingraben, aber ihre Kaulquappen wären ohne Wasser verloren. Wenn ein flacher Wasserstand das Austrocknen ankündigt, paaren sich deshalb die Weibchen des **Flachland-Schaufelfußes** (Spea bombifrons) nicht mit ihren männlichen Artgenossen, sondern vor allem mit Männchen des nahe mit ihnen verwandten **Gebirgs-Schaufelfußes** (Spea multiplicata). Die aus dieser Verbindung entstehenden Kaulquappen sind etwas weniger fortpflanzungsfähig und auch nicht so lebenstüchtig – doch sie reifen rascher heran, und das kann in diesem Fall das Überleben sichern.

Auch der Wurf einer Gepardin hat nicht immer nur einen Vater. Das erhöht die genetische Vielfalt der Nachkommen und hält zudem die Männchen davon ab, ein Junges oder mehrere zu töten – es könnten ja die eigenen sein.

Schnelle Seitensprünge

Frühere Beobachtungen schienen zu belegen, dass etwa 90 Prozent aller Vogelarten monogam leben. Erst als Vogelforscher den Nachwuchs im Nest mithilfe von genetischen Untersuchungen „Vaterschaftstests" unterzogen, wandelte sich das Bild. Bei höchstens einem Zehntel der untersuchten Arten stammten die Nachkommen von nur einem einzigen Männchen. **Tannenmeisen** (Parus ater) zum Beispiel erwiesen sich als besonders eifrige Fremdgeher. Bei der ersten Brut im Mai ist bei ihnen etwa jedes dritte Junge Resultat eines Seitensprungs, bei Zweit-Bruten im Juni sogar jedes zweite. Besonders ältere Vogelmännchen erwiesen sich als erfolgreiche Casanovas. Möglicherweise sind sie besonders begehrt, weil sie schon längere Zeit überlebt haben und damit besonders lebenstüchtige Gene versprechen. Das eigene Weibchen, auch das zeigten Untersuchungen, wird dabei keineswegs vernachlässigt – das Männchen zeugt mit ihr nicht weniger Nachkommen.

Für die Vogelforscher war die starke Neigung zum Fremdgehen zunächst überraschend. Denn zuvor hatte man angenommen, dass beide Vogeleltern mit dem anstrengenden Herbeitragen von Futter beschäftigt sind. Für Seitensprünge bleibe da keine Zeit. Immerhin müssen zum Beispiel Meiseneltern pro Tag mehrere hundert Mal mit vollem Schnabel das Nest anfliegen und sind entsprechend erschöpft. Ein Weibchen, das fremdgeht, verringere außerdem den Eifer ihres Partners, meinte man, und gefährde so den Bruterfolg. Dass Männchen fremdgehen, leuchtete dagegen eher ein: Sie können durch Seitensprünge ihren eigenen Fortpflanzungserfolg vergrößern.

Doch man stellte fest, dass auch die Weibchen durch Seitensprünge Vorteile haben. Zwar erhöht sich nicht die Zahl ihrer Eier, aber deren genetische Vielfalt. So zeigten Untersuchungen an **Zaunkönigen** (Troglodytes troglodytes), dass die Weibchen beim Fremdgehen durchaus eine Wahl treffen: Sie bevorzugen möglichst auswärtige Männchen, die also etwas andere Gene besitzen.

Bei **Blaumeisen** (Cyanistes caeruleus) zeigte sich ebenfalls, dass die aus Seitensprüngen hervorgegangenen Jungvögel eine bessere und vielfältigere genetische Ausstattung aufwiesen und überdurchschnittlich häufig den folgenden Winter überstanden. Und das ist nicht einfach – in der Regel erleben von den etwa 13 Jungvögeln eines Blaumeisensommers höchstens zwei den Frühling.

Zaunkönige sind kein Muster an Treue. Männchen haben ein Interesse daran, ihr Erbgut weit zu streuen, Weibchen sorgen durch Fremdgehen für die Weitergabe von Genen, die besonders lebenstüchtigen Nachwuchs versprechen.

AUF EWIG DEIN?

Unter Temminck-Strandläufern ist eine besondere Form der Bigamie üblich: Weibchen und Männchen paaren sich pro Jahr mit je zwei Partnern und brüten auch je zwei Gelege aus.

Freie Liebe

Weibchen treffen die Auswahl ihres Partners meist unter Zeitdruck. Stellt sich die Entscheidung im Nachhinein als doch nicht so glücklich heraus, können aus Seitensprüngen mit besseren Männchen widerstandsfähigere Nachkommen hervorgehen. Tatsächlich ergaben Beobachtungen, dass Weibchen mit größeren und älteren Partnern selten fremdgingen, solche mit weniger attraktiven Männchen aber öfter mal in Nachbarrevieren zu finden waren.

Seitensprünge müssen durchaus nicht heimlich geschehen. Beim **Temminck-Strandläufer** (Calidris temminckii) etwa, einem nordeuropäischen Schnepfenvogel, paart sich ein Weibchen mit einem Männchen und hinterlässt diesem ein Nest voller Eier zum Bebrüten. Im Anschluss daran sucht es sich ein weiteres Männchen und legt erneut ein Nest voller Eier. Dieses Gelege aber brütet es selbst aus. Das erste Männchen wiederum kann sich nach Aufzucht der Jungen mit einem anderen Weibchen einlassen. Es paart sich also jedes Weibchen mit zwei Männchen und jedes Männchen mit zwei Weibchen – ein Verhalten, das sukzessive Bigamie genannt wird.

Freilich sind Vögel und auch manche andere Tiergruppen keineswegs auf eine bestimmte Art der Partnerschaft festgelegt. Sie können zum Beispiel auf wechselnde Umweltbedingungen reagieren. Besonders die **Heckenbraunelle** (Prunella modularis) erweist sich dabei als sehr flexibel. Sowohl die Weibchen als auch die Männchen dieser Vogelart besetzen Reviere, wobei die Größe der Weibchenreviere von der Verfügbarkeit von Nahrung abhängt. Die Männchen hingegen besetzen ein Revier, das sie gerade noch verteidigen können.

Ist ein Weibchenrevier so groß, dass ein Männchen das Eindringen von Konkurrenten verhindern kann, leben die Vögel in Monogamie und teilen sich die Brutarbeit. In nahrungsreichen Regionen aber sind Weibchenreviere sehr klein – dann ist ein einzelnes Männchen durchaus in der Lage, die Reviere von zwei Weibchen zu verteidigen, um seinen Fortpflanzungserfolg zu erhöhen. Manchmal teilen sich auch zwei Männchen drei Weibchen.

In nahrungsärmeren Gebieten muss ein Revier dagegen sehr groß sein, um ein Weibchen zu ernähren – so groß, dass zwei Wächter nötig sind. Dann teilen sich zwei Männchen ein Weibchen. Sie helfen auch beide bei der Futterbeschaffung und stellen auf diese Weise den eigenen Fortpflanzungserfolg sicher.

GUTE FRAGE!

Gibt es bei Vögeln Mischlinge?

Bei Vogelarten, die sich genetisch nicht völlig getrennt haben, gibt es tatsächlich Mischlinge. Trauerschnäpper (Ficedula hypoleuca) und Halsbandschnäpper (Ficedula albicollis) etwa wurden durch geografische Trennung während der Eiszeit zu eigenen Arten, doch heute überlappen sich ihre Verbreitungsgebiete, und es kommt zu Mischverpaarungen. Allerdings sind die Weibchen der daraus hervorgehenden Mischlinge unfruchtbar. Die Männchen können zwar Nachkommen zeugen, sind aber bei den artreinen Weibchen bestenfalls zweite Wahl. Das treibt die Trennung der beiden Populationen voran und ist ein Beispiel dafür, wie eine Vermischung verwandter Arten verhindert wird.

GENAUER UNTERSUCHT

Vermehrungsstrategien

Lebensräume verändern sich häufig – da ist Anpassung gefragt, wenn man überleben und die eigene Art vermehren will. Für viele Lebewesen, ob Pflanzen oder Tiere, stellen solche Veränderungen eine Chance dar, und sie zögern nicht, sie zu nutzen.

Die Erde ist ständigem Wandel unterworfen. Veränderungen sind häufig, auch im kleinen Maßstab: Nach einem langen Regen haben sich Pfützen gebildet, ein Hangrutsch hat Felsgestein entblößt, ein umgefallener Waldbaum hat eine Lichtung geschlagen, ein Teich ist trockengefallen und hat kahle Uferzonen freigelegt. Bisweilen steigen sogar völlig neue Vulkaninseln aus dem Meer. Auch der Mensch hilft bei der Veränderung der Erdoberfläche kräftig mit, indem er durch Baumaßnahmen oder Pflügen unbewachsenen Boden nach oben bringt oder Teiche aushebt. Kriege hinterlassen Trümmergrundstücke, politische Maßnahmen wie einst die Todeszonen an der innerdeutschen Grenze Brachflächen.

Pionierpflanzen

Einige Arten von Pflanzen und Tieren sind geradezu darauf eingerichtet, solche neuen Lebensräume rasch zu erobern. In der Regel sind das solche, die in kürzester Zeit sehr viele Nachkommen produzieren können. Brachflächen zum Beispiel werden umgehend vom **Kanadischen Berufkraut** (*Conyza canadensis*) erobert. Jede dieser Pflanzen kann etwa 25 000 Früchte produzieren, die der Wind weit umherträgt. Auch der **Löwenzahn** (*Taraxacum officinale*) und der **Klatschmohn** (*Papaver rhoeas*) produzieren unglaublich große Samenmengen. Kein Wunder daher, dass etwa frisch gedüngte Wiesen im Gelb von Löwenzahnblüten und neue Autobahnböschungen alsbald im Rot unzähliger Klatschmohnblüten leuchten. Andere Pionierpflanzen sind **Algen**, die Pfützen schon nach wenigen Tagen grün färben, zahlreiche Grasarten und vor allem **Flechten** (Lichen), die an schwierigen Standorten – etwa auf nacktem Gestein – die Erstbesiedler stellen und den Boden für höhere Pflanzen bereiten. Bei den Holzgewächsen sind es **Birken** (*Betula sp.*), **Salweiden** (*Salix caprea*) und **Hasel** (*Corylus avellana*), die sich dank ihrer vom Wind verwehten Samen in kürzester Zeit auf freien Flächen breitmachen.

r- und K-Strategen

Zu den Pionieren zählen neben Pflanzen auch Tiere, und zwar in erster Linie solche, die bei ihrer Fortpflanzung auf eine hohe Reproduktionsrate setzen, was r-Strategie genannt wird (r von Reproduktion). Sie sind meist klein, werden früh fruchtbar und produzieren eine große Zahl an Nachkommen. Dafür investieren die Eltern weder in Samen oder Eier noch in die Nachkommen viel Energie – „viel und schnell" lautet die Devise. Das hilft nicht nur beim Erschließen neuer Ressourcen, es erhält die Art trotz einer großen Zahl an Fressfeinden. Zu den r-Strategen zählen zum Beispiel die **Mäuse**. Ein Mäusepärchen (*Mus sp.*) kann in einem Jahr Hunderte von Nachkommen haben, ein **Kabeljauweibchen** (*Gadus morhua*) entlässt pro Jahr über sechs Millionen Eier ins Meer, und zahlreiche Insekten wie Blattläuse, Fliegen und Ameisen setzen ebenfalls zahllose Nachkommen in die Welt.

Allerdings setzt die Natur der Massenvermehrung Grenzen. Die r-Strategen sind in aller Regel dem Konkurrenzdruck der Lebewesen nicht gewachsen, die ihnen folgen: Das sind die K-Strategen

Die Salweide siedelt sich als eines der ersten Gehölze auf Brachflächen an.

Hintergrundbild: Das Kanadische Berufkraut ist ebenfalls eine sogenannte Pionierpflanze.

AUF EWIG DEIN?

Sechs Millionen Eier pro Jahr entlässt ein Kabeljauweibchen ins Meer. Die schiere Masse sorgt für das Überleben der Art.

(K von Kapazität). Die Vertreter dieser Gruppe setzen nicht auf Quantität, sondern auf Qualität: Sie sind meist größer, leben länger, weisen oft ein größeres Gehirn auf und haben zwar weniger Nachkommen, investieren aber in diese viel Energie und Zeit. Typische K-Strategen sind die größeren Säugetiere: Ein **Orang-Utan** braucht acht bis neun Monate, um ein einziges Junges auszutragen, ein **Blauwal** elf Monate – und der höchstentwickelte Primat, der **Mensch,** neun Monate.

Manche Arten wie etwa **Wiesel** (Mustela nivalis) können zwischen beiden Fortpflanzungsmethoden wechseln – wenn die Tragfähigkeit eines Lebensraums erreicht ist, schalten sie auf K-Strategie um. Selbst Tiere, bei denen Jungfernzeugung auftritt, können dann auf sexuelle Vermehrung umstellen. Blattläuse beispielsweise bilden dann geflügelte Männchen und Weibchen aus und können so auch neue Lebensräume erreichen. Haben erst einmal K-Strategen einen Lebensraum übernommen, bleibt die Zahl der Lebewesen meist ungefähr konstant, nämlich etwa an seiner Kapazitätsgrenze: Es ist ein Gleichgewicht eingetreten.

Lass uns eins sein!

Keine Probleme, ein Männchen zu finden, haben weibliche **Tiefseeanglerfische** (Ceratioidei). Sie müssen nicht einmal nach einem suchen – es sind die Männchen, die zu den Weibchen kommen, denn sie sind mit einem guten Geruchssinn und großen Augen ausgestattet. So können sie sich in der dunklen Tiefsee zwischen 1000 und 4000 Metern Tiefe zurechtfinden und die Lichtsignale der Weibchen entdecken, mit denen diese Beutetiere anlocken. Etwas einfacher wird die Suche dadurch, dass die Weibchen weitaus größer sind als die Männchen – bei der Art **Ceratias holboelli** sind die Weibchen sogar 60-mal größer.

Wenn dann ein Männchen auf ein Weibchen trifft, verbeißt es sich in ihm – auf Dauer. Mit der Zeit verwachsen beide Fische vollständig: Die Häute verschmelzen, sogar die Blutkreisläufe verkoppeln sich. Das ist auch nötig, denn das Männchen könnte sich nicht mehr selbstständig ernähren – es ist zu einem, wie es die Biologen nennen, Sexualparasiten geworden. Bei den Männchen mancher Arten bilden sich zudem nach und nach die inneren Organe zurück – bis auf die Hoden, die die Eier des Weibchens befruchten. Ein lebenslanger Bund: Stirbt das Weibchen, ist auch das Leben des Männchens zu Ende.

Bei mehreren Tiefseeanglerfisch-Arten können die weiblichen Tiere sogar mehrere Männchen aufnehmen: Bis zu acht hat man schon gefunden. Vielleicht dient dies als zusätzliche Sicherheit für den Fall, dass ein Männchen stirbt – in der einsamen Tiefsee fände das Weibchen wohl nicht so rasch ein neues.

Das Tiefseeangler-Männchen verwächst mit der Zeit mit dem großen Weibchen und ist allein nicht mehr überlebensfähig. Seine einzige Aufgabe ist die Befruchtung.

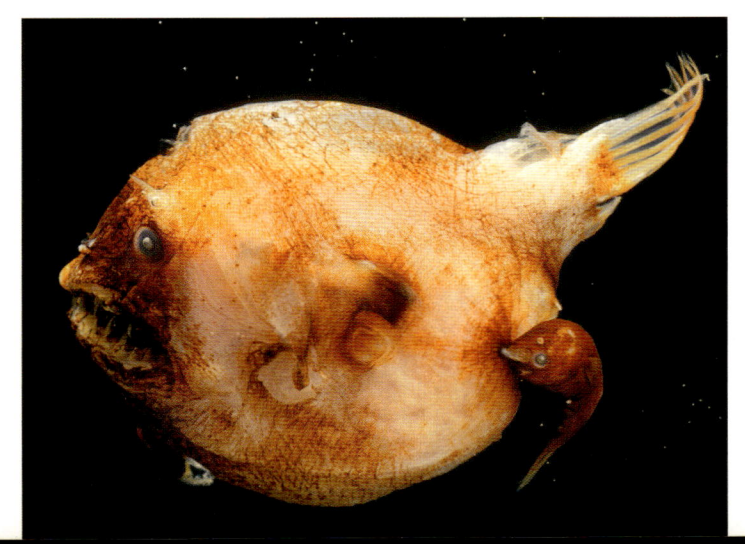

MUTTER, VATER, KINDERSEGEN

Fest verwurzelt die eigene Art verbreiten

Im Gegensatz zu Tieren, von denen die meisten mobil sind und sich einen Partner für die Fortpflanzung suchen können, sind Pflanzen nur in den seltensten Fällen in der Lage, ihren Standort zu verlassen, um ihre Gene möglichst weit zu streuen. Doch auch standortfeste Lebewesen haben dafür Lösungen.

Die zu den Amaryllisgewächsen gehörenden Brunsvigien verbreiten ihren Samen, indem der gesamte Blütenstand abbricht.

Vom Winde getrieben

Jeder kennt einen der wichtigsten Unterschiede zwischen Pflanze und Tier: Die Pflanze ist ortsfest, sie kann nicht umherlaufen. In der Regel muss sie das auch nicht, denn Energie gewinnt sie aus Luft und Licht, und weitere Nährstoffe sowie Wasser zieht sie aus dem Boden. Und dennoch sind Pflanzen beweglich – oder genauer: Sie streuen ihr Erbmaterial aus. Und damit das funktioniert, verpacken sie es sicher in Samen, die zusätzlich für den jeweils besten Weg der Verbreitung ausgerüstet werden.

Die einfachste und vielleicht urtümlichste Art der Samenverbreitung erfolgt mithilfe des Windes. Ein anschauliches Beispiel dafür ist die **Echte Rose von Jericho** *(Anastatica hierochuntica),* eine kleine krautige Pflanze, die in den Wüsten des Nahen Ostens und Nordafrikas vorkommt. Dort regnet es nur selten, meist ist der Boden viele Monate lang trocken. Diesen widrigen Verhältnissen trotzt die Pflanze. Sie wurzelt nur schwach in der Erde, und wenn sie austrocknet, rollen sich ihre Blätter zu einer Art Kugel zusammen – das ist ein physikalischer Vorgang, die Pflanze steuert ihn nicht aktiv, denn sie ist dann bereits eingegangen. Aber die Kugel umschließt auch die Samen – und die sind noch keimfähig. Ein starker Windstoß genügt nun, die Pflanze von der schwachen Wurzel abzureißen und sie davonrollen zu lassen. Im Lauf der folgenden Monate oder sogar Jahre ist sie nun ein Spielball des Windes und verstreut dabei unterwegs ihre Samen. Feuchtet der nächste Regen den Boden an, keimen diese sofort aus.

Die erfolgreichsten Windläufer aber besitzen wohl die **Brunsvigien,** die in der Sukkulenten-Karoo vorkommen – das ist eine küstennahe Halbwüste, die den Südwesten Namibias und den nördlichen Teil der südafrikanischen Westkap-Provinz umfasst. In der Trockenzeit ist nicht viel von der Pflanze zu sehen, doch wenige Wochen nach einem kräftigen Regen schiebt sie einen Stängel aus dem Boden und entfaltet einen prächtigen Blütenstand aus über zwei Dutzend rosaroten Einzelblüten. Nach der Bestäubung vertrocknen die Blüten zu bräunlichen löffelartigen Gebilden, die die Samen enthalten. Die Samen werden aber nun nicht einfach verstreut. Vielmehr hat der Stängel eine Sollbruchstelle. Weht ein kräftiger Wind, reißt er das ganze kugelige Gebilde ab und treibt es über den Boden.

Mit Flughilfen ausgerüstet

Geniale Erfindungen der Natur verstecken sich nicht selten in ganz unspektakulären Pflanzen. Der winzige Same des **Löwenzahns** *(Taraxacum officinale)* hängt an einem Stiel, den ein kreisförmiges Büschel feinster Härchen krönt. Ein Windstoß trägt dieses fallschirmartige Gebilde hoch empor, und bei gutem Wind reist es mehrere Kilometer weit. Allerdings erleben längst nicht alle Samen solche Flugstrecken: Dass sie wenige Zentimeter über dem Boden starten müssen, bremst die Fallschirmchen doch sehr aus. Nur etwa jeder hundertste Samen fliegt über die eigene Wiese hinaus – aber auch das ergibt eine ungeheure Anzahl, denn eine nur einen Hektar (100 × 100 Meter) große Löwenzahnwiese produziert nicht weniger als 140 Millionen Fallschirmchen.

Feine Haare als Flughilfe haben sich bewährt, und mehrere Pflanzenarten nutzen die Methode. So sollen die weißen, watteartigen Büschelhaare der **Baumwolle** *(Gossypium sp.)* deren Samen forttragen. Auch die **Wollgräser** *(Eriophorum sp.)* setzen auf diese Verbreitungsart. Und besonders gut fliegen die behaarten Samen der **Salweide** *(Salix caprea)*. In ruhiger Luft sinken sie dreimal langsamer zu Boden als selbst die Löwenzahn-Fallschirme.

Es müssen aber nicht unbedingt Haare sein, die den Transport gewährleisten. Die Samen der **Birke** *(Betula sp.)* tragen zwei Flügel, in die der Wind fährt. Weil Birken außerdem große Samenmengen produzieren, breiten sie sich rasch aus. Das kam ihnen nach der letzten Eiszeit zugute, als Birken zusammen mit den ebenfalls Flugsamen bildenden **Kiefern** *(Pinus sp.)* zu den ersten Gehölzen zählten, die das kahle Mitteleuropa wieder besiedelten.

SPITZENLEISTUNG

Gigantische Blütenstände

Große Mengen an Nachkommen können auch aus gewaltigen Blütenständen hervorgehen. Den Rekord hält die auf Sri Lanka und in Südindien heimische Talipotpalme *(Corypha umbraculifera)*. Die bis zu 24 Meter hohe Pflanze bildet – nach ungefähr 30 Lebensjahren – einen etwa sechs Meter hohen Blütenstand, der aus bis zu zehn Millionen gelblichweiß leuchtenden Einzelblüten besteht. Bald nach dieser Höchstleistung stirbt die Palme ab.

Fährt der Wind in den Schopf des Wollgrases, löst er die kleinen Fluggeräte aus Fäden und Samen und trägt sie fort.

Leichtgewichte unterwegs

Ganz ohne Flughilfen geht es auch, wenn nur der Same leicht und klein genug ist. Winzige Objekte nämlich können nicht einfach zu Boden fallen: Sie schweben durch die Luft fort und sinken dabei nur ganz langsam nach unten, sodass sie die Erde erst nach einer weiten Reise erreichen – die umso weiter ist, je mehr Wind weht. Dies nutzen manche **Orchideen**, deren Samen so klein sind, dass drei Millionen zusammen ein Gramm wiegen. Auch die **Sommerwurz-Gewächse**, parasitisch lebende Blütenpflanzen, bilden besonders kleine und leichte Samen. Ein Samenkörnchen der Art **Orobanche ionantha** wiegt nur etwa ein millionstel Gramm.

Allerdings ist der Wind ein recht unzuverlässiger Samentransporteur. Manche Arten bilden deshalb Samen in gewaltiger Menge. In den Kapselfrüchten des **Klatschmohns** *(Papaver rhoeas)* zum Beispiel warten Hunderte von winzigen schwarzen Samenkörnchen darauf, vom Wind ausgestreut und zumindest einige Meter weit fortgetragen zu werden. Weit übertroffen wird ihre Zahl allerdings von den Samen der **Schwanen-Orchis** *(Cycnoches loddigesii)*, einer Orchidee: Eine einzige ihrer Samenkapseln enthält mehr als vier Millionen Samen.

MUTTER, VATER, KINDERSEGEN

Das Drüsige Springkraut aus Indien, das gern feuchte Standorte besiedelt, wurde in Europa als Gartenpflanze eingeführt. Sein Fortpflanzungsmechanismus hat für eine rasche Ausbreitung gesorgt.

In die Welt katapultiert

Für ein Samenkorn muss es nicht immer gut sein, weit weg von der Mutterpflanze zu keimen. Denn an den meisten Landestellen wird der Same keine Chance haben anzuwachsen. Dagegen sind der Boden und die Umweltverhältnisse nahe der Mutterpflanze mit Sicherheit zuträglich, sonst würde sie selbst dort nicht wachsen. So manches Gewächs lässt deshalb seine Samen einfach zu Boden fallen.

Andererseits stellen die aufkeimenden Jungpflanzen für die Mutterpflanze eine Konkurrenz dar, während sie selbst ihnen gerade in den ersten schweren Wochen Licht, Wasser und Nährstoffe wegnimmt. Da ist es sicher besser, wenn die Samen wenigstens einige Meter entfernt landen. Wie man das erreicht? Indem man die Samen ausschleudert, wie es das **Große Springkraut** (Impatiens noli-tangere) macht. Wenn die Samen reif sind, führt in der Regel eine ganz leichte Berührung der länglichen Samenkapseln durch Regentropfen oder Wind dazu, dass die Teile entlang der Verwachsungsnähte aufreißen, sich blitzschnell spiralig einkrümmen und die Samenkügelchen bis zu drei Meter weit wegschleudern. Die Kraft dafür liefert hoher Wasserdruck, den die Pflanze in bestimmten Zellen aufbaut und der ungefähr zehnmal so hoch wie der Druck in einem Autoreifen werden kann.

Wie gut sich dieser Mechanismus zur Eroberung neuer Gebiete eignet, beweisen das aus Kaschmir stammende **Kleinblütige Springkraut** (Impatiens parviflora), das 1837 aus dem Berliner Botanischen Garten ausbrach, und das aus Indien über England zu uns gekommene **Drüsige Springkraut** (Impatiens glandulifera) mit seinen rosaroten Blüten, das seine etwa 4000 Samen sogar bis zu sieben Meter weit schleudert. Beide Arten haben sich inzwischen über ganz Europa verbreitet.

Einen noch wirksameren Mechanismus zum Ausschießen der Samen nutzt die im Mittelmeerraum heimische **Spritzgurke** (Ecballium elaterium). Sie bildet ovale, schräg hängende Früchte, in deren Innern ein Füllgewebe und die Samen liegen. Sind diese reif, steigt der Wasserdruck im Füllgewebe, bis die Frucht an einer Sollbruchstelle vom Stängel abreißt. Der hohe Druck erzeugt einen so starken Rückstoß, dass die Frucht raketenartig davonfliegt. Gleichzeitig jagt der Stoß den Samen aus der entstandenen Öffnung im Abriss in einem optimalen Winkel von etwa 60 Grad hinaus. Er erreicht dabei Geschwindigkeiten von über 50 Kilometern pro Stunde und fliegt gut zwölf Meter weit.

Schüsse im Wald

Während Blütenpflanzen Samen produzieren, bilden Farne, Moose und Pilze Sporen. Fällt ein solches oft winziges Sporenstäubchen auf einen geeigneten Untergrund, wächst es zu einer neuen Pflanze heran. Manche dieser Sporen sind extrem robust – sie können Tausende von Jahren überdauern und halten Kälte und sogar ein Vakuum aus.

Farne und Moose nutzen meist den Wind, um ihre Sporen zu verbreiten. Doch nahe dem Waldboden sind die Luftströmungen eher schwach; deshalb spannen einige Arten von Hutpilzen Insekten als Spediteure ein. Die **Stinkmorchel** *(Phallus impudicus)* etwa bildet eine schleimige, übel nach verwesendem Fleisch riechende Masse, in der die Sporen eingebettet liegen. Wenn **Fliegen** diesen Schleim aufsaugen, passieren die Sporen den Verdauungsapparat der Fliege, verlassen den Fliegendarm unbeschädigt und fallen zu Boden. Ein einziges Tröpfchen Fliegenkot kann mehr als 20 Millionen Sporen enthalten.

Sporen sind winzig klein und von der Pflanze daher ohne großen Aufwand herzustellen. Daher werden sie in teils abenteuerlichen Mengen produziert. Ein einziger gewöhnlicher Hutpilz erzeugt rund 16 Milliarden Sporen. Er lässt sie nach und nach aus dem Hut fallen und von Luftströmungen davontragen.

Etwas mehr Nachdruck setzen die **Boviste** hinter die Sporenverbreitung: Tritt ein Tier auf eine der mit Milliarden Sporen gefüllten Kugeln des **Riesenbovists** *(Calvatia gigantea)*, erzeugt die ausströmende Luft eine mehrere Dezimeter hohe Sporenwolke. Auch der **Kugelschneller** *(Sphaerobolus stellatus)* zählt zu den Schützen. Der kugelförmige Pilz hat nur etwa einen Millimeter Durchmesser. Ist er reif, platzt er mit hörbarem Knall auf und bildet ein sternförmiges Gebilde. Eine dunkle, mit unzähligen Sporen gefüllte Kugel im Innern wird dann mit gewaltiger Kraft hinausgeschleudert: Sie kann eine Höhe von gut vier Metern erreichen und sechs Meter weit fliegen.

Den Rekord in Sachen Sporenausstoß hält der recht unscheinbare **Getreidepilz** *Gibberella zeae:* Er schießt seine Sporen mit einer Anfangsgeschwindigkeit von etwa 130 Kilometern pro Stunde hinaus, wobei die winzigen Gebilde eine 870 000-fache Erdbeschleunigung erreichen – ein startender Astronaut hält eine zehnfache Erdbeschleunigung aus. Diese fast unglaubliche Schusskraft ist auch nötig: Die Sporen sind derart leicht, und der Luftwiderstand für die winzigen Gebilde ist derart groß, dass sie dennoch nur rund fünf Millimeter weit fliegen. Aber sie haben dadurch immerhin eine Chance, von Luftströmungen erfasst zu werden.

Wie ein Springbrunnen: Bei Berührung, etwa durch ein Tier, schleudert der Hasenbovist seine Sporen hinaus.

Verführte Ameisen

In vielen Regionen zählen **Ameisen** zu den häufigsten Insekten, und daher werden sie von zahlreichen Pflanzen als Samentransporteure genutzt – weltweit etwa von 3000 Arten. Ameisen eignen sich ideal für diese Aufgabe, weil sie die Samen in ihr Nest tragen und dort besonders gute Keimbedingungen herrschen. Damit sich die Sechsbeiner die Mühe machen, versieht die Pflanze ihre Samen mit einem nahrhaften Anhängsel, dem Elaiosom. Die Ameisen verzehren es im Nest, nachdem sie die Samen eingetragen haben. Außer Tropenpflanzen bilden etwa unser heimisches **Waldveilchen** (Viola reichenbachiana) und die **Flockenblumen** (Centaurea sp.) Elaiosomen.

Insbesondere Pflanzen, die in oberen Stockwerken des Regenwalds auf Bäumen wachsen, sind auf den Samentransport durch Tiere angewiesen und spannen oft Ameisen dafür ein. Doch da die Bildung von Elaiosomen die Pflanze Energie kostet, verzichten manche darauf – und überraschenderweise werden ihre Samen dennoch von den Ameisen ins Nest getragen. Wie Untersuchungen zeigten, imprägnieren diese Pflanzen ihre Samen mit einem Lockstoff, auf den die Ameisen ansprechen. Das zeigte sich, als man diesen Stoff extrahierte und damit Samen parfümierte, die die Ameisen normalerweise nicht sammeln – plötzlich wurden auch sie zum Sammelobjekt.

Speditionsservice für Samen

So mancher Baum verdankt sein Dasein einem **Vogel**, der einst eine Frucht fraß und den darin steckenden Samen nach einigen Stunden Darmpassage weit entfernt vom Mutterbaum fallen ließ. Denn das ist schließlich die Hauptaufgabe der Früchte: Hungrige Mäuler anzulocken, um die Samen zu verbreiten. Bunte Farbe und Geruch sind die Reklame, nährstoffreiches Fruchtfleisch der Fuhrlohn. Früchte zu produzieren ist recht aufwendig für den Baum, und jede zu früh gefressene Frucht ist ein Verlust, weil der Samen darin noch nicht reif und keimfähig ist. Daher sorgt die Pflanze dafür, dass das möglichst nicht geschieht, indem sie die unreifen Früchte sauer und unauffällig macht.

Die Verbreitungsmethode funktioniert ausgezeichnet – heutzutage reisen Früchte sogar per Frachtschiff und Düsenflugzeug durch die ganze Welt. Auch **Fische** werden bisweilen für den Samentransport eingespannt. Das riesige Überschwemmungsgebiet Pantanal in Südamerika zum Beispiel steht regelmäßig unter Wasser, und genau dann werfen zahlreiche Bäume ihre Früchte ab. Diese fallen ins

Jeder Gartenbesitzer kann ein Lied davon singen, dass die Vögel seine Kirschen fressen, wenn er nichts unternimmt. Für den Baum aber ist dies ein idealer Verbreitungsweg.

Wasser und werden von Fischen gefressen. Die Samen passieren den Darm der Fische und gelangen erneut, jetzt jedoch an ganz anderer Stelle, ins Wasser. Geschieht dies an einem Platz, der nach der Überschwemmung trockenfällt, kann hier ein Baum auskeimen. Viele Bäume sind gänzlich auf die Fische angewiesen, um sich auszubreiten, zum Beispiel die **Tucumpalme** (Astrocaryum aculeatum). Da wird die zunehmende Fischerei im Pantanal zum Problem, denn ihr fallen vor allem die großen Fischexemplare zum Opfer, die am meisten Früchte fressen. Das könnte mit der Zeit den Bestand solcher Baumarten gefährden.

Das ist keineswegs unwahrscheinlich. So gibt es in Mittelamerika den **Guanacastebaum** oder **Ohrbaum** (Enterolobium cyclocarpum). Seine Samen sind von einer nährstoffreichen Hülle umgeben, aber bei Vögeln nicht beliebt. In früheren Zeiten könnten die einst in Amerika heimischen, seit langem ausgestorbenen **Riesenfaultiere** oder auch ebenfalls ausgestorbene **Gürteltierarten** diese Samen verzehrt und verbreitet haben – und vielleicht auch die amerikanischen Ureinwohner. Heute werden die Samen gern von Pferden und Rindern gefressen und können nach dem Ausscheiden der Exkremente auskeimen. Allerdings wurden diese Tiere erst in nachkolumbianischer Zeit vom Menschen eingeführt. Wäre dies nicht geschehen, gäbe es den Ohrbaum möglicherweise heute nicht mehr.

Samen mit Eigenbewegung

Wenn ein Samen auf den Boden fällt, bedeutet das nicht unbedingt, dass er dort auch gleich keimen kann. Ideal ist, wenn er ein wenig unter die Oberfläche gerät oder sich im Boden verankert, damit ihn nicht jeder Windhauch verweht. Einige Samen können da etwas nachhelfen.

So tragen die Samen der **Reiherschnäbel** (*Erodium sp.*) zum Beispiel eine lange Granne. Ist dieser borstige Fortsatz feucht, quellen seine Zellen auf, und er bleibt gestreckt; trocknet er aus, schrumpfen die Zellen, und die Granne rollt sich spiralig ein. Stößt ihr Ende nun gegen einen Erdkrümel, überträgt sich ihre spiralige Drehbewegung auf den Samen, und dieser wird richtiggehend in den Boden geschraubt. Und damit er auch hält und Feuchtigkeit in der Granne ihn nicht wieder herausschraubt, sorgen steife, als Widerhaken wirkende Borsten an der Samenoberfläche für eine sichere Verankerung.

Auch die beiden Grannen am Korn des **Wilden Weizens** (*Triticum*) haben wichtige Aufgaben. Zunächst wirken sie vermutlich als Flughilfe, wenn der Samen – Grannen voran – aus der Ähre fällt, und sorgen dafür, dass er mit der Spitze nach unten auftrifft. Was dann geschieht, zeigten wissenschaftliche Versuche. Sie wiesen nach, dass sich auch das Weizenkorn in den Boden graben kann. Das geschieht so: Die beiden Grannen tragen außen harte Härchen und haben außerdem im unteren Bereich, über dem Korn, eine Stelle, die wie ein Gelenk arbeitet. Wird das Korn feucht, zieht dieses Gelenk die beiden Grannen zueinander, trocknen sie, gehen sie wieder auseinander. Diese Bewegung aus Beugen und Strecken drückt, wie sich zeigte, das Weizenkorn Stück für Stück tiefer in den Boden oder kann es, wenn es auf dem Boden liegt, auch einige Millimeter seitwärts verschieben.

Das Ausnutzen der Quellung ist bei Pflanzen gar nicht so selten: Manche Samen sprengen mit ihrer Hilfe erst in feuchtem Boden ihre äußere Schutzhülle ab, und Tannenzapfen schließen sich bei feuchter Luft, um die darin steckenden Samen zu schützen, und öffnen sich in trockener Luft, um die Samen freizugeben.

Hartweizen trägt – wie der Wilde Weizen – lange Grannen, die bei der Verbreitung der Samen und ihrer Verankerung im Boden eine wichtige Rolle spielen.

MUTTER, VATER, KINDERSEGEN

Blinde Passagiere

Viele Gewächse verzichten auf jegliche Belohnung der Samenausträger und drängen ihnen die Samen einfach und meist gegen ihren Willen auf. Auf diese Weise spart sich die Pflanze die sonst nötigen, aufwendig herzustellenden Belohnungsstoffe, etwa Öle und Eiweiße. Solche Samen haben dann meist Widerhaken, mit denen sie sich im Fell eines vorbeistreifenden Tiers festklammern. Auf diese Art verbreiten sich die Samen der **Kletten** (Arctium sp.), deren Mechanismus sogar zum Vorbild für einen praktischen Verschluss wurde. Aber auch der **Stechapfel** (Datura sp.), das **Bilsenkraut** (Hyoscyamus sp.) und der **Waldmeister** (Galium odoratum) nutzen diesen Trick. Nach einiger Zeit trocknen die Samen aus und fallen von selbst herunter, oder das Tier streift sie ab. Für die Pflanze ist diese Methode sehr wirksam: Viele Tiere, besonders Raubtiere, legen auf ihren Beutezügen große Strecken zurück und fördern so die Verbreitung der Pflanze.

Es gibt sogar Pflanzen, die ihre Samen nicht mechanisch anheften, sondern mittels eines Klebstoffs befestigen. Das funktioniert sehr gut bei Vögeln, sodass diese die am Gefieder haftenden Samen Hunderte von Kilometern verfrachten können. Auf diese Weise haben viele Pflanzen die Südseeinseln erreicht. Auch Wasservögel sind beliebte Fuhrleute: Manche besonders kleine Samen haften an deren Füßen und werden so von Gewässer zu Gewässer getragen.

Einige Pflanzen übertreiben allerdings etwas. So stellt die südafrikanische **Teufelskralle** (Harpagophytum procumbens), auch Hakenpflanze oder Trampelklette genannt, handgroße Samen her, die rundherum Stacheln mit Widerhaken tragen. Diese Widerhaken sind extrem hart und können barfuß laufenden Menschen schlimme Wunden reißen. Sie bohren sich in die Hufe von Tieren und bleiben sogar in den dicken Fußsohlen von Elefanten stecken. Nach einiger Zeit werden die Stacheln brüchig, und der Samen fällt ab.

Die Teufelskralle heftet ihre mit Widerhaken bewehrten Samen an Hufe, Klauen oder Füße, um fortgetragen zu werden.

Verbreitung per Insektentaxi

Bevor eine Pflanze Samen bilden kann, muss sie erst befruchtet werden. Es müssen also die winzigen Körnchen des Blütenstaubs (Pollen) von männlichen Blüten einer Pflanze auf weibliche Blütenteile einer anderen gelangen. Frühe Pflanzenarten nutzten den Wind als Transporteur, und manche – etwa die Gräser – tun das noch heute. Doch für Arten, deren Angehörige nur in jeweils kleiner Anzahl weit voneinander entfernt stehen, ist Windbestäubung unpraktisch. Da eignen sich Tiere, die gezielt Blüten anfliegen, sehr viel besser als Bestäuber.

Wahrscheinlich war es zuerst so, dass der nährstoffreiche Pollen, der viel Eiweiß, Fette und Kohlenhydrate enthält, hungrige **Käfer** anlockte. Beim Fressen blieben Pollenkörnchen am Käferkörper hängen und erreichten so beim nächsten Blütenbesuch weitere Blüten. Nach und nach ergab sich nun eine wechselseitige Anpassung von Blüten und Tieren, die als Koevolution bezeichnet wird und die wir heute in Perfektion erleben. Fluginsekten, aber auch andere Tiergruppen, etwa Kolibris oder Fledertiere, bekommen lohnendes Futter geboten, und zwar nicht nur Pollen: Im Lauf der Evolution haben die Pflanzen auch gelernt, zusätzlich süßen, energiereichen Nektar zu produzieren. Insbesondere die weiblichen Blüten, die keinen Pollen haben und zuvor eher zufällig angeflogen wurden, setzen Nektar als Lockmittel ein. Übrigens gibt es auch Pflanzen, die weibliche und männliche Blütenteile in einer Blüte vereinigen, und es versteht sich, dass sich diese besonders erfolgreich vermehrt haben.

Die Biene sammelt den Blütenstaub, der zwischen ihren Körperhaaren hängen bleibt (kleines Bild), in den sogenannten Pollenhöschen (oben).

Die Futterquelle wird durch auffällige Blüten mit Farb- und Duftsignalen markiert – möglichst so, dass sich die Insekten das Aussehen merken und daher Blüten der gleichen Art bevorzugt anfliegen. Auch der berühmteste und für uns wichtigste Blütenbestäuber, die **Honigbiene** (*Apis mellifera*), nutzt Nektar als „Flugbenzin" und trägt ihn zur Honigherstellung in den Stock; aber sie sammelt auch Pollen ein und trägt ihn von Blüte zu Blüte.

Wenn das Pollenkorn vom haarigen Insektenkörper, an dem es hängen geblieben ist, auf dem weiblichen Blütenteil, der Narbe, gelandet ist, wächst daraus binnen Stunden ein Pollenschlauch hinunter zum Fruchtknoten. Die richtige Stelle findet er mithilfe chemischer Signale. Nun wandern zwei männliche Zellen in dem Schlauch abwärts. Während sich eine von ihnen mit einer weiblichen Zelle vereinigt, erzeugt die andere zusammen mit Zellen aus dem Fruchtknoten das Nährgewebe für den Samen.

SPITZENLEISTUNG

Eine Nuss, die die Meere überquert

Die Kokosnuss, die eigentlich eine Frucht (der Kokospalme *Cocos nucifera*) ist, kann dank ihrer Faserschicht sehr gut schwimmen. Sie bleibt in Salzwasser mindestens drei Monate lang keimfähig; in dieser Zeit können Meeresströmungen sie über weite Strecken tragen. Trifft sie auf einen Strand und wird hier von hohen Wellen einige Meter hinter dem Flutsaum abgelagert, keimt sie aus. Dabei hilft der Pflanze, wenn sie im Sandboden Wurzeln schlägt, ihr großer Vorrat an Nährstoffen in Form von Kokosöl und Kokosfleisch sowie ihr Wasservorrat – jede reife Frucht enthält etwa einen viertel Liter des süßlichen, bakterienfreien Kokoswassers.

Eltern im Einsatz

Die Aufzucht von lebenstüchtigen Jungen ist nicht einfach. Bei zahlreichen Arten nehmen die Mütter und in manchen Fällen auch die Väter große Mühen auf sich, um die Nachkommen zu schützen und ihnen optimale Wachstumschancen zu geben. Kein Wunder: Nachlässigkeit oder Unfähigkeit auf diesem Gebiet bestraft die Evolution mit dem Verschwinden der Art und ihrer Gene.

Anspruchsvolle Mutterschaft

In der Tierwelt ist es häufig so, dass die Sorge um die Nachkommen vor allem bei den Müttern liegt. Bereits die Produktion nährstoffreicher Eier verbraucht bedeutende körperliche Reserven. So wiegt etwa das Ei des **Gänsegeiers** *(Gyps fulvus)* 250 Gramm, während ein **Straußen-Ei** *(Struthio camelus)* sogar 1500 Gramm auf die Waage bringt.

Kaum leichter haben es die Weibchen mancher Fisch- und Lurcharten. So produziert ein etwa 20 Kilogramm schweres **Steinbutt-Weibchen** *(Scophthalmus maximus)* pro Jahr 10 bis 15 Millionen Eier im Gesamtgewicht von über 40 Kilogramm. Und die Laichschnüre der **Wechselkröte** *(Bufo viridis)* wiegen 30 bis über 80 Gramm, dabei ist das Weibchen nur etwa 50 Gramm schwer.

Bei Säugetieren ist die Trächtigkeit die Zeit hohen Nährstoffbedarfs. Bei kleinen Arten beträgt die Tragezeit nur einige Tage oder Wochen, aber beim **Eisbären** *(Ursus maritimus)* rund acht Monate und beim **Afrikanischen Elefanten** *(Loxodonta africana)* sogar 22 Monate. Die Nachkommen sind allerdings meist klein und leicht im Vergleich zur Mutter. So wiegt ein Junges vom **Puma** *(Puma concolor)* nur etwa ein 140stel so viel wie seine Mutter. Beim **Seehund** *(Phoca vitulina)* hat das Junge schon ein Zehntel des mütterlichen Gewichts, und bei **Greifstachlern** *(Coendou sp.)*, in Südamerika lebenden Verwandten der Stachelschweine, ist die Mutter gerade dreimal so schwer wie ihr Baby.

Die nächste große Herausforderung für die Mütter ist die Jungenaufzucht. Während bei Vögeln oft Vater und Mutter gemeinsam Futter herbeischaffen, obliegt bei Säugetieren die Ernährung der Jungen mit Milch allein der Mutter. Das ist eine starke Belastung für deren Stoffwechsel und verbraucht oft alle Fettreserven. Milch von **Mäusen** und **Elefanten** hat über 20 Prozent Fett. Die Milch von **Delfinen** besitzt sogar über 40 Prozent Fett und ist dick wie Mayonnaise.

Viele Säugetiere werden zumindest mehrere Wochen gesäugt. Weibchen von **Braunbär** oder **Rothirsch** produzieren meist mehr als vier Monate lang Milch, **Asiatische Elefantenkühe** ein bis zwei Jahre und **Orang-Utan-Mütter** sogar über drei Jahre. Manche Jungen trinken aber auch länger an der Mutter; in einer Übergangsphase tun sie dies immerhin gelegentlich.

Die Tigermutter leckt ihre Jungen ab – nicht nur, um sie zu säubern, sondern auch, um eine starke Bindung zwischen sich und dem Nachwuchs herzustellen.

Ein Delfinweibchen kann sich während der Geburt und danach auf die Unterstützung der anderen Weibchen der Gruppe verlassen.

Hilfe von Tante und Onkel

Keineswegs ist in der Natur nur Kampf die Regel, schon gar nicht innerhalb einer Tiergruppe. Viele sozial lebende Tiere lassen zum Beispiel Mütter mit der Geburt und Jungenaufzucht nicht allein. So versammeln sich die Mitglieder einer **Delfingruppe** *(Delphinus delphis)* um eine gebärende Mutter und beschützen sie und ihr Junges. Meist unterstützen andere Delfinweibchen sie sogar bei der Geburt. Danach helfen sie dann dabei, das Junge vorsichtig zur Oberfläche zu stupsen, damit es seinen ersten Atemzug tun kann.

Auch bei **Afrikanischen Elefanten** *(Loxodonta africana)* fühlt sich die gesamte Herde für den Nachwuchs verantwortlich. Junge Elefanten – wie auch trächtige oder verletzte Tiere – werden vom gesamten Rudel beschützt und bleiben bei Gefahr in der sicheren Mitte der Gruppe. Verliert das Elefantenkind seine Mutter, wird es oftmals von einer Tante adoptiert, gesäugt und aufgezogen, als wäre es ihr eigenes Kind. Ähnlich sorgen viele in Gruppen lebende Tiere für den Nachwuchs der Gemeinschaft.

Im Löwenrudel geht es ähnlich zu. **Löwinnen** *(Felis leo)* sondern sich zwar zum Zeitpunkt der Geburt ab, aber wenn sie mit dem Nachwuchs ins Rudel heimkehren, genießen ihre Jungen den Schutz und die Zuneigung aller anderen Löwinnen und können sogar bei jeder anderen säugenden Löwin trinken.

Kinderstube in Maul oder Magen

Es gibt Tiere, die ihren Nachkommen noch über die Geburt hinaus Zuflucht im eigenen Körper bieten. Dazu zählen nicht nur die bekannten Beuteltiere – auch manche Fische sind dazu fähig. Während viele Arten Tausende bis Millionen Eier legen, um den Verlust an Eiern und Jungfischen durch Räuber auszugleichen, beschränken sich afrikanische **Buntbarsche** (Tilapia sp.) auf wenige Eier. Dafür nehmen je nach Art die Mütter, die Väter oder beide Elternteile die Eier ins Maul und sorgen so für ein ungestörtes Heranwachsen ihrer Nachkommen. Durch regelmäßiges Öffnen des Munds führen sie der Brut immer wieder frisches Wasser und Sauerstoff zu. Auch nachdem die Jungen aus den Eiern geschlüpft sind, nutzen sie das elterliche Maul noch einige Zeit als Zufluchtsort. Solche Maulbrüter, die es auch bei anderen Fischgruppen gibt, besitzen einen großen Mundraum. Zudem können sie Nahrungsreserven im Körper speichern, denn während der Brutzeit fressen sie nicht.

Eine selbst im Tierreich besonders ungewöhnliche Kinderstube hatten die Jungen der in Australien vorkommenden **Magenbrüter-Frösche** der Gattung Rheobatrachus, die vermutlich vor wenigen Jahren ausgestorben sind. Hier schluckten die Weibchen die etwa 20 befruchteten Eier herunter. Die Jungfrösche schlüpften im Magen und wuchsen dort auch heran. In dieser Zeit produzierten die Magenwände keine Magensäure, und das Weibchen nahm auch keine Nahrung auf. Nach etwa sechs Wochen verließen die Jungen ihre Kinderstube durchs mütterliche Maul.

Weite Reisen zum Kreißsaal

Ein Problem mancher Tierarten ist, dass sie die nahrungsreichsten Zonen nicht gut zur Fortpflanzung nutzen können. Das gilt besonders für die großen Wale. Denn im Meer sind die kühlen, sauerstoffreichen polaren Gewässer zwar dichter mit Kleintieren besiedelt als die Gewässer der warmen tropischen Gebiete, aber gleichzeitig zu kalt für Neugeborene. Daher pendeln die Wale über weite Strecken zwischen den polaren Zonen, wo sie sich im Polarsommer kräftig Speck anfressen, und den warmen Tropengewässern, wo sie ihre Jungen zur Welt bringen.

Die weitesten Wanderstrecken legen dabei die ostpazifischen **Grauwale** (Eschrichtius robustus) zurück. Dank langjähriger Beobachtungen mithilfe von Funksendern an den Tieren und Satelliten kennt man bei diesen Meeressäugern die Lebensweise recht genau. Den Sommer verbringen sie im Beringmeer zwischen Russland und Alaska. Dieses flache, kühle Meer ist reich an Fischen, Flohkrebsen und anderen Planktontieren, von denen sich die Grauwale ernähren. Das flache Meer erlaubt den Großsäugern auch, den Gewässergrund nach Kleinlebewesen zu durchpflügen. Sie saugen den Schlamm ein und filtern daraus mit ihren Barten Beutetiere.

Zum Winter hin verlassen die Tiere die Nahrungsgründe und wandern in kleinen Gruppen gut 5000 Kilometer nach Süden an die kalifornische Küste. Dort paaren sie sich und verbringen den Winter. Zum Frühjahr schwimmen sie dann zurück in den Norden. Insgesamt legen die Tiere so etwa 10 000 Kilometer pro Jahr zurück – die längste Wanderung aller Säugetiere.

Die Weibchen haben eine Tragezeit von etwa einem Jahr. Die Jungen kommen daher bei ihrem nächsten Aufenthalt in kalifornischen Gewässern zur Welt. Diese zeitliche Abstimmung ist natürlich kein Zufall: Das Junge kann während der nahrungsreichen Sommermonate im Leib der Mutter heranwachsen und wird dann im warmen Wasser geboren – im kalten Polarwasser wäre es nicht möglich, denn das wäre für das Walbaby tödlich. Es muss sich dann beeilen und nach der Geburt kräftig von der extrem fettreichen Walmilch trinken, um möglichst rasch einen Speckmantel zu entwickeln, denn im Frühjahr zieht es mit der Herde ins eisige Polargebiet.

Für die trächtigen Walweibchen ist die Reise vom Norden zu den kalifornischen Gewässern eine Strapaze: Sie müssen während der ganzen Zeit von ihren Fettvorräten leben und davon die Wanderung, die Geburt und die Milchproduktion bestreiten. Deshalb verlieren sie in diesen Monaten rund ein Drittel ihres Körpergewichts.

ELTERN IM EINSATZ

Zwei Orangeflossen-Anemonenfische *(Amphiprion chrysopterus)* kümmern sich um das Gelege. Bei diesen Fischen lebt ein Weibchen mit mehreren Männchen zusammen.

Männliche Reservemütter

Tiere leben gefährlich. Sie wissen das höchstwahrscheinlich nicht, aber viele Arten haben Strategien entwickelt, um für den schlimmsten Fall vorzusorgen. Die bunten, in indopazifischen Korallenriffen häufigen **Anemonenfische** *(Amphiprion sp.)* zum Beispiel schützen sich durch das Zusammenleben mit den wehrhaften Seeanemonen und bleiben auch stets in deren Nähe. Die Fische bilden meist kleine Gruppen, die aus einem Weibchen und mehreren Männchen bestehen. Das Weibchen ist dabei das größte und dominierende Tier der Gruppe. Die Männchen sind kleiner und jünger, weil die Jungtiere stets als Männchen auf die Welt kommen. Die Weibchen legen nur die Eier – das Schützen, Säubern und Befächeln des Laichs ist Sache der Väter. Doch wenn dem Weibchen etwas zustößt, geschieht etwas Erstaunliches: Dann verwandelt sich binnen einer einzigen Woche das stärkste Männchen der Gruppe in ein Weibchen – so kann sich die Gemeinschaft auch weiterhin fortpflanzen.

Es kommt außerdem vor, dass ein Männchen stirbt, während es Laich zu betreuen hat. In diesem Fall übernimmt ein Neuankömmling die Rolle des Stiefvaters und kümmert sich fortan um die Brut, obwohl es nicht seine eigene ist. Ganz selbstlos tut er das freilich nicht: Will er später selbst Eier des Weibchens befruchten, muss er zuvor den Pflegenachweis erbracht haben. Das Weibchen akzeptiert nur gute Laichpfleger.

Die Rucksackwiege

Einige Amphibien tragen ihren Nachwuchs bei sich, bis die Jungen ausgeschlüpft und selbstständig genug sind, um allein zu überleben. Sie vertrauen ihr Gelege also im Unterschied zu unseren Fröschen und Kröten nicht den Gefahren eines Tümpels an. So tragen beispielsweise die Weibchen des im Amazonasgebiet lebenden **Schüsselrücken-Laubfrosches** *(Flectonotus goeldii)* ihre Eier und eine Zeitlang auch die Kaulquappen in einer Vertiefung ihres Rückens umher. Die ebenfalls im südamerikanischen Regenwald heimische **Wabenkröte** *(Pipa pipa)* hat dieses Prinzip noch verfeinert. Bereits unmittelbar nach der Paarung drückt das Männchen die frisch gelegten und besamten Eier in die zu dieser Zeit besonders weiche und stark durchblutete Rückenhaut des Weibchens. Im Lauf einiger Tage wachsen sie dort ein und werden großteils von Gewebe umhüllt, sodass die ganze Struktur des Rückens an Bienenwaben erinnert – daher der Name. Innerhalb von ungefähr drei Monaten machen die Jungtiere in den wabenartigen Kammern ihre gesamte Entwicklung durch, bis sie schließlich zu kleinen Kröten und selbstständig geworden sind.

Wussten Sie, dass …
… auch manche Fische ihre Jungen füttern?

Der Echte Diskus *(Symphysodon discus)*, ein Fisch, der im Amazonasgebiet vorkommt, wird auch Säugerfisch genannt, weil die Eltern ihre Jungen mit körpereigenen Stoffen füttern. Die Larven, die sich nach etwa vier Tagen aus dem Laich entwickeln, fressen nämlich an der Oberhaut ihrer Eltern. Dort hat sich unter dem Einfluss bestimmter Hormone ein mit Kohlenhydraten und Fetten angereicherter Schleim gebildet, den die Jungen herausbeißen. Mutter und Vater wechseln sich dabei als Ernährer ab. Rund einen Monat lang nutzen die Jungfische diese Nahrungsquelle.

MUTTER, VATER, KINDERSEGEN

Treusorgende Väter

Das Tierreich bietet eindrucksvolle Beispiele, wie sich auch Väter an der Sorge um den Nachwuchs beteiligen. Bei vielen Arten helfen die Männchen kräftig mit, und in einigen Fällen sind es sogar ausschließlich die Väter, die sich nach der Eiablage oder der Geburt der Jungen um die frisch in die Welt gesetzten Nachkommen kümmern.

So ist es zum Beispiel bei den **Seepferdchen** *(Hippocampus sp.)*. Die Weibchen spritzen ihre Eier direkt in die Bruttasche, die die Männchen am Bauch tragen. Damit haben sie ihren Beitrag zur Fortpflanzung auch schon geleistet. Für die Väter hingegen beginnt jetzt die Arbeit: Sie befruchten die Eier und tragen sie nun wochenlang in dem Beutel umher. Dort sind die Eier vor Fressfeinden und Pilzen geschützt – im freien Wasser würden sie binnen Minuten zugrunde gehen. Feinste Blutgefäße in der väterlichen Tasche versorgen die Brut mit Sauerstoff, während ein großer Eidotter als Nährstoffvorrat dient. Schlüpfen die Jungen schließlich nach einigen Wochen, stößt sie der Vater mit ruckartigen, an eine Geburt erinnernden Körperbewegungen aus. Damit hat er seine Aufgabe erledigt.

Auch bei einem Insekt, nämlich der **Riesenwasserwanze** *(Abedus sp.)* sind die Väter gefordert: Die Weibchen platzieren ihre etwa 150 Eier auf deren Rücken, und die Männchen tragen sie bis zum Schlupf der Jungen umher. Auf ähnliche Weise sorgen die in Europa verbreiteten **Geburtshelferkröten** *(Alytes sp.)* für ihre Jungen: Die Männchen paaren sich im Verlauf von mehreren Tagen

Ein Wasserwanzen-Vater trägt die Eier, in denen sein Nachwuchs heranwächst, Huckepack, bis die Kleinen schlüpfen.

Nach mehreren Wochen Tragzeit „gebiert" der Seepferdchenvater im Schutz von Wasserpflanzen die Jungen, indem er sie aus der Bauchtasche hinausstößt.

mit unterschiedlichen Weibchen und wickeln sich die von jedem Weibchen abgegebenen Laichschnüre um die Hinterbeine. Dort trocknen sie und kleben fest, und so kann der werdende Vater die bis zu 170 Eier einige Wochen lang umhertragen. Schließlich begibt er sich in ein Gewässer, wo die nun schon recht gut entwickelten Kaulquappen schlüpfen und davonschwimmen.

Sicherer Hort bei Mama oder Papa

Manche Tierarten, besonders Insekten, kümmern sich gar nicht um ihre Nachkommen: Sie legen die Eier an einem ausgesuchten Platz ab und verschwinden dann. Aber vor allem bei Vögeln und Säugetieren sind die Mütter und Väter sehr wohl um das Wohl ihrer Kinder besorgt und beschützen sie in den ersten Monaten, oft unter Einsatz ihres Lebens. Bei Kängurus etwa wohnen die Jungen in den Brustbeuteln, und viele Affenjungen verbringen ihre Jugendzeit meist festgeklammert im Fell der Mutter. Aber auch einige Arten von Wirbellosen setzen sich intensiv für ihre Nachkommen ein – sogar Angehörige von Tiergruppen, bei denen man solche Fürsorge nun wirklich nicht erwarten würde.

So kommen junge **Skorpione** (Scorpiones) lebend zur Welt und steigen kurz nach der Geburt auf den Rücken der Mutter. Sie ziehen mit ihr umher, wobei sich die Mutter in dieser Zeit besonders vorsichtig und langsam bewegt. Fällt dennoch ein Junges herunter, nimmt sie es mit ihren Scheren auf und setzt es wieder auf ihren Rücken. Durch die Rückenhaut sondert die Mutter in dieser Zeit Flüssigkeit ab, von der sich die Jungen ernähren. Der Nachwuchs wird auch verteidigt – die Mutter ist in dieser Zeit außerordentlich angriffslustig. Bei manchen Arten können es hundert Jungtiere sein, die bis zu ihrer ersten Häutung auf der Mutter bleiben; das sind immerhin meist einige Wochen.

Auch die Weibchen umherstreifender **Wolfsspinnen** (Lycosidae) tragen ihren Nachwuchs, sicher in einem Kokon verpackt, lange Zeit mit sich. Dadurch können sie den Jungen stets optimale Entwicklungsbedingungen bieten. Taucht ein Feind auf, halten sie den Kokon fest und nehmen Angriffsstellung ein. Wird er ihnen doch weggenommen, suchen sie stundenlang danach.

Nach dem Schlüpfen erklimmen die Jungen den mütterlichen Rücken und bleiben dort noch einige Tage. Die Mutter kontrolliert dabei genau, ob auch kein Junges in dem Kokon zurückgeblieben ist.

Väter als Spielkameraden

Für viele Tierjunge ist es lebenserhaltend, wenn sich nicht nur die Mutter, sondern auch der Vater um sie kümmert. Besonders Arten, bei denen ein Männchen und ein Weibchen länger beisammen bleiben, betreiben gemeinsame Brutpflege. Zudem entlastet die Unterstützung des Vaters die Mutter, und sie kann eher wieder Nachkommen haben.

Ein Beispiel für elterliche Fürsorge: Diese Skorpion-Mutter transportiert ihre Jungen einige Wochen lang auf dem Rücken und sorgt dafür, dass keines herunterfällt.

Viele Tierväter spielen gern mit ihren Kindern. So verbringen die Männchen des in Nordamerika heimischen **Eisgrauen Murmeltiers** (Marmota caligata) viel Zeit mit ihren von mehreren Weibchen stammenden Kleinen – und schützen sie durch ihre Anwesenheit und Aufmerksamkeit vor Feinden. Nur wenn sich zu viele Murmeltiere in der Kolonie drängen, haben die Männchen keine Zeit für den Nachwuchs: Dann müssen sie andere Männchen abwehren und um fremde Weibchen werben.

Die Männchen des **Goldenen Löwenäffchens** (Leontopithecus rosalia), das im südöstlichen Brasilien heimisch ist, werben geradezu um ihre Jungen. Anfangs bleiben die Kleinen bei der Mutter, weil sie sehr häufig gesäugt werden müssen. Der Vater meldet aber immer häufiger Ansprüche auf den Nachwuchs an, nimmt ein Kind, trägt es umher, beleckt und laust es. Schließlich bleibt das Junge fast die ganze Zeit beim Vater und kommt nur zum Trinken zur Mutter – bis es nach etwa vier Monaten ziemlich plötzlich von der Mutter entwöhnt und vom Vater in die Selbstständigkeit entlassen wird.

MUTTER, VATER, KINDERSEGEN

Mama, Papa, ich hab Hunger!

Die Flugleistungen von Vogeleltern in der Fütterungsperiode sind kaum vorstellbar: Bis zu 800 Nestanflüge pro Tag hat man etwa an Nestern der **Kohlmeise** (Parus major) registriert, und natürlich erwarten die Nestlinge, dass Vater und Mutter nicht mit leerem Schnabel heimkommen. Das Fütterungsverhalten lösen die Jungvögel durch bestimmte Reize aus, und die Reaktion darauf ist den Elterntieren angeboren. Das können Bewegungen wie etwa Körperzittern sein, bestimmte Körperhaltungen sowie natürlich spezielle Laute, die sogenannten Bettelrufe. Allerdings betteln die Jungen nicht ständig, denn sich unablässig lautstark äußernde Nestlinge würden gefährlich leben: Das Geschrei würde todsicher Fressfeinde anlocken. Also lärmen sie nur in Anwesenheit eines Altvogels. Dessen Ankunft spüren selbst blinde Jungvögel.

Viele Vogelarten wie etwa **Sperlinge** und **Kuckucke** „sperren": Sie öffnen bei Ankunft eines Elterntiers weit ihren Rachen, und dessen Anblick löst dann die Futterübergabe bei den Altvögeln aus. Das funktioniert notfalls auch bei schlechtem Licht. Die Jungen der in Australien lebenden, prächtig gefärbten **Gould-Amadinen** (Chloebia gouldiae) etwa, die in dämmrigen Höhlen brüten, haben im Schnabel bunte, das spärliche Licht reflektierende Warzen.

Meist betteln die Jungvögel zusätzlich durch Bewegungen oder Laute. Das ist überlebenswichtig, denn bei den meisten Arten füttern die Eltern bevorzugt die am stärksten bettelnden Tiere; so bekommt das jeweils hungrigste Tier das Futter. Wer weder sperrt noch bettelt, wird nicht berücksichtigt, wird immer schwächer und schließlich aus dem Nest geworfen. Erst wenn alle Jungvögel gesättigt sind, können sich die Eltern eine Pause gönnen und daran denken, auch selbst einmal etwas zu fressen.

Nicht ganz gerecht erfolgt das Füttern bei den **Australischen Schwarzbauchlerchensängern** (Cincloramphus cruralis). Die Weibchen dieser Singvögel geben ihren Söhnen stets die besseren und fetteren Raupen und füttern sie auch öfter, während sich die Töchter mit mageren Heuschrecken zufrieden geben müssen. Die Jungen wachsen daher auch schneller und zu größeren Tieren heran. Doch diese Bevorzugung hat einen guten Grund: Bei dieser Vogelart paaren sich die Männchen jeweils mit mehreren Weibchen, und größere Männchen haben dabei weit bessere Chancen gegenüber Konkurrenten. Durch Aufpäppeln ihrer Söhne verbreiten die Mütter also sehr effektiv ihr eigenes Erbgut.

Konkurrenzdenken ist **Lachmöwenküken** (Chroicocephalus ridibundus) dagegen fremd. Hier bekommen nicht die lautesten Schreihälse das beste Futter, sondern es müssen alle Nestinsassen gemeinsam lärmen, um aus den Eltern möglichst viel Futter herauszulocken. Je lauter sie sind, desto mehr Futter würgen die Elterntiere hervor, platzieren es am Boden – und überlassen es nun den Küken, die Nahrung unter sich aufzuteilen.

Bedeutend ruhiger als unter Vögeln geht es am Gelege von **Erdwanzen** (Sehirus cinctus) zu. Deren Larven betteln zwar auch, aber die Verständigung erfolgt lautlos: Die hungrigen Larven sondern bestimmte Duftstoffe ab, die der Mutter den Hunger signalisieren.

Den orangerot leuchtenden aufgesperrten Schnäbeln ihrer Nestlinge können Spatzeneltern nicht widerstehen.

Wussten Sie, dass ...

... manchmal auch werdende Väter an Gewicht zulegen?

Ist ein Weißbüschelaffen-Weibchen (Callithrix jacchus) trächtig, so wird auch ihr Partner dicker. Grund dafür ist vermutlich, dass sich die Männchen Futterreserven anlegen, denn bei dieser brasilianischen Affenart beteiligen sich beide Elternteile am anstrengenden Aufzuchtgeschäft. Die Vaterrolle hat aber noch einen weiteren Vorteil. Aufgrund eines veränderten Hormonspiegels wandelt sich auch das Gehirn: Die Väter werden deutlich schlauer und haben ein besseres Gedächtnis.

Männer im Übereifer

Es ist ja schön, wenn die Männchen bei der Aufzucht der Jungen helfen. Manche freilich tun etwas zu viel – etwa die Männchen des **Schwarzschnabel-Sturmtauchers** *(Puffinus puffinus)*. Diese Seevögel ziehen den Nachwuchs gemeinsam groß. Dazu tragen Männchen wie Weibchen reichlich Futter ins Nest – kleine Fische, Krebstiere und Kopffüßer. Doch während das Weibchen nur so viel bringt, bis die Jungen satt sind, kümmert sich der Vogelvater nicht um deren Reaktionen. Ob sie nun hungrig schreien oder still und satt im Nest hocken: Er bringt regelmäßig Futter ein. Warum er sich diese Mühe macht, ist noch ein Rätsel. Da Schwarzschnabel-Sturmtaucher lebenslange Partnerschaften eingehen, könnte es sein, dass er das Weibchen beeindrucken will, damit es nicht irgendwann doch die Partnerschaft aufkündigt. Immerhin weiß man von einem solchen Vogel, dass er 55 Jahre alt wurde und damit den Rekord als der langlebigste Wildvogel der Erde hält.

GUTE FRAGE!

Wie erkennen und finden Vögel ihre Küken in großen Kolonien?

Küken von Vögeln, die in großen Gemeinschaften leben, müssen sich ihren Eltern irgendwie bemerkbar machen, wenn diese von der Futtersuche heimkommen. Wie kann das gelingen, wenn sich die Kinderstube in einer Kolonie mit bis zu 200 Nestern befindet, wie etwa bei den in Afrika verbreiteten Jackson-Webervögeln *(Ploceus jacksoni)*? Es zeigte sich, dass die frisch geschlüpften Küken eine individuelle Art des Rufens entwickeln, die sich den Eltern einprägt. Sind die Kleinen hungrig, rufen sie laut und drängend, wobei sie Tonhöhe und -länge verändern sowie spezielle Pfeif- und Trillersignale einbauen. Diese akustischen Signale ermöglichen es den Eltern, ihre Küken rasch zu finden.

Muttersöhnchen

Die mit unseren Drosseln verwandten **Blaukehlhüttensänger** *(Sialia mexicana)*, die im westlichen Nordamerika leben, sind auffällig schöne Vögel: Kopf, Kehle und Rücken sind leuchtend blau, die Brust rötlich gefärbt. Sie zählen zu den bekanntesten nordamerikanischen Singvögeln und werden, gemeinsam mit verwandten Arten, als Bluebirds bezeichnet. Meist bleiben die Paare zumindest eine ganze Brutsaison lang beisammen. Ihre Nester bauen sie in natürlichen Baumlöchern, aufgegebenen Spechthöhlen oder Nistkästen. Nach etwa 14 Tagen schlüpfen die Jungen und werden zunächst von beiden Eltern gefüttert. Dabei helfen oft unverpaarte Männchen, bei der Zweitbrut dann auch die Jungen der ersten Brut.

Diese Vögel führen ein gutes Familienleben, zumindest in nahrungsreichen Gebieten. Zwar verlässt der weibliche Nachwuchs das Nest in der Regel relativ früh und sorgt für sich selbst, doch die männlichen Jungvögel bleiben gern besonders lange mit den Eltern zusammen und lassen sich mit durchfüttern. Das hat seinen Grund: Die Weibchen füttern ihre Muttersöhnchen nämlich besonders gut und stopfen sie mit Insekten und Beeren voll. Das ist auch nötig, denn die Männchen müssen später mit anderen Konkurrenten um die besten Nistplätze streiten, und da ist körperliche Fitness eine wesentliche Voraussetzung. In nahrungsarmen Zeiten dagegen, wenn das Hotel Mama nicht so gut bestückt ist, verlassen auch die Söhne früh das elterliche Nest und schlagen sich allein durch.

Mutter Blaukehlhüttensänger (rechts) füttert ihren schon ziemlich großen und prächtigen Sohn, damit er stark genug wird für die späteren Revierstreitigkeiten mit anderen Männchen.

MUTTER, VATER, KINDERSEGEN

Die Hauptfrau eines Straußenhahns kümmert sich am intensivsten um ihre eigenen Eier in der Mitte des Geleges, die dann die höchsten Überlebenschancen haben.

Geteiltes Gelege – geteiltes Risiko

Die in Australien lebende **Braune Scheinkröte** (*Pseudophryne bibronii*) hat eine andere Methode entwickelt, das Risiko, dass die Brut verloren geht, deutlich zu minimieren. Bei dieser Art bauen die Männchen zunächst an einem Wasserlauf ein Schlammnest und rufen dann nach den Weibchen. Diese legen ihre Eier in das Nest, und das Männchen besamt sie. Anschließend bewacht es das Nest und befeuchtet den Laich ständig, damit die Embryonen nicht absterben. Genauere Beobachtungen zeigten jedoch, dass jedes Weibchen nicht nur ein einziges Männchen besucht – vielmehr legt es seine Eier in bis zu acht Nester. Der Grund: Im trockenen australischen Klima ist es keine leichte Aufgabe für die Männchen, die Eier ständig feucht zu halten. Zudem müssen die Nester an bestimmten Stellen liegen, damit sie zur richtigen Zeit überflutet werden – nur dann können die sich entwickelnden Kaulquappen ins angrenzende Gewässer gelangen. Durch Verteilen des Geleges erhöht das Weibchen also deutlich die Chance, dass zumindest ein Teil des Nachwuchses überlebt.

Bessere Startchancen für den Nachwuchs

Bei **Afrikanischen Straußen** (*Struthio camelus*) paart sich der Hahn nicht nur mit einer Haupthenne, sondern auch mit mehreren „Nebenhennen". Zuvor hat der Hahn eine Nestgrube angelegt, und all seine Hennen legen ihre Eier in dieses Nest. Dann allerdings vertreibt die Haupthenne, die das Brutgeschäft übernehmen wird, alle Nebenhennen, doch deren Gelege belässt sie im Nest, bis auf einige Eier, die sie aus Platzgründen nicht auch noch bebrüten kann. Ihre eigenen Eier kennt sie gut und platziert sie in der Mitte des Nests. Mit gutem Grund: Wenn Nesträuber kommen, fressen sie bevorzugt die am Rand liegenden Eier der Nebenhennen, was für die innen liegenden einen gewissen Schutz darstellt. Aber auch die Nebenhennen profitieren: Zumindest ein Teil ihres Geleges hat so die Chance auszuschlüpfen, ohne dass sie sich die Mühe des Brütens machen müssen.

GUTE FRAGE!

Womit füttern Vögel ihre Küken?

Insektennahrung ist zwar besonders nährstoffreich, aber manche Vogelarten geben ihren Jungen auch Körnerfutter, meist in Form von vorverdautem Brei. Männchen und Weibchen von Flamingos (Phoenicopteridae) dagegen produzieren eine rote Flüssigkeit, die viel Eiweiß und andere Nährstoffe enthält und füttern ihre Jungen mit dieser sogenannten Schlundmilch. Tauben (Columbidae) bilden zu dem gleichen Zweck eine weißliche Kropfmilch, und auch Albatrosse (Diomedeidae) nähren ihre Jungen mit selbst erzeugten Nährflüssigkeiten. Manche Vogelarten, etwa der Weißstorch (*Ciconia ciconia*) und der im heißen Afrika heimische Schuhschnabel (*Balaeniceps rex*) bringen an heißen Tagen auch Wasser zum Nest.

ELTERN IM EINSATZ

Bei Zebrafinken ist das Weibchen in der Lage, minderes Erbgut des Männchens durch einen Trick auszugleichen.

Wenn Väter nur zweite Wahl sind

Weibchen sind bestrebt, den stärksten oder besten Mann für sich zu gewinnen, um die Qualität ihres Nachwuchses zu gewährleisten. Doch das funktioniert oft nicht – stets gibt es Weibchen, die sich mit weniger herausragenden Partnern begnügen müssen. Bei **Zebrafinken** (Taeniopygia guttata) aber gleichen die Weibchen mögliche Defizite ihrer Männchen aus. Diese Vögel leben in Schwärmen in vielen Teilen Australiens. Sie ernähren sich vor allem von Grassamen und Insekten. Weil in ihren eher kargen Lebensräumen das Nahrungsangebot stark schwankt, brüten sie immer dann, wenn mehr Futter zur Verfügung steht.

Untersuchungen zeigten nun: Wenn ein Weibchen ein weniger attraktives Männchen bekommen hat, legt es deutlich größere Eier. Denn da die Vogelpaare ihr ganzes Leben lang zusammenbleiben, lohnt es sich für ein Weibchen nicht, Ressourcen für einen besseren Partner aufzusparen; vielmehr setzt es sich für jede Brut voll ein. Indem es den Jungen von Anfang an mehr Nahrung zur Verfügung stellt, verbessert es die Startchancen der Jungen.

Mutter Koalas Spezialfutter

Koalas (Phascolarctos cinereus) halten sich stets in den Kronen von Eukalyptusbäumen auf. Das Kletterleben hoch über dem Boden ist nicht ungefährlich. Zwar klammern sich die erwachsenen Tiere mit kräftigen Krallen fest, aber die Jungen sind in den ersten sechs Monaten ihres Lebens im Beutel der Mutter besser aufgehoben – die Koalas sind Beuteltiere wie die Kängurus. Eines allerdings hat Biologen lange Zeit Rätsel aufgegeben: Bei Koalas liegt die Öffnung des Beutels nicht oben, sondern unten und wird mit einem Schließmuskel verschlossen, sodass das Junge nicht herausfallen kann. Inzwischen weiß man, warum sich der Beutel nach unten öffnet: Die Jungtiere lecken in den ersten Wochen ihres Lebens einen speziellen grüngelben Schleim am After der Mutter und ernähren sich davon.

Das liegt an den besonderen Nahrungsbedürfnissen der Koalas. Sie fressen ausschließlich Eukalyptusblätter, und zwar von den über 600 existierenden Arten nur ganz bestimmte – andere würden sie nicht vertragen. Eukalyptusblätter aber sind hart und enthalten schwer verdauliche Inhaltsstoffe. Die für die Verwertung dieser Nahrung erforderliche Darmflora muss das Koala-Junge erst von der Mutter erhalten. Dafür produziert ihr Darm alle zwei bis drei Tage speziell für das Junge diesen Schleim. In der Zwischenzeit erzeugt sie gewöhnlichen Kot.

Allmählich wird der kleine Koala auf Eukalyptus umgewöhnt, und nach etwa einem Monat ist seine Nahrungsumstellung beendet. Von dieser Zeit an frisst er ebenfalls frische Blätter wie seine Mutter.

Koalas sind Beuteltiere, die keineswegs mit den Bären verwandt sind, wie man denken könnte. Anders als bei Kängurus öffnet sich bei ihnen der Beutel nach unten.

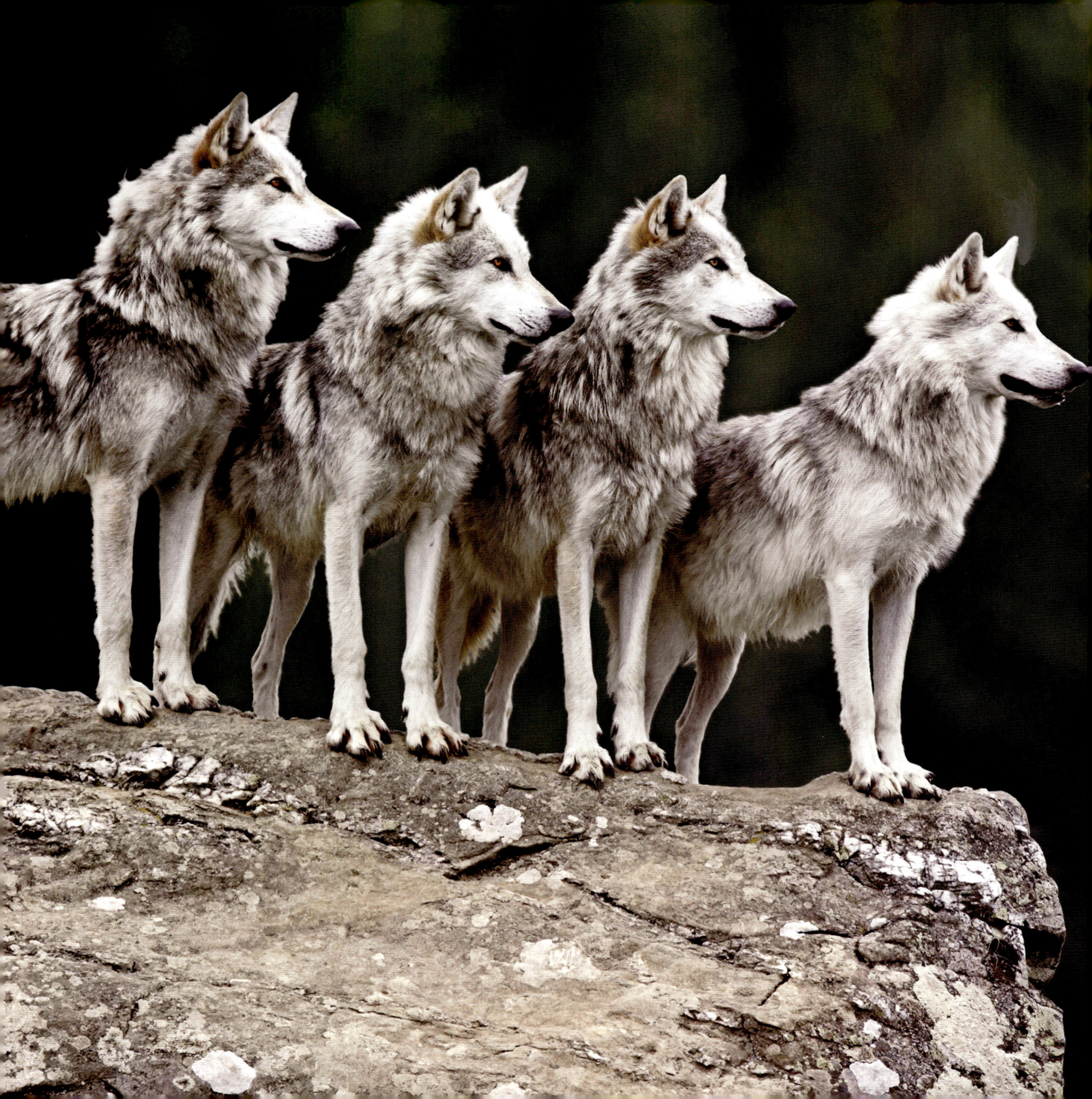

Gemeinsam – auf Gedeih und Verderb

Auch im Tier- und Pflanzenreich macht Gemeinsamkeit stark. Zahlreiche Tierarten fühlen sich nur im Kreise vieler Artgenossen sicher. Nicht selten auch sind zwei oder drei Arten eine enge Partnerschaft zu gegenseitigem Nutzen eingegangen. Allerdings gibt es auch Fälle, wo eine Art die andere ausbeutet.

Wir gründen einen Staat

Mehrere Tierarten, vor allem die Hautflügler unter den Insekten, gründen Kolonien mit strikter Arbeitsteilung und straffer Organisation, die bemerkenswerte Leistungen zeigen. Doch wie geschieht dies, und warum verzichten die meisten Mitglieder der Kolonie auf die eigene Fortpflanzung?

Staaten als Superorganismen

Mehr als ein Drittel aller Insekten leben in Staaten, zum Beispiel **Ameisen**, **Honigbienen** und **Termiten**; aber es gibt auch andere Tiere, die in organisierten Gruppen zusammenleben. Allen gemeinsam ist, dass sie im Staat höhere Chancen haben, ihr Erbgut weiterzugeben.

Ein Staat, eine Kolonie oder ein Schwarm kann Probleme viel effektiver lösen, als es ein einzelnes Tier je könnte. Das bezeichnet man als Schwarmintelligenz. Wenn etwa eine Ameisenstraße blockiert wird, laufen die Tiere zunächst wild durcheinander, probieren verschiedene Umwege und markieren sie mit Duftmarken. Der schnellste Umweg trägt bald die meisten Duftmarken und wird daher fortan von allen benutzt. Solche Kommunikationswege – durch Düfte oder akustische bzw. optische Signale – stellen im „Superorganismus" Schwarm so etwas wie Nerven dar.

Tatsächlich kann man manche Staatsgebilde als eine Art Organismus auffassen. Wie im menschlichen Körper herrscht Arbeitsteilung, z. B. in den Staaten der **Blattschneiderameisen** (Gattungen Atta und Acromyrmex), in denen oft einige Millionen Tiere zusammenleben. So kümmern sich verschiedene Kasten von Arbeiterinnen um Nahrungsbeschaffung, Pilzzucht oder Verteidigung. Nur ein winziger Teil der „Bevölkerung", die Königin und die Männchen, sorgen für die Fortpflanzung – so wie auch in unserem Körper nur wenige Zellen darauf spezialisiert sind. Die Königin ist allein für die Produktion von Eiern zuständig. In vielen Ameisenstaaten muss sie im Lauf ihres Lebens über

SPITZENLEISTUNG

Pro Honigglas 5 Millionen Blütenbesuche

Man sieht es dem auf dem Frühstückstisch stehenden Glas Honig nicht an, welche gewaltige Arbeitsleistung in ihm steckt. Um Nektar für ein Pfund Honig zu sammeln, sind etwa 5 Millionen Blütenbesuche notwendig; dabei legt eine Arbeiterin eine Strecke zurück, die einer dreifachen Erdumrundung entspricht. Man kann auch sagen, dass ein Glas Honig die Lebensarbeit von nahezu 200 Bienen darstellt. In der knapp zweiwöchigen Sammelphase legt eine einzige Arbeiterin immerhin rund 800 km Flugstrecke zurück – das entspricht der Entfernung von Hamburg bis München.

WIR GRÜNDEN EINEN STAAT

Schwestern mit weitgehend identischen Genen. Eine vielfache Vermehrung exakt dieses Erbguts wird also durch Beschützen der weiterhin Eier legenden Mutter-Königin gewährleistet. Wenn jedoch Arbeiterinnen Töchter hätten, würde deren Erbgut zur Häfte vom Vater stammen.

Allerdings zeigten jüngste Untersuchungen, dass dies wohl nicht die einzige Antwort ist. Eine Bienenkönigin z. B. paart sich auf ihrem Hochzeitsflug oft mit mehreren Drohnen, sodass viele der Arbeiterinnen nur Halbschwestern sind. Der genetische Vorteil fällt damit weg. Dennoch gibt es keine Rivalitäten unter den Arbeiterinnen; sie behandeln Halbschwestern nicht schlechter als echte Schwestern. Offenbar ist es für die Arbeiterinnen allemal günstiger, unter Verzicht auf eigene Nachkommen den Stock zu unterstützen, als sich allein durchs Leben zu schlagen.

Alte Bekannte

Die Mitglieder von Insektenstaaten erkennen in der Regel lediglich, ob ein Gegenüber ebenfalls zum Staat oder zur gleichen Kaste im Staat gehört oder ob es fremd ist. Dass **Ameisen** aber, wenn es darauf ankommt, durchaus ein „Personengedächtnis" haben können, zeigten Beobachtungen an den südamerikanischen Arten **Pachycondyla villosa** und **Pachycondyla inversa.** Deren Staaten, die sie meist in Baumhöhlen anlegen, besitzen mehrere Königinnen, die in einem durch Kämpfe ermittelten Rang zueinander stehen. Diese Königinnen erkennen einander auch nach längerer Zeit wieder. Das bedeutet: Sie müssen bei einem Zusammentreffen nicht erneut zeitaufwendige und eventuell verlustreiche Rangkämpfe ausfechten. Begegnet eine Königin einer anderen, weiß sie sofort, ob dies eine Fremde ist, die sich Eintritt verschaffen will, oder eine „Kollegin", die von der Futtersuche zurückkommt – und in welchem Rang sie zu ihr steht.

Die Bienenkönigin mit dem langen Leib, hier umgeben von Arbeiterinnen, legt Eier in die Zellen der Waben. In einigen Zellen sind die geschlüpften weißen Larven zu sehen.

100 Millionen Eier legen. Dazu wird sie von Männchen befruchtet, aber nicht von solchen aus dem eigenen Staat, sondern von fremden. Je mehr Mitglieder der Staat hat, desto mächtiger ist er im Kampf mit Nachbarstaaten. Diese Kämpfe können zahllose Arbeiterinnen das Leben kosten.

Doch warum haben sich solche Insektenstaaten herausgebildet? Es handelt sich fast immer um Frauenstaaten: Königin und Arbeiterinnen sind weiblich, die wenigen Männchen stehen ausschließlich im Dienst der Fortpflanzung. Da sich die Arbeiterinnen nicht fortpflanzen können, blieb die Frage: Wieso opfern sie sich für die wenigen fortpflanzungsfähigen Tiere auf? Die Entdeckung der Gene und der Vererbungsgesetze bot einen Ansatzpunkt zur Lösung. Wenn sich nämlich die Königin nur mit einem Männchen paart, sind ihre Töchter, die Arbeiterinnen,

Wussten Sie, dass...
...es im Honigbienenstock Heizer und Tankwarte gibt?

Larven und Puppen von Honigbienen brauchen eine bestimmte Umgebungstemperatur: 35 Grad Celsius. Ist es im Stock kälter, treten Heizerbienen in Aktion. Sie schlagen mit den Flügeln und ihre Flugmuskeln erzeugen Wärme. Nach einer halben Stunde sind die Heizerbienen so erschöpft, dass sie den 20 Zentimeter langen Weg zu den Honigwaben nicht mehr schaffen. Doch wie sich kürzlich zeigte, gibt es eine andere Berufsgruppe, die ihnen hilft: die Tankwarte. Diese Bienen laufen zwischen Honig- und Brutwaben hin und her und füttern jede entkräftete Heizerbiene, die sie antreffen, mit Honig. Binnen 20 Minuten laufen sie sechsmal die Strecke hin und her und versorgen dabei 30 Heizerbienen.

Blattschneiderameisen passen Größe und Form der Blattstücke den Gegebenheiten des Geländes an.

Trickreiche Transporteure

Für Ameisen ist es lebenswichtig, dass Beute reibungslos zum Nest transportiert wird. Doch der Weg über Stock und Stein ist oft mühsam, und Hindernisse können die Kolonne bremsen. Für solche Situationen haben viele Ameisenarten, etwa die **Tropische Armeeameise** (*Eciton burchellii*), intelligente Lösungen entwickelt. Entdeckt eine solche Ameise auf dem Weg eine kleinere störende Vertiefung, ein „Schlagloch", so krallt sie sich an den Rändern fest und formt aus ihrem Körper eine Art lebende Brücke, über die die Nestgenossen dann hinwegziehen. Bei einem größeren Loch tun sich mehrere der Insekten zusammen und füllen es aus. Weil dadurch der Transport von Nahrung ins Nest reibungsloser vonstatten geht, ist der Einsatz nicht ganz selbstlos – auch die Brückenbauer profitieren davon.

Wie anpassungsfähig Ameisen bei ihren Transportaufgaben sind, zeigten auch Versuche mit **Blattschneiderameisen** (Gattungen Atta und Acromyrmex). Normalerweise schneidet sich jede Ameise ihr Blattstück so ab, dass sie es noch problemlos tragen kann. Als Wissenschaftler jedoch künstliche Hindernisse in den Weg stellten, die den Durchgang niedriger machten, reagierten die Ameisen prompt, indem sie bereits an der weit entfernten Futterstelle kleinere Blattstücke abschnitten. Eine noch größere Überraschung aber bereiteten die Ameisen den Forschern nach einigen Stunden. Jetzt pflegten sie nicht nur kleinere Blattstücke abzuschneiden, sondern sie gaben ihren auch eine Form, die es den Tieren ermöglichte, die Blattstücke reibungslos durch die Hindernisstrecke zu bringen. Und noch etwas war erstaunlich: Die Verringerung der Transportkapazität glichen die Tiere dadurch aus, dass sie die Zahl der Träger verdreifachten.

GUTE FRAGE!

Sind Ameisen wirklich so emsig wie ihr Ruf?

Wenn man einen Ameisenhaufen beobachtet, könnte man meinen, die Tiere seien pausenlos tätig. Doch in Wahrheit, so zeigten artübergreifende Untersuchungen, arbeiten die Sechsbeiner weniger als die meisten Menschen. Denn jedes Tier ruht insgesamt rund drei Viertel des Tages. Man hat auch Insekten beobachtet, die erst eine halbe Stunde Pause einlegten, bevor sie fünf Minuten am Werk waren. Allerdings sind die Tausende oder Millionen Mitglieder eines Staates nicht gleichzeitig untätig; während die einen ruhen, sind die anderen in Aktion – daher der Eindruck ständigen Fleißes.

WIR GRÜNDEN EINEN STAAT

> ### SPITZENLEISTUNG
> #### Erfolgreiche Welteroberung
> Argentinische Ameisen *(Linepithema humile)* haben die wohl größte Ameisenkolonie der Erde gegründet. Diese Superkolonie besteht aus Millionen von Nestern, die sich über 6000 Kilometer entlang der Mittelmeerküste erstrecken. Die Tiere stammen von Einwanderern ab, die vor 80 Jahren per Schiff nach Europa kamen. Sie alle verstehen sich als Familie, denn bringt man Tiere aus verschiedenen Gebieten zusammen, greifen sie einander nicht an – wahrscheinlich spüren sie ihre enge Verwandschaft. Gegen andere Ameisenarten sind die Tiere höchst aggressiv: Sie haben bereits über 90 Prozent der einheimischen Arten verdrängt.

Der Staat der Blinden

Auch **Termiten** (Isoptera) zählen zu den staatenbildenden Insekten, aber entgegen einer landläufigen Meinung sind diese meist gelblich-bräunlichen Tiere mit den Ameisen nicht näher verwandt. Ihre nächsten Verwandten sind vielmehr die Schaben (Blattodea). Es gibt rund 2800 Arten von Termiten mit ganz unterschiedlichen Gewohnheiten.

Ein Termitenstaat kann mehrere Millionen Einzeltiere umfassen, die einer von drei „Kasten" angehören. Von einem oder mehreren Weibchen, erkennbar an ihrem unförmig angeschwollenen Hinterleib, werden fortwährend Eier gelegt. Manche schaffen die Rekordleistung von 30 000 Eiern pro Tag. Die Königin der Termitenart **Macrotermes natalensis** wird sogar etwa 14 Zentimeter lang. Wie Bienenköniginnen wird sie oft nur von einem oder auch mehreren Männchen begattet. Die Königin und ihre Begatter sind die Eltern aller Termiten im Staat.

Die dritte, volkreichste Kaste stellen die Arbeiter, die männlich oder weiblich sein können, aber auf die eigene Fortpflanzung verzichten. Sie sind meist blind, was sie aber nicht hindert, die vielfältigen Aufgaben in einem Termitenstaat zu erfüllen. Dazu zählen die Pflege des Königspaares und der Brut, die Nahrungsbeschaffung sowie der Bau und der Unterhalt des gewaltigen Nests, der wohltemperierten Heimat des Staates.

Die Verteidigung des Baus gegen Angriffe, meist von Ameisen oder Säugetieren, obliegt speziellen Soldaten-Termiten mit extragroßen Kieferzangen. Weil Termiten sehr empfindlich gegen Licht sind, bauen sie überdachte Gänge zu ihren Nahrungsquellen und fressen auch in derem Innern: Nicht selten höhlen die Holzfresser Bäume oder Holzbalken aus, ohne dass man etwas von außen sieht – bis diese schließlich zusammenfallen. Etwa die Hälfte aller Termitenarten ernährt sich von Humus; deshalb spielen die Insekten eine wichtige Rolle im Kreislauf der Natur. Bei ihrer Verdauung allerdings geben sie große Mengen an Methangas in die Atmosphäre ab, das den Treibhauseffekt verstärkt.

Termiten gehören aufgrund ihrer phänomenalen Bautätigkeit zu den fleißigsten Lebewesen. Afrikanische Bauleute sollen einmal aus dem Material eines einzigen Termitenbaus 450 000 Ziegelsteine hergestellt haben.

Das lebende Floß

Selbstlos verhalten sich die aus den südamerikanischen Regenwäldern stammenden **Feuerameisen** *(Solenopsis invicta)* bei den häufigen Überflutungen ihrer Heimat. Dann klammern sich Tausende von Einzeltieren aneinander und werden zu einem lebenden Floß, das dank eingeschlossener Luftblasen schwimmfähig ist und den Großteil der Kolonie trägt. Und es kann wenn nötig mehrere Monate auf dem Wasser treiben, ohne unterzugehen und ohne dass Ameisen dabei ertrinken.

Das Feuerameisen-Floß wird bei Überflutungen gebildet. Es ist wasserabweisender als jedes der Einzeltiere.

GEMEINSAM – AUF GEDEIH UND VERDERB

Das Bad in der Menge

Meist haben Einzeltiere Probleme, sich ausreichend zu ernähren. Wenn aber genug Nahrung für zahlreiche Artgenossen vorhanden ist, lohnt es sich für ein Tier, Teil einer Gruppe, einer Herde oder eines Schwarms zu sein. Denn das bietet viele Vorteile.

Im Schutz der Masse

Vermutlich denken Tiere über die Gefahren nicht nach, denen sie unablässig ausgesetzt sind, aber in ihrem Erbgut sind Verhaltensregeln gespeichert, die eine höchstmögliche Sicherheit gewährleisten. Sie sind das Ergebnis Millionen Jahre langer Evolution, in deren Verlauf die schlechter angepassten Tiere ausstarben und die besser angepassten zahlreiche Nachkommen durchbringen konnten. Alle heutigen Lebewesen sind Nachkommen der Gewinner, nicht der Verlierer.

Eine der besten Strategien, sicher durchs Leben zu gehen, besteht darin, sich einer großen Zahl von Artgenossen anzuschließen. Allerdings funktioniert das nur, wenn so viel Nahrung zur Verfügung steht, dass sie für die riesige Zahl hungriger Tiere ausreicht. Ein Vogel- oder Fischschwarm oder eine Herde Huftiere unterscheidet sich von

Ein Fischschwarm bietet den Einzeltieren einen gewissen Schutz. Allerdings sind die Schwarmmitglieder auch Nahrungskonkurrenten.

einem Rudel in einem wichtigen Punkt: Die Tiere kennen einander nicht, sie streben nur allgemein zu Artgenossen hin. Jeder kann sich einem Schwarm anschließen oder ihn, wenn er will, verlassen. Im Schwarm genießt ein Tier erhebliche Vorteile: Eine große Gruppe wird sehr viel seltener von Räubern angegriffen, denn diese haben in der Regel Probleme, aus der wogenden und sich unvorhersehbar bewegenden Masse ein Einzeltier zu isolieren und zu erbeuten. Zudem überwachen im Schwarm Tausende von Augen die Umgebung, sodass sich kein Räuber unbemerkt nähern kann.

Oft fragt man sich, wie Hunderte von Vögeln es schaffen, jene oft blitzschnellen und genau abgestimmten präzisen Flugmanöver zu vollführen, die man etwa an einem **Starenschwarm** *(Sturnus vulgaris)* beobachten kann. Doch diese erstaunliche Fähigkeit beruht, wie mathematische Modelle und Computersimulationen gezeigt haben, auf ganz einfachen Verhaltensweisen. In einem fliegenden Starenschwarm achtet nämlich jeder Vogel nur auf seine nächsten Nachbarn und deren Nachbarn rechts und links von ihm. Er muss also nicht den ganzen Schwarm im Auge haben, sondern hält lediglich sechs bis sieben Tiere unter Beobachtung. Der Abstand, den die Nachbarn von ihm haben, ist kaum von Bedeutung: Ob sie in einem dichten Schwarm nur einen Meter entfernt fliegen oder in einem lockeren Schwarm fünf Meter, spielt keine Rolle. Wenn die Nachbarn ihre Flugrichtung oder ihr Tempo ändern, tut er das auch, und zwar dank seiner raschen Reaktionsfähigkeit nahezu gleichzeitig mit ihnen.

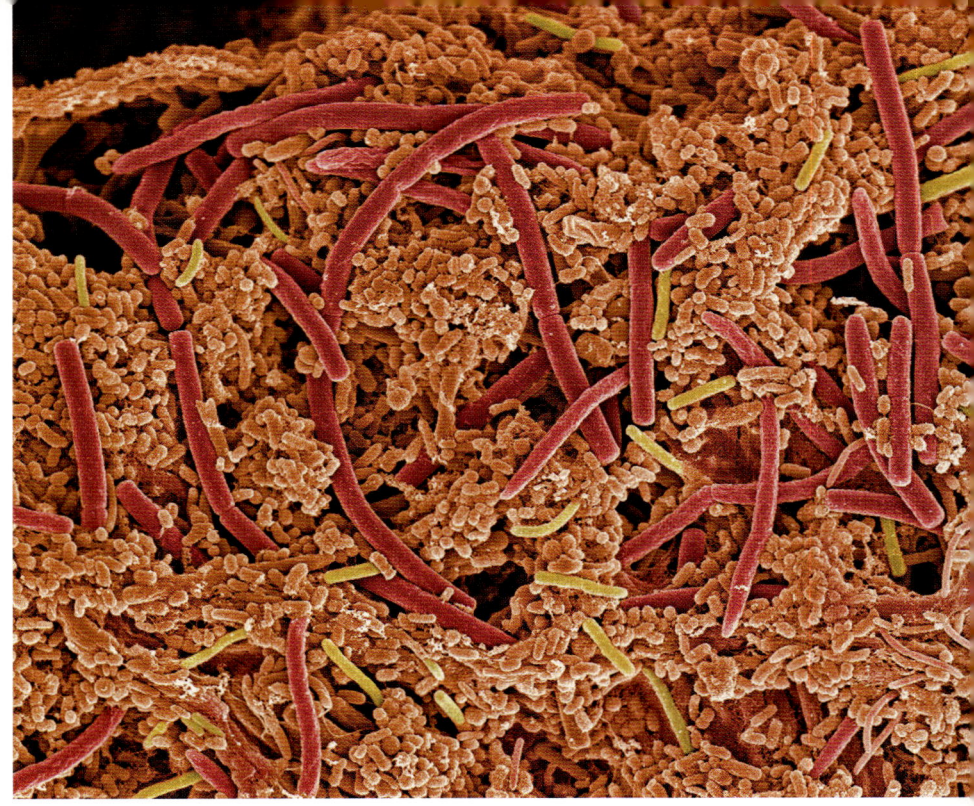

Zahnbelag – ein Biofilm, mit dem wir es täglich zu tun haben. Die Bakterien *(Streptococcus mutans, rot)* sind in eine Trägersubstanz (die Matrix, orange) eingebettet, die aus Sekreten der Bakterien sowie Speichel besteht.

Bakterien im Verbund

Algen, Pilze und vor allem Bakterien schließen sich oft zu sogenannten Biofilmen zusammen, indem sie sich mit einer gemeinsam produzierten Schleimschicht umhüllen. Diese Schicht besteht vor allem aus Wasser und speziellen, von den Mikroorganismen ausgeschiedenen Substanzen, die sie zu einem schleimigen Gel verdicken. Biofilme sind aber nicht einfach nur Umhüllungen, sondern stellen eine spezielle Lebenswelt dar. Im Biofilm lebende Bakterien zum Beispiel unterscheiden sich deutlich von freilebenden der gleichen Art. Zum Beispiel werfen sie ihre Geißeln ab, mit denen sie sich in anderen Medien vorwärts bewegen. Auch können sie innerhalb des Biofilms mit anderen Bakterien Signale und sogar Erbgut austauschen. Für die Kleinstlebewesen haben diese Lebensform und diese Umwelt große Vorteile. Der umhüllende Schleim schützt sie vor manchen ungünstigen Umweltbedingungen. Selbst starke Temperaturschwankungen und intensive Strahlung überleben sie darin besser als „im Freien". Selbst Phasen ohne Nahrungsversorgung können sie so besser überstehen.

Für Menschen sind Biofilme nicht unbedingt schädlich: Beispielsweise schützen uns die Biofilme der Darmflora und der Hautbakterien vor gefährlichen Keimen. Doch leider bilden auch viele Krankheitserreger Biofilme. So hausen Kariesbakterien in Biofilmen auf den Zähnen (Plaque), und in der Lunge sind Mukoviszidose-Bakterien in ihrer Schleimhülle praktisch unangreifbar; selbst Antibiotika oder körpereigene Abwehrkräfte können sie dort nicht erreichen. Manche Erreger produzieren sogar Stoffe, die die Abwehrzellen des Körpers lähmen.

Wussten Sie, dass...
...auch Piranhas zur Verteidigung Schwärme bilden?

Die im Amazonasgebiet lebenden Piranhas haben einen schlechten Ruf als gefährliche Raubfische, die selbst Menschen binnen Minuten bis auf die Knochen abnagen. In Wirklichkeit ernähren sie sich vor allem von Aas, Insekten und Pflanzen und stellen so eine Art Gesundheitspolizei dar. Da Piranhas viele Feinde haben, etwa Kaimane und größere Raubfische, bilden sie je nach Bedrohungsgrad größere oder kleinere Schwärme zur Verteidigung. Die ausgewachsenen, geschlechtsreifen Fische nehmen die sichersten Plätze in der Schwarmmitte ein, jüngere Fische müssen sich mit Randplätzen begnügen.

Die Vorteile der Gleichzeitigkeit

Die gefährlichste Zeit im Leben eines Tiers ist die frühe Jugend. Deshalb schlüpfen etwa **Eintagsfliegen** (Ephemeroptera) möglichst gleichzeitig. Der Name „Eintagsfliege" täuscht: Die Insekten leben je nach Art mehrere Jahre. Allerdings nicht geflügelt, sondern als Larven am Boden von Tümpeln, Bächen oder Seen. Irgendwann freilich müssen sie auch an die Fortpflanzung denken. Also verwandeln sich die Larven in geflügelte Nymphen, verlassen das Wasser und schwärmen davon. Es können Millionen von Eintagsfliegen sein, die an warmen Schlüpftagen einen silbrigen Schleier über der Wasseroberfläche bilden. Was das Signal zum Massenschlupf gibt, weiß man noch nicht.

Aber auf jeden Fall hat das gleichzeitige Schlüpfen für die Tiere zwei Vorteile: Die zahlreichen Fressfeinde, etwa Vögel und Fledermäuse, können angesichts der Überfülle nur wenige Prozent der Tiere fressen. Und die Insekten haben keine Probleme, Geschlechtspartner zu finden. Das ist wichtig, denn die erwachsenen Eintagsfliegen leben nicht lange – je nach Art bestenfalls einige Tage. In dieser Zeitspanne müssen sie Hochzeit und Eiablage erledigen.

Bestimmte nordamerikanische Zikaden *(Magicicada sp.)* kriechen zu Millionen gleichzeitig aus dem Boden, wo sie jahrelang als Larven gelebt haben. Das Unglaubliche: Sie schlüpfen nach den Gesetzen der Mathematik. Bei manchen Arten findet alle 13 Jahre eine Massenvermehrung statt, bei anderen alle 17 Jahre. Diese Zahlen haben etwas gemeinsam: Es sind Primzahlen, also nur durch Eins und durch sich selbst teilbar. Fressfeinde, die sich auf diese „Primzahlzikaden" spezialisieren wollten, müssten alljährlich oder alle 13 bzw. 17 Jahre auftreten, um auf ihre potenzielle Beute zu treffen. Würden die Zikaden – nur als Beispiel – alle 12 Jahre massenhaft schlüpfen, würden sie viel häufiger auf Räuber treffen. Ihr Vermehrungsrhythmus könnte sich dann mit dem von Feinden überschneiden, die alljährlich bzw. alle 2, 3, 4, 6 oder 12 Jahre auftreten.

Eine Primzahlzikadennymphe schlüpft aus der Larve – was man nur alle 13 oder 17 Jahre beobachten kann.

Wenn ein Maifliegen-Massenschlupf stattfindet, erheben sich Millionen von Insekten gleichzeitig in die Lüfte.

Die in Australien lebenden Wellensittiche treten stets in Schwärmen auf. Sie fressen die Samen von Bodendeckern in den trockenen Gebieten des Kontinents.

Charmant und verfressen

Besonders sinnvoll ist das Schwarmverhalten für Pflanzenfresser, solange ihre bevorzugte Nahrung in großen Mengen zur Verfügung steht. Die **Wellensittiche** (*Melopsittacus undulatus*) mit ihrem bei der Wildform grünen Gefieder beispielsweise leben von den Samen bodendeckender Pflanzen, vor allem Gras, und bilden in ihrer Heimat Australien manchmal riesige Schwärme.

Ist das Klima gut und sind Nahrung und Wasser gesichert, bleiben die Vögel an einem Platz. Vielfach aber zwingen ausgedehnte Trockenperioden sie dazu, lebensfreundlichere Regionen aufzusuchen und dafür über Land zu ziehen. Anders als manche Zugvögel können sie dabei nur wenige Stunden nonstop fliegen, weil sie keine großen Fettreserven besitzen.

Von Grassamen ernähren sich auch die in Afrika heimischen **Blutschnabelweber** (*Quelea quelea*). Sie bilden die vermutlich größten existierenden Vogelschwärme aus jeweils Millionen von Tieren. Wenn sich die spatzengroßen Vögel auf Bäumen sammeln, sieht man kaum noch Blätter, und so manches Mal brechen die Zweige unter dem Gewicht. Beliebt sind die Vögel bei den Einheimischen nicht: Sie können, wenn sie in riesiger Zahl einfallen, eine Ernte völlig vernichten – denn sie fressen eben nicht nur Grassamen, sondern auch Getreidekörner.

Großfamilie mit Wächter

Es muss nicht immer ein Schwarm sein: In Kolonien kann man die Sicherheit erhöhen, wenn man Wächter aufstellt. So sind in Kolonien von **Präriehunden** (Cynomys sp.) oder **Murmeltieren** (Marmota sp.) immer einige Tiere auf Wache. Sie beobachten ohne Unterlass den Luftraum und die Umgebung und warnen die Koloniemitglieder, wenn sich ein Feind nähert.

Selbst in Kleinfamilien gilt der Satz, dass vier Augen mehr sehen als zwei. Die im südlichen Afrika lebenden **Elsterdrosslinge** (Turdoides bicolor) leben in Großfamilien aus alten und jüngeren Tieren zusammen. Die kleinen Vögel sind keine besonders geschickten Flieger. Ihre Nahrung holen sie sich aus dem Boden: Mit ihrem spitzen Schnabel stochern sie nach Würmern und Insekten im Erdreich. Das erfordert große Aufmerksamkeit und zudem den Blick nach unten; deshalb können die Tiere nicht gleichzeitig den Luftraum nach plötzlich auftauchenden Greifvögeln überwachen oder anschleichende Schlangen erspähen. Auch das Umhegen der noch nicht flüggen Jungvögel erfordert Mühe und hindert an der Ausschau nach Feinden. Deshalb haben die Vögel zwei Lösungen entwickelt. Zum einen findet sich bisweilen ein **Trauerdrongo** (Dicrurus adsimilis) ein, der erfolgreich das Wächteramt übernimmt. Allerdings tut er das nicht immer ganz selbstlos: Manchmal schlägt er falschen Alarm und stiehlt sich in der Verwirrung dann die Beute, die ein Drossling gerade gefunden hatte.

Zum anderen stellen die Elsterdrosslinge auch eigene Wachen auf. Reihum übernehmen erwachsene Vögel diese Aufgabe. Entdecken sie einen Feind, stoßen sie Warnpfiffe aus. Meist werden sie nach einigen Minuten wieder abgelöst, sodass ihnen die Beobachtungstätigkeit nicht langweilig wird und sie selbst auch fressen können. Wie sich zeigte, lohnt sich die Methode: Die Tiere wagen sich dank der Wächter auch auf offene Flächen und nutzen deren Nahrungsangebot.

Verheerender Gewaltmarsch

Längst nicht alle Tiere, die in Massen auftreten, tun das als Verteidigungsstrategie. Auch gemeinsames Jagen hat sich bei vielen Tierarten bewährt, weil die Tiere mit dieser Strategie auch Beute überwältigen können, die für ein Einzeltier zu groß oder zu schnell wäre.

So sind die **Treiber**- oder **Wanderameisen** in Südafrika (Dorylus sp.) und ihre zentral- und südamerikanischen Pendants (Eciton sp.) ständig hungrig unterwegs auf der Suche nach Beute, manche Arten tagsüber, andere hingegen vorwiegend nachts. Sie leben in Kolonien aus bis zu 20 Millionen Tieren. Wo ihre auf breiter Front vorrückenden Stoßtrupps hingelangen, bleibt kein lebendes Tier übrig, weder am Boden noch in Baumwipfeln oder in Erdhöhlen. Selbst große Säugetiere, Reptilien und Vögel haben Respekt vor diesen herannahenden Jägern, die die wohl weltweit zahlenstärksten Jagdarmeen bilden. Denn ihre zigtausend mit kräftigen Kiefern und Gift bewehrten Soldaten können dank ihrer schieren Menge auch größeren Tieren gefährlich werden. Zwar sind Säuger und Vögel normalerweise in der Lage, der langsam herannahenden Bedrohung auszuweichen, aber angebundene oder eingesperrte Haustiere sowie Kleintiere wie Insekten, Skorpione

Wenn diese Armee ihr Lager aufschlägt, hat sie eine Spur der Verwüstung hinterlassen. Wanderameisen können sogar größeren Tieren gefährlich werden.

DAS BAD IN DER MENGE

Man kann sich leicht vorstellen, wie effektiv ein solcher Wanderameisensoldat seine Opfer zerstückelt.

oder Vogelbrut werden überwältigt, durch Stiche oder Bisse getötet, zerstückelt und zu Nahrung für die Kolonie verarbeitet. Der Ameisenforscher Edward Wilson hat einmal die Züge der Wanderameisen, die ein Band des Todes durch den Regenwald ziehen, als „die fürchterlichste Erscheinung in der Insektenwelt" bezeichnet.

Da Wanderameisen fast ununterbrochen marschieren, bauen sie auch keine festen Nester wie beispielsweise die Rote Waldameise *(Formica rufa)*. Stattdessen klammern sich, wenn die Nacht hereinbricht, Tausende von Tieren an geschützten Stellen aneinander und bilden aus ihren Körpern kurzzeitig bestehende komplizierte Nestgebilde, sogenannte Biwaks. Diese Bauten aus Körpern enthalten zahlreiche Gänge und Kammern sowie vor allem Räume für die Königin und die Brut.

Erfolgreicher im Rudel

Wölfe jagen meist Kleintiere wie beispielsweise Hasen oder Wühlmäuse. Große Tiere wie etwa Elche, Wildschweine oder Rentiere dagegen kann ein einzelner Wolf nicht allein bewältigen. Anders, wenn gemeinsam gejagt wird: Im Rudel können Wölfe auch Großtiere erlegen, von denen ein einziges so viel Fleisch liefert, dass es für das ganze Rudel tagelang reicht.

Meist pirschen sich die Wölfe an die schon aus großer Entfernung erwitterten Tiere an. Ergreifen die Beutetiere die Flucht, hetzen die Wölfe hinterher – allerdings nicht sehr ausdauernd. Deshalb haben aufmerksame und schnelle Tiere durchaus eine Chance zu entkommen. Elche z. B. laufen wenn möglich zum Wasser, stellen sich hinein und sind da ziemlich sicher. Andere, etwa Moschusochsen oder Wildschweine, wehren sich sogar erfolgreich.

Bisweilen aber nutzen die Wölfe auch ausgefeilte Jagdstrategien. Angesichts einer Herde von Beutetieren kommt es vor, dass sich das Rudel aufteilt. Einige sprengen die Gruppe auseinander und drängen ein Tier ab. Die Jäger treiben es in eine bestimmte Richtung – und dort, in guter Deckung, liegen andere Rudelmitglieder auf der Lauer und fallen das fliehende Tier an. Dann gibt es kein Entkommen.

Leben auf Kosten anderer

Manche Tiere und Pflanzen machen sich das Leben leichter, indem sie anderen etwas wegnehmen – zum Beispiel Nahrung, Wasser, Futter für die Brut oder gar Körpergewebe oder Blut. Meist schädigen solche Parasiten ihren Wirt nur, bisweilen aber töten sie ihn sogar. Und in den meisten Fällen haben sich die Schmarotzer mit ungewöhnlichem Geschick an die Eigenheiten ihres Wirts angepasst.

Zu Hause im fremden Nest

Bei manchen Tieren beginnt schon das Leben selbst mit der Ausbeutung anderer. Das bekannteste Beispiel dafür ist der **Kuckuck** *(Cuculus canorus)*. Die etwa taubengroßen Vögel, bei denen das Männchen den charakteristischen Ruf „Kuckuck" ausstößt, sparen sich den Bau eigener Nester. Stattdessen legt das Kuckucksweibchen ein oder zwei Eier in das Nest einer Wirtsvogelart, an deren Eier es Färbung und Form seiner eigenen besonders gut angepasst hat. Das sind zum Beispiel Grasmücken *(Sylvia sp.)*, Bachstelzen *(Motacilla alba)* und andere. Insgesamt hat man die erfolgreiche Aufzucht von jungen Kuckucken bei etwa 45 Vogelarten beobachtet.

Dieser sogenannte Brutparasitismus erfordert besondere Anpassungen. Zunächst beobachtet das Kuckucksweibchen die Nester seiner Wirtsvogelart möglichst unauffällig, aber sorgfältig. Ist ein Nest belegt, aber gerade einen Moment unbewacht, huscht es rasch heran, wirft ein oder zwei Eier hinaus oder frisst sie auf, fügt dann in Sekundenschnelle die gleiche Anzahl eigener Eier hinzu und macht sich davon. Nachdem die Pflegeeltern die Eier ausgebrütet haben, schlüpft der Kuckuck als Erster – und stößt die anderen Eier aus dem Nest. Dann sendet er starke Fütterungsreize aus, sodass die Vogeleltern ihn gut mit Futter versorgen.

Der Nachwuchs des Wirtsvogelpaars hat also keine Überlebenschance. Auf die gesamte Wirtsvogelart bezogen sind die Kuckucke allerdings kein Problem; in der Regel enthalten höchstens ein bis drei Prozent der Nester fremde Eier. Zudem merken viele Wirtseltern den Austausch und geben das Gelege insgesamt auf. Auch sonst haben die Wirtsvögel Strategien gegen Kuckucke entwickelt. So markieren afrikanische **Dorfwebervögel** *(Ploceus cucullatus)* ihre Eier mit besonderen Merkmalen, um sie von eventuell untergeschobenen Eiern des **Goldkuckucks** *(Chrysococcyx caprius)* unterscheiden zu können. Das Muster ist innerhalb eines Geleges recht einheitlich, von Gelege zu Gelege aber deutlich unterschiedlich. Dass sich diese Maßnahme tatsächlich gegen die Kuckucksvögel richtet, zeigte sich auf der Insel Mauritius, wo es zwar Dorfweber, aber keine Goldkuckucke gibt: Dort verzichten die Webervögel auf die typische Musterbildung.

Ein Kuckucksjunges wird von einem Teichrohrsänger gefüttert. Solange der kleine Wirtsvogel nicht merkt, mit wem er es zu tun hat, schafft er nach Kräften Futter herbei.

Hier liegt das Ei eines Braunkopf-Kuhstärlings im Nest eines Rotkehlhüttensängers *(Sialia sialis)*.

Der Braunkopf-Kuhstärling zerstört das gesamte Gelege, wenn seinem Ei etwas zugestoßen ist.

Strafende Vogel-Mafia

Die Fortpflanzungsart der Kuckucke wirkt – nach menschlichen Maßstäben – noch einigermaßen zivilisiert, vergleicht man sie mit den Mafiamethoden der amerikanischen Stärlinge, etwa dem **Braunkopf-Kuhstärling** *(Molothrus ater),* der über 100 Singvogelarten parasitiert. Braunkopf-Kuhstärlinge leben in halboffenen und offenen Landschaften Nordamerikas und ernähren sich vor allem von Sämereien und Insekten. Das Weibchen kann bis zu 36 Eier pro Jahr legen. Die Stärlinge sind zwar nicht mit den Kuckucken verwandt, aber sie legen ebenfalls Eier in fremde Nester, etwa von **Zitronenwaldsängern** *(Protonotaria citrea)* oder **Michiganwaldsängern** *(Dendroica kirtlandii).* Diese Wirtsvögel neigen dazu, das fremde Ei aus dem Nest zu werfen, wenn sie es als fremd erkennen. Doch das lassen sich die Stärlingeltern nicht gefallen: Sie unternehmen Kontrollflüge, und wenn sie ihr Ei vermissen, zerstören sie das gesamte verbliebene Gelege des Wirtsvogels – in immerhin mehr als der Hälfte der Fälle. Wurde das Ei des Waldsängers dagegen akzeptiert, blieb das Gelege fast immer verschont. Und da das Stärlingjunge – anders als ein Kuckucksküken – seine Genossen nicht aus dem Nest wirft, bleibt den Waldsängern insgesamt zumindest ein Teil des Nachwuchses erhalten.

Die Stärlinge greifen aber bisweilen auch Gelege an, in die sie gar kein Ei gelegt haben, und zerstören sie sogar. Etwa jedes fünfte Waldsängernest fällt diesen Angriffen zum Opfer. Offenbar bauen die Stärlinge also, wie Mafia-Bosse, auf Einschüchterung. Denn sie scheinen zu wissen, dass die betroffenen Paare nach der Nestzerstörung eine zweite Brut beginnen, und fast alle dieser neuen Gelege werden mit Stärlingeiern bestückt.

Ähnlich wie bei Opfern der echten Mafia zahlt es sich für die Waldsänger aus, die fremden Eier gleich zu akzeptieren, denn sie ziehen insgesamt mehr eigenen Nachwuchs groß als diejenigen Vögel, die eine Verweigerung mit zerstörten Gelegen bezahlen müssen. Doch ebenfalls wie bei der echten Mafia lohnt sich manchmal auch Widerstand: Zahlreiche der Wirtsvogelarten lassen sich das Ausnutzen keineswegs gefallen, sondern greifen die Stärlinge aus der Luft an und vertreiben sie aus ihrem Revier.

GEMEINSAM – AUF GEDEIH UND VERDERB

Man nennt sie Sozialschmarotzer: Die Kuckuckshummel

Auf die Fortpflanzungsgewohnheiten einiger Hummelarten weist schon ihr Name hin: **Kuckuckshummeln** *(Psithyrus sp.)*. Die am intensiv blauschwarzen Glanz erkennbaren Insekten sind eng mit den echten **Hummeln** *(Bombus sp.)* verwandt und stellen eine Untergattung dar, die sich vermutlich evolutionsgeschichtlich vor recht kurzer Zeit entwickelt hat. Bei diesen sogenannten Sozialschmarotzern gibt es nur Männchen (Drohnen) und fortpflanzungsfähige Weibchen, Arbeiterinnen sparen sie sich. Und so gehen sie vor: In der Regel dringt ein einziges Weibchen in das Nest von echten Hummeln ein, wenn gerade nur wenige Arbeiterinnen anwesend sind. Oft merkt die Hummelkönigin gar nicht, dass eine Konkurrentin ins Nest eingedrungen ist, und nur selten sticht das Kuckuckshummel-Weibchen die Hummelkönigin tot. Wohl aber wehren sich die anwesenden Arbeiterinnen, und im Übereifer greifen sie sich sogar gegenseitig an. Es kommt vor, dass diesen Kämpfen mehr als die Hälfte der Arbeiterinnen zum Opfer fällt.

Nach einiger Zeit jedoch kehrt Ruhe ein. Das Kuckuckshummel-Weibchen beginnt nun, Eier zu legen und die von der echten Hummelkönigin gelegten Eier aufzufressen. Die Hummeln rächen sich, indem sie ihrerseits einige Eier der Kuckuckshummel fressen. Aus den übrig gebliebenen entwickeln sich Nachkommen des eingedrungenen Weibchens. Anders als die Arbeiterinnen der echten Hummeln beteiligen sich diese Fremdlinge nicht an Brutpflege und Nahrungseintrag, sondern lassen sich von den „einheimischen" Stockinsassen versorgen. Die echte Hummelkönigin wird dabei, sofern sie überlebt hat, immer mehr vernachlässigt. Der Stock produziert kaum noch Nachwuchs – bis auf die schlüpfenden Kuckuckshummeln. Diese verlassen das sterbende Nest, paaren sich und suchen sich alsbald ein neues Opfer.

Wussten Sie, dass …

…manche Nachtfalter aus Tieraugen trinken?

Um Wasser und Mineralstoffe aufzunehmen, saugen Nachtfalterarten in den warmen Gebieten Asiens, Afrikas und Amerikas Tränenflüssigkeit aus den geöffneten Augen großer Säugetiere, etwa Elefanten und Nashörner. Doch kürzlich entdeckte man auf Madagaskar etwas noch Erstaunlicheres: eine Nachtfalterart aus der Familie der Schneckenspinner (Limacodidae), die sich an die geschlossenen Augen von Vögeln machte. Der Falter steckt seinen Rüssel so geschickt zwischen die Nickhäute, die das Auge bedecken, dass der Vogel nicht einmal aufwacht. Möglicherweise hat sich diese Anpassung entwickelt, weil es auf der Insel keine Großsäuger gibt.

Die Mistel, ein in vielen alten Kulturen heiliges Gewächs, ist ein Halbschmarotzer, d. h. sie betreibt Photosynthese, beschafft sich aber auch Nährstoffe von ihrer Wirtspflanze.

Der grüne Parasit

Schmarotzer, auch Parasiten genannt, brauchen sich nicht um Nahrungsbeschaffung oder Schutz zu kümmern, sondern holen sich, was sie brauchen, von anderen, ohne eine Gegenleistung zu erbringen. Aber wieso gibt es dann nicht mehr Schmarotzer auf der Erde? Weil auch das Parasitenleben bestimmte Anforderungen stellt, denn die betroffenen Wirte wehren sich natürlich nach Möglichkeit. So tobt ein ständiges „Wettrüsten" – das auch Pflanzen betreiben. Eigentlich sollte man meinen, dass sie Parasitismus nicht nötig haben, weil sie sich mittels Luft, Wasser und Sonnenlicht selbst versorgen können. Doch einige Pflanzenarten lassen sich lieber von einer anderen am Leben erhalten.

Vergleichsweise wenig schädigt die **Weißbeerige Mistel** *(Viscum album)* ihren Wirt, denn sie betreibt auch eigene Nährstoffversorgung mittels Photosynthese; deshalb nennt man sie Halbschmarotzer. Ihre Samen, die in weißen Beeren stecken, werden durch Vögel verbreitet und mit deren Kot zum Beispiel auf der Rinde eines Baums abgesetzt. Dort keimen sie und treiben Saugwurzeln in das Baumgewebe, und zwar so weit, dass sie dessen Wasserleitungsbahnen anzapfen können. Manche Misteln treiben auch Wurzeln in die Röhren, in denen der Zuckersaft fließt, und bedienen sich dort, und bisweilen sterben die Misteln tragenden Äste nach einiger Zeit ab. Warum die Mistel die Saftbahnen parasitiert, ist noch ungeklärt, denn eigentlich ist sie darauf gar nicht angewiesen.

LEBEN AUF KOSTEN ANDERER

Diebstahl unter Tage

Viele Pflanzen wissen ihr Schmarotzertum gut zu verbergen. **Läusekräuter** *(Pedicularis sp.)*, **Wachtelweizen** *(Melampyrum sp.)* und **Augentroste** *(Euphrasia sp.)* sind grün und betreiben Photosynthese, und nur im Erdboden suchen ihre Wurzeln Kontakt zu anderen Pflanzenwurzeln und zapfen sie an. Besonders eindrucksvoll ist dieser sogenante Wurzelparasitismus beim **Australischen Weihnachtsbaum** *(Nuytsia floribunda)*. Er hat seinen Namen von den prächtigen orangeroten Blütenständen, die gerade zur Weihnachtszeit, im Südsommer, erscheinen. Auch dieser bis zu zehn Meter hohe Baum hat zwar grüne Blätter, holt sich aber Wasser und Nährstoffe von Gräsern und anderen Pflanzen seiner Umgebung. Manche seiner Wurzelausläufer erreichen bis zu 150 Meter Länge.

Bei anderen Pflanzen ist die parasitische Lebensweise deutlicher, denn sie besitzen kein Blattgrün, können also keine Photosynthese betreiben und sind daher auf andere Nahrungsquellen angewiesen. Dazu zählen die **Sommerwurzen** *(Orobanche sp.)*, von denen es gut 200 Arten gibt. Die keimenden Samen treiben eine Wurzel in den Boden, und diese sucht sich eine geeignete Wirtswurzel, um deren Leitbündel anzuzapfen, also die Leitungsstränge für Wasser und Nährstoffe. Dort bildet sie ein knollenförmiges Speicherorgan, in dem sie die aufgenommenen Nährstoffe speichert. Irgendwann schiebt diese Knolle einen Sommerwurz-Spross aus dem Boden, der gelblich aussieht, weil er kein Blattgrün enthält. Dieser Spross bildet Blüten und schließlich bis zu 300 000 winzige Samen, die vom Wind weithin getragen werden.

Eine bemerkenswerte Form von Parasitismus betreiben der **Fichtenspargel** *(Monotropa hypopitys)*, eine Pflanze, die auf der gesamten Nordhalbkugel vorkommt, sowie zwei Orchideen: der **Blattlose Widerbart** *(Epipogium aphyllum)* und die **Vogel-Nestwurz** *(Neottia nidus-avis)*. Diese Pflanzen können mangels grüner Blätter keine Nährstoffe erzeugen und sehen daher gelb-bräunlich aus. Sie haben aber Nährstofflieferanten: Pilze, die ein dichtes Geflecht um ihre Wurzeln bilden und sie mit allem Nötigen versorgen. Die Pilze wiederum sind Symbiosepartner von Bäumen – letzten Endes stammen also viele Nährstoffe aus einem benachbarten Baum.

Der Australische Weihnachtsbaum, ein weithin leuchtendes, duftendes Gewächs, sendet seine parasitierenden Wurzeln unterirdisch bis zu 150 Meter weit aus.

GEMEINSAM – AUF GEDEIH UND VERDERB

Die stecknadelkopfgroße Schlupfwespe *Trichogramma brassicae* legt ihr Ei bevorzugt in die Eier des Kohlweißlings. Das ist das Todesurteil für die Wirte.

Lebendes Futter für den Nachwuchs

Insekten kümmern sich zwar nur selten um ihre Jungen, sorgen aber durchaus für den Nachwuchs. Die Weibchen von pflanzenfressenden Larven zum Beispiel wählen sehr sorgfältig die richtige Pflanze und eine geeignete Stelle zur Eiablage aus. Mistkäferweibchen rollen Kot zu einer Kugel und verbergen sie mitsamt einem Ei in einer selbst gegrabenen Erdhöhle. Leichter haben es Arten, deren Larven sich im Wasser entwickeln. Wenn sie die Eier nicht unter den Blättern von Wasserpflanzen platzieren, lassen sie sie oft einfach ins Wasser fallen.

Besonders achtsam sorgen die Weibchen der **Schlupfwespen** (Ichneumonidae) für ihren Nachwuchs. Es gibt weltweit mindestens 100 000 Arten dieser Insekten. Sie parasitieren an anderen Insekten – und in aller Regel endet das für den Wirt tödlich. Um ihren Nachkommen nicht nur eine sichere Kinderstube, sondern auch hochwertige Nahrung für die erste Zeit zu gewährleisten, legen Schlupfwespenweibchen ihre Eier in ein anderes Insekt oder in dessen Ei oder Larve. Wenn nötig, lähmen sie obendrein ihr Opfer und verstecken es in einer Höhle, sodass die Schlupfwespenlarven ungestört ihr Lebendfutter, nämlich das Körperinnere ihres Opfers, auffressen können.

Aber selbst diese an sich schon ausgefeilte Schlupfwespen-Methode haben einige Arten noch fortentwickelt. So pflegt die nur etwa einen halben Millimeter kleine Schlupfwespenart ***Trichogramma brassicae*** ihre Eier in die Eier z. B. des **Großen Kohlweißlings** (*Pieris brassicae*) zu legen. In diesen Eiern entwickeln sich dann die jungen Wespen. Verständlich, dass es für sie wichtig ist, begattete von noch unbegatteten Schmetterlingsweibchen zu unterscheiden, denn nur die ersteren legen Eier ab. Dabei kommt den Schlupfwespen zugute, dass die männlichen Kohlweißlinge ihre Partnerin nach der Paarung mit einem Duftstoff parfümieren, der sie für andere Männchen unattraktiv macht. Doch auf genau diesen Stoff lauert die Schlupfwespe – er ist für sie das Signal, auf dem Kohlweißlingsweibchen zu landen, sich festzuklammern und mit ihm zum Eiablageplatz zu reisen.

Bestimmte Schlupfwespen-Arten setzen sogar eine Gruppe von **Viren** für ihre Zwecke ein. Möglicherweise liegen die Anfänge dieser Zusammenarbeit schon vor etwa 100 Millionen Jahren. Jedenfalls bringt die Schlupfwespe die Viren in den Wirtskörper – und zwar nicht, damit sie sich ausbreiten, sondern nur für ihren eigenen Vorteil: Die Viren manipulieren das Immunsystem des Wirts, damit die sich entwickelnde Schlupfwespen-Larve ungestört wachsen kann, und stellen zudem dessen Stoffwechsel so um, dass die Larve optimal versorgt wird.

Ein totes Opfer ist nutzlos

Normalerweise wird der Wirt von der hungrigen Larve rücksichtslos ausgebeutet und zuletzt getötet. Es gibt aber Ausnahmen. Die **Marienkäfer-Brackwespe** (*Dinocampus coccinellae*) etwa, die sich in **Marienkäfern** (Coccinellidae) entwickelt, hält ihren Wirt möglichst am Leben. Aus gutem Grund: Sie frisst zwar in seiner Körperhöhle, verschont aber lebenswichtige Teile und verpuppt sich dann zwischen den Käferbeinen. Taucht jetzt ein Fressfeind auf, verteidigt der Käfer sogar das Puppengespinst, in dem die Wespe ruht. Wie die Wespe den Käfer dazu bringt, sich so zu verhalten, ist noch unbekannt.

Parasitismus auf Gegenseitigkeit

Bisweilen ist es nicht leicht zu entscheiden, ob in einer Beziehung zweier Tierarten eine ausgenutzt wird oder ob beide etwas davon haben. Ein Beispiel dafür ist die Beziehung zwischen **Bitterling** *(Rhodeus amarus)* und der **Gemeinen Teichmuschel** *(Anodonta antina)*.

Der Bitterling ist ein kleiner Karpfenfisch, der ruhige Gewässer in Mitteleuropa bewohnt. In der Paarungszeit legt das Männchen sein buntes Hochzeitskleid an: Brust, Kehle und Bauch werden orangerot, der Rücken färbt sich blaugrün, und an den Seiten erscheint je ein smaragdgrüner Streifen. Das Weibchen bildet in dieser Zeit eine lange, biegsame Legeröhre aus.

Nach der Paarung kommt dann die Teichmuschel ins Spiel. Nur wo sie vorkommt, können sich Bitterlinge fortpflanzen. Meist liegen die Muscheln halb eingegraben auf dem Grund und saugen durch eine Öffnung ihres Körpers Wasser ein, durch eine andere stoßen sie es wieder aus. Mit dem Wasser strudeln Nahrungsteilchen heran, etwa kleine Algen, von denen sich die Muschel ernährt. Rund 40 Liter Wasser filtert eine Muschel pro Tag.

Plötzlich erscheint das Bitterlingsweibchen über der Ansaugöffnung und legt Dutzende winziger Eier, die in die Muschel gesogen werden. Im nächsten Moment schickt das Männchen sein Sperma hinterher, das die Eier im Muschelinneren befruchtet. Die Eier und die nach etwa drei Wochen schlüpfenden Fischlarven bleiben nun vorerst in der Muschel und entwickeln sich dort – gut vor Feinden geschützt und zudem ständig mit frischem Wasser versorgt. Damit sie nicht ausgestoßen werden, klemmen sie sich in den Kiemen der Muschel fest. Nahrung brauchen sie nicht, damit versorgt sie ihr Eidotter. Erst wenn die Jungfische etwa einen Zentimeter lang sind, schwimmen sie ins Freie und können dann bis zu fünf Jahre alt werden.

Die Muschel, die den Jungfischen wochenlang, wenn auch unfreiwillig, Schutz geboten hat, profitiert aber nun auch von ihnen. Denn sie hat ihre Anwesenheit durchaus gespürt und die Zeit genutzt, um eigene Larven zu bilden. Diese stößt sie nun aus, und die winzigen, nur ein fünftel Millimeter großen Muschellarven heften sich an nahe vorbeischwimmende Fische, vor allem natürlich an die Jungfische, die bei der Muschel in Pension waren, und parasitieren dort nun selbst einige Monate lang.

Das Bitterling-Weibchen legt im Beisein des Männchens sein Ei mittels einer Legeröhre in eine Teichmuschel. Das wird später auch den Nachkommen der Muschel nützen.

Hier krabbelt eine Bettwanze auf menschlicher Haut umher – links ist ein Haar zu sehen – und sucht eine passende Einstichstelle zum Blutsaugen.

Blutrünstige Bande

Blut ist eine wertvolle Flüssigkeit, die bei einigen Tieren Begehrlichkeiten weckt, und es kann leicht abgezapft werden. **Flöhe** (Siphonaptera), **Blutegel** (Hirudinea), **Plattwanzen** (Cimex sp.) und viele im Körper lebende Parasiten ernähren sich davon. Andere parasitische Tiere dagegen wie **Stechmücken** (Culicidae), **Kriebelmücken** (Simuliidae), **Bremsen** (Tabanidae) und **Zecken** (Ixodida) brauchen die eiweißhaltige Mahlzeit nur, um genügend Baustoffe zur Eiproduktion zu erhalten. Bei diesen Arten saugen daher allein die Weibchen Blut.

Die „technische" Ausstattung der Blutsauger ist oft bewundernswert. Zunächst muss das Tier ein Opfer aufspüren. Zecken sind praktisch blind und taub, aber sie haben viel Geduld beim Lauern und eine gute Nase für Buttersäure und andere Stoffe, die ein atmender und schwitzender Körper an die Luft abgibt. Nehmen sie diese Stoffe wahr, lassen sie ihre Unterlage los, hängen sich an das vorbeistreifende Tier – oder den Menschen – und suchen eine Einstichstelle. Auch Stechmücken und Flöhe reagieren auf ausgeatmetes Kohlendioxid, Schweißstoffe und im Nahbereich auf Körperwärme. Außerdem braucht der Blutsauger Einrichtungen zum Stechen, Bohren oder Raspeln, um die Haut seines Opfers zu durchlöchern, und schließlich einen Saugrüssel. Viele Tiere geben vor dem Saugen Hilfsstoffe in die Wunde ab – und dabei leider oft auch Krankheitserreger. Zecken etwa injizieren nach dem Einstich einen ganzen Chemiecocktail. Er soll die Blutgerinnung hemmen und die Durchblutung fördern; zudem enthält er ein Betäubungsmittel gegen den Wundschmerz und einen Stoff gegen den Angriff der Immunabwehr des Opfers. Stechmücken besitzen sogar ein Doppelrohr, durch das sie gleichzeitig saugen und Stoffe einspritzen können. Denn für Blutsauger gilt: Zeit ist Blut. Meist spürt das Opfer nämlich doch den Angriff, und dann ist die Mahlzeit beendet. **Bettwanzen** (Cimex lectularius) beispielsweise können in zehn Minuten das Siebenfache ihres Körpergewichts aufsaugen, und auch Blutegel nehmen, nachdem sie mit Zähnchen die Haut des Opfers aufgeraspelt haben, in einer halben Stunde das fünffache ihres Gewichts an Blut auf.

Die entnommene Blutmenge ist für das Opfer leicht zu verschmerzen – allerdings nicht beim Massenauftreten von Blutsaugern: Schwärme von Kriebelmücken etwa sind in arktischen Regionen im Sommer eine der schlimmsten Plagen für Mensch und Tier. **Rentiere** (Rangifer tarandus) können bis zu einem Liter Lebenssaft pro Woche an hungrige Insekten verlieren, und die Blutsauger haben auch schon Weidetiere zur Panik getrieben und getötet.

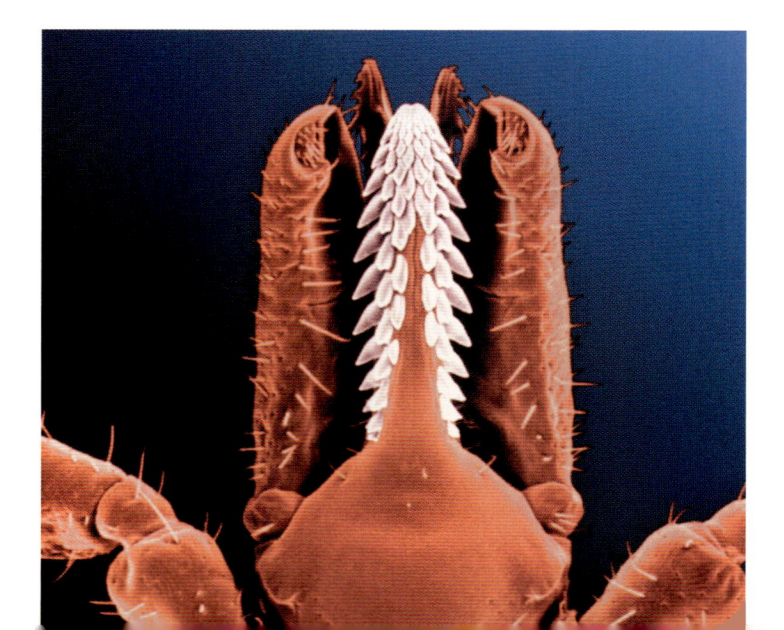

Elektronenmikroskopische Aufnahme des Stechapparats einer Zecke. Der Stechrüssel ist mit Widerhaken bewehrt, weshalb Zecken so schwer von der Haut abzuziehen sind.

Dracula!

Blutsaugen ist vor allem eine Domäne der Kleintiere. Aber auch zwei Gruppen von Wirbeltieren ernähren sich von Blut. Auf den Galapagos-Inseln im Pazifik leben die inzwischen selten gewordenen **Spitzschnabel-Grundfinken** (*Geospiza difficilis*), die auch **Vampirfinken** genannt werden, weil sie die Haut anderer Vögel aufpicken und das aussickernde Blut trinken.

Die andere Gruppe sind die rund 50 Gramm schweren **Vampirfledermäuse** (Desmodontinae). Diese Fledermäuse gehen nicht auf Beutefang: Sie haben sich aufs Blutsaugen spezialisiert. Nachts suchen sie schlafende Rinder, Esel, Schweine, Pferde, Hühner oder auch Menschen auf. Sie orten sie meist akustisch und über ihren feinen Geruchssinn. Sehr vorsichtig landen sie auf oder zunächst neben dem Tier, um es nicht zu wecken. Ebenso vorsichtig suchen sie dann eine geeignete Hautstelle für den Biss. Ihr Wärmesinn hilft ihnen, gezielt Venen unter der Haut aufzufinden. Zuerst beleckt die Fledermaus die ausgewählte Stelle ausgiebig und drückt ihr Maul immer stärker dagegen. Schließlich nimmt sie ein Stückchen Haut zwischen ihre scharfen Schneidezähne, beißt zu und spuckt das Hautteil sofort aus. Das austretende Blut nimmt sie mithilfe ihrer Zunge auf, aber nicht durch einfaches Lecken – vielmehr erzeugt sie über zwei Kanäle an der Zungenunterseite einen leichten Unterdruck und saugt so das Blut ein.

Vampirfledermäuse kommen vor allem in Mittel- und Südamerika vor. Sie sind die einzigen Säugetiere, die ausschließlich von Blut leben.

Im Lauf mehrerer Minuten kann sie sich mehr als die Hälfte ihres Körpergewichts an Blut einverleiben. Bleibt sie ungestört, saugt sie auch mal über eine Stunde lang. Weil die Wunde wegen der gerinnungshemmenden Stoffe im Fledermausspeichel noch längere Zeit blutet, laben sich oft auch Artgenossen daran.

Der wirtschaftliche Schaden durch Vampirfledermäuse ist gewaltig. Angeblich sterben jährlich etwa hunderttausend Rinder in Mittel- und Südamerika allein durch Bisse der **Großen Vampirfledermaus** (*Desmodus rotundus*), einer der drei bekannten Arten. Zudem fallen die Tiere schlafende Haustiere und sogar Menschen an, die sie bevorzugt in die Ferse beißen. Weil sie eine besonders gefährliche Form der Tollwut übertragen, kommt es immer wieder zu Todesfällen.

Diese Fledermäuse verdanken den Namen „Vampire" den blutsaugenden menschlichen Wiedergängern, von denen europäische Mythen erzählen. In der Mythologie der Maya gab es allerdings tatsächlich ein blutsaugendes Wesen in Fledermausgestalt.

GUTE FRAGE!

Stimmt es, dass unsere Haut von zahllosen winzigen Lebewesen bewohnt wird?

Niemand ist je allein, denn unser Körper bietet Massen an Lebewesen Schutz und Nahrung. So leben beispielsweise auf der Hautoberfläche einer Person so viele Mikroben wie Menschen auf der Erde: sieben Milliarden. Diese Mikroorganismen gehören Hunderten von Arten an. Und selbst bei gesunden, gut gewaschenen Menschen hausen etwa in den Haarbälgen (den Taschen, aus denen die Haare sprießen) Haarbalgmilben (*Demodex folliculorum*), die wir nicht spüren. Sie werden nur ein viertel Millimeter lang, ernähren sich von Talg und sind harmlos, können allerdings – meist leichte – Hauterkrankungen verursachen.

GENAUER UNTERSUCHT

Fremdgesteuert in den Tod

Parasiten können Schmerzen verursachen und sogar den Tod ihres Opfers herbeiführen, um ihre Ziele zu erreichen. Als besonders grauenhaft aber empfinden wir die Parasiten, die den Opfern ihren Willen aufzwingen und sie in den Selbstmord treiben. Doch auch sie beweisen den unglaublichen Einfallsreichtum der Natur, der eben nicht mit menschlichen Moralvorstellungen zu messen ist.

Es gibt Heuschrecken, die eine Art Gehirnwäsche durchmachen, z. B. die 25 bis 30 mm große südeuropäische **Kantige Sattelschrecke** (*Uromenus rugosicollis*) und die 15 mm große mitteleuropäische **Gemeine Eichenschrecke** (*Meconema thalassinum*). Normalerweise meiden Heuschrecken das Wasser; sie sind Nichtschwimmer. In einer Nacht suchen allerdings manche Tiere das Wasser geradezu und springen direkt hinein. Kaum im Wasser, schlängelt sich plötzlich ein langer Wurm aus ihrem Hinterleib – ein Saitenwurm der Art *Spinochordodes tellinii*. Der Wurm braucht das Wasser, um sich zu paaren und Eier abzulegen. Deshalb manipuliert er während seiner Entwicklung das Gehirn der Heuschrecke. Mittels zweier Eiweißstoffe steuert er das Verhalten des Insekts. Wie genau das funktioniert, ist zwar noch nicht geklärt, aber Untersuchungen an verwandten Arten legen die Vermutung nahe, dass Nervenzellen der Heuschrecke in den Zelltod getrieben werden. Das Erstaunliche: Es kommt vor, dass die Heuschrecke den Angriff überlebt.

Unfassbar, wie geschickt manche Parasiten vorgehen. So lebt im Amazonas-Gebiet ein Fadenwurm, der Ameisen der Art *Cephalotes atratus* befällt. Diese Ameisen sind schwarz, doch die befallenen bekommen einen roten Hinterleib, bewegen sich langsamer und strecken den roten Körperabschnitt in die Höhe. **Tyrannen** (Tyrannidae), sperlingsartige Vögel, halten die rote Kugel fälschlich für eine reife Beere und verschlucken sie. Die Eier des Fadenwurms scheiden sie mit dem Kot aus, den dann wieder Ameisen eintragen und sich so infizieren.

Willenlose Zombies

Nicht immer sind die Parasiten Tiere. So gedeihen Pilze der Art *Ophiocordyceps unilateralis* im untersten Stockwerk des brasilianischen Regenwaldes, wo Luftfeuchtigkeit und Temperatur für sie am günstigsten sind. Um sich zu vermehren, verstreut der Pilz Sporen, die sich an die Außenhülle von **Rossameisen** (*Camponotus sp.*) heften. Von dort aus wächst ein Pilzfaden in den Kopf der Ameise und manipuliert deren Hirn derart, dass das Insekt von seinem Baumnest nach unten krabbelt und sich an einer Stelle in ein Blatt verbeißt, an der genau die Luftfeuchtigkeit und die Temperatur herrschen, die der Pilz braucht. Dann treibt der Pilzfaden einen langen Fruchtkörper aus dem Kopf der Ameise. Dieser Fruchtkörper erzeugt neue Sporenmassen.

Wenn die Ameise Cephalotes atratus von einem Wurm befallen wird, färbt sich ihr Hinterteil rot wie eine Beere, sodass sie für Vögel attraktiv wird.

LEBEN AUF KOSTEN ANDERER

Halbmondförmige Parasiten der Art *Toxoplasma gondii* verlassen eine Wirtszelle.

Hintergrundbild: Ein Saitenwurm der Art *Spinochordodes tellinii* ist aus der Kantigen Sattelschrecke *(Uromenus rugosicollis)* gekrochen.

Auch Säugetiere können von hirnmanipulierenden Parasiten befallen werden. So infiziert der Einzeller *Toxoplasma gondii* Nager, nistet sich in deren Hirn ein und treibt dort sein Unwesen: Er verändert zwar nicht die Fähigkeit der befallenen Tiere, Gefahren zu meiden. Aber die Opfer empfinden plötzlich den Geruch von Katzen, sonst ein sicheres Abschreckungsmittel, als verlockend – und fallen alsbald einer Katze zum Opfer. Damit hat die Manipulation des Nagerhirns ihren Zweck erfüllt: *Toxoplasma gondii* kann sich nämlich nur in Katzen fortpflanzen.

Was den Gedanken an derartige Parasiten so unangenehm macht, ist die Vorstellung, dass auch Menschen betroffen sein könnten. Bisher ist bei keiner Mikrobe zweifelsfrei nachgewiesen, dass sie das Verhalten und die Psyche des Menschen beeinflussen könnte, doch *Toxoplasma gondii* stellt trotzdem eine Gefahr dar. Zwar löst eine Infektion mit dem Erreger kaum Krankheitszeichen aus, und zudem ist man danach gegen ihn immun. Doch wenn sich eine nicht immune schwangere Frau infiziert – was meist durch Katzenkot geschieht, da frisch befallene Katzen die Eier des Erregers ausscheiden –, kann das Ungeborene massiv geschädigt werden. Deshalb sollte jede junge Frau rechtzeitig testen lassen, ob sie Antikörper gegen Toxoplasma im Blut hat.

Du tust, was ich will!

Die Fälle, in denen Tiere das Hirn ihres Opfers manipulieren, empfinden wir als gruselig, aber die Natur entzieht sich eben menschlichen Maßstäben. Vermutlich sind sogar längst nicht alle Beispiele bekannt, zumal die Verhältnisse manchmal erstaunlich kompliziert sind. Das zeigt bespielsweise der Lebenszyklus des **Kleinen Leberegels** *(Dicrocoelium dendriticum)*. Das Tier kann in den Gallengängen zahlreicher großer und kleiner **Säugetiere** – selten auch des Menschen – leben, verursacht aber kaum Krankheitssymptome. Seine Eier werden über den Darm des Wirts ausgeschieden und gern von Schnecken gefressen. Im Schneckenkörper entwickeln sich über zwei Zwischenstadien zahlreiche Minilarven (Zerkarien), die in die Atemhöhle der Schnecke wandern und das Tier derartig beim Atmen stören, dass es sie mit Schleimbällchen ausscheidet, die jeweils einige hundert Zerkarien enthalten.

Für diese Schleimbällchen interessieren sich Ameisen. Sie fressen sie – und die Zerkarien. Die Zerkarien verteilen sich nun im Ameisenkörper, aber mindestens eine bleibt im Ameisenkopf und nistet sich in deren Gehirn ein. Auf noch unbekannte Weise gelingt es ihr dort, das Verhaltensmuster der Ameise zu verändern. Das Insekt muss tun, was für den Leberegel das Beste ist: Sie krabbelt abends auf einen Grashalm oder an eine Blüte und erleidet dort einen sogenannten Mandibelkrampf, der bewirkt, dass sie sich unlösbar festbeißt. Jetzt haben die Egellarven beste Voraussetzungen, zusammen mit Pflanze und Ameise von einem Weidetier gefressen zu werden – und der Lebenszyklus des Parasiten beginnt von vorn.

Der 5 bis 15 mm lange Kleine Leberegel erreicht über zwei Zwischenwirte seinen Endwirt, ein Säugetier.

GEMEINSAM – AUF GEDEIH UND VERDERB

Die Anopheles-Mücke überträgt mit ihrem Stich Plasmodien, die Malaria-Erreger. Links sind die gefürchteten Mikroben in Blau auf dem Magen der Mücke zu sehen.

Die gefährlichsten Tiere der Welt

Blutsaugende Insekten sind nicht nur lästig, sondern oft auch lebensgefährlich. Zwar können ihre Opfer auf das Tröpfchen Blut, das sie sich einverleiben, gut verzichten. Aber leider benutzen zahlreiche Parasiten diese blutsaugenden Insekten, um sich von ihnen von Wirt zu Wirt tragen zu lassen. Und viele dieser mikroskopisch kleinen Passagiere rufen schwere Krankheiten hervor.

Besonders gefährlich sind Stechmücken der Gattung **Anopheles,** denn sie spritzen mit ihrem Speichel einzellige Parasiten, die **Plasmodien,** ins Blut des Gestochenen. Diese Mücken müssen wohl als die gefährlichsten Tiere der Erde bezeichnet werden, denn die Plasmodien verursachen Malaria, die zur Zeit gefährlichste Tropenkrankheit. Jährlich werden bis zu 500 Millionen Menschen neu mit dem Erreger infiziert, und jährlich sterben etwa eine Million Menschen daran – etwa die Hälfte davon sind Kinder unter fünf Jahren. Noch bis ins 19. Jahrhundert waren auch die feuchten Marschlandschaften Norddeutschlands berüchtigte Malariasümpfe, wo pro Jahr über 20 000 Menschen erkrankten. Heute ist Malaria in Mitteleuropa selten, obwohl Touristen bisweilen den Erreger einschleppen.

In Buschsavannen und feuchten Wäldern Afrikas lebt die **Tsetse-Fliege** (Glossina sp.). Männchen und Weibchen besitzen einen kräftigen Stechrüssel, mit dem sie schmerzende Stiche anbringen können. Sie erzeugen Wunden, um austretendes Blut und Lymphflüssigkeit aufzunehmen. Nicht wenige Tsetse-Fliegen aber beherbergen winzige Einzeller, die **Trypanosomen,** die sie bei früheren Stichen aus tierischen oder menschlichen Wirten aufgenommen haben und die sich dann in ihren Speicheldrüsen vermehrten. Bei einem Stich werden diese Erreger in die Wunde injiziert und erzeugen beim Menschen unter anderem die äußerst ernste Schlafkrankheit, bei Haustieren und Vieh die gefürchtete Nagana-Seuche.

Madenhacker und große Tiere: Symbiose oder Parasitismus?

Biologen haben schon öfter die Erfahrung machen müssen: Schaut man genauer hin, ist doch manches ganz anders, als man bisher annahm. So galt das Verhältnis zwischen den in Afrika südlich der Sahara lebenden Madenhackern *(Buphagus sp.)* und den dortigen Großtieren wie **Zebra** *(Equus sp.)* oder **Kaffernbüffel** *(Syncerus caffer)* lange Zeit als typisches Beispiel einer Symbiose: Die Vögel befreien die Großtiere von einer Fülle unerwünschter und teils gefährlicher Parasiten, etwa von blutsaugenden Zecken und Fliegenlarven. Andererseits bieten die Großsäuger den Vögeln Nahrung.

Doch vor einigen Jahren nahm ein Biologe dieses Verhältnis genauer unter die Lupe, indem er eine Herde von Hausrindern beobachtete. Er stellte fest: Es könnte doch anders sein. Zwar pickten die beobachteten **Rotschnabel-Madenhacker** *(Buphagus erythrorhynchus)* tatsächlich Parasiten aus Fell und Haut der großen Tiere. Aber das taten sie nur in etwa 15 Prozent der Zeit. Viel häufiger hackten sie in bestehende Wunden der Tiere hinein, um Blut oder Hautstückchen zu fressen, und verzögerten dadurch die Wundheilung. Außerdem pickten sie sich Ohrschmalz heraus. Im Grunde, so zeigte sich, sind sie also viel eher selbst Parasiten. Zumal Vergleiche zeigten, dass systematisches Verscheuchen der Vögel den Parasitenbefall der Rinder keineswegs erhöhte. Weitere Untersuchungen müssen nun zeigen, ob dies auch für andere Großtiere zutrifft. Immerhin mag bei anderen Tierarten der Nutzen den angerichteten Schaden überwiegen.

Ein Madenhacker befreit einen Kaffernbüffel von Parasiten. Oder ist sein Tun doch nicht so segensreich wie gedacht?

Du schützt mich, ich ernähre dich

Manchmal kann man den Eindruck haben, als ob in der Natur alle gegen alle kämpfen. Doch das trifft längst nicht immer zu. Zwar gibt es Konkurrenz und Kämpfe, oft sogar auf Leben und Tod – aber viele Geschöpfe helfen einander auch auf unterschiedlichste Weise. Es gibt unzählige Beispiele für Symbiosen, in denen Lebewesen oder ganze Gruppen zu wechselseitigem Nutzen zusammenarbeiten.

Ein Zuhause – keine Falle

Kannenpflanzen fangen mit ihren großen Trichtern Insekten und verdauen sie, um stickstoffhaltige Nährstoffe zu erhalten. Die auf der Insel Borneo heimische Kannenpflanze **Nepenthes rafflesiana elongata** dagegen hat sich eine etwas andere Stickstoffquelle erschlossen. In ihren bis zu 25 Zentimeter langen und fünf Zentimeter weiten Kannen übernachten regelmäßig kleine **Hardwick-Wollfledermäuse** *(Kerivoula hardwickii)*. Den drei bis sechs Zentimeter langen Fledermäusen steht damit ein sicheres und sauberes Schlafgemach zur Verfügung, in dem sie den Tag verbringen und sich für die nächtliche Insektenjagd ausruhen. Die Kannenpflanze wiederum nutzt den stickstoffhaltigen Kot der Fledermäuse, den diese in reichlicher Menge in ihrer Kanne ablagern. So kann sie auf die sonst nötigen Lock- und Verdauungsstoffe verzichten. Einen ähnlichen Trick nutzt auch die verwandte Art **Nepenthes rajah:** Sie lebt in insektenarmen Gebieten beispielsweise Südostasiens und lockt daher mit süßem Nektar **Spitzhörnchen** *(Tupaia montana)* auf ihre Kannen. Diese Kannen sind zu einer Art natürlicher Kloschüsseln gestaltet: Während die Spitzhörnchen auf dem Kannenrand hocken und Nektar schlecken, setzen sie ihren Kot in die genau passend geformten Kannen.

Eine kleine Wollfledermaus hat es sich in einer Kannenpflanze gemütlich gemacht. Als Miete für die komfortable Unterkunft zahlt die Fledermaus mit stickstoffhaltigem Kot.

DU SCHÜTZT MICH, ICH ERNÄHRE DICH

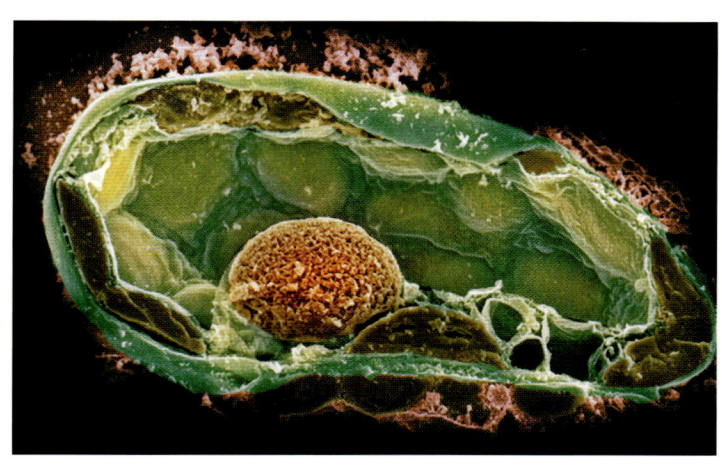

Pflanzenzelle mit Zellkern (bräunlich) und Chloroplasten (dunkelgrün, an der Zellwand), in denen die Photosynthese stattfindet. Chloroplasten sind selbstständige Lebewesen.

Bakterien und Evolution

Jedes Biologielehrbuch führt Beispiele von Symbiosen auf, und man könnte meinen, das sei eine zwar interessante, aber nicht allzu weit verbreitete Erscheinung in der Natur. Das Gegenteil ist der Fall: Ohne einige bereits in der Frühzeit des Lebens auf der Erde eingegangene Symbiosen gäbe es heute keine Zellen und weder Pflanzen noch Tiere.

Die energieliefernden Teile in der Zelle einer Grünpflanze sind die Chloroplasten. Diese Körperchen enthalten das Blattgrün, mit dessen Hilfe die Pflanze das Sonnenlicht verwerten und Photosynthese betreiben kann. Diese Chloroplasten aber unterscheiden sich von anderen Zellorganellen deutlich: Sie haben eine spezielle Membran, die sie vom Rest der Zelle abgrenzt, sie besitzen eigenes Erbgut in Form von Ringen der Erbsubstanz DNA, und sie vermehren sich selbstständig durch Teilung, werden also nicht von der Zelle gebildet. Insgesamt ähneln sie Cyanobakterien – vergleichsweise einfachen Zellen, die vor Jahrmilliarden mithilfe von Farbstoffen die Energiegewinnung aus Sonnenlicht „erfunden" haben. Offenbar haben damals andere Zellen diese Cyanobakterien in sich aufgenommen, ihnen eine schützende Umgebung geboten und ihre Fähigkeiten genutzt – und diese Zellen wurden zu den Vorfahren der grünen Pflanzen.

Eine ähnliche Struktur findet sich in den tierischen Zellen. Hier liegen zahlreiche Mitochondrien, die die Zelle als „Kraftwerke" mit Energie versorgen. Denn die Mitochondrien beherrschen die Fähigkeit, energiereiche Nahrungsstoffe mithilfe von Sauerstoff zu verwerten. Auch die Mitochondrien haben eigenes Erbgut und ähneln eingelagerten Bakterien. Und vermutlich wurden auch sie einst dank ihrer besonderen Eigenschaften von anderen Zellen aufgenommen – dieser Kombination verdanken alle Tiere und auch wir Menschen unsere Existenz.

Grüne Lurche

Zumindest eine Tierart hat die offenbar strenge Trennung zwischen Tieren und Grünpflanzen überwunden: der im Osten Nordamerikas heimische, bis zu 19 Zentimeter lange **Fleckenquerzahnmolch** (Ambystoma maculatum). Molcheier sind normalerweise glasklar, doch die Eier dieses zu den Schwanzlurchen gehörenden Molchs sehen grünlich aus. Das ist zwar seit langem bekannt, aber bisher hatten die Biologen gemeint, die für die Farbe verantwortlichen, Photosynthese betreibenden **Grünalgen** würden sich lediglich innerhalb der Eikapseln ansiedeln. Genauere Untersuchungen aber zeigten nun, dass sich Algen der Art ***Oophila amblystomatis*** in einem frühen Entwicklungsstadium des Embryos auch in dessen Haut einnisten. Dort nutzen sie die stickstoffhaltigen Abfallprodukte ihres Wirts und versorgen diesen im Gegenzug mit Sauerstoff. Und das nicht zu knapp: Algenlose Molchembryos, das zeigten Versuche, wachsen weit langsamer als ihre begrünten Artgenossen. Auch im erwachsenen Molch bleiben die Algen am Leben, obwohl sie unter der dichten Molchhaut kaum noch Licht bekommen. Aber vielleicht ernährt der Molch sie nun vollständig.

Das Grün im Ei des Fleckenquerzahnmolchs (rechts Molchlarven) stammt von Grünalgen, die nicht nur in dem Ei leben, sondern auch in die Haut des Embryos eindringen – zum beiderseitigen Nutzen.

Flockenblumen *(Centaurea maculosa)* in Montana. Das in Europa bescheidene Blümchen ist in Amerika eine Symbiose mit Bodenbakterien eingegangen, die es zu einem alles überwuchernden Ernteschädling gemacht haben.

Doch nicht immer scheinen diese Helfer der Pflanze wirklich nur zu nützen. Als Forscher **Flockenblumen** *(Centaurea maculosa)* untersuchten, entdeckten sie Erstaunliches. Diese Flockenblumen sind in Europa, ihrer Heimat, ganz normale, recht unauffällige Blütenpflanzen. Doch nachdem sie nach Nordamerika verschleppt worden waren, entwickelten sie sich dort zu einem alles überwachsenden Unkraut, einem wahren Ernteschädling. Wie kann das sein? Forscher machten einen Versuch: Als sie die Flockenblumen in keimfreier Erde wachsen ließen, wurden die Pflanzen rund neunmal so groß wie normal – also ähnlich groß wie in Amerika. Offenbar hängt das mit bestimmten Kleinlebewesen im Boden zusammen. Es hat den Anschein, dass die Flockenblumen in Europa nicht nur mit anderen Pflanzen konkurrieren müssen, sondern auch durch bestimmte Mikroorganismen am hemmungslosen Gedeihen gehindert werden. In Amerika hingegen können sie frei von dieser Blockade neue Symbiosen mit Bodenbakterien eingehen, was ihrem Wuchs zugute kommt.

Im Dreierbund

Symbiosen zwischen jeweils zwei Partnern sind nicht selten. Bekanntestes Beispiel: Insekten bestäuben Blütenpflanzen gegen Nektar. Pilze und Algen formen gemeinsam die Gruppe der Flechten (Lichen) mit zahlreichen Arten; sie gedeihen an Standorten, an denen keiner der Partner allein überleben würde.

Im US-amerikanischen Yellowstone-Nationalpark existiert allerdings eine symbiotische Beziehung, die gleich drei ganz unterschiedliche Arten von Lebewesen verbindet. In diesem vulkanischen Gebiet mit seinen blubbernden Schlammlöchern und Heißwasserquellen gedeiht das **Süßgras *Dichanthelium lanuginosum*.** Normalerweise hält dieses Gras keine besonders hohen Bodentemperaturen aus, doch im Yellowstone Nationalpark wächst es bei Bodentemperaturen von etwa 65 Grad Celsius. Die Ursache dafür haben Forscher schon vor einigen Jahren enträtselt: In und an den Wurzeln des Grases lebt ein **Schimmelpilz** der Gattung **Curvularia,** der dem Gras die Hitzeresistenz verleiht. Weder Pflanze noch Pilz allein könnten der Hitze trotzen. Doch das ist nur ein Teil der Rätsellösung. Neuere

Vom Reiz der Fremde

Zahlreiche Pflanzen, auch Bäume, sind ohne Pilze nicht lebensfähig. An ihren Wurzeln siedeln sich artspezifische sogenannte **Mykorrhiza-Pilze** an und unterstützen sie bei der Aufnahme von Wasser und Nährsalzen aus dem Boden. Die Pilzgeflechte wiederum erhalten organische Nährstoffe von den Pflanzen. Möglicherweise wurde es den Pflanzen überhaupt erst durch solche Pilze ermöglicht, vor etwa 400 Millionen Jahren das Festland zu erobern.

Untersuchungen zeigten nun, dass der Pilz von einem zuvor unbekannten **Virus** befallen ist. Nur dieses Virus, das CThTV (Curvularia Thermal Tolerance Virus) genannt wurde, verleiht dem Pilz die enorme Hitzefestigkeit – aber auch nur in Zusammenarbeit mit dem Gras: Keine der drei Komponenten allein könnte den hohen Temperaturen widerstehen. So erschließen sie sich Lebensräume, die Konkurrenten unzugänglich sind.

Kleine Verdauungshelfer

Eigentlich erstaunlich: Große Tiere wie Rinder, Hirsche, Schafe, Rehe, Antilopen, Ziegen und Kängurus ernähren sich bevorzugt von Pflanzennahrung wie etwa Gras. Dabei ist solche Nahrung eher schwer verdaulich: Sie besteht vor allem aus Zellulose, dem wichtigsten Baumaterial im Pflanzenreich. Grundbaustein der Zellulose ist zwar Traubenzucker, aber dessen Moleküle sind im Zellulose-Molekül so fest aneinander gebunden, dass Verdauungssäfte von Tieren diese Bindungen nicht sprengen können. Dennoch ist sogar Heu – getrocknetes Gras – erstaunlich nahrhaft: Eine Kuh kommt mit etwa acht Kilogramm pro Tag aus.

Ermöglicht wird ihr dies durch kleine Helfer: Mikroben, die im Verdauungssystem der Kuh eine geschützte und wohltemperierte Heimat gefunden haben. Als Gegenleistung verdauen die Kleinstlebewesen die Zellulose mithilfe von Enzymen wie z. B. Zellulase; bei diesem Prozess entstehen nahrhafte Substanzen, insbesondere Fettsäuren und Eiweiß, von denen Grasfresser wie die Kuh leben.

Die Anpassung, die diese Art der Ernährung erlaubt, besteht in der Entwicklung eines kompliziert gebauten Magens mit mehreren Kammern. Die bekannteste Tiergruppe, die einen gekammerten Magen besitzt, ist die der **Wiederkäuer,** z. B. **Rinder** und **Rothirsche.** Bei ihnen wird die größte Kammer, der Pansen, beim Weiden rasch mit nur grob zerkauter Nahrung gefüllt. Dieses rasche Fressen hat den Vorteil, dass das Tier sich nicht allzu lange im gefährlichen offenen Grasland aufhalten muss. Im Pansen wird das Gras eingeweicht und von Mikroorganismen vorbearbeitet. Nun zieht sich das Tier an einen geschützten Ort zurück, wo das Wiederkäuen beginnt: Es befördert den Grasbrei aus dem Pansen ins Maul und kaut ihn gründlich durch, um die Zellen aufzusprengen, damit die Mikroben leichteres Spiel haben. Ein Rind kaut etwa sechs bis sieben Stunden pro Tag. In den weiteren Magenkammern zersetzen Bakterien die Zellulose, und dort sowie im Darm werden die verwertbaren Stoffe aufgenommen. Für die Wiederkäuer hat sich die Anpassungsleistung gelohnt: Sie erschloss ihnen die fast unerschöpflichen Nahrungsreserven des Graslandes.

Doch Wiederkäuer sind nicht die einzigen, die dank eines Kammermagens und Mikrobenhilfe Gras und andere sonst unverdauliche Nahrung nutzen. So ernähren sich etwa **Kamele, Faultiere, Flusspferde** und sogar eine Vogelart, der **Hoatzin** *(Opisthocomus hoazin)* auf diese Weise. Selbst Wale, die den gekammerten Magen von ihren landlebenden Vorfahren geerbt haben, nutzen Mikroben. Zwar ernähren sie sich von Fleisch, aber z. B. **Grauwale** *(Eschrichtius robustus)* und **Grönlandwale** *(Balaena mysticetus)* lassen sich von den Kleinlebewesen das Chitin aufbereiten, das die Außenhaut der Krillkrebse bildet. Und selbst die holzfressenden **Termiten** (Isoptera) sind auf winzige Verdauungshelfer im Enddarm angewiesen, denn auch Holz besteht vor allem aus Zellulose.

Wie viele Säugetiere ernährt sich das Känguru im Wesentlichen von Gras. Mikroorganismen sorgen dafür, dass das Beuteltier die Zellulose in seinem Darm verdauen kann.

Harmonische Nachbarschaft

Es kommt gar nicht so selten vor, dass Lebewesen ganz unterschiedlicher Arten einander sehr nahe kommen, ohne in Symbiose zu leben. Sie harmonieren so gut miteinander, dass sie manchmal sogar gemeinsam handeln.

> **GUTE FRAGE!**
>
> **Sind Herdenälteste klüger als die anderen Tiere ihrer Herde?**
>
> Afrikanische Elefanten *(Loxodonta africana)* werden von einer Leitkuh geführt, die bis zu ihrem Lebensende diesen Status beibehält. Sie trifft wichtige Entscheidungen, etwa über die Wanderrichtung oder die Verteidigungsstrategie bei einem Angriff. Vergleiche zwischen älteren und jüngeren Leitkühen ergaben, dass reifere Chefinnen tatsächlich bessere Entscheidungen treffen als weniger erfahrene.

Ein Baum für alle Meisen

Im Winter kann man manchmal an einem Baum drei Meisenarten erspähen: die **Schwanzmeise** *(Aegithalos caudatus)*, die **Kohlmeise** *(Parus major)* und die **Blaumeise** *(Cyanistes caeruleus)*. Alle leben von ähnlicher Nahrung, nämlich Samen, Insektenlarven und ausgewachsenen Insekten. So sollte man denken, dass sich die Vögel im nahrungsarmen Winter Konkurrenz machen. Doch das stimmt nicht: Wenn Futter knapp ist, teilen sie einen Baum unter sich auf.

Der mit etwa neun Gramm leichteste und der geschickteste Kletterer und Balancierer unter den Vögeln ist die Schwanzmeise, und sie nutzt diese Fähigkeit, um sich auf die dünnen äußersten Teile der Äste, auf Triebe und Zweige zu spezialisieren. Die etwas schwerere Blaumeise konzentriert sich auf die mittleren Teile der Äste, und die noch schwerere Kohlmeise sucht vor allem die dicken Äste, den Stamm und den Erdboden ab. Sie kann dank ihres kräftigeren Schnabels auch dickschaligere Samen öffnen.

Für den Laien sieht es aus, als ob sich die Meisen gegenseitig das Futter streitig machen und einander von den jeweils besten Plätzen verjagen. In Wirklichkeit sorgt dieses Arrangement dafür, dass sie ohne Probleme einen Lebensraum teilen können.

Die Schwanzmeise ist so klein und leicht, dass sie auf zarten Trieben sitzen und dort fressen kann. Andere Meisenarten sitzen weiter unten.

Gemischte Jagdgesellschaft

Gemeinsam auf Jagd zu gehen kann sich manchmal sogar für Tiere lohnen, die an sich in einem Räuber-Beute-Verhältnis zueinander stehen. Auf den Nikobaren-Inseln im Indischen Ozean gehen zum Beispiel **Spitzhörnchen** der Art *Tupaia nicobarica* gemeinsam mit **Sperbern** *(Accipiter butleri)* auf Jagd nach Insekten, obwohl diese Greifvögel gern auch Spitzhörnchen schlagen. Allerdings wagen die kleinen Pelztiere solche Jagdausflüge nur, wenn ein weiterer Vogel dabei ist, nämlich ein **Flaggendrongo** *(Dicrurus paradiseus)*. Diese wachsamen, blaugrün schimmernden Singvögel sind etwa 60 Zentimeter groß und könnten so einen gewissen Schutz für die Spitzhörnchen darstellen – doch das ist offenbar überhaupt nicht nötig. Die drei Arten kommen nämlich auf der Jagd bestens miteinander aus.

Meist rufen zuerst die Spitzhörnchen, wenn es losgehen soll, und locken damit einen Flaggendrongo herbei. Dessen Schreie signalisieren dem Sperber, dass wieder einmal ein Jagdausflug ansteht. Vermutlich haben die Sperber mit der

Mit fremder Hilfe näher zum Licht

In den unteren Stockwerken des Regenwaldes herrscht ein ewiges Halbdunkel, und die großen Urwaldbäume haben oft lange gebraucht, um sich einen Weg vom Waldboden bis ins Kronendach zu bahnen. Von dieser Anstrengung profitieren einige andere Pflanzen: die Aufsitzerpflanzen oder Epiphyten. Sie siedeln auf den Ästen der Urwaldriesen in lichtdurchfluteter Höhe. Die Bäume müssen das dulden, haben aber auch keine Nachteile davon: Epiphyten entziehen ihrem Wirt weder Nährstoffe noch Wasser, sie sind also keine Schmarotzer.

Doch auch ihr Leben ist nicht einfach. Zwar mangelt es ihnen nicht an Licht, aber fern vom Boden sind Wasser und Nährstoffe rar. Pflanzen wie die **Bromelien** (Bromeliaceae) haben daher Saugblätter entwickelt, mit denen sie Regenwasser und angewehte Nährstoffe aufnehmen und speichern können. Zudem bilden sich oft kleine Pfützen in Blattwinkeln, in denen Tierchen umkommen, deren Inhaltsstoffe die Pflanzen nutzen.

Die **Orchideen** stellen zwei Drittel aller Epiphyten und bilden damit die größte Gruppe der Aufsitzerpflanzen. Sie versorgen sich in guten Zeiten mit Nährstoffen und Wasser und bewahren diese in Speicherorganen, sogenannten Pseudobulben, auf. Außerdem sind ihre Wurzeln mit einem schwammartigen Gewebe umhüllt, das extrem rasch große Wassermengen aufnehmen und daher selbst kurze Schauer optimal nutzen kann. Ein besonderer Mechanismus erlaubt es den Orchideen außerdem, während des Tages ihre Spaltöffnungen zu schließen, damit weniger Wasser verdunstet wird. Das für die Photosynthese wichtige Kohlendioxid holen sie sich nachts aus der Luft und speichern es chemisch gebunden, bis am Tag wieder Sonnenlicht auf die Blätter fällt.

Bromelien sind Aufsitzerpflanzen, die im Dach des Regenwaldes auf Bäumen wachsen. So erhalten sie Sonnenlicht, ohne ihrem Wirtsbaum zu schaden. Auch manche Farne können sich auf Ästen in luftiger Höhe ansiedeln.

GENAUER UNTERSUCHT

Ein Bund für die Zukunft

Die weitaus meisten Mikroorganismen bestehen aus nur einer einzigen Zelle, während alle anderen Lebewesen aus zahlreichen Zellen zusammengesetzt sind. Welche Vorteile hat diese Vielzelligkeit, und warum haben Zellen dafür ihre Eigenständigkeit aufgegeben?

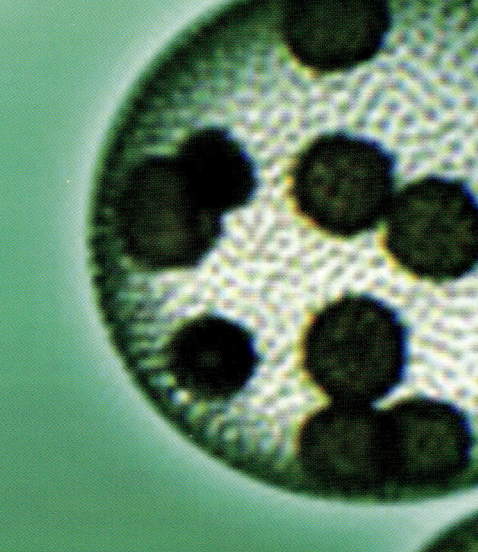

Die menschliche Nervenzelle (Neuron) ist hochspezialisiert. Sie ermöglicht die schnellstmögliche Kommunikation zwischen Körperzellen.

Eine Zelle, ein Geschöpf

Wer schon einmal einen Wassertropfen durchs Mikroskop beobachtet hat, kennt das **Pantoffeltierchen** *(Paramecium sp.)*. In seinem winzigen Körper besitzt es Einrichtungen zum Aufspüren von Nahrung und Feinden, zum Fressen, Verdauen und Ausscheiden, dazu einen Zellkern mit dem Erbgut, peitschenartige Wimpern als Fortbewegungsmittel und sogar Waffen in Form von klebrigen Fäden.

Dennoch besteht das Pantoffeltierchen nur aus einer einzigen Zelle und erledigt alle lebenswichtigen Aufgaben mit ihren Möglichkeiten. Will es sich fortpflanzen, so teilt es sich einfach, und wird es beschädigt, geht es zugrunde.

Ganz anders ist der Körper eines höheren Lebewesens aufgebaut, etwa eines Säugetiers. Er besteht aus vielen Milliarden oder sogar Billionen Zellen, und diese erfüllen ganz unterschiedliche Aufgaben: Knochenzellen bauen das Skelett auf, Nervenzellen vermitteln und verarbeiten Informationen, Muskelzellen sorgen für Bewegung, andere Zellarten haben mit Atmung, Verdauung und Bekämpfung von Eindringlingen zu tun, und wieder andere kümmern sich um die Aufgaben, die mit der Fortpflanzung verbunden sind. Stirbt eine einzelne Zelle ab, bleibt der Organismus als Ganzes dennoch erhalten. Einzeln sind die spezialisierten Zellen nicht lebensfähig, im Zusammenwirken aber können sie dank der Arbeitsteilung großartige Lebewesen wie Schmetterlinge, Haie oder gar Menschen bilden. Wie ist es dazu gekommen, dass einzelne Zellen ihre Eigenständigkeit aufgaben? Sie konnten ja nicht wissen, dass sie auf diese Weise schließlich höhere Lebewesen bilden könnten, sondern mussten einen unmittelbaren Vorteil davon haben.

Zusammenschlüsse

Erste Zellzusammenschlüsse gab es vor zwei Milliarden Jahren, und höhere Vielzeller traten erstmals vor 600 Millionen Jahren auf. Wie dieser Prozess einst ablief, verraten einige noch existierende Lebewesen. So ist die Grünalge **Chlamydomonas** ein typischer Einzeller. Doch diese Alge hat ein Mittel gefunden, um sich zumindest etwas besser gegen einen vorzeitigen Tod abzusichern: Mehrere Einzelzellen lagern sich aneinander an und umhüllen sich mit einer schützenden Gallerte. Dennoch sind die Einzelzellen auch allein lebensfähig. Wenn eine Alge abstirbt, bleiben die anderen am Leben.

Eine erste Arbeitsteilung zeigt die winzige Kugelalge **Volvox**. Die Kugel, die Chlamydomonas ähnelt,

HARMONISCHE NACHBARSCHAFT

Die Portugiesische Galeere besteht aus Mehrzellern, die jeweils für bestimmte Aufgaben zuständig sind – ein Schritt zum höheren Lebewesen.

Hintergrundbild: Chlamydomonas-Grünalgen. Hier haben sich Einzeller zu einem Verbund zusammengetan, sind aber nicht spezialisiert.

enthält ebenfalls Einzelzellen, doch es sind mehrere tausend, und diese sind spezialisiert. Die meisten kümmern sich um Nahrungsbeschaffung und Fortbewegung, während einige für die Fortpflanzung zuständig sind und in der Kugel kleine Volvox-Kolonien bilden. Schließlich stirbt die große Kugel ab und entlässt die Tochterkolonien ins Freie.

Einen deutlichen Schritt vorwärts stellen die Staatsquallen dar, etwa die **Portugiesische Galeere** *(Physalia physalis)*. Staatsquallen bestehen aus Tausenden von genetisch gleichen mehrzelligen Tieren. Diese formen zusammen kunstvolle Gebilde und haben sich im Lauf ihrer Reifung so spezialisiert, dass sie eine Vielzahl von Aufgaben erfüllen: Manche kümmern sich um Fressen und Verdauung, andere um Verteidigung, Schwimmvermögen, Sinne oder Fortpflanzung. Man kann diese Teile fast als Organe betrachten, dennoch sind die Einzeltiere noch bis zu einem gewissen Grad selbstständig; zusammen bilden sie einen „Superorganismus". Sie sind nicht, wie unsere Körperzellen, zu Geweben und Organen vereinigt – doch von hier aus ist der Weg zu echten vielzelligen Organismen nicht weit.

Seltsame Partnerschaft

Eine Reihe von **Vogelspinnen-Arten** (Theraphosidae), die in verschiedenen Teilen der Erde vorkommen, leben in unmittelbarer Nachbarschaft zu kleinen Fröschen, meist **Engmaulfröschen** (Microhylidae). Sehr oft bewohnen sie sogar gemeinsam einen Schlupfwinkel. Eigentlich könnten die Spinnen ihre Nachbarn durchaus fressen, doch sie tun es nicht. Offenbar geben die Frösche ein chemisches Signal ab, an dem die Spinnen sie erkennen. Die Achtbeiner verschonen sogar die Froscheier.

Warum sich die beiden Arten zusammengetan haben, ist noch nicht klar. Vermutlich profitieren beide von diesem engen Zusammenleben: Der Frosch ist durch die Anwesenheit der Vogelspinne sicher vor Fressfeinden und kann Reste der Spinnennahrung verzehren; umgekehrt schützt er vermutlich die Eier der Spinne vor Ameisen.

Solidarität unter Müttern

Dass Mütter bei der Verteidigung ihrer Jungen nicht zimperlich sind, ist bekannt. Ungewöhnlich aber ist das Verhalten von Weibchen der im Westen Nordamerikas heimischen **Maultierhirsche** *(Odocoileus hemionus)*: Gegen **Kojoten** *(Canis latrans)* verteidigen sie nicht nur ihre eigenen Kitze, sondern auch die Kitze anderer Mütter der gleichen Art – und sogar Kitze der **Weißwedelhirsche** *(Odocoileus virginianus)*, einer nahe verwandten Art. Dafür allerdings erhalten sie keine Gegenleistung, denn die Weißwedelhirsch-Weibchen schützen nur ihre eigenen Kitze. Auch eine Verwechslung der Hilferufe kann nicht die Ursache sein, denn die Maultierhirsch-Mütter eilen sogar dann zu Hilfe, wenn ihr eigenes Junges sicher bei ihnen steht. Triebfeder ist wohl vielmehr die Aggressivität der Maultierhirsche – sie neigen eher zum Angriff als zur Flucht. Und sie haben Erfolg: Kojoten reißen deutlich weniger Kitze von Maultierhirschen als von Weißwedelhirschen.

Wussten Sie, dass...

...Humus zahllose unterschiedliche Lebewesen beherbergt?

Im Humus findet sich eine Fülle oft mikroskopisch kleiner Lebewesen, die auf engstem Raum gemeinsam existieren. Neben Pilzen, Bakterien und Algen sind es Einzeller wie Geißel- und Wechseltierchen, dazu Würmer, Milben und Insekten. Alle Lebewesen in einem Hektar (100 × 100 Meter) Humusboden wiegen zusammen etwa fünf Tonnen, also so viel wie 50 Schafe. Sie zersetzen Kot, Aas und abgestorbene Pflanzenteile und stellen die darin enthaltenen Nährstoffe wieder einer neuen Pflanzengeneration zur Verfügung.

GEMEINSAM – AUF GEDEIH UND VERDERB

Eine Wächtergrundel bewacht einen Knallkrebs und dessen Höhleneingang. Als Gegenleistung darf er sich selbst in der Höhle verstecken, wenn Gefahr droht.

Ein Fisch schiebt Wache

Bisweilen schützen Tiere unterschiedlicher Art einander auf eine Weise, die geradezu rührend ist – wenn die Natur solche Kategorien kennen würde. Der **Knallkrebs** *(Alpheus sp.)* pflegt im Meeresboden mithilfe seiner Scheren Gänge zu graben. Einen Feind könnte er bei seiner Arbeit unter Tage nicht wahrnehmen, selbst außerhalb ist er fast blind. Allerdings kann er sehr geschickt Fische jagen, indem er durch extrem schnelles Schließen einer Schere einen starken Wasserstrahl ausstößt, der die Beute tötet.

Doch obwohl Fische zum Beutespektrum des Knallkrebses zählen, vertraut er einem Fisch sein Leben an. Vor seinem Gang hockt nämlich stets eine **Wächtergrundel** (Gobiinae). Gelegentlich schnappt sie nach Plankton – vor allem aber überwacht sie die Umgebung. Will der Knallkrebs hinaus, meldet er sich mit seinen Antennen beim Fisch an – und der signalisiert ihm durch Heben oder Senken des Schwanzes, ob Gefahr droht. Und wenn ein Räuber näher kommt, verbirgt sich die Wächtergrundel selbst in der Höhle. Das ist der Vorteil, den sie von der Zusammenarbeit hat: Sie selbst könnte keine Schutzhöhle graben.

HARMONISCHE NACHBARSCHAFT

Das größte Bauwerk der Erde

Die biblische Erzählung vom Turmbau zu Babel illustriert, dass selbst intelligente Lebewesen nichts Rechtes zustande bringen, wenn sie nicht zusammenarbeiten. Das wohl berühmteste Gegenbeispiel liegt vor der nordaustralischen Küste: Es beweist, dass bei harmonischer Nachbarschaft selbst winzige und hirnlose Tierchen gewaltige Leistungen vollbringen können.

Denn das Barriere-Riff im Nordosten von Australien ist das größte Bauwerk der Erde. Dieses Werk von Myriaden kleinster **Korallen** erstreckt sich über ungefähr 2300 Kilometer Länge und besteht aus Tausenden einzelner Riffe. Immer wieder siedelten sich neue Generationen der Mini-Polypen auf den leeren Kalkgehäusen ihrer abgestorbenen Vorgänger an und schufen auf diese Weise gewaltige Erhebungen über dem Meeresgrund.

In diesem faszinierenden Ökosystem leben allein über 400 Arten von Korallen und 1500 Fischarten, viele davon abenteuerlich bunt. Zu den größeren Tieren dort gehören Buckelwale, Seekühe, sechs der sieben bekannten Arten von Meeresschildkröten und unzählige Seevögel. Der hinreißend schöne Lebensraum mit seiner einzigartigen Tier- und Pflanzenwelt des Riffs wurde im Jahr 1981 von der UNESCO zum Welterbe ernannt.

In der Wunderwelt Korallenriff wachsen die pflanzenähnlichen Weichkorallen (links) auf den gewaltigen Bauwerken ihrer Verwandten, der Steinkorallen (unten).

Register

Kursiv gesetzte Seitenzahlen weisen auf eine Abbildung hin.

A

Abendsegler, Großer *(Nyctalus noctula)* 73
Abwehrstrategien 156–161
Ackerschmalwand *(Arabidopsis thaliana)* 29
Agamen
    Siedler- *(Agama agama)* 100, *100*
    Steppen- *(Trapelus sanguinolentus)* 100
    Wüstenagame *(Trapelus sanguinolentus)* 100
Ahorn *(Acer sp.)* 117, *117*
Akazie 30, *30*
    Kameldorn- *(Acacia erioloba)* 159
Akelei *(Aquilegia vulgaris)* 118
Albatrosse (Diomedeidae) 252, 276
    Wander- *(Diomedea exulans)* 201
Algen 258, 285, 308
    Grün- (Chlamydomonas) 308, *308–309*
    Grün- *(Oophila amblystomatis)* 303, *303*
    Kiesel- (Bacillariophyta) 114, *114*
    Kugel- (Volvox) 308
Alkaloide 189
Alligatoren 121
    Mississippi- *(Alligator mississippiensis)* 121, *121*
Alpenschneehuhn *(Lagopus muta)* 59, 106
Alpensteinbock *(Capra ibex)* 238, *238*
Amaryllis *231*, *260*
Amazonenkärpfling *(Poecilia formosa)* 251
Ameisen 29, 32, 80, 258, 264, 280–281, 282
    Acromyrmex (Blattschneider-) 280, 282
    Argentinische *(Linepithema humile)* 283
    Atta (Blattschneider-) 82, 280, 282
    Blattschneider- *82*, *282*
    Camponotus inflatus 81
    Cataglyphis fortis 211
    Cephalotes atratus 298, *298*
    Feuer- *(Leptomyrmex sp.)* 141, 282, *283*
    Gelbe Wiesen- *(Lasius flavus)* 219
    Getreide- *(Messor sp.)* 80
    Honigtopf- 81, *81*
    Mycocepurus smithii 251
    Pachycondyla inversa 281
    Pachycondyla villosa 281
    Ross- *(Camponotus sp.)* 298
    Rote Wald- *(Formica rufa)* 63, *63*, 289
    Tropische Armee- *(Eciton burchellii)* 282
    Wander- *(Dorylus sp.)* 288–289, *288–289*
    Wander- *(Eciton sp.)* 288–289
    Weber- *(Oecophylla sp.)* 69, *69*
Ameisenjungfern (Myrmeleontidae) 84, *84*
    Gemeine *(Myrmeleon formicarius)* 84
Ameisenlöwe 84, *84*
Amöben 32, *46*, 47
    Physarum polycephalum 32
Amphibien 13, 58, 100, 108

Amsel *(Turdus merula)* 173, 183, 199
Anemonenfische *(Amphiprion sp.)* 113, *113*, 271
    Orangeflossen- *(Amphiprion chrysopterus)* 271
    Samt- *(Premnas biaculeatus)* 39
Anglerfische (Antennariidae) 180
    Zottiger *(Antennarius hispidus)* 180, *180*
Anolis-Echsen *(Anolis sp.)* 153
    Bahama- *(Anolis sagrei)* 237, *237*
Anopheles-Mücke 300, *300*
Antilopen 150, 212, 254
    Elen- *(Taurotragus oryx)* 129
    Hirschziegen- *(Antilope cervicapra)* 150
    Impala- *(Aepyceros melampus)* 150, *150*
    Kirk-Dikdik *(Madoqua kirkii)* 254
    Saiga- *(Saiga tartarica)* 133, *133*
Archaeen 224
    Thermoplasma acidophilum 224
Aronstab
    Arum palaestinum 91
    Gefleckter *(Arum maculatum)* 91, *91*
Aufsitzerpflanzen (Epiphyten) 307, *307*
Augentroste *(Euphrasia sp.)* 293
Austernfisch 39
Australischer Schwarzbauchlerchensänger *(Cincloramphus cruralis)* 274
Australischer Weihnachtsbaum *(Nuytsia floribunda)* 293, *293*
Aye-Aye *siehe* Fingertier

B

Bachstelze *(Motacilla alba)* 290
Bakterien 219, 227, 285, 285
    Acidithiobacillus ferrooxidans 224
    Acidithiobacillus thiooxidans 224
    Colwellia psycherythraea Stamm 34H 227
    Cyano- 303
    Deinococcus radiodurans 229
    Escherichia coli 230
    Leucht- 40, *42*, 43
    Magnet- *(Magnetococcus sp.)* 12
    Stäbchen- (Clostridium) 187
    Streptococcus mutans 285, *285*
    Wasser- *(Caulobacter crescentus)* 155, *155*
Balzrituale 38, 236, 238, 239, 252
Band-Amadine *(Amadina fasciata)* 161, *161*
Banksie *(Banksia sp.)* 231
Bären *(Ursus sp.)* 27, *27*, 54, *54*, 59, 79
    Braun- *(Ursus arctos)* 59, 149, 268
    Eis- *(Ursus maritimus)* 54, *54*, 226, *226*, 268
    Grizzly- *(Ursus arctos horribilis)* 27, *27*
Barriere-Riff, Australien 311
Bartalk 21
Barthlott, Wilhelm 118
Bärtierchen (Tardigrada) 229, *229*, 250
Basilisk 149, *149*
    Helm- *(Basiliscus basiliscus)* 149
Batrachotoxin 190, 195
Baummarder *(Martes martes)* 73
Baumsteigerfrösche
    Dendrobates 189, 190

Baumsteigerfrösche (Forts.)
    Dendrobatidae 99
    Phyllobates 190
    Phyllobates terribilis 190, *190*, 195
Baumwolle *(Gossypium sp.)* 261
Behaarung bei Pflanzen 116, 117
Berberaffe *(Macaca sylvanus)* 107
Biber *(Castor sp.)* 59, 74, *74–75*, *74–75*, 123, 135
    Kanadischer *(Castor canadensis)* 75
Bienen 16, 29, 36, *36*, 58, 81, 117, 182, 183, 219, 250, 267, *267*, 280, 281
    Blattschneider- *(Megachile sp.)* 69
    Centris sp. 244
    Hochland- *(Apis mellifera scutellata)* 193
    Megalopta 18, *18*
    Östliche Honig- *(Apis cerana)* 36, 140, 155,
    Sand- *(Andrena flavipes)* 245
    südostafrikanische Hochland- 193
    Westliche Honig- *(Apis mellifera)* 36, 81, 140, 250, 267
Bienenfresser *(Merops apiaster)* 59
Bienenkönigin *280–281*
Bienentanz 36
Bienenwolf *(Philanthus triangulum)* 83
Bilsenkraut *(Hyoscyamus sp.)* 266
Birke *(Betula sp.)* 258, 261
Birkhuhn *(Tetrao tetrix)* 238
Bitterling *(Rhodeus amarus)* 295, *295*
Bittermelone *(Citrullus colocynthis)* 135
Blatthühnchen (Jacanidae) 66, 132
    Australisches *(Irediparra gallinacea)* 132, *132*
Blattläuse (Aphidoidea) 148, 250, 258
    Grüne Erbsen- *(Acyrthosiphon pisum)* 148
Blaukehlhüttensänger *(Sialia mexicana)* 275, *275*
Blaurückenwaldsänger *(Dendroica caerulescens)* 36
Blitzlichtfisch *(Photoblepharon palpebratus)* 43, *43*
Blumenkäfer (Anthicidae) 193
Blumentiere 113, *113*, 188
Blutegel (Hirudinea) 172, 296
    Tyrannobdella rex 172
Blutregen 219
Blutschnabelweber *(Quelea quelea)* 287
Bombardierkäfer (Brachininae) 152, *152*
Bonobo *(Pan paniscus)* 47, 243
Borkenkäfer (Scolytinae) 29, 62, *62*
    Buchdrucker *(Ips typographus)* 62, *62*
    Großer Ulmensplintkäfer *(Scolytus scolytus)* 62
    Großer Waldgärtner *(Tomicus piniperda)* 62
    Kupferstecher *(Pityogenes chalcographus)* 62
Botulinumtoxin 187
Braune Scheinkröte *(Pseudophryne bibronii)* 276
Braunkopf-Kuhstärling *(Molothrus ater)* 291, *291*
Brechnuss *(Strychnos nux-vomica)* 189
Breitfuß-Beutelmaus *(Antechinus agilis)* 254
Bremsen (Tabanidae) 296
Brennnessel *(Urtica sp.)* 141, 159, *159*
    Australische *(Dendrocnide moroides)* 159, *159*
Bromelien (Bromeliaceae) 116, 307, *307*
    Hänge- *(Tillandsia usneoides)* 116

REGISTER

Bromelien *(Forts.)*
   Leuchtende Lanzenrosette *(Aechmea fulgens)* 116
Brüllaffe, Schwarzer *(Alouatta caraya)* 107
Brunsvigien 260, *260*
Brutblatt *(Bryophyllum)* 245, *245*
Brutparasitismus 290, *290*
Buche *(Fagus)* 220, *220*
   Hain- *(Carpinus betulus)* 117
Buchfink *(Fringilla coelebs)* 124
Büffel *(Syncerus caffer)* 212, 254
Buntbarsch *(Tilapia sp.)* 270
Buschhäher *(Aphelocoma californica)* 47

C

Cassin-Vireo *(Vireo cassinii)* 204
Chamäleons (Chamaeleonidae) 104, 145, 147
   Panther- *(Furcifer pardalis) 104*
   Smith's Zwerg- *(Bradypodion taeniabrochum)* 141
Chloroplasten 303, *303*
Clownfische 39, *39*
Cocastrauch *(Erythroxylum coca)* 189
Colorado-Käfer 221
Conotoxin 195

D

Dachs *(Meles meles)* 59
Dachsammer *(Zonotrichia leucophrys)* 206
Darwin, Charles 72
Delfin *(Delphinus delphis)* 49, *49*, 268, 269, *269*
Diatomeen (Bacillariophyta) 114
Dinosaurier (Sinosauropteryx) 98
Diskus, Echter *(Symphysodon discus)* 271
Döderleins Kardinalbarsch *(Apogon doederleini)* 210
Dohle *(Corvus monedula)* 72
Dompfaff *(Pyrrhula pyrrhula)* 97
Doppelschnepfe *(Gallinago media)* 203, *203*
Dornen siehe Stacheln und Dornen
Dornteufel *(Moloch horridus)* 130
Drohgebärden 156–157, 160–161
Drossel 275
Dungkäfer 219

E

Echsen 250
Edelweiß *(Leontopodium nivale)* 116
Eiche *(Quercus)* 220
Eichelhäher *(Garrulus glandarius)* 46, *46*
Eichhörnchen *(Sciurus vulgaris)* 48, 59, 73, 80, 135, 147, 173
   Grauhörnchen *(Sciurus carolinensis)* 173
Eidechsen (Lacertidae) 42, 58, 131, 250
   Zaun- *(Lacerta agilis)* 131, *131*
Eintagsfliegen (Ephemeroptera) 286
Eisenhut *(Aconitum napellus)* 99
Eisvogel *(Alcedo atthis)* 60, *60*

Elch *(Alces alces)* 129, 149, *149*
Elefant 24, 49, 50, 115, 134, 193, 213, 252, 268
   Afrikanischer *(Loxodonta africana)* 134, *134*, 213, 268, 269, 306
   Asiatischer 49, 268
Elfenkauz *(Micrathene whitneyi)* 72, *73*
Elster *(Pica pica)* 49, 70
Elsterdrossling *(Turdoides bicolor)* 288
Emmer *(Triticum dicoccum)* 220
Engelstrompete *(Brugmansia sp.)* 99, *99*
Erdbeben, von Tieren erspürt 13
Erdbeere *(Fragaria sp.)* 128
Erdferkel *(Orycteropus afer)* 55, *55*, 73
Erdhörnchen (Xerinae) 39, 80, 145, 235
Erdhummel *(Bombus terrestris)* 72
Esche (Fraxinus) 220
Eule 18, 19, 73
   Waldohr- *(Asio otus)* 157
Eulenschwalm *(Podargus strigoides)* 143

F

Fadenwürmer (Nematoden) 93, 250
   Halicephalobus mephisto 225
Falken
   Baum- 60
   Eleonoren- *(Falco eleonorae)* 205, *205*
   Turm- *(Falco tinnunculus) 201*, 239
Falscher Putzerfisch *(Aspidontus taeniatus)* 101
Falterfische (Chaetodontidae) 145, 154, *154*
   Pazifischer Baroness- *(Chaetodon baronessa)* 145
   Vieraugen- *(Chaetodon capistratus)* 153, *153*
Farbsehsinn 20–21
Farne 263
   Adler- *(Pteridium aquilinum)* 190
Fasan *(Phasianus colchicus)* 220
Faultiere (Folivora) 146, *146*, 305
   Riesen- 264
Feldhamster *(Cricetus cricetus)* 59, 60, 78
Feldhase *(Lepus europaeus)* 149, 220
Fettschwalm *(Steatornis caripensis)* 24, *24*
Fetzenfische (Solegnathinae) 143
   Großer *(Phycodurus eques)* 143, *143*
Fetzen-Seenadel *(Haliichthys taeniophorus)* 143
Feuerlilie *(Lilium bulbiferum)* 245
Feuerpflanzen 231
Fichtenspargel *(Monotropa hypopitys)* 293
Fingertier (Aye-Aye) *(Daubentonia madagascariensis)* 176, *176*
Fiskalwürger *(Lanius collaris)* 141
Flaggendrongo *(Dicrurus paradiseus)* 306
Flamingos (Phoenicopteridae) 276
   Zwerg- *(Phoeniconaias minor)* 223, *223*
Flechten (Lichen) 258, 304
Fleckenquerzahnmolch *(Ambystoma maculatum)* 303, *303*
Fledermäuse
   Braunes Langohr 73
   Echoortung 173
   Glattnasen-Freischwanz- 23

Fledermäuse *(Forts.)*
   Große Hufeisennase *(Rhinolophus ferrumequinum)* 23
   Großer Abendsegler 73
   Große Vampir- *(Desmodus rotundus)* 297
   Hardwick-Woll- *(Kerivoula hardwickii)* 302, *302*
   Kleine Hasenmaul- *(Noctilio albiventris)* 23
   Mausohr- *(Myotis lucifugus)* 23
   Östliche Rote *(Lasiurus borealis)* 203
   Riesenabendsegler *(Nyctalus lasiopterus)* 173
   Ultraschall 23, 173
   UV-Licht 20, 22, 23
   Vampir- (Desmodontinae) 297, *297*
Fliegende Fische (Exocoetidae) 151
Flockenblume *(Centaurea sp.)* 264
   Centaurea maculosa 304
Flöhe (Siphonaptera) 150, *150*, 296
Flunder *(Platichthys sp.)* 145
Flusspferd *(Hippopotamus amphibius)* 135, 305
Frauenmantel *(Alchemilla vulgaris)* 118
Frösche 58, 181, 271
   Engmaul- (Microhylidae) 309
   Grauer Baum- *(Chiromantis xerampelina)* 64
   Kolbenfinger- *(Hyla faber)* 77, *77*
   Krallen- *(Xenopus laevis)* 13, *13*
   Laubfrosch *(Hyla arborea)* 108, 240, *240*
   Limnodynastes convexiusculus 181
   Litoria dahlii 181
   Magenbrüter- *(Rheobatrachus)* 270
   Moor- *(Rana arvalis)* 108
   Mulu- *(Rhacophorus penanorum)* 108
   Rotaugenlaub- *(Agalychnis callidryas)* 108, *108*
   Schüsselrücken-Laubfrosch *(Flectonotus goeldii)* 271
   Wald- 58
Fruchtfliege *(Drosophila sp.)* 91
Fuchs 11, 18, 60, 162, 178
   Fuchssprung *11*
   Polar- *(Alopex lagopus)* 19, 79, 106, *106*
   Rot- *(Vulpes vulpes)* 11, 79

G

Galapagos-Kormoran *(Phalacrocorax harrisi)* 239, *239*
Gänsefingerkraut *(Potentilla anserina)* 128
Gänsegeier *(Gyps fulvus)* 268
   Zwerg- 212
Gartenbohne *(Phaseolus vulgaris)* 191
Gärtnerlaubenvögel 68
   Gestreifter Gärtnervogel *(Amblyornis subalaris)* 68
   Goldlaubengärtner *(Amblyornis macgregoriae)* 68
Gazellen 212
   Kropf- *(Gazella subgutturosa)* 222, *222*
   Thomson- *(Gazella thomsoni)* 212
Gebangpalme
   Corypha macropoda 92
   Corypha utan 92

Geckos *(Gecko sp.)* 113
    Jungfern- *(Lepidodactylus lugubris)* 250, 251
    Leopard- *(Eublepharis macularius)* 131, *131*
Gelbbrauenlaubsänger *(Phylloscopus inornatus)* 211, *211*
Gelbfiebermücke *(Stegomyia aegypti)* 172
Gelbhaubenkakadu *(Cacatua galerita)* 45
Gelbrandkäfer *(Dytiscus marginalis)* 170, 230
Gelbschwanz-Meerbarbe *(Mulloidichthys vanicolensis)* 101
Gepard *(Acinonyx jubatus)* 148, 185, 212, 255, *255*
Geruchssinn 29–31, 33
    unter Wasser 25, 192
Gespenstschrecke 139, 141
    Australische *(Extatosoma tiaratum)* 141
Getreidepilz *(Gibberella zeae)* 263
Geweihe 129, *129*
Gibbons (Hylobatidae) 252
Gift
    im Pflanzenreich 99, 159, 190–191
    im Tierreich 186–195
Giftsumach *(Toxicodendron radicans)* 191
Giraffen *(Giraffa camelopardalis)* 30, *30*, 125
Glühwürmchen *siehe* Leuchtkäfer
Gnitzen *(Forcipomyia sp.)* 123
Goldenes Löwenäffchen *(Leontopithecus rosalia)* 273
Goldnessel *(Lamium galeobdolon)* 141
Goldregen *(Laburnum sp.)* 99
Goldregenpfeifer *(Pluvialis apricaria)* 199, *199*
Goldwaldsänger *(Dendroica petechia)* 156
Goliathkäfer *(Eudicella gralli hubini)* 170, *170*
Gorillas *(Gorilla gorilla)* 44, *44*, 65, *65*
Gottesanbeterinnen
    Blütenmantis *(Pseudocreobotra wahlbergii)* 153
    Grüne Schildmantis *(Rhombodera basalis)* 157, *157*
    Europäische *(Mantis religiosa)* 64, *64*, 182
    Orchideenmantis *(Hymenopus coronatus)* 182, *182*
Gould-Amadine *(Chloebia gouldiae)* 247, 274
GPS (Ortungsmethode) 209, *209*
Grashüpfer (Gomphocerinae) 150
Grasmücke *(Sylvia sp.)* 201, 290
Graugans *(Anser anser)* 200, 204
Grauhörnchen *(Sciurus carolinensis)* 173
Graurücken-Krähenwürger *(Cracticus torquatus)* 239
Greifstachler *(Coendou sp.)* 268
Greisenhaupt *(Cephalocereus senilis)* 116
Großfußhuhn 65
Grubenorgan 17, 161
Grundel *(Elatinus sp.)* 101
    Sand- *(Pomatoschistus minutus)* 248, *248*
    Wächter- (Gobiinae) 310, *310*
Grünlilie *(Chlorophytum comosum)* 128
Guanacastebaum *(Enterolobium cyclocarpum)* 264
Guppy *(Poecilia reticulata)* 251
Gürteltiere (Dasypodidae) 165, *165*, 264

H

Haemopis caeca (Egel in Movile-Höhle) 225, *225*
Hahnenfuß *(Ranunculus sp.)* 22
    Ranunculus lobatus 227
Haie (Selachii) 111, *111*
    Großer Hammer- *(Sphyrna mokarran)* 15
    Hammer- 15, *15*
    Lorenzinische Ampullen 15
    Weißer *(Carcharodon carcharias)* 174
Hakenblatt *(Triphyophyllum peltatum)* 89
Halbschmarotzer 292
Halsbandschnäpper *(Ficedula albicollis)* 257
Hamster *siehe* Feldhamster
Hase *(Lepus europaeus)* 147
Hasel (Haselstrauch) *(Corylus avellana)* 168, 258
Hausrotschwanz *(Phoenicurus ochruros)* 211
Heckenbraunelle *(Prunella modularis)* 257
Helgoländer Wattmücke *(Clunio marinus)* 16
Helmkasuar *(Casuarius casuarius)* 34, *34*
Hermelin *(Mustela erminea)* 106, 184, *184*
Heuschrecken
    Afrikanische Wüsten- *(Schistocerca gregaria)* 216, *216*, 221
    Gemeine Eichenschrecke *(Meconema thalassinum)* 298
    Kantige Sattelschrecke *(Uromenus rugosicollis)* 298, *298*
    Laub- (Tettigoniidae) 239
    Wander- 216, 217
Himmelsgucker *(Uranoscopus scaber)* 178, *178*
Hirsche (Cervidae) 129, 213
    Dam- *(Dama dama)* 220
    Maultier- *(Odocoileus hemionus)* 309
    Riesen- (Megaloceros) 129
    Rot- 268, 305
    Weißwedel- *(Odocoileus virginianus)* 309
Hoatzin *(Opisthocomus hoazin)* 305
Höhlenbau 59, 60
Hopfen *(Humulus lupulus)* 117, 135
Hörner 129, 238, *238*
Hornisse *(Vespa crabro)* 155
    Asiatische Riesen- *(Vespa mandarinia)* 155, *155*
Hornissen-Glasflügler *(Sesia apiformis)* 145
Hörsinn 34–39, 210
Huhn *(Gallus gallus domesticus)* 37
Hummel (Bombidae) 50, 58, 172, 210, *210*
    Baum- *(Bombus hypnorum)* 72
    Bombus sp. 50, 58, 72, 145, 292
    Erd- *(Bombus terrestris)* 72
    Kuckucks- *(Psithyrus sp.)* 292
Humus 309
Hunde 20, 29
Hundsgiftgewächse *(Edithcolea grandis)* 96
Hyänen (Hyaenidae) 73, 212
    Streifen- 212
    Tüpfel- 212

I

Igel *(Erinaceus europaeus)* 59, 130
Igelfische (Diodontidae) 157
Iltisse 162
Indri *(Indri indri)* 252, *252*
Infrarot-Sinnesorgan 17
Infraschall, Hören des 24
Insekten
    Massenschlupf 286, *286*
    Panzer 169
    Staatengründer 280–283
Intelligenz bei Tieren 44–51

J

Jakobskrautbär *(Tyria jacobaeae)* 103, *103*
Japan-Brillenvogel *(Zosterops japonicus)* 218, *218*
Jasmin *(Jasminum pauciflorum)* 135
Jungfernrebe *(Parthenocissus quinquefolia)* 135
Jungfernzeugung (Parthenogenese) 250–251

K

Kabeljau *(Gadus morhua)* 258, 259
Käfer 171, 267
    giftige 193, 195
    siehe auch die einzelnen Arten
Kaffeekirsche *109*
Kaffernbüffel *(Syncerus caffer)* 301, *301*
Kakteen
    Feigen- *(Opuntia sp.)* 159
    Ferocactus pilosus 159
    Saguaro- *(Carnegiea gigantea)* 72, *73*
Kaiserfische (Pomacanthidae) 98
    Imperator- *(Pomacanthus imperator)* 153
    Masken-Lyra- *(Genicanthus personatus)* 98
    Pfauen- *(Pygoplites diacanthus)* 98
Kakapos *(Strigops habroptilus)* 238
Kalanchoe *(Kalanchoe daigremontiana)* 245, *245*
Kalmare 19, 251, *251*
    Koloss- *(Mesonychoteuthis hamiltoni)* 19
    Leucht- *(Watasenia scintillans)* 42
    Loligo pealei 251, *251*
    Riesen- (Architeuthis) 19
    Wunderlampe *(Lycoteuthis sp.)* 42, *42*
    siehe auch Tintenfische
Kältestarre 58
Kamele 29, 305
Kammermagen 305
Kanadagänse *198*
Kanadisches Berufkraut *(Conyza canadensis)* 258, *258*
Känguru 273, 305, *305*
Kaninchen 220
Kannenpflanze *(Nepenthes sp.)* 88, *88*, 302, *302*
    Nepenthes rafflesiana elongata 302
    Nepenthes rajah 302
Kapokbaum *(Ceiba pentandra)* 158, 159
Kapuzinerkresse *(Tropaeolum majus)* 118
Karibu 213

REGISTER

Kartoffel *(Solanum tuberosum)* 191, 221
   Solanum sp. 117
Kartoffelkäfer *(Leptinotarsa decemlineata)* 221, *221*
Katzen 18, 20, 21, 28
Kelp-Algen *92–93*
Keratin 164, 166, 200
Keulenkäfer *(Claviger)* 219
Kiebitz *(Vanellus vanellus)* 183, *183*
Kiefer *(Pinus sp.)* 261
   Langlebige *(Pinus longaeva)* 92, *93*
Kieferfische 76
   Goldstirn- *(Opistognathus aurifrons)* 76, *76*
Kiefernprachtkäfer, Schwarzer *(Melanophila acuminata)* 17
Kirschen 264
Klatschmohn *(Papaver rhoeas)* 168, 220, 221, 258, 261
Kleiber *(Sitta europaea)* 72, *72*
Klette *(Arctium sp.)* 266
Knoblauch *(Allium sp.)* 245
Knöllchen-Knöterich *(Bistorta vivipara)* 245
Knurrhahn 39
Koala *(Phascolarctos cinereus)* 277, *277*
Kobel 73
Koboldmaki *(Tarsius sp.)* 19, *19*
Kobralilie *(Darlingtonia californica)* 89
Köcherfliegen (Trichoptera) 171, *171*
   Große *(Phryganea grandis)* 171
   -larven 87
   Wasserseelchen (Hydropsyche) 87, *87*
Kojote *(Canis latrans)* 56, 79, 309
Kokospalme *(Cocos nucifera)* 167, 267
Kolibris (Trochilidae) 201, 267
   Annakolibri *(Calypte anna)* 35, *35*
Korallen 16, 210, 311, *310–311*
   Gift- 194
   Stein- 311
   Weich- *310–311*
Korallenfische 98
Kornblume *(Centaurea cyanus)* 220, *221*
Kornrade *(Agrostemma githago)* 191
Korsetttierchen (Loricifera) 231
   Rugiloricus sp. 231
Krabben
   Boxer- *(Lybia tesselata)* 169
   Chinesische Wollhand- *(Eriocheir sinensis)* 220
   Dekorier-Spinnen- *(Camposcia retusa)* 144, *144*
   Masken- *(Pisa armata)* 144
   Reiter- *(Ocypode saratan)* 67
   Rote Weihnachtsinsel- *(Gecarcoidea natalis)* 16, *16*
   Spinnen- (Stenorhynchus) 228, *228*
   Tuberkel-Spinnen- *(Cyclocoeloma tuberculata)* 144
   Winker- *(Uca sp.)* 234, *234*
   Woll- *(Dromia vulgaris)* 144
Kragenechse *(Chlamydosaurus kingii)* 157

Krähe *(Corvus sp.)* 45
   Neukaledonien- *(Corvus moneduloides)* 45
   Raben- *(Corvus corone)* 21
   Saat- *(Corvus frugilegus)* 50
Kraken 50, 51, 142, *142*, 194
   Amphioctopus marginatus 51, *51*
   Blauring- *(Hapalochlaena sp.)* 188
   Thaumoctopus mimicus 142
   Wunderpus photogenicus 142, *142*
Kranich *(Grus grus)* 204, 236, *236*
Krebse 250
   Fangschrecken- (Stomatopoda) 20, *20*, 174
   Fluss- 28
   Knall- (Pistolen-) *(Alpheus sp.)* 174, *174*, 310, *310*
   Pfeilschwanz- 16
   Ruderfuß- (Copepoda) 181, *217*
   Salinen- *(Artemia salina)* 223
Kreuzblütler
   Desideria himalayensis 227
Kriebelmücken (Simuliidae) 296
Kriechender Günsel *(Ajuga reptans)* 128
Krokodile 13, 37, *37*
Kröten 58, 148, 189, 271
   Aga- *(Bufo marinus)* 221
   Bufo sp. 189
   Flachland-Schaufelfuß *(Spea bombifrons)* 255
   Gebirgs-Schaufelfuß *(Spea multiplicata)* 255
   Geburtshelfer- *(Alytes sp.)* 272
   Oreophrynella 148
   Waben- *(Pipa pipa)* 271
   Wechsel- *(Bufo viridis)* 108, 268
Krustenanemonen (Zoanthidea) 188, *188*
Kuckuck *(Cuculus canorus)* 211, 274, 290
   Gelbschnabel- *(Coccyzus americanus)* 204
   Gold- *(Chrysococcyx caprius)* 290
   Großer Renn- *(Geococcyx californianus)* 135, 149
Kugelfische (Tetraodontidae) 157, 188
   Takifugu rubripes 188
   Perlhuhn- *(Arothron meleagris)* 188
Kurzflügelgrille *(Gryllodes sigillatus)* 246
Kurzschwanzspitzmaus, Amerikanische *(Blarina sp.)* 192
Küstenseeschwalbe *(Sterna paradisaea)* 199

L

Lachse (Salmonidae) 208, *208*
   Atlantischer *(Salmo salar)* 208
Langstreckenzieher 206
Languste *(Palinurus vulgaris)* 208
   Karibik- *(Panulirus argus)* 29
Laternenfische (Myctophidae) 42
Laubenvögel 68
   Seiden- *(Ptilonorhynchus violaceus)* 21, 68, *68*
Läusekräuter *(Pedicularis sp.)* 293
Lawes-Strahlenparadiesvogel *(Parotia lawesii)* 102, *102*, 103
Lebende Steine 141, *141*
Leberegel, Kleiner *(Dicrocoelium dendriticum)* 299, *299*

Lemminge, Berg- *(Lemmus lemmus)* 214, *214*
Lemuren (Lemuriformes) 33, 247
   Indri *(Indri indri)* 252, *252*
   Katta *(Lemur catta)* 33, *33*
Leopard *(Panthera pardus)* 79, *79*, 212
Leuchtkäfer (Glühwürmchen) *(Luciola sp.)* 40, *40*, 41
   Photuris versicolor 40
Leuchtorgan 42, 43, *43*
Libellen 219, *219*
   -larven (Odonata) 230, *230*
Linde (Tilia) 220
Lotusblume *(Nelumbo nucifera)* 118–119
Lotus-Effekt 118–119, *118–119*
Löwen *(Felis leo)* 212, 269
Löwenzahn *(Taraxacum officinale)* 258, 261

M

Madenhacker *(Buphagus sp.)* 301, *301*
   Rotschnabel- *(Buphagus erythrorhynchus)* 301
Magnetbakterien *(Magnetococcus sp.)* 10, *10*
Magnetsinn 10, 11, 12, 17, 206–210
Maifliegen-Massenschlupf 286
Maiglöckchen *(Convallaria majalis)* 128
Maispflanze *(Zea mais)* 31
Malaria 300
Mandrill *(Mandrillus sphinx)* 98, *98*
Mangroven (Rhizophoraceae) 128, *128*
Maniok *(Manihot esculenta)* 191
Marienkäfer (Coccinellidae) 58, 147, 170, 294
   Siebenpunkt- *(Coccinella septempunctata)* 58
Margay *(Leopardus wiedii)* 185, *185*
Mauersegler *(Apus apus)* 204
Maulbrüter 270
Maulwürfe (Talpidae) 183
   Talpa europaea 78, 247
Mäuse 11, 13, 28, 38, *38*, 58, 162, 258, 268
   Hausmaus *(Mus musculus)* 220, 245, *245*
Mäusebussard 162, *163*, 200
Meersenf *(Cakile edentula)* 29
Meisen (Paridae) 72
   Blau- *(Cyanistes caeruleus)* 36, 21, *21*, 256, 306
   Kap-Beutel- *(Anthoscopus minutus)* 68
   Kohl- *(Parus major)* 36, 199, 274, 306
   Schwanz- *(Aegithalos caudatus)* 306, *306*
   Tannen- *(Parus ater)* 72
Mexikokärpfling *(Poecilia mexicana)* 249
Michiganwaldsänger *(Dendroica kirtlandii)* 291
Mikroben 187, 224, 300, 305
Milben (Acari) 219, *219*, 250
   Antennophorus grandis 219
   Haarbalg- *(Desmodex folliculorum)* 297
   Varroa- *(Varroa destructor)* 140, 219
   Wasser- 219
Mimese 139
Mimikry 145
Miniermotte 63
Mirakelfisch *(Calloplesiops altivelis)* 153
Mistel, Weißbeerige *(Viscum album)* 292, *292*

Mistkäfer 82, 294
Mittagsblumengewächse (Aizoaceae) 141, *141*
Molche
    Berg- *(Ichthyosaura alpestris)* 100
    Nördlicher Kamm- *(Triturus cristatus)* 100
    Teich- *(Lissotriton vulgaris)* 100
Mönchsgrasmücke *(Sylvia atricapilla)* 211
Movile, Höhle von (Rumänien) 225
Möwen
    Dreizehen- *(Rissa tridactyla)* 247, *247*, 253
    Herings- *(Larus fuscus)* 183
    Lach- *(Chroicocephalus ridibundus)* 274
Mondhornkäfer *(Copris lunaris)* 82
Moose 263
Moschusochse *(Ovibos moschatus)* 28, 58, 115, *115*
Mufflon *(Ovis orientalis)* 220
    Europäischer *(Ovis orientalis musimon)* 129
Murmeltier *(Marmota sp.)* 59, 288
    Alpen- *(Marmota marmota)* 60
    Eisgraues *(Marmota caligata)* 273
Muscheln 76, 131
    Bohr- 76
    Gemeine Teich- *(Anodonta antina)* 295
    Große Riesen- *(Tridacna gigas)* 166, *166*
    Mies- *(Mytilus sp.)* 131
    Riesenvenus- *(Calyptogena magnifica)* 228–229
    Steck- *(Pinna nobilis)* 131
Mutterkornpilz *(Claviceps purpurea)* 189

N

Nachtigall *(Luscinia megarhynchos)* 36, 237
Nachtschattengewächse (Solanaceae) 191
Nacktmull *(Heterocephalus glaber)* 57, *57*
Nagana-Seuche 148, 300
Namib-Wüste 222, *222*
Nasendoktorfische *(Nasinae sp.)* 109, *109*
Nasenmuräne *(Rhinomuraena quaesita)* 109
Nashörner (Rhinocerotidae) 129
Nashornvögel (Bucerotidae) 71
Natronsee (Tansania) 223, *223*
Nebeltrinker-Käfer *(Onymacris unguicularis)* 222
Nektar 267
Neon-Schwalbenschwanz *(Papilio palinurus)* 103
Nesselblättrige Glockenblume *(Campanula Trachelium)* 22
Nesseltiere 122
Nesselzellen 113, 122
Netzmuräne *(Gymnothorax favagineus)* 145
Nickende Distel *(Carduus Nutans)* 158
Nilhechte (Mormyridae) 243
Nördlicher Bootsmannsfisch *(Porichthys notatus)* 240

O

Ölkäfer 193
    -larven *(Meloe)* 219
Orangebinden-Pinzettfisch *(Chelmon rostratus)* 153
Orang-Utan *(Pongo sp.)* 34, 47, 49, 259, 268
Orchideen (Orchidaceae) 96, 167, 244, 261, 307
    Angraecum sesquipedale 96
    Blattloser Widerbart *(Epipogium aphyllum)* 293
    Drachenorchis *(Drakaea sp.)* 245
    Gelbe Ragwurz *(Ophrys lutea)* 245
    Oncidium 244
    Ragwurz- *(Ophrys sp.)* 244
    Rothschild-Frauenschuh *(Paphiopedilum rothschildianum)* 244, *244*
    Schwanen-Orchis *(Cycnoches loddigesii)* 261
    Spiegel-Ragwurz *(Ophrys speculum)* 244
    Vogel-Nestwurz *(Neottia nidus-avis)* 293
Oxytocin 253

P

Pantanal, Südamerika 264
Pantherfisch *(Cromileptes altivelis)* 145
Pantoffeltierchen *(Paramecium sp.)* 308
Papagei 45
    Edel- *(Eclectus roratus)* 97, *97*
Papageifische (Scarinae) 210
Paradiesfisch *(Macropodus opercularis)* 64
Parasitismus 292–295
Pardelluchs *(Lynx pardinus)* 162, 163
Passionsblume *(Passiflora sp.)* 96, *96*, 151
    Passiflora auriculata 151
    Passiflora condollei 151
Pavian *(Papio papio)* 46, 243, *243*
Pazifischer Hering *(Clupea pallasii)* 39
Pazifischer Rotfeuerfisch 189
Perlmutt 166, 169
Pfau *(Pavo cristatus)* 234, *235*
Pfauenaugen-Zwergfeuerfisch *(Dendrochirus biocellatus)* 153
Pfefferminze *(Mentha piperita)* 117
Pferde 20, 28
Pflanzengifte 190–191
Pfuhlschnepfe *(Limosa lapponica)* 201, 203
Phasin 191
Pheromone 28–29, 32, 217, 251
Phytoplankton 217
Pillendreher, Heiliger *(Scarabaeus sacer)* 83, *83*
Pilze 93, 219, 263
    Arthrobotrys 93
    Boviste 263
    Gefleckter Schierling *(Conium maculatum)* 190
    Grüner Knollenblätter- *(Amanita phalloides)* 190, *191*
    Hasenbovist 263
    Kaiserling *(Amanita caesarea)* 190
    Kugelschneller *(Sphaerobolus stellatus)* 263
    Mykorrhiza- 304
    Ophiocordyceps unilateralis 298
    Riesenbovist *(Calvatia gigantea)* 263
Pilzmücke *(Arachnocampa luminosa)* 41, *41*
Pinguine (Spheniscidae) 112, *112*, 215, *227*
    Adelie- *(Pygoscelis adeliae)* 122
    Kaiser- *(Aptenodytes fosteri)* 215, 226, *226*
    Magellan- *(Spheniscus magellanicus)* 59, *59*
Piranhas, Schwarmbildung 285
Pirol *(Oriolus oriolus)* 97
Pitohuis *(Pitohui sp.)* 195, *195*
Planktontierchen 16, 43
Plasmodien 300, *300*
Pollenkörner 168, 267
Portugiesische Galeere *(Physalia physalis)* 194, 309, *309*
Prachtfinken 161
Prächtiger Salzkäfer *(Bledius spectabilis)* 81
Prachtstaffelschwanz *(Malurus splendens)* 239, *239*
Präriehund *(Cynomys sp.)* 288
    Schwarzschwanz- *(Cynomys ludovicianus)* 56, *56*
Präriewühlmaus *(Microtus ochrogaster)* 253
Primaten 109
Pseudobulben 307
Pseudoskorpion 219
Puma *(Puma concolor)* 79, 268
Putzerfische (Putzerlippfische) *(Labroides sp.)* 101, 109
    Hawaii- *(Labroides phthirophagus)* 101
    Nomaden- *(Diproctacanthus xanthurus)* 101
Putzergarnelen 101

Q

Quallen (Medusae) 122
    Gift- 194
    Leucht- *122*
    Staats- 194, 309, *309*
    Tiefsee- 42
    siehe auch Würfelquallen

R

Rabe *(Corvus corax)* 50
Rabenvögel 47, 50
Radioaktivität 229
Ranken 135
Raspelzunge (Radula) 123
Ratte *(Rattus sp.)* 50, 123
    Wander- *(Rattus norvegicus)* 245
Rauchschwalbe *(Hirundo rustica)* 206, *206*, 234
    Hirundo rustica erythrogaster 235
Regenbogenforelle *(Oncorhynchus mykiss)* 208
Regenwürmer (Lumbricidae) 56, 78, 183, *183*
Reh *(Capreolus capreolus)* 10, 101, 220
Reiherschnabel *(Erodium sp.)* 265
Reinwardthuhn *(Megapodius reinwardt)* 65
Rentier *(Rangifer tarandus)* 10, 58, 213, 296
Reptilien 18, 58, 100, 104
Reusenfallen (Genlisea) 93
Rheinisches Schiefergebirge 225
Rhesusaffe *(Macaca mulatta)* 49, *49*
Riesen-Bärenklau *(Heracleum mantegazzianum)* 191

REGISTER

Riesenkängururatte *(Dipodomys ingens)* 80
Riesenmammutbaum *(Sequoiadendron giganteum)* 92
Riesenseerose *(Victoria regia)* 92, *92*
Riesentukan *(Ramphastos toco)* 133, *133*
Riffbarsche (Pomacentridae) 101
Rinder 10, 20, 305
Rivalenkämpfe 238, *238*
Rizin 191
Rohrdommel *(Botaurus stellaris)* 143
Röhrenwürmer 228
    Riesen- *(Riftia pachyptila)* 228
Rose von Jericho, Echte *(Anastatica hierochuntica)* 260
Rosmarin *(Rosmarinus officinalis)* 117
Rosskastanie *(Aesculus hippocastanum)* 107, *107*
Rosttöpfer *(Furnarius rufus)* 71, *71*, 73
Rotbauchunke *(Bombina bombina)* 103
Rote Riesengarnele *(Gnathophausia ingens)* 42
Rotfeuerfisch, Pazifischer *(Pterois volitans)* 142, *142*, 189
Rothörnchen *(Tamiasciurus hudsonicus)* 48, *48*, 80
Rotkehlchen *(Erithacus rubecula)* 199, 211
Rotkehlhüttensänger *(Sialia sialis)* 291
Rotrücken-Spottdrossel *(Toxostoma rufum)* 124
Rotstirnmaki *(Eulemur fulvus rufus)* 107
Rückenschwimmer *(Notonecta glauca)* 230
Rückenstreifen-Kapuzineraffe *(Cebus libidinosus)* 44
Rüsselblässhuhn *(Fulica cornuta)* 66, *66*
Rüsselkäfer *(Eupholus alternans)* 124, *124*

S

Sagamicthys abei (Tiefseefisch) 42
Salamander
    Feuer- *(Salamandra salamandra)* 103
    Rotrücken- *(Plethodon cinereus)* 237
    Sibirischer *(Salamandrella keyserlingi)* 226–227
Salvinia-Effekt 119
Salweide *(Salix caprea)* 258, *258*, 261
Sanddollar *(Dendraster excentricus)* 249
Sandgräber (Bathyergidae) 57
Sandlaufkäfer *(Cicindela dorsalis media)* 148
Sandskink *(Scincus scincus)* 110, *110*
Saugkarpfen *(Xyrauchen texanus)* 39
Schaben (Blattodea) 14, 117, 176, 229
    Amerikanische Groß- *(Periplaneta americana)* 149
    Küchen- *(Blatta sp.)* 14
Schakal 79
    Streifen- *(Canis adustus)* 73
Scharbockskraut *(Ranunculus ficaria)* 22, 245
Schiffsbohrwurm *(Teredo navalis)* 76
    Norwegischer *(Teredo norvegica)* 76
Schildkröten (Testudines) 121, 164, *164*, 207
    Galapagos-Riesen- *(Chelonoidis nigra)* 164, *164*
    Leder- *(Dermochelys coriacea)* 164
    Unechte Karett- *(Caretta caretta)* 207, *207*
Schilf *(Phragmites communis)* 118

Schilfkäfer *(Donacia semicuprea)* 230
Schimmelpilz (Curvularia) 304
Schimpanse *(Pan troglodytes)* 44, *45*, 46, 47, 49, 50, 109, 185, 239, 254, *254*
Schlafkrankheit 148, 300
Schlafmohn *(Papaver somniferum)* 189
Schlammfliegen (Sialidae) 230
Schlangen 58
    Antillen-Boa *(Boa constrictor nebulosa)* 147
    Asiatische Tigernatter *(Rhabdophis tigrinus)* 187
    Arizona-Korallen- *(Micruroides euryxanthus)* 160
    Boomslang *(Dispholidus typus)* 141, 187, *187*
    Dreiecksnatter *(Lampropeltis triangulum)* 103
    Gewöhnliche Braun- *(Pseudo naja textilis)* 194
    Goldbauchnatter *(Leimadophis epinephelus)* 190
    Grubenottern (Crotalinae) 187
    Inland-Taipan *(Oxyuranus microlepidotus)* 194
    Kapuas-Wassertrugnatter *(Enhydris gyii)* 107
    Kenianische Sandboa *(Gongylophis colubrinus)* 111
    Kettennatter *(Lampropeltis getula)* 160
    Klapper- *(Crotalus sp.)* 17, 145, 160, 161, 186
    Korallen- 103
    Korallenotter *(Micruroides sp.* und *Micrurus sp.)* 103
    Kreuzotter *(Vipera berus)* 186
    Küsten-Taipan *(Oxyuranus scutellatus)* 194
    Mangroven-Nachtbaumnatter *(Boiga dendrophila)* 186
    Naja ashei 186, *186*
    Ringelnatter 147
    Sandrasselotter *(Echis sp.)* 160
    Tentakel- *(Erpeton tentaculatus)* 180
    Terciopelo-Lanzenotter *(Bothrops asper)* 186–187
    Todesotter *(Acanthophis praelongus)* 181, *181*
    Trugnatter *(Erythrolamprus sp.)* 103
    Wassermokassinotter *(Agkistrodon piscivorus)* 160, *160*
    Zwergklapper- *(Sistrurus sp.)* 160
Schleichkatzen (Viverridae) 73
Schleimpilze (Eumycetozoa) siehe Amöben
Schmarotzertum siehe Parasitismus
Schmetterlinge und Falter 12, 22, 58
    Admiral *(Vanessa atalanta)* 205
    Bananenfalter *(Caligo eurilochus; Caligo memnon)* 153, *153*
    Blauer Morphofalter *(Morpho peleides)* 102, *102–103*, 103
    Erlen-Rindeneule *(Acronicta alni)* 140
    Eulenfalter 22
    Distelfalter *(Vanessa cardui)* 205
    Goliath-Vogel-Falter *(Ornithoptera goliath)* 97
    Grüner Zipfelfalter *(Callophrys rubi)* 138
    Hausmutter *(Noctua pronuba)* 22
    Heliconius-Falter 151
    Hummelschwärmer *(Hemaris fuciformis)* 145

Schmetterlinge und Falter *(Forts.)*
    Kallima inachus 139
    Kleiner Fuchs *(Aglais urticae)* 58
    Kohlweißling, Großer *(Pieris brassicae)* 28–29, 294
    Kupferglucke *(Gastropacha quercifolia)* 139
    Monarchfalter *(Danaus plexippus)* 58–59, 205, *205*
    Nachtfalter *(Acherontia atropos)* 183
    Oleanderschwärmer *(Daphnis nerii)* 205
    Pfauenspinner (Saturniidae) 29, 153
    Rauten-Rindenspanner *(Peribatodes rhomboidaria)* 143, *143*
    Schneckenspinner (Limacodidae) 292
    Spanner (Geometridae) 140
    Tabakschwärmer 12
    Tagpfauenauge *(Inachis io)* 58, 153
    Walnuss-Sphinx *(Amorpha juglandis)* 156
    Weinschwärmer, Großer *(Hippotion celerio)* 205
Schmetterlingsmücken (Psychoda) 91
Schmutzgeier *(Neophron percnopterus)* 45
Schnabeltier *(Ornithorhynchus anatinus)* 17, *17*, 192
Schnaken (Tipulidae) 12
Schnecken 58, 169, 218, 250
    Australische Rüssel- *(Syrinx aruanus)* 169
    Blaue Ozean- *(Glaucus atlanticus)* 189
    Echte Achat- *(Achatina achatina)* 169, *169*
    Gefleckte Weinberg- *(Helix aspersa)* 59
    Käfer- *(Chaetopleura apiculata)* 123
    Kegel- (Conidae) 194, 195
    Landlungen- 247
    Meeresnackt- (Nudibranchia) 189, *189*
    Schwarze Samt- *(Coriocella nigra)* 143
    Stern- (Doridina) 189
    Tornatellides boeningi 218
    Weinberg- *(Helix pomatia)* 247
Schneehase *(Lepus timidus)* 106
    Nordischer *(Lepus timidus timidus)* 106
Schneidervogel *(Orthotomus sutorius)* 69
Schollen (Pleuronectidae) 138
    Pleuronectes platessa 145
Schuhschnabel *(Balaeniceps rex)* 276
Schuppentiere (Manidae) 165, *165*
Schützenfisch *(Toxotes jaculatrix)* 179, *179*
Schwäne 253
    Höcker- *(Cygnus olor)* 236, 253, *253*
    Sing- *(Cygnus cygnus)* 202, *202*
Schwarzlori *(Chalcopsitta atra)* 21
Schwimmfarn *(Salvinia molesta)* 119, *119*
Schwingkölbchen (Halteren) 12, *12*
Seeanemonen (Actiniaria) 113, *113*, 271
Seedatteln (Lithophaga) 76
See-Elefant *(Mirounga leonina)* 242, *242*
Seehund *(Phoca vitulina)* 208, 268
Seeigel (Echinoidea) 130, 249
Seekühe (Sirenia) 121, 209, *209*
Seeleopard *(Hydrurga leptonyx)* 112
Seeotter *(Enhydra lutis)* 45, *45*, 115
Seepferdchen *(Hippocampus sp.)* 143, *143*, 272, *272*

Seepocken (Balanidae) 111, 249, *249*
Seeschwalben (Sternidae) 66
    Trauer- *(Chilodonias niger)* 66
Sehfähigkeit im Dunkeln 18–19
Seidenspinner *(Bombyx mori)* 28
    Wilder *(Antheraea polyphemus)* 156, *156*
Seitenlinienorgan 13
Sexualorgane bei Pflanzen 96
Sexualparasit 259
Seychellen-Palme *(Lodoicea maldivica)* 167, *167*
Siebenschläfer *(Glis glis)* 59
Signalübermittlung
    akustische 34–39
    chemische 26–33
    optische 40–43
    per UV-Licht 22
Silberbeilfisch *(Argyropelecus aculeatus)* 42
Silberner Haubenlangur *(Trachypithecus cristatus)* 107, *107*
Skarabäus siehe Pillendreher, Heiliger
Skinke 110, 111
Skorpione (Scorpiones) 250, 273, *273*
    Sand- *(Smeringurus mesaensis)* 14, *14*
Sommerwurzen
    Orobanche ionantha 261
    Orobanche sp. 293
Sonnenhut *(Echinacea sp.)* 22
    Gewöhnlicher *(Rudbeckia fulgida)* 22
Sonnentaugewächse *(Drosera sp.)* 89, *89*
Spanische Fliege *(Lytta vesicatoria)* 193, *193*
Spatz siehe Sperling
Spechte
    Bunt- *(Dendrocopus major)* 72
    Eichel- *(Melanerpes formicivorus)* 80, *80*
    Gila- *(Melanerpes uropygialis)* 72, *73*
    Schwarz- *(Dryocopus martius)* 72
Spechtfink *(Camarhynchus pallidus)* 45
Sperber *(Accipiter butleri)* 306
Sperbergeier *(Gyps rueppellii)* 125, *125*, 212
Sperling (Haussperling, Spatz) *(Passer domesticus)* 199, 200, 274, *274*
Sperlingskauz *(Glaucidium passerinum)* 72
    Brasil- *(Glaucidium brasilianum)* 73
Spinnen
    Bananen- 193
    Brasilianische Wander- *(Phoneutria sp.)* 193
    Dreiecks- *(Hyptiotes paradoxus)* 86
    Fischernetz-- *(Segestria florentina)* 85
    Gartenkreuz- *(Araneus diadematus)* 86
    Gemeine Labyrinth- *(Agelena labyrinthica)* 85, *85*
    Goldknie-Vogel- *(Brachypelma auratum)* 123
    Große Zitter- *(Pholcus phalangioides)* 86
    Grüne Husch- *(Micrommata virescens)* 97
    Kescher- (Deinopidae) 86
    Krabben- *(Thomisus spectabilis)* 182, *182*
    Kreuz- *(Araneus sp.)* 85
    List- *(Pisaura mirabilis)* 248
    Ornament-Vogel- *(Poecilotheria ornata)* 158
    Radnetz- *(Nephila komaci)* 86, *86*
    Rotrücken- *(Latrodectus hasselti)* 194, *194*
    Schwarze Witwe *(Latrodectus mactans)* 193

Spinnen *(Forts.)*
    Spring- *(Evarcha)* 172
    Sydney-Trichternetz- *(Atrax robustus)* 195
    Trichter- 85
    Vogel- (Theraphosidae) 123, 309
    Wasser- *(Argyroneta aquatica)* 77, *77*
    Wespen- *(Argiope bruennichi)* 86, 246
    Wolfs- (Lycosidae) 273
Spitzhörnchen
    Tupaia montana 302
    Tupaia nicobarica 306
Spitzschnabel-Grundfinken *(Geospiza difficilis)* 297
Sporen 263
Springbock *(Antidorcas marsupialis)* 150
Springkraut
    Drüsiges *(Impatiens glandulifera)* 262, *262*
    Großes *(Impatiens noli-tangere)* 262
    Kleinblütiges *(Impatiens parviflora)* 262
Springschwänze (Collembola) 150
Spritzgurke *(Ecballium elaterium)* 262
Stabschrecken (Phasmatodea) *139*, 147
Stachel-Nachtschatten *(Solanum rostratum)* 221, *221*
Stacheln und Dornen 158, *158*
Stachelschwein 130, 268
    Westafrikanisches *(Hystrix cristata)* 130, *130*
Stahlkopfforelle (Steelhead) 208
Star *(Sturnus vulgaris) 35*, 183, 285
Stechapfel *(Datura sp.)* 266
    Gemeiner *(Datura stramonium)* 190, 191
Stechmücken (Culicidae) 36, 172, 296, 300
    Toxorhynchites brevipalpis 36
Stechpalme *(Ilex aquifolium)* 158
Steinböckchen *(Raphicerus campestris) 32, 32*
Steinbrech, Gegenblättriger *(Saxifraga oppositifolia)* 227, *227*
Steinbutt *(Scophthalmus maximus)* 268
Steinkorallen *311*
Sternmull *(Condylura cristata)* 25, *25*
Stichlinge 131
    Dreistachliger *(Gasterosteus aculeatus)* 100, 131
Stiefmütterchen 116, *116*
Stinkmorchel *(Phallus impudicus)* 263
Stinktiere 103
    Fleckenskunk *(Spilogale putorius)* 163
    Streifenskunk *(Mephitis mephitis)* 103, 163, *163*
Strahlentierchen (Radiolarien)168, *168*
Strauß *(Struthio camelus)* 268, 276, *276*
Streifengans *(Anser indicus)* 202
Streifengnu *(Connochaetes taurinus)* 212, *212–213*
Streifenkiwi *(Apteryx australis)* 31
Stubenfliege *(Musca domestica)* 221, *123*
    Hirnleistung 22
Stummelaffe, Westafrikanischer *(Piliocolobus badius)* 185
Sturmtaucher
    Dunkler *(Puffinus griseus)* 204, *204*
    Schwarzschnabel- *(Puffinus puffinus)* 275

Sumpfkrüge *(Heliamphora)* 88
Süßgras *(Dichanthelium lanuginosum) 304*
Symbiose 293, 300–306

T

Tabakpflanze *(Nicotiana sp.)* 30, 117
Talipotpalme *(Corypha umbraculifera)* 261
Tannenzapfen 265
Tapir *(Tapirus sp.)* 138, *138*
Tarnung 138–145
    siehe auch Mimese; Mimikry
Tauben (Columbidae) 276
    Brief- 210
    Felsen- *(Columba livia)* 46
    Hohl- *(Columba oenas)* 72
    Ptilinopus victor 97
Taubnessel *(Lamium sp.)* 22
    Gefleckte *(Lamium maculatum)* 141
    Weiße *(Lamium album)* 141
Tausendfüßer
    Archispirostreptus gigas 128
    Arthropleura 128
    Illacme plenipes 128
Teichrohrsänger *(Acrocephalus scirpaceus)* 124, *124*
Teichrose, Mittlere *(Nuphar × penneriana)* 22
Temminck-Strandläufer *(Calidris temminckii)* 257, *257*
Termiten (Isoptera) 61, *61*, 152, 280, 283, 305
    Gelbfuß- *(Reticulitermes flavipes)* 220
    Macrotermes natalensis 283
    Termes panamaensis 152
Teufelskralle *(Harpagophytum procumbens)* 266, *266*
Teufelszwirn *(Cuscuta pentagona)* 31, *31*
Texas-Krötenechse *(Phrynosoma cornutum)* 152
Thermometerhuhn *(Leipoa ocellata)* 70
Tiefsee-Anglerfische (Ceratioideae) 42, 43
    Ceratias holboelli 259, *259*
Tiger *(Panthera tigris)* 185, *268*
Tintenfische (Coleoidea) 105, 138, 249
    Breitarm-Sepia *(Sepia latimanus)* 105
    Gemeiner *(Sepia officinalis)* 105, *105*
    Tiefsee- *(Onykia ingens)* 249
    Vampir- *(Vampyroteuthis infernalis)* 42
Tintenfischwurm *(Teuthidodrilus samae)* 127, *127*
Titanenwurz *(Amorphophallus titanum)* 26, *26*
Tollkirsche *(Atropa belladonna)* 191
Tomate *(Solanum lycopersicum)* 191
Totengräber (Nicrophorus) 82
Totenkopfäffchen *(Saimiri sp.)* 246, *247*
Totstellverhalten 147
Toxoplasmose 299
    Toxoplasma gondii 299, *299*
Tracheen 230
Trappen 234
    Groß- *(Otis tarda)* 234
Trauerammer *(Calamospiza melanocorys)* 235
Trauerdrongo *(Dicrurus adsimilis)* 288

REGISTER

Trauerschnäpper *(Ficedula hypoleuca)* 257
Trollblume *(Trollius europaeus)* 22
Trommlerfisch 39
Trypanosomen 148, 300
Tsetse-Fliege *(Glossina sp.)* 148, 300
Tucumpalme *(Astrocaryum aculeatum)* 264
Tümmler, Großer *(Tursiops truncatus)* 45
Tyrannen (Vögel) *(Tyrannidae)* 298

U

Uferschnepfe *(Limosa limosa)* 218, *218*
Uferschwalbe *(Riparia riparia)* 60
Uhu *(Bubo bubo)* 157
Ultraschall 22–24, 38, 39, 173, 215
Ungleicher Holzbohrer *(Xyleborus dispar)* 83
UV-Licht 20–22, 39, 104, 182

V

Veilchen *(Viola sp.)* 22
Venusfliegenfalle *(Dionaea muscipula)* 90, *90*
Vergissmeinnicht *(Myosotis sylvatica)* 107
Vielzelligkeit 308–309
Vierauge *(Anableps sp.)* 19
Vieraugen-Falterfisch *(Chaetodon capistratus)* 153, *153*
Viren 294
    CThTV 305
Virginia-Opossum *(Didelphis virginiana)* 147, *147*
Vogelzug 198–205, 211

W

Wacholderbusch *(Juniperus communis)* 190
Wachtel *(Coturnix coturnix)* 37
Wachtelweizen *(Melampyrum sp.)* 293
Waitomo-Grotte 41, *41*
Waldmeister *(Galium odoratum)* 266
Waldveilchen *(Viola reichenbachiana)* 264
Wale 39, 209
    Blainville-Schnabel- *(Mesoplodon densirostris)* 215
    Blau- *(Balaenoptera musculus)* 24, 217, 259
    Buckel- *(Megaptera novaeangliae)* 17, 39, 211, 241, *241*
    Cuvier-Schnabel- *(Ziphius cavirostris)* 215
    Enten- *(Hyperoodon ampullatus)* 211
    Grau- *(Eschrichtius robustus)* 270, 305
    Grönland- *(Balaena mysticetus)* 305
    Nar- *(Monodon monoceros)* 129
    Pott- *(Physeter catodon)* 39, 215, *215*
    Schwert- 39
Walnuss, Schwarze *(Juglans nigra)* 191
Wandelnde Blätter *(Phylliinae)* 139
    Großes *(Phyllium giganteum)* 139
    Phyllium celebicum 139, *139*
Wanzen
    Bett- *(Cimex lectularius)* 296, *296*
    Erd- *(Sehirus cinctus)* 274
    Grund- 117

Wanzen (Forts.)
    Platt- *(Cimex sp.)* 296
    Riesenwasser- *(Abedus sp.)* 272, *272*
    Ruder- *(Micronecta scholtzi)* 240
Warzenschwein *(Phacochoerus africanus)* 73
Waschbär *(Procyon lotor)* 220, *220*
Wasserfalle *(Aldrovanda vesiculosa)* 90
Wasserfloh *(Daphnia pulex)* 250, *251*
Wasserläufer
    Gerris lacustris 149
    Tringa sp. 201
Wasserschlauch *(Utricularia sp.)* 90, *90*
Wasserseelchen *(Hydropsyche sp.)* 87, *87*
Wasserskorpion *(Nepa cinerea)* 230
Wasserspitzmaus 25, 192, *192*
    Eurasische *(Neomys fodiens)* 192
    Sorex palustris 25
Webervögel *(Ploceidae)* 70
    Dorf- *(Ploceus cucullatus)* 290
    Jackson- *(Ploceus jacksoni)* 275
    Siedel- *(Philetairus socius)* 70, *70*
Weihe *(Circus sp.)* 239
Wein *(Vitis vinifera)* 135
Weinpalme *(Raphia regalis)* 92
Weißbüschelaffen *(Callithrix jacchus)* 274, *274*
Weißkopfseeadler *(Haliaeetus leucocephalus)* 73, *200*
Weißstorch *(Ciconia ciconia)* 202, 276
Weizen
    Hart- 265
    Wilder *(Triticum)* 265
Wellensittich *(Melopsittacus undulatus)* 287, *287*
Wels 13
    Zitter- *(Malapterurus electricus)* 120, *120*
Welwitschie *(Welwitschia mirabilis)* 222, *222*
Werkzeuggebrauch bei Tieren 44–45
Wespen 58, 103, 145, 172
    Dolch- *(Campsoscolia ciliata)* 244
    Grab- 83
    Holzwespen-Schlupf- *(Rhyssa persuasoria)* 83
    Juwel- *(Ampulex compressa)* 176, *176*
    Marienkäfer-Brack- *(Dinocampus coccinellae)* 294
    Roll- *(Thynninae)* 239, 245
    Schlupf- *(Ichneumonidae)* 30, 31, 148, 294
    Trichogramma brassicae 294, *294*
    Vespula vulgaris 145, *145*
Wespenschwebfliege *(Chrysotoxum cautum)* 145, *145*
Wiederkäuer 305
Wiesel *(Mustela nivalis)* 259
Wiesenkerbel *(Anthriscus sylvestris)* 190
Wildkaninchen *(Oryctolagus cuniculus)* 184
Wilson, Edward (Ameisen-Experte) 289
Winternachtschwalbe *(Phalaenoptilus nuttallii)* 198
Winterruhe und -schlaf 59, 60, 78
Wolf *(Canis lupus)* 79, 185, 289

Wolfsmilchgewächse 159
    Euphorbia actinoclada 159
    Euphorbia ferox 159
Wollgras *(Eriophorum sp.)* 261, *261*
Wollkopf *(Saussurea gossypiphora)* 116
Wunderbaum *(Ricinus communis)* 191, *191*
Wunderblume *(Mirabilis jalapa)* 22
Wunderlampe *(Lycoteuthis sp.)* 42, *42*
Würfelquallen (Cubozoa) 181, 188
    Seewespe *(Chironex fleckeri)* 188, 194
    Tripedalia cystophora 181
Würgefeige *(Ficus sp.)* 177, *177*
Würmer
    Borsten- *(Swima bombiviridis)* 42
    Eisenbahn- *(Phrixothrix tiemanni)* 41
    Pompeji- *(Alvinella pompejana)* 229
    Saiten- *(Spinochordodes tellinii)* 298, *298–299*
    Samoa-Palolo- *(Palola viridis)* 16
    Schnur- *(Lineus longissimus)* 175, *175*
Wüstenwaran *(Varanus griseus)* 110

Z

Zaunkönig *(Troglodytes troglodytes)* 256, *256*
Zaunwinde *(Convolvulus sepium)* 135
Zebra *(Equus sp.)* 148, *148*, 212, *212*, 301
    Steppen- *(Equus quagga)* 212
Zebrafink *(Taeniopygia guttata)* 35, 277, *277*
Zecken (Ixodida) 296, *296*
Zeitsinn 16
Ziesel
    Kalifornischer *(Spermophilus beecheyi)* 145, 161, *161*
    Richardson- *(Urocitellus richardsonii)* 39
Zikaden
    Anchistrotus 126
    Bocydium 126
    Buckel- *(Membracidae)* 126, 140
    Cladonota 126
    Dorn- *(Umbonia sp.)* 126, 140, *140*
    Magicicada sp. 286, *286*
    Stictopelta 126
    Umbelligerus peruviensis 126, *126*
    Wiesenschaum- *(Philaenus spumarius)* 64, 151
Zitronenwaldsänger *(Protonotaria citrea)* 291
Zitteraal *(Electrophorus electricus)* 120
Zitterrochen *(Torpedo sp.)* 120
Zooplankton 217, *217*
Zuckerrübe *(Beta vulgaris)* 191
Zuckerrübeneule *(Spodoptera exigua)* 152
Zuckmücken (Chironomidae) 123, 218
    Chironomus salinarius 218
Zugvögel *siehe* Vogelzug
Zwergmaus *(Micromys minutus)* 67, *67*, 162–163

Bildnachweis

GI = Getty Images
mi = mauritius images
PA = Picture Alliance
SPL = Science Photo Library

Umschlagvorderseite GI/Gail Shumway. **2/3** GI/Michael & Patricia Fogden. **8/9** GI/Norbert Wu. **10** GI/Suzi Eszterhas. **11** WILDLIFE/Francisco. **12** o.: Visuals Unlimited/Corbis; u.: SPL/Agentur Focus. **13** GI/Visuals Unlimited/Betty & Dr. Nathan Cohen. **14** GI/John Giustina. **15** GI/Stephen Frink. **16** GI/Sue Flood. **17** o.: WILDLIFE/M. Harvey; u.: GI/Thomas Frejek. **18** Steve Gschmeissner/SPL/Agentur Focus. **19** GI/Oxford Scientific. **20** GI/Norbert Wu. **21** iStockphoto/Robjem. **22** Ted Kinsman/Photo Researchers/Agentur Focus (2). **23** GI/Michael Durham. **24** Jan Lindblad/Photo Researchers/Agentur Focus. **25** u.: Ken Catania/Visuals Unlimited/Corbis; o.: mi/Photo Researchers. **26** GI. **27** mi/Alamy. **28, 28/29**: SPL/Agentur Focus. **29** Stuart Wilson/Photo Researchers/Agentur Focus. **30** GI/Jan Vermeer/Foto Natura. **31** Ray Coleman/Visuals Unlimited/Corbis. **32** GI/Paul Sutherland. **33** GI/Darrell Gulin. **34** mi/Minden Pictures. **35** GI/Phil Seu Photography. **36** GI/Helen Yin. **37** WILDLIFE/HPH. **38** GI/Michael & Patricia Fogden. **39** GI/Jeff Hunter. **40** GI/Shin Mimura. **41** GI/Michael & Patricia Fogden. **42** o.: Georgette Douwma/SPL/Agentur Focus; u.: GI/Dante Fenolio. **43** Hintergrund: GI/National Geographic; u.: GI/Visuals Unlimited/David Fleetham. **44** mi/Terry Whittaker/FLPA. **45** l.: mi/Oxford Scientific; r.: Thomas & Pat Leeson/Photo Researchers/Agentur Focus. **46** Jan van Egmond/Visuals Unlimited. **46/47** Redeleit & Junker/G. Ferrari/FLPA. **47** GI/Skip Moody/Rainbow. **48** GI/Sumio Harada. **49** o.: GI; u.: iStockphoto/Morgan Lane Studios. **51** GI/Jason Isley/Scubazoo. **52/53** GI/James Warwick. **54/55** mi/Fritz Pölking. **55** TopicMedia/ib. **56** o.: GI/AFP; u.: GI/De Agostini. **57** GI/Neil Bromhall. **58** GI/Cary Anderson. **58/59** GI/Chris Sharp. **59** o.: mi/Malcom Schuyl/FLPA; u.: GI/Danita Delimont. **60** GI/Stephen Dalton. **61** GI/Martin Harvey. **62** mi/Eckart Pott. **63** WILDLIFE/I. Shpilenok. **64** GI/National Geographic. **65** GI/Panoramic Images. **66** Leslie J. Borg/SPL/Agentur Focus. **67** GI/Oxford Scientific. **68** o.: GI/Thomas Marent; u.: GI/Dorling Kindersley. **69** GI/Mark Moffett. **70** GI/Image Source. **71** GI/Tier- und Naturfotografie J & C Sohns. **72** WILDLIFE/M. Varesvue. **72/73** GI/Michael Derr/The Stock Connection. **73** Wayne Lynch/All Canada Photos/Corbis. **74** GI/DEA Picture Library. **74/75** GI/Carr Clifton. **76** GI/Norbert Wu. **77** WILDLIFE/H. O. Schulze; u.: mi/Peter Weimann. **78** GI/Dorling Kindersley. **79** GI/Beverly Joubert. **80** iStockphoto/JEVader. **81** GI/ZSSD. **82** GI/Piotr Naskrecki. **83** mi/Minden Pictures. **84** u.: WILDLIFE/P. Hartmann; o.: Stuart Wilson/Photo Researchers/Agentur Focus. **85** mi/Phototake. **86** mi/Harald Lange. **87** Dr. Armin Kureck. **88** GI/Bjorn Holland. **89** GI/Gavriel Jecan. **90** o.: Claude Nuridsany & Marie Perennou/SPL/Agentur Focus; u.: GI/Marwood Jenkins. **91** Helmut Partsch/SPL/Agentur Focus. **92** GI/AFP. **92/93** GI/Norbert Wu. **93** GI/Wes Walker. **94/95** GI/Arctic-Images. **96** iStockphoto/T. Light. **97** GI/JH Pete Carmichael. **98** GI/Ingo Arndt. **99** GI/Hein von Horsten. **100** GI/Juergen Ritterbach. **101** GI/David Fleetham/Visuals Unlimited. **102** GI/Tim Laman. **102/103** GI/Ingo Arndt. **103** o.: GI/Gail Shumway; u.: GI/Thomas Marent. **104** GI/Keren Su. **105** GI/Georgette Douwma. **106** GI/Norbert Rosing. **107** o.: GI/MelindaChan; u.: PA/Arco Images. **108** GI/Gail Shumway. **109** u.: GI/Tobias Bernhard; o.: GI/Bloomberg. **110** mi/imagebroker/Chris Mattison/FLPA. **111** o.: GI/Oliver Anlauf; M.: WILDLIFE/D. Perrine. **112** GI/Paul Souders. **113** GI/Tyler Finck 'www.sursly.com. **114** o.: mi/Photo Researchers; u.: GI/NHMPL (2). **115** GI/Mark Newman. **116** o.: GI/ccmerino photography; M.: Susumu Nishinaga/SPL/Agentur Focus. **117** GI/Matthew Ward. **118** mi/artpartner. **118/119** WILDLIFE/D. Harms. **119** mi/Garden World Images. **120** WILDLIFE/N. Wu. **121** GI/Norbert Wu. **122** GI/Frederic Pacorel. **123** GI/Sabine Scheckel. **124** o.: GI/Flip De Nooyer/Foto Natura; u.: Dr. Alexander Riedel. **125** GI/Ingo Arndt. **126** GI. **127** Larry Madin/Woods Hole Oceanographic Institution. **128** GI/Ippei Naoi. **129** mi/Harald Lange. **130** GI/Valerie Shaff. **131** GI/Design Pics/Corey Hochachka. **132** mi/Minden Pictures. **133** o.: Manuel Presti/SPL/Agentur Focus; u.: mi/NPL/Wild Wonders of Europe. **134** PhotoDisc. **135** GI/Claude Nuridsany & Marie Perennou. **136/137** GI/Tom Vezo. **138** GI/Tom Brakefield. **139** l.: GI/Robert Oelman; r.: GI/Martin Harvey. **140** GI/Pete Oxford. **141** mi/CuboImages. **142** l.: mi/imagebroker/Norbert Probst; r.: GI Visuals Unlimited/Reinhard Dirscherl. **143** u.: GI/Joke Stuurman-Huitema/Foto Natura; o.: GI/National Geographic. **144** PA/WaterFrame. **145** GI/National Geographic. **146** GI/Tom Brakefield. **147** Joe McDonald/Corbis. **148** GI/Brad Wilson. **149** o.: mi/Photoshot; u.: iStockphoto/Doug Lloyd. **150** shutterstock/Riaan van den Berg. **151** GI/Derek Berwin. **152** Satoshi Kuribayashi/OSF/Okapia. **153** o.: GI/Comstock; u.: GI/Darrell Gulin. **154** GI/Bill Curtsinger. **155** o.: Martin Oeggerli/SPL/Agentur Focus; u.: Scott Camazine/NatureSource/Agentur Focus. **156** David A. Northcott/Corbis. **157** Igor Siwanowicz. **158** mi/imagebroker/ren. **159** u.: Dr. Rainer Köthe; M.: GI/Solvin Zankl/Visuals Unlimited. **160** GI/Joel Sartore. **161** l.: GI/Tier- und Naturfotografie J & C Sohns; r.: mi/Alamy. **162** GI/Pete Oxford. **162/163** Roger Tidman/Corbis. **163** o.: iStockphoto/Salih Külcü; u.: mi/Danita Dalimont. **164** mi/imagebroker/Norbert Probst. **165** o.: GI/Daryl Balfour; u.: GI/Nigel Dennis. **166** GI/Norbert Wu. **167** mi/Alamy; Insert: PA/Bildagentur Huber. **168** l.: GI/Susumu Nishinaga; r.: GI/G. Wanner. **169** PA/Arco Images. **170** mi/Kersin Layer. **171** GI/Stephen Dalton. **172** GI/David Scharf. **173** mi/imagebroker/Terry Whittaker/FLPA. **174** PA/WaterFrame. **175** mi/age. **176** u.: GI/Pete Oxford; o.: GI/Frank Greenaway. **177** GI/Photolibrary. **178** GI/Chris Newbert. **179** mi/Photoshot. **180** GI/Jeff Rotman. **181** GI/Michael & Patricia Fogden. **182** o.: Patrick Honan/Steve Parish Publishing/Corbis; u.: mi/beyond fotomedia. **183** WILDLIFE/M. Lane. **184** GI/Konrad Wothe. **185** GI/Purestock. **186** Corbis. **187** Nigel J. Dennis/Gallo Images/Corbis. **188** o.: GI/Steven Hunt; u.: PA/WaterFrame. **189** GI/Norbert Wu. **190** GI/Bjorn Holland. **191** o.: mi/Alamy; u.: mauritius images/Christian Hütter. **192** GI/Derek Middleton/FLPA. **193** PA/Arco Images. **194** GI. **195** PA/Okapia. **196/197** GI/Mike Hill. **198** GI/Stephen Strathdee. **199** mi/imagebroker/Host Jegen. **200** GI/Steve Gschmeissner. **200/201** mi/Frank Lukasseck. **201** mi/imagebroker/Hartmut Schmidt. **202** GI/Timothy Laman. **203** mi/Alamy. **204** mi/imagebroker/Terry Whittaker/FLPA. **205** o.: GI/George Lepp; u.: GI/Konrad Wothe. **206** GI/Ann & Steve Toon. **207** GI/Gallo Images/Anthony Bannister. **208** GI/Kevin Schafer. **209** GI/Luciano Candisani. **210** iStockphoto/redmal. **211** mi/Alamy. **213** mi/Steve Bloom. **214** mi/Alamy. **215** GI/James R.D. Scott. **216** o.: Patrick Frilet/Agentur Focus; u.: GI/Ken Lucas. **217** GI/Steve Gschmeissner/SPL. **218** o.: GI/Flip De Nooyer/Foto Natura; M.: mi/Phototake; u.: GI/Jim Mayes. **219** mi/imagebroker/RBO Nature. **220** GI/Jeffry Weymier. **220/221** GI/Konrad Wothe. **221** o.: mi/Thomas Ebelt; u.: GI/Nigel Cattlin/Visuals Unlimited. **222** u.: GI/ZSSD; o.: GI/Heinrich van den Berg. **223** GI/Anup Shah. **224/225** GI/John W. Hammond. **225** o.: SPL/Agentur Focus; u.: Thierry Berrod/SPL/Agentur Focus. **226** SPL/Agentur Focus. **226/227** GI/Darrell Gulin. **227** o.: Frans Lanting/Corbis; u.: mi/imagebroker/Rolf Nussbaumer. **228** GI/Reinahrd Dirscherl/Visuals Unlimited. **229** mi/Science Faction. **230** PA/Hippocampus. **231** o.: GI/Jason Edwards; u.: Dr. Gunnar Gad. **232/233** GI/Anup Shah. **234** GI/Tobias Bernhard. **235** PA/dpa/dpaweb. **236** GI/Tohoku Color Agency. **237** GI/Ed Reschke. **238** mi/Alamy. **239** o.: Bob Gibbons/SPL/Agentur Focus; u.: mi/Alamy. **240** GI/Thomas Marent. **241** GI/Flip Nicklin. **242** GI/Yva Momatiuk & John Eastcott. **243** PA/Wildlife. **244** mi/CuboImages. **245** u.: Nimmo/SPL/Agentur Focus; o.: GI/De Agostini. **246** iStockphoto/Ammit. **247** Winfried Wisniewski/Corbis. **248** mi/Alamy. **249** GI/Visuals Unlimited/Gerald & Buff Corsi. **250** mi/Alamy. **251** o.: Stepanowicz/SPL/Agentur Focus; u.: GI/Jeff Rotman. **252** mi/Minden Pictures. **253** GI/Flip De Nooyer/Foto Natura. **254** GI/Gerry Ellis. **255** iStockphoto/William Davies. **256** mi/Alamy. **257** mi/imagebroker/Michael Krabs. **258** iStockphoto/Lidia Rakcheeva. **258/259** GI/Achim Mittler. **259** o.: mi/Carl-Werner Schmidt-Luchs; u.: GI/Norbert Wu. **260** GI/Roger de la Harpe. **261** GI/Peter Essick. **262** mi/Alamy. **263** WILDLIFE/D. Harms. **264** iStockphoto/Milous. **265** GI/Philippe Sainte-Laudy Photography. **266** GI/Tim Jackson. **267** o.: W. Treat Davidson/NatureSource/Agentur Focus; M.: Nishinaga/SPL/Agentur Focus. **268** GI/Tom Brakefield. **269** GI/AFP. **270** GI/National Geographic. **271** GI/David B. Fleetham. **272** l.: PA/Okapia; r.: GI/National Geographic. **273** GI/Ingo Arndt. **274** l.: iStockphoto/Eric Isselée; r.: iStockphoto/Christopher Badzioch. **275** iStockphoto/Steve Byland. **276** GI/James Warwick. **277** o.: mi/Alamy; u.: GI/Visuals Unlimited/Dave Watts. **278/279** GI/Guy Edwardes. **280/281** iStockphoto/Janis Litavnieks. **282** Keren Su/Corbis. **283** Clay Coleman/SPL/Agentur Focus. **284** iStockphoto/IslandEffects. **285** GI/Steve Gschmeissner/SPL. **286** mi/NPL; o.: mi/Alamy. **287** PA/Arco Images. **288/289** GI/Christian Ziegler. **289** GI/Piotr Naskrecki. **290** mi/Alamy. **291** l.: mi/Alamy; r.: mi/Alamy. **292** GI/Image Source. **293** u.M.: GI/Gallo Images; r.: mi/Alamy. **294, 295**: mi/Alamy. **296** o.: GI/Science Picture Co.; u.: GI/Kenneth Eward/BioGrafx. **297** GI/National Geographic. **298** Dr. Stephen P. Yanoviak. **298/299** Dr. Andreas Schmidt-Rhaesa. **299** o.: Moredun Animal Health Ltd/SPL/Agentur Focus; u.: PA/Okapia. **300** o.: mi/Phototake; Insert: London School of Hygiene/SPL/Agentur Focus. **301** GI/James Hager. **302** PA/dpa. **303** o.: GI/Dr. David Furness, Keele University; u.: GI/Gustav W. Verderber. **304** Wildlife and Terrestrial Ecosystems Program Rocky Mountain Research Station. **305** GI/Tobias Titz. **306** mi/Alamy. **307** GI/Tui De Roy. **308** GI/Colin Anderson. **308/309** Dr. Keith Wheeler/SPL/Agentur Focus. **309** mi/Alamy. **310** GI/ Jason Isley-Scubazoo. **310/311, 311**: mi/Reinhard Dirscherl